Anna Righi Bellotti
Claudia Selmi

1 Economia globale

Relazioni internazionali per l'articolazione RIM

PER IL COMPUTER E PER IL TABLET

L'eBook multimediale

1 REGÌSTRATI

Vai su **my.zanichelli.it** e regìstrati come studente

2 ATTIVA IL TUO LIBRO

Una volta entrato in **myZanichelli**, inserisci la **chiave di attivazione** che trovi sul bollino argentato in questa pagina

3 CLICCA SULLA COPERTINA

Puoi:

- **scaricare l'eBook offline** sul tuo computer o sul tuo tablet
- **sfogliare un'anteprima** dell'eBook online

Realizzazione editoriale:
- Redazione: Edistudio srl
- Progetto grafico, impaginazione, fotocomposizione: Arketipa di Lucia Gervasio, Bologna
- Ricerca iconografica, cartine mappe e grafici, correzione bozze: Arketipa di Lucia Gervasio, Bologna

Contributi:
- Correzione e revisione linguistica di glossario ed esercizi in inglese: Daniele Flavio Alesi
- Revisione critica: Matteo Zattoni

Copertina:
- Progetto grafico: Miguel Sal & C., Bologna
- Ideazione: Studio 8vo, Bologna
- Realizzazione: Roberto Marchetti e Francesca Ponti
- Immagini di copertina: Artwork Studio 8vo, Bologna

Prima edizione: gennaio 2017

Ristampa:

5 4 3 2 2018 2019 2020 2021

Stampa: Grafica Ragno
Via Lombardia 25, 40064 Tolara di Sotto, Ozzano Emilia (Bologna)
per conto di Zanichelli editore S.p.A.
Via Irnerio 34, 40126 Bologna

Anna Righi Bellotti
Claudia Selmi

1 Economia globale

Relazioni internazionali per l'articolazione RIM

ZANICHELLI

INDICE

SEZIONE
A
L'economia e le relazioni internazionali
COMPETENZE

UNITÀ 2

UNITÀ 3

SEZIONE B

Il mercato e la formazione dei prezzi

UNITÀ 1

UNITÀ 2

IN DIGITALE

Approfondimenti:

UNITÀ 3

UNITÀ 4

SEZIONE C

L'impresa nel sistema della globalizzazione

UNITÀ 1

UNITÀ 2

IN DIGITALE

Approfondimenti:

- **C2** Le strategie di comunicazione
- **C4** Muhammad Yunus, il banchiere dei poveri

UNITÀ 3

UNITÀ 4

SEZIONE D

Il reddito nazionale

UNITÀ 1

UNITÀ 2

IN DIGITALE

Approfondimenti:

SEZIONE E

Il sistema monetario e finanziario

IN DIGITALE

Approfondimenti:

- **E1** L'evoluzione del sistema bancario italiano

- **E2** La Grande Crisi: dai mutui subprime all'economia reale

UNITÀ 2

SEZIONE F

Il commercio internazionale

UNITÀ 1

IN DIGITALE

Approfondimenti:

- **F3** Aree valutarie ottimali ed euro

• **F4** Le economie delle "tigri" asiatiche
• **F4** Gli accordi ambientali globali
• **F4** I Paesi ricchi impoveriscono quelli poveri

UNITÀ 2

UNITÀ 3

UNITÀ 4

PRESENTAZIONE

ECONOMIA GLOBALE - Per indirizzo RIM

VOLUME PRIMO (SECONDO BIENNIO)
VOLUME SECONDO (QUINTO ANNO)

Il corso che proponiamo riguarda la nuova disciplina **Relazioni internazionali** introdotta nell'articolazione RIM (Relazioni internazionali per il marketing) degli Istituti tecnici economici. Questo corso è conforme a quanto previsto dalle Indicazioni Nazionali.

Nel volume per il **secondo biennio**, notevoli sono le innovazioni tematiche rispetto al corso di economia dell'indirizzo AFM, in quanto, in aggiunta ai concetti fondamentali di microeconomia e macroeconomia, sono forniti gli strumenti necessari per analizzare e interpretare:

- le strategie dell'impresa e i comportamenti del consumatore nel mercato globale;
- il rapporto tra sistema economico locale e scelte di internazionalizzazione dell'impresa;
- i problemi inerenti alla responsabilità sociale dell'impresa;
- gli scambi commerciali, i flussi finanziari e le relazioni economiche internazionali;
- i processi di globalizzazione dell'economia mondiale e i suoi fattori di crisi.

Nel volume per il **quinto anno** vengono forniti gli strumenti utili a comprendere:

- i fattori chiave della struttura economica nazionale e internazionale;
- l'internazionalizzazione del sistema economico italiano;
- il processo di integrazione europeo e il ruolo delle istituzioni economiche sovranazionali;
- le politiche economiche nazionali, comunitarie, internazionali e i loro effetti.

La struttura dei due volumi

Economia globale presenta una struttura articolata in **sezioni** e **unità**.

Ogni sezione (il cui titolo si riferisce al macroargomento trattato) si apre con un **occhiello** consistente in un breve racconto che, in modo accattivante, avvicina lo studente all'argomento che sarà sviluppato, a cui fa seguito l'indicazione delle competenze da raggiungere. 1

1

Ogni unità si apre con l'indice dei paragrafi che la compongono. 2

2
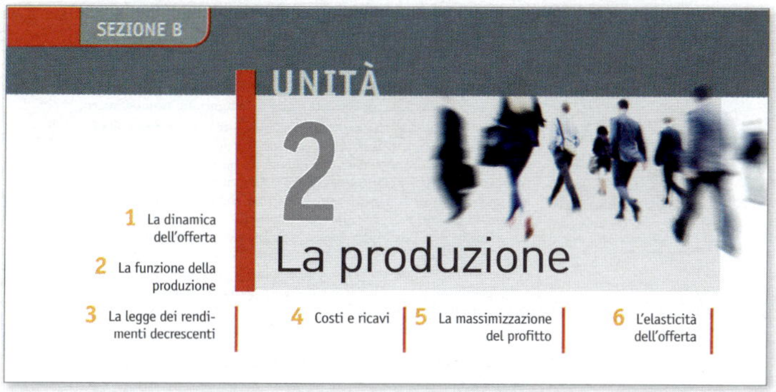

Al fine di introdurre in modo stimolante l'argomento trattato, segue un articolo tratto da quotidiani, riviste o altre fonti riguardante **casi concreti** con semplici domande di comprensione/proposte di lavoro. 3

3

Il boom italiano di Airbnb: in vacanza a casa d'altri

Il fenomeno di affittare alloggi privati ai turisti quadruplicato grazie a Expo. Siamo il terzo Paese al mondo per giro d'affari dopo Stati Uniti e Francia

Sarà la crisi, sarà una moda, saranno le foto patinate, ma c'erano una volta le seconde case lasciate vuote, lusso improduttivo, e oggi sono sempre meno. Gli italiani si sono accorti del piccolo tesoro che avevano, letteralmente, in casa e hanno iniziato a mettere sul mercato letti e stanze, secondi bagni e divani, trovando in Airbnb una piattaforma ideale per incontrare turisti e viaggiatori d'affari.

Il servizio web nato in California è sbarcato in Italia nel 2011, ma ha registrato nell'ultimo anno una crescita verticale [...]. L'Italia è il terzo mercato al mondo per Airbnb, la società fondata da Brian Chesky che oggi ha una valorizzazione da 24 miliardi di dollari ed è divenuta un paradigma della sharing economy, la nuova epoca dell'economia che mette al centro i numeri, l'efficienza e la condivisione. [...]

Forse senza ambizioni globali, la notizia è che anche gli italiani hanno iniziato a far di conto, tra tasse, mercato immobiliare depresso e milioni di appartamenti sfitti. La vecchia casa del nonno è diventata «loft in centro», la camera degli ospiti è diventata davvero tale, ma uno diverso alla settimana. Molti hanno comprato casa e pagano il mutuo con l'incasso dell'affitto. [...]

Airbnb ha dato vita a economie di commercialisti e consulenti, donne delle pulizie e ristrutturatori, sicuramente ha fatto bene all'Ikea. Ma con il sito è nato anche un nuovo stile nel racconto della propria casa. Il titolo accattivante dell'inserzione, le fotografie dei particolari (validate dai viaggiatori), tutto conta per catturare l'attenzione del cliente. Come ogni servizio sociale che si rispetti, alla fine ci sono le recensioni: anche chi paga per la camera o l'appartamento riceve un voto, e così alla prenotazione successiva il controllo è più qualificato. [...]

Beniamino Pagliaro
«La Stampa», 7 luglio 2015

attività

1. Che cos'è "Airbnb"?
2. Quali vantaggi offre "Airbnb"?
3. La "sharing o social economy", di cui si è parlato nella precedente lettura, potrebbe essere in grado di contrastare tale fenomeno?
4. Chi paga per avere un servizio di "Airbnb" riceve un voto. Che vantaggi comporta per l'offerente conoscere il voto assegnato al suo cliente?

Le unità hanno una struttura **sequenziale e flessibile**. Questo significa che, in linea di massima, il docente potrà liberamente scegliere se affrontare i contenuti di tutte o solo di alcune unità, senza pregiudicare la chiarezza del percorso.

Ogni unità è scandita in paragrafi, a loro volta suddivisi in blocchi di testo di dimensioni più o meno contenute, articolati in forma di **domande e risposte**. In questo modo la lettura risulta più agevole e viene messo bene in rilievo il passaggio da un argomento all'altro. 4

4

Theory of games
Teoria dei giochi
In oligopoly the firms or the players of any game are decision makers. The choices are called strategy decisions (quantity prices) and other things like strategy are called actions (high quantity, low price, ...). At the end of the game, players get payoffs (profits, ...) depending on what others choose to do or not to do.

John Von Neumann e **Oskar Morgenstern** *autori del libro* Theory of Games and Economic Behavior.

La casa automobilistica deve valutare tutte queste possibilità, anche se si tratta di considerazioni strategiche molto complesse. Secondo la "teoria dei giochi", il comportamento dell'impresa oligopolistica è da paragonare a quello del giocatore d'azzardo che per vincere la partita, oltre a valutare le carte che ha in mano, deve considerare le possibili mosse degli altri giocatori.

È possibile che le imprese oligopolistiche si accordino per non farsi concorrenza?

Un'impresa che opera in un mercato di oligopolio può seguire due strade:
- accordarsi con altre imprese, in modo implicito o esplicito, per non farsi concorrenza, al fine di ottenere profitti elevati. Si parla in tal caso di **oligopolio collusivo**, attuato per esempio tramite cartelli, intese o trust, che possono portare a una situazione simile a quella del monopolio;
- fare concorrenza alle altre imprese, al fine di acquisire nuove quote di mercato a danno delle concorrenti. È questo l'**oligopolio non collusivo**.

È stato però osservato che nei mercati oligopolistici, anche non collusivi, per lunghi periodi si registra una certa stabilità dei prezzi, nel senso che le imprese preferiscono evitare una guerra dei prezzi con le concorrenti. A questa fase di stazionarietà dei prezzi può seguire un improvviso e simultaneo aumento da parte di tutte le imprese, che tentano di recuperare i margini di profitto precedentemente compressi.
Un modello utile per capire questo meccanismo è quello della curva di domanda spezzata (o a gomito). Va ricordato che in regime di oligopolio l'obiettivo dell'impresa non è necessariamente la massimizzazione del profitto, quanto piuttosto l'ampliamento delle dimensioni aziendali e il suo rafforzamento sul mercato.

Come può essere rappresentato il modello della domanda spezzata?

Osserviamo il grafico della figura 5. La curva D rappresenta la domanda dell'impresa oligopolistica e Po è il prezzo vigente sul mercato. L'impresa ritiene che se volesse abbassare il prezzo tutte le rivali la imiterebbero, con il risultato che l'aumento delle sue vendite sarebbe di scarsa entità; come si può notare, la curva di domanda per prezzi inferiori a Po è rigida. Se l'impresa invece decidesse di aumentare il prezzo, le rivali non la seguirebbero, con il risultato di una forte riduzione delle vendite; nel grafico è evidente che la curva di domanda per prezzi superiori a Po è elastica.

La curva di domanda dell'impresa ha pertanto una diversa elasticità, a seconda che il prezzo aumenti o diminuisca. In pratica si tratta di due distinte curve di domanda che formano un "gomito" proprio in corrispondenza del prezzo di mercato vigente.

Nelle varie Unità sono presenti "Rinforzi", che rappresentano approfondimenti e "In pillole" per fornire una sintesi dell'argomento trattato. 5

5

RINFORZO

La rivoluzione industriale

Il fenomeno della **rivoluzione industriale** consiste in una concatenazione di eventi sociali, tecnici, economici e organizzativi, tutti accaduti in un arco di tempo brevissimo – tra il **1730** e il **1780** all'incirca – che ha determinato un taglio netto tra due epoche storiche, modificando radicalmente l'organizzazione sociale e dando vita a un nuovo modo di produzione: il **capitalismo**.

I fattori che ne sono alla base vanno ricercati:
- nei cambiamenti avvenuti in **agricoltura**, in quanto attraverso la pratica delle "recinzioni" delle terre, fino a quel momento destinate all'uso comune, si poté realizzare un notevole incremento della produzione agricola e zootecnica, sorse una nuova classe sociale, quella del proletariato bracciantile, e conseguentemente crebbe il mercato interno per i prodotti agricoli;
- nelle **invenzioni** di nuove macchine, come il telaio meccanico, la filatrice meccanica, la macchina a vapore, e nella loro introduzione nel processo produttivo (soprattutto nel settore tessile), grazie a cui nasce il **sistema di fabbrica**, che sostituisce le precedenti forme di organizzazione del lavoro di tipo artigianale;
- nella **disponibilità di materie prime**, in particolare ferro e carbone, e nell'abbondanza di **capitali**, derivanti dagli scambi internazionali che nei due secoli precedenti erano stati realizzati dai mercanti;
- nell'abbondanza di **manodopera**, resa possibile da un notevole incremento demografico;
- nello sviluppo dei **mezzi di trasporto e di comunicazione**, grazie alla crescente meccanizzazione.

I tratti caratteristici del nuovo modo di produzione che si instaura stabilmente in Inghilterra sono:
- una crescita senza precedenti della produzione e della produttività (vale a dire del rendimento orario o giornaliero di ciascun lavoratore);
- una crescita della domanda di prodotti sia agricoli sia industriali, con la conseguente creazione di un grande mercato interno;
- l'affermazione della borghesia industriale e la nascita di una nuova merce, ossia la forza-lavoro.

IN PILLOLE

Produzione-distribuzione-impiego della ricchezza prodotta

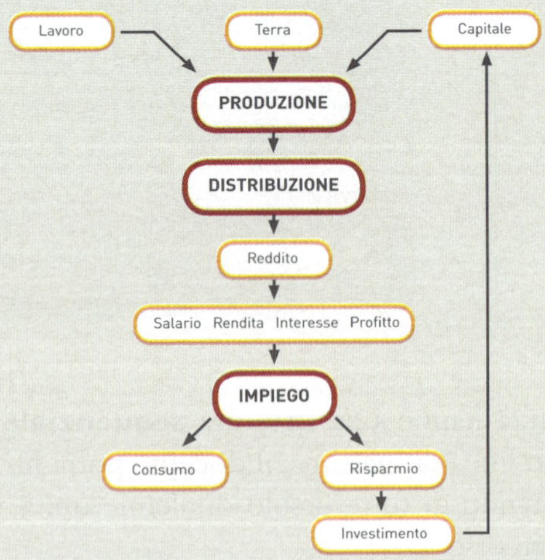

6

7

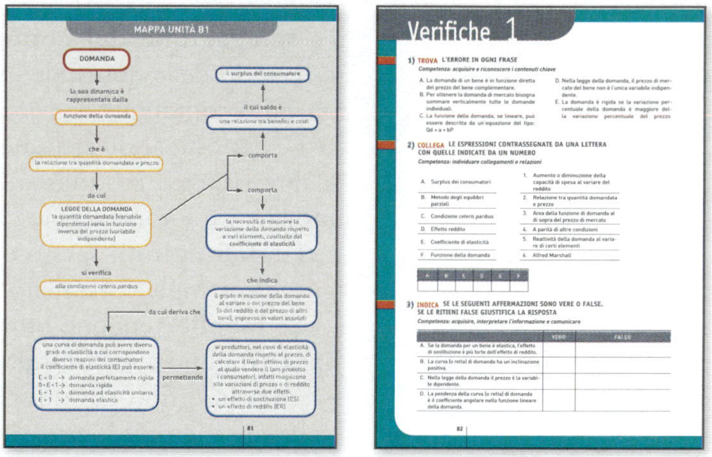

8

In ogni unità, a lato della pagina, nell'apposito colonnino, sono presenti schemi, figure, citazioni, curiosità, termini in inglese, ecc. 6

In quasi tutte le unità viene presentato un **film** che richiama i contenuti dell'unità stessa. 7

Ogni unità si conclude con una **mappa** di sintesi e con **prove di verifica** strutturate secondo diverse tipologie. 8

Viene proposta anche una **verifica di fine sezione** e, on line, la predisposizione di due "prove esperte". 9

Al fine di fornire materiali e supporti utili anche agli insegnanti interessati a progetti che prevedono l'insegnamento in lingua straniera di una disci plina non linguistica (per esempio **CLIL**) sono presenti in **lingua inglese**:

- termini e definizioni che fanno parte di un più ampio **glossario** on line, collegamenti e rimandi a materiali **in lingua inglese** (nel colonnino di ogni unità); 10
- **esercizi** in ogni unità; 11
- un **brano** nella verifica finale con domande di comprensione. 12

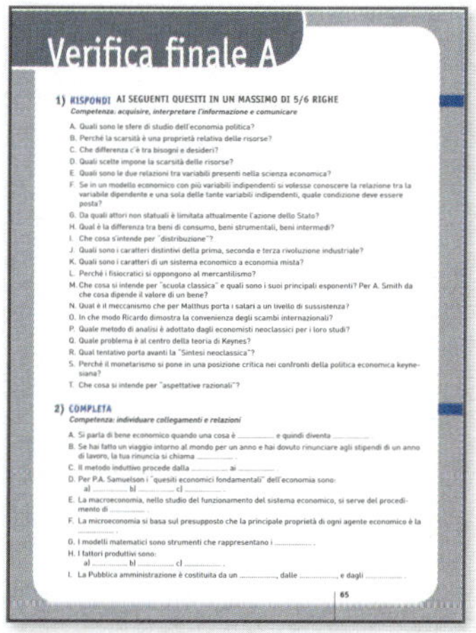

9

10

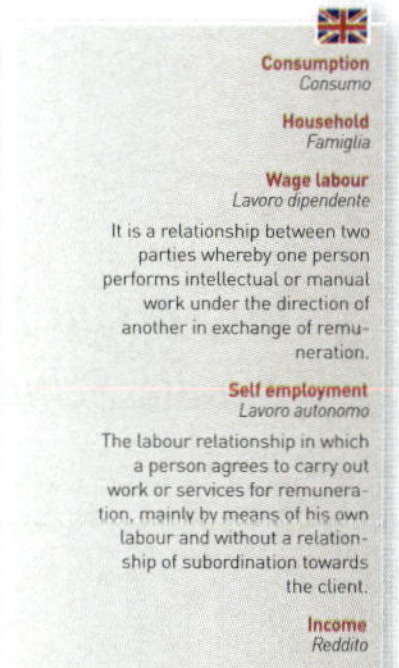

11

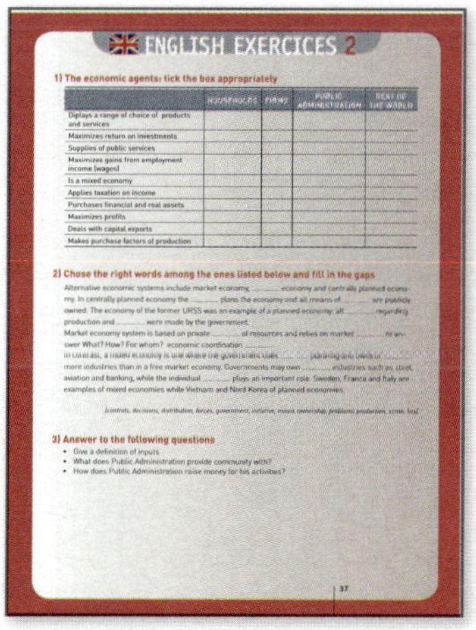

12

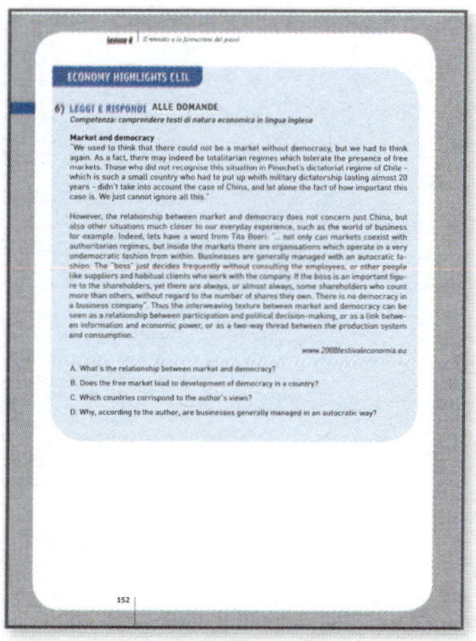

I contenuti

La **spiegazione dei contenuti**, come già anticipato, è attuata attraverso il metodo delle domande ipoteticamente formulate da studenti o da insegnanti o comunque da persone interessate alla materia.

Le risposte ai diversi quesiti, che a loro volta stimolano altre domande e altre risposte, costituiscono i contenuti dell'unità e forniscono nel loro insieme un'informazione completa dei temi trattati.

Le **definizioni**, spesso connotate graficamente, sono scritte in un linguaggio semplice ma nello stesso tempo rigoroso.

Le **tabelle** vengono utilizzate ampiamente e, in base al loro contenuto, appartengono a due distinte tipologie:

- un primo tipo costituisce uno schema riassuntivo costruito per visualizzare i legami logici e/o cronologici tra diversi concetti;
- un secondo tipo viene proposto per evidenziare dati numerici significativi, tratti da importanti documenti economici, al fine di rendere più concreta la trattazione dei contenuti. 13

I **grafici** che accompagnano la trattazione sono "parlanti", cioè accompagnati da commenti puntuali che ne agevolano l'interpretazione e l'analisi. 14

13

Tabella 6 – Costi fissi, variabili, totali, medi e marginali nel breve periodo

Unità prodotte	Costo fisso	Costo variabile	Costo totale	Costo medio	Costo marginale
0	12	0	12		
1	12	10	22	22	10
2	12	16	28	14	6
3	12	21	33	11	5
4	12	27	39	9,75	6
5	12	34	46	9,2	7
6	12	42,06	54,06	9,01	8,06
7	12	51,06	63,06	9	9
8	12	61,06	73,06	9,13	10
9	12	76	88	9,77	14,94

14

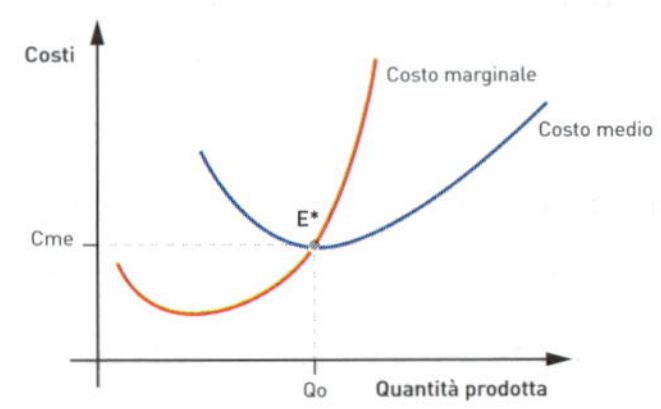

Figura 7
Costo marginale e costo medio

Anna Righi Bellotti
Claudia Selmi

SEZIONE A

L'economia e le relazioni internazionali

Lo studio della disciplina "Relazioni internazionali" ci porta ad intraprendere un viaggio, la cui destinazione è ignota. Immaginiamo di imbarcarci al mattino su un aereo e di prendere alla sera il volo di ritorno: tutta la giornata alla scoperta di **Economia**, una città misteriosa.

Per prepararci alla visita ci viene raccontato l'episodio in cui il Piccolo Principe (protagonista dell'opera più conosciuta di Antoine de Saint-Exupéry) incontra un mercante che vende pillole contro la sete: inghiottendone una alla settimana non si sente più il bisogno di bere. Alla domanda sull'utilità di tale scoperta, il Piccolo Principe si sente rispondere che si sarebbe ottenuta una grossa economia di tempo, ben 53 minuti alla settimana. «Io – ribatte il Piccolo Principe – se avessi 53 minuti da spendere camminerei adagio adagio verso una fontana...»

COMPETENZE

- Riconoscere i temi di cui si occupa l'economia politica e gli strumenti di analisi utilizzati per spiegare il comportamento dei soggetti economici
- Comprendere il funzionamento dei moderni sistemi economici, anche nella loro dimensione di apertura internazionale, e cogliere l'interdipendenza fra i fenomeni economici, sociali e culturali
- Sapere riconoscere le idee e le teorie che hanno caratterizzato la storia del pensiero economico, dai primi precursori fino agli sviluppi teorici più recenti
- Acquisire consapevolezza del fatto che le diverse posizioni sul ruolo da attribuire allo Stato costituiscono il filo conduttore di tutta la storia del pensiero economico
- Acquisire consapevolezza del diverso ruolo assunto dallo Stato nella storia del pensiero economico

UNITÀ 1

1 Oggetto di studio dell'economia politica

2 L'uso dei modelli economici e dei grafici

3 Micro e macroeconomia

4 Le relazioni economiche internazionali: oggetto e attori

Introduzione allo studio dell'economia politica

Nella «scienza esatta» c'è un briciolo di follia

Ecco come spesso l'irrazionalità orienta le scelte economiche

L'economia? Una scienza triste, si dice, che ha un pallottoliere al posto del cuore, dove tutto viene calcolato e ci si preoccupa solo di avere il massimo risultato col minimo dispendio di mezzi.

Dietro tutto questo vi è un'ipotesi che sta alla base dell'economia tradizionale. L'ipotesi, cioè, che l'uomo sia un animale razionale, che l'*homo sapiens* sia un *homo oeconomicus*, che le decisioni siano prese dopo aver attentamente soppesato il dare e l'avere, con il bilancino del farmacista e la cura di un ragioniere.

Ma l'uomo è veramente un animale razionale? Certamente sì, altrimenti l'umanità non avrebbe posato degli astronauti sulla Luna e non avrebbe mandato dei robot a esplorare la superficie di Marte. Ma questo non vuol dire che tutte le decisioni (parliamo evidentemente di decisioni economiche, non di innamoramenti e dintorni) siano razionali.

La storia economica ci offre tanti esempi di eventi in cui domina l'irrazionalità specie per quel che riguarda la finanza: dalle crisi del Seicento e Settecento fino alla crisi del '29, alle bolle della Borsa nella cosiddetta "crisi dot.com" del 2000, e ancora fino alle recenti allucinanti pazzie che hanno portato alla Grande recessione.

Fino a non molto tempo fa gli economisti non si erano preoccupati troppo di questi episodi di irrazionalità: la grande maggioranza li considerava delle aberrazioni, delle eccezioni alla regola. Ma poi le cose cambiarono. Oggi c'è una branca dell'economia, chiamata "finanza comportamentale" che riconosce come l'uomo sia un animale più complesso di quel che si credeva, e l'*homo oeconomicus* sia in fondo un'astrazione: utile per semplificare le cose, ma insufficiente a spiegare il comportamento concreto degli esseri umani [...].

Fabrizio Galimberti
«Il Sole 24 Ore», 26 febbraio 2012

attività

1. Perché l'autore ritiene che l'economia sia considerata una scienza triste?
2. Cosa intende l'autore per *homo oeconomicus*?
3. Cosa intendi tu per razionalità?
4. Prova a fare qualche esempio, tratto dalla tua vita quotidiana, di decisioni prese che tu ritieni siano state razionali e di altre considerate da te irrazionali
5. In cosa si differenzia la "finanza comportamentale" dall'economia tradizionale?

1 OGGETTO DI STUDIO DELL'ECONOMIA POLITICA

L'economia è una parte importante di noi, un fenomeno che bene o male conosciamo tutti, anche senza rendercene conto.

Ogni giorno ciascuno di noi fa esperienza di molteplici fenomeni economici, per esempio:
- ordiniamo un caffè al bar e paghiamo il prezzo;
- cerchiamo lavoro ma non è facile trovare un'occupazione;
- decidiamo di fare un viaggio in aereo e ci chiediamo qual è il periodo migliore per comprare un biglietto low-cost;
- dobbiamo comprare dollari per andare negli Stati Uniti e ci accorgiamo che oggi con 1 euro acquistiamo 1,12 dollari, mentre 1 anno fa ne acquistavamo 1,4;
- mangiamo un gelato e ci rendiamo conto che nel giro di 10 anni il suo prezzo è aumentato di più del 200%;
- guardiamo un servizio in televisione che ci informa sulle misere condizioni di vita dei Paesi africani;
- frequentiamo un liceo pubblico e dobbiamo pagare le tasse scolastiche.

Non solo: nella vita quotidiana la televisione, attraverso la pubblicità, crea sempre nuove esigenze o ci suggerisce di acquistare determinati prodotti.

È possibile una definizione di economia politica?

Tentare una definizione completa di economia politica non è semplice né immediato.

Etimologicamente, la parola "economia" deriva dal greco ed è composta da:
- **οἶκος** (oikos) che significa casa, focolare domestico;
- **νόμος** (nomos) che significa norma, regola.

Designa quindi, dal punto di vista etimologico, l'insieme di norme o di regole di conduzione e di amministrazione della casa. Se però alla parola "economia" affianchiamo l'aggettivo "politica" (*politikós*, cioè della **πόλις**, della società), la parola "casa" va intesa nel senso ampio di comunità, società, Stato. Pertanto, l'economia politica è una disciplina che si occupa di **come gestire al meglio le risorse della comunità** affinché tutti abbiano uno stile di vita conforme ai propri bisogni, senza alcuna prevalenza dei fini individuali su quelli della collettività.

Nel *Dizionario di economia e finanza* Treccani l'**economia politica** è definita come quella scienza che ha per oggetto di studio la produzione, lo scambio e la distribuzione della ricchezza, sia a livello individuale (un singolo individuo o la famiglia, una singola impresa o un insieme di imprese, cioè un'industria), sia a livello sociale e aggregato (uno Stato, per esempio lo Stato italiano o un insieme di Stati, per esempio l'Europa o il mondo intero).

Economia politica e politica economica

L'economia politica non va confusa con la *politica economica*, che è l'insieme di regole e di azioni grazie alle quali enti pubblici e privati di un Paese influiscono sulla realtà economica e sociale per ottenere determinati risultati.

Political economy

Economia politica

The social science that studies the relationships between individuals and society in nation states or across different nation states in the field of trade, economy and related issues.

L'economia politica studia i fenomeni economici e formula leggi generali sul loro funzionamento. È una scienza sociale perché studia il comportamento umano. L'uomo, infatti, svolge la sua attività economica all'interno di una collettività, creando rapporti con altri soggetti.

Cosa si intende per risorsa?

La collettività dispone di vari tipi di risorse: risorse naturali (per esempio: petrolio, acqua, alberi), risorse umane (per esempio: lavoro), risorse di capitale (per esempio: fabbriche e macchinari).

Una risorsa è tale se si verificano le seguenti circostanze:

1. non si trova in quantità sufficiente per soddisfare i bisogni teoricamente illimitati degli individui;
2. si presta ad usi alternativi: una risorsa come la legna può essere usata per costruire un rifugio o può essere bruciata per scaldare l'ambiente.

La scarsità è, tuttavia, una proprietà relativa delle risorse. Per esempio, una risorsa in quantità limitata può essere considerata abbondante se il suo impiego è inferiore alla disponibilità, mentre una risorsa come il petrolio, apparentemente molto abbondante, può risultare insufficiente se la domanda per essa è maggiore dell'offerta complessiva.

In generale, indipendentemente da quanto abbondanti possano essere le risorse, queste saranno sempre scarse a fronte di bisogni illimitati e riproducibili.

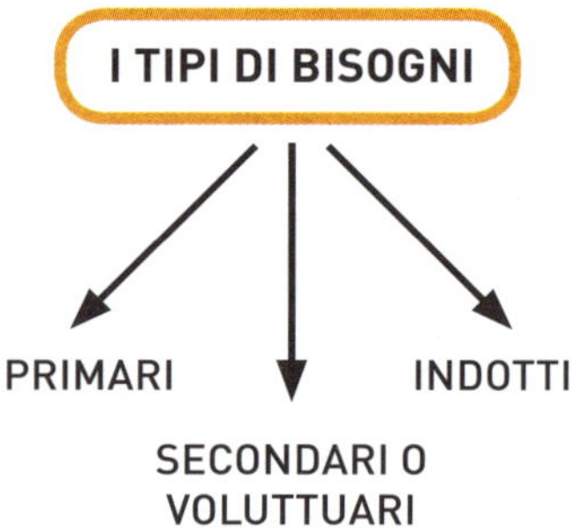

In che senso i bisogni sono illimitati e riproducibili?

Il **bisogno** è una sensazione di insoddisfazione che spinge ogni individuo a procurarsi ciò che gli manca.

I bisogni sono:

- illimitati, nel senso che ci sarà sempre qualcosa che gli individui desiderano;
- saziabili, in quanto si appagano con l'uso o il consumo dei beni e servizi;
- riproducibili, in quanto possono ripresentarsi;
- soggettivi, perché variano da persona a persona;
- variabili, perché mutano in base alle epoche, all'età, alle condizioni climatiche e geografiche.

Needs
Bisogni
A motivating force that compels a human action like the consumption of goods and services in contemplation of satisfaction.

I bisogni costituiscono un insieme eterogeneo: da una parte vi sono quelli **primari**, riguardanti la sopravvivenza stessa delle persone (nutrizione, abitazione, vestiario) e, dall'altra, quelli **secondari** o **voluttuari**, che comprendono tutti gli altri bisogni.

Il progresso e le caratteristiche del sistema economico di mercato hanno stimolato l'ampliarsi dei bisogni primari, ma anche e soprattutto di quelli secondari o voluttuari. Buona parte di questi ultimi è *indotta* dal mondo produttivo; sono bisogni che l'uomo sente in conseguenza di uno stimolo, di un condizionamento esterno (pubblicità, moda, desiderio di emulazione, ecc.). Inoltre, esistono i bisogni di sicurezza, di appartenenza, di stima e di autorealizzazione.

Il bisogno non va confuso con il desiderio. Il bisogno è una vera e propria necessità, mentre il desiderio costituisce una specifica modalità di soddisfare il bisogno. Per esempio, se sono affamato, il mio bisogno è quello di mangiare, ma di fronte a una pizza o a un piatto di pasta che hanno prezzi molto simili il mio desiderio in quel momento può essere quello di preferire la pizza.

Il termine risorsa può essere usato come sinonimo di bene?

Quando una cosa è scarsa e diventa quindi risorsa, si è in presenza di un bene chiamato *bene economico*. Più propriamente, si definiscono **beni economici** le risorse materiali (per esempio, l'acqua, il pane, la pasta, una casa, un'automobile, un quaderno, un PC) e **servizi** quelle immateriali, cioè prive di consistenza fisica (una conferenza, una lezione, un concerto, una visita medica, la consulenza di un avvocato, il trasporto in taxi, ecc.). L'insieme delle risorse di un soggetto costituisce la sua **ricchezza**. Solo le risorse, in quanto scarse, sono oggetto di attività economica (consumo, scambio, impiego come mezzi di produzione) e, pertanto, hanno un valore (un prezzo diverso da zero), mentre le cose disponibili in quantità illimitata, come l'aria in natura, non costano nulla. Si noti che "**bene**" nel linguaggio dell'economia ha un significato diverso da quello ordinario. Esso, infatti, non è sinonimo di "**cosa buona**", bensì di qualcosa capace di soddisfare un bisogno ("**cosa utile**").

Economic good
Bene economico
A commodity or service that can be utilized to satisfy human wants that have a degree of scarcity and therefore have exchange value.

QUESITI ECONOMICI FONDAMENTALI

DEI CONSUMATORI	DEI PRODUTTORI
Cosa e quanto acquistare	Cosa e quanto produrre
	Come produrre
	Per chi produrre

La differenza risulterà evidente nel seguente esempio: la droga per un tossicodipendente in crisi di astinenza è un bene in senso economico, mentre evidentemente non può essere considerata tale nel linguaggio comune.

Cosa significa "gestire al meglio le risorse"?

Gli individui devono effettuare delle scelte riguardanti quali bisogni intendono soddisfare e quali invece non soddisfare. Data la scarsità delle risorse e il loro uso alternativo, ogni scelta ha un costo. Si parla, a tal proposito, di **costo-opportunità**. Esso può essere definito come il valore delle risorse o, in generale, delle azioni a cui un soggetto economico rinuncia quando sceglie un altro uso delle risorse o altre risorse o azioni.

Opportunity cost
Costo-opportunità
A value of something or that of a human action that must be given up to acquire or achieve something else.

Supponiamo, per esempio, che Tizio, avendo a disposizione un periodo di tempo limitato, debba decidere se trascorrerlo in ufficio a lavorare a un importante progetto per il quale riceverebbe un ottimo compenso monetario o soddisfare il suo sogno di un viaggio alle Maldive che desidera da sempre. Se decide di dedicarsi al lavoro Tizio rinuncia al viaggio. La sua scelta in favore del lavoro ha un costo rappresentato dalla rinuncia al viaggio. Il contrario accadrebbe se decidesse di fare il viaggio: il costo di questa scelta sarebbe la rinuncia al reddito proveniente dal lavoro. Pertanto, "gestire al meglio le risorse" significa fare la scelta più opportuna attraverso un'attenta valutazione del costo-opportunità.

Quali sono le scelte economiche studiate dall'economia politica?

L'economia politica si occupa delle scelte economiche riguardanti consumatori e produttori. Esse si manifestano attraverso alcuni interrogativi che **Paul Samuelson** (1915-2009), economista americano, premio Nobel per l'Economia nel 1970, chiama "quesiti economici fondamentali". A essi, secondo Samuelson, ogni sistema economico deve dare una risposta. Tali scelte sono riportate nella tabella che segue, assieme alle citazioni del famoso economista.

Paul Samuelson

Tabella 1 – Le scelte economiche sull'utilizzo delle risorse

	SCELTE	MOTIVAZIONE	PAUL SAMUELSON
Consumatori	**Cosa e quanto acquistare**	I consumatori hanno redditi limitati. I beni hanno un prezzo.	
Produttori	**Cosa e quanto produrre**	Data la scarsità sia delle risorse sia della domanda dei consumatori, limitata dai loro redditi, non tutto può essere prodotto, per cui i produttori dovranno operare una selezione fra i beni da produrre e definire il volume della produzione (offerta).	«Oggi dovremmo produrre pizze oppure camicie? [...] Dovremmo produrre molti beni di consumo (come pizze e concerti) oppure pochi beni di consumo e molti beni di investimento (come pizzerie e sale da concerto), assicurando maggiori consumi domani?»
	Come produrre	La scarsità delle risorse e il loro uso alternativo inducono i produttori a operare una scelta in merito alle tecniche produttive con cui realizzare nel modo più efficiente i beni e servizi programmati.	«Per generare l'energia elettrica è meglio usare il petrolio o il carbon fossile? [...] I beni si devono produrre a mano o a macchina? In imprese capitalistiche di proprietà privata o in imprese socialiste di proprietà dello Stato?»
	Per chi produrre	La scarsità impone di scegliere i soggetti destinatari della produzione di certi beni e servizi. Questa scelta dipende anche dai valori etici della società: per esempio una Ferrari si produce per una famiglia ricca e una utilitaria per una meno abbiente. Ci si chiede, però, se i servizi sanitari debbano essere disponibili solo per i ricchi oppure se l'assistenza sanitaria debba essere gratuita per tutti. La risposta al quesito "per chi produrre" permette di analizzare come si distribuisce la disponibilità di beni e servizi nella collettività.	«Come si deve distribuire il prodotto nazionale tra le famiglie? [...] Dovranno godere di alti redditi i dirigenti o gli operai o i proprietari terrieri?»

Fonte: Paul Anthony Samuelson e William Dawbney Nordhaus, Economia, *Bologna, Zanichelli, 1993.*

Oltre ai problemi riguardanti le scelte produttive e distributive, l'economia si occupa anche degli scambi di beni e servizi fra Paesi, di come avviene il finanziamento delle attività economiche, del livello della produzione nazionale e dell'occupazione, della possibilità di espandere la produzione di beni e servizi, dell'intervento dello Stato nel sistema economico per garantire la sua stabilità e per erogare i beni e servizi pubblici.

Demand
Domanda
It refers to how much quantity of a product or service is desired by customers (buyers).

Supply
Produzione, offerta
It refers to how much quantity of a product or service can be offered by the producers (sellers).

Di quali metodi di indagine si avvale l'economia politica?

I metodi di indagine dell'economia politica si basano sia sul metodo induttivo sia sul metodo deduttivo.

METODI D'INDAGINE DELL'ECONOMIA POLITICA

METODO INDUTTIVO — METODO DEDUTTIVO

METODI D'ANALISI DELL'ECONOMIA POLITICA

ANALISI POSITIVA
Es.: come descrivere gli effetti di un intervento pubblico

ANALISI NORMATIVA
Es.: come decidere se un intervento pubblico è desiderabile

Il **metodo induttivo** procede, per così dire, dal particolare all'universale, dal basso verso l'alto: dallo studio della realtà dei fatti l'economista ricava i postulati della legge. Così, osservando il comportamento del consumatore al supermercato, lo studioso elabora la legge della domanda.

Il **metodo deduttivo** opera al contrario: l'economista prende le mosse da affermazioni generali per dedurre, attraverso passaggi logici, la spiegazione del fenomeno e trarne una legge. Il metodo deduttivo è il ragionamento attraverso il quale si svela un fatto in sé evidente collegandolo ad altri fatti noti. Per esempio: dato che ogni consumatore desidera rendere massima la sua soddisfazione e dispone di un reddito limitato, si deduce che egli si comporterà in modo razionale nelle sue scelte d'acquisto al supermercato.

L'analisi economica può essere distinta anche in analisi positiva e analisi normativa.

Nell'**analisi positiva** (o **descrittiva**) l'economista spiega i fenomeni economici così come si svolgono e individua la relazione causa-effetto degli stessi.

Nell'**analisi normativa** (o **prescrittiva**) l'economista valuta che cosa sia più opportuno fare per raggiungere un determinato obiettivo (per esempio decidere un intervento pubblico).

Inductive method
Metodo induttivo

It consists in deriving conclusions from the particular to the general. This method is based on the observation of reality of economic phenomena and economic facts, with the purpose to help build a theory or a general law that can explain all economic phenomena in future investigations.

Deductive method
Metodo deduttivo

It consists in deriving conclusions from the general to the particular. Starting from a set of axioms, postulates or general truths, the analyst takes general principles and applies them to draw conclusions from the assumptions taken, so to explain economic phenomena.

2 L'USO DEI MODELLI ECONOMICI E DEI GRAFICI

La scienza economica studia la realtà e ne fornisce interpretazioni servendosi di *modelli economici*. Il **modello economico** è uno schema semplificato di rappresentazione di un fenomeno economico, basato su alcune ipotesi o assunzioni di partenza ed utilizzato per spiegare l'andamento del fenomeno considerato e costruito al fine di verificare la coerenza di una **teoria**. Spesso, nella costruzione del modello viene utilizzato il linguaggio matematico, soprattutto le equazioni, per esprimere le relazioni tra fenomeni quantitativi, chiamati grandezze.

L'economista, quando costruisce un modello, elimina tutti i dettagli che circondano ciò che deve studiare e che ritiene inutili ai fini della sua indagine, in modo da isolare e far risaltare le cause dell'oggetto dei suoi studi.

Come vengono selezionati gli elementi da prendere in considerazione e quelli da trascurare?

Nell'effettuare questa scelta il ricercatore si fa guidare da alcune ipotesi riguardanti il comportamento umano, o la struttura della società o altri dati di fatto. Queste ipotesi rappresentano le **premesse** o **assunzioni di base**, cioè il punto di partenza da cui scaturisce il ragionamento successivo. Le assunzioni di base devono però essere tratte dall'osservazione di fatti reali, cioè devono essere realistiche. In caso contrario la **teoria** che verrà elaborata, anche se coerente, non darà informazioni utili a capire i fenomeni economici così come effettivamente si presentano nella realtà.

Quando elaborano un **modello**, gli economisti si servono spesso di strumenti quali tabelle, grafici di vario genere ed equazioni, per migliorare la validità e la comprensione delle loro previsioni su un certo comportamento o fenomeno economico.

Teorie
Insieme interconnesso di ipotesi, enunciati e proposizioni con lo scopo di spiegare i fenomeni economici o più in generale di formulare sistematicamente i principi su cui essi si fondano.

Modelli
Hanno il compito di stabilire la coerenza delle teorie.

Tabelle
Permettono di rappresentare fenomeni di natura quantitativa.

Grafici
Rappresentazioni visive del comportamento di una variabile.

Equazioni
Costituiscono la forma matematica dei fenomeni.

Può succedere che le assunzioni di base siano sbagliate?

Succede che qualche volta le premesse siano sbagliate. In tal caso anche le deduzioni sono scorrette. Capita, inoltre, che le assunzioni di base siano giuste ma portino a conclusioni diverse, tutte ugualmente corrette dal punto di vista teorico. Ciò significa che non esiste una sola teoria, ma ne possono coesistere tante come spiegazione di uno stesso fenomeno. Qualsiasi teoria economica, quindi, può essere criticata o perché migliorata da altre successive o perché basata su un approccio non condiviso da altre.

RASOIO DI HOCKHAM
Rappresenta un metodo per semplificare la creazione di modelli; è attribuito al filosofo inglese medioevale Guglielmo di Hockham (1285 – 1347) e consiste nell'ignorare gran parte degli elementi che possono disturbare la creazione di modelli, concentrandosi su poche variabili considerate particolarmente significative.

L'uso dei grafici è frequente in economia?

I grafici sono usati di frequente nell'indagine economica perché rendono più chiara l'esposizione dei concetti e permettono una più facile visualizzazione delle relazioni economiche.

Nelle scienze economiche è possibile riscontrare l'esistenza di relazioni tra variabili che possono essere di due tipi:

- **una relazione teorica o empirica**: deriva dall'osservazione della realtà. Essa permette di mettere a confronto dei fatti (per esempio, la comparazione del reddito nazionale di diversi Paesi) oppure evidenzia come una certa grandezza sia variata nel corso degli anni (per esempio, la vendita di auto nel periodo 2012-2016);
- **una relazione funzionale o causale**: si fonda sull'ipotesi che alcune variabili influenzino altre variabili. È generalmente espressa attraverso una funzione matematica. Ne costituisce esempio la relazione esistente tra il numero di auto vendute e il reddito della popolazione.

Positive analysis
Analisi positiva

Normative analysis
Analisi normativa

Economic model
Modello economico
It is a simplified representation of cause-effect relationships between two or more economic variables.

National income
Reddito nazionale
It is the total value produced each year (or Over Time) by the country's economic system as a whole and distributed among those who helped tocreate it.

RELAZIONI TRA VARIABILI

- RELAZIONE TEORICA O EMPIRICA
- RELAZIONE FUNZIONALE O CAUSALE

RELAZIONE FUNZIONALE O CAUSALE

- VARIABILE **INDIPENDENTE**: quella che influenza, *cioè la "causa"*
- VARIABILE **DIPENDENTE**: quella che viene influenzata, *cioè "l'effetto"*

Le relazioni suddette possono essere rappresentate su un diagramma, utilizzando un sistema di assi cartesiani, dato dall'intersezione di due rette, una orizzontale e una verticale, il cui punto di intersezione viene detto origine. Ogni punto del piano è caratterizzato da una coppia di valori, uno sull'asse delle ascisse (detto anche asse orizzontale o asse delle x), l'altro sull'asse delle ordinate (definito anche asse verticale o asse delle y).

In una relazione causale la variabile che influenza (cioè la "causa") è detta **variabile indipendente**, mentre quella che viene influenzata (cioè "l'effetto") è detta **variabile dipendente**. Se due variabili X e Y sono collegate tra loro in modo che a ogni valore di Y sia associato un determinato valore di X, allora diremo che X è funzione di Y, esprimendo tale relazione con la seguente formula:

$$\mathbf{X = f\,(Y)}$$

Esempio

Supponiamo che la vostra scuola effettui un sondaggio per verificare quanti studenti sarebbero interessati a partecipare a uno stage di una settimana a Parigi a seconda dei prezzi praticati. Il sondaggio presenta i risultati che sono mostrati nella tabella sottostante.

PREZZO DELLO STAGE	NUMERO DI STUDENTI INTERESSATI
Euro 800	50
Euro 700	100
Euro 600	150
Euro 500	200

Absolute price
Prezzo assoluto o relativo di una singola merce o fattore
It is the economic value of a good or service expressed in local currency terms at a given time and place. It varies according to changes in supply and demand.

La relazione tra prezzo dello stage e numero degli studenti interessati può essere rappresentata:

- sia come equazione:
  X (numero di studenti interessati) = f (Y, prezzo dello stage), in cui il numero di studenti interessati è la variabile dipendente, mentre il prezzo è la variabile indipendente;

• sia con un grafico:

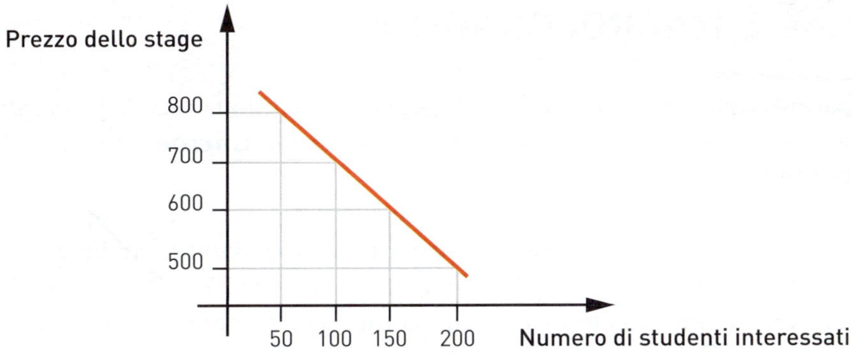

Nella rappresentazione grafica in oggetto la variabile dipendente (il numero di studenti interessati allo stage) si trova sull'asse delle ascisse (x), mentre la variabile indipendente (il prezzo dello stage) è posta sull'asse delle ordinate (y), contrariamente a quanto accade di solito in matematica. Questo tipo di rappresentazione è frequente in economia e non c'è ragione particolare che giustifichi questo rovesciamento delle convenzioni in uso, se non una maggiore comodità nella lettura dei grafici.

Come si vede, il grafico non aggiunge nulla di nuovo alle informazioni di cui eravamo già in possesso attraverso i dati della tabella, li presenta solo in modo da rendere più immediata la comprensione della dinamica del fenomeno che stiamo esaminando.

Nell'esempio appare una sola variabile indipendente, ma cosa si fa se le variabili indipendenti sono più di una?

La realtà economica presenta spesso situazioni in cui le variabili indipendenti sono due o ancora di più. Nell'esempio prima citato si fa riferimento a una sola variabile indipendente, ma in realtà il numero di studenti interessati allo stage può dipendere, oltre che dal prezzo dello stage, anche dal reddito degli studenti, dal prezzo di altri tipi di stage, da esigenze soggettive e così via:

$$\mathbf{X = f\,(Y, Z, W, \ldots)}$$

In questi casi, per poter valutare l'effetto di ciascuno di questi fattori, occorrerebbe studiare, di volta in volta, la relazione esistente tra la variabile dipendente (studenti interessati allo stage) e una sola variabile indipendente (per esempio, reddito degli studenti), ferme restando tutte le altre variabili indipendenti. Per definire questa condizione gli economisti usano l'espressione latina ***ceteris paribus***, che significa "a parità di ogni altra condizione". Con tale locuzione si vuole sottolineare che lo studio, o la previsione dell'esistenza di una certa relazione tra variabili, è valido solo se tutte le altre grandezze considerate nel modello restano invariate. Questo metodo viene usato in economia per creare veri e propri modelli di analisi, ove vengono descritte le relazioni e i nessi logici tra diverse variabili, a due a due, all'interno del medesimo problema.

Ceteris paribus
A parità di ogni altra condizione.

3 MICRO E MACROECONOMIA

Microeconomia
Studio dei comportamenti dei singoli operatori economici.

Macroeconomia
Studio del sistema economico nel suo complesso.

William S. Jevons

Léon Walras

Carl Menger

Microeconomics
Microeconomia
It is the branch of economics that studies the behavior of individual economic agents, or even economic systems with a limited number of agents, operating in conditions of scarcity of resources.

A partire dagli anni Trenta del secolo scorso si è prodotta una divisione abbastanza netta della teoria economica in due parti: la **microeconomia** e la **macroeconomia**.

Per entrare in argomento, consideriamo questo semplice esempio: se la scienza economica si occupasse di alberi, la microeconomia studierebbe il funzionamento del singolo albero, mentre la macroeconomia studierebbe il funzionamento della foresta nel suo complesso. Entrando nello specifico, vediamo meglio di che cosa si tratta.

La **microeconomia** è interessata in modo prevalente allo studio dei comportamenti individuali (essenzialmente del singolo consumatore e della singola impresa), indirizzati a ottenere il massimo risultato col minimo dispendio di mezzi, e di fenomeni quali la determinazione del prezzo di equilibrio sui vari tipi di mercati e lo studio dei costi di produzione dei beni. Si concentra sul modo con cui gli individui e le imprese prendono le decisioni e sulle conseguenze di tali decisioni, basandosi sul presupposto che la principale proprietà di ogni agente economico è la razionalità. L'individuo razionale è spesso evocato con l'espressione *homo oeconomicus*. Per esempio, la microeconomia permette di determinare quanto costerebbe a una università o a un college offrire un nuovo corso di laurea: tale costo include il salario degli insegnanti, il costo dei materiali didattici, e così via. L'istituto può quindi decidere se offrire il corso mettendo a confronto i costi e i benefici.

Infine, in campo microeconomico l'intervento dello Stato è limitato perché è indirizzato al solo scopo di garantire il corretto funzionamento dei mercati e di intervenire in maniera appropriata in tutti gli specifici casi in cui i mercati non operano in piena efficienza.

La microeconomia ha origine verso la fine del XIX secolo dal contributo di tre economisti, Léon Walras, Stanley William Jevons e Carl Menger, oggi riconosciuti come i fondatori della scuola neoclassica (di cui si parlerà nell'Unità 3), ma, come si è detto, ha assunto rilevanza negli anni '30 del XX secolo.

La **macroeconomia** rivolge invece la sua attenzione allo studio del sistema economico nel suo complesso o dei suoi singoli settori. Il suo scopo è analizzare in che modo le decisioni di tutti gli individui e di tutte le imprese, interagendo fra loro, generano un particolare livello di prestazione economica generale, per esempio recessione o crescita del sistema economico, occupazione o **disoccupazione**, inflazione (aumento dei prezzi) o deflazione (diminuzione dei prezzi), ecc. Tale ramo dell'economia analizza le prestazioni del sistema economico usando il procedimento dell'**aggregazione**, che consiste nel mettere insieme le unità elementari per misurare le varie grandezze macroeconomiche (per esempio, sommando tutti i redditi personali, come salari, stipendi, profitti, interessi e rendite, si ottiene il reddito nazionale, che è appunto una grandezza aggregata o macroeconomica).

Per fare un esempio: attraverso l'uso di variabili aggregate, quali la *produzione aggregata* (cioè la produzione dell'economia nel suo complesso in un dato periodo di tempo) e il *livello aggregato dei prezzi* (cioè una misura del **livello generale dei prezzi** nel sistema economico), la macroeconomia è in grado di determinare l'andamento del ciclo economico (intendendo per tale l'alternanza di fasi caratterizzate da una diversa intensità dell'attività economica di un Paese o di un gruppo di Paesi economicamente collegati), in quale fase dello stesso ci troviamo e il modo in cui questa fase del ciclo può essere gestita, attraverso un uso sapiente della politica fiscale e monetaria.

La macroeconomia moderna, intesa come approccio sistematico e coerente ai fenomeni economici a livello aggregato, prende ispirazione dall'opera dell'economista inglese John Maynard Keynes (1883-1946), e sviluppa una concezione del sistema capitalista come sistema instabile e, quindi, da regolare attraverso interventi diretti dello Stato. Pertanto, nella concezione macroeconomica keynesiana allo Stato viene attribuito un ruolo molto più ampio di quello che riveste in campo microeconomico.

Macroeconomics
Macroeconomia
The field of study of the economic system at the aggregate level.

Unemployment
Disoccupazione
It is the condition of a lack of work for people of working age who actively seek it, either because they lost their jobs (unemployed in the strict sense), or because they are looking for their first jobs (unfilled).

General price level
Livello generale dei prezzi

Tabella 2 – Microeconomia e macroeconomia a confronto

DOMANDE DI MICROECONOMIA	DOMANDE DI MACROECONOMIA
• È meglio che mi iscriva a un master o che vada subito a lavorare?	• Quanti individui nel sistema economico hanno un'occupazione quest'anno?
• Cosa determina il costo che una università deve sostenere per offrire un nuovo corso di laurea?	• Cosa determina il livello generale delle retribuzioni dei lavoratori dipendenti in un dato anno?
• Cosa determina la decisione di una banca se aprire o meno una nuova filiale a Shanghai?	• Cosa determina il livello generale dei prezzi nel sistema economico?
• Come si determina il prezzo del caffè?	• Quali politiche pubbliche devono essere adottate per promuovere l'occupazione e la crescita del sistema economico?
• Se dispongo di 200 euro, quali beni e in quale quantità posso acquistare?	• Cosa determina il livello degli scambi di beni, servizi e attività finanziarie tra l'Unione europea e il Resto del mondo?
• ...	• ...

Si può dire che la macroeconomia è la somma dei comportamenti economici individuali?

La risposta può sembrare scontata ma l'accostamento è sbagliato o, almeno, non coglie del tutto la realtà. Quello che vale per un individuo non necessariamente vale per tutta la collettività. Pensiamo, per esempio, a un rigore durante una partita di calcio. Se durante questa azione i tifosi tendono ad alzarsi in piedi per vedere meglio, nel momento in cui tutti sono in piedi nessuno riesce più a vedere meglio e tutti stanno peggio. Lo stesso vale in campo economico.

Prendiamo come esempio un agricoltore che riesce a incrementare la quantità di grano prodotto lavorando alacremente e applicando la quantità appropriata di fertilizzanti. Operando in questo modo il suo reddito potrebbe crescere con rilevanti vantaggi per lui, ma se tutti gli agricoltori facessero la stessa cosa e aumentassero la produzione di grano, la quantità di grano diventerebbe eccessiva e quindi una parte di essa rimarrebbe invenduta con grave danno per l'economia nel suo complesso.

L'"HOMO OECONOMICUS" È:

- **onnisciente** (sa tutto, è perfettamente informato);
- **obiettivamente razionale** (utilizza la scarsità con la massima efficacia, persegue come obiettivo la massimizzazione del suo benessere utilizzando al meglio le risorse a disposizione);
- **sceglie sempre l'alternativa migliore** (è in grado di scegliere gli strumenti migliori per il conseguimento dei propri interessi).

Bisogna, inoltre, considerare un altro aspetto della macroeconomia: nel breve periodo (un intervallo di tempo di diversi anni, ma generalmente più breve di un decennio) decine di migliaia o milioni di azioni individuali, accumulandosi, producono un risultato maggiore della loro semplice somma.

☐ Perché la somma di comportamenti individuali ha un effetto amplificato sul sistema economico nel suo complesso?

Consideriamo, per esempio, quello che gli economisti chiamano il **paradosso della parsimonia**: le famiglie e le imprese, se temono di dover affrontare un periodo di ristrettezze economiche, reagiscono istintivamente risparmiando e riducendo le spese superflue. Questo atto del risparmio, che a livello microeconomico può essere ragionevole per l'individuo, rischia di deprimere l'economia perché le imprese, di conseguenza, producono meno e licenziano i lavoratori. La minor spesa può quindi determinare a livello macroeconomico un alto livello di risparmi, che tuttavia impedisce il raggiungimento del pieno impiego. Giustamente si parla di "paradosso": un comportamento apparentemente virtuoso (prepararsi ad affrontare le ristrettezze economiche risparmiando di più) finisce per avere effetti deleteri per tutti (la prudenza che induce a risparmiare e a ridurre le spese amplifica la tendenza negativa del sistema economico).

Ma c'è anche il rovescio della medaglia: se famiglie e imprese si sentono ottimiste riguardo al futuro, aumentano le proprie spese correnti. Questo aumento del consumo, che può essere visto a livello microeconomico come un comportamento scialacquatore, potrebbe diventare un fattore d'impulso per l'economia perché spinge le imprese a produrre di più e ad assumere nuovi lavoratori, creando le condizioni per il raggiungimento del pieno impiego. Pertanto un comportamento apparentemente dissipatore potrebbe finire per avere conseguenze positive per tutti.

4 LE RELAZIONI ECONOMICHE INTERNAZIONALI: OGGETTO E ATTORI

L'economia politica opera in una complessa e dinamica realtà nazionale e internazionale. Tradizionalmente, con l'espressione **Relazioni internazionali** s'intende *lo studio delle relazioni reciproche tra gli Stati.*

Tuttavia, da tempo ormai, lo Stato non è più l'unico attore della vita internazionale, anche se ancora oggi continua a esserne un attore importante, l'attore privilegiato. In particolare la sua azione appare sempre più limitata da altri soggetti:

- **organizzazioni internazionali** (più correttamente *interstatali* o *inter-governative*), i cui membri sono gli Stati (Onu, Nato, Associazione delle Nazioni del Sud-est asiatico, Organizzazione della Conferenza islamica, ecc.);

International Relations
Relazioni internazionali
Field of study of all interactions, more or less peaceful, that exist between countries in the global interstate system.

- **organizzazioni sovranazionali**, che si collocano al di sopra degli Stati (tale è, per esempio, la Commissione dell'Ue);
- **attori non-governativi transnazionali orientati verso il profitto**, cioè attori privati che attraversano i confini degli Stati senza passare tramite i Governi. Si possono distinguere in legali o illegali: nella prima categoria rientrano le imprese multinazionali (come la Unilever), nella seconda le organizzazioni criminali (per esempio le "mafie" internazionali come la 'ndrangheta);
- **attori non-governativi transnazionali orientati verso l'interesse pubblico**, cioè organizzazioni non governative (Ong), movimenti sociali, network, campagne d'opinione (come Amnesty International, il Consiglio Ecumenico delle Chiese, la Caritas, il World Social Forum o la campagna per l'abolizione del debito dei Paesi poveri);
- **altri attori potenziali**, come movimenti di liberazione nazionale, movimenti terroristici, enti regionali e così via (esempi sono l'Olp, Al Qaeda, Isis).

Un numero crescente di studiosi tende, infine, a includere tra gli attori delle Relazioni internazionali anche l'**opinione pubblica internazionale**, distinta in *opinione ufficiale* (emanante dai Governi), *opinione spontanea di massa* (che può essere condizionata dai mass media e dai gruppi di pressione) e *opinione di élite militanti* (pacifisti, no-global, ecologisti, ecc.).

Pertanto, esiste una definizione più ampia di Relazioni internazionali che non solo prevede una *pluralità di attori* (Stati, organizzazioni internazionali, attori transnazionali, ecc.), ma pone l'accento, nello stesso tempo, sulla *varietà dei temi trattati* (oltre al problema della sicurezza figurano temi economici, culturali, tecnologici, ambientali, demografici, ecc.). Per sottolineare tale ampliamento è sempre più comune nella letteratura il riferimento alla politica internazionale come politica mondiale (*world politics*) o anche politica globale (*global politics*).

Tra una definizione restrittiva e una estensiva, esiste una concezione delle Relazioni internazionali per così dire intermedia. Quest'ultima, mentre riconosce allo Stato un ruolo centrale nella vita internazionale e il carattere primariamente politico delle sue relazioni esterne, attribuisce la dovuta importanza anche ai rapporti transnazionali e alle relazioni non esclusivamente politiche.

Palazzo Berlaymont *a Bruxelles (Belgio), sede della Commissione europea.*

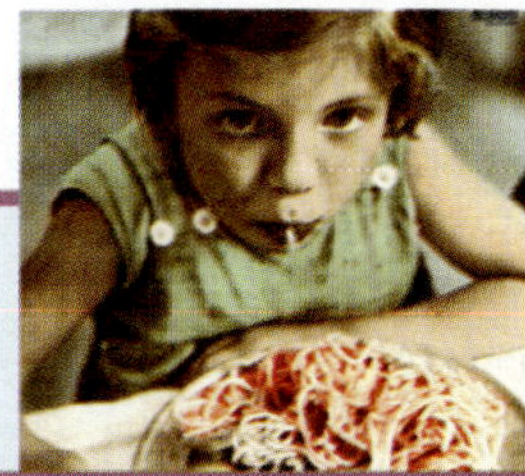

Pasta Nera

Film-documentario di Alessandro Piva, 2011

«... questo è un paese che ogni tanto ha bisogno di ricordarsi che ha fatto delle cose bellissime.
E finalmente ho imparato a non vergognarmi dell'emozione che mi trascina via ogni volta che penso a questa storia.» (Alessandro Piva)
Nell'immediato dopoguerra, tra il 1945 e il 1952, più di 70.000 bambini del Sud Italia più povero furono temporaneamente ospitati da famiglie del Centro-Nord. Fu per i bambini ospitati e per le famiglie ospitanti un'esperienza unica e anche uno dei migliori esempi di solidarietà nella storia del nostro Paese. Il titolo del film fa riferimento alla pasta "nera" ottenuta con i chicchi di grano rimasti sul terreno dopo la trebbiatura e usata come alimento dalle famiglie più povere.

- Guarda il film e discutine con i compagni e l'insegnante.

AMNESTY INTERNATIONAL

Amnesty International *è un'Organizzazione non governativa indipendente, una comunità globale di difensori dei diritti umani.*

MAPPA UNITÀ 1

ECONOMIA POLITICA

è
una scienza sociale

si occupa
di gestire al meglio le risorse della comunità (i beni economici) per fronteggiare bisogni illimitati e riproducibili

formula
leggi economiche

avvalendosi
di alcuni metodi d'indagine:
- metodo deduttivo
- metodo induttivo

effettuando
due tipi di analisi:
- analisi positiva
- analisi normativa

si pone
quesiti fondamentali:
- cosa e quanto acquistare
- cosa e quanto produrre
- come produrre
- per chi produrre

fornisce
interpretazioni della realtà economica servendosi di:
- modelli
- grafici

si divide
in due parti:
- microeconomia
- macroeconomia

opera
in una complessa e dinamica realtà nazionale e internazionale in cui lo Stato e altri attori non statuali (Onu, Nato, Ue, Ong, pacifisti, ecologisti, ecc.) instaurano relazioni reciproche

Verifiche 1

1) TROVA L'ERRORE IN OGNI FRASE

Competenza: acquisire e riconoscere i contenuti chiave

A. Nell'analisi positiva l'economista valuta che cosa sia più opportuno fare.

B. In una relazione causale la variabile che influenza (cioè l'"effetto") è detta variabile dipendente, mentre quella che viene influenzata (cioè "la causa") è detta variabile dipendente.

C. L'Onu è un'organizzazione sovranazionale.

D. L'area della macroeconomia, in generale, suggerisce che l'intervento pubblico può avere solo un ruolo limitato.

E. L'aggregazione consiste nel mettere insieme le unità elementari per misurare le varie grandezze microeconomiche.

2) COLLEGA LE ESPRESSIONI CONTRASSEGNATE DA UNA LETTERA CON QUELLE INDICATE DA UN NUMERO

Competenza: individuare collegamenti e relazioni

A. Macroeconomia	1. Bene economico
B. Modello	2. John Maynard Keynes
C. Microeconomia	3. Costo-opportunità
D. Razionalità	4. Analisi positiva
E. Scelta	5. Léon Walras
F. Scarsità	6. Homo oeconomicus

A	B	C	D	E	F

3) INDICA SE LE SEGUENTI AFFERMAZIONI SONO VERE O FALSE. SE LE RITIENI FALSE GIUSTIFICA LA RISPOSTA

Competenza: acquisire, interpretare l'informazione e comunicare

	VERO	FALSO
A. Il termine "economia" significa "legge di gestione economica".		
B. La macroeconomia è lo studio delle grandezze economiche aggregate.		
C. I metodi d'indagine dell'economia politica sono l'analisi positiva e deduttiva.		
D. La microeconomia studia le scelte economiche del consumatore.		
E. Il rapporto tra due variabili tenendo costanti le altre è detto "relazione teorica o empirica".		
F. Sono servizi: a) i diritti di brevetto; b) le prestazioni di lavoro dipendente.		

4) RISOLVI I SEGUENTI PROBLEMI

Competenza: risolvere problemi

A. Indica con una crocetta quali argomenti sono di competenza della microeconomia, quali della macroeconomia e quali di entrambe.

ARGOMENTI	MICROECONOMIA	MACROECONOMIA	MICROECONOMIA E MACROECONOMIA
1. Determinazione del prezzo di un bene.			
2. Domanda aggregata.			
3. Analisi dei costi di produzione nel breve periodo.			
4. Nel 2014 il tasso di disoccupazione in Italia è del 12%.			
5. Comportamento economico del produttore.			
6. Confronto costi/benefici.			
7. Distribuzione del reddito.			
8. Livello generale dei prezzi.			
9. Tasso di crescita del Prodotto interno lordo (Pil).			
10. Nel mercato delle mele oggi il prezzo è salito a 2 euro al kg.			

B. Supponiamo che tu voglia comprare dei jeans di una certa marca. Sei indeciso e consulti un catalogo di abbigliamento con varie marche di jeans.

1. Fai un elenco delle variabili che prendi in considerazione per fare la tua scelta.
2. Indica se si tratta di variabili dipendenti o indipendenti.
3. Sul catalogo sono elencate varie offerte promozionali riguardanti marche diverse di jeans tra cui la tua. Chiedi a 8 amici quanti fra di loro comprerebbero la tua marca di jeans preferita al prezzo indicato nel catalogo, quanti l'avrebbero comprata al prezzo originario e quanti a un prezzo inferiore a quello del catalogo. A tal proposito, riporta i risultati su una tabella e costruisci il relativo grafico.

5) RISPONDI AI SEGUENTI QUESITI IN UN MASSIMO DI 5/6 RIGHE

Competenza: saper organizzare e sintetizzare i contenuti

A. Cosa sono i bisogni indotti?
B. Perché l'aria di montagna e la luce del sole non sono beni economici?
C. Perché le leggi economiche sono differenti dalle leggi dell'ordinamento giuridico?
D. Cosa significa applicare il metodo deduttivo in economia?
E. Perché la politica economica, che studia gli interventi dello Stato nella vita economica, è una parte dell'economia normativa?
F. Con quale procedimento la macroeconomia analizza le prestazioni del sistema economico?
G. In economia politica si usa un'espressione particolare tutte le volte che un fenomeno osservato assume l'andamento ipotizzato a condizione che non vi siano variazioni nelle altre variabili. Qual è questa espressione?
H. Perché possono esistere spiegazioni diverse di uno stesso fenomeno economico?
I. Perché è scorretto affermare che la macroeconomia è una somma di comportamenti individuali?
J. Perché oggi lo Stato non è più l'unico attore della vita internazionale?

ENGLISH EXERCICES 1

1) Connect each letter with a number

A. **Microeconomics**	1. Simplified, small-scale version of an aspect of the economy; often expressed in equations, by graphs, or with words
B. **Macroeconomics**	2. Ignoring many details so as to focus on the most important elements of a problem
C. **Economic model**	3. Anything which satisfies human wants
D. **Building economic models**	4. The excess of human wants over what can actually be produced
E. **Scarcity**	5. The branch of economics that examines the behavior of economic aggregates –income, employment, output, and so on- on a national scale
F. **Economic goods and services**	6. The branch of economics that examines the functioning of individual industries and the behavior of individual decision-making units, like firms and households

A	B	C	D	E	F

2) Reading and comphrension

A popular economics joke has a physicist, a chemist and an economist all stranded on a desert island. There is one can of food, but nothing to open it with. The physicist presents his proposed solution (usually hitting the can with a rock). The chemist presents his proposed solution (such as heating a seawater solution with the sun's rays). The economist comes up with the simple, unrealistic solution: "Assume we have a can opener".

Explain the answer of the economist

....

....

3) Chose the right words among the ones listed below and fill in the gaps

.... is a fundamental problem for every economic system. Decisions must be made regarding .... to produce, ... to produce and .... to produce. What to produce involves decisions about the .... and quantities of goods and services to produce. How to produce requires decisions about what .... to use and how the economic .... are to be combined in producing output. And for whom to produce involves decisions on the .... of the output among the members of a society. Decisions on what and how involve opportunity cost. Opportunity cost is what is sacrificed to carry out an alternative ...., for example what is given up to produce other goods or ....

[action, distribution, for whom, how, kinds, resources, scarcity, services, techniques, what]

UNITÀ 2 Il sistema economico

Quei maghi che domano il caos dei sistemi economici

[...] Se andate al Science Museum a Londra potete vedere la macchina di Phillips. Sembra quasi un giocattolo: tubi trasparenti, luci, serbatoi, valvole e l'acqua di diversi colori che scorre da una parte all'altra. Questo marchingegno è una rappresentazione idraulica di come funziona un sistema economico. Fu creato nel 1949 da Bill Phillips, un ingegnere neozelandese che diventò economista: lo mise assieme nel 1949 nel suo garage a Croydon, vicino a Londra (usando perfino rottami da un bombardiere Lancaster!). [...] L'economia, come Phillips dimostrò (il suo aggeggio ricevette una sensazionale accoglienza alla London School of Economics, dove lui poi andò a insegnare) è una macchina. L'acqua del reddito scorre e si divide poi fra consumo e risparmio, secondo percentuali che possono essere regolate da una valvola; il risparmio fluisce nell'investimento, quello che si domanda per consumi o investimenti attiva la produzione di quei beni, la produzione genera redditi per i lavoratori e profitti per il capitale, redditi e profitti vengono spesi, e il cerchio si chiude. Prima di chiudersi, però, ci sono altre complicazioni che Phillips inserì nel suo macchinario: una parte del reddito va alle tasse, le tasse finanziano le spese pubbliche. E poi l'investimento è sensibile a un'altra valvola, quella che rappresenta il costo del capitale, cioè il tasso di interesse.

E poi una parte della spesa va all'estero, per pagare le importazioni, e una parte della produzione passa la frontiera (esportazioni). Insomma, la macchina è complicata, perché l'economia è complicata. Ci sono delle leve per controllare l'economia: le tasse e la spesa pubblica, i tassi di interesse... Ma, così come chi guida un'auto deve stare attento a non pigiare contemporaneamente freno e acceleratore, anche chi guida l'economia deve stare attento a coordinare bene le leve della politica economica. Quando Phillips insegnava con il suo macchinone (due metri di altezza per 1,5 di larghezza) chiese a uno studente di fare il ministro del Tesoro (che controlla entrate e spese pubbliche) e a un altro di fare il governatore della Banca centrale (che controlla i tassi d'interesse). Ma aperture e chiusure delle valvole e delle leve in questione furono sincronizzate male, e l'acqua traboccò sul pavimento. [...]

Fabrizio Galimberti
«Il Sole 24 Ore», 17 giugno 2012

attività

1. Chi è Bill Phillips?
2. In che senso la macchina di Phillips è una rappresentazione idraulica di come funziona un sistema economico?
3. Quali sono le caratteristiche di questa macchina e quali sono le sue complicazioni?
4. Prova a immaginare la macchina e a disegnarla.

1 IL SISTEMA ECONOMICO E I SUOI SOGGETTI

Anche se non sempre ne siamo consapevoli, ogni giorno siamo immersi in una pluralità di rapporti economici. Per esempio:

- in quanto membri di una famiglia, per soddisfare i nostri bisogni, comperiamo beni e servizi, in parte prodotti da imprese nazionali, in parte da imprese situate all'estero; su di essi paghiamo allo Stato tributi, per esempio l'Iva;
- l'acquisto di beni e servizi è possibile perché i nostri genitori, grazie alla loro attività lavorativa, percepiscono redditi che in parte vengono spesi per acquistare beni di consumo; un'altra parte invece viene, di solito, risparmiata e magari depositata presso una banca che la può così prestare a un'impresa per finanziare un progetto d'investimento.

Già da questi semplici esempi è facile individuare alcuni "attori" economici (famiglie, imprese nazionali, imprese estere, banche, Stato), le relazioni che fra di essi intercorrono e le rispettive attività svolte.

L'insieme dei **soggetti economici** e delle relazioni che si instaurano fra di loro, in un dato ambito territoriale e in un dato quadro culturale e istituzionale, costituisce un **sistema economico**.

L'ambito territoriale a cui in genere ci si riferisce è quello nazionale, ma può anche essere locale oppure internazionale. Il quadro istituzionale è sostanzialmente costituito dalla legislazione vigente e dall'insieme delle istituzioni pubbliche.

INDIVIDUA A QUALE GRUPPO APPARTENGONO I SEGUENTI OPERATORI ECONOMICI:

- istituto pubblico di istruzione "L. da Vinci" ....
- scuola privata "Enrico Fermi" ....
- esportatore italiano di maglieria ....
- importatore cinese di piastrelle di Sassuolo ....

Economic system
Sistema economico
An organized way, in which a state allocates its resources and apportions goods and services in the national community through the interaction of all the economics agents.

Chi sono i soggetti che agiscono nel sistema economico italiano?

I soggetti che agiscono nel nostro sistema economico, anche chiamati *operatori economici*, vengono tradizionalmente aggregati in alcune grandi categorie, in base alle funzioni svolte.

Tabella 1 – Gli operatori economici e le loro funzioni

Soggetti economici	Funzioni svolte
Famiglie	• forniscono fattori produttivi alle imprese (lavoro, capitale, risorse naturali) in cambio di redditi (salari e stipendi, interessi, rendite) • consumano beni e servizi (determinando la "domanda") • risparmiano
Imprese	• acquistano fattori produttivi dalle famiglie, pagando redditi • producono beni e servizi (determinando l'"offerta") • effettuano investimenti (macchinari, impianti, ecc.)
Enti del Terzo settore	• producono beni e servizi a vantaggio dei settori più deboli della popolazione • basano la loro attività sulla solidarietà sociale
Pubblica amministrazione (Stato)	• fornisce servizi pubblici a imprese e famiglie (giustizia, ordine pubblico, istruzione, sanità, ecc.) • preleva tributi (tasse, imposte, contributi)
Resto del mondo	• vende beni e servizi (importazioni di beni, servizi e capitali) • acquista beni e servizi (esportazioni di beni, servizi e capitali)

REDDITO
=
CONSUMO + RISPARMIO

Consumption
Consumo

Household
Famiglia

Wage labour
Lavoro dipendente
It is a relationship between two parties whereby one person performs intellectual or manual work under the direction of another in exchange of remuneration.

Self employment
Lavoro autonomo
The labour relationship in which a person agrees to carry out work or services for remuneration, mainly by means of his own labour and without a relationship of subordination towards the client.

Income
Reddito

☐ L'operatore economico "famiglie" deve essere necessariamente costituito da persone aventi vincoli di parentela?

L'operatore economico *famiglie* è costituito da coloro che, nell'ambito del sistema economico, oltre a fornire fattori produttivi alle imprese, svolgono attività di **consumo**. Pertanto rientrano in questo aggregato, oltre alla famiglia classica, come la famiglia Rossi costituita da padre, madre e figli, anche le persone singole (per esempio il *single* Gianni Bianchi o la vedova Maria Neri) e gruppi di persone che vivono in comunità (per esempio nella comunità di San Patrignano). Si tratta di soggetti che, per soddisfare i loro bisogni, devono consumare beni e servizi prodotti dalle imprese e, a tal fine, hanno la necessità di procurarsi un reddito, per esempio lavorando come operai o impiegati presso un'azienda, come insegnanti o bidelli presso una scuola pubblica o privata.

La famiglia può però ottenere entrate non soltanto prestando attività di *lavoro dipendente* dal momento che alcuni dei suoi componenti possono anche essere titolari di una pensione o esercitare attività di *lavoro autonomo* (artigiani, commercianti, liberi professionisti). La famiglia inoltre può ottenere entrate dall'affitto di terreni e fabbricati di sua proprietà o come remunerazione del patrimonio finanziario posseduto (per esempio interessi su depositi bancari, su titoli di Stato, ecc.).

Le entrate percepite dai componenti della famiglia in un determinato periodo di tempo ne costituiscono il **reddito**. Esso può essere speso nell'acquisto di beni e servizi oppure può non essere speso. La parte non spesa del reddito viene in genere utilizzata per acquistare attività *finanziarie* che fruttano un rendimento (per esempio, i titoli pubblici, le obbligazioni private, le azioni) oppure beni *reali* non di consumo, come gli immobili.

La parte di reddito non spesa in beni di consumo e impiegata nell'acquisto di attività finanziarie e reali costituisce il **risparmio** della famiglia, grazie al quale essa rinuncia al consumo presente nella prospettiva di realizzare un maggiore consumo futuro.

Saving
Risparmio
The excess of income that is not consumed.

Il reddito costituisce la ricchezza della famiglia?

Il concetto di ricchezza deve essere tenuto ben distinto dai concetti di reddito e di patrimonio.

La **ricchezza** è costituita dal **totale dei beni reali** (case, capannoni industriali, macchinari, ecc.) **e delle attività finanziarie**, comprensive del denaro circolante, delle azioni, delle obbligazioni, ecc. di proprietà dei componenti della famiglia, **al netto delle passività finanziarie** (per esempio debiti).

Il **patrimonio** consiste nella ricchezza detenuta in un determinato momento **espressa in termini monetari**. Poiché fa riferimento a un aspetto statico, il patrimonio è detto anche *fondo* o *stock*.

Il **reddito** si riferisce all'aspetto dinamico della ricchezza, in quanto è costituito dal *flusso* di entrate ricevuto dai componenti della famiglia entro un determinato periodo di tempo come contropartita della diretta partecipazione all'attività produttiva, come remunerazione della ricchezza reale e finanziaria posseduta, nonché per il godimento di pensioni o altre indennità.

Quali soggetti rientrano nell'operatore economico "imprese"?

In questo aggregato rientrano tutte le unità produttive presenti nel sistema economico indipendentemente dalla loro ampiezza (impresa piccola o grande) e dalla loro forma giuridica (impresa individuale o societaria). Anche le banche, che svolgono attività di intermediazione finanziaria fra le famiglie e le imprese, rientrano nella categoria delle imprese. Ogni impresa sostiene dei costi per procurarsi i fattori produttivi, li organizza nel processo produttivo, ottiene un prodotto e lo vende sul mercato, conseguendo un ricavo.

I **fattori produttivi** sono i mezzi necessari per realizzare la produzione. Essi sono:

- il **lavoro**, cioè l'attività umana, sia manuale sia intellettuale, svolta in modo **subordinato**, cioè alle dipendenze di un datore di lavoro, oppure **autonomo**;
- le **risorse naturali**, costituite dal suolo, dall'acqua, dalle risorse minerarie ed energetiche, ecc.; complessivamente esse prendono il nome di *terra*;
- il **capitale** sia monetario sia reale; quest'ultimo è costituito dal capitale fisso, cioè dai beni di investimento utilizzati dall'impresa per più cicli produttivi (per esempio, fabbricati, macchinari, automezzi), e dal capitale circolante, come le materie prime e i semilavorati che esauriscono la loro utilità in un solo ciclo produttivo.

Firm
Impresa
Any economic entity formed and organized to carry on a business for profit. It purchases factors of production (labour, capital, and raw materials) in order to produce goods and services that are sold to consumers, governments, or other firms.

Factors of production
Fattori produttivi
They are: land, labour, capital, enterprise. They are used in a firm to produce goods and services, in order to make an economic profit.

Land
Risorse naturali
In economics, it is broadly defined to include all that nature provides, including minerals, forest products, water and land resources. While many of these are renewable resources, no one considers them "inexhaustible."

L'imprenditore, per conseguire un **profitto**, dovrà fare in modo che i ricavi siano maggiori dei costi.

Il profitto è il compenso con cui viene remunerata l'organizzazione dell'impresa da parte dell'imprenditore e può anche assumere valore negativo. L'esistenza di un profitto negativo indica che l'impresa ha subìto una perdita, conseguenza del fatto che essa non è riuscita a vendere i suoi prodotti a un prezzo idoneo a ripagare almeno i costi.

L'impresa potrà crescere e svilupparsi solo se essa sarà in grado di ottenere dei profitti oppure dei finanziamenti dalle banche e dai risparmiatori. In questo modo essa potrà, infatti, acquistare fattori produttivi e realizzare nuovi **investimenti**, aumentando la sua capacità produttiva.

PROFITTO
=
RICAVI − COSTI

Quali sono le attività realizzate dagli enti del Terzo settore?

Le imprese che appartengono al Terzo settore non hanno come fine il profitto, essendo guidate da criteri di solidarietà sociale.

Le attività realizzate riguardano molti ambiti, fra cui assistenza sociale, istruzione, tutela dell'ambiente. Di questa particolare tipologia di impresa si parlerà nella Sezione C, Unità 4, a proposito dell'impresa etica.

Da quali soggetti è costituito l'operatore economico "Pubblica amministrazione" (P.A.) e quali sono i suoi compiti?

Profit
Profitto
The firm's total revenues from sales, minus implicit and explicit costs.

Public Administration
Pubblica amministrazione
The economic agent that includes all the public subjects (central government, local administration, social security institution) that supply the community with public services and pursue the aim of the general wellbeing and social equality.

La Pubblica amministrazione è costituita da un settore centrale (Governo e altri enti centrali), dalle Amministrazioni locali (Comuni, Città metropolitane, Regioni e altri enti locali) e dagli enti previdenziali e assistenziali (Inps, Inail, ecc.). Essa ha il compito di fornire alla collettività beni e servizi di interesse collettivo quali difesa, giustizia, ordine pubblico, istruzione, sanità, infrastrutture essenziali alla vita civile ed economica (strade, acquedotti, porti, ecc.) e di attuare una ridistribuzione del reddito a favore dei ceti più disagiati. La realizzazione di quest'ultima funzione richiede la creazione di una rete di garanzie sociali (cassa integrazione guadagni, indennità di disoccupazione, pensioni sociali, ecc.) che costituisce la cosiddetta *sicurezza sociale*.

Per sostenere tutte le spese derivanti dall'adempimento dei suoi compiti, la P.A. si finanzia con la riscossione di tributi, in particolare tasse e imposte, e di contributi sociali.

L'intervento pubblico nel sistema economico non è mai neutrale, in quanto può essere più o meno esteso a seconda dell'indirizzo politico perseguito dai Governi in carica. Sarà proprio la misura di questo intervento a differenziare i diversi sistemi economici (vedi paragrafo 2).

☐ Quali operatori economici rientrano nell'aggregato "Resto del mondo"?

Appartengono a questo aggregato tutti gli operatori economici stranieri (famiglie, imprese, Pubbliche amministrazioni) che hanno relazioni con gli operatori economici nazionali, costituite da:

- importazioni di beni, servizi e capitali;
- esportazioni di beni, servizi e capitali.

Negli ultimi anni i sistemi economici si sono molto aperti alle relazioni economiche internazionali dando vita al fenomeno della *globalizzazione dei mercati*. Per esempio:

- il signor Carlo Rossi sceglie di indirizzare il proprio risparmio all'estero comperando obbligazioni di una banca tedesca o acquistando un appartamento a New York;
- l'imprenditore tessile Mario Bianchi acquista filati in Cina;
- l'imprenditore Giovanni Verdi vende il suo albergo, situato a Rimini, a una catena alberghiera russa.

I rapporti economici intercorsi entro un dato periodo di tempo tra i soggetti residenti in un sistema economico e il *Resto del mondo* sono riepilogati in un documento chiamato *bilancia dei pagamenti*.

SECONDO TE...

Il rapporto Coop 2015 ha evidenziato la composizione % dei consumi degli italiani. Per le categorie di consumi sotto elencati, scegli il valore percentuale che, in base alla tua esperienza, ti sembra convincente.

	A	B	C
1. alimentari	5%	14%	22%
2. casa	10%	24%	35%
3. comunicazioni	2%	4%	6%
4. tempo libero	3%	5%	7%
5. trasporti	12%	20%	30%
6. alberghi e ristoranti	5%	10%	15%

2 SISTEMI ECONOMICI A CONFRONTO

Ogni sistema economico deve confrontarsi con il problema della **scarsità** e con le conseguenti **scelte** riguardanti le questioni di cosa e quanto produrre, come produrre e per chi produrre, domande ritenute fondamentali per l'economista **Paul Samuelson** e a cui potranno essere date risposte differenti a seconda dei principi che ispirano i diversi sistemi economici. Pertanto, le decisioni fondamentali alla base di ogni sistema economico riguardano le modalità con cui devono avvenire la **produzione**, la **distribuzione** e l'**impiego** del reddito distribuito.

La **produzione** è il procedimento organizzato mediante il quale l'impresa combina e trasforma determinati beni e servizi (i cosiddetti fattori produttivi) in altri beni e servizi (che vengono denominati prodotti). Questi ultimi possono essere destinati al consumo finale (**beni di consumo**) o essere impiegati nell'ambito di altri processi produttivi, come **beni strumentali** se impiegati per più cicli produttivi, o **beni intermedi** se utilizzabili in un solo ciclo produttivo.

Production
Produzione

Distribution
Distribuzione

Consumer goods
Beni di consumo

Producer goods (or intermediate goods)
Beni intermedi

Capital goods
Beni strumentali

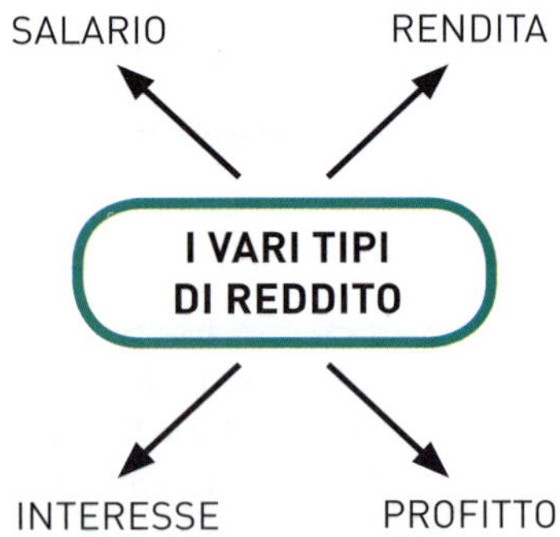

Un esempio di bene strumentale per un'impresa agricola è l'aratro; un esempio di bene intermedio per un panificio è la farina.

La produzione consiste in un processo di accrescimento di utilità, che, oltre alla trasformazione in senso fisico, può anche avvenire grazie al trasferimento di un bene nello **spazio** (come il caffè, dalle piantagioni del Brasile all'Italia) o nel **tempo** (per esempio, le mele della Val di Non, grazie alla conservazione negli impianti frigoriferi, anche se raccolte a settembre sono presenti nei supermercati per tutto l'anno).

La **distribuzione** è la fase in cui avviene la ripartizione della ricchezza prodotta tra tutti coloro che, avendo partecipato al processo produttivo, ricevono un reddito.

Più precisamente:

- chi ha fornito lavoro viene remunerato con **salari e stipendi**;
- chi ha prestato capitali riceve gli **interessi**;
- chi ha consentito l'utilizzo della terra di sua proprietà percepisce una **rendita**;
- chi organizza il processo produttivo in qualità di imprenditore riceve un **profitto**.

Lo Stato può intervenire in modo più o meno sostenuto, a seconda delle diverse tipologie di sistema economico, per influenzare e correggere la distribuzione della ricchezza.

L'**impiego** consiste nell'utilizzo, da parte delle famiglie, del reddito distribuito. Come abbiamo già visto, ogni famiglia può utilizzare il denaro a disposizione in due soli modi: per acquistare beni di consumo oppure mettendolo da parte, per acquistare in futuro. Nel primo caso si parla di *consumo*, nel secondo caso di *risparmio,* che costituisce a sua volta la fonte dell'**investimento**.

Wage
Salario
The income earned as remuneration by an employee.

Interest
Interesse
The profit earned on money that is invested. Or in other words, the price of borrowing or lending money.

Rent
Rendita
The income earned as remuneration for rented land.

Income allocation
Impiego (del reddito)
The use of money earned by households, the distribution of income.

Investment
Investimento
The purchase of factors of production to create wealth in the future. Money committed through savings or used in business activities.

Produzione-distribuzione-impiego della ricchezza prodotta

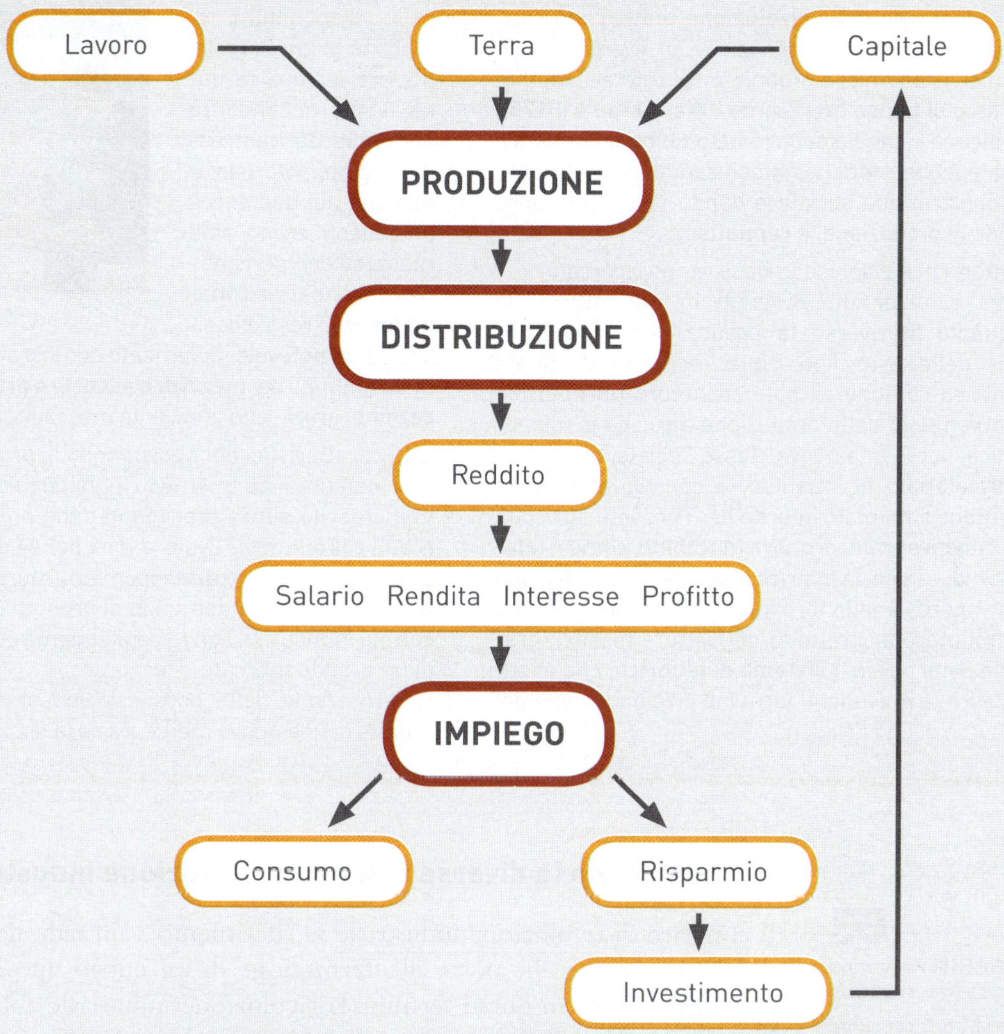

IN PILLOLE

Quali sono i diversi tipi di sistema economico?

Ci limiteremo a descrivere quelli contemporanei in quanto in passato l'attività economica si è svolta all'interno di sistemi economici, quello schiavistico e quello feudale, che ormai hanno soltanto un interesse storico. Il primo sistema economico che possiamo definire contemporaneo è quello capitalistico, sorto in seguito alla **rivoluzione industriale** avvenuta a metà del XVIII secolo e caratterizzata da varie fasi di trasformazioni che ci consentono di comprendere le peculiarità odierne dell'economia capitalistica.

Le tipologie presenti in epoca moderna sono:

- sistema economico di mercato (o liberista);
- sistema collettivista (o centralizzato);
- sistema a economia mista.

Market economy
Sistema economico di mercato (o liberista)

Centrally planned economy
Sistema collettivista (o centralizzato)

Mixed economy
Sistema a economia mista

RINFORZO

La rivoluzione industriale

Il fenomeno della **rivoluzione industriale** consiste in una concatenazione di eventi sociali, tecnici, economici e organizzativi, tutti accaduti in un arco di tempo brevissimo – tra il **1730** e il **1780** all'incirca – che ha determinato un taglio netto tra due epoche storiche, modificando radicalmente l'organizzazione sociale e dando vita a un nuovo modo di produzione: il **capitalismo**.

I fattori che ne sono alla base vanno ricercati:

- nei cambiamenti avvenuti in **agricoltura**, in quanto attraverso la pratica delle "recinzioni" delle terre, fino a quel momento destinate all'uso comune, si poté realizzare un notevole incremento della produzione agricola e zootecnica, sorse una nuova classe sociale, quella del proletariato bracciantile, e conseguentemente crebbe il mercato interno per i prodotti agricoli;
- nelle **invenzioni** di nuove macchine, come il telaio meccanico, la filatrice meccanica, la macchina a vapore, e nella loro introduzione nel processo produttivo (soprattutto nel settore tessile), grazie a cui nasce il **sistema di fabbrica**, che sostituisce le precedenti forme di organizzazione del lavoro di tipo artigianale;
- nella **disponibilità di materie prime**, in particolare ferro e carbone, e nell'abbondanza di **capitali**, derivanti dagli scambi internazionali che nei due secoli precedenti erano stati realizzati dai mercanti;

- nell'abbondanza di **manodopera**, resa possibile da un notevole incremento demografico;
- nello sviluppo dei **mezzi di trasporto e di comunicazione**, grazie alla crescente meccanizzazione.

I tratti caratteristici del nuovo modo di produzione che si instaura stabilmente in Inghilterra sono:

- una crescita senza precedenti della produzione e della produttività (vale a dire del rendimento orario o giornaliero di ciascun lavoratore);
- una crescita della domanda di prodotti sia agricoli sia industriali, con la conseguente creazione di un grande mercato interno;
- l'affermazione della borghesia industriale e la nascita di una nuova merce, ossia la forza-lavoro.

Quali sono le diverse fasi della rivoluzione industriale?

Industrial revolution
Rivoluzione industriale
The process of transformation in economic and social organization that took place during the mid-1700s and early 1800s in England and later on in other countries, characterized chiefly by mechanization of the industrial processes and by the concentration of industry plants in spread-out environments.

Il concetto di rivoluzione industriale fa riferimento a un radicale processo di trasformazione che porta all'affermazione di un nuovo tipo di sistema economico. Vista in questi termini, la rivoluzione industriale abbraccia un lungo periodo della storia, che dalla prima metà del XVIII secolo arriva fino a oggi. In conseguenza dell'evoluzione tecnologica si è infatti soliti distinguere tra prima, seconda e terza rivoluzione industriale.

La **prima rivoluzione industriale** riguarda prevalentemente i settori tessile e metallurgico ed è caratterizzata dall'introduzione della macchina a vapore; inizia in Inghilterra e il suo arco cronologico è solitamente compreso tra la metà del XVIII secolo e il 1830.

La **seconda rivoluzione industriale** abbraccia il periodo che va dalla seconda metà del XIX secolo fino al 1950 circa; si afferma in Europa e negli Stati Uniti, con l'introduzione dell'elettricità, dei prodotti chimici e del petrolio. Notevoli sono gli sviluppi nei settori del trasporto, delle comunicazioni e della medicina.

La **terza rivoluzione industriale** inizia verso il 1950 negli Stati Uniti grazie agli effetti dell'introduzione massiccia dell'elettronica e dell'informatica nell'industria ed è tuttora in corso in tutti i Paesi avanzati.

APPROFONDIMENTO ONLINE
Come i computer hanno rivoluzionato l'economia

Quali sono le caratteristiche del sistema economico di mercato (o liberista)?

Le caratteristiche che contraddistinguono un sistema liberista sono la **libertà di iniziativa economica** e la **proprietà privata** delle imprese e delle risorse naturali.

In questo sistema ciò che determina il tipo, la quantità e la qualità dei beni e servizi prodotti, i loro prezzi e le remunerazioni del lavoro e degli altri fattori produttivi sono le miriadi di scelte decentrate effettuate dai diversi soggetti economici. Non vi è alcun piano di produzione prestabilito dallo Stato che non interviene in alcun modo nelle scelte economiche, dovendosi limitare a offrire i servizi istituzionali – quali difesa, ordine pubblico e giustizia – per consentire al sistema economico di funzionare liberamente (principio del cosiddetto *laissez-faire*). In un sistema di liberismo economico ogni impresa è libera, appunto, di produrre ciò che vuole con una determinata tecnologia e di offrire i suoi prodotti ai prezzi ritenuti più opportuni. Allo stesso modo ciascun individuo è libero di scegliere la propria occupazione e di consumare i prodotti desiderati. Il luogo in cui i comportamenti e le decisioni economiche degli individui e delle imprese si incontrano è il **mercato**. È proprio il meccanismo di mercato, basato sulla domanda e sull'offerta che, come vedremo, consente di rendere compatibili, in mancanza di un piano, le scelte indipendenti dei soggetti economici.

Tuttavia, anche nei Paesi come gli Stati Uniti e i Paesi occidentali che si ispirano al libero mercato, la libertà di iniziativa economica è sottoposta a limitazioni più o meno estese al fine di tutelare gli interessi dei soggetti più deboli e della collettività. Possiamo pertanto ritenere che il modello liberista puro non sia totalmente realizzabile nella realtà contemporanea.

Tempi moderni

Film di Charlie Chaplin, 1936

Tempi moderni è un film ambientato nella seconda Rivoluzione industriale, interpretato, diretto e prodotto da Charlie Chaplin.
Ultimo capolavoro di cinema muto del grande regista (in realtà si tratta di un film sonoro, ma quasi completamente non parlato), segna anche l'ultima apparizione sul grande schermo del leggendario Charlot, "il vagabondo", che dopo tanti anni mette fine alle sue peregrinazioni per andare a lavorare in fabbrica, cercando così di adeguarsi all'incalzante meccanizzazione del nuovo capitalismo occidentale.

- Guarda il film e discutine con i tuoi compagni e l'insegnante.

Quali sono le caratteristiche del sistema collettivista (o centralizzato)?

In questo tipo di sistema economico lo Stato ha un ruolo di guida, in quanto assume le più importanti decisioni inerenti alla produzione e alla distribuzione della ricchezza. Gli aspetti che contraddistinguono un sistema economico centralizzato da un sistema liberista sono l'elevato grado di **controllo pubblico** su gran parte della vita economica e la **proprietà statale** delle imprese e delle risorse naturali. Esiste un organo centrale di pianificazione che, sulla base delle indicazioni governative, decide i beni e i servizi da produrre, le loro quantità, i loro prezzi e le remunerazioni dei lavoratori. Queste indicazioni sono racchiuse nei cosiddetti "piani economici" di natura in genere quinquennale; in questo contesto il compito delle varie aziende esistenti è semplicemente quello di eseguire gli ordini contenuti nel piano economico, per la parte di rispettiva competenza.

Questo sistema ha caratterizzato, sia pure con qualche piccolo spazio all'iniziativa economica privata, l'ex Unione Sovietica e i Paesi socialisti

APPROFONDIMENTO ONLINE
La caduta del muro di Berlino (9 novembre 1989)

dell'Europa dell'Est fino al 1989, anno della caduta del muro di Berlino. Negli anni seguenti, profondi rivolgimenti sociali e politici hanno segnato il fallimento del sistema collettivista, sia sotto l'aspetto economico sia sotto l'aspetto del conseguimento degli obiettivi di giustizia sociale che avrebbero dovuto caratterizzare questo modello. In Europa il sistema è stato pertanto abbandonato e gli Stati menzionati si sono spostati verso l'economia di mercato. Attualmente si ispirano a questo modello, sia pure con modalità differenti, Corea del Nord, Cuba, Vietnam e Cina; quest'ultima ha comunque intrapreso un percorso di liberalizzazione dell'economia.

Quali sono le principali caratteristiche del sistema a economia mista?

Nel sistema a economia mista coesistono **l'iniziativa privata e quella statale**. Come abbiamo sopra affermato, anche nei sistemi economici che hanno scelto il libero mercato, di fatto un intervento dello Stato, più o meno esteso, si è sempre realizzato, per esempio per controllare i prezzi o la moneta, per garantire un livello minimo dei salari o per tutelare l'ambiente. Tuttavia, solo con la fine della seconda guerra mondiale si è gradualmente imposta una concezione dell'intervento dello Stato nell'economia assai più ampia di quella precedente, sintetizzata con il termine di "economia mista". In questo sistema l'intervento dello Stato è spesso rivolto a correggere i "fallimenti" del libero mercato, sia sul piano economico sia sul piano dell'equità sociale. Per far questo, lo Stato interviene con diversi strumenti di politica economica, per esempio con incentivi (quali gli sgravi fiscali per stimolare le assunzioni di lavoratori) e disincentivi (come l'aumento delle imposte su alcol e tabacchi per scoraggiarne l'uso) o anche con un insieme di prestazioni sociali e assistenziali, volte a garantire il benessere sociale (cosiddetto sistema di Stato sociale o *Welfare State*). L'Italia è un Paese a economia mista in cui il sistema pubblico e il sistema privato convivono. Negli ultimi anni lo Stato, per ridurre i costi e le inefficienze del suo apparato, ha favorito la nascita in diversi ambiti di enti e associazioni del *non profit,* o Terzo settore, per esempio per l'assistenza agli anziani, ai disabili e ad altre categorie svantaggiate.

Tabella 2 – Confronto tra i diversi sistemi economici

SISTEMA	Caratteri	Chi risponde alle tre domande di Samuelson	Ruolo dello Stato	Aspetti problematici
Liberista	• Libertà di iniziativa economica • Proprietà privata dei mezzi di produzione • Libertà di scelta degli operatori economici	Il mercato	• È minimo • Si applica il principio del *laissez-faire*	• Ingiustizie sociali • Ripetute crisi economiche • Mancato soddisfacimento dei bisogni delle classi più deboli
Centralizzato	• Proprietà statale dei mezzi di produzione • Assenza di libertà di iniziativa economica • Le decisioni economiche vengono assunte da un organo statale di pianificazione	Lo Stato	• È determinante su tutte le decisioni inerenti la produzione e la distribuzione della ricchezza, che vengono imposte a tutti gli altri soggetti	• Difficoltà di programmare la quantità di beni necessari • La produzione non è sempre rispondente ai bisogni • I lavoratori non sono incentivati a migliorare la produttività
Economia mista	• Libertà di iniziativa economica privata • Coesistenza di imprese private e pubbliche • Sistema di *Welfare State*	Lo Stato e il mercato	• Lo Stato interviene per correggere i difetti del mercato sul piano economico e sociale	• Eccesso di spesa pubblica • Crescita elevata del debito pubblico • Gestione inefficiente delle imprese pubbliche • Possibili iniquità del sistema di *Welfare State*

3 I FENOMENI ECONOMICI REALI E MONETARI

I rapporti che i diversi soggetti (famiglie, imprese, P.A., Terzo settore, Resto del mondo) intrattengono fra loro all'interno di ogni sistema economico, possono avere per oggetto beni o servizi oppure moneta. Si realizzano così nel primo caso, fenomeni economici **reali**, mentre, nel secondo caso, fenomeni economici **monetari**.

Analizziamo uno degli esempi proposti all'inizio di questo capitolo: *"in quanto membri di una famiglia, al fine di soddisfare i nostri bisogni, compperiamo beni e servizi, in parte prodotti da imprese nazionali, in parte da imprese situate all'estero; nel prezzo che paghiamo sono compresi tributi che versiamo allo Stato, per esempio l'Iva".*

Sono **fenomeni economici** reali:

- l'acquisto di beni e servizi e il successivo consumo;
- la produzione degli stessi da parte di imprese nazionali ed estere.

Sono **fenomeni economici monetari**:

- il pagamento alle imprese del prezzo per l'acquisto dei beni e servizi;
- il pagamento dell'Iva allo Stato.

Avvenendo in modo costante e ripetitivo, i rapporti economici danno vita a quello che viene definito un **circuito economico** in cui gli scambi monetari e reali generano flussi che, in modo contrapposto e speculare, consentono al sistema economico di funzionare.

☐ Quali sono i flussi reali e monetari di un sistema economico complesso, caratterizzato dalla presenza di diversi soggetti economici?

Immaginiamo un sistema a economia mista con la presenza del sistema bancario, in cui interagiscono famiglie, imprese, Stato e Resto del mondo. Il circuito economico, con i suoi flussi reali e monetari, può essere descritto nel modo seguente.

Tabella 3 – Il circuito economico

Relazioni fra Soggetti (nel soggetto imprese sono comprese anche le banche)	**Flussi reali**	**Flussi monetari**
Famiglie ↕ **Imprese**	• Le famiglie forniscono lavoro e altri fattori produttivi • Le imprese vendono beni e servizi	• Le imprese pagano redditi per l'acquisto dei fattori produttivi • Le famiglie pagano i prezzi per l'acquisto dei beni e servizi
Famiglie-imprese ↕ **Stato**	• Lo Stato fornisce servizi pubblici a famiglie e imprese • Le famiglie a volte forniscono lavoro alla Pubblica amministrazione	• Famiglie e imprese pagano imposte, tasse e contributi • Lo Stato paga salari e stipendi ai dipendenti pubblici
Famiglie-imprese ↕ **Banche**		• Le famiglie depositano risparmi presso le banche in cambio di interessi • Le imprese ricevono prestiti dalle banche pagando loro interessi
Operatori economici nazionali ↕ **Resto del mondo**	• Soggetti economici nazionali esportano beni e servizi • Soggetti economici nazionali importano beni e servizi	• Entra valuta estera nel sistema economico nazionale • Esce valuta nazionale dal sistema economico

Le relazioni e gli scambi fra i soggetti economici possono essere descritti anche attraverso un diagramma denominato **flusso circolare del reddito**. Nella figura 1 rappresentiamo, con una linea tratteggiata, i flussi monetari e, con una riga continua, i flussi reali.

Circular flow of income
Flusso circolare del reddito
It is a diagram that describes the relationships and exchanges between economic operators.

Figura 1

Il flusso circolare del reddito

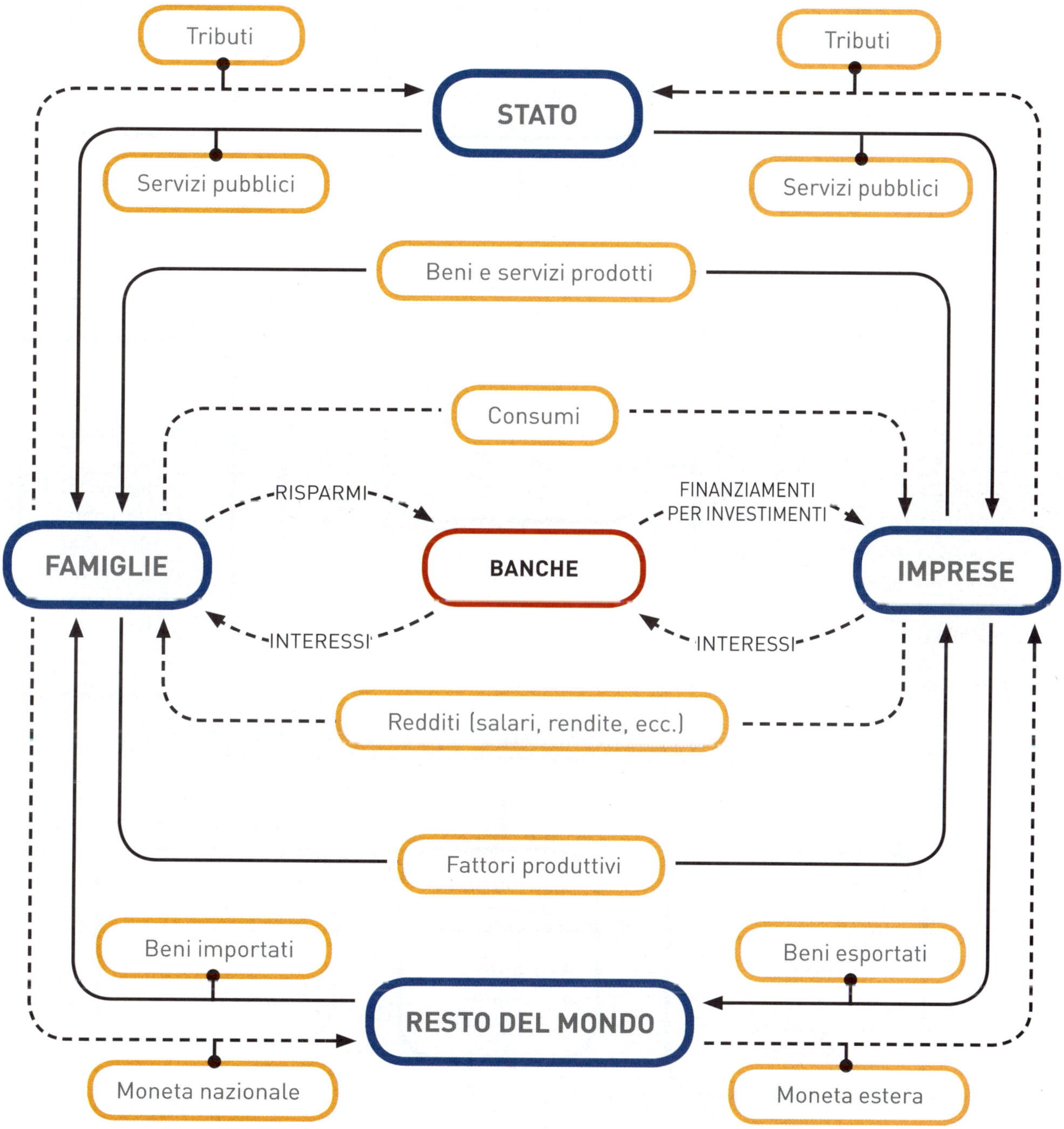

MAPPA UNITÀ A2

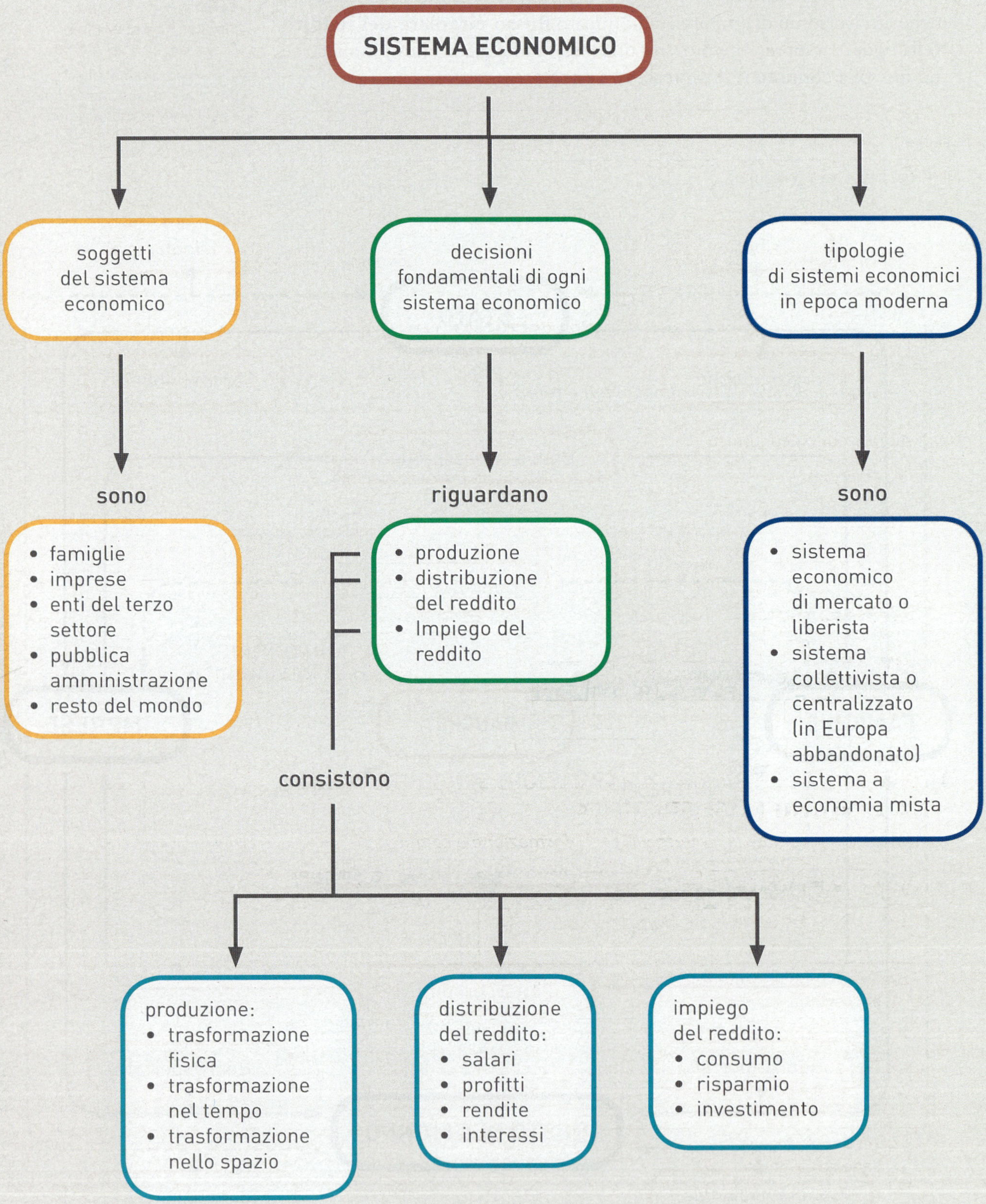

Verifiche 2

1) TROVA L'ERRORE IN OGNI FRASE

Competenza: acquisire e riconoscere i contenuti chiave

A. La ricchezza di una famiglia è costituita dal flusso di entrate ricevuto dai suoi componenti in un determinato periodo di tempo.
B. Il soggetto "Resto del mondo" è costituito da tutti gli operatori economici nazionali che entrano in contatto con gli operatori economici stranieri.
C. Il primo sistema economico che possiamo definire contemporaneo è il sistema a economia mista.
D. Il sistema economico liberista si caratterizza per la difficoltà di produrre beni rispondenti ai bisogni degli individui.
E. Nel sistema a economia mista l'iniziativa economica statale prevale su quella dei privati.

2) COLLEGA LE ESPRESSIONI CONTRASSEGNATE DA UNA LETTERA CON QUELLE INDICATE DA UN NUMERO

Competenza: individuare collegamenti e relazioni

A. Circuito economico	1. Sistema a economia mista
B. Famiglie	2. Consumo + risparmio
C. Laissez-faire	3. Offerta di fattori produttivi
D. Imprese	4. Flussi monetari e reali
E. Reddito	5. Domanda di fattori produttivi
F. Welfare State	6. Sistema liberista

A	B	C	D	E	F

3) INDICA SE LE SEGUENTI AFFERMAZIONI SONO VERE O FALSE. SE LE RITIENI FALSE GIUSTIFICA LA RISPOSTA

Competenza: acquisire, interpretare l'informazione e comunicare

	VERO	FALSO
A. La rendita è il compenso che spetta a chi fornisce il capitale.		
B. Salari, rendite e interessi sono forme di impiego del reddito.		
C. Il patrimonio è una grandezza stock, cioè misurabile in un determinato istante.		
D. I rapporti fra Famiglie e Banche danno luogo a flussi reali e monetari.		
E. Per un'impresa edile un aratro rappresenta un bene strumentale.		

4) RISOLVI I SEGUENTI PROBLEMI

Competenza: risolvere problemi

Individua i *soggetti economici* interessati dalle seguenti azioni e il tipo di *flusso* (reale o monetario) che si determina.

RELAZIONI ECONOMICHE	SOGGETTI ECONOMICI	TIPO DI FLUSSO
1. Assunzione di 30.000 insegnanti per la scuola pubblica.		
2. Esportazione di vino del Chianti in Cina.		
3. Finanziamento di progetti di investimento per imprese produttrici di apparecchiature biomedicali.		
4. Sottoscrizione da parte di numerosi risparmiatori di un prestito obbligazionario emesso dall'Enel.		
5. Importazione di aerei dagli Stati Uniti per l'Aeronautica militare.		

5) RISPONDI AI SEGUENTI QUESITI IN UN MASSIMO DI 5/6 RIGHE

Competenza: saper organizzare e sintetizzare i contenuti

A. Descrivi le fonti di reddito di una famiglia.
B. Qual è la differenza fra il reddito e la ricchezza di una famiglia?
C. Quali sono le principali funzioni economiche di un'impresa?
D. Quali sono gli elementi necessari alla produzione?
E. Quali sono i fattori alla base della crescita di un'impresa?
F. Quali sono le differenze fra un sistema economico di mercato e un sistema economico centralizzato?
G. Quali sono i caratteri distintivi di un sistema a economia mista?
H. Quali sono i tratti caratteristici della prima Rivoluzione industriale?
I. Che cosa si intende per flusso circolare del reddito?
J. Quale differenza esiste fra i fenomeni economici monetari e reali?

ENGLISH EXERCICES 2

1) The economic agents: tick the box appropriately

	HOUSEHOLDS	FIRMS	PUBLIC ADMINISTRATION	REST OF THE WORLD
Diplays a range of choice of products and services				
Maximizes return on investments				
Supplies of public services				
Maximizes gains from employment income (wages)				
Is a mixed economy				
Applies taxation on income				
Purchases financial and real assets				
Maximizes profits				
Deals with capital exports				
Makes purchase factors of production				

2) Chose the right words among the ones listed below and fill in the gaps

Alternative economic systems include market economy, ... economy and centrally planned economy. In centrally planned economy the .... plans the economy and all means of .... are publicly owned. The economy of the former URSS was an example of a planned economy: all .... regarding production and .... were made by the government.
Market economy system is based on private .... of resources and relies on market .... to answer What? How? For whom? economic coordination ....
In contrast, a mixed economy is one where the government does .... planning and owns or .... more industries than in a free market economy. Governments may own .... industries such as steel, aviation and banking, while the individual .... plays an important role. Sweden, France and Italy are examples of mixed economies while Vietnam and Nord Korea of planned economies.

[controls, decisions, distribution, forces, government, initiative, mixed, ownership, problems production, some, key]

3) Answer to the following questions

- Give a definition of inputs
- What does Public Administration provide community with?
- How does Public Administration raise money for his activities?

UNITÀ 3

Le tappe del pensiero economico

Che cos'è l'economia

Una scienza (un po' cinica) che insegna a scegliere

L'economia politica deve poter spiegare qual è il modo in cui le cose possono maggiormente servire per aumentare il benessere, certamente la ricchezza, ma anche la felicità, la felicità che è inscritta non nei libri di economia, ma addirittura in una delle più grandi costituzioni politiche della storia, la costituzione americana: happiness, la felicità del popolo. Gli economisti dovrebbero essere coscienti che la ricchezza serve alla felicità, che l'economia serve all'uomo e non è l'uomo a servire l'economia. [...] L'economia non insegna a produrre. Quello è il compito della tecnica. L'economia insegna a scegliere. Scegliere quali cose produrre e quali metodi della produzione utilizzare. Produrre cose utili. Utili, per l'economista, significa solo che sono richieste da qualcuno, per qualunque ragione. Qualcuno che è disposto a pagare qualche cosa per averle. Si chiamano beni. Anche quando, moralmente parlando, sono mali. Perciò l'economista è un tipo un po' cinico. Lui si definirebbe: un realista.

Giorgio Ruffolo
Che cos'è l'economia?, *Roma, Sossella, 2008*

attività

1. A che cosa serve l'economia politica per l'autore?
2. Perché, secondo lui, l'economista è "un tipo un po' cinico"?
3. Secondo te, in che senso "l'economia serve all'uomo e non è l'uomo a servire l'economia"?

1 IL MERCANTILISMO E IL COMMERCIO INTERNAZIONALE

A partire dal XVI secolo significativi mutamenti economici e sociali cominciano a manifestarsi in Europa con crescente frequenza: essi porteranno al declino del sistema feudale e alla nascita del sistema capitalistico che si svilupperà gradualmente fino ad assumere i caratteri odierni. La prima fase del capitalismo è collocabile tra il Cinquecento e la seconda metà del Settecento, secolo quest'ultimo caratterizzato dalla rivoluzione industriale, che segna il passaggio da un capitalismo di tipo commerciale a uno di tipo industriale.

Gli elementi che in questi tre secoli contribuiscono principalmente a imprimere una svolta, mutando anche il clima culturale, sono:

- le grandi scoperte geografiche e l'ampliamento dei commerci;
- il costituirsi degli Stati nazionali (Francia, Spagna e Inghilterra in particolare);
- l'aumento demografico che si verifica in Europa verso la fine del Seicento;
- lo sviluppo dell'agricoltura dovuto al miglioramento delle tecniche di produzione nelle campagne;
- l'accumulazione di ingenti capitali nelle mani di mercanti e banchieri.

In questo periodo scrittori che sono anche mercanti, finanzieri, uomini di Governo, cominciano ad analizzare le cause della ricchezza e, quindi, della potenza degli Stati: nasce in questo modo la scuola mercantilista.

International trade
Commercio mondiale
The exchange of goods and services across national borders.

L'espansione del commercio mondiale

Nei secoli XVI e XVII inizia uno sviluppo senza precedenti del commercio mondiale. È questo il risultato storico di un processo iniziato con le grandi scoperte geografiche di fine Quattrocento, cui seguirono la colonizzazione spagnola e portoghese dell'America centro-meridionale e la penetrazione delle grandi compagnie commerciali europee nell'area dell'Oceano Indiano. In una prima fase (1500-1600) assumono il ruolo di guida del commercio internazionale, accanto alle città italiane di Genova e Venezia, il Portogallo e la Spagna. Le navi portoghesi portano dall'Asia le spezie a Lisbona, da cui verranno ridistribuite in Europa; i convogli spagnoli trasportano l'oro e l'argento dall'America meridionale e centrale al porto di Siviglia. In una seconda fase (1600-1660), all'egemonia delle potenze iberiche si sostituisce quella dell'Olanda e, nella seconda metà del secolo, quella dell'Inghilterra. Vengono istituite in questo periodo, con finanziamenti privati, le grandi compagnie commerciali delle Indie che assicurano agli Stati grandi possibilità di espansione economica e ottengono in cambio le "patenti" per lo sfruttamento commerciale, in regime di monopolio, dell'estremo Oriente e dell'America. Quasi tutti gli Stati europei hanno compagnie privilegiate ma le due più importanti sono la **Compagnia inglese delle Indie orientali** e la **Compagnia olandese delle Indie orientali**. Nel Seicento continuano i flussi verso l'Europa di spezie asiatiche e di metalli preziosi americani, ma acquistano sempre più importanza i flussi di altre merci, come zucchero e tessuti di cotone indiano.

RINFORZO

Quali sono le principali idee del mercantilismo?

Il mercantilismo non è un insieme coerente e omogeneo di principi ma è costituito da diverse teorie che variano da un Paese all'altro a seconda della situazione storica e del grado di sviluppo economico dei singoli Stati.

Per i mercantilisti la potenza della nazione dipendeva dalla quantità di oro e di argento presenti al suo interno e, pertanto, in mancanza di giacimenti e miniere di metalli preziosi, il sistema migliore per aumentarne la quantità era quello di sviluppare quanto più possibile il commercio internazionale, fonte della ricchezza e del profitto.

Jean-Baptiste Colbert

La politica commerciale di un Paese doveva quindi tendere a diminuire le importazioni e ad aumentare contemporaneamente le esportazioni, in modo da avere un saldo attivo della bilancia commerciale.

Tutto questo presupponeva una politica protezionista, caratterizzata da un forte intervento dello Stato e particolarmente aggressiva nei confronti delle economie concorrenti.

Il progetto di **Jean-Baptiste Colbert** (1619-1683), ministro delle Finanze sotto Luigi XIV dal 1661 al 1683, di ricondurre ogni momento dell'attività economica sotto il controllo dello Stato, era l'espressione più compiuta, sul piano politico, del pensiero mercantilista.

È giusto affermare che per i mercantilisti la ricchezza deriva dallo scambio?

L'elemento caratterizzante il pensiero mercantilista è l'accento posto sullo scambio come fonte della ricchezza e del profitto.

In quell'epoca la figura centrale del processo economico è il mercante capitalista, la cui attività era apparentemente semplice: acquistare dagli artigiani o dai contadini la merce a un dato prezzo per rivenderla ai consumatori a un prezzo più alto.

Grazie a questa attività di scambio, in poco tempo si accumularono nelle mani dei mercanti somme ingenti che, da un lato, li indussero ad associarsi per la gestione in comune degli affari – attraverso le cosiddette "Compagnie" (il prototipo delle moderne società commerciali) – e, dall'altro, contribuirono ad aumentare il loro peso politico. Il merito principale dei mercantilisti è proprio quello di avere sostenuto l'importanza del commercio; allo stesso tempo il principale limite è quello di avere creduto che la ricchezza di un sistema economico derivasse solo dallo scambio, con ciò sottovalutando l'attività produttiva.

2 L'ECONOMIA CLASSICA: LE IPOTESI DI BASE E I PRINCIPALI AUTORI

La teoria economica non si sviluppa dal nulla, ma dalla volontà degli studiosi di spiegare la realtà che li circonda e di dare risposte ai problemi della società; essa pertanto rispecchia l'evoluzione del sistema economico e dei mutamenti culturali che si susseguono nel tempo. Nel corso del XVIII secolo si sviluppò, sotto la spinta dei cambiamenti in atto nel sistema produttivo, un modo di pensare completamente nuovo che, affossando le idee mercantiliste, determinò la nascita dell'economia politica come scienza sociale autonoma. Questo avvenne soprattutto attraverso l'**economia classica**, che fu comunque preceduta dalla **fisiocrazia**, scuola a cui si deve la nascita del **liberismo**, la dottrina economica che sostiene che le forze del mercato debbano essere lasciate libere di agire senza vincoli da parte dello Stato.

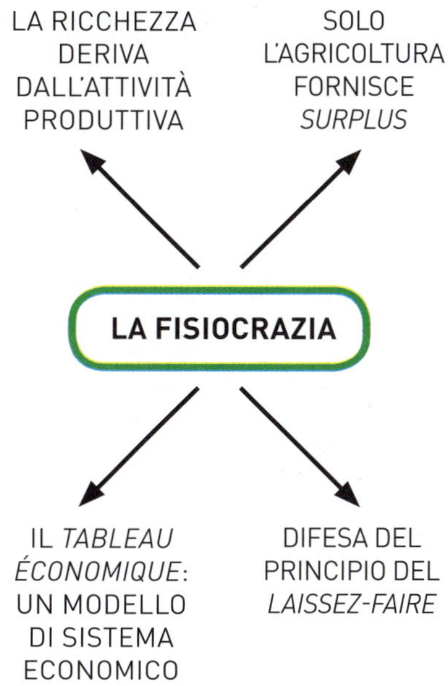

Quali sono le caratteristiche della fisiocrazia?

La fisiocrazia è una corrente di pensiero sviluppatasi in Francia intorno alla metà del XVIII secolo, il cui principale esponente è **François Quesnay** (1694-1774), filosofo e medico di corte di Luigi XV.

I fisiocratici erano contemporanei degli illuministi e presero il nome dalla loro fiducia nell'ordine naturale (in greco *physis* significa "natura" e *kràtos* "potere").

In opposizione al mercantilismo che individuava nel commercio internazionale (quindi nello scambio) la fonte della ricchezza dello Stato e nella moneta la sua principale forma d'esistenza, il centro dell'analisi economica fisiocratica viene spostato dalla sfera dello scambio alla sfera della produzione. Per i fisiocratici la ricchezza non deve più essere intesa come massa di denaro ma come quantità di beni a disposizione di una data società. Essi affermavano che i fatti economici, al pari di quelli fisici, sono "fatti di natura", pertanto nel campo dell'economia il Governo doveva lasciar fare alla natura, astenendosi da ogni intervento (principio del *laissez-faire*). Accanto al rifiuto del **protezionismo** è presente in questa corrente di pensiero una rivalutazione dell'importanza dell'agricoltura, considerata unica fonte di ricchezza economica grazie alla fertilità della terra. Per i fisiocratici l'agricoltura è l'unico settore produttivo in grado di generare il *surplus* (cioè il **sovrappiù** o **prodotto netto**) dato dalla differenza fra l'*output*, costituito dall'insieme dei prodotti ottenuti, e gli *input*, cioè i fattori produttivi necessari per ottenerlo. L'agricoltore infatti, utilizzando per esempio 1 quintale di sementi, poteva raccogliere almeno 20 quintali di grano, ottenendo un surplus di 19 quintali che arricchiva la nazione. Il procedimento di formazione del surplus è ben illustrato in un ingegnoso schema, il *Tableau économique* di François Quesnay. Le attività manifatturiere, come quelle commerciali, erano considerate invece sterili, perché si limitavano a trasformare i prodotti, forniti loro dal settore agricolo, senza accrescerne la quantità (da un chilo di lana si poteva rica-

Laissez-faire economics
Liberismo
Doctrine that claims that an economic system should be free from governement intervention and be driven only by the market forces.

Protectionism
Protezionismo
Policies that limit the imports in order to protect domestic producers from foreign competition.

Surplus value (Net product)
Sovrappiù o prodotto netto
The part of the gross product that remains after subtracting the means of production consumed in the production process.

RINFORZO

La Francia e la graduale rivoluzione agricola

La **Francia** presentava, a metà del secolo XVIII, uno sviluppo economico più ritardato e lento rispetto a quello inglese. I caratteri tipici dell'economia francese erano:

- arretratezza delle campagne;
- struttura industriale basata prevalentemente sull'artigianato;
- presenza di poche grandi manifatture che godevano della protezione dello Stato e dipendevano dall'estero per le materie prime;
- trasformazione capitalistica in atto di alcuni settori dell'agricoltura nella Francia settentrionale, laddove, accanto al grande proprietario terriero assenteista e al contadino salariato, era emersa una nuova figura sociale, quella del ricco fittavolo che, anticipando i suoi capitali, aveva modificato le tecniche di coltivazione e aveva impresso un notevole sviluppo alla produttività agricola.

vare una coperta, dalla pelle di un animale una borsa, ma tutto questo non faceva aumentare la ricchezza della Nazione). Per fare uscire la Francia da una situazione di sottosviluppo era pertanto necessario introdurre in tutto il territorio nazionale tecniche di coltivazione più avanzate e reperire i capitali necessari per una trasformazione dell'agricoltura in senso capitalistico.

Massima XXV. Si mantenga integra la libertà di commercio; infatti la protezione più sicura, più precisa e più vantaggiosa per la nazione e per lo Stato, in materia di commercio interno ed estero, consiste nella piena libertà della concorrenza.

Francois Quesnay,
Massime generali del governo economico di un regno agricolo, *1767*

Quali indicazioni di politica economica venivano date dai fisiocratici?

I fisiocratici ritenevano che lo sviluppo e la prosperità della Francia dipendessero dalla conduzione dell'agricoltura con metodo capitalistico, già in parte realizzata grazie alla nuova classe emergente, quella degli affittuari, che mettevano a coltura le terre di proprietà degli aristocratici. Al tempo stesso ritenevano che il *surplus,* prodotto dal settore agricolo, venisse interamente percepito dai proprietari terrieri sotto forma di rendita fondiaria, per cui proponevano che le imposte gravassero soltanto su questa. In tal modo essi davano un implicito sostegno alle esigenze della nuova classe borghese che si andava rafforzando, non diversamente da quando si opponevano al protezionismo e invocavano il libero scambio. Per i fisiocratici lo Stato doveva adottare tutte le misure in grado di accrescere il prodotto netto del settore agricolo e, a tal fine, doveva garantire la piena liberalizzazione dei commerci interni ed esteri in modo da abbassare i costi di produzione sopportati dagli agricoltori. I sostenitori di tale teoria di fatto ispirarono la legislazione francese sulla libertà di commercio dei cereali e l'abbattimento delle dogane interne.

Le idee liberiste dei fisiocratici furono riprese dagli economisti inglesi della scuola classica i quali però, dato il nuovo contesto socio-economico in cui vivevano, rifiutavano l'idea che la terra fosse l'unica fonte del surplus e che quest'ultimo fosse interamente destinato alla rendita, senza spazi per il profitto.

La nascita del capitalismo industriale

Nella seconda metà del XVIII secolo l'economia del **Regno Unito** è caratterizzata, anche in seguito alle conquiste coloniali, dalla presenza delle grandi compagnie mercantili che, tuttavia, cominciano a perdere potere. Sono in atto grandi trasformazioni di tipo capitalistico anche in agricoltura. Ciò nonostante, attraverso le innovazioni tecnologiche introdotte nei processi produttivi, come la macchina a vapore di James Watt (1765) e la macchina tessile di Samuel Crompton (1779), l'Inghilterra riuscirà a intraprendere una strada di rapido sviluppo economico basato sul sistema di fabbrica, accompagnato però da ampie trasformazioni sociali come l'inurbamento, le condizioni di miseria di larghissima parte della popolazione, l'ascesa economica della borghesia industriale e mercantile. Grazie alla rivoluzione industriale, fra la seconda metà del Settecento e l'Ottocento, il Regno Unito diventerà la prima potenza economica mondiale. Altri Paesi europei e gli Stati Uniti seguiranno nel XIX secolo il percorso britannico, anche se con modalità e risultati diversi.

RINFORZO

Chi sono i maggiori esponenti della scuola classica?

In questa sede ci limitiamo a ricordare i principali: Smith, Malthus, Ricardo. Faremo inoltre un breve cenno alle teorie di Marx.

Adam Smith (1723-1790)

Professore di Filosofia morale, sostenitore del liberismo economico, è considerato il fondatore della scienza economica. La sua opera principale, del 1776, è *La ricchezza delle nazioni*, in cui sono espressi i fondamenti del suo pensiero qui sotto sintetizzati.

- Gli individui, nel perseguire il loro interesse personale, contribuiscono anche alla realizzazione del benessere collettivo e quindi devono essere lasciati liberi di agire. Questo risultato è infatti dovuto all'azione della libera concorrenza, la cosiddetta **mano invisibile**.
- Il *surplus* dipende dalla produttività del lavoro, indipendentemente dal settore in cui esso è impiegato. La produttività del lavoro può essere aumentata dalla *divisione del lavoro* che migliora l'abilità dei lavoratori, elimina i tempi morti nel passaggio da una mansione a un'altra, e consente l'introduzione di macchine sofisticate. Il processo di divisione del lavoro deve accompagnarsi a quello di ampliamento dei mercati. Il **surplus** viene distribuito, sotto forma di *rendita*, ai proprietari terrieri e, sotto forma di *profitto*, agli imprenditori che hanno anticipato in tutto o in parte il capitale per dar vita a un processo produttivo. I proprietari terrieri lo destinano ai consumi superflui, mentre gli imprenditori capitalisti lo reinvestono, rendendo possibile l'*accumulazione*, cioè lo sviluppo e la crescita del sistema economico. Ai lavoratori spetta un *salario* di sussistenza.
- Un bene ha un valore d'uso e un valore di scambio. Il primo dipende dalla sua utilità; il secondo è il valore che gli viene attribuito quando viene offerto e domandato sul mercato. In un'economia progredita esso

Non è certo dalla benevolenza del macellaio, del birraio o del fornaio che ci aspettiamo il nostro pranzo, ma dal fatto che essi hanno cura del loro interesse. Noi non ci rivolgiamo alla loro umanità ma al loro egoismo e con loro non parliamo mai delle nostre necessità, ma dei loro vantaggi.

Adam Smith,
La ricchezza delle nazioni, *1776*

Invisible hand
Mano invisibile
A term coined by Adam Smith in his book "The Wealth of Nations" to describe natural phenomena that guide the rich man in a free market through competition for scarce resources, for the public good.

Thomas Robert Malthus

David Ricardo

è determinato dal compenso dei tre fattori produttivi (salari, rendite, profitti) che costituisce il cosiddetto "lavoro comandato", mentre in un'economia primitiva in cui l'unico fattore produttivo è il lavoro, il valore di un bene dipende dal solo lavoro necessario a produrlo (lavoro incorporato).

Thomas Robert Malthus (1766-1834)

Pastore anglicano, ha una visione pessimistica sulle prospettive che stanno di fronte al sistema economico-sociale nato dalla rivoluzione industriale. Nelle sue opere principali, *Saggio sul principio di popolazione* (1798) e *Principi di economia politica* (1820), sono espresse le idee fondamentali.

- Poiché la popolazione cresce in progressione geometrica (secondo i numeri 2, 4, 6, 8, ecc.), mentre la produzione agricola, a causa dell'esistenza di terre di diversa fertilità, cresce in progressione aritmetica (secondo i numeri 1, 2, 3, 4, ecc.), si verificherà inevitabilmente un progressivo impoverimento della popolazione. Tale tendenza può essere ostacolata solo attraverso freni preventivi (per esempio il ritardare l'età del matrimonio) o eventi funesti (guerre, carestia, miseria) che modifichino il tasso di crescita della popolazione.
- La domanda di beni espressa dai **lavoratori** e dai **capitalisti** non può essere sufficiente per assorbire tutta la produzione effettuata da un sistema economico in espansione. I primi infatti spendono i loro salari per l'acquisto di beni di pura sussistenza e i secondi investono quasi interamente i loro profitti in beni strumentali per aumentare il capitale delle imprese. Soltanto i **proprietari terrieri**, utilizzando le rendite anche per i consumi voluttuari, sostengono la domanda dei beni prodotti evitando crisi di sovrapproduzione.
- Lo Stato deve imporre **dazi doganali** per scoraggiare le importazioni di grano: in questo modo vengono tutelati i proprietari terrieri, mantenendo elevate le loro rendite a vantaggio del sistema economico.

David Ricardo (1772-1823)

Agente di cambio, fu eletto membro del Parlamento dove difese un indirizzo liberista e a favore del libero scambio. Il nucleo centrale della sua teoria, sintetizzata nell'opera *Principi dell'economia politica e della tassazione* (1817), contiene l'analisi delle modalità secondo le quali il prodotto totale viene distribuito tra le classi sociali.

- I salari si fissano al livello di sussistenza per effetto del meccanismo demografico già analizzato da Malthus: quando il salario aumenta rispetto a quel livello si genera un aumento della popolazione e un eccesso di offerta di lavoro; quando diminuisce, si verifica una diminuzione della popolazione e un eccesso di domanda di lavoro. Il salario pertanto tende sempre verso il livello di sussistenza.
- Il surplus (dato dalla differenza fra prodotto totale e salari pagati ai lavoratori) viene ripartito fra rendita e profitto, spettanti rispettivamente a proprietari terrieri e capitalisti, le due classi sociali antagoniste.
- L'aumento della popolazione dovuto allo sviluppo economico richie-

Workers
Lavoratori
Members of the social class employed in jobs or at manual or industrial labour who receive a wage.

Capitalists
Capitalisti
A social class formed by people who receive a profit for the capital invested in the production process or that is invested for having a major financial interest.

Landlords
Proprietari terrieri
A social class formed by people who own or rent out buildings or land in exchange for a rent.

Custom duties
Dazi doganali
A charge applied on imported goods to protect domestic industries from predatory foreign goods entering the internal market from abroard.

derà maggiori quantità di beni alimentari, rendendo necessaria la coltivazione anche delle terre meno fertili. I capitalisti, nel tentativo di accaparrarsi quelle più fertili, tenderanno a pagare rendite sempre più elevate e questo andrà a scapito del profitto, che scomparirà definitivamente.

- Poiché motore dello sviluppo economico è l'accumulazione capitalistica che dipende dall'ammontare dei profitti, se questi cadono lo sviluppo viene meno e il sistema economico cade in uno ***stato stazionario***.
- Per evitare la caduta del tasso di profitto è necessario liberalizzare l'importazione di prodotti agricoli: questo avrebbe impedito la messa a coltura delle terre meno fertili e il conseguente aumento eccessivo delle rendite.
- Per analizzare la distribuzione del reddito viene utilizzata la teoria del valore-lavoro: il valore delle merci dipende dal lavoro in esse incorporato ed esse si scambiano in base ai rapporti determinati da tali quantità.

Stationary state
Stato stazionario
The situation in which the process of economic growth has come to a complete stop, so the production process repeats itself continuously on an unchanged scale.

RINFORZO

Karl Marx (1818-1883)

Una collocazione a parte va riservata a Karl Marx, la cui formazione affonda le radici nel pensiero classico, benché le sue posizioni teoriche successive siano molto critiche rispetto agli economisti sopraccitati.

Marx considera il capitalismo un modo di produzione che si è sostituito a quello feudale, a sua volta subentrato a quello schiavistico. Per passare da un modo di produzione a un altro è fondamentale la dinamica che si attua fra le forze produttive (macchine, tecniche, abilità degli uomini e strumenti necessari per produrre) e i rapporti di produzione (relazioni che si instaurano tra gli uomini, per esempio i rapporti di proprietà). Quando le forze produttive si sviluppano in modo impetuoso, si scardinano i rapporti di produzione esistenti e avviene la nascita di un nuovo modo di produzione: così, per esempio, è avvenuto durante la rivoluzione industriale, quando la borghesia ha affermato la propria egemonia sull'aristocrazia. Il sistema capitalistico si basa su rapporti di produzione caratterizzati dallo sfruttamento dei lavoratori da parte dei capitalisti. A differenza dello schiavo che era obbligato a cedere il frutto del suo lavoro al padrone, il lavoratore è libero di andare a lavorare, in cambio del salario stabilito dal mercato.

Il capitalista compra una merce che Marx definisce forza-lavoro, cioè la capacità di lavorare per un certo numero di ore, pagandola con il salario, e ottiene in cambio il lavoro. Questo lavoro produce merci di valore superiore al salario pagato: da questa differenza nasce il plusvalore, chiaro indicatore dello sfruttamento del proletariato. Dall'analisi economica di Marx discende anche il suo insegnamento politico, volto a indurre la classe operaia alla ribellione per la costruzione della nuova società comunista. Secondo Marx, inoltre, il sistema capitalistico contiene in sé contraddizioni che nel lungo periodo porteranno alla sua scomparsa, in quanto il saggio di profitto, dato dal rapporto fra il profitto e il capitale investito, tenderebbe a diminuire (legge della caduta tendenziale del saggio di profitto), generando una continua situazione di sottoccupazione e di crisi.

*Statua di **Karl Marx** a Kaliningrad, in Russia.*

RICARDO

- CONTRARIO ALLE CORN LAWS
- FAVOREVOLE AL LIBERISMO

MALTHUS

- FAVOREVOLE ALLE CORN LAWS
- SOSTENITORE DEL PROTEZIONISMO

☐ Quali caratteri comuni presentano le teorie di Smith, Ricardo, Malthus e degli altri economisti classici?

La scuola classica si colloca fra la fine del XVIII secolo e l'inizio del XIX, nel contesto degli avvenimenti che fanno seguito alla rivoluzione industriale.

Le opere degli economisti classici forniscono un'analisi diversa del sistema capitalistico ma esistono alcuni elementi comuni, così sintetizzabili:

- la società si presenta divisa nelle classi dei capitalisti, dei proprietari terrieri, dei lavoratori;
- il salario è fissato al livello di sussistenza;
- il capitale viene considerato come l'insieme delle anticipazioni fatte dal capitalista ai lavoratori per metterli in condizione di svolgere le loro mansioni (salari e mezzi di produzione);
- il surplus viene realizzato nell'ambito di tutte le attività produttive, sia agricole sia manifatturiere;
- il valore delle merci è riconducibile alla teoria del valore-lavoro;
- l'analisi del sistema economico è dinamica, volta allo studio delle leggi che lo governano, rendendone possibile l'espansione.

3 IL COMMERCIO INTERNAZIONALE NEL PENSIERO CLASSICO

A QUALI CLASSI SOCIALI VIENE DISTRIBUITO IL SURPLUS?

- per i fisiocratici ...
- per gli economisti classici ...

Le grandi trasformazioni intervenute in Inghilterra fra il Settecento e l'Ottocento, a seguito della rivoluzione industriale, costrinsero gli economisti a rivolgere l'attenzione su alcuni mutamenti che si stavano verificando. Nonostante in agricoltura fossero state introdotte nuove tecniche volte ad aumentare la produttività, di fronte ai bisogni derivati dall'incremento demografico la Gran Bretagna, che stava perdendo la sua capacità di essere autosufficiente sul piano alimentare, da Paese esportatore di grano si avviò a diventare Paese importatore di prodotti agricoli ed esportatore di manufatti. Le guerre napoleoniche però arrestarono il corso di questo processo, imponendo l'autosufficienza alimentare. Le forze sociali ed economiche legate ai proprietari terrieri riuscirono a ottenere l'approvazione da parte del parlamento inglese delle *Corn Laws*, le leggi sul grano (in vigore dal 1815 al 1846) che proteggevano l'agricoltura inglese con pesanti dazi di importazione sui prodotti agricoli. Ricardo, a differenza di Malthus, fu un accanito oppositore delle *Corn Laws*, di cui chiedeva l'abrogazione servendosi di argomentazioni puntuali ed efficaci, tutte rivolte a sostenere la propria posizione a favore del libero commercio. A tal proposito aveva anche elaborato una teoria del commercio internazionale, nota come *teoria dei costi comparati*.

Leggi sul grano *(Corn Laws). I nobili vietano l'introduzione in Gran Bretagna del mais a basso costo proveniente dall'estero.*

La teoria ricardiana dei costi comparati

Vediamo con un esempio come funziona la teoria dei costi comparati. La tabella che segue indica il livello dei costi di produzione, espressi in ore di lavoro, della stoffa e del vino, rispettivamente in Inghilterra e in Portogallo, sulla base dell'ipotesi che i prezzi dei beni siano proporzionali alla quantità di lavoro necessario a produrli.

Costi di produzione	Inghilterra	Portogallo
1 unità di stoffa 1 unità di vino	50 60	45 40
1 unità di stoffa + 1 unità di vino	110	85
2 unità di stoffa (di cui una da scambiare con vino) 2 unità di vino (di cui una da scambiare con stoffa)	100 ---	--- 80
vantaggio da commercio internazionale	10	5
Costo relativo del vino in termini di stoffa	(60/50) = 1,2	(40/45) = 0,89

Dai dati riportati nella tabella, risulta che in Inghilterra il livello assoluto dei costi di produzione di stoffa e vino è maggiore che in Portogallo. Però la produzione di vino in Inghilterra costa di più della produzione di stoffa; il contrario si verifica in Portogallo, dove produrre vino costa meno che produrre stoffa. Si può così affermare che l'Inghilterra ha un vantaggio relativo nella produzione di stoffa, mentre il Portogallo ha un vantaggio relativo nella produzione di vino.

Secondo la teoria dei costi comparati, l'Inghilterra dovrà quindi esportare stoffa in Portogallo in cambio di vino, mentre il Portogallo dovrà esportare vino in Inghilterra in cambio di stoffa. Come si può notare, ciascuno dei due Paesi trae vantaggio dal commercio internazionale. Infatti, producendo due unità di stoffa (una delle quali verrà esportata in Portogallo in cambio di un'unità di vino), l'Inghilterra sostiene un costo complessivo pari a 100 ore di lavoro, al posto delle 110 ore di lavoro che avrebbe sopportato in assenza di specializzazione; il risparmio è pari a 10 ore di lavoro. Il Portogallo, specializzandosi nella produzione di vino, in cui gode di un vantaggio comparato, può produrre due unità di questo bene, esportandone poi una in Inghilterra, in cambio di un'unità di stoffa, con un risparmio di 5 ore di lavoro. L'ammontare dei beni a disposizione dei due Paesi alla fine è lo stesso (2 unità di stoffa e 2 unità di vino), ma attraverso la specializzazione e lo scambio essi realizzano un risparmio di lavoro pari a 15 unità (10 + 5), che potranno essere utilizzate per produrre ulteriori quantità di beni.

Il commercio internazionale è vantaggioso quando permette di ottenere una merce a un costo minore di quello necessario per produrla all'interno. Il costo della merce importata per ciascun Paese è pari al costo di produzione delle merci che vengono esportate in cambio. E allora si può vedere che, ogni volta che il costo relativo della stoffa rispetto al vino è diverso in Inghilterra rispetto al Portogallo, il commercio internazionale dei due beni risulta conveniente per entrambi i Paesi.

RINFORZO

Che cosa sostiene la teoria dei costi comparati?

La teoria dei costi comparati sostiene la *convenienza degli scambi* e della *specializzazione* internazionale, in netta opposizione alla teoria allora dominante, secondo cui un Paese ha convenienza a importare solo quelle merci che al suo interno produce a costi assoluti più alti degli altri Paesi (*teoria dei costi o vantaggi assoluti*).

Alfred Marshall

Ricardo nei suoi *Principi dell'economia politica* mostra come nello scambio fra due Paesi che commerciano due beni conviene a ciascuno specializzarsi in quello in cui è relativamente più efficiente. Questa convenienza vale sia per il Paese con costi assoluti maggiori di quelli sopportati dall'altro nella produzione di entrambi i prodotti, sia per il Paese che si trova nella situazione opposta. In sostanza ogni Paese deve specializzarsi nella produzione di quei beni per i quali sostiene **costi relativi** (o **comparati**) minori rispetto a quelli sostenuti per gli altri beni, cioè gode per essi di un vantaggio relativo, anche se non assoluto, nel costo di produzione.

In generale la specializzazione internazionale avvantaggia tutti i Paesi, perché grazie al commercio internazionale lo sviluppo di un Paese si diffonde in tutti gli altri.

4 LA TEORIA NEOCLASSICA: LE IPOTESI DI BASE

La teoria neoclassica si afferma in Europa dopo il 1870, grazie alle opere degli economisti **William Jevons** (1835-1882), **Carl Menger** (1840-1921) e **Léon Walras** (1834-1910) i quali riprendono alcuni concetti sviluppati in precedenza dalla filosofia utilitaristica, in particolare l'idea che gli individui tendono a massimizzare il loro piacere e a minimizzare il loro dolore. La teoria neoclassica sarebbe diventata la teoria dominante fino agli anni '30 del ventesimo secolo, quando si affermò l'opera di **John Maynard Keynes**, ma ancora oggi, pur con successivi aggiustamenti e approfondimenti, è il punto di riferimento delle forze politiche e culturali sostenitrici del liberismo economico. Fra i principali autori ricordiamo **Alfred Marshall** (1842-1924), **Knut Wicksell** (1851-1926), **Irving Fisher** (1867-1947), **Vilfredo Pareto** (1848-1923).

Il successo della teoria neoclassica può essere meglio compreso se si prende in considerazione il contesto storico in cui è sorta.

Parigi, 1870. Code alla porta di un negozio di alimentari, uno dei primi store del periodo.

Lo sviluppo dell'industrializzazione nell'Ottocento

RINFORZO

Il periodo che va dagli anni '40 dell'Ottocento al 1873 si caratterizza per una rapida espansione delle economie europee e nordamericana, senza alcun accenno alle profonde crisi previste dagli economisti classici e da Marx. La crescita, sostenuta da un forte sviluppo tecnologico e da una straordinaria evoluzione dei mezzi di trasporto e di comunicazione (come la realizzazione del primo servizio telegrafico fra Londra e New York, nel 1866), determina un continuo allargamento dei mercati e la nascita di imprese di grandi dimensioni in forma di società per azioni. Lo sviluppo della chimica di sintesi favorisce la nascita dell'industria farmaceutica e la possibilità di produrre una vasta gamma di nuovi beni di consumo, così come l'invenzione del motore a scoppio apre la strada alla produzione industriale di automobili. Le progressive trasformazioni del sistema capitalistico, provocando un aumento della ricchezza, un miglioramento dei salari e la nascita di nuovi gruppi e ceti sociali, contribuiscono a diffondere una visione ottimistica dello sviluppo economico e della società, consolidando la fiducia nel principio del *laissez-faire*.

☐ Quali sono gli elementi distintivi della teoria neoclassica?

Indipendentemente dal contributo dei singoli autori, i caratteri distintivi della teoria neoclassica si possono riassumere nei seguenti punti.

- La società non viene vista come divisa in classi sociali fra loro antagoniste. Gli individui perseguono un comune obiettivo, cioè la realizzazione del massimo benessere individuale e scelgono liberamente il tipo di impegno e di sacrificio da dedicare all'attività produttiva, diventando di conseguenza lavoratori, capitalisti o proprietari terrieri.
- Il metodo di analisi è di tipo microeconomico, cioè partendo dal comportamento del singolo individuo (imprenditore, consumatore, risparmiatore, ecc.) e, supponendo che egli agisca in modo perfettamente razionale, si può arrivare a comprendere il funzionamento dell'intero sistema economico.
- L'economia è una scienza esatta in quanto ogni problema economico è riconducibile a una funzione matematica. L'analisi economica, pertanto, non viene influenzata dalle circostanze storiche e concrete ma conduce a risultati validi in qualsiasi tempo e luogo.
- L'economia viene considerata la scienza delle scelte: si contrappongono bisogni illimitati e beni scarsi, il cui valore dipenderà dall'insufficienza rispetto ai bisogni da soddisfare.
- L'attività produttiva deve uniformarsi ai gusti dei consumatori che, con le loro preferenze, determinano quali beni di consumo devono essere prodotti (principio di sovranità del consumatore).
- Gli individui esprimono le loro scelte e stabiliscono tra loro relazioni economiche sul mercato che non deve essere influenzato da interventi dello Stato. Esistono due tipi di mercato sui quali si scambiano, rispettivamente, i beni di consumo e i fattori della produzione. Il primo tipo di mercato determina i prezzi e le quantità dei beni di consumo;

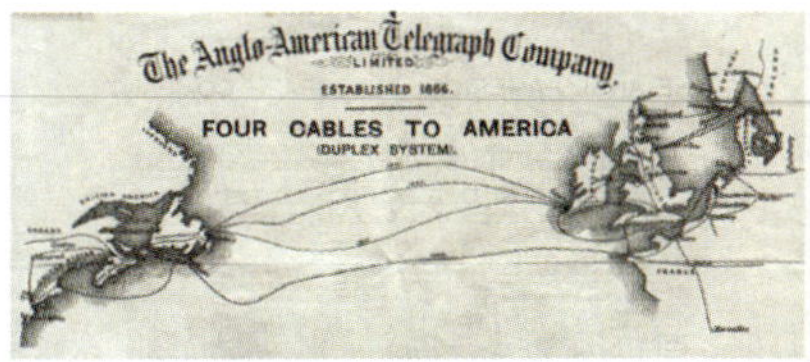

1866: la Anglo-American Telegraph Company completa il primo cavo telegrafico transatlantico.

INDICA CHI È FAVOREVOLE (F) E CHI È CONTRARIO (C) ALL'INTERVENTO STATALE

	F	C
1. Mercantilisti		
2. Fisiocratici		
3. Smith		
4. Ricardo		
5. Malthus		
6. Neoclassici		

General equilibrium
Equilibrio economico generale
The situation in which the quantity supplied is equal to the quantity demanded in all markets and all available labor resources are used in the most economically efficient way.

il secondo stabilisce i redditi, cioè il livello del salario, della rendita e dell'interesse.

- Il meccanismo di mercato, basato sull'incontro tra domanda e offerta, conduce alla determinazione di prezzi che garantiscono l'equilibrio economico (teoria dell'*equilibrio economico generale* di Léon Walras) e una distribuzione equa della ricchezza, per cui non esiste alcun tipo di sfruttamento dei lavoratori da parte dei capitalisti: eventuali differenze nei livelli di reddito sono da imputare al diverso contributo che ogni individuo dà alla produzione.

TEORIA DELL'EQUILIBRIO ECONOMICO GENERALE (EEG) DI L. WALRAS

Il mercato determina:

- **un equilibrio macroeconomico** che coincide con l'equilibrio generale;
- **un equilibrio** di piena occupazione.

TEORIA MACROECONOMICA MODERNA (TEORIA KEYNESIANA)

L'instabilità delle economie monetarie di produzione determina:

- **un equilibrio macroeconomico** che non coincide con l'equilibrio generale;
- **un equilibrio** stabile di sotto-occupazione.

5 LA RIVOLUZIONE KEYNESIANA: LA NASCITA DELLA MACROECONOMIA MODERNA

Avremo modo di approfondire nelle sezioni apposite la teoria keynesiana, le sue rielaborazioni nonché le critiche a essa rivolte da altre scuole di pensiero. Le considerazioni espresse in questo paragrafo e nei successivi paragrafi di questa unità costituiscono una semplificazione di ciò che verrà sviluppato in seguito.

Alla metà degli anni '30 del secolo scorso, il pensiero economico subisce un'altra svolta radicale legata al nome e all'opera di **John Maynard Keynes** (1883-1946), l'economista inglese che più di ogni altro contribuì al definitivo superamento dello schema dell'equilibrio economico generale e delle sue implicazioni liberiste.

Le cause di questa svolta affondano le loro radici nella gravissima situazione economica in cui versava la maggior parte dei Paesi industrializzati e dei Paesi esportatori di materie prime dopo la Prima guerra mondiale, attraversati da una devastante crisi depressiva che aveva causato sovrapproduzione, sottoutilizzazione delle risorse, disoccupazione. In Europa serpeggiava fin dal 1921, ma era esplosa dopo il cosiddetto "giovedì nero" della borsa di New York del 1929, travolgendo l'economia fino allora apparentemente più solida degli USA e propagandosi agli altri Paesi.

Di fronte alla gravissima situazione di quel periodo, alcuni degli economisti più ascoltati continuavano a predicare che il normale funzionamento del libero mercato avrebbe ristabilito la piena occupazione e l'equilibrio del sistema economico. Pertanto non vi era motivo di individuare rimedi per uscire dalla crisi, anzi, qualunque interferenza avrebbe condotto a conseguenze peggiori.

Effective demand
Domanda effettiva
Aggregate actual demand that is realized in practice by the consumers' capacity to purchase goods at different prices. It shows their effective capacity to pay.

Global demand
Domanda globale
Total demand for goods and services formulated by an economic system as a whole, in a certain period.

Keynes, con la sua opera intitolata *Teoria generale dell'occupazione, dell'interesse e della moneta* (1936), spiegava, invece, come fosse possibile osservare nel sistema economico un sottoutilizzo delle risorse, ossia la disoccupazione, senza che le "libere forze del mercato" avessero la capacità di ripristinare la piena occupazione. A tal proposito aveva impostato la sua analisi del sistema economico di mercato sul principio della **domanda effettiva**

Cos'è la Grande Depressione?

La crisi dell'economica americana iniziò nel 1928 con la caduta dei prezzi agricoli ed esplose il 29 ottobre del 1929 quando affondò la Borsa di New York. Quel giorno scesero rapidamente gli indici di numerosi titoli e continuarono la loro discesa per tre mesi consecutivi. Le quotazioni continuarono a scendere anche negli anni successivi. A seguito della **crisi finanziaria** le **banche** ritirarono improvvisamente dal mercato centinaia di migliaia di milioni di dollari, cancellando le aperture di credito e chiedendone la restituzione. Il **settore edilizio** si arrestò improvvisamente, **esportazioni** e **importazioni** di materie prime e beni manifatturieri diminuirono drasticamente paralizzando il settore industriale e di riflesso tutta l'economia, facendo calare la domanda in quasi tutti i mercati. Il **tasso di disoccupazione** automaticamente schizzò alle stelle. Tutti gli Stati che avevano relazioni economiche e finanziarie con gli Stati Uniti furono contagiati in breve tempo.

Le cause
Molti fattori contribuirono a questa crisi. Nonostante la causa principale di questo disastro finanziario, conosciuto come il "**giovedì nero**", fosse attribuita a una speculazione esagerata, in realtà esso fu dovuto a una *caduta significativa nel livello della domanda aggregata*, soprattutto di quella parte di domanda globale vitale per la sopravvivenza del sistema economico (determinando così una *crisi di sovrapproduzione*), all'*inflazione del credito*, all'*ineguale distribuzione della ricchezza* negli anni '20 e alle *speculazioni in Borsa*. Le profonde disuguaglianze avevano creato un'economia instabile.

Conseguenze
La diminuzione della domanda americana frenò le esportazioni di molti Paesi, facendo calare il commercio mondiale. Gli Stati Uniti cercarono di rimpatriare i capitali investiti all'estero. Ciò ebbe gravi ripercussioni soprattutto in Germania, che aveva avuto grossi prestiti dagli Usa a causa degli alti costi delle riparazioni addebitategli dal Trattato di Versailles per la Prima guerra mondiale. Nelle vite politiche internazionali, si accentuarono i nazionalismi.

RINFORZO

(quella che si realizza in concreto, che si traduce in richiesta di beni e servizi) e sul ruolo da essa assunto nel determinare il livello di produzione e di occupazione del sistema economico. Era così giunto alla conclusione che non era vero che tutto ciò che fosse stato prodotto sarebbe stato venduto né che il denaro ricavato sarebbe stato interamente speso. Imputava, pertanto, alla carenza di **domanda globale** l'esplodere di crisi depressive del sistema economico e la disoccupazione che ne conseguiva. A tal proposito, sollecitava un intervento attivo del Governo per fronteggiare questa situazione, senza che fosse posto alcun impedimento all'iniziativa economica privata. Keynes era infatti un liberale, difensore del capitalismo che voleva aggiustare, non sostituire.

Riferendosi alla sua teoria, insisteva sull'aggettivo "generale" perché intendeva contrapporre la modernità del suo metodo d'indagine sul fun-

Gli economisti si attribuiscono un compito troppo facile e inutile se nelle stagioni tempestose riescono solo a dirci che quando la bufera è passata l'oceano sarà nuovamente calmo.

J.M. Keynes, A Tract on Monetary Reform, *Macmillan, London, 1923*

Quando si risparmiano cinque scellini, si lascia senza lavoro un uomo per una giornata.

J.M. Keynes, Esortazioni e profezie, Il Saggiatore, *2011*

RINFORZO

Il capitalismo e le baby sitter

Economisti Kaputt?

Io dico sempre che l'essenza dell'economia di Keynes si può spiegare con una storia esemplare, una versione in scala ridotta dei problemi che possono affliggere l'economia. È la storia della cooperativa di baby-sitter di Capitol Hill.

Questa cooperativa era un'associazione di circa 150 giovani coppie che si erano messe d'accordo per aiutarsi a vicenda con i bambini quando qualcuna di loro voleva prendersi una serata libera. Per accertarsi che ogni coppia facesse la sua parte, la cooperativa introdusse una sorta di buono: dei tagliandi di cartone, ciascuno dei quali riconosceva il diritto a mezz'ora di baby-sitting. I soci della cooperativa ricevevano 20 tagliandi al momento dell'adesione e dovevano restituirne altrettanti quando decidevano di lasciarla.

Venne fuori che i soci della cooperativa, mediamente, volevano aumentare la riserva di tagliandi iniziali, nell'eventualità che decidessero di uscire per più sere di fila. E così, poche coppie volevano spendere il loro buono e uscire, mentre la maggior parte preferiva badare ai figli degli altri per aumentare il gruzzolo. Ma dal momento che per fare i baby-sitter bisognava che qualcuno uscisse, era difficile accumulare i buoni, e questo rendeva i soci della cooperativa ancora più restii a uscire, rendendo ancora più difficile accumulare i buoni. Per farla breve, la cooperativa entrò in recessione. [...]

Paul Krugman (premio Nobel per l'Economia), dicembre 2009

zionamento del sistema economico, fondato su una "visione d'insieme" dello stesso, a quello degli economisti neoclassici. Un metodo, quest'ultimo, che "riduceva" il sistema economico a essere la somma delle sue parti, ossia la somma di innumerevoli mercati che singolarmente erano sottoposti alle leggi della domanda e dell'offerta, le quali a loro volta erano la somma (o aggregazione) di azioni di individui tendenti a ottenere il massimo risultato (massima utilità, massimo profitto).

La Teoria generale, con la quale Keynes gettò le basi della **macroeconomia moderna**, contribuì a fornire il fondamento teorico al *New Deal* ("Nuovo Corso"), il piano di riforme economiche e sociali promosse dal presidente americano Franklin Delano Roosevelt fra il 1933 e il 1937, che permise agli Stati Uniti di uscire dalla crisi del 1929, ma, soprattutto, ispirò molte iniziative economiche e sociali del dopoguerra, in Europa e nel mondo.

QUESITO

Mario è uno studente che studia 10 ore al giorno per essere promosso e ci riesce, mentre il suo amico Gianni impiega 3 ore al giorno per raggiungere lo stesso risultato di Mario.

- **Mario** è efficiente o efficace?
- **Gianni** è efficiente o efficace?

6 LA SINTESI NEOCLASSICA

All'indomani della pubblicazione della *Teoria generale* di Keynes ebbe inizio un programma di ricerca intrapreso da un folto numero di noti economisti keynesiani e non keynesiani orientati a mostrare che i risultati raggiunti da Keynes andavano inseriti nel quadro della teoria economica neoclassica. Si trattava dell'impostazione teorica della cosiddetta **New Economics** che, essendo un compromesso tra la *Teoria generale* di Keynes e la stessa Teoria neoclassica, fu presto denominata in letteratura con il termine **Sintesi neoclassica**. Questo compromesso era di natura sia **positiva**, con riferimento alla teoria, sia **normativa**, con riferimento alla politica economica.

Il primo a porre le basi di tale operazione fu l'economista inglese **John Hicks** (1904-1989), Nobel per l'economia nel 1972 (assieme a Kenneth Arrow).

Nel 1937, un anno dopo la pubblicazione della *Teoria Generale* di Keynes, pubblicò un articolo in cui intendeva dimostrare la spontanea tendenza del sistema economico all'equilibrio generale di piena occupazione, come affermava la teoria neoclassica ma anche la possibilità del verificarsi di circostanze particolari e momenti di crisi che impedivano ai mercati di ritornare in equilibrio, come affermava la teoria keynesiana. In queste circostanze lo Stato con i suoi interventi poteva aiutare a risolvere la crisi. Per dimostrare la sua tesi ricorse ad un modello matematico in cui gli aspetti monetari e reali del sistema economico erano considerati congiuntamente.

A partire dalla fine della seconda guerra mondiale le idee keynesiane cominciarono a diffondersi ma ripresero anche altri tentativi di integrazione della teoria keynesiana nello schema neoclassico che occuparono molti economisti fino alla metà degli anni Sessanta (Samuelson, Tobin, Solow, Modigliani, Patinkin e altri). Per esempio **Franco Modigliani** (1918-2003), premio Nobel nel 1985, ampliò il modello di Hicks aggiungendovi il mercato del lavoro, oltre al mercato dei beni e della moneta.

Neoclassical synthesis for New economics
Sintesi neoclassica
Intellectual current that attempts to bring the Keynesian theory in the context of general economic equilibrium, considering it a particular aspect of the latter.

John Hicks

Franco Modigliani

Quali furono i contributi che la Sintesi neoclassica fornì ai Governi?

Nei primi anni Sessanta il presidente americano John Fitzgerald Kennedy portò avanti un programma di politica economica decisamente innovativo, ispirato all'impostazione teorica della "New Economics" che gli fu suggerito da un suo consigliere nella campagna elettorale del 1960, l'economista **Paul Samuelson** (1915-2009). Quest'ultimo, esponente di quella corrente di pensiero, compì un grande salto in avanti nelle formalizzazioni matematiche applicate alla teoria economica che gli sarebbe valso il premio Nobel nel 1970.

Lo schema di **Hicks** divenne il modello di riferimento dei Governi per valutare le conseguenze della loro politica economica.

La sua diffusione nel corso degli anni '50-'60 produsse di fatto due effetti:

- uno negativo, per cui tale schema fu considerato come l'interpretazione ufficiale della teoria keynesiana, con la conseguenza di isolarla nell'ambiente accademico;
- uno positivo, ossia di rendere evidente la necessità che, anche all'interno dell'approccio keynesiano, fosse riservata un'attenzione particolare ai

"La storia ha dimostrato che i capitalisti vanno carichi di ottimismo anche al loro funerale".
P. Samuelson

Joan Robinson

Post-keynesians economists
Post-keynesiani
School of economic thought who rely on Keynes's General Theory to analyze the economic problems of the global economy of the twenty-first century.

comportamenti razionali degli individui che stanno alla base dell'analisi microeconomica e che influenzano le grandezze macroeconomiche (consumi, investimenti, reddito, ecc.).

Tutti i seguaci di Keynes considerarono lo schema della Sintesi neoclassica come l'interpretazione ufficiale della teoria keynesiana?

Negli anni Settanta alcuni economisti vicini alle idee di J.M. Keynes si distaccarono dalla sintesi neoclassica, ritenendo che quest'ultima non fosse fedele al vero pensiero dell'economista di Cambridge. Per controbattere allo schema della Sintesi neoclassica, i **post-keynesiani** si ispirarono ai lavori e ai metodi sviluppati dagli economisti che avevano affiancato Keynes all'epoca in cui redigeva la sua *Teoria generale* all'università di Cambridge (come Roy Harrod o Joan Robinson) o che contribuirono tra gli anni Cinquanta e Sessanta alla formazione di quella che da allora in poi fu chiamata **Scuola di Cambridge**, ossia Richard Kahn, Nicholas Kaldor, Roy Harrod, Joan Robinson, Michael Kalecki, Piero Sraffa, Pierangelo Garegnani, Luigi Pasinetti e altri.

Fra i post-keynesiani, alcuni si occuparono di approfondire le relazioni esistenti tra la produzione e il sistema bancario, altri si concentrarono sul problema della distribuzione dei redditi e sulla teoria neoclassica dei prezzi. Autori come la Robinson, Pasinetti e Garegnani criticarono i fondamenti della teoria neoclassica della distribuzione e diedero vita a un dibattito rimasto famoso fra la Cambridge inglese, dove aveva insegnato Keynes, e quella americana, nel Massachusetts, d'ispirazione tipicamente neoclassica.

7 GLI SVILUPPI TEORICI RECENTI: IL MONETARISMO, L'ECONOMIA DELL'OFFERTA, I NEOKEYNESIANI

Inflation
Inflazione
Price increase

Stagflation
Stagflazione
Simultaneous occurrence of inflation and economic stagnation.

Negli anni Settanta le certezze e le ambizioni dei keynesiani della New Economics subirono un colpo decisivo, in seguito:

a. ai grandi cambiamenti socio-cultural-politici che generarono mutamenti nel clima delle relazioni sindacali, con vertiginosi aumenti salariali nei principali Paesi industrializzati;

b. agli ulteriori grandi cambiamenti nei rapporti di forza (e nel conflitto) tra Paesi a livello internazionale che determinarono improvvise e repentine alterazioni nei prezzi dei manufatti e delle materie prime, con conseguente ristagno della produzione e diffusa disoccupazione.

Il contemporaneo verificarsi dell'**inflazione** (aumento dei prezzi) e del rallentamento della produzione (stagnazione), la cosiddetta "**stagflazione**", fu imputata alle politiche keynesiane, accusate di non aver saputo affrontare questa situazione. In tale contesto si può facilmente comprendere la tendenza alla riaffermazione dei principi neoclassici del liberismo economico (del "laissez faire").

Sul piano teorico si sviluppò una precisa critica alle tesi degli economisti della "New Economics" a opera di una scuola di pensiero alternativa che aveva il suo leader indiscusso nella figura di **Milton Friedman** (1912-2006), professore all'università di Chicago e Nobel per l'Economia nel 1976.

Milton Friedman

Qual è l'elemento distintivo di questa scuola di pensiero?

Per identificare le caratteristiche distintive di questa scuola di pensiero, chiamata anche "Scuola di Chicago", venne coniato il termine **monetarismo** per sottolineare l'influenza che per gli esponenti di questa corrente esercitava la quantità di moneta in circolazione nella determinazione del livello generale dei prezzi. I monetaristi erano infatti convinti che dalla stabilità dei prezzi dipendesse il tasso di crescita dell'attività economica in un Paese, per cui occorreva regolare opportunamente la quantità di moneta in circolazione per assicurare il mantenimento del potere d'acquisto della stessa. L'inflazione, la maggiore preoccupazione dei monetaristi, considerata l'unica responsabile del cattivo funzionamento del sistema economico, era vista pertanto come un problema strettamente monetario, dovuto alla presenza di una quantità di denaro in circolazione superiore a quella indicata sia dalle riserve di valuta della Banca Centrale sia dal tasso di crescita dell'attività economica generale di un Paese. La responsabilità di una eccessiva o, al contrario, esigua massa monetaria in circolazione era attribuita ai Governi e alle autorità monetarie che, avendo la competenza in materia di gestione della moneta, non sapevano regolare in modo ottimale tale quantità.

In breve, quali considerazioni si possono trarre dall'esame della teoria monetarista?

Per i monetaristi:
- il sistema di mercato è in grado di sanare ogni situazione di squilibrio;
- il ruolo della moneta nell'economia è "neutrale", nel senso che la sua immissione nel sistema economico influenza solo il livello dei prezzi attraverso i consumi ma non influisce sulle grandezze reali (consumi, investimenti, ecc.);
- l'intervento dello Stato nell'economia è dannoso, per cui viene esaltato il principio del liberismo economico.

In sintesi, dall'esame dei punti sopra indicati, il messaggio dei monetaristi è il seguente:

a. la recessione nasce in seguito alla brusca diminuzione di moneta in circolazione e, pertanto, si risolve impedendo alla massa circolante di subire un calo;

New classical macroeconomics or Rational expectations school
Nuova macroeconomia classica o Scuola delle aspettative razionali
It builds its analysis on " rational expectations " on behalf of economic agents (consumers, businesses, investors, lender, ecc.), ie based on forecasts of efficient use of all available information about the future economic outlook.

Rational expectations
Aspettative razionali
As forecasts are based on an efficient use of all available information about what will be the future economic scenario.The expectation of future events, predicted by rational operators, are to be considered valid.

Supply Side Economy
Economia dell'offerta
It is a theory that recommends lower taxes and deregulation. People will then benefit an increase of supply of capital, jobs, labor and goods/services.

b. l'inflazione si combatte adottando programmi di riduzione progressiva della crescita monetaria che consentano di eliminarla gradualmente.

Verso la metà degli anni Settanta la scuola di pensiero monetarista espresse una posizione ancora più radicale per opera di alcuni autori statunitensi (R.E. Lucas, T. Sargent, N. Wallace), contrari alle teorie keynesiane di intervento statale nell'economia. Tale scuola di pensiero prese il nome di **Nuova macroeconomia classica (Nmc)** o **Scuola delle aspettative razionali**.

☐ In che senso la posizione di questi economisti è più radicale di quella espressa dai monetaristi tradizionali?

La posizione di questi economisti, chiamati per semplicità "neomonetaristi", si basava sull'esistenza di **aspettative razionali** da parte degli operatori economici (consumatori, imprese, investitori, finanziatori, ecc.), cioè di previsioni fondate su un uso efficiente di tutte le informazioni disponibili riguardo il futuro scenario economico (oltre che sull'ipotesi di prezzi e salari flessibili, cioè che si muovono rapidamente per equilibrare domanda e offerta). L'attesa di questi eventi futuri comportava inevitabilmente il verificarsi proprio degli stessi eventi che gli operatori si attendevano perché li induceva a un comportamento conseguente alle loro aspettative, rendendo gli interventi statali privi di effetti. Non solo: in presenza di aspettative razionali, ritenevano che qualsiasi politica di riduzione dell'inflazione (disinflazione) potesse essere attuata senza creare disoccupazione.

Esperimenti di disinflazione furono attuati da Ronald Reagan negli Stati Uniti e da Margaret Thatcher in Inghilterra agli inizi degli anni '80. A completa restaurazione dei principi neoclassici, sempre agli inizi degli anni Ottanta, i neomonetaristi sposarono la tesi degli economisti della "**economia dell'offerta**" **(supply side economy)**, per i quali il vero e unico motore del sistema non era la domanda effettiva, ma l'offerta.

☐ Quali sono i fondamenti della supply side economy?

Lo scopo della supply side economy era documentare gli effetti negativi dell'eccessiva espansione del settore pubblico e del carico fiscale a essa conseguente, nonché della regolamentazione dei mercati, per dimostrare che tali fattori erano responsabili della riduzione degli incentivi al lavoro, al risparmio e all'investimento, con riflessi dannosi sul tasso di crescita dell'economia.

I capisaldi di tale teoria sono:

- l'enfasi sul ruolo dell'offerta (**supply side**) nello stimolare la crescita economica;
- il rifiuto delle teorie keynesiane, accusate di aver concentrato l'attenzione sulla domanda aggregata di beni e servizi, trascurando i problemi che possono scaturire dal lato dell'offerta;

GLI ECONOMISTI DELLA NMC:

- **basano le relazioni economiche sulla microeconomia,** cioè sul comportamento razionale degli operatori economici;
- **affermano che in media la gente** è in grado di fare congetture corrette sul futuro (teoria delle aspettative razionali);
- **tentano di riportare la teoria neoclassica dell'equilibrio generale al centro dell'analisi economica:** i mercati sono sempre in equilibrio.

- l'assunzione della **curva di Laffer** come punto centrale di riferimento, un diagramma che fu poi adottato dal presidente americano Reagan, entrato in carica nel 1981. La curva di Laffer (fig.1) è una curva che mette in relazione l'aliquota di imposta con le entrate fiscali. Con essa Laffer intendeva dimostrare che, oltre un certo limite, aumenti dell'aliquota di imposizione provocavano riduzioni, anziché incrementi, del gettito fiscale complessivo. Oltre quel limite, infatti, ulteriori aumenti dell'aliquota di imposizione causerebbero un aumento di evasione e di elusione tale da ridurre il gettito fiscale complessivo.

Laffer curve
Curva di Laffer
It is a curve that relates the tax rate (x-axis) with tax revenue (y- axis). In economics it is a representation of a relationship between possible rates of taxation and resulting levels of government revenue.

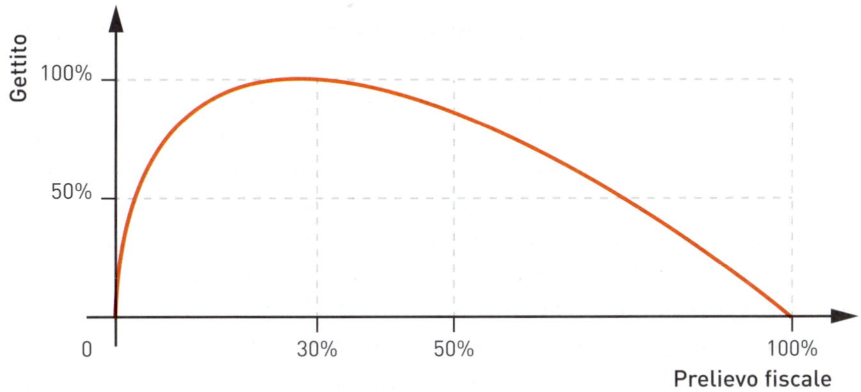

Figura 1
Curva di Laffer

I neomonetaristi ottennero lo scopo di ridurre l'inflazione senza sostenere alcun costo?

La presunta capacità delle autorità di politica economica di ispirazione monetarista di attuare quella disinflazione senza costi, promessa dalla teoria, fu messa a dura prova dagli avvenimenti degli anni '80. Le politiche di Reagan e della Thatcher, fondate sui principi della supply side economy, ebbero l'effetto di ridurre il tasso di inflazione, ma a prezzo di un incremento considerevole del tasso di disoccupazione che non fu affatto temporaneo bensì piuttosto prolungato.

I teorici delle aspettative razionali, per giustificare questi deludenti risultati, sostenevano che per il successo di un programma di disinflazione senza costi non bastava che esso fosse pubblicamente annunciato, ma occorreva che fosse anche realizzato in modo da risultare credibile agli occhi di soggetti dotati di piena razionalità e completa conoscenza dei fatti correnti e passati. Solo programmi di politica economica pienamente credibili e creduti avrebbero prodotto gli effetti finali previsti dalla teoria monetarista. Pertanto, imputavano la responsabilità della forte disoccupazione di quegli anni ai Governi colpevoli, secondo loro, di aver attuato solo parzialmente le prescrizioni della teoria.

CURIOSITÀ
Per la **Supply side economy**, l'unica motivazione della Grande Depressione è ricollegabile all'aumento delle imposte, in particolare le tariffe Smoot-Hawley, introdotte dal Congresso degli Stati Uniti nel 1930 che, aumentando il costo delle merci importate, provocarono un calo degli utili del lavoro e degli investimenti e, quindi, una diminuzione del volume degli investimenti e dell'impegno di lavoro.

Gli avvenimenti degli anni Ottanta provocarono una ripresa delle idee keynesiane?

New Keynesian Macroeconomics
Nuova macroeconomia keynesiana
It assumes that households and firms have rational expectations, but also believes that prices and wages do not adjust instantaneously to changes in economic conditions, therefore causing economic crises.

La rapida crescita della disoccupazione negli anni '80 e la sua persistenza determinarono la ricomparsa delle tesi keynesiane, cadute in discredito nel decennio precedente. Si formò una scuola di pensiero che venne chiamata **Nuova economia keynesiana (Nek)** o **Nuova Macroeconomia keynesiana (Nmk)**, un filone che faceva capo a N. Gregory Mankiw, Alan Blinder, Olivier Blanchard, Joseph E. Stiglitz, George Akerlof, John B. Taylor, Michael Woodford, Paul Krugman, David Romer, Nouriel Roubini e altri.

Secondo la Nek, non era possibile spiegare fenomeni come la duratura disoccupazione di quegli anni con le argomentazioni dei monetaristi. In fondo, anni di sperimentazione monetarista avrebbero dovuto persuadere anche gli operatori più scettici che, nonostante la fermezza dei propositi dei Governi che avevano eseguito esattamente ciò che avevano annunciato, la disoccupazione non era scesa a livelli giudicati normali o naturali. La Nek ha riabilitato l'economia keynesiana riprendendone l'impostazione ma arricchendola di nuovi concetti. Anche i neokeynesiani presumono che famiglie e imprese abbiano proprie aspettative razionali ma, al contrario dei monetaristi della Nmc, ritengono che l'economia di mercato presenti difetti che mettono in discussione la sua capacità di autoregolarsi rapidamente e di raggiungere la piena occupazione. In particolare, sostengono che i prezzi e i salari siano "*sticky*", cioè vischiosi, nel senso che non si adeguano istantaneamente alle variazioni delle condizioni economiche, per cui il sistema economico incorre in fluttuazioni cicliche nel corso delle quali i livelli della produzione e dell'occupazione subiscono ampie variazioni che danno luogo a sprechi di risorse piuttosto costosi. Di fronte a questa situazione, nell'interesse della collettività, è auspicabile da parte loro l'adozione di una politica governativa interventista di ispirazione keynesiana pur in presenza di aspettative razionali.

Anche i neokeynesiani puntano esclusivamente sul principio della domanda effettiva, trascurando, come i loro predecessori, l'offerta e i fondamenti microeconomici?

I neokeynesiani moderati di oggi riconoscono, oltre al controllo della domanda aggregata, anche la necessità di un controllo dell'offerta aggregata con interventi statali appositi. Per "provare" – e non solo affermare – che i mercati non lavorano bene, hanno elaborato teorie varie, asserendo che i fallimenti del mercato potevano derivare per esempio da mancanza di informazioni da parte dei soggetti che si apprestano a entrare nel mercato, oppure dai costi associati al dover prendere decisioni. Poiché tutte queste cause sono state assai difficili da studiare, c'è voluto molto tempo per dare una risposta alle critiche neoclassiche.

Dal punto di vista della distribuzione del reddito, il dibattito attuale di politica economica, proprio come ai tempi di Keynes, risulta caratterizzato dalla persistente contrapposizione tra economisti di formazione monetarista o neoliberista, da un lato, accomunati dalla convinzione che l'intervento pubblico nel campo dell'economia sia inutile o dannoso, ed economisti di ispirazione o tradizione keynesiana, dall'altro, fautori del punto di vista opposto, secondo cui l'azione dello Stato sarebbe necessaria, oltre che utile. Tale dibattito è destinato verosimilmente a proseguire senza soluzione di continuità, perché i suoi presupposti affondano le radici in giudizi di valore differenti circa le presunte capacità di un sistema di mercato di determinare un'allocazione delle risorse desiderabile ed efficiente.

LE TAPPE DEL PENSIERO ECONOMICO

Mercantilismo: corrente culturale sviluppatasi in Inghilterra tra il XVI secolo e la prima metà del XVIII

afferma → che la ricchezza e quindi la potenza della nazione dipende dalla quantità di oro e argento posseduta, dallo sviluppo del commercio internazionale (dagli scambi), da un saldo attivo della bilancia commerciale

Fisiocrazia: scuola di pensiero, sviluppatasi in Francia nel Settecento

afferma → che la ricchezza di una nazione dipende dalla quantità di beni a disposizione della società (cioè dalla produzione), che l'agricoltura è il solo settore in grado di generare il sovrappiù, che è fondamentale l'astensione del Governo da ogni intervento in campo economico

Scuola classica: nasce alla fine del 1700 e si consolida fino al 1870. Fonda l'economia come scienza autonoma. I principali esponenti sono: **A. Smith**, **T.R. Malthus**, **D. Ricardo**, **J.S. Mill**, **K. Marx**

spiega → il processo di sviluppo economico in un contesto storico materiale di rivoluzione industriale e di affermazione di un sistema economico basato sul libero mercato: la società è divisa in classi, il salario è di sussistenza, il capitale è considerato come anticipazione, il surplus deriva da tutte le attività produttive, è valida la teoria del valore-lavoro.

Scuola neoclassica: scuola di pensiero dominante dal 1870 fino agli anni Trenta del ventesimo secolo. Fra i principali autori ricordiamo: **A. Marshall**, **K. Wicksell**, **I. Fisher**, **V. Pareto**

sviluppa → la teoria microeconomica secondo la quale la società è formata da singoli individui il cui unico obiettivo è la realizzazione del massimo benessere individuale e il cui comportamento razionale permette di comprendere il funzionamento del sistema economico di mercato, un sistema che garantisce l'equilibrio economico generale senza bisogno di alcun intervento statale (se non in casi particolari di inefficienza del mercato)

Scuola keynesiana: scuola di pensiero che si sviluppa dagli anni Trenta del XX secolo fino agli anni '70 in seguito alla crisi del capitalismo industriale. Il principale esponente è **J.M. Keynes**

elabora →

la teoria macroeconomica moderna secondo la quale la domanda globale ha un ruolo decisivo nel determinare il livello di produzione e occupazione del sistema economico. La carenza di domanda causa crisi depressive del sistema economico e disoccupazione per cui i Governi devono intervenire, pur senza alcun impedimento all'iniziativa economica privata

La Sintesi neoclassica (New economics): anni Trenta fino agli anni Settanta del Novecento. Il principale esponente è **John Hicks**

fornisce →

un'interpretazione della teoria keynesiana come caso particolare della teoria neoclassica dell'equilibrio economico generale

I post-keynesiani: anni Cinquanta e Sessanta del Novecento. Esponenti principali sono gli economisti della **Scuola di Cambridge**

criticano →

lo schema della sintesi neoclassica

Gli sviluppi teorici recenti: il monetarismo, la nuova macroeconomia classica, l'economia dell'offerta, la Nuova macroeconomia keynesiana

sottolineano →

gli uni (monetaristi, neomonetaristi, offertisti), l'importanza della quantità di moneta in circolazione nel mantenere la stabilità dei prezzi, requisito fondamentale per la crescita economica, gli altri (neokeynesiani) i difetti dell'economia di mercato per ribadire la correttezza dell'impostazione keynesiana arricchita da nuovi concetti

Verifiche 3

1) TROVA L'ERRORE IN OGNI FRASE

Competenza: acquisire e riconoscere i contenuti chiave

A. L'obiettivo dei mercantilisti era l'aumento dei dazi doganali per rendere più costose le esportazioni.

B. Nella corrente di pensiero dei fisiocratici vi è l'accettazione del protezionismo.

C. I fisiocratici proponevano che le imposte gravassero sui proprietari terrieri.

D. Per Robert Malthus la domanda di beni espressa dai lavoratori e dai capitalisti è sufficiente per assorbire tutta la produzione effettuata da un sistema economico in espansione.

E. Per David Ricardo il motore dello sviluppo economico era l'accumulazione capitalistica che dipendeva dall'ammontare delle rendite.

F. La teoria dei costi o vantaggi assoluti sostiene la convenienza degli scambi e della specializzazione internazionale.

G. Secondo la teoria neoclassica, il mercato deve essere sottoposto a interventi dello Stato.

H. Per Keynes le crisi depressive del sistema economico sono da attribuirsi a carenza di produzione che causa scarsa domanda.

I. Il presidente americano John Fitzgerald Kennedy portò avanti un programma di politica economica ispirato al monetarismo.

J. La Nuova macroeconomia classica ritiene che le politiche di riduzione dell'inflazione creino disoccupazione.

2) COLLEGA LE ESPRESSIONI CONTRASSEGNATE DA UNA LETTERA CON QUELLE INDICATE DA UN NUMERO

Competenza: individuare collegamenti e relazioni

A.	Teoria del valore-lavoro	1.	Curva di Laffer
B.	Mano invisibile	2.	Fisiocrazia
C.	Nascita del liberismo	3.	Sintesi neoclassica
D.	Supply side economy	4.	Nuova macroeconomia classica
E.	Plusvalore	5.	Libera concorrenza
F.	Scuola di Cambridge	6.	Karl Marx
G.	Aspettative razionali	7.	Luigi Pasinetti
H.	Scarsità	8.	Scuola classica

A	B	C	D	E	F	G	H

3) INDICA SE LE SEGUENTI AFFERMAZIONI SONO VERE O FALSE. SE LE RITIENI FALSE GIUSTIFICA LA RISPOSTA

Competenza: acquisire, interpretare l'informazione e comunicare

	VERO	FALSO
A. Malthus è un accanito oppositore delle Corn Laws		
B. Per i mercantilisti la ricchezza di un Paese deriva dall'attività produttiva		
C. La New Economics fu criticata dai monetaristi		
D. Per i neoclassici il livello del salario si determina sul mercato dei beni		
E. Per Ricardo, se un Paese produce i suoi beni con costi assoluti maggiori di quelli di un altro Paese, a esso non conviene lo scambio internazionale con un altro Paese		
F. Per i fisiocratici l'attività agricola genera surplus		
G. Per il principio della domanda effettiva è l'offerta che crea la domanda		
H. Per la Nek la recessione nasce in seguito alla brusca diminuzione di moneta in circolazione		

4) RISOLVERE PROBLEMI

Competenza: risolvere problemi

A. Durante il lungo regno di Elisabetta I (1558-1603), l'Inghilterra visse una fase di intenso sviluppo economico e si affermò come prima potenza sullo scenario europeo e mondiale. È di questo periodo l'istituzione della Borsa di Londra, la fondazione della Virginia nell'America del Nord, la costituzione della Compagnia delle Indie. A quale corrente di pensiero economico potresti riportare simili interventi e perché?

B. Il Presidente degli Stati Uniti, Barack Obama, nel corso dei suoi due mandati, ha esteso l'assistenza sanitaria a tutti i cittadini americani, ha voluto la regolamentazione dei mercati finanziari e si è fortemente adoperato per la stipulazione di un'intesa per il commercio, la Trans Pacific Partnership, fra gli Usa e undici Paesi della regione del Pacifico, che costituisce una "potenziale iniezione di fiducia in un momento in cui l'economia mondiale dà segni di malessere". Con quale corrente di pensiero economico sembrano in linea questi interventi e perché?

C. Il costo di produzione di una maglietta in Cina è pari a un ventesimo del costo italiano, il costo di produzione di una lavatrice in Cina è un decimo del costo italiano. In regime di libero scambio, l'industria cinese si specializzerà in magliette e importerà lavatrici dall'Italia. Perché mai i cinesi dovrebbero comprare lavatrici dall'Italia, se possono produrle a un costo dieci volte inferiore?

5) RISPONDI AI SEGUENTI QUESITI IN UN MASSIMO DI 5/6 RIGHE

Competenza: saper organizzare e sintetizzare i contenuti

A. Cosa si intende per mercantilismo?
B. Che cosa significa fisiocrazia?
C. Perché Adam Smith è considerato il fondatore dell'economia politica?
D. Cosa si intende per scuola classica e quali sono i principali economisti di tale scuola?
E. Quali sono i fondamenti della critica di Marx all'economia classica?
F. Quali sono i principali esponenti della scuola neoclassica?
G. Quale problema è al centro della teoria di Keynes e perché si parla di rivoluzione keynesiana?
H. Cosa si intende per sintesi neoclassica?
I. Perché il monetarismo critica la politica economica keynesiana?
J. Perché le politiche monetarie pubbliche sono inefficaci in un sistema di aspettative razionali?

1) What happens when the economy is operating below its potential of full employment?

According to the neoclassical model

....

....

....

....

According to the Keynesian model

....

....

....

....

2) Tick the box for indicating the economists who are keen to state intervention

A. Colbert	☐
B. Quesnay	☐
C. Smith	☐
D. Malthus	☐
E. Ricardo	☐
F. Marx	☐
G. Keynes	☐
H. Walras	☐
I. Friedman	☐
J. Krugman	☐

Verifica Finale A

ZTE ONLINE
Mettiti alla prova con gli esercizi interattivi

1) RISPONDI AI SEGUENTI QUESITI IN UN MASSIMO DI 5/6 RIGHE

Competenza: acquisire, interpretare l'informazione e comunicare

A. Quali sono le sfere di studio dell'economia politica?
B. Perché la scarsità è una proprietà relativa delle risorse?
C. Che differenza c'è tra bisogni e desideri?
D. Quali scelte impone la scarsità delle risorse?
E. Quali sono le due relazioni tra variabili presenti nella scienza economica?
F. Se in un modello economico con più variabili indipendenti si volesse conoscere la relazione tra la variabile dipendente e una sola delle tante variabili indipendenti, quale condizione deve essere posta?
G. Da quali attori non statuali è limitata attualmente l'azione dello Stato?
H. Qual è la differenza tra beni di consumo, beni strumentali, beni intermedi?
I. Che cosa s'intende per "distribuzione"?
J. Quali sono i caratteri distintivi della prima, seconda e terza rivoluzione industriale?
K. Quali sono i caratteri di un sistema economico a economia mista?
L. Perché i fisiocratici si oppongono al mercantilismo?
M. Che cosa si intende per "scuola classica" e quali sono i suoi principali esponenti? Per A. Smith da che cosa dipende il valore di un bene?
N. Qual è il meccanismo che per Malthus porta i salari a un livello di sussistenza?
O. In che modo Ricardo dimostra la convenienza degli scambi internazionali?
P. Quale metodo di analisi è adottato dagli economisti neoclassici per i loro studi?
Q. Quale problema è al centro della teoria di Keynes?
R. Qual tentativo porta avanti la "Sintesi neoclassica"?
S. Perché il monetarismo si pone in una posizione critica nei confronti della politica economica keynesiana?
T. Che cosa si intende per "aspettative razionali"?

2) COMPLETA

Competenza: individuare collegamenti e relazioni

A. Si parla di bene economico quando una cosa è .... e quindi diventa ....
B. Se hai fatto un viaggio intorno al mondo per un anno e hai dovuto rinunciare agli stipendi di un anno di lavoro, la tua rinuncia si chiama ....
C. Il metodo induttivo procede dalla .... ai ....
D. Per P.A. Samuelson i "quesiti economici fondamentali" dell'economia sono:
a) .... b) .... c) ....
E. La macroeconomia, nello studio del funzionamento del sistema economico, si serve del procedimento di ....
F. La microeconomia si basa sul presupposto che la principale proprietà di ogni agente economico è la ....
G. I modelli matematici sono strumenti che rappresentano i ....
H. I fattori produttivi sono:
a) .... b) .... c) ....
I. La Pubblica amministrazione è costituita da un ...., dalle ...., e dagli ....

J. L'impiego consiste nell' ...., da parte delle famiglie, del ....
K. Nel sistema collettivista lo .... assume le più importanti decisioni inerenti alla .... e ....
L. Il circuito economico è la rappresentazione dei .... dei prodotti, dei redditi o dei capitali che si stabiliscono in un sistema economico tra i diversi .... che vi operano.
M. Il principale limite dei mercantilisti è quello di avere creduto che la ricchezza di un sistema economico derivi solo dallo ...., con ciò sottovalutando ....
N. L'elemento fondamentale intorno a cui ruota tutta l'analisi fisiocratica è l'individuazione del ....
O. Per Malthus i proprietari terrieri sostengono la .... evitando crisi di ....
P. Per i neoclassici l'economia è la .... delle ....
Q. Lo schema di Hicks è un modello matematico che considera congiuntamente gli aspetti .... e .... del sistema economico.
R. Per la scuola monetarista la base per un corretto funzionamento dell'economia è la ....
S. La curva di Laffer è una curva che mette in relazione .... (asse delle ascisse) con .... (asse delle ordinate).
T. Per la Nek i sistemi capitalistici sono soggetti a ....

3) RISOLVI I SEGUENTI PROBLEMI

Competenza: risolvere problemi

A. Paolo, studente appassionato di economia, ha letto numerose opere dei seguenti economisti: Friedman, Jevons, Keynes, Malthus, Quesnay, Ricardo, Smith, Stiglitz. Pur avendo annotato le frasi che più lo hanno colpito, ora è in difficoltà perché non riesce a collegare ogni frase con il suo autore. Riesci ad aiutarlo?

1. «I difetti più evidenti della società economica nella quale viviamo sono l'incapacità di raggiungere la piena occupazione e la distribuzione arbitraria e iniqua delle ricchezze e dei redditi». ....
2. «Sembra che il grandissimo progresso della capacità produttiva del lavoro e la maggiore abilità, destrezza e avvedutezza con le quali esso è ovunque diretto o impiegato siano stati effetti della divisione del lavoro» [...] ....
3. «L'aumento della rendita è sempre l'effetto della maggior ricchezza del Paese e della difficoltà di procurare viveri alla sua aumentata popolazione. Esso è un sintomo, mai una causa della ricchezza; infatti spesso la ricchezza aumenta più rapidamente quando la rendita è stazionaria o anche in declino». ....
4. «Le autorità monetarie potrebbero contribuire in modo essenziale alla realizzazione della stabilità economica. Adottando una politica di costante, ma moderata espansione della quantità di moneta, esse offrirebbero un importantissimo contributo per evitare l'inflazione o la deflazione». ....
5. «Il problema economico può essere formulato come segue. Dato: una certa popolazione con vari bisogni e poteri di produzione, in possesso di certe terre e di altre fonti di materia; determinare: il modo di impiegarne il lavoro meglio atto a rendere massima l'utilità del prodotto». ....
6. «La causa a cui alludo è la costante tendenza, che hanno tutti gli esseri viventi, a moltiplicarsi più di quanto lo permettano i mezzi di sussistenza di cui possono disporre». ....
7. «L'economia svolge anche un ruolo importante nella scienza dell'informazione. [...] In senso lato si occupa della raccolta delle informazioni necessarie per prendere innumerevoli decisioni economiche, della loro elaborazione e disseminazione». ....
8. «La nazione si riduce a tre classi di cittadini: la classe produttiva, la classe dei proprietari e la classe

sterile. [...] La classe sterile è formata da tutti i cittadini occupati in servizi e in lavori diversi da quelli dell'agricoltura». ....

B. Analizza la tabella che segue ed esegui le attività proposte

Spesa per viaggi (SV)	Reddito (R)
3.000	20.000
7.000	40.000
12.000	60.000
16.000	80.000
22.000	100.000

1. Rappresenta graficamente su un sistema di assi cartesiani la relazione tra queste due variabili.
2. Che tipo di relazione esiste fra di esse?
3. Qual è la variabile dipendente?
4. Descrivi sotto forma di una generica funzione la relazione tra queste due grandezze.

C. Un Paese a economia mista versa in una situazione di recessione economica, caratterizzata da elevata disoccupazione, riduzione dei consumi, basso livello di investimenti ed elevata pressione fiscale, soprattutto sulle fasce di reddito medio.
Per sostenere l'economia, quali interventi proporrebbero gli economisti neoclassici e quali invece i sostenitori dell'economia keynesiana?

D. In Italia e Spagna si producono, in alcuni distretti industriali, borse in pelle e scarponi da sci. In Italia servono 8 ore di lavoro per produrre una borsa in pelle e 10 ore per produrre un paio di scarponi da sci; mentre in Spagna servono rispettivamente 6 ore e 12 ore di lavoro.
Ipotizzando che i prezzi dei beni siano proporzionali alla quantità di lavoro necessario a produrli, sulla base della teoria dei costi comparati calcola i vantaggi della specializzazione produttiva e del commercio internazionale.

4) LEGGI L'ARTICOLO, ANALIZZA I DATI RIPORTATI NELLA TABELLA E RISPONDI AI QUESITI

Competenza: saper leggere e interpretare dati economici

Polonia, la nuova frontiera economica dell'Europa

L'allargamento a Est del 2004, con l'ingresso nell'Unione europea di numerosi Paesi dell'Europa centro-orientale, non ha solo rappresentato la riunificazione dell'Europa dopo la Guerra fredda, ma anche un'incredibile opportunità per i nuovi Paesi membri di accedere al più ricco mercato del mondo, nonché alle risorse dei Fondi strutturali. I primi anni dopo l'allargamento sono stati estremamente positivi per le economie dell'Est. La crisi economica ha certamente rallentato questo processo di avvicinamento tra le due macroaree europee: gli investimenti sono calati, la crescita si è arrestata, la disoccupazione è aumentata. Solamente un Paese ha mantenuto un livello di crescita economica elevato persino negli anni più duri della crisi: la Polonia. Al momento dell'ingresso nell'Ue, il primo maggio 2004, la sua era ancora un'economia in transizione; i risultati positivi sono anche il frutto dell'azione dei Governi che hanno combinato una politica stabile volta a favorire l'economia di mercato, con minime ingerenze da parte dello Stato, e un'azione filo-europeista e atlantista a livello internazionale.

Crescita 2005-2014. Polonia, Germania e Italia a confronto (Banca mondiale).

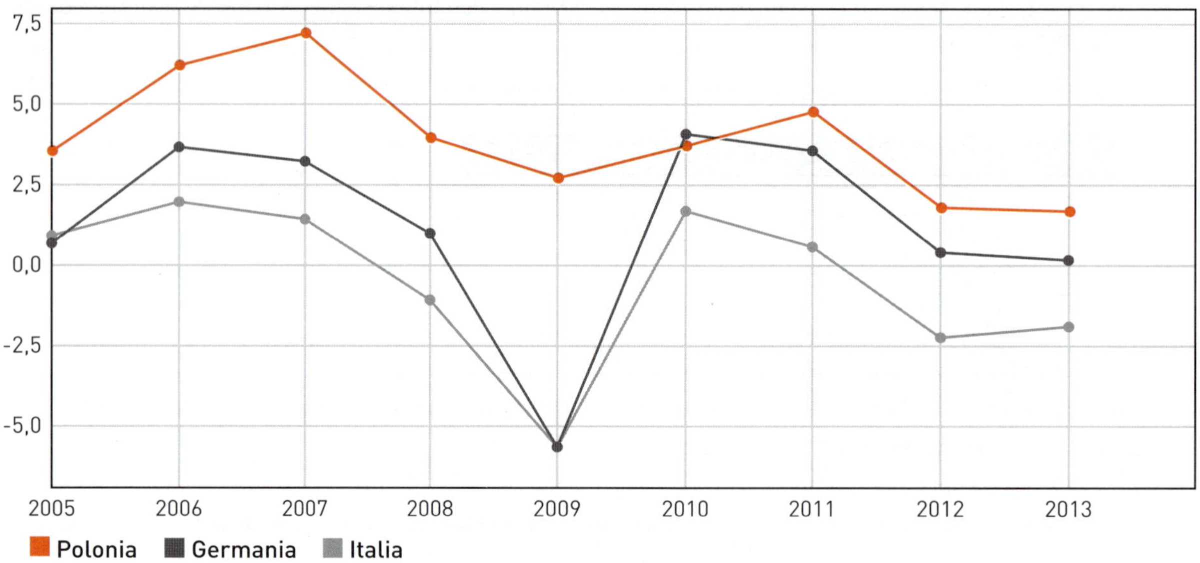

	2011	2012	2013	2014	2015	2016-'20
Dimensione dell'economia (Pil in mld di euro)	426,2	422,3	439,3	410,4	368,8	624,6
Reddito (PIL pro capite, in euro)	11.198	11.095	11.540	10.794	9.700	16.449
Andamento dell'economia (variaz. PIL reale, %)	4,8%	1,8%	1,7%	3,3%	3,5%	3,6%
Inflazione media annua	4,3%	3,7%	0,9%	0,0%	−0,8%	2,0%
Tasso di disoccupazione	9,6%	10,1%	10,3%	9,0%	8,0%	7,0%

Polonia: previsioni economiche 2016-2020. Fonte: Fondo Monetario Internazionale.

A. Analizza il grafico e individua l'anno in cui la crisi economica è stata più accentuata.
1. Qual è stata l'evoluzione successiva in termini di crescita economica?
2. Metti a confronto i dati relativi a Polonia, Germania, Italia e commentali.
3. Nel periodo compreso nel grafico la Polonia ha avuto tassi di crescita negativi? E gli altri due Paesi?

B. I dati compresi nella tabella, relativi all'evoluzione dei principali indicatori economici, che considerazioni suggeriscono in merito allo stato di salute dell'economia polacca?
1. In che senso nel 2004 il sistema economico della Polonia era in una fase di transizione?
2. Verso quale modello economico si è indirizzata la Polonia?
3. Quali fattori potrebbero avere determinato risultati così positivi?
4. I Governi polacchi come hanno utilizzato, a tuo avviso, i Fondi strutturali dell'Unione europea?

5) LEGGI L'ARTICOLO E RISPONDI AI QUESITI

Competenza: saper leggere e interpretare testi economici

La Cina minaccia ancora la Ue. A rischio 3,5 milioni di posti

Battaglia a Bruxelles sul riconoscimento di «Economia di mercato»

La concessione dello status di «Economia di mercato» (Mes) alla Cina metterebbe a rischio fino a 3,5 milioni di posti di lavoro nell'Ue. Fino a 416.200 posti di lavoro potenzialmente colpiti solo in Italia. Il rapporto dell'Economic Policy Institute (Epi) recentemente presentato a Bruxelles quantifica per l'economia europea una perdita fino al 2% del Pil. È una guerra quella che da alcuni mesi si sta combattendo a Bruxelles: Pechino insiste per raggiungere l'ambito riconoscimento di Economia di mercato che renderebbe inutilizzabili gran parte degli strumenti di difesa commerciale oggi a disposizione dell'Europa, come l'antidumping. Questo danneggerebbe gravemente la competitività delle industrie manifatturiere europee. Se l'antidumping diverrà uno strumento inefficace le merci cinesi inonderanno i mercati ancor più di quello che stanno ora facendo. Il rischio reale è che nostri interi settori industriali subirebbero una ingiusta concorrenza, quindi rischierebbero di ridimensionare fortemente la capacità produttiva a scapito dell'occupazione e del buon andamento dell'economia. Non bisogna dimenticare che oggi circa cinquanta provvedimenti anti dumping sono in vigore in Europa. Ed è necessario ricordare che la Cina si è già vista rifiutare lo status di Economia di mercato da Stati Uniti, Canada, Giappone e India. Per le industrie dell'Europa perdere lo strumento di difesa dell'antidumping significa dover combattere ad armi spuntate contro un sistema economico profondamente diverso dal quello Occidentale: l'economia di mercato socialista. I vantaggi del modello cinese di economia di mercato socialista sono noti: proprietà e piena disponibilità da parte dello Stato di industrie e risorse strategiche, limiti alla proprietà e agli investimenti per gli stranieri, manipolazione della valuta, assenza di libera competizione, poca attenzione al rispetto dei diritti di proprietà, gestione statale dei mercati e distorsioni dei costi e dei prezzi. La partita che si gioca a Bruxelles coinvolge politici e rappresentati delle imprese europee che cercheranno di ostacolare la nota concessione alla Cina. [...]

Antonio Selvatici, «Il Tempo.it», 26/9/2015

A. Quali sono i caratteri del modello cinese di "economia di mercato socialista"?

B. Quali sono le differenze fra il suddetto modello e quello di "economia di mercato" (Mes)?

C. Perché la Cina vorrebbe essere riconosciuta come economia di mercato dall'Unione europea?

D. Per quali ragioni molti soggetti politici ed economici in Europa cercheranno di opporsi a tale richiesta?

E. Come hanno deciso in merito Paesi diversi dall'Unione europea?

ECONOMY HIGHLIGHTS CLIL

6) LEGGI E RISPONDI ALLE DOMANDE

Competenza: comprendere testi di natura economica in lingua inglese

Of the division of labor

The greatest improvement in the productive powers of labour, and the greater part of the skill, dexterity, and judgment with which it is any where directed, or applied, seem to have been the effects of the division of labour. (....)

To take an example, therefore, from a very trifling manufacture; but one in which the division of labour has been very often taken notice of, the trade of the pin-maker; a workman not educated to this business (which the division of labour has rendered a distinct trade),. nor acquainted with the use of the machinery employed in it (to the invention of which the same division of labour has probably given occasion), could scarce, perhaps, with his utmost industry, make one pin in a day, and certainly could not make twenty. But in the way in which this business is now carried on, not only the whole work is a peculiar trade, but it is divided into a number of branches, of which the greater part are likewise

peculiar trades. One man draws out the wire, another straights it, a third cuts it, a fourth points it, a fifth grinds it at the top for receiving the head; to make the head requires two or three distinct operations; to put it on, is a peculiar business, to whiten the pins is another; it is even a trade by itself to put them into the paper; and the important business of making a pin is, in this manner, divided into about eighteen distinct operations, which, in some manufactories, are all performed by distinct hands, though in others the same man will sometimes perform two or three of them [...]
This great increase of the quantity of work which, in consequence of the division of labour, the same number of people are capable of performing, is owing to three different circumstances; first to the increase of dexterity in every particular workman; secondly, to the saving of the time which is commonly lost in passing from one species of work to another; and lastly, to the invention of a great number of machines which facilitate and abridge labour, and enable one man to do the work of many. [...]

Adam Smith, in An inquiry into the nature and causes of the wealth of nations, Chapter I

A. Why, according to Smith, does the division of labor account for «the greatest improvement in the productive power of labor...»?

B. What does Smith mean by the division of labor?

C. How is the division of labor illustrated by the pin factory?

SEZIONE B

Il mercato e la formazione dei prezzi

Nella città di Economia c'è la **Piazza degli Scambi**: nessun luogo è più centrale di questo. Mentre l'attraversate, osservate i venditori e i compratori che si incontrano e vi pare che da ogni scambio derivi una soddisfazione utile ad accrescere la "felicità" generale. Tutto questo vi fa venire in mente quel che accade anche a voi quando passate ore su eBay o altri mercati elettronici per comprare, vendere, contrattare e scambiare oggetti di ogni tipo nei quattro angoli del mondo. La vocazione del commerciante, già presente in voi, ora emerge con evidenza.

COMPETENZE

- Essere consapevoli del processo che porta alla determinazione del prezzo di mercato, in relazione alle fondamentali forze della domanda e dell'offerta
- Sapere riconoscere gli aspetti caratteristici delle varie forme di mercato e i benefici della concorrenza
- Conoscere i criteri per interpretare le tendenze dei mercati locali, nazionali, internazionali

UNITÀ 1 La domanda

Social hotel

I format per le nuove classi di turisti

Nella maggior parte dei casi in cui si parla di **social media strategy per hotel**, si cercano risposte su come realizzare una pagina Facebook efficace, come realizzare una gallery su Instagram che stimoli la condivisione, come creare board accattivanti su Pinterest.

Ho notato però che nell'ultimo periodo molti hotel sono passati oltre questo concetto e stanno giustamente puntando a una **socializzazione reale tra gli ospiti** che li frequentano, oppure sperimentano **comportamenti in linea con l'affermarsi della "sharing o social economy"**. L'idea di fondo è seguire e contrastare fenomeni come Airbnb[1] ma in misura maggiore realizzare risparmi sui costi di gestione.

Dalle nuove esigenze nascono i Social hotel

L'architetto **Dante O. Benini** ha ben sintetizzato che *l'hotel contemporaneo è l'unico momento di well-being veramente globale per una classe di cittadini del mondo che sono nomadici nel lavoro, bohémien nel lifestyle e luxury nelle esigenze.*

Da quest'affermazione si intuiscono le nuove necessità degli ospiti, che alcuni hotel stanno ben interpretando: per esempio con lo sviluppo di spazi adatti alla condivisione di postazioni di lavoro anche in viaggio (il c.d. "co-working"), oppure con il concetto di "social table" in hotel, tanto amato dai millennials[2], in cui ci si incontra per parlare insieme di lavoro e non solo.

Nuove esigenze oltre che per i clienti anche per gli albergatori che devono occupare ogni giorno gli spazi messi a disposizione: **ogni metro dell'hotel deve essere produttivo** e se si stimola anche la socializzazione degli ospiti, ci saranno indubbi riflessi anche a livello di "brand reputation" e "brand awareness".

Luca Sconfienza
Il blog del marketing dell'ospitalità «Sharing tourism»

[1] *Un sito che mette in contatto persone che cercano un alloggio per periodi limitati con persone che dispongono di case proprie e di spazi liberi da affittare.*

[2] *Persone nate tra gli anni Ottanta e i primi anni duemila nel mondo occidentale, appartenenti alla Generazione Y, la generazione del nuovo millennio, conosciuta anche come* Millennial Generation, Generation Next *o* Net Generation.

attività

1. Quali servizi offrono i Social hotel?
2. La "sharing o social economy" è l'economia condivisa. Spiega in che cosa consiste.
3. A tuo avviso, l'economia condivisa quali vantaggi comporta per il consumatore?
4. Che cos'è il "co-working"?

1 IL MERCATO E LA DINAMICA DELLA DOMANDA

Gran parte delle scelte economiche avvengono attraverso il **mercato**, l'istituzione dove compratori (che rappresentano la domanda) e venditori (che rappresentano l'offerta) si incontrano per comperare e vendere determinati beni o servizi. Si parla di mercato non solo per intendere un luogo fisico di incontro tra i soggetti sopraccitati (come accade nei mercati dei nostri paesi e città), ma come un luogo virtuale d'incontro tra domanda e offerta in qualunque modo esso avvenga (per via telematica, attraverso le reti informatiche, ecc.). Nel mercato la domanda (che coincide con il comportamento tenuto dai consumatori) e l'offerta (che coincide con il comportamento dei venditori) si incontrano con reciproco vantaggio quando la quantità offerta di un certo bene a un certo prezzo è uguale alla quantità domandata a quello stesso prezzo, per cui si realizza quello che gli economisti chiamano "equilibrio del mercato".

LO SAI CHE...

Fu lo storico e saggista inglese Thomas Carlyle (1795-1881) ad affermare con una certa cattiveria: «It is easy to train an economist; teach a parrot to say Demand and Supply!» (È facile far diventare pappagallo un buon economista: è sufficiente insegnargli a ripetere le parole domanda e offerta!).

Come si comportano i consumatori acquirenti sul mercato?

La domanda rappresenta la nostra esperienza di consumatori. Supponiamo di analizzare il mercato di un bene di largo consumo come i jeans. Nei negozi della città il prezzo di un jeans è di 50 euro; a questo prezzo, la quantità di jeans che i consumatori comprano in un anno è di 600 unità (tab. 1). Ora, supponiamo che, per qualche ragione sulla quale per ora non ci interessa indagare, i jeans subiscano un aumento di prezzo, passando da 50 a 80 euro. Di fronte a questa nuova situazione, qualcuno penserà che al nuovo prezzo più alto converrà tenersi i vecchi jeans per un altro anno, qualcun altro non avrà il denaro sufficiente per affrontare la nuova spesa, mentre altri continueranno a comprare jeans al prezzo più alto, ma certamente una parte dei consumatori deciderà di uscire dal mercato. L'opposto ovviamente accade se il prezzo scende da 50 a 10.

Questo esempio dimostra che più il prezzo è basso, più aumenteranno i consumatori del bene, mentre man mano che il prezzo si alza il numero dei jeans acquistati dai consumatori scenderà.

Quantità domandata
Quantità di bene richiesta sul mercato in relazione a un dato prezzo (sulla curva di domanda è indicata da un punto).

Funzione di domanda
Indica le diverse quantità domandate ai diversi livelli di prezzo (è rappresentata dall'intera curva di domanda).

Tabella 1 – Dinamica della domanda

Prezzo (euro per 1 jeans)	Quantità domandata (jeans acquistati in un anno)
10	1.000
50	600
80	300

Rappresentiamo questa relazione tra quantità domandata e prezzo, chiamata **funzione della domanda**, in un sistema di assi cartesiani in cui sull'asse

Demand function
Funzione della domanda
It is a mathematical function that determines the relationship between the quantity demanded of a good and its determining variables (price, income, etc.).

Demand curve
Curva (o retta) di domanda
It is a graphical representation of the demand curve.

Curva di domanda
Rappresentazione grafica della funzione di domanda.

delle ascisse viene indicata la quantità domandata di jeans e sull'asse delle ordinate il prezzo dei jeans. Facendo riferimento alle quantità che i consumatori sono disposti ad acquistare ai diversi prezzi, ne deriva una funzione grafica **decrescente** da sinistra verso destra (e, quindi, con pendenza o inclinazione negativa), chiamata **curva (o retta) di domanda** (fig. 1).

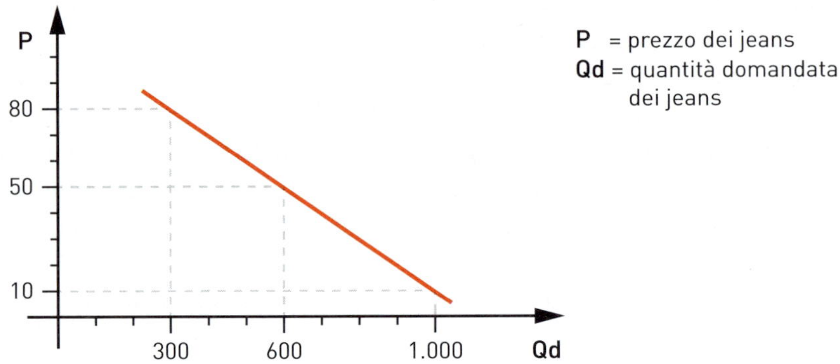

Figura 1

La dinamica della domanda

Per semplicità, la funzione di domanda viene rappresentata a volte mediante una curva, altre volte mediante una retta, entrambe aventi andamento decrescente (fig. 2).

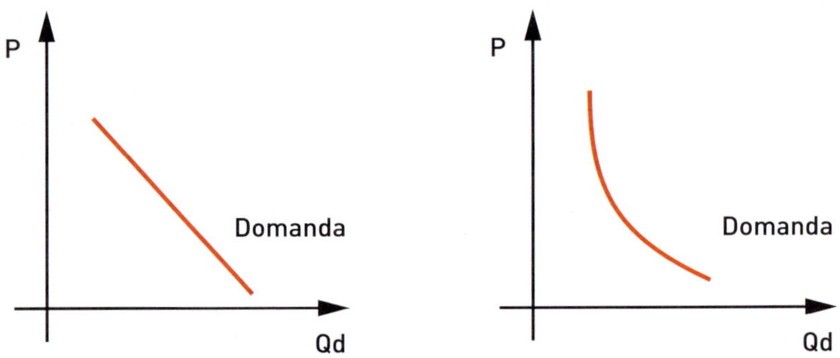

Figura 2

Retta e curva di domanda

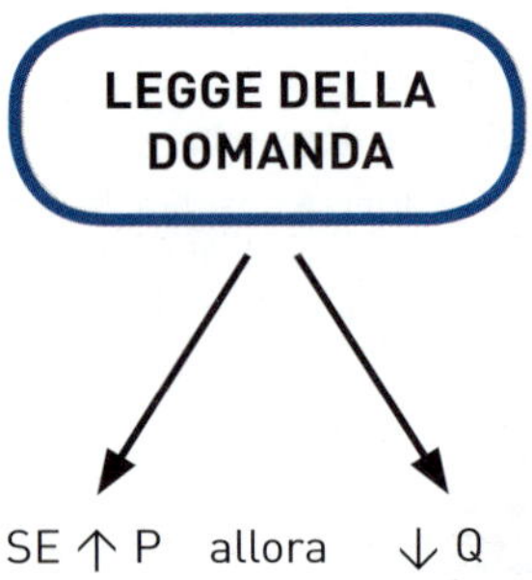

2 LA LEGGE DELLA DOMANDA

La domanda non è una quantità particolare di un bene, per esempio 3 jeans, ma è una descrizione completa delle diverse quantità di un bene che i compratori desiderano acquistare a prezzi diversi.

Poiché si è visto dall'esempio proposto che la domanda di jeans si alza quanto più il prezzo dei jeans si abbassa, possiamo enunciare la **legge della domanda**. Essa si traduce nell'affermazione secondo cui **la quantità domandata (Qd) di un bene è in relazione inversa rispetto al prezzo del bene (P)**.

Law of demand
Legge della domanda
The quantity demanded of a good is inversely proportional to its market price.

In formula:

$$Qd = f(P)$$

La rappresentazione grafica è quella già vista nella precedente figura 2.

La legge della domanda individuale rappresenta, pertanto, la formalizzazione del comportamento del consumatore che reagisce alla variazione del prezzo di mercato riducendo o alzando la quantità domandata a seconda del rialzo o ribasso di tale prezzo.

Per i consumatori l'acquisto e il consumo di una certa quantità del bene a quel determinato prezzo comportano due conseguenze: un beneficio e un costo. Appare ragionevole pensare che ciò che davvero interessa ai consumatori sia il saldo tra queste due grandezze, cioè il risultato netto dell'operazione.

La *differenza tra beneficio e costo* si chiama in economia **surplus del consumatore** ed è pari alla differenza tra la somma massima che il consumatore sarebbe disposto a pagare per ciascuna unità addizionale acquistata di un determinato bene e la somma che effettivamente paga (prezzo di mercato).

Per esempio, supponiamo che uno studente sia disposto a spendere 10 euro per il biglietto del cinema, ma che il biglietto costi solamente 7 euro: la differenza di 3 euro è il surplus.

Graficamente il **surplus** è l'area della funzione di domanda al di sopra del prezzo di mercato (area colorata **A P*E*** della figura 3.

Individual demand
Domanda individuale
It is the amount of a commodity that the consumer is willing to purchase according to the market price of the asset, to its preferences and its disposable income.

Price
Prezzo
It is the economic value of a good expressed in currency at a specific period of time.

Surplus consumatore
Differenza tra il prezzo che il consumatore è disposto a pagare (per ciascuna unità addizionale acquistata) e il prezzo di mercato. È l'area tra la curva di domanda e il prezzo.

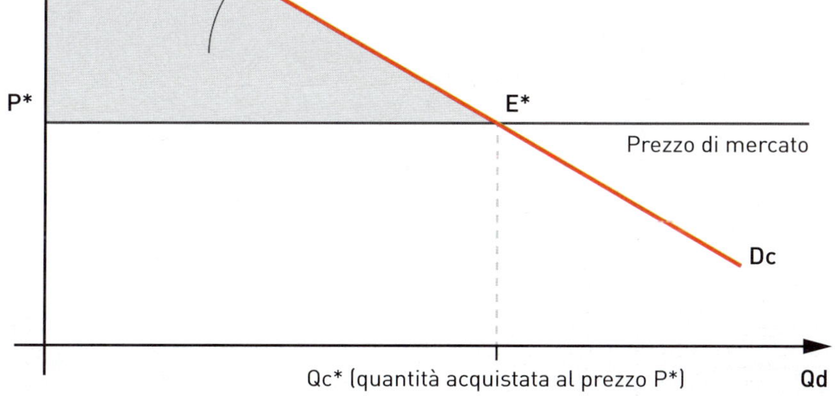

Figura 3

Il surplus del consumatore

Sull'ascissa indichiamo la quantità domandata Qd e sull'ordinata il prezzo di mercato P.

A: prezzo a cui il consumatore non acquista nulla; P*: prezzo di mercato d'equilibrio; E*: equilibrio; Dc: domanda del consumatore; Qc*: quantità acquistata al prezzo di mercato; area del triangolo AP*E*: surplus del consumatore.

Nella legge della domanda il prezzo di mercato del bene è l'unica variabile indipendente che, assumendo valori diversi, influisce sulla quantità domandata del bene stesso. Tuttavia, nella realtà, la domanda reagisce anche a variazioni di altri elementi, come reddito, prezzo di altri beni, gusti del consumatore, pubblicità, moda, ecc. Poiché ciascun elemento indicato influenza in modo differente la domanda, non è possibile studiare queste relazioni contemporaneamente, per cui ognuna di esse deve essere esaminata separatamente dalle altre **(metodo degli equilibri parziali** di Alfred Marshall). La **legge della domanda** vale, pertanto, solo nell'ipotesi in cui le **altre variabili** – come il reddito del consumatore, il prezzo di altri beni ed elementi soggettivi – **non cambino** (condizione ***ceteris paribus*** – vedi Sezione A, Unità 1).

Se ipotizziamo che la relazione tra quantità domandata di un bene e relativo prezzo sia lineare, la funzione della domanda può essere descritta da un'equazione del tipo:

$$\mathbf{Qd = a - b\ P}$$

COMPLETA CON DATI A TUA SCELTA

DOMANDA	
Prezzo	Quantità domandata
5	
10	
13	
15	
20	
25	

in cui Qd indica la quantità domandata, P il prezzo del bene, il parametro "a" è l'intercetta**,** che definisce la posizione della curva (o retta) di domanda e il parametro "b" è il coefficiente angolare che definisce l'inclinazione (pendenza) della curva (o retta) di domanda (elasticità della domanda, di cui si parlerà nel prossimo paragrafo).

I due parametri "a" e "b" riflettono quindi gli altri elementi (come il reddito, il tipo di bene, i gusti) che influenzano la posizione della curva nel piano.

Supponiamo per esempio che sia:

$$\mathbf{Qd = 20 - 7\ P}$$

Se P = 0 la quantità domandata è 20; se P = 1 la quantità domandata è 13; se P = 2 la quantità domandata è 6; ecc.

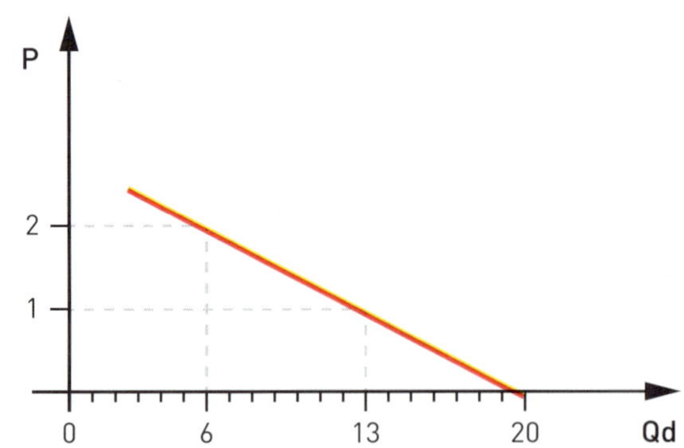

Figura 4
Funzione della domanda

La curva (o retta) di domanda individuale ha un andamento decrescente, che evidenzia la relazione inversa tra prezzo di un bene e quantità domandata dello stesso.

Attenzione alle variabili!

Nella legge della domanda, si è detto, il prezzo è l'unica variabile indipendente perché tale legge ha come presupposto la condizione *ceteris paribus*, mentre la quantità domandata è la variabile dipendente.

Se le due variabili si invertissero, cioè il prezzo diventasse la variabile dipendente e la quantità domandata la variabile indipendente, non avremmo più a che fare con la legge della domanda e ci troveremmo nella condizione di dire che, se la quantità domandata (questa volta variabile indipendente) aumentasse oltre una certa misura (sempre tenendo presente la condizione *ceteris paribus*), il prezzo (questa volta variabile dipendente) crescerebbe (per esempio: se aumentasse la domanda di jeans, il loro prezzo aumenterebbe). Viceversa, qualora la quantità domandata diminuisse oltre una certa misura, il prezzo calerebbe (per esempio: se diminuisse la domanda di jeans, il loro prezzo diminuirebbe). In altre parole, ci sarebbe un rapporto diretto tra quantità domandata e prezzo.

RINFORZO

☐ Se sul mercato si incontrano tante domande individuali, si formerà sicuramente una "domanda di mercato". Quali sono le sue caratteristiche?

Su ogni mercato le domande individuali di tutti coloro che decidono di acquistare un determinato bene si presentano insieme, costituendo la **domanda di mercato**.

Per ottenere la domanda di mercato bisogna sommare orizzontalmente le quantità domandate dai singoli consumatori in corrispondenza di tutti i possibili livelli di prezzo.

Graficamente la domanda di mercato è la seguente (fig. 5).

Market demand
Domanda di mercato
It is the sum of the demands of all potential customers for a specific good over a specific period in a specific market.

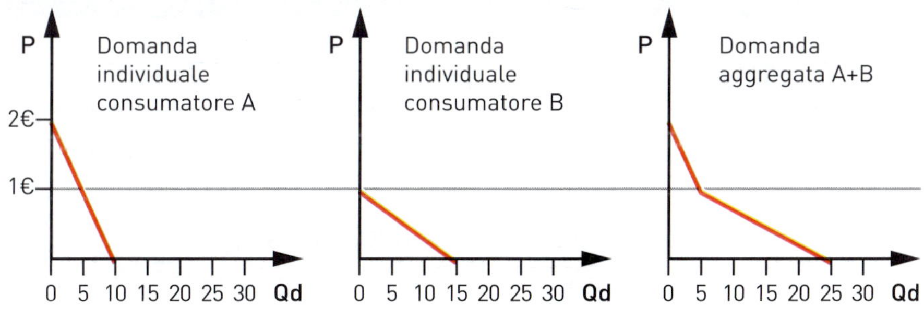

Figura 5

La curva di domanda di mercato (o aggregata)

Sull'ascissa indichiamo la quantità domandata Qd, sull'ordinata il prezzo di mercato P.

Come si nota:

- la pendenza (e quindi la relazione) rimane negativa, ma può cambiare (rimane uguale solo nel caso in cui tutte le pendenze siano perfettamente uguali);
- la curva, detta funzione di domanda "a gomito", si sposta verso destra (perché, ovviamente, la quantità richiesta aumenta se sommiamo tutte le curve).

Domanda individuale
Quantità di bene richiesta dal singolo, in relazione a diversi livelli di prezzo.

Domanda di mercato
Quantità di bene acquistata, ai diversi prezzi, da tutti gli acquirenti presenti nel mercato. Chiamiamo invece domanda dell'impresa la domanda di mercato che si rivolge a un'impresa o, in altre parole, la quantità di prodotto per la quale l'impresa trova acquirenti in relazione ai diversi livelli di prezzo.

3 L'ELASTICITÀ DELLA DOMANDA

Elasticità della domanda rispetto al prezzo
Misura la reattività della domanda al variare del prezzo.

Elasticity coefficient
Coefficiente di elasticità
It measures the rate of which demand responds to price. Elasticity coefficient helps to determine the optimum price at which profits are maximized.

Elasticity of demand
Elasticità della domanda
Percentage change in quantity demanded divided by the percentage change in price. In other words: the degree to which demand for a good varies with its price.

Inelastic demand
Domanda rigida
A situation in which the demand for goods does non increase or does non decrease in correspondence to the variation of one of the elements that influences it (e.g. price).

Elastic demand
Domanda elastica
Demand for goods that increases or decreases according to the variation of one of the elements (e.g. price of the commodity).

Le variazioni della domanda rispetto al prezzo del bene o al reddito o al prezzo di altri beni possono essere più o meno accentuate. Per indicare la misura di queste variazioni, si usa uno strumento di misurazione chiamato **coefficiente di elasticità**. Esso indica il grado di reazione della domanda al variare di uno degli elementi che la influenzano.

L'elasticità della domanda rispetto al prezzo misura di quanto varia la domanda di un bene al variare del prezzo del bene stesso.

$$\mathbf{E} = \frac{\textit{Variazione } (\Delta) \text{ \% } \textit{quantità domandata}}{\textit{Variazione } (\Delta) \text{ \% } \textit{prezzo}} = \frac{\frac{\Delta Q}{Q}}{\frac{\Delta P}{P}} = \frac{Q : \Delta Q = 100 : x}{P : -\Delta P = 100 : y}$$

L'elasticità è definita in termini di variazioni percentuali e non di variazioni assolute. In questo modo il calcolo dell'elasticità non è influenzato dall'unità di misura con cui sono espresse le due grandezze considerate (prezzo e domanda). Se si usassero i valori assoluti, cioè se le quantità domandate dello stesso bene fossero espresse per esempio in kg o in hg, il risultato sarebbe diverso. Usando invece le variazioni percentuali, questo problema è superato perché un aumento, per ipotesi, del 5% della domanda è sempre tale qualunque sia l'unità di misura utilizzata.

Esempio

	Prezzo	Domanda
1° periodo	20	50
2° periodo (cala il prezzo)	15	70

$$\mathbf{E} = \frac{50 : +20 = 100 : x}{20 : -5 = 100 : y} = \frac{+40\%}{-25\%} = \frac{+0{,}4}{-0{,}25} = (-)\,1{,}6$$

L'elasticità della domanda rispetto al prezzo ha segno negativo, perché generalmente la relazione tra prezzo e domanda è inversa (a eccezione di alcune categorie di beni).

Per semplicità, si considera il valore assoluto dell'elasticità trascurando il segno negativo per cui, a seconda del valore assoluto dell'elasticità, diremo che una curva di domanda è: a) perfettamente rigida b) rigida c) a elasticità unitaria d) elastica e) perfettamente elastica (vedi tabella 2).

Tabella 2 – Elasticità rispetto al prezzo

Valore dell'elasticità	Grado di elasticità della domanda	Reattività della domanda	Grafico
E = 0	La domanda è perfettamente rigida (o perfettamente anelastica). Per esempio, medicinali salva vita, servizi medici, ecc.	La quantità domandata non varia al variare del prezzo. Es.: $\frac{0}{-10\%} = 0$	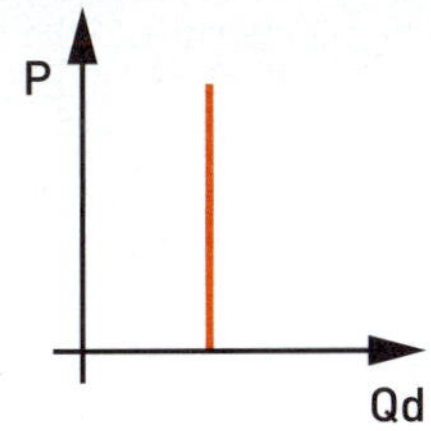
0 < E < 1	La domanda è rigida (o anelastica). Per esempio, beni di prima necessità (come generi alimentari), sigarette, droghe, ecc., ma anche certi beni di lusso distintivi di uno "status".	La variazione percentuale della domanda è inferiore alla variazione percentuale del prezzo. Es.: $\frac{+10\%}{-50\%} = (-)\ 0{,}2$	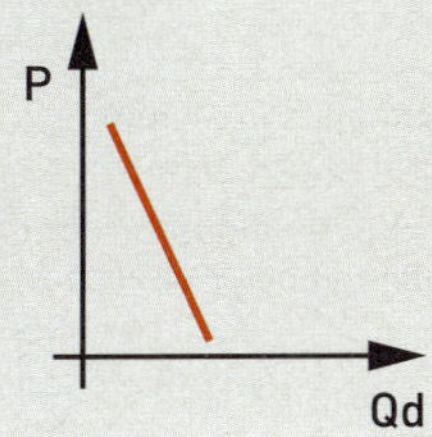
E = 1	La domanda ha elasticità unitaria. Per esempio, in genere, i pedaggi autostradali.	La variazione percentuale della domanda è uguale alla variazione percentuale del prezzo. Es.: $\frac{+10\%}{-10\%} = (-)\ 1$	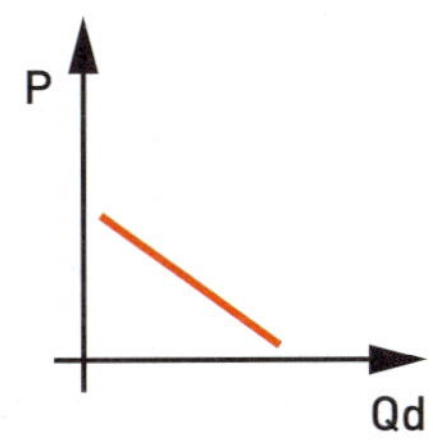
E > 1	La domanda è elastica. Per esempio, beni voluttuari o di lusso (come auto di grossa cilindrata, viaggi, pasti al ristorante, ecc.).	La variazione percentuale della domanda è maggiore della variazione percentuale del prezzo. Es.: $\frac{+50\%}{10\%} = (-)\ 5$	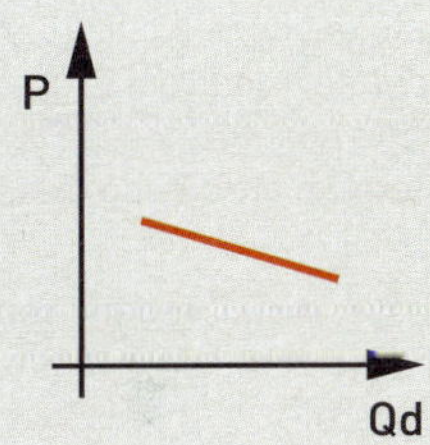
E = ∞	La domanda è infinitamente elastica. Si tratta di un caso limite ipotetico come un viaggio sulla Luna.	Il consumatore è disposto ad acquistare tutta la quantità a un certo prezzo e niente a un prezzo appena più alto.	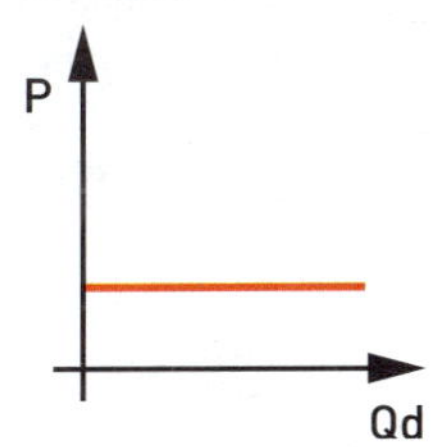

☐ Perché è importante sapere se la domanda rispetto al prezzo è rigida o elastica, oppure è a elasticità unitaria?

QUESITO

La dipendenza di alcuni Paesi dall'importazione del petrolio fa considerare la loro domanda per quel combustibile come ......

È importante per i produttori conoscere il coefficiente di elasticità della domanda rispetto al prezzo, perché fornisce loro un'indicazione di come le variazioni nel prezzo di un bene influenzeranno il ricavo totale (Ricavo totale = Prezzo × quantità venduta) che essi realizzeranno dalla vendita di

Substitution effect
Effetto sostituzione
Measures the change in quantity demanded due to the fact that the good is more or less convenient than others. The rise in price induces a customer (whose income has remained the same) to buy more of a relatively lower-priced good and less of a higher-priced one.

Income effect
Effetto reddito
It consists in a change in the quantities demanded of a good due to the change in the purchasing power of consumers induced by a change in price of goods.

quel bene. Potranno, quindi, anticipare l'esito di variazioni di prezzo sul ricavo totale. Un manager, conoscendo l'elasticità della funzione di domanda dei propri clienti, può calcolare il livello ottimale di prezzo al quale vendere il suo prodotto, per ottenere il maggior profitto. I consumatori, infatti, reagiscono alle variazioni di prezzo e di reddito attraverso due effetti:

- **un effetto sostituzione (ES)**: quando il prezzo di un bene aumenta, gli acquirenti decidono di sostituirlo con uno meno costoso che soddisfa lo stesso bisogno. Per esempio: se aumenta il prezzo del manzo, gli individui sostituiscono il manzo con il pollo.
- **un effetto reddito (ER)**: quando il prezzo di un bene aumenta, diminuisce la capacità di spesa (è come se gli individui diventassero più poveri) e quindi gli acquisti diminuiscono.

Ne consegue che:

- se la domanda per un bene è ***elastica***, un aumento nel prezzo ***induce i consumatori a sostituirlo*** con altri beni meno costosi. In questo caso, l'effetto di sostituzione è più forte dell'effetto di reddito. Per i produttori questo si traduce in una diminuzione dei ricavi totali, perché vengono vendute minori quantità di quel bene sia pure a prezzi più alti (l'effetto quantità è maggiore dell'effetto di prezzo);
- se la domanda per un bene è ***rigida***, o se si tratta di un bene con pochi sostituti, un prezzo più alto ***riduce la capacità di spesa degli individui***. In questo caso, l'effetto di reddito è più forte dell'effetto di sostituzione. Per i produttori, però, questo si traduce in un aumento dei ricavi totali dovuti al prezzo più alto a cui sono venduti questi beni, le cui caratteristiche sono tali da non permettere ai consumatori di ridurre in maniera rilevante la loro richiesta (l'effetto quantità è minore dell'effetto di prezzo);
- se la domanda per un bene ha *elasticità unitaria,* un aumento di prezzo *non modifica* il comportamento dei consumatori. In questo caso, l'effetto di sostituzione e l'effetto di reddito si bilanciano l'un l'altro. Per i produttori i ricavi totali rimangono inalterati. L'effetto quantità e l'effetto di prezzo si compensano tra loro.

COMPLETA

Il consumatore a causa dell'effetto reddito (ER) diminuirà l'acquisto del bene il cui prezzo è aumentato, mentre a causa dell'effetto sostituzione (ES) acquisterà un altro bene meno costoso.

- se p ...., il reddito reale .... (è come se diventassi più povero)
- se p ...., il reddito reale .... (è come se diventassi più ricco)

Persone in fila davanti al negozio Apple durante il lancio delle vendite di iPhone. Strasburgo, Francia, settembre 2014.

MAPPA UNITÀ B1

DOMANDA

la sua dinamica è rappresentata dalla

funzione della domanda

che è

la relazione tra quantità domandata e prezzo

da cui

LEGGE DELLA DOMANDA
la quantità domandata (variabile dipendente) varia in funzione inversa del prezzo (variabile indipendente)

si verifica

alla condizione *ceteris paribus*

comporta

una relazione tra benefici e costi

il cui saldo è

il **surplus del consumatore**

comporta

la necessità di misurare la variazione della domanda rispetto a vari elementi, costituita dal **coefficiente di elasticità**

che indica

il grado di reazione della domanda al variare o del prezzo del bene (o del reddito o del prezzo di altri beni), espresso in valori assoluti

da cui deriva che

una curva di domanda può avere diversi gradi di elasticità a cui corrispondono diverse reazioni dei consumatori
il coefficiente di elasticità (E) può essere:

$E = 0$ → domanda perfettamente rigida
$0 < E < 1$ → domanda rigida
$E = 1$ → domanda ad elasticità unitaria
$E > 1$ → domanda elastica

permettendo

ai produttori, nel caso di elasticità della domanda rispetto al prezzo, di calcolare il livello ottimo di prezzo al quale vendere il loro prodotto.
I consumatori, infatti reagiscono alle variazioni di prezzo e di reddito attraverso due effetti:

- un effetto di sostituzione (ES)
- un effetto di reddito (ER)

Verifiche 1

1) TROVA L'ERRORE IN OGNI FRASE

Competenza: acquisire e riconoscere i contenuti chiave

A. La domanda di un bene è in funzione diretta del prezzo del bene complementare.
B. Per ottenere la domanda di mercato bisogna sommare verticalmente tutte le domande individuali.
C. La funzione della domanda, se lineare, può essere descritta da un'equazione del tipo: $Qd = a + bP$
D. Nella legge della domanda, il prezzo di mercato del bene non è l'unica variabile indipendente.
E. La domanda è rigida se la variazione percentuale della domanda è maggiore della variazione percentuale del prezzo.

2) COLLEGA LE ESPRESSIONI CONTRASSEGNATE DA UNA LETTERA CON QUELLE INDICATE DA UN NUMERO

Competenza: individuare collegamenti e relazioni

A. Surplus dei consumatori	1. Aumento o diminuzione della capacità di spesa al variare del reddito
B. Metodo degli equilibri parziali	2. Relazione tra quantità domandata e prezzo
C. Condizione *ceteris paribus*	3. Area della funzione di domanda al di sopra del prezzo di mercato
D. Effetto reddito	4. A parità di altre condizioni
E. Coefficiente di elasticità	5. Reattività della domanda al variare di certi elementi
F. Funzione della domanda	6. Alfred Marshall

A	B	C	D	E	F

3) INDICA SE LE SEGUENTI AFFERMAZIONI SONO VERE O FALSE. SE LE RITIENI FALSE GIUSTIFICA LA RISPOSTA

Competenza: acquisire, interpretare l'informazione e comunicare

	VERO	FALSO
A. Se la domanda per un bene è elastica, l'effetto di sostituzione è più forte dell'effetto di reddito.		
B. La curva (o retta) di domanda ha un'inclinazione positiva.		
C. Nella legge della domanda il prezzo è la variabile dipendente.		
D. La pendenza della curva (o retta) di domanda è il coefficiente angolare nella funzione lineare della domanda.		

	VERO	FALSO
E. Se la domanda di un bene è rigida e il prezzo del bene aumenta, i produttori hanno una diminuzione dei loro ricavi totali.		
F. Il surplus del consumatore è la differenza positiva fra il prezzo che un individuo è disposto a pagare per ricevere un determinato bene o servizio e il prezzo di mercato dello stesso bene.		

4) RISOLVI I SEGUENTI PROBLEMI

Competenza: risolvere problemi

A. Data la funzione di domanda di un bene: Q(d) = 1.050 – 6 P, calcola se la domanda è elastica o anelastica quando il prezzo aumenta da $P_1 = 50$ a $P_2 = 75$.

B. Prendiamo in considerazione i provvedimenti volti a ridurre il tabagismo. Alcuni studi indicano che l'elasticità della domanda di sigarette rispetto al prezzo è di circa 0,4. Se un pacchetto di sigarette costa attualmente 2 € e il Governo vuole ridurne del 20% il consumo globale, di quanto dovrebbe far aumentare il prezzo?

C. Supponi che sul mercato ortofrutticolo ci siano solo due acquirenti di pomodori e che le loro schede di domanda siano le seguenti:

PREZZO	QUANTITÀ DOMANDATA 1° ACQUIRENTE	QUANTITÀ DOMANDATA 2° ACQUIRENTE	DOMANDA DI MERCATO
5	10	20	30

Determina la curva di domanda di mercato (aggregata) e rappresentala graficamente.

5) RISPONDI AI SEGUENTI QUESITI IN UN MASSIMO DI 5/6 RIGHE

Competenza: saper organizzare e sintetizzare i contenuti

A. Che cosa afferma la legge della domanda?
B. Che cosa si intende per "surplus del consumatore"?
C. Nella funzione della domanda qual è la variabile dipendente e quella indipendente?
D. Qual è la differenza tra domanda e quantità domandata?
E. Quali sono gli elementi che influenzano la domanda?
F. In che cosa consiste il metodo degli "equilibri parziali"?
G. Perché è così importante la condizione "*ceteris paribus*"?
H. Perché l'elasticità è definita in termini di variazioni percentuali e non assolute?
I. La domanda di caramelle è rigida o elastica? Per quale motivo?
J. Che cosa si intende per "effetto di sostituzione" ed "effetto reddito"?

ENGLISH EXERCICES 1

1) Connect each letter with a number

A. Value to buyers – amount paid by buyers	1. Elastic demand
B. Gasoline	2. Elastic demand good
C. Restaurant meals	3. Perfectly elastic demand
D. 20% increase in price generates 20% decline in quantity	4. Consumer surplus
E. 20% increase in price generates 10% decline in quantity	5. Inelastic demand
F. The demand curve is a horizontal line	6. Perfectly inelastic demand
G. The demand curve is a vertical line	7. Inelastic demand goods
H. 20% increase in price generates 40% decline in quantity	8. Unit elastic demand

A	B	C	D	E	F	G	H

2) Demand schedule and demand curve

Use the linear demand function for cappuccinos, **Qd = 500 – 25P** to answer the questions that follow:

A. Create a demand schedule for cappuccinos with the prices of € 0, € 0,50, € 1, € 3, € 5, € 7 and € 9.

B. Create a demand curve for cappuccinos, plotting the points from your demand schedule.

C. Assume the price of latte machiatos, a close substitute for cappuccinos, decreases, and causes the *a* variable in the demand function to fall to 250. Create a new demand schedule, with the adjusted values for Qd.

D. On your previous diagram, illustrate the new demand curve.

E. Assume that due to falling incomes, cappuccino consumers become more sensitive to changes in the price of cappuccinos, and the *b* variable in the original demand function increases to 45. Using the same prices, create a new demand schedule.

F. On the same graph as your original demand curve, illustrate the new demand for cappuccinos following the decline in consumers' incomes.

UNITÀ 2
La produzione

Il boom italiano di Airbnb: in vacanza a casa d'altri

Il fenomeno di affittare alloggi privati ai turisti quadruplicato grazie a Expo. Siamo il terzo Paese al mondo per giro d'affari dopo Stati Uniti e Francia

Sarà la crisi, sarà una moda, saranno le foto patinate, ma c'erano una volta le seconde case lasciate vuote, lusso improduttivo, e oggi sono sempre meno. Gli italiani si sono accorti del piccolo tesoro che avevano, letteralmente, in casa e hanno iniziato a mettere sul mercato letti e stanze, secondi bagni e divani, trovando in Airbnb una piattaforma ideale per incontrare turisti e viaggiatori d'affari.

Il servizio web nato in California è sbarcato in Italia nel 2011, ma ha registrato nell'ultimo anno una crescita verticale [...]. L'Italia è il terzo mercato al mondo per Airbnb, la società fondata da Brian Chesky che oggi ha una valorizzazione da 24 miliardi di dollari ed è divenuta un paradigma della sharing economy, la nuova epoca dell'economia che mette al centro i numeri, l'efficienza e la condivisione. [...]

Forse senza ambizioni globali, la notizia è che anche gli italiani hanno iniziato a far di conto, tra tasse, mercato immobiliare depresso e milioni di appartamenti sfitti. La vecchia casa del nonno è diventata «loft in centro», la camera degli ospiti è diventata davvero tale, ma uno diverso alla settimana. Molti hanno comprato casa e pagano il mutuo con l'incasso dell'affitto. [...]

Airbnb ha dato vita a economie di commercialisti e consulenti, donne delle pulizie e ristrutturatori, sicuramente ha fatto bene all'Ikea. Ma con il sito è nato anche un nuovo stile nel racconto della propria casa. Il titolo accattivante dell'inserzione, le fotografie dei particolari (validate dai viaggiatori), tutto conta per catturare l'attenzione del cliente. Come ogni servizio sociale che si rispetti, alla fine ci sono le recensioni: anche chi paga per la camera o l'appartamento riceve un voto, e così alla prenotazione successiva il controllo è più qualificato. [...]

Beniamino Pagliaro
«La Stampa», 7 luglio 2015

attività

1. Che cos'è "Airbnb"?
2. Quali vantaggi offre "Airbnb"?
3. La "sharing o social economy", di cui si è parlato nella precedente lettura, potrebbe essere in grado di contrastare tale fenomeno?
4. Chi paga per avere un servizio di "Airbnb" riceve un voto. Che vantaggi comporta per l'offerente conoscere il voto assegnato al suo cliente?

1 LA DINAMICA DELL'OFFERTA

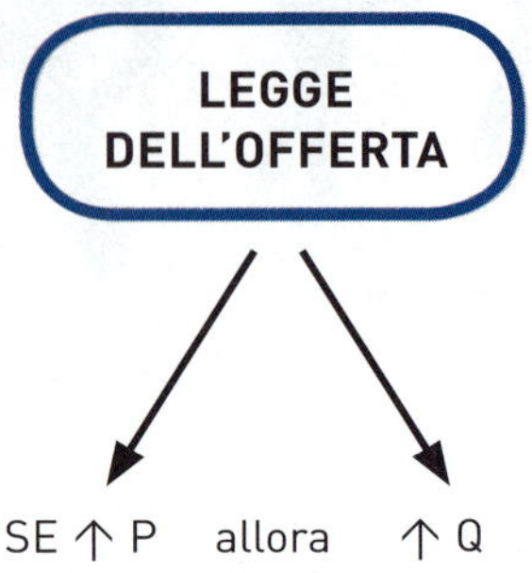

L'altra componente del mercato è l'**offerta**. Essa è la quantità di un bene che i venditori intendono vendere ai diversi prezzi. Quindi anche l'offerta non è una quantità definita, ma è la descrizione completa delle diverse quantità di bene che i venditori offrono sul mercato ai diversi prezzi.

Per comprendere la sua dinamica, facciamo ancora riferimento al mercato dei jeans, concentrando l'attenzione sul comportamento dei venditori (tab. 1).

Tabella 1 – Dinamica dell'offerta

Prezzo (euro per 1 jeans)	Quantità offerta (jeans venduti in un anno)
10	200
50	600
80	900

Supply function
Funzione dell'offerta
It is a mathematical expression of the relationship between the quantity offered of a good and its price.

Supply curve
Curva (o retta) d'offerta
It is a graphical representation of the supply curve.

Rappresentiamo questa relazione tra quantità offerta e prezzo, chiamata **funzione dell'offerta**, in un sistema di assi cartesiani in cui sull'asse delle ascisse viene indicata la quantità offerta di jeans e sull'asse delle ordinate il prezzo dei jeans. Facendo riferimento alle quantità che i venditori sono disposti a vendere ai diversi prezzi, ne deriva una funzione grafica **crescente** da sinistra verso destra (e, quindi, con pendenza o inclinazione positiva), chiamata **curva (o retta) di offerta** (fig. 1).

Offerta
Quantità di bene offerta sul mercato in relazione a un dato prezzo (sulla curva di offerta è indicata da un punto).

Funzione dell'offerta
Lega la quantità di bene che i produttori sono disposti a offrire al relativo prezzo.

Curva di offerta
È la rappresentazione grafica della funzione di offerta.

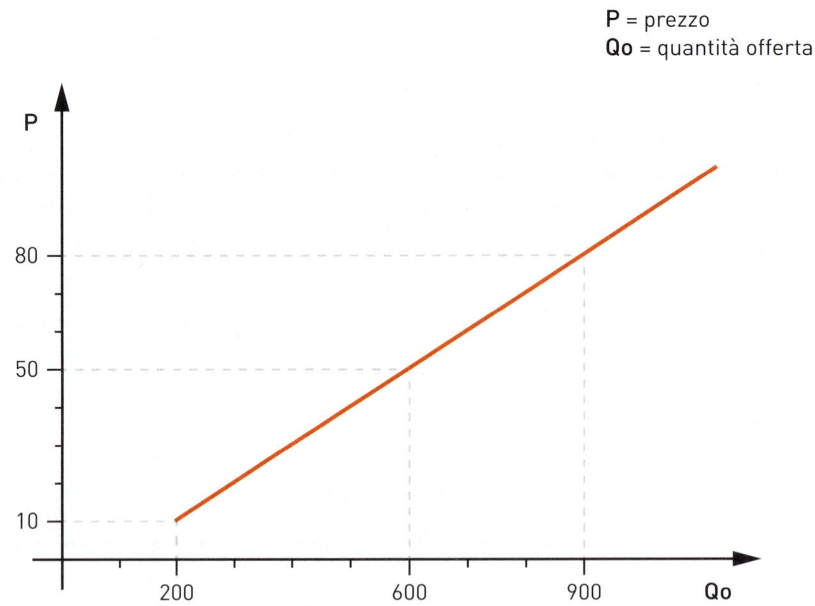

Figura 1
La dinamica dell'offerta

Anche la **funzione di offerta**, come la funzione di domanda, viene rappresentata per semplicità a volte mediante una curva, altre volte mediante una retta, entrambe aventi un andamento crescente (fig. 2).

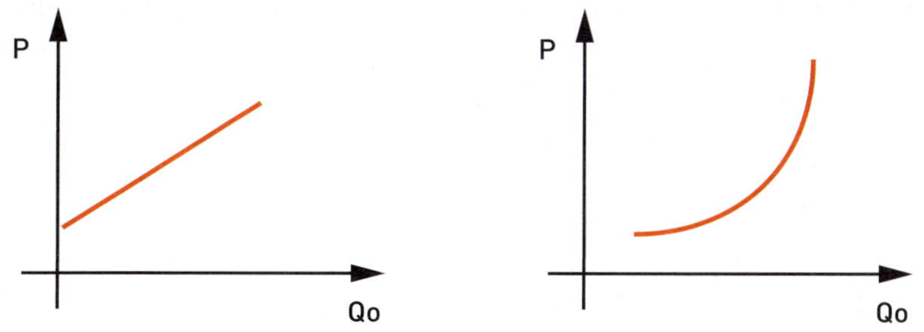

Figura 2

Retta e curva di offerta

IN PILLOLE

Riportiamo i dati della domanda e dell'offerta di jeans nel seguente schema:

Prezzo	Quantità domandata di jeans	Quantità offerta di jeans
10	1.000	200
50	600	600
80)	300	900

Osserviamo che al prezzo di 50 la quantità domandata di jeans è uguale alla quantità offerta. Rimandiamo comunque all'Unità 3 tutto ciò che riguarda il funzionamento del mercato.

Anche l'offerta, come la domanda, è regolata da una legge specifica?

Abbiamo visto dall'esempio proposto che l'offerta di jeans si alza quanto più il prezzo dei jeans cresce, per cui possiamo enunciare la **legge dell'offerta**. Essa si traduce nell'affermazione secondo cui **la quantità offerta di un bene è in relazione diretta al prezzo del bene**.

Come per la domanda, se ipotizziamo che la relazione tra quantità offerta di un bene e relativo prezzo sia lineare, la funzione dell'offerta può essere descritta da un'equazione del tipo:

$$Qo = a + b P$$

in cui Qo indica la quantità offerta, P il prezzo del bene, il parametro "a" è l'intercetta, che definisce la posizione della curva (o retta) di offerta e il parametro "b" è il coefficiente angolare che definisce l'inclinazione (pendenza) della curva (o retta) di offerta (elasticità dell'offerta di cui si parlerà nel paragrafo 6).

Law of supply
Legge dell'offerta
Fundamental principle which states that a supply of goods is in direct proportion to its price of sale: it grows as the price rises and falls when the price falls.

Surplus produttore
Differenza tra il prezzo di mercato e il prezzo che il produttore o venditore è disposto ad accettare (per ogni unità addizionale prodotta o venduta).

Per i produttori la vendita di una certa quantità del bene a quel determinato prezzo comporta benefici (ricavi) e costi. Se ciascuna unità viene prodotta a costi inferiori al prezzo di mercato, per ognuna di esse il produttore realizza un surplus. Il **surplus del produttore** è l'eccedenza del prezzo effettivo di vendita di un bene sul prezzo che il produttore (o venditore) del bene sarebbe disposto ad accettare per ogni unità addizionale prodotta o venduta.

Per esempio: sono disposto a vendere la mia vecchia auto per 500 euro, ma fortunatamente il mercato me la valuta 2.000 euro. Se la vendo, realizzerò un surplus di 1.500 euro.

In sostanza, il concetto di surplus del produttore è speculare a quello di surplus del consumatore. Graficamente, il surplus del produttore è l'area colorata compresa tra la curva di offerta e il prezzo di mercato (fig. 3).

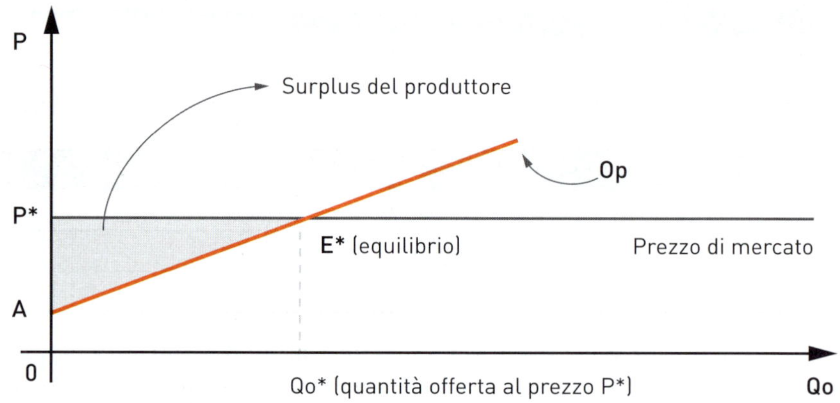

Figura 3

Surplus del produttore

Sull'ascissa indichiamo la quantità offerta Qo e sull'ordinata il prezzo di mercato P.
A: prezzo a cui il produttore non produce nulla; P*: prezzo di mercato d'equilibrio; E*: equilibrio; Op: offerta del produttore; Qo: quantità offerta al prezzo di mercato; area del triangolo AP*E*: surplus del produttore.

La curva di **offerta di mercato** è la somma orizzontale delle curve di offerta individuali.

Il soggetto fondamentale dell'offerta è l'imprenditore, colui che produce e mette in vendita sul mercato i beni. L'imprenditore agisce sul mercato decidendo in modo razionale la convenienza o meno, dal punto di vista economico, dello svolgimento dell'attività d'impresa. Uno strumento utile a tal proposito è la funzione di produzione.

2 LA FUNZIONE DI PRODUZIONE

Production function
Funzione di produzione
It specifies the output quantity that can be obtained with a given quantity of inputs.

La funzione di produzione mette in relazione la quantità di input impiegati nell'attività produttiva e l'output, cioè la quantità massima di un dato bene o servizio che è possibile ottenere in un dato periodo di tempo dagli input impiegati.

Indicando con Q l'output (prodotto totale che l'imprenditore può ottenere con l'impiego di una certa quantità di input, cioè di fattori produttivi, come il lavoro L e il capitale K), una generica funzione di produzione può essere così espressa:

$$Q = f(L, K)$$

A seconda del periodo di tempo preso in considerazione, potranno esservi altri elementi dentro la parentesi oltre a L e a K e si tratterà di fattori produttivi fissi, se siamo nel breve periodo, o di fattori produttivi variabili, se siamo nel lungo periodo.

Funzione di produzione
Quantità massima producibile di un prodotto dati i fattori produttivi disponibili.

Funzione di produzione di breve periodo
Rispecchia la legge dei rendimenti marginali decrescenti.

Per capire meglio il significato economico della funzione di produzione possiamo aiutarci con un esempio?

Consideriamo un'impresa agricola che produce grano.

Per realizzare questa attività, all'impresa occorre una serie di fattori produttivi: terra, sementi, concime, macchine agricole, silos, lavoro, ecc. Se prendiamo in considerazione il **breve periodo**, l'imprenditore non può mutare i fattori fissi – quali terra, silos, macchine agricole – perché queste decisioni sono scelte di investimento che richiedono tempo per essere realizzate. Tutto ciò che può fare è intervenire sui fattori variabili: per esempio, potrebbe aumentare il raccolto cercando di rendere più intensiva la produzione con l'utilizzo di più lavoro, più sementi, più concime, con l'aumento delle ore di impiego delle macchine agricole, ecc.

Costruiamo, pertanto, una funzione di produzione di breve periodo, assumendo per semplicità che lavoro e capitale siano i due soli fattori produttivi impiegati nella produzione.

La funzione della produzione può essere allora scritta come:

$$Q\ \text{grano} = f(L, K)$$

Questa funzione esprime la relazione esistente tra produzione di grano e impiego del fattore lavoro (L), fermi restando i fattori fissi, cioè il capitale (K).

Nel breve periodo, poiché K è fisso, possiamo trascurarlo e limitarci a studiare la relazione tra Q e L in questo modo:

$$Q\ \text{grano} = f(L)$$

Costruiamo una tabella (semplificata al fine di evitare variazioni infinitesimali di produzione) in cui riportiamo il numero di lavoratori impiegati e la corrispondente quantità di grano complessivamente ottenuta (prodotto totale).

Total factor productivity
Prodotto totale
It measures the production achieved per unit of total inputs.

LEGGE DEI RENDIMENTI MARGINALI DECRESCENTI (produzione con un solo fattore produttivo variabile):

- **la produzione (Q)** aumenta all'aumentare dell'impiego di un fattore, raggiunge il suo massimo e successivamente diminuisce;
- **il prodotto medio (Ap)** aumenta e successivamente diminuisce;
- **il prodotto marginale (Mp)**, inizialmente aumenta, ma poi diminuisce e diventa negativo.

Tabella 2 – Prodotto totale

Unità di lavoro	Unità di capitale	Prodotto totale di grano
0	1	0
1	1	10
2	1	30
3	1	60
4	1	80
5	1	95
6	1	105
7	1	110
8	1	112
9	1	111
10	1	108

Dall'esame della tabella 2, si nota che il prodotto totale di grano cresce in misura via via maggiore fino alla 3ª unità di lavoro, poi dalla 3ª fino alla 8ª unità di lavoro cresce in misura via via minore. Infine, dalla 8ª alla 10ª unità di lavoro, il prodotto totale decresce.

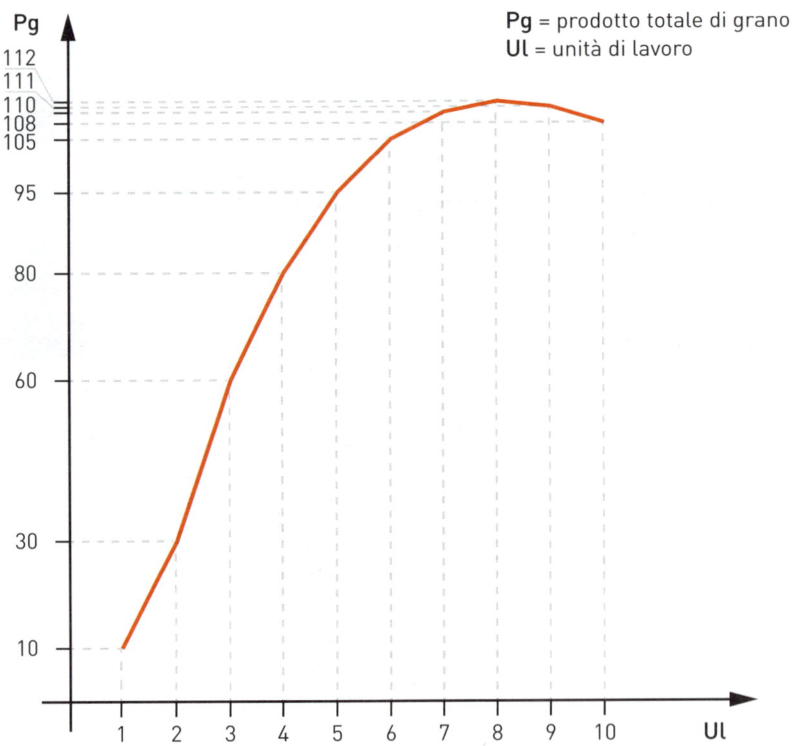

Figura 4

La funzione della produzione di breve periodo

Nella figura 4 la curva del prodotto totale ha incrementi crescenti fino alla 3ª unità di lavoro e presenta infatti una concavità rivolta verso l'alto, poi dalla 3ª unità presenta incrementi decrescenti e una concavità rivolta verso il basso; infine, dall'8ª unità inizia a decrescere.

3 LA LEGGE DEI RENDIMENTI DECRESCENTI

L'andamento del prodotto totale ha un significato economico.

L'incremento e il decremento del prodotto totale rappresentano la **produttività marginale del fattore variabile**:

$$\textbf{Produttività marginale del fattore variabile} = \frac{\textit{incremento } (\Delta) \textit{ quantità prodotto totale}}{\textit{incremento } (\Delta) \textit{ quantità fattore variabile}}$$

Dal suo andamento gli economisti hanno formulato una nota legge economica chiamata **legge dei rendimenti marginali decrescenti**. Tale legge afferma che, aggiungendo successive quantità di fattore produttivo, mentre tutti gli altri fattori rimangono costanti, il prodotto totale aumenta inizialmente in modo via via maggiore, ma ben presto aumenta in misura via via minore. Ciò significa che la produttività marginale del fattore variabile, nel nostro caso il lavoro, inizialmente aumenta, ma poi diminuisce, cioè è decrescente. La ragione di questo andamento della produttività è legato alla presenza nel breve periodo di fattori fissi che vincolano la possibilità di espansione della produzione.

Riprendiamo la tabella 2 aggiungendo il prodotto marginale:

Marginal productivity
Produttività marginale
It expresses the relationship between the increase of the product output by increase of labour inputs.

Tabella 3 – Prodotto totale e produttività (o prodotto) marginale del fattore lavoro

Unità di lavoro (fattore variabile)	Unità di capitale (fattore fisso)	Prodotto totale	Produttività (o prodotto) marginale (Mp) del fattore lavoro: Δ prodotto totale / Δ unità di lavoro
0	1	0	/
1	1	10	10
2	1	30	20
3	1	60	30
4	1	80	20
5	1	95	15
6	1	105	10
7	1	110	5
8	1	112	2
9	1	111	− 1
10	1	108	− 3

Prodotto totale (o semplicemente prodotto)
Quantità di output prodotta dagli input.

Prodotto marginale di un fattore (Mp)
Variazione dell'output determinata da una variazione piccola (unitaria o infinitesima) dell'input, tenendo costante l'impiego di tutti gli altri fattori produttivi.

Prodotto medio (o produttività media) di un fattore (Ap)
Rapporto tra il prodotto totale e la quantità di input utilizzata per produrre l'output.

Average productivity
Prodotto medio o produttività media
It is equal to the total output of product divided by the amount of factors used as an input.

Osserviamo la tabella 3, supponendo che le unità di lavoro crescano sempre di 1 unità:

- fino a quando il prodotto totale cresce, la produttività (o prodotto) marginale è positiva;
- quando il prodotto totale decresce, la produttività (o prodotto) marginale è negativa.

È importante conoscere anche la **produttività media di un fattore variabile**. Essa misura la produzione totale per unità di fattore utilizzato.

$$\textbf{Produttività media del fattore variabile} = \frac{\textit{Quantità prodotto totale}}{\textit{Quantità fattore variabile}}$$

Riprendiamo la tabella 3 aggiungendo la produttività (o prodotto) media del fattore lavoro (tab. 4).

Tabella 4 – Prodotto totale, prodotto medio e prodotto marginale del fattore lavoro

Unità di lavoro	Unità di capitale	Prodotto totale	Produttività (o prodotto) media (Ap): Prodotto totale / unità di lavoro	Produttività (o prodotto) marginale (Mp): Δ prodotto totale / Δ unità di lavoro
0	1	0	/	/
1	1	10	10	10
2	1	30	15	20
3	1	60	20	30
4	1	80	20	20
5	1	95	19	15
6	1	105	17,5	10
7	1	110	15,71	5
8	1	112	14	2
9	1	111	12,33	- 1
10	1	108	10,8	- 3

Aggiungendo il 4° lavoratore, la produttività (o prodotto) media di 20 uguaglia la produttività (o prodotto) marginale, anch'essa, appunto, di 20.

La rappresentazione grafica delle curve di prodotto medio e marginale ha l'andamento illustrato nella figura 5:

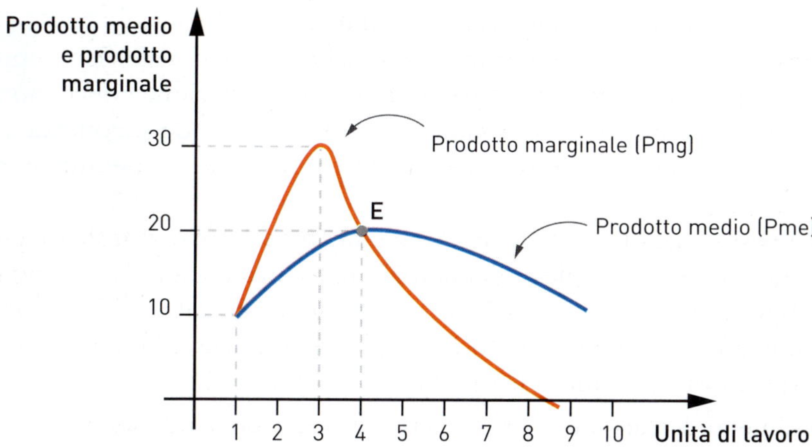

Figura 5

Prodotto medio e prodotto marginale

Osserviamo la figura:

- le funzioni di prodotto medio e marginale hanno entrambe un andamento prima crescente e poi decrescente;
- il prodotto medio cresce e decresce più lentamente del prodotto marginale;
- il prodotto marginale raggiunge il suo livello massimo (30) con 3 lavoratori;
- il prodotto medio raggiunge il suo livello massimo (20) con 4 lavoratori (punto E), aggiungendo lavoratori la produttività media cala;
- nel punto E, con 4 lavoratori, il prodotto medio (20) è uguale al prodotto marginale (20);
- mentre il prodotto medio assume valori positivi (essendo una media tra grandezze positive), la produttività marginale può assumere valori negativi.

4 COSTI E RICAVI

Nel lungo periodo l'imprenditore è interessato a sapere come varia la sua produzione al mutare dei fattori produttivi impiegati. Per rispondere a questo quesito, dobbiamo introdurre il concetto di **rendimenti di scala**. I rendimenti di scala indicano ciò che accade sul piano produttivo quando tutti i fattori variano. L'espressione "di scala" significa che tutti gli input aumentano nella stessa proporzione.

Returns to scale
Rendimenti di scala
They define the relationship between the change in the input of factors of production in a production unit and the change of its output in a proportionate way. The term scale refers to the volume of production.

I rendimenti di scala possono essere:

- **costanti**: l'output varia nella stessa proporzione degli input (se l'impresa raddoppia l'impiego dei fattori produttivi, la produzione raddoppia). La funzione di produzione di lungo periodo è una retta. Per l'impresa espandere o meno la dimensione produttiva è irrilevante;
- **crescenti**: l'output varia in misura più che proporzionale (se l'impresa raddoppia l'impiego dei fattori produttivi, la produzione cresce più del doppio). La funzione di produzione di lungo periodo è concava verso l'alto. All'impresa converrà espandere al massimo le sue dimensioni produttive;
- **decrescenti**: l'output varia in misura meno che proporzionale (se l'impresa raddoppia l'impiego dei fattori, la produzione aumenta meno del doppio); in questo caso si parla di *diseconomie di scala*. La funzione di produzione di lungo periodo è concava verso il basso. All'impresa converrà ridurre al minimo le sue dimensioni produttive.

I rendimenti di scala sono cosa diversa dalla legge dei rendimenti marginali decrescenti.

Efficacia
Capacità di raggiungere l'obiettivo prefissato.

Efficienza
Capacità di raggiungere l'obiettivo prefissato impiegando le risorse minime indispensabili.

Efficienza allocativa
Capacità di utilizzare in modo ottimale le proprie risorse, annullando qualsiasi spreco (di tempo, denaro, ecc.).

Efficienza produttiva
Produrre al costo minimo necessario per realizzare un determinato livello di output.

Economie di scala
Al crescere della quantità prodotta, il costo medio di lungo periodo diminuisce.

Legge dei rendimenti marginali decrescenti	Rendimenti di scala
• ci dice cosa succede alla produzione quando varia un solo fattore, mentre tutti gli altri rimangono fissi • è riferita al breve periodo quando almeno uno dei fattori produttivi è fisso	• ci dicono cosa succede alla produzione quando tutti i fattori variano • si riferiscono al lungo periodo, quando tutti i fattori sono variabili

Se l'impresa ha rendimenti crescenti, vuol dire che ha un risparmio di costi?

In presenza di rendimenti crescenti, un'impresa gode di **economie di scala** che si realizzano quando i **costi medi di produzione diminuiscono all'aumentare della quantità prodotta** (il costo medio, come vedremo meglio in seguito, indica quanto costa in media una unità di prodotto).

I fattori che danno luogo a economie di scala non sono solo fattori tecnologici, ma anche altri, quali:

- la specializzazione produttiva e la divisione del lavoro;
- il pieno sfruttamento degli impianti;
- la maggiore **efficienza** realizzata grazie a impianti di grandi dimensioni;
- l'esecuzione all'interno di un'impresa di molte fasi produttive;
- la possibilità di generare prodotti di scarto in quantità sufficiente da ottenere alcuni prodotti congiunti.

Economy of scale
Economie di scala
Cost advantages that a company has by expanding its production. The greater the quantity of a good produced the lower the fixed cost per unit.

Le economie di scala non si realizzano solo a livello di impianto produttivo, ma sono associate anche alle dimensioni dell'impresa. Se questa è grande, può realizzare economie di organizzazione adibendo i molti impianti (anche non necessariamente grandi) di cui dispone a funzioni diverse, può

centralizzare la sua amministrazione, può ridurre l'incidenza dei costi comuni effettuando spese di ricerca e sviluppo, può ottenere finanziamenti a tassi inferiori rispetto alle imprese più piccole oppure input a prezzi più convenienti, acquistandone in quantità elevata (in questo caso si tratta di economie di scala che non derivano da rendimenti crescenti di scala).

Spesso, poi, un'impresa è di grandi dimensioni perché produce una vasta gamma di prodotti. Di conseguenza potrebbe accadere che ogni suo singolo prodotto sia realizzato a un costo minore rispetto a quello sostenuto da un'impresa monoprodotto, grazie alla possibilità che essa ha di suddividere i costi comuni e le economie finanziarie e di organizzazione tra i vari beni. Per esempio, un'impresa che produce telefoni cellulari, smartphone, tablet, ecc. può trarre beneficio da una strategia unica di marketing, dalla condivisione dei costi di distribuzione e dalla produzione congiunta dei vari prodotti.

☐ Quali sono i costi di produzione che l'imprenditore deve sostenere per svolgere la sua attività produttiva?

Nel breve periodo i costi di produzione dell'impresa possono essere distinti in due componenti:

- costi fissi;
- costi variabili.

I **costi fissi** sono costi che non variano al variare della quantità prodotta, per esempio il costo per l'affitto dello stabilimento, il costo per impianti e macchinari, il costo per il leasing degli impianti e dei macchinari, ecc.

I **costi variabili** – come i costi per materie prime, per energia, per salario dei lavoratori, per fertilizzanti, per sementi, ecc. – sono invece costi che variano al variare della quantità prodotta.

I **costi totali** sono la somma dei costi fissi e dei costi variabili.

Fixed costs
Costi fissi
Manufacturing costs that do not vary despite the variation in the amount of the output produced.

Variable costs
Costi variabili
Manufacturing costs that vary according to the amount of goods produced.

Total costs
Costo totale
The total amount of cost of production sustained by the entrepreneur in order to produce the total output (fixed costs + variable costs).

☐ Qual è l'andamento dei costi variabili e totali al crescere dell'output?

I **costi variabili** crescono al crescere dell'output, assumendo un andamento di crescita via via minore e poi via via maggiore per la legge dei rendimenti marginali decrescenti. Lo stesso vale per i **costi totali**, la cui variazione per definizione coincide con la variazione dei costi variabili (perché i costi fissi non variano al variare della quantità prodotta).

Esaminiamo l'esempio riportato nella tabella 5; la figura 6 mostra l'andamento delle tre grandezze in gioco.

Costi fissi

Costi che non variano al variare della quantità prodotta.

Costi variabili

Costi che variano al variare della quantità prodotta.

Costi totali

Costi fissi + costi variabili.

La forma della funzione di produzione determina la funzione di costo totale.

Ogni imprenditore, quando decide la quantità di prodotto, si pone due domande:

1. Quanto costa in media produrre il bene?
2. Quanto costa aumentare di un'unità la produzione?

Il costo medio C/Q determina se entrare in un mercato o uscire da esso.

Il costo marginale ΔC/ΔQ determina quanto produrre per il massimo profitto.

Tabella 5 – Costi fissi, variabili, totali nel breve periodo

Unità prodotte	Costo fisso	Costo variabile	Costo Totale
0	12	0	12
1	12	10	22
2	12	16	28
3	12	21	33
4	12	27	39
5	12	34	46
6	12	42,06	54,06
7	12	51,06	63,06
8	12	61,06	73,06
9	12	76	88

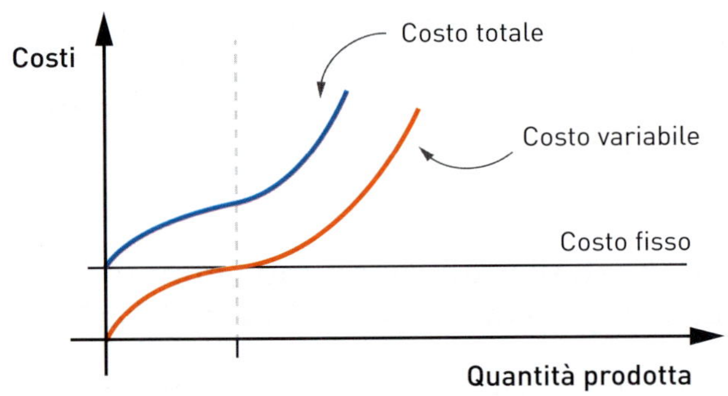

Figura 6

Costi fissi, variabili, totali

Average cost
Costo medio
The cost per unit of product is given by a ratio which compares the total cost and the total amount produced.

Marginal cost
Costo marginale
The variation in the total cost resulting from the addition of production of one unit of product.

Dalla funzione di costo variabile e costo totale si possono ricavare le associate funzioni di **costo medio** e **costo marginale**, in modo del tutto simile a come si è proceduto a ricavare dalla funzione del prodotto totale le corrispondenti funzioni di prodotto medio e marginale per ottenere informazioni più precise sull'andamento della produttività.

La **funzione di costo medio (o costo unitario)** indica quanto costa, in media, ogni unità di prodotto.

$$\textbf{Costo medio} = \frac{\textit{Costo totale}}{\textit{Quantità prodotta}}$$

Il costo medio si scompone in

$$\textbf{Costo variabile medio} = \frac{\textit{Costo variabile}}{\textit{Quantità prodotta}} \quad \text{e}$$

$$\textbf{Costo fisso medio} = \frac{\textit{Costo fisso}}{\textit{Quantità prodotta}} \quad \text{da cui } \textbf{Costo medio} = \frac{\textit{Costo totale}}{\textit{Quantità prodotta}}$$

La **funzione di costo marginale** indica la variazione del costo totale quando la produzione cresce di una unità.

$$\textbf{Costo marginale} = \frac{\textit{incremento } (\Delta) \textit{ Costo totale}}{\textit{incremento } (\Delta) \textit{ Quantità prodotta}}$$

Qual è l'andamento del costo medio e del costo marginale?

Riprendiamo la tabella precedente, aggiungendo il costo medio e il costo marginale (tab. 6).

Tabella 6 – Costi fissi, variabili, totali, medi e marginali nel breve periodo

Unità prodotte	Costo fisso	Costo variabile	Costo totale	Costo medio	Costo marginale
0	12	0	12		
1	12	10	22	22	10
2	12	16	28	14	6
3	12	21	33	11	5
4	12	27	39	9,75	6
5	12	34	46	9,2	7
6	12	42,06	54,06	9,01	8,06
7	12	51,06	63,06	9	9
8	12	61,06	73,06	9,13	10
9	12	76	88	9,77	14,94

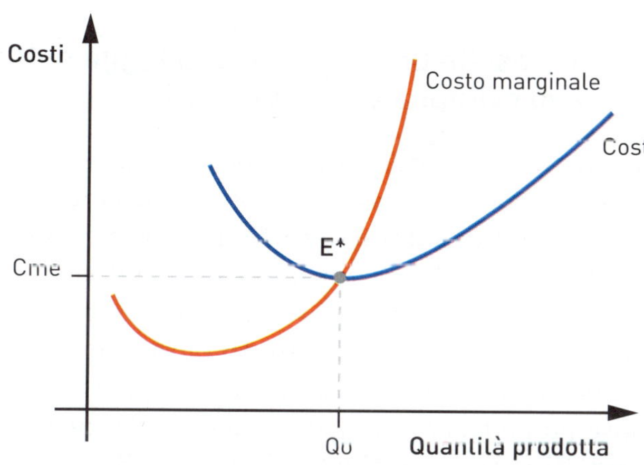

Figura 7

Costo marginale e costo medio

Nel breve periodo, supposta valida la legge dei rendimenti marginali decrescenti, i costi medi e marginali hanno un andamento a "U" (cioè decrescente e poi crescente).

Esaminando infatti la tabella 6 e la figura 7 (che illustra il caso generale), traiamo le seguenti conclusioni:

- quando **i costi variabili** (e quindi anche i **costi totali**) crescono in modo decrescente (nell'esempio crescono di 10; 6; 5), i costi marginali sono decrescenti. Questo significa che il prodotto totale cresce in modo crescente (e la produttività marginale è crescente);
- quando i **costi variabili** (e quindi anche i **costi totali**) crescono in modo crescente (nell'esempio crescono di 6; 7; 8,06; 9; 10; 14,94), i

Costo medio

È dapprima decrescente fino all'intersezione con la curva del costo marginale; poi diventa crescente.

Costo marginale

È decrescente fino a che il costo totale aumenta in modo meno che proporzionale (in modo via via minore) al crescere del livello di produzione; in seguito è crescente. La curva di offerta è anche la curva di costo marginale dei produttori del bene.

Costi variabili (o costi totali) crescono in modo decrescente → costi marginali decrescenti

Costi variabili (o costi totali) crescono in modo crescente → costi marginali crescenti

Costo medio diminuisce fino a che il costo marginale è inferire ad esso

Costo medio aumenta quando il costo marginale inizia ad essere superiore ad esso

Costi medi raggiungono il loro livello più basso nel punto d'intersezione tra la curva del costo marginale e del costo medio → quantità ottimale di produzione

costi marginali sono crescenti. Questo significa che il prodotto totale cresce in modo decrescente (e la produttività marginale è decrescente);

- il **costo medio** diminuisce fino a quando il costo marginale è inferiore a esso (la produttività media è crescente) e aumenta quando il costo marginale inizia a essere superiore a esso (la produttività media è decrescente). Ciò è comprensibile, in quanto se l'ultimo incremento di costo (costo marginale) è minore del precedente costo medio, esso non può che far diminuire la media dei costi. D'altro canto, quando il costo marginale inizia a diventare più elevato del precedente costo medio, quest'ultimo non potrà che aumentare;
- in corrispondenza del punto di **intersezione tra la curva del costo marginale (Cmg) e la curva del costo medio (Cme)**
  - **a. i costi medi raggiungono il loro livello più basso** (nell'esempio riportato, in corrispondenza della **7ª** unità di prodotto);
  - **b.** si determina la **quantità ottimale della produzione di impresa**, cioè la quantità per la quale i costi medi sono al minimo (la produzione deve sempre essere tale da coprire i costi medi minimi perché, in caso contrario, l'imprenditore andrebbe in perdita);
- la **presenza del fattore fisso** costringe l'imprenditore a incrementare l'impiego del fattore variabile per avere una maggiore quantità di prodotto totale, riducendo però la produttività media e incrementando i costi.

Sicuramente esiste un legame tra la legge dell'offerta e i costi, ma come si sviluppa tale rapporto?

Il comportamento dei produttori di un bene viene descritto da una curva d'offerta, che, come abbiamo visto, è ragionevolmente crescente: più aumenta il prezzo e più si produce e si vende quel bene. Supponendo valida nel breve periodo la legge dei rendimenti marginali decrescenti dei fattori produttivi, ogni unità aggiuntiva prodotta comporta un costo aggiuntivo. La conclusione è la seguente: se all'aumento del prezzo aumenta l'offerta, ciò significa che aumentano anche i costi marginali sopportati per produrre le unità aggiuntive prodotte. Possiamo allora dire che **la curva di offerta è anche la curva di costo marginale (Cmg)** (fig. 8).

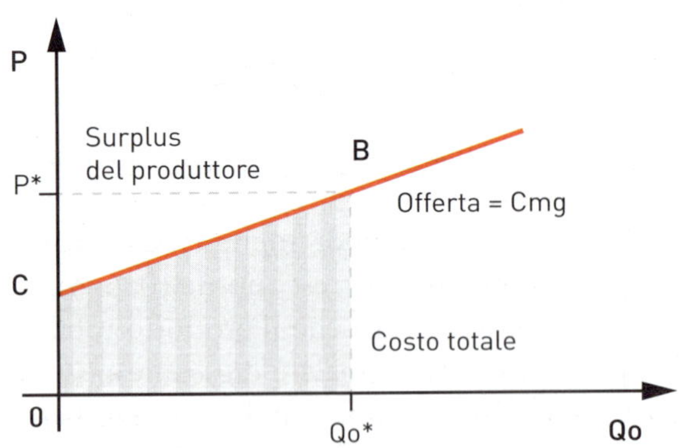

Figura 8

Offerta e costi marginali

L'area del rettangolo 0P*BQo*è l'area del ricavo totale (quantità venduta × prezzo unitario, cioè 0Qo* × 0P*); l'area 0CBQo* è il costo totale (somma di tutti i segmenti verticali, vicinissimi tra loro, che vanno dall'asse orizzontale alla curva di costo marginale, cioè la somma di tutti i costi marginali di ogni unità effettivamente prodotta); l'area del triangolo CP*B è il surplus del produttore.

☐ Nel lungo periodo cambia l'andamento dei costi medi e marginali?

Nel lungo periodo, la distinzione tra costi fissi e variabili non esiste più perché, per definizione, tutti i fattori sono variabili, cioè possono essere modificati dall'impresa in relazione alle sue aspettative, presenti e future, sulle condizioni del mercato. Pertanto, nel lungo periodo, l'impresa, potendo variare il capitale, cioè sostituire gli impianti obsoleti con altri più efficienti, può ottenere per ogni livello del fattore produttivo impiegato la corrispondente curva di costo medio di breve periodo. Otterrà così un susseguirsi di curve di costo medio il cui valore minimo è sempre più basso. Tracciando la tangente ai vari punti di minimo dei costi medi di breve periodo l'impresa ottiene la curva dei costi medi totali di lungo periodo (fig. 9).

Nel lungo periodo non c'è distinzione tra costi fissi e costi variabili.

La teoria economica ha individuato due modi per trovare la quantità che massimizza il profitto:

- **confrontare**, per ogni livello dell'offerta, il ricavo totale con il costo totale;
- **confrontare**, per ogni livello dell'offerta, il ricavo marginale con il costo marginale.

CURVA DEI COSTI MEDI TOTALI DI LUNGO PERIODO
=
INSIEME DEI PUNTI DI MINIMO DELLE CURVE DI COSTO MEDIO TOTALE DI BREVE PERIODO

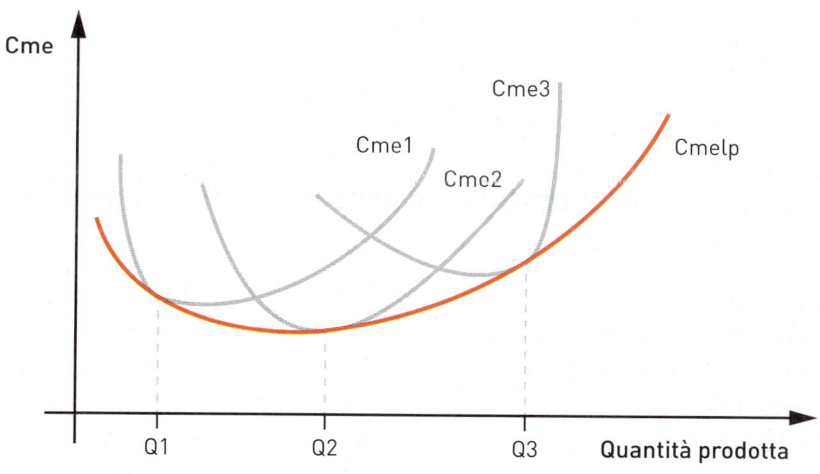

Cme1 → costo medio di breve periodo → Quantità prodotta Q1
Cme2 → costo medio di breve periodo → Quantità prodotta Q2
Cme3 → costo medio di breve periodo → Quantità prodotta Q3
Cmelp → costo medio di lungo periodo

Figura 9

I costi medi nel lungo periodo

5 LA MASSIMIZZAZIONE DEL PROFITTO

Finora si è trascurato un elemento molto importante dal punto di vista pratico: il prezzo di vendita del prodotto. Tale elemento ha una relazione con il ricavo totale dato dal prezzo di un'unità di prodotto per le unità vendute:

Ricavo totale = prezzo × quantità

Il prezzo, influenzando il ricavo totale, influenza di conseguenza anche il profitto dell'imprenditore.

Generalmente, quando si parla di profitto, si fa riferimento alla differenza tra ricavi totali e costi totali, e si **afferma** che obiettivo dell'imprenditore è quello di massimizzare il **profitto inteso come massima differenza tra ricavi totali e costi totali**. Occorre però, a questo punto, fare una precisazione.

In particolare occorre distinguere tra **profitto normale** e **profitto economico**.

Il **profitto normale** è la remunerazione dell'imprenditore per il lavoro di gestione e organizzazione dell'attività produttiva che ha svolto, ossia è il profitto che induce l'imprenditore a intraprendere l'attività (o a continuare a svolgere l'attività), rinunciando ad altre alternative. Il profitto normale è il costo-opportunità dell'imprenditore.

Il **profitto economico** (chiamato anche **extraprofitto)** è dato dalla differenza tra ricavi totali e costi totali, comprendendo in questi ultimi il **profitto normale** dell'imprenditore. Esso è, pertanto, ciò che resta del ricavo totale all'imprenditore dopo che egli ha remunerato tutti i fattori produttivi, incluso il lavoro e il capitale da lui stesso prestato.

L'obiettivo del produttore è, perciò, quello di massimizzare il profitto inteso come profitto economico o extraprofitto.

Normal profit
Profitto normale
It equals the entrepreneur's remuneration for the work of management and organization of production to keep him rewarded for supplying the interprise. It is the opportunity cost of the entrepreneur.

Economic profit
Profitto economico
It is the difference between total revenues and total costs, including the "normal profit" of the entrepreneur. The calculation of economic profit include the opportunity cost of all resources used in the production process.

Cost accounting
Costo contabile
Type of accounting that includes all the actual explicit costs incurred by the company for the purchase of resource inputs plus the manufacturing.

Accounting profit
Profitto contabile
It is the profit obtained by subtracting the cost accounting (explicit costs) from the total revenue.

☐ In che senso "il profitto normale è il costo-opportunità dell'imprenditore"?

Per rispondere al quesito, bisogna premettere che la distinzione tra profitto normale e profitto economico ha a che fare con la natura dei costi. Quando si parla di costi, occorre distinguere tra costo economico e costo contabile.

Nella definizione di **costo contabile** entrano tutte e solo le spese effettivamente sostenute dall'impresa per l'acquisto di fattori produttivi (**costi espliciti**, cioè ogni costo che genera un esborso di denaro): i salari pagati ai dipendenti, l'affitto e l'assicurazione dello stabilimento, il costo delle materie prime, gli interessi pagati sul capitale preso a prestito, ecc.

L'imprenditore, sottraendo dai ricavi totali i costi contabili ottiene il **profitto contabile**.

Il **costo economico** è invece un concetto più ampio, che comprende, oltre ai costi espliciti, anche i costi impliciti. I **costi impliciti** sono misurati dal **costo-opportunità** relativo all'uso delle risorse. Sappiamo, infatti, che il costo-opportunità è il costo che si sopporta per la rinuncia a una alternativa che avremmo potuto scegliere e che non abbiamo scelto. Nel caso della teoria della produzione, i costi-opportunità si ricollegano ai fattori produttivi che l'imprenditore possiede e impiega direttamente nella propria impresa. Per esempio, se un imprenditore agricolo è anche proprietario del terreno che coltiva, il costo-opportunità è il ricavo che potrebbe realizzare qualora affittasse il terreno a un altro imprenditore, anziché utilizzarlo direttamente per la coltivazione del grano; è costo-opportunità anche la differenza tra i ricavi che egli realizza nella produzione di grano e quelli che otterrebbe da coltivazioni alternative.

Economic cost
Costo economico
Total explicit costs plus opportunity costs.

In particolare, rientra nei costi-opportunità anche il tempo che l'imprenditore dedica all'organizzazione della produzione e che potrebbe invece offrire a qualche altra impresa in cambio di una remunerazione. Rinunciando a svolgere un'altra attività, l'imprenditore rinuncia infatti alla remunerazione che ricaverebbe da essa: questa rinuncia rappresenta per lui un costo.

Pertanto, la remunerazione che ottiene dall'attività d'impresa che ha scelto, cioè quello che per lui è il "profitto normale" derivante da tale attività, dal punto di vista economico non è un profitto, ma rappresenta un costo, cioè il costo per la rinuncia che ha dovuto fare (costo-opportunità) scegliendo questa attività anziché un'altra. Il profitto normale copre tale costo-opportunità.

I costi-opportunità delle risorse produttive, compreso il "profitto normale" dell'imprenditore, entrano quindi come componenti del costo economico, ma non vengono sempre calcolati dal punto di vista contabile. Per questo motivo si afferma che obiettivo dell'imprenditore è massimizzare il suo profitto economico (chiamato extraprofitto), non il suo profitto contabile.

IN PILLOLE

Profitto contabile: Ricavi totali – Costi espliciti (pagamenti per l'utilizzo dei fattori produttivi).

Profitto economico (extraprofitto): Ricavi totali – (Costi espliciti + Costi impliciti, cioè i costi-opportunità dei fattori impiegati compreso il profitto normale dell'imprenditore).

Profitto normale: Profitto contabile – Profitto economico. Esso coincide di fatto con il costo che l'imprenditore ha dovuto sopportare per aver scelto questa attività rinunciando ad un'altra (costo-opportunità).

Costo contabile

Insieme di spese effettivamente realizzate e deprezzamento di beni capitali.

Profitto contabile

Ricavi totali – costi espliciti.

Costo economico

Insieme dei costi-opportunità di tutte le risorse utilizzate (di tutti gli input), compreso il "profitto normale" dell'imprenditore.

Esempio

Luigi ha deciso di impiantare un'attività di produzione e vendita di pizze rinunciando a svolgere l'attività di giardiniere, da cui ricaverebbe una remunerazione pari a 15 euro al giorno. In tal caso, i 15 euro sono il costo-opportunità, il costo della rinuncia allo svolgimento dell'attività di giardiniere e, specularmente, il "profitto normale" per la sua attività di venditore di pizze. Se dalla vendita giornaliera di pizze Luigi pensa di ottenere un ricavo totale di 50 euro e di sostenere costi di produzione pari a 25 euro (costi espliciti), il suo **profitto contabile** è di **25 euro** (cioè 50 – 25), ma il suo **profitto economico** è di 10 euro. Infatti:

25 euro (costi espliciti) **+ 15 euro** (costo-opportunità o costo implicito) **= 40 euro** (costi complessivi).

Profitto economico = euro (50 – 40) **= 10 euro**.

L'attività resta conveniente, ma il profitto economico è inferiore al profitto contabile. L'obiettivo di Luigi sarà, pertanto, cercare di innalzare il suo profitto economico fino al massimo possibile.

QUESITO

Se
- **ricavo totale** = 20
- **costi contabili** = 15
- **profitto normale** = 1

quale sarà il profitto contabile e quale il profitto economico (o extraprofitto)?

☐ Quale quantità deve produrre l'imprenditore che vuole realizzare il massimo profitto economico?

La **massimizzazione del profitto** si ha producendo quella quantità in corrispondenza della quale si verifica la massima distanza tra le due curve di costo totale e ricavo totale (fig. 10).

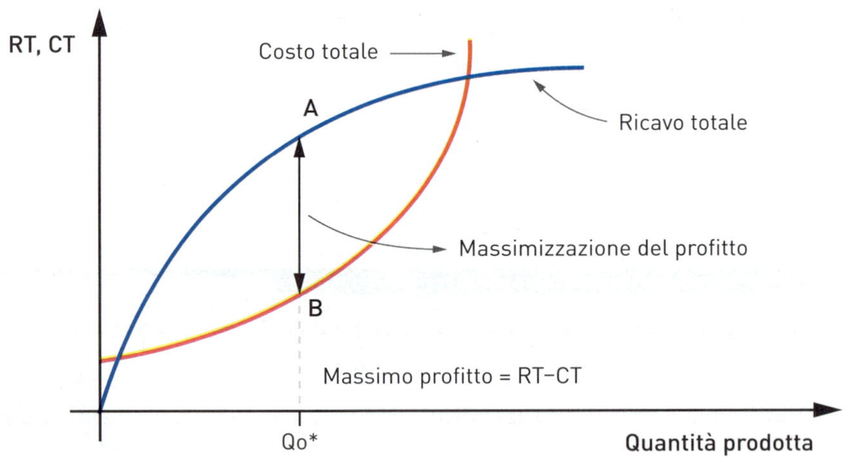

Figura 10

Massimo profitto

Nel punto Qo* del grafico:
- l'imprenditore realizza il massimo profitto (o extraprofitto o surplus) in quanto si verifica la massima distanza tra la curva del costo totale e la curva del ricavo totale (segmento AB);
- la curva del ricavo totale e la curva del costo totale hanno la medesima pendenza.

Ora:

- la **pendenza** della curva del costo totale misura il **costo marginale**

$$\left(\frac{\textit{incremento } (\Delta) \textit{ costo totale}}{\textit{incremento } (\Delta) \textit{ quantnità prodotta}}\right)$$

- la **pendenza** della curva del ricavo totale misura il **ricavo marginale**

$$\left(\frac{\textit{incremento } (\Delta) \textit{ ricavo totale}}{\textit{incremento } (\Delta) \textit{ quantità prodotta}}\right)$$

Se, in corrispondenza di Qo*, le due curve di costo totale e ricavo totale hanno la **stessa pendenza**, ciò significa che in tutte le forme di mercato (concorrenza perfetta, monopolio, concorrenza imperfetta, oligopolio) il **massimo profitto** si raggiunge producendo quella quantità per la quale si verifica l'uguaglianza tra costo marginale e ricavo marginale.

Massimo profitto si ha quando **costo marginale = ricavo marginale**.

Ci si chiede come può il profitto essere massimo se l'ultima unità venduta non genera alcun profitto.

La risposta è molto semplice. Se non si può aggiungere nulla a un totale, allora quel totale deve essere già massimo. Consideriamo per analogia il raggiungimento di una vetta. Se non si può andare più in alto, significa che si è già in cima.

Ricavo medio = RT / Q

Ricavo marginale = Δ RT / Δ Q

MASSIMO PROFITTO

- **Massima differenza tra ricavi totali e costi totali** (comprensivi del profitto dell'imprenditore, cioè la sua remunerazione per il lavoro di organizzazione svolto);
- **ricavo marginale = costo marginale** (corrisponde alla massima differenza tra ricavi totali e costi totali);
- **profitto economico o extraprofitto:** differenza tra ricavi totali e costi totali, comprendendo fra questi ultimi il "profitto normale" dell'imprenditore. È la parte del guadagno totale che l'imprenditore ottiene oltre al "profitto normale".

La condizione di massimo profitto per tutte le imprese, in qualsiasi forma di mercato, è produrre/ vendere la quantità per la quale: **Ricavo marginale = Costo marginale**.

É possibile esplicitare con un esempio numerico l'ottenimento del massimo profitto?

Per trovare l'ammontare del massimo profitto, aiutiamoci con la seguente tabella che riprende la tabella 6, a cui sono aggiunte le colonne del prezzo, del ricavo totale, del ricavo marginale, del profitto e del ricavo medio.

Tabella 7 – Ricavo medio, ricavo marginale, costo medio, costo marginale

Unità prodotte	Costo totale (CF + CV)	Costo medio	Costo marginale	Prezzo	Ricavo totale	Ricavo marginale	Profitto	Ricavo medio
0	12							
1	22	22	10	15	15	15	–7	15
2	28	14	6	14,5	29	14	1	14,5
3	33	11	5	14	42	13	9	14
4	39	9,75	6	13,5	54	12	15	13,5
5	46	9,2	7	13	65	11	19	13
6	54,06	9,01	8,06	12,5	75	10	20,94	12,5
7	63,06	9	9	12	84	9	20,94	12
8	73,06	9,13	10	11,5	92	8	18,94	11,5
9	88	9,77	14,94	11	99	7	11	11

Dalla tabella si nota che:
- il ricavo medio è uguale al prezzo;
- il massimo profitto, pari a 20,94, si realizza producendo sia la 6ª, sia la 7ª unità, ma all'impresa conviene spingere la produzione fino a 7 unità in quanto ottiene sempre un profitto pari a 20,94 ma con il minimo dei costi medi;
- la quantità ottimale di produzione, quella per la quale i costi medi sono al minimo, si realizza producendo 7 unità (costi medi = 9).

6 L'ELASTICITÀ DELL'OFFERTA

Supply elasticity
Elasticità dell'offerta
Measures the percentage change in the quantity supplied as a result of price changes.

L'elasticità dell'offerta rispetto al prezzo misura la variazione percentuale della quantità offerta in seguito a variazioni dei prezzi. Ha segno positivo dato che quantità offerta e prezzo sono direttamente correlati. La formula è analoga a quella dell'elasticità della domanda:

$$\mathbf{E} = \frac{\textit{Variazione } (\Delta) \textit{ \% quantità offerta}}{\textit{Variazione } (\Delta) \textit{ \% prezzo}} = \frac{\frac{\Delta Q}{Q}}{\frac{\Delta P}{P}} = \frac{\mathbf{Q : \Delta Q = 100 :} \; x}{\mathbf{P : \Delta P = 100 :} \; y}$$

Coefficiente di elasticità maggiore di uno (E > 1)
Offerta elastica

Coefficiente di elasticità unitaria (E = 1)
Offerta a elasticità unitaria

Coefficiente di elasticità inferiore a uno (E < 1):
Offerta rigida o anelastica

Coefficiente di elasticità pari a zero (E = 0):
Offerta perfettamente rigida

Anche l'elasticità dell'offerta rispetto al prezzo può variare tra 0 e infinito:
- **coefficiente di elasticità maggiore di uno (E > 1)**: offerta elastica. Sul diagramma cartesiano la curva di offerta elastica è tendenzialmente orizzontale e quasi parallela all'asse delle ascisse;
- **coefficiente di elasticità unitaria (E = 1)**: la quantità di produzione varia in modo proporzionale alla variazione del prezzo;
- **coefficiente di elasticità inferiore a uno (E < 1)**: la quantità di offerta cresce in modo meno che proporzionale rispetto al prezzo. La curva di offerta rigida o anelastica è tendenzialmente verticale e quasi parallela all'asse delle ordinate;
- **coefficiente di elasticità pari a zero (E = 0)**. Qualsiasi ulteriore aumento del prezzo del bene non ha effetti sulla quantità di produzione che resta costante (Q_{max}). La curva relativa a offerta rigida è verticale e perfettamente parallela all'asse delle ordinate.

Quali sono gli elementi che determinano una quantità di offerta più o meno alta?

Particolarmente rilevante per determinare la maggiore o minore elasticità dell'offerta è il periodo di tempo: l'offerta è sempre più elastica nel lungo periodo che non nel breve. Infatti, l'elasticità cresce con la capacità dei venditori di variare l'ammontare di output offerto.

In base alla distinzione di Marshall, parliamo di periodo brevissimo, breve, lungo, lunghissimo. Ciò che distingue i diversi periodi sono i vincoli alla capacità dei produttori di variare l'offerta.

Nel brevissimo periodo l'elasticità è zero perché la quantità offerta è data.

Nel breve periodo l'offerta è rigida perché l'impresa non può modificare la sua struttura di produzione (può solo per esempio chiedere qualche ora di straordinario ai propri lavoratori).

Nel lungo periodo l'offerta è più elastica perché l'impresa ha tempo per modificare la propria capacità produttiva (può per ipotesi acquistare nuovi macchinari e assumere nuovi lavoratori).

L'elasticità è massima nel lunghissimo periodo, in cui la stessa tecnologia di produzione può mutare.

Altri fattori che determinano l'elasticità dell'offerta al prezzo sono:

- il grado di utilizzo della capacità produttiva: se questo è basso, l'impresa è più veloce nella risposta a variazioni di prezzo;
- il tipo di bene prodotto: i beni industriali hanno un'offerta più elastica.

MAPPA UNITÀ B2

OFFERTA

la sua dinamica è rappresentata dalla

funzione dell'offerta

che è

la relazione tra quantità offerta e prezzo

da cui

LEGGE DELL'OFFERTA
la quantità offerta (variabile dipendente) varia in funzione diretta del prezzo (variabile indipendente)

ciò comporta

per il produttore benefici e costi

tra i benefici

il surplus del produttore

che si ha

se ciascuna unità viene prodotta a costi inferiori al prezzo di mercato

la necessità di misurare la variazione della offerta rispetto a vari elementi, costituita dal **coefficiente di elasticità**

che è

il grado di reazione dell'offerta al variare del prezzo del bene (o del reddito o del prezzo di altri beni), espresso in valori assoluti
una curva di offerta può avere diversi gradi di elasticità a cui corrispondono diverse reazioni dei produttori, gli stessi visti per la domanda

MAPPA UNITÀ B2

OFFERTA

↓

soggetto fondamentale è

l'imprenditore che decide lo svolgimento dell'attività dell'impresa, avendo come obiettivo la massimizzazione del profitto inteso come **profitto economico o extraprofitto**

↓

usando come strumento

la funzione di produzione: $Q = f(L, K)$, che esprime la relazione esistente tra produzione di un bene e impiego dei fattori: lavoro (L), e capitale (K)

↓

dalla funzione suddetta si estrapola

nel breve periodo:
- **la legge dei rendimenti marginali decrescenti**

nel lungo periodo:
- **l'andamento dei rendimenti di scala (costanti, crescenti, decrescenti)**

↓

in presenza di rendimenti crescenti, un'impresa gode di **economie di scala**, che si realizzano quando i costi medi di produzione diminuiscono all'aumentare della quantità prodotta. Pertanto, le economie di scala hanno a che fare con i costi di produzione.

→

i costi di produzione si dividono in:
- costi fissi
- costi variabili
- costi totali

↓

ne deriva che

dalla funzioni di costo variabile e costo totale si possono ricavare le associate funzioni di:
- costo marginale
- costo medio

per ogni dato prezzo, ai produttori conviene produrre solo le unità di bene il cui **costo marginale** non eccede il prezzo di vendita
massimo profitto: si ha quando costo marginale = ricavo marginale

Verifiche 2

1) TROVA L'ERRORE IN OGNI FRASE

Competenza: acquisire e riconoscere i contenuti chiave

A. Quando i costi totali e i costi variabili crescono in modo decrescente, i costi medi e marginali sono crescenti.
B. Ai produttori conviene produrre solo le unità di bene il cui costo marginale non eccede il costo totale.
C. Il profitto che si vuole massimizzare è l'eccedenza sul profitto economico.
D. I costi-opportunità entrano come componenti del costo contabile.
E. La quantità ottimale della produzione di impresa è la quantità per la quale i costi marginali sono al minimo.

2) COLLEGA LE ESPRESSIONI CONTRASSEGNATE DA UNA LETTERA CON QUELLE INDICATE DA UN NUMERO

Competenza: individuare collegamenti e relazioni

A.	Prodotto marginale	1.	Variazione dell'output totale quando gli input variano della stessa proporzione
B.	Rendimenti di scala	2.	Produzione totale / Quantità di input
C.	Rendimenti marginali	3.	Δ Produzione totale / Δ Quantità di input
D.	Prodotto medio	4.	Prezzo
E.	Relazione tra quantità di fattore e quantità di prodotto	5.	Variazione dell'output totale quando uno, e soltanto uno, degli input varia
F.	Ricavo medio	6.	Funzione della produzione

A	B	C	D	E	F

3) INDICA SE LE SEGUENTI AFFERMAZIONI SONO VERE O FALSE. SE LE RITIENI FALSE GIUSTIFICA LA RISPOSTA

Competenza: acquisire, interpretare l'informazione e comunicare

	VERO	FALSO
A. Si è in presenza di economie di scala quando il prodotto medio è crescente.		
B. Se il prodotto (produttività) marginale di un input è maggiore di quello medio, il prodotto medio è crescente.		
C. Se nel breve periodo il prodotto marginale del lavoro è costante, all'aumentare del numero dei lavoratori l'output totale non varia.		
D. I rendimenti di scala si riferiscono al breve periodo, quando tutti i fattori sono variabili.		
E. L'insieme dei costi-opportunità costituisce il profitto economico.		
F. Al crescere dell'output, i costi totali e variabili non hanno lo stesso andamento di crescita.		

4) RISOLVI I SEGUENTI PROBLEMI

Competenza: risolvere problemi

A. A partire dai seguenti dati (L = Quantità di lavoro, Y = Quantità prodotta), calcola il prodotto (la produttività) medio e marginale e costruisci i grafici corrispondenti:

L	Y
1	5
2	12
3	18
4	23
5	27
6	30
7	32
8	33
9	33

B. Una piccola impresa produce un bene utilizzando solo due fattori, nelle proporzioni indicate nella tabella:

Lavoratori	Macchine	Prodotto
20	10	200
30	15	280
40	20	360

Stabilisci se i cambiamenti dell'azienda riguardano il breve o il lungo periodo e il tipo di rendimenti di scala che caratterizzano questa produzione.

5) RISPONDI AI SEGUENTI QUESITI IN UN MASSIMO DI 5/6 RIGHE

Competenza: saper organizzare e sintetizzare i contenuti

A. Che cosa indica la funzione di produzione?
B. Quale relazione esiste tra costo marginale e costo medio?
C. Quando il costo variabile al crescere dell'output assume un andamento di crescita via via minore, come si comporta la produttività marginale dell'input impiegato?
D. Che cosa si intende per "quantità ottimale di produzione"?
E. A quale livello l'impresa decide di fermare la produzione?
F. Perché la natura dei rendimenti di scala influenza la dimensione ottimale dell'impresa?
G. Che cosa sono i costi impliciti?
H. Qual è la differenza tra costo contabile e costo economico?
I. Qual è la differenza tra profitto contabile e profitto economico?
J. Che cosa si intende per "profitto normale"?

ENGLISH EXERCICES 2

1) True or False questions

	TRUE	FALSE
A. Long run: period of time so long that all inputs are fixed		
B. Total costs: the sum of variable costs and fixed costs		
C. Fixed cost: cost that does notw vary with the level of output in the short run		
D. Average total cost: total costs divided by the quantity of inputs		
E. Profit: difference between total revenue and total costs		
F. Inelastic supply: percentage change in the quantity supplied divided by percentage change in price		
G. Elastic supply: percentage change in the quantity supplied divided by percentage change in price		
H. Supply function: as price rises, the quantity supplied decreases		
I. Production function: the functional relationship between inputs et output		
J. Producer surplus: Value to buyers – Costs to sellers		

A	B	C	D	E	F	G	H	I	J

2) Answer to the following questions

A. Describe the law of supply

B. How do we obtain the aggregated supply?

C. Suppose we want to produce computer games (output). What are the factors of production (inputs)?

UNITÀ

3 Il mercato

Caffè, quest'anno è ristretto

Meno Arabica in tazzina. Gli eventi climatici non mancano di far sentire il proprio impatto sulla disponibilità di materie prime agricole. Secondo le ultime previsioni del Foreign Agricultural Service del Dipartimento dell'agricoltura statunitense, aggiornate a dicembre 2014, tra le commodity influenzate dalle condizioni atmosferiche figura il caffè. La prolungata siccità e le alte temperature che per il secondo anno consecutivo affliggono aree come Minas Gerais e San Paolo – zone dove si coltiva l'80% dell'Arabica mondiale – hanno infatti determinato un ulteriore calo della produzione, riportandola ai livelli di due anni fa. Allo stesso modo, la regione brasiliana del Paranà produrrà quest'anno 800 mila sacchi in meno, ancora in conseguenza dei danni causati della gelata dell'anno scorso, che ha imposto il taglio di numerose piante. [...]

A livello globale, le previsioni indicano che la produzione complessiva di caffè 2014/2015 dovrebbe chiudersi a 149,8 milioni di sacchi, 2,7 milioni in meno che nell'annata 2013/2014, a causa di raccolti più scarsi – oltre che in Brasile – in Perù, Indonesia e Vietnam, pur compensati dal buon andamento in America Centrale e Colombia. [...]

Se questo è lo scenario mondiale, che cosa succede dal punto di vista del consumo entro i confini italiani, patria dell'espresso? In estrema sintesi, nel Paese della "tazzulella" ormai gli acquirenti con maggiore disponibilità di spesa si rivolgono alle capsule, negli altri segmenti d'offerta è caccia allo sconto.

A confermarlo sono le rilevazioni di Nielsen Market Track aggiornate a ottobre 2014. Nell'ultimo anno, nei supermercati e ipermercati del nostro Paese, sono state vendute 124.867 migliaia di kg di caffè tostato, con un esborso di 1,2 miliardi di euro. «Il mercato del caffè tostato presenta un trend a volume sostanzialmente stabile (–0,2%)» assicura Massimiliano Cessari di Nielsen. «Il prezzo di vendita, tuttavia, è in calo del 3,2%, perché ormai la metà del caffè è venduta in offerta speciale di taglio prezzo. Il caffè, quindi, si conferma una delle categorie alimentari più promozionate in Italia. Questo fenomeno – insieme alla crescita di prodotti più "economici" da usare per la moka e alla discesa di alcuni prezzi a scaffale – determinano la perdita di valore del mercato. L'unico segmento in crescita è il cosiddetto porzionato, ovvero le capsule (+21,8%), che ormai vale il 2,7% a volume del caffè tostato e il 12,9% a valore, grazie a un prezzo medio al kg di 46,54 euro, quasi sei volte il prezzo medio del caffè macinato, di 8,26 euro/kg.»

Emanuela Taverna
dal sito di «Expo 2015», 22 dicembre 2014

attività

1. Quale andamento ha avuto il mercato mondiale del caffè nel periodo considerato nell'articolo?
2. Quali ne sono state le cause?
3. In Italia quale andamento ha avuto il prezzo del caffè?
4. Quali sono i mutamenti più significativi nel comportamento dei consumatori e nelle strategie dei commercianti?

1 TIPOLOGIE DI MERCATO

A volte entrando in un negozio, per esempio di abbigliamento sportivo, ci accorgiamo che i prezzi delle felpe, dei jeans o delle scarpe di una certa marca, che abitualmente compriamo, sono aumentati di qualche euro.

La prima reazione in casi come questi è quella di protestare con il negoziante, magari di chiedere uno sconto e addirittura di rinunciare all'acquisto in caso di diniego. Ci chiediamo per quale ragione non sia possibile impedire abusi commerciali di questo tipo e perché lo Stato non intervenga con le sue leggi per impedire l'aumento dei prezzi.

Spesso, per i consumatori, ogni aumento di prezzo è visto come il frutto di una scelta deliberata del venditore che, approfittando della sua posizione di forza, vuole trarre vantaggi ingiustificati. Un'ipotesi di questo genere non può essere esclusa in assoluto, ma, affinché essa corrisponda alla realtà, occorre che si verifichi una condizione: tutti i venditori di felpe, di jeans, di scarpe o altro ancora devono mettersi d'accordo per "spremere" i clienti affezionati a quel prodotto o a quella determinata marca. Naturalmente non si può escludere *a priori* che una simile condizione si verifichi, ma, se questo non accade, è probabile che sia intervenuto un fatto che ha causato l'aumento di quel prezzo.

In pratica, nei ragionamenti della vita quotidiana è spesso presente una semplificazione eccessiva per spiegare ciò che accade sul mercato, semplificazione che ci può fare cadere in errore. Per evitare di esserne vittime, è importante essere a conoscenza delle diverse tipologie di mercato e del loro funzionamento nei sistemi economici capitalistici.

Quali sono le principali tipologie di mercato?

Market
Mercato
A nominal place where buyers and sellers of goods and services interact for money or barter.

Come abbiamo già appreso nelle unità precedenti, un mercato è costituito dall'insieme degli acquirenti e dei venditori che entrano in relazione per scambiare beni e servizi.

Si possono proporre le seguenti classificazioni dei mercati:

- mercati in cui vengono scambiati **beni e servizi** prodotti dalle imprese e mercati in cui vengono scambiati i **fattori produttivi** (lavoro, capitale, risorse naturali). Di essi abbiamo parlato nell'Unità 2 della Sezione A, descrivendo il sistema economico e i suoi soggetti;
- mercati **locali**, **nazionali**, **internazionali**. Per analizzare un mercato è importante definire la sua estensione, in termini sia geografici sia della gamma di beni o servizi prodotti e venduti. Per esempio, se si parla del mercato della frutta, occorre chiarire in primo luogo se facciamo riferimento alla città di Roma, all'Emilia-Romagna o a tutta l'Italia e, in secondo luogo, a quali tipi di frutta ci riferiamo (mele, pere, pesche, ecc.). Per alcuni beni il mercato è limitato a un'area circoscritta: quello immobiliare ne è un esempio. Se una persona lavora nel centro di Tori-

no, cercherà una casa non troppo distante da lì e non prenderà in considerazione immobili situati a molti chilometri di distanza, anche se più economici. Per un bene come l'oro esiste invece un mercato mondiale, perciò il suo prezzo a New York è più o meno lo stesso di quello di Parigi o di Londra; lo stesso si può dire per beni relativamente omogenei quali petrolio, benzina e materie prime come rame, ferro, cotone, caffè, ecc. (le cosiddette *commodities*). Grazie alle nuove tecnologie è infatti possibile, collegandosi in rete tramite un computer, acquistare o vendere determinate merci o prodotti finanziari in qualsiasi parte del mondo;
- mercati all'**ingrosso** e mercati al **dettaglio**. Una volta individuata l'estensione del mercato, è possibile identificare gli acquirenti e i venditori che ne fanno parte. Nel caso di commercio all'ingrosso i beni sono venduti a imprenditori (o professionisti); nel caso invece di commercio al dettaglio è possibile vendere a chiunque, privato cittadino, imprenditore o professionista. I negozi all'ingrosso hanno quindi, il più delle volte, prezzi concorrenziali rispetto ai negozi al dettaglio poiché il loro approvvigionamento avviene o da ingrossi specializzati (ancora più grandi) o direttamente dalla filiera produttiva e quindi dalle fabbriche stesse.

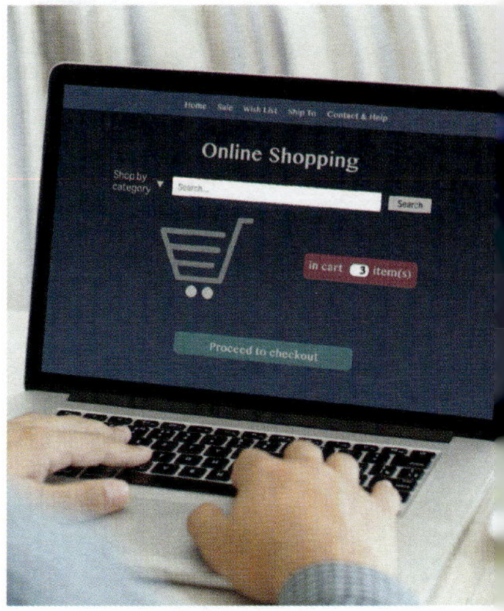

2 IL MECCANISMO DI MERCATO

Nei mercati gli scambi avvengono su base volontaria, in quanto non esiste alcuna forma di coordinamento tra le scelte delle imprese in merito alla quantità da produrre e le decisioni dei consumatori su quanti beni acquistare. Può accadere per esempio che un'impresa decida di produrre in un anno 100 biciclette, mentre i consumatori sono disposti ad acquistarne 60; o, viceversa, che l'impresa ne produca 60, mentre i consumatori ne acquisterebbero 100. In entrambi i casi le biciclette vendute, e quindi acquistate, saranno 60 perché prevale sempre il **lato corto del mercato**, ossia la più piccola quantità fra quella offerta e domandata a un certo prezzo. Tuttavia, data la situazione di insoddisfazione che si determina, il meccanismo di mercato sarà in grado di armonizzare le scelte individuali e di garantire il raggiungimento di una posizione di equilibrio.

Short side of the market
Lato corto del mercato
An expression that explains the condition when limited quantity demanded constrains supply, or limited quantity supplied constrains demand.

Che cos'è e come funziona il meccanismo di mercato?

Il meccanismo di mercato è la tendenza del prezzo a variare fino a quando quantità domandata e quantità offerta si equivalgono, ovvero fino al raggiungimento del livello di equilibrio. In questo punto, dal momento che non si ha eccesso di domanda né di offerta, non si hanno pressioni affinché il prezzo cambi.

Equilibrium price
Prezzo di equilibrio
The price at which the quantity demanded of the good equals the quantity supplied.

Disequilibrium
Squilibrio del mercato
The case when there is either surplus or shortage in a market.

Supply surplus
Eccedenza di offerta
An excess of quantity supplied that exceeds the quantity demanded.

Supply shortage
Scarsità di offerta
A shortage occurs when the quantity demanded is higher than the available supply.

Equilibrium
Equilibrio del mercato
A state of equality or balance between market demand and supply.

Consideriamo la tabella 1, dove sono indicate la scheda di domanda collettiva e la scheda di offerta collettiva delle biciclette.

Tabella 1 – Meccanismo di mercato

Prezzo unitario (in euro)	Quantità domandata	Quantità offerta
100	800	200
200	700	300
300	600	400
400	**500**	**500**
500	400	600
600	300	700
700	200	800

Possiamo notare che l'unico prezzo in corrispondenza del quale quantità domandata e offerta sono uguali è 400: è questo pertanto il **prezzo di equilibrio**, mentre la quantità 500 (domandata e offerta) a esso corrispondente è chiamata **quantità di equilibrio**.

Quando domanda e offerta, in corrispondenza a un determinato prezzo, non si eguagliano si verificano le seguenti situazioni di squilibrio del mercato:

- la quantità offerta supera la quantità domandata, generando una **eccedenza di offerta** (per esempio al prezzo di 500);
- la quantità domandata supera la quantità offerta, provocando una situazione di **scarsità di offerta** (per ipotesi al prezzo di 300).

Nel primo caso i produttori, per eliminare la quantità in eccesso, o per impedire che aumenti, inizieranno a ridurre i prezzi. Così facendo, a poco a poco, la quantità domandata aumenterà e la quantità offerta diminuirà fino al raggiungimento di una posizione di equilibrio al prezzo di 400.

Nel secondo caso i consumatori non riescono a ottenere la quantità che desiderano, perciò ciascuno di essi, per avere più degli altri, è disposto a offrire di più. A questo punto i produttori reagiscono aumentando il prezzo e la quantità prodotta, fino a che nel corso del tempo il prezzo diventerà pari a 400, corrispondente al punto di equilibrio che denota l'uguaglianza fra quantità domandata e quantità offerta.

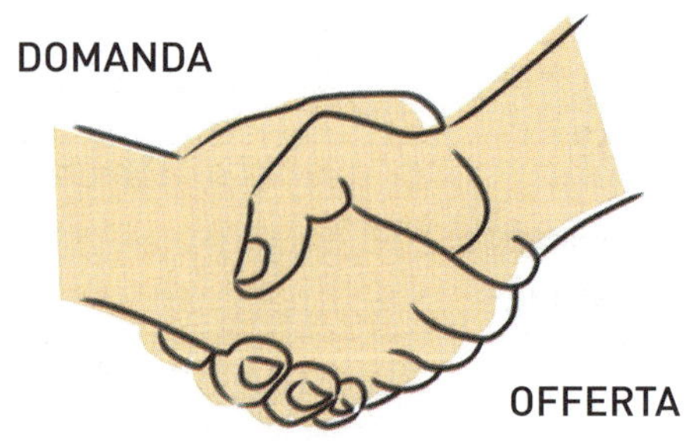

Mediante i movimenti che abbiamo descritto, si realizza un processo di aggiustamento che, andando avanti per tentativi, in presenza di un contesto concorrenziale, porta al conseguimento di una posizione di equilibrio. Come si può notare dalla figura 1, l'**equilibrio di mercato** si ha al **prezzo di 400** e alla **quantità di 500**. A un prezzo più alto (500) si realizza un'eccedenza che fa diminuire il prezzo; a un prezzo più basso (300) si determina una scarsità che fa aumentare il prezzo.

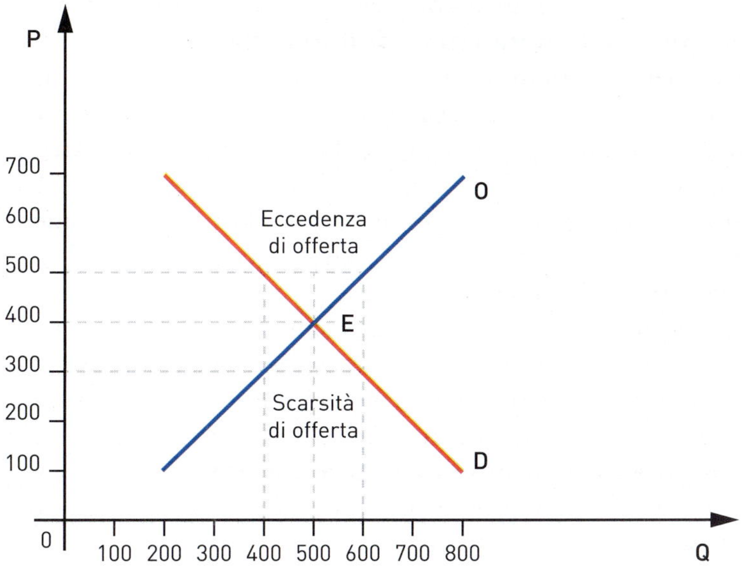

Figura 1

Equilibrio del mercato

Variazione della quantità domandata

È uno spostamento sulla curva di domanda che descrive come varia la quantità del bene che i compratori sono disposti ad acquistare al variare del prezzo corrispondente.

Variazione della domanda

È uno spostamento dell'intera curva di domanda e deriva da eventi esterni allo specifico mercato considerato (ad esempio, in seguito alla variazione del prezzo dei beni complementari o dei beni sostituti).

3 GLI SPOSTAMENTI DELLE CURVE DI DOMANDA E DI OFFERTA

Il prezzo di equilibrio risulta dall'intersezione di due determinate curve di domanda e di offerta. Lo spostamento di una curva o di entrambe determina un nuovo prezzo di equilibrio.

A questo proposito bisogna fare una premessa relativa al fatto che i fenomeni economici possono essere spiegati da diversi fattori, costituiti da variabili che distinguiamo in:

- **variabili endogene**, ossia quelle che il modello vuole spiegare e determinare (per esempio prezzi e quantità, quando si studia il mercato);
- **variabili esogene**, ossia quelle che provengono da eventi esterni allo specifico modello, quindi "date" in quanto non modificabili almeno nel breve periodo (sono tali nell'ambito dello studio del mercato, per esempio, i gusti del consumatore).

La **quantità di beni domandata** dai consumatori non dipende pertanto solo dal prezzo, ma da variabili esogene, quali il reddito, le preferenze, il prezzo di altri beni.

Quando varia il prezzo di un bene si verifica un cambiamento della quantità domandata e, per individuare la nuova quantità, ci si deve muovere **lungo la curva di domanda**.

Osservando nuovamente la figura 1 è facile vedere che quando il prezzo varia, per esempio, da 400 a 500 (o viceversa), per determinare la diversa quantità domandata dobbiamo individuare un nuovo punto sulla stessa curva di domanda.

Variables
Variabili

It is an economic quantity that can change from any given value.

Endogenous variables
Variabili endogene

Variables generated within a model and therefore changed by one of the functional relationship whthin that model.

Exogenous variables
Variabili esogene

Independent variables whose generative effects are unknown.

Se invece si ha un mutamento delle variabili esogene, si verifica uno **spostamento dell'intera curva di domanda**.

La **quantità di beni offerta** dai produttori dipende, oltre che dal prezzo, da altre variabili, quali l'andamento dei costi di produzione (salari, materie prime, interessi passivi, ecc.), lo stato della tecnologia, il livello delle imposte.

Quando varia il prezzo di un bene, si verifica un cambiamento della quantità offerta e, per individuare la nuova quantità, ci si deve muovere **lungo la curva di offerta**.

Nella precedente figura 1 è facile vedere che quando il prezzo varia, per esempio, da 400 a 500 (o viceversa) per determinare la diversa quantità offerta dobbiamo individuare un nuovo punto sulla stessa curva di offerta.

Se invece si ha un mutamento relativo alle variabili esogene, si verifica uno **spostamento dell'intera curva di offerta**.

Nella figura 2 sono mostrate, per esempio, quali sono le variabili endogene ed esogene nel mercato del caffè.

Figura 2

Il mercato del caffè: variabili endogene ed esogene

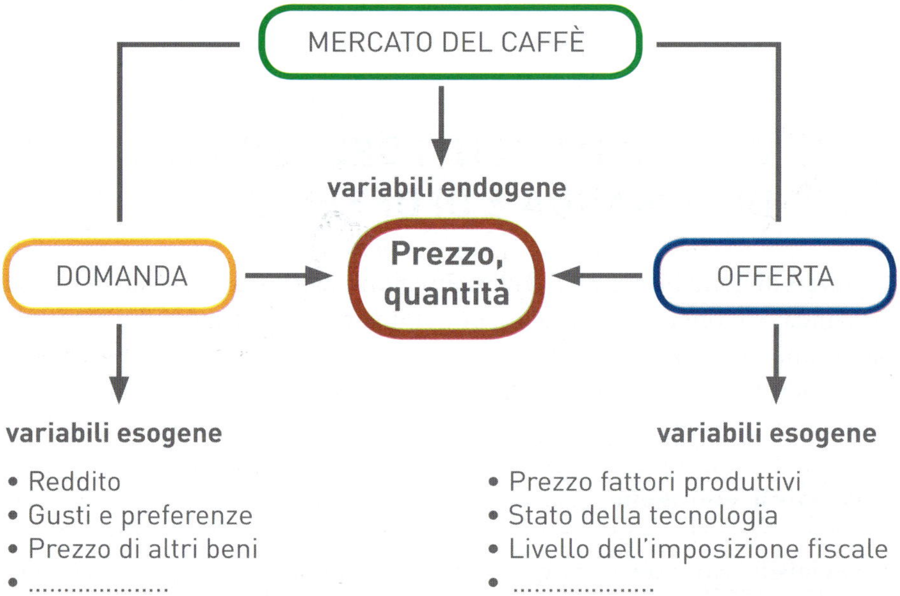

I cambiamenti del reddito come possono influenzare la quantità domandata dei beni?

Il reddito esercita un'importante influenza sulla quantità di beni domandata. È ovvio che, disponendo di redditi maggiori, i consumatori potrebbero spendere più denaro nell'acquisto di diversi beni, anche a prezzo invariato; il contrario accade se si verifica una riduzione del reddito.

Va anche detto che, sebbene in genere la quantità domandata di un bene sia funzione diretta del reddito, talvolta questa regola subisce delle eccezioni. Dato il livello dei prezzi, la variazione dei consumi causata da variazioni del reddito può infatti avere un andamento diverso a seconda dei diversi tipi di beni.

Normal goods
Beni normali
A good which demand rises as consumer income rises.

A questo proposito, i beni possono essere classificati nelle seguenti categorie:

- **beni normali**: all'aumentare del reddito il loro consumo aumenta fino a stabilizzarsi su livelli ritenuti soddisfacenti dai consumatori (generi alimentari, abbigliamento di base, ecc.);
- **beni di lusso**: all'aumentare del reddito il loro consumo aumenta in modo più che proporzionale, in quanto si tratta di beni che identificano uno status sociale (auto di lusso, spese per il tempo libero, ecc.);
- **beni inferiori**: all'aumentare del reddito il loro consumo diminuisce, in quanto si tratta di beni di qualità scadente che il consumatore sostituisce con altri di qualità più pregiata. L'esempio classico è quello dei prodotti farinacei (pane, polenta, patate), il cui consumo è elevato nei Paesi poveri, mentre nei Paesi ricchi viene sostituito con prodotti più costosi (carne, pesce, ecc.). Una particolare categoria di beni inferiori è costituita dai cosiddetti **beni di Giffen**.

Luxury goods
Beni di lusso
A good that is symbol of social status.

Inferior goods
Beni inferiori
A good that a consumer purchases less as its income rises.

I beni di Giffen

Questi beni prendono il nome dall'economista e statistico inglese **Robert Giffen** (1837-1910), che, analizzando il consumo di patate in **Irlanda**, ne rilevò l'esistenza. Si tratta di **beni inferiori**, privi di sostituti, il cui peso nella spesa per consumi di una famiglia è elevato. Per essi, contrariamente alla legge generale, la domanda dipende negativamente dal suo prezzo. L'esempio irlandese aiuta a comprendere tale eccezione. Durante la carestia irlandese del XIX secolo le patate, pur essendo un cibo povero e poco nutriente, costituivano gran parte della dieta delle famiglie, che non potevano permettersi cibi più ricchi; pertanto una variazione del loro prezzo aveva un forte impatto sul potere d'acquisto. Una diminuzione del prezzo, per esempio, aumentava di fatto le risorse reali delle famiglie, che potevano di conseguenza ridurre il consumo di patate a favore di cibi più nutrienti. Una malattia che si diffuse fra il 1845 e il 1847 distrusse in gran parte il raccolto irlandese di patate: ne derivò un aumento del loro prezzo che impoverì la popolazione, la quale reagì eliminando il consumo dei prodotti più pregiati, come la carne e la frutta, e aumentando quello dei beni inferiori, in primo luogo le patate stesse, nonostante il loro prezzo fosse aumentato. Oggi la rilevanza di questi beni nel paniere di spesa delle famiglie è minima; un esempio può essere costituito dal riso in alcune zone della Cina.

RINFORZO

La relazione tra livello del reddito e spesa per generi alimentari è stata analizzata per la prima volta nel 1857 dall'economista tedesco **Ernst Engel** (1821-1896) che, a tale proposito, formulò una legge nota con il suo nome (legge di Engel).

Engel's curve law
Legge di Engel
Theory that relates the decrease of proportion of income spent on food to income increase, holding constant the prices of all goods.

Cosa afferma la "legge di Engel"?

Nella teoria di Engel le variazioni del reddito determinano anche variazioni nella **composizione** della spesa. Ernst Engel, studiando il comportamento di consumo delle famiglie (dei lavoratori della Sassonia), aveva verificato che l'incidenza della spesa per generi alimentari o di prima necessità è molto elevata nelle famiglie con un reddito basso. Secondo questa ipotesi,

Beni di Giffen
Un aumento del prezzo (o una diminuzione del reddito) causa un aumento della domanda (per esempio pane nell'Inghilterra del XIX secolo) e viceversa.

più povera è una famiglia, maggiore è la sua spesa nell'acquisto di generi alimentari e minore è quella per abbigliamento, trasporti, salute, istruzione, tempo libero. Questa spesa per beni di prima necessità tende, però, a diminuire quando aumenta il reddito disponibile. Oltre un certo livello di reddito i "beni normali" diventano "beni inferiori", perché i consumatori non hanno più interesse ad accrescerne il consumo e spostano le loro scelte verso *beni superiori o di lusso*, il cui possesso dimostra l'appartenenza sociale del soggetto (fig. 3).

Figura 3

Curve di Engel

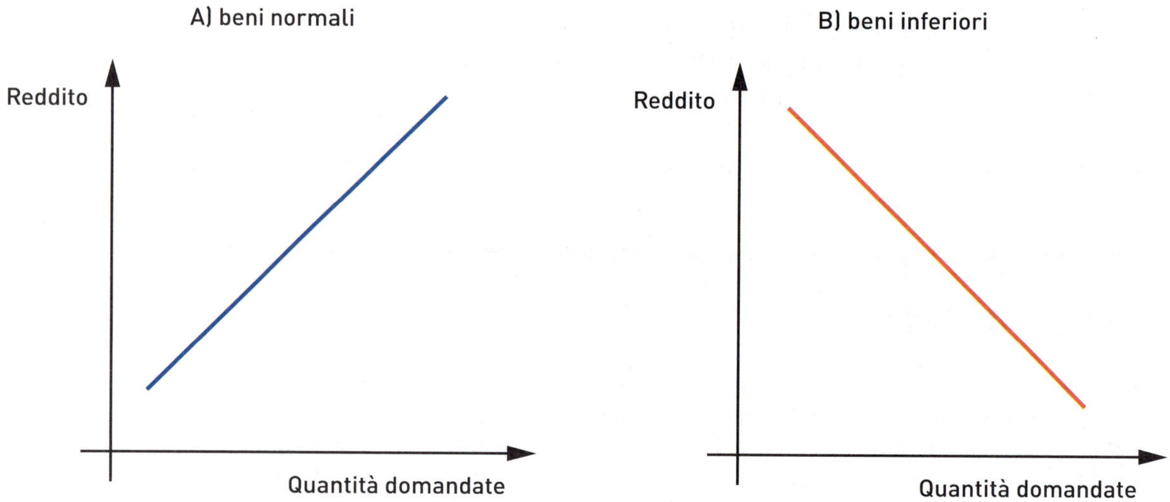

Applicando la legge di Engel a una nazione, si deduce che più è ricca, più piccola è la proporzione di generi alimentari nella spesa totale della collettività. All'aumentare del reddito cambia il modello dei consumi: si tratta di una relazione che aiuta a comprendere alcuni aspetti della struttura produttiva di un Paese. Infatti nei Paesi poveri il peso del settore dell'agricoltura è maggiore che nei Paesi ricchi, in quanto l'ampio consumo di prodotti agricoli ne richiede una produzione elevata.

Riscontri alla legge di Engel, sia storici sia geografici, sono facilmente reperibili (vedi tabella 2).

Tabella 2 - Consumi alimentari in alcuni Paesi Ue

Quota dei consumi alimentari sul totale della spesa in alcuni Paesi Ue (valori %)				
	1970	1989	1990	2008
Danimarca	25,4	23,1	19,7	16,3
Francia	25,3	21,1	19,3	18,1
Italia	38,1	28,5	21,6	17,7
Olanda	n.d.	17,3	16,7	13,6
Finlandia	n.d.	28,5	23,6	19,4
Regno Unito	24,1	21,1	15,2	12,4
Norvegia	n.d	26,4	22,7	19,2

Fonte: elaborazione C.S. Fipe su dati Eurostat.

Spesa reale delle famiglie in Italia (composizione %)					
	1979	1980	1990	2000	2010
Alimentari + bevande alcoliche	38,1	28,5	21,6	17,7	17,5
Vestiario e calzature	8,7	11,6	10,8	9,9	8,9
Abitazione + arredamento	15,2	18,3	19,1	18,3	18,7
Sanità	1,5	1,8	2,6	3,7	3,7
Trasporti	10,8	13,2	13,5	15,3	14,7
Comunicazioni	1,2	1,2	1,7	3,0	2,9
Ricreazione e cultura	6,8	7,1	8,2	8,2	8,0
Istruzione	0,7	0,5	1,1	1,0	1,1
Alberghi e ristoranti	6,7	7,7	8,8	10,5	11,7
Beni e servizi vari (inclusi tabacchi)	10,3	10,0	12,7	12,4	10,5
Totale	100,0	100,0	100,0	100,0	100,0

Fonte: elaborazione C.S. Fipe su dati Istat.

☐ Quali effetti sulla quantità domandata produce il cambiamento dei gusti e delle preferenze dei consumatori verso un determinato prodotto?

I cambiamenti nelle preferenze e nei gusti esercitano un'influenza sulla quantità domandata analoga a quella esercitata da una variazione del reddito. Se infatti il consumatore, per effetto della moda, della pubblicità o per altre ragioni, apprezza di più un certo prodotto rispetto al passato, sarà indotto ad acquistarne una quantità maggiore anche se il prezzo non è mutato. Per contro, un minore interesse verso lo stesso prodotto ne provoca l'acquisto di una minore quantità.

Complementary goods
Beni complementari
A good which use is interrelated jointly with another one, such that a demand for one generates demand for the other.

Substitute goods
Beni sostituti (o succedanei)
A good that can be consumed in place of another one.

↑ PREZZO DI UN BENE
↓
↑ QUANTITÀ VENDUTA DEL BENE SUCCEDANEO

↑ PREZZO DI UN BENE
↓
↓ QUANTITÀ VENDUTA DEL BENE COMPLEMENTARE

In che senso la quantità domandata di un bene è influenzata dal mutamento del prezzo di altri beni?

Per molti beni la domanda è legata al consumo e al prezzo di altri beni, quali i beni complementari e succedanei (sostituti).

Beni o servizi complementari sono beni o servizi che devono essere usati contemporaneamente per soddisfare un bisogno, per esempio auto e carburante.

Beni o servizi succedanei sono beni o servizi che possono essere sostituiti con un altro bene in grado di soddisfare il medesimo bisogno, con un grado uguale o diverso di intensità. A titolo d'esempio, il burro è un bene sostituto della margarina.

Consideriamo i seguenti esempi:

- se aumenta il prezzo dei biglietti per il cinema, è probabile che aumenti la richiesta di abbonamenti a Netflix o a Infinity. Biglietti per il cinema e abbonamenti a Netflix o a Infinity sono **beni succedanei**: l'aumento del prezzo dell'uno conduce alla diminuzione del suo consumo e all'aumento della quantità domandata dell'altro;
- se aumenta il prezzo del caffè, è probabile che diminuisca la domanda di zucchero. Caffè e zucchero sono **beni complementari**: se il prezzo del primo aumenta, diminuisce non solo il suo consumo, ma anche quello del bene utilizzato congiuntamente;
- se aumenta il prezzo della carne, è probabile che la quantità domandata di biciclette rimanga invariata. La carne e le biciclette sono beni **indipendenti**.

IN PILLOLE

Beni sostituti e complementari

Prezzo del bene X	Caratteri del bene Y	Quantità venduta del bene Y
aumenta	sostituto	aumenta
diminuisce	sostituto	diminuisce
aumenta	complementare	diminuisce
diminuisce	complementare	aumenta
aumenta/diminuisce	indipendente	invariata

☐ In che modo i mutamenti del reddito, delle preferenze, del prezzo di altri beni influiscono sulla posizione della curva di domanda?

Consideriamo le seguenti figure:

Figura 4

Spostamenti della curva di domanda

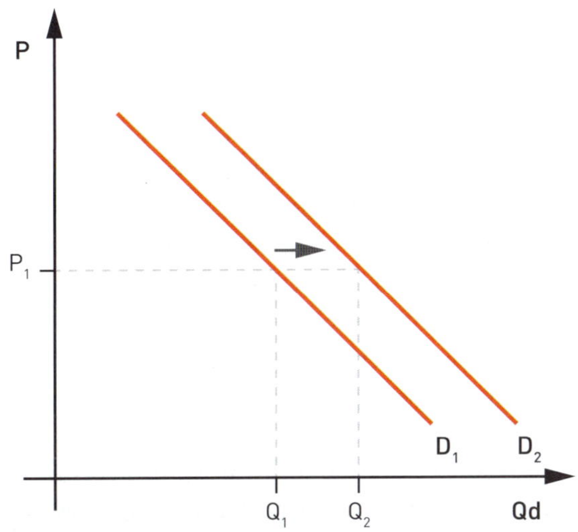

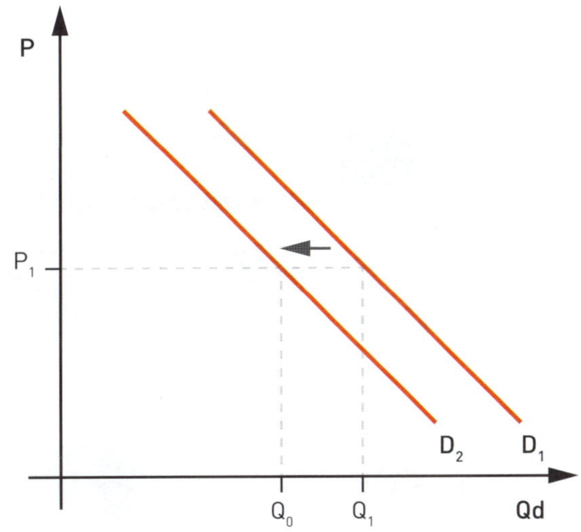

Se per effetto di un mutamento delle variabili esogene sopra considerate, il consumatore in corrispondenza di ciascun prezzo domanda una quantità maggiore di quella di prima, la nuova curva di domanda sarà tutta a destra della precedente. Come si può vedere nel grafico, al prezzo P_1 viene domandata la quantità Q_1; lo spostamento della curva di domanda da D_1 a D_2 fa sì che al prezzo P_1 la quantità diventi Q_2.

Al contrario, se per effetto dei mutamenti intervenuti nel reddito, nei gusti, nel prezzo di altri beni, il consumatore, in corrispondenza di ciascun prezzo, domanda una quantità minore di prima, è facile immaginare che la nuova curva sarà tutta spostata a sinistra, e al prezzo P_1 la quantità acquistata sarà minore (Q_0).

Change in demand
Spostamento della curva di domanda
A shift of a demand curve in response to a change in some variable other than price, caused by shifting trends or new competition.

In che modo i mutamenti delle variabili esogene (costo dei fattori produttivi, stato della tecnologia, livello della tassazione) modificano la quantità offerta?

I cambiamenti delle suddette variabili, che si verificano nel corso del tempo, incidono sul livello dei costi di produzione, per cui, in corrispondenza di un determinato prezzo di vendita, le imprese produrranno una maggiore oppure una minore quantità di un bene. Più specificatamente:

- un aumento del costo delle materie prime, dei salari e degli altri fattori produttivi fa aumentare i costi di produzione: a parità di prezzo di vendita le imprese riducono l'offerta. La curva di offerta si sposta verso sinistra. Il contrario avviene se i prezzi dei fattori produttivi si riducono: a un dato prezzo, la curva di offerta si sposta verso destra;
- nel lungo periodo il progresso tecnico, aumentando la produttività, fa diminuire i costi di produzione; pertanto, a un dato prezzo di vendita, le imprese produrranno una maggiore quantità del bene: la curva di offerta si sposta verso destra;
- aumenti del livello di imposizione fiscale comportano un aumento dei costi dell'impresa, quindi una minore quantità prodotta a un dato prezzo di mercato: la curva di offerta si sposta verso sinistra. Il contrario avviene se vengono ridotte le imposte: a un dato prezzo, la curva di offerta si sposta verso destra.

Figura 5

Spostamenti della curva di offerta

A) riduzione dei costi di produzione, progresso tecnico, diminuzione del livello di imposizione fiscale

B) aumento dei costi di produzione, aumento del livello di imposizione fiscale

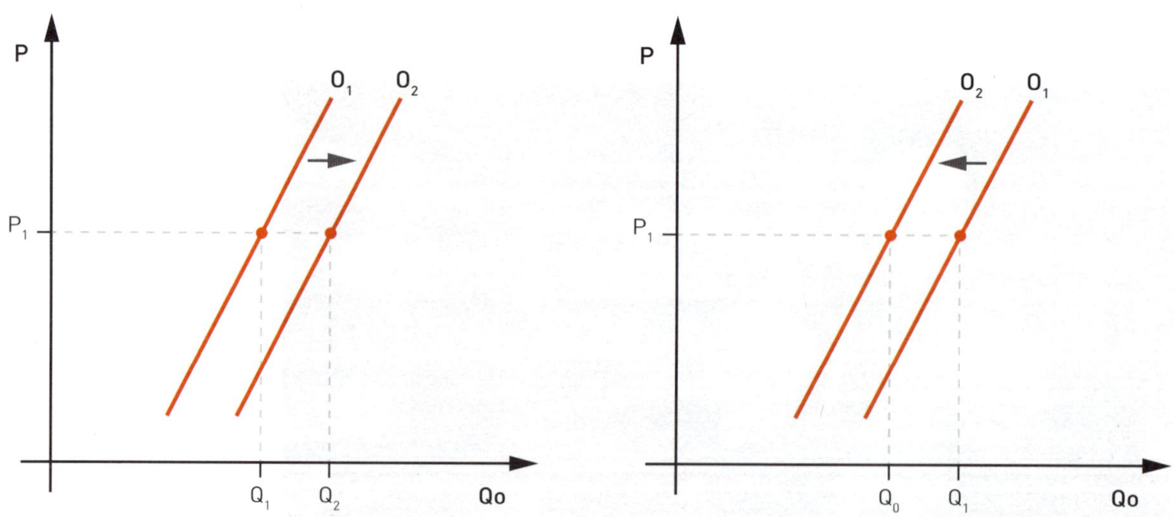

Nel grafico a sinistra consideriamo la curva di offerta O_1. Se per effetto di un mutamento delle variabili esogene sopra considerate, il produttore in corrispondenza di ciascun prezzo offre una quantità maggiore di quella di prima, si avrà uno spostamento della curva di offerta. La nuova curva di offerta O_2 sarà tutta a destra della precedente: al prezzo P_1 prima veniva offerta la quantità Q_1, mentre in seguito sarà offerta la quantità Q_2.

È facile notare nel grafico a destra che se, al contrario, per effetto dei mutamenti intervenuti, il produttore in corrispondenza di ciascun prezzo offre una quantità minore di prima, la nuova curva sarà tutta spostata a sinistra e al prezzo P_1 sarà venduta soltanto la quantità Q_0.

Expo Milano 2015
Grande monitor nel Padiglione Zero.

Change in supply
Spostamento della curva di offerta
A shift of the supply curve in response to a change in some variables other than price (like technological improvementes, competition, drop of raw materials).

Partial equilibrium analysis
Metodo degli equilibri parziali
An analysis that focuses the attention on an equilibrium model which considers a single market for one good, taking as given the prices in all other markets.

☐ Le variazioni della quantità domandata e offerta, causate dai fattori sopra esaminati, hanno conseguenze sul prezzo di equilibrio del mercato?

Le variazioni della quantità domandata e offerta, producendo spostamenti delle relative curve, hanno conseguenze inevitabili sul prezzo di equilibrio del mercato. Per poterle analizzare si ricorre al metodo degli equilibri parziali, messo a punto da Alfred Marshall. Esso consiste nel prendere in esame il funzionamento di un singolo mercato, ipotizzando che sia isolato rispetto agli altri esistenti all'interno del sistema economico. Si suppone, pertanto, che quanto avviene su di esso non abbia influenza sui prezzi degli altri beni. Su tale mercato l'equilibrio economico parziale viene determinato da un prezzo (prezzo di equilibrio) in grado di uguagliare la domanda e l'offerta relative al singolo mercato. È così possibile individuare la posizione di equilibrio di ogni mercato analizzando lo spostamento di una sola curva per volta, considerando fissa l'altra (si applica cioè la clausola *ceteris paribus*).

La tabella 3 mostra l'impatto sull'equilibrio prodotto dagli spostamenti delle curve di domanda e offerta.

QUESITO

In Sicilia, condizioni meteorologiche molto sfavorevoli fanno diminuire del 30% la produzione delle arance.

La seguente analisi è corretta oppure sbagliata?
«...un cattivo raccolto non fa aumentare il prezzo. Infatti, se diminuisce l'offerta, il prezzo aumenta.
Ma l'aumento del prezzo fa diminuire la domanda e la diminuzione della domanda fa diminuire il prezzo, quindi, un cattivo raccolto fa diminuire il prezzo...»

Tabella 3 – Impatto sull'equilibrio degli spostamenti delle curve di domanda e offerta

Curva che si sposta	Direzione dello spostamento	Prezzo di equilibrio	Quantità di equilibrio
Domanda	Destra	↑	↑
Domanda	Sinistra	↓	↓
Offerta	Destra	↓	↑
Offerta	Sinistra	↑	↓

La statica comparata

Gli esercizi di statica comparata consentono di comprendere cosa accade nei mercati ogni volta che si verifica un evento che provoca una "perturbazione".

Supponiamo che il mercato mondiale del grano sia in equilibrio in E_1, al prezzo P_1 e alla quantità Q_1.

Successivamente si verificano i seguenti eventi:

- il prezzo dei concimi per la fertilizzazione del terreno aumenta del 30%;
- la dieta mediterranea, a base di pasta, frutta e verdura, viene sempre più apprezzata dai consumatori.

Descriviamo e rappresentiamo graficamente i mutamenti introdotti dai seguenti eventi sul prezzo e sulla quantità di equilibrio:

- l'aumento del prezzo del concime comporta per le imprese agricole un aumento dei costi di produzione, pertanto a ogni prezzo le imprese sono ora disposte a vendere una minore quantità di grano;
- la curva di offerta si sposta a sinistra (da O_1 a O_2) intersecando la D_1 e, rispetto alla situazione di partenza, il mercato registra una nuova posizione (transitoria) di equilibrio in cui il prezzo è maggiore di P_1 e la quantità minore di Q_1;
- l'aumento delle preferenze delle famiglie verso i prodotti a base di grano comporta che, per ogni prezzo, i consumatori siano disposti a domandare una maggiore quantità. La curva di domanda del grano si sposta verso destra (da D_1 a D_2) e il mercato registra una nuova posizione di equilibrio in E_2, in cui il prezzo risulta maggiore (P_2) e anche la quantità è maggiore (Q_2) rispetto alla precedente posizione di equilibrio.

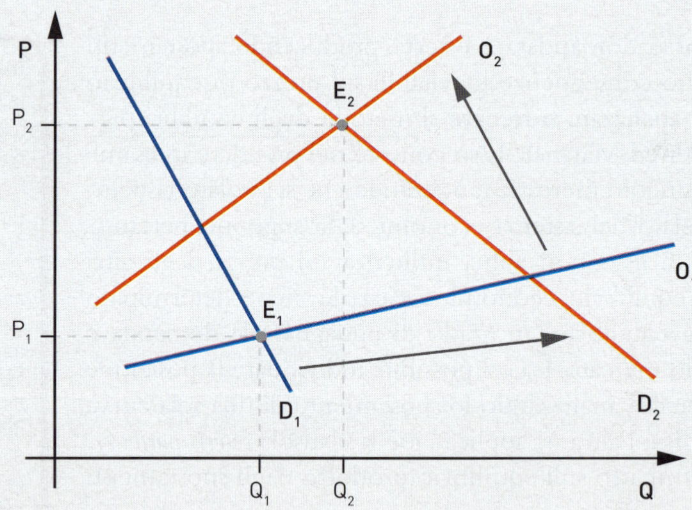

RINFORZO

Comparative statics
Statica comparata
Analysis used to examine how a change in some exogenous variable will affect the level of some endogenous variable in an economic system, before and after a change in some exogenous parameter.

MAPPA UNITÀ B3

MERCATO

→ **TIPOLOGIE**

sono le seguenti

- mercato dei beni e servizi
- mercati locali, nazionali e internazionali
- mercati all'ingrosso e al dettaglio

→ **MECCANISMI**

riguardano

la determinazione dell'equilibrio del mercato

che risulta

dall'**intersezione** delle curve di domanda e di offerta, in corrispondenza della quale si forma un **prezzo d'equilibrio** che rende uguali la quantità domandata e la quantità offerta (Qd = Qo)

se

varia il prezzo del bene (variabile endogena) si verificano:
- **spostamenti lungo la curva di domanda** (si verifica un cambiamento della quantità domandata)
- **spostamenti lungo la curva di offerta** (si verifica un cambiamento della quantità offerta)

variano elementi esterni (variabili esogene) si verificano
- **spostamenti della curva di domanda**
- **spostamenti della curva di offerta**

che hanno

conseguenze sul prezzo d'equilibrio (lo spostamento di una curva o di entrambe determina un nuovo prezzo di equilibrio)

sono analizzate

- con il metodo degli equilibri parziali di Alfred Marshall
- con il metodo dell'equilibrio economico generale di Léon Walras

le variabili esogene sono

per la domanda:
- variazione del reddito in aumento o diminuzione
  - variazione dei consumi in seguito a variazioni di reddito; tale variazione può avere un andamento diverso a seconda dei vari tipi di beni: normali, di lusso, inferiori (tra questi ultimi i beni di Giffen)
  - composizione della spesa (legge di Engel)
- cambiamento dei gusti e delle preferenze dei consumatori
- mutamento del prezzo dei beni complementari e succedanei

per l'offerta:
- cambiamenti nell'andamento dei costi delle materie prime e degli altri fattori produttivi
- cambiamenti nello stato della tecnologia
- cambiamenti nel livello di imposizione fiscale

Verifiche 3

1) TROVA L'ERRORE IN OGNI FRASE

Competenza: acquisire e riconoscere i contenuti chiave

A. Quando la quantità domandata supera la quantità offerta, si verifica una eccedenza.
B. Quando varia il prezzo di un bene, si verifica uno spostamento della curva di domanda.
C. Una particolare categoria di beni normali è costituita dai beni di Giffen.
D. Secondo la legge di Engel, oltre un certo livello di reddito i beni inferiori diventano beni normali, perché i consumatori hanno la possibilità di accrescerne il consumo.
E. Con il metodo degli equilibri parziali è possibile analizzare la posizione di equilibrio di tutti i mercati simultaneamente.

2) COLLEGA LE ESPRESSIONI CONTRASSEGNATE DA UNA LETTERA CON QUELLE INDICATE DA UN NUMERO

Competenza: individuare collegamenti e relazioni

A. *Commodities*
B. Punto di equilibrio
C. Variazioni del reddito
D. Variazioni del prezzo
E. Variazioni della produttività
F. Variazioni del prezzo

1. Spostamento della curva di domanda
2. Spostamento lungo la curva di domanda
3. Spostamento della curva di offerta
4. Mercato mondiale
5. Uguaglianza fra quantità domandata e offerta
6. Spostamento lungo la curva di offerta

A	B	C	D	E	F

3) INDICA SE LE SEGUENTI AFFERMAZIONI SONO VERE O FALSE. SE LE RITIENI FALSE GIUSTIFICA LA RISPOSTA

Competenza: acquisire, interpretare l'informazione e comunicare

	VERO	FALSO
A. In estate la curva di domanda dei gelati si sposta verso sinistra.		
B. Un aumento del reddito sposta la curva di domanda verso destra.		
C. L'aumento del prezzo di un bene non influenza la quantità domandata degli altri beni.		
D. L'incidenza della spesa per beni alimentari diminuisce al crescere del reddito.		
E. Se aumenta il prezzo delle sigarette è probabile che aumenti anche quello dei biglietti per il cinema.		

4) RISOLVI I SEGUENTI PROBLEMI

Competenza: risolvere problemi

A. Nella famiglia di Carlo lavora solo il padre in un'impresa di costruzioni. Siccome il settore è in profonda crisi, gli affari vanno male e la famiglia di Carlo può disporre di redditi ridotti del 20% rispetto all'anno precedente. La famiglia di Carlo, pertanto, aumenta del 10% il consumo del bene Y. Di che bene si tratta?

B. Quale dei seguenti fattori farebbe spostare verso sinistra la curva di domanda del burro?

1. Un aumento del prezzo della margarina.
2. Una diminuzione del prezzo della marmellata (usata di solito con il burro).
3. Uno studio medico che trova che il burro fa aumentare le patologie cardiache.
4. Un aumento del prezzo del burro.

Motiva la risposta.

C. Nel mercato Usa del grano si osservano le seguenti funzioni di domanda (Qd) e offerta (Qs):

$Qd = 12{,}2 - 0{,}3\,P$
$Qs = 9 + 0{,}5\,P$

1. Illustra graficamente l'equilibrio del mercato.
2. Calcola e inserisci nel grafico i valori di equilibrio di prezzo e quantità (scrivi tutti i passaggi).
3. Calcola e inserisci nel grafico l'eccesso di domanda in corrispondenza di un prezzo $P = 3$.

5) RISPONDI AI SEGUENTI QUESITI IN UN MASSIMO DI 5/6 RIGHE

Competenza: saper organizzare e sintetizzare i contenuti

A. In quali condizioni si può creare un mercato mondiale?

B. Spiega i concetti di equilibrio e squilibrio di mercato.

C. Quali sono le principali variabili che, dato un certo prezzo di mercato, influenzano le quantità domandate e offerte di un certo bene?

D. Spiega la differenza fra uno spostamento lungo la curva di offerta (o domanda) e uno spostamento della curva di offerta (o domanda).

E. Supponiamo che un clima insolitamente caldo faccia spostare verso destra la curva di domanda del gelato. Perché il prezzo del gelato sale a un nuovo livello di equilibrio?

F. Spiega il contenuto della legge di Engel.

G. In base alla relazione reddito-consumo, quali sono le diverse tipologie di beni?

H. Che cosa sono i beni di Giffen?

I. Quale relazione lega i prezzi alle quantità domandate di beni succedanei e di beni complementari?

1) Connect each letter with a number

A. Pepsi and Coca Cola	1. demand curve shifts left
B. French fries and ketchup	2. Normal goods
C. If in the market of air travel the price of traveling by rail increases ...	3. Inferior goods
D. If in the market of chocolate the price of cacao increases ...	4. complementary goods
E. Meal, pork, potatoes	5. demand curve shifts right
F. If in the market of chocolate a company invents a better machine for mixing the ingredients to make chocolate candies ...	6. Supply curve shifts right
G. Fruits, vegetables, breakfast cereals	7. Supply curve shifts left
H. If a sin tax is placed on sales of alcohol ...	8. Substitutes goods

A	B	C	D	E	F	G	H

2) Chose the right words among the ones listed below and fill in the gaps

When more people want something, the quantity demanded at all .... will tend to .... The increase in demand could also come from changing .... , where the same .... desire more of the same .... than they previously did. Increased demand can be represented on the graph as the curve being shifted ...., because at each price point, a greater .... is demanded. An example of this would be more people suddenly wanting more .... This will cause the demand curve to .... from the initial curve .... to the new curve .... This raises the equilibrium price from .... to the higher .... This raises the equilibrium quantity from .... to the higher .... In this situation, we say that there has been an increase in demand which has caused an extension in ....

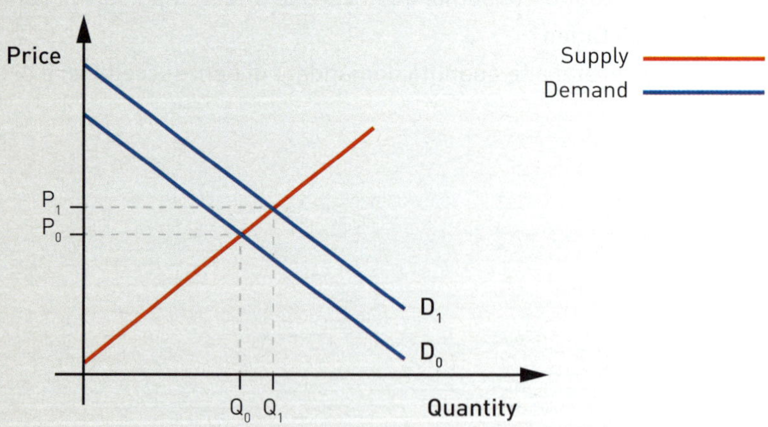

(Consumers, D0, D1, good, increase, P0, P1, prices, Q0, Q1, quantity, right, shirts, shift, supply, tastes)

UNITÀ 4 Le forme di mercato

Precario a Ca' Farsetti vince il Mondiale di Monopoly

Nicolò Falcone, 31 anni, avvocato veneziano, ha vinto a Macao i campionati di Monopoly. «La mossa vincente? La conquista delle ferrovie». Ha vinto oltre 20 mila dollari

A suon di dadi e contrattazioni di proprietà ha sbaragliato tutti gli avversari del globo, diventando il campione del mondo di Monopoly, lo storico gioco da tavolo che quest'anno ha compiuto 80 anni. Lui è Nicolò Falcone, un trentunenne veneziano che ha lasciato l'albo degli avvocati per entrare nell'ufficio legale di Ca' Farsetti, il Comune di Venezia, come precario. Gioca a Monopoly fin da quando era bambino, e a Macao, per ironia della sorte al "The Venetian resort", ha battuto il norvegese Bjørn Halvard Knappskog, campione del mondo del 2009, data dell'ultima sfida mondiale. Ha vinto ben 20.580 dollari Usa, l'equivalente cioè del denaro, stavolta finto, contenuto in una scatola del gioco. [...]

Avevano due ore di tempo ma Nicolò ha chiuso la partita in 47 minuti. La sua strategia si è basata sulla conquista delle ferrovie. La parte migliore del Monopoly? «Fare affari e prendere i soldi degli altri», ha risposto. Rientrerà in Italia nei prossimi giorni. Nicolò ha la passione per la barca, lo sci, e gli sketch. L'avventura del Monopoly, racconta, è iniziata per caso, da un pop up su un sito che è diventato subito, nel 2014, un viaggio di tre amici per i campionati regionali in Friuli, vinti, e quindi per i nazionali di Milano dello scorso aprile. Ha battuto 2 mila giocatori in tutta Italia conquistando migliaia di Monopoly Dollar. Incoronato campione italiano, è partito per la Cina a spese della Hasbro, la società di distribuzione.

Elisa Lorenzini
«Corriere del Veneto», 8 settembre 2015

attività

1. Conosci il gioco Monopoly?
2. Conosci il significato del termine?
3. Come ha fatto Nicolò Falcone a diventare vincitore dei mondiali 2015?
4. La "conquista delle ferrovie" da parte di un unico soggetto ti sembra, nella realtà, una situazione vantaggiosa o dannosa per la collettività?

1 LE CARATTERISTICHE PRINCIPALI DELLE VARIE FORME DI MERCATO

Le auto da corsa nelle Formule minori sono prodotte da un'unica azienda, che opera quindi in regime di monopolio

Market structure
Forma di mercato
Set of buyers and sellers including a number of firms, the similarity of products they sell, and the ease of entering into and exiting from the market.

Imperfect competition
Concorrenza imperfetta
A competitive market where there are many sellers, when no one firm has a monopoly, but producers nonetheless realize that they can affect market prices by selling heterogeneous goods.

Undifferentiated products
Prodotto omogeneo

Lo scambio di beni fra soggetti economici, come sappiamo, si svolge tramite il mercato. La **forma di mercato** si riferisce al contesto entro il quale le decisioni di produzione e di scambio devono essere prese e specifica il tipo di relazioni che intercorrono fra i diversi operatori economici.

Analizzando le forme di mercato ci renderemo conto che esse si distinguono in base al *grado di concorrenza* che si determina tra le imprese. Al massimo grado di concorrenza c'è la concorrenza perfetta; all'estremo opposto il monopolio. Situazioni intermedie sono date dalla concorrenza monopolistica e dall'oligopolio (mercati di concorrenza imperfetta).

Entro quali forme di mercato interagiscono gli operatori economici?

La tabella 1 mette in evidenza le forme di mercato e gli elementi principali che caratterizzano ognuna.

Tabella 1 – Forme di mercato e loro principali caratteristiche

	Caratteristiche del mercato			Conseguenze	
Forma di mercato	Numero di imprese	Tipo di prodotto	Condizioni per l'entrata	Influenza dell'impresa sul prezzo	Interdipendenza tra imprese
Concorrenza perfetta	molte	Omogeneo, sia pure in presenza di diverse varietà (pomodori Sanmarzano, mele Golden, ciliegie di Vignola, ecc.)	facile; barriere assenti	nulla	nessuna
Concorrenza monopolistica	molte	differenziato (in genere offerto da negozi al minuto, alberghi, bar)	facile; barriere modeste	debole	nessuna
Oligopolio	alcune	omogeneo o differenziato (cemento, elettrodomestici, auto, ecc.)	difficile; barriere elevate	forte	forte
Monopolio	una	nessun bene sostituto (imprese locali di *public utilities* per la fornitura di acqua potabile)	difficile o impossibile; barriere insormontabili	determinante	nessun rivale

Che importanza hanno le diverse caratteristiche del mercato descritte nella tabella?

I criteri solitamente utilizzati per descrivere le forme di mercato sono:

- **la numerosità degli operatori**. L'offerta infatti può essere frazionata in una miriade di imprese o, al limite, concentrata in una sola. Lo stesso si può dire per la domanda dei consumatori che, sebbene generalmente frazionata fra numerosi acquirenti, può anche essere concentrata in pochi;
- **il grado di omogeneità o differenziazione dei prodotti**. I prodotti offerti dalle imprese possono essere identici e ben definiti (un litro di benzina, un tondino di ferro), oppure differenziati in modo più o meno effettivo da impresa a impresa;
- **le barriere all'entrata**. Si tratta di ostacoli più o meno rilevanti all'ingresso di una impresa in un settore. Le barriere possono essere costituite da oggettive difficoltà all'entrata in un settore (investimenti elevati, necessità di licenze o brevetti, pagamento di imposte) oppure da strategie adottate dalle imprese già operanti per scoraggiare l'ingresso di nuove rivali (per esempio il prezzo tenuto molto basso in modo da rendere difficile alle potenziali concorrenti la copertura dei costi).

Altri elementi che definiscono la forma di mercato sono la *trasparenza* e la *dimensione* delle imprese.

- La **trasparenza** riguarda la possibilità di ottenere in modo rapido informazioni complete sulle condizioni di mercato, che servano da base per le decisioni razionali delle imprese e dei consumatori. Per esempio, se il consumatore non viene messo in condizione di conoscere il prezzo di equilibrio vigente in un certo mercato può essere indotto a pagare un prezzo superiore.
- La **dimensione** delle imprese influenza il loro potere di mercato: la piccola impresa, infatti, realizzando un volume di produzione minimo, non incide sull'offerta di mercato e quindi sul prezzo; il contrario avviene per la grande impresa.

Barriers to entry
Barriere all'entrata
Regulatory factors that allow an incumbent firm to earn positive economic profits while making it unprofitable for newcomers to enter the industry or the market.

2 LA CONCORRENZA PERFETTA

Il mercato di concorrenza perfetta è caratterizzato da un numero molto elevato di piccole e piccolissime imprese che offrono prodotti omogenei, cioè perfettamente sostituibili. C'è trasparenza perfetta, poiché tutte le informazioni rilevanti sono di dominio pubblico, e anche libertà di entrata e uscita dal mercato per tutti i soggetti, grazie alla completa assenza di barriere.

Poiché ogni impresa offre una quantità di beni troppo limitata per poter influire sul prezzo, nessuna di esse ha potere di mercato: questo significa che **il prezzo che si forma sul mercato è un dato** e ogni impresa

Perfectly competitive market
Mercato di concorrenza perfetta
A theoretical market in which no buyer or seller has the power to influence the price, characterized by a large number of small firms, a homogeneous product, and where it is very easy to enter or leave the market.

Price taker

When the buyer takes the price of the product as a given and has no control over it. This happens when there is no competitive market to influence supply. Same thing happens for the producer who wants to sell his produce: he must accept the price set by that type of market.

deve vendere i suoi prodotti a quel prezzo. Nel linguaggio economico, le imprese che operano in mercati perfettamente concorrenziali sono dette ***price taker*** (non hanno infatti la possibilità di influire sul prezzo). Nella concorrenza perfetta anche per i consumatori i prezzi sono dati, in quanto ciascuno di essi acquista una quantità minima rispetto alla produzione complessiva e, di conseguenza, **non può contrattare prezzi più bassi**, non avendo potere di mercato.

Si può quindi affermare che sul mercato è presente un numero molto alto di imprese e di consumatori indipendenti, ciascuno dei quali correttamente ritiene che le proprie scelte non possano avere effetto sui prezzi.

È frequente nella realtà il mercato di concorrenza perfetta?

Il classico esempio di imprese in regime di concorrenza perfetta è dato dalle numerosissime imprese agricole di piccole dimensioni; ognuna di esse offre prodotti identici a quelli delle altre imprese (grano, uva, mele, pomodori, ecc.) e con la sua quantità di produzione, minima rispetto a quella totale, non può influire in alcun modo sul prezzo del prodotto. Quest'ultimo costituisce, pertanto, un dato che l'impresa non può fare a meno di accettare. Naturalmente il prezzo a cui il prodotto è venduto è quello che realizza l'equilibrio tra la domanda e l'offerta di mercato: se un'impresa tentasse di vendere le sue mele a un prezzo più alto di quello praticato da tutte le altre imprese, perderebbe tutti i clienti. Per la singola impresa la curva di domanda è una retta parallela all'asse delle ascisse, perché qualunque sia la quantità che l'impresa decida di produrre, il prezzo rimane sempre lo stesso.

La **curva di domanda della singola impresa** eguaglia la curva del ricavo medio e del ricavo marginale dell'impresa stessa. In altri termini, in regime di concorrenza perfetta il prezzo di vendita di un bene è uguale al ricavo marginale e al ricavo medio dell'impresa (domanda dell'impresa).

Tabella 2 – Prezzo, ricavo marginale, ricavo medio in concorrenza perfetta

Quantità prodotta	Prezzo	Ricavo totale (quantità x prezzo)	Ricavo marginale	Ricavo medio
1	10	10	10	10
2	10	20	10	10
3	10	30	10	10
4	10	40	10	10

Con l'eccezione di quello agricolo, pochi mercati sono comunque perfettamente concorrenziali.

Come si determina la quantità che la singola impresa decide di offrire sul mercato?

Profit maximization
Massimizzazione del profitto
A process that firms undergo to determine the best level at which the marginal revenue of the last unit produced is equal to its marginal cost.

Per comprendere come un'impresa in concorrenza perfetta decida la quantità da offrire sul mercato, bisogna tenere presente che il suo obiettivo è la massimizzazione del profitto. Per effettuare la nostra analisi osserviamo i due grafici della figura 1.

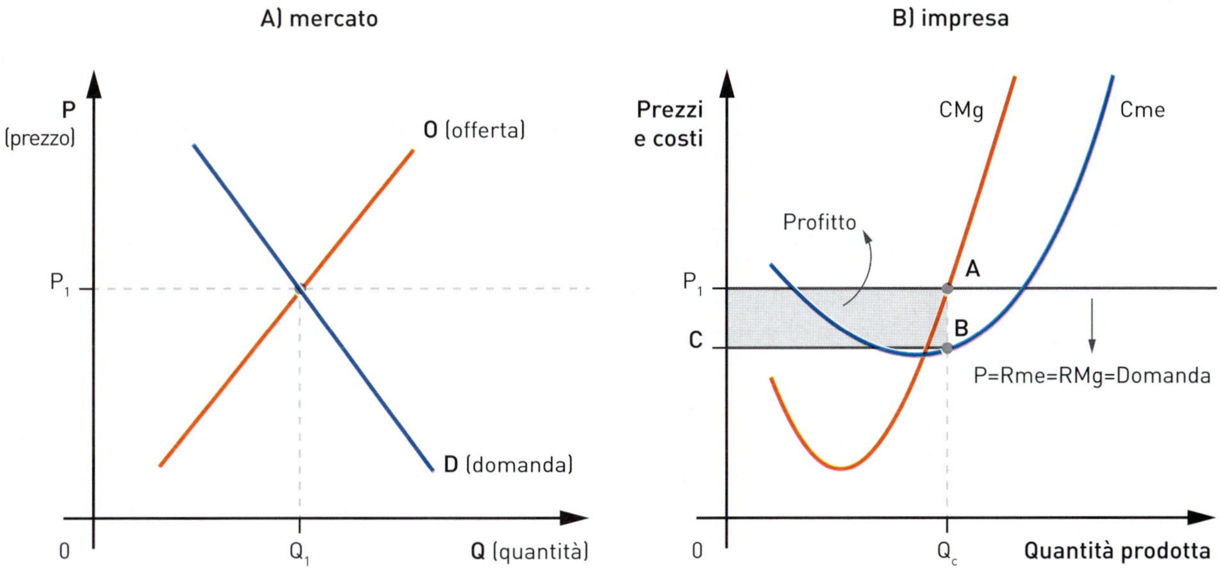

Figura 1
Equilibrio in concorrenza perfetta

Il **grafico a sinistra** mette in evidenza il prezzo di equilibrio che è scaturito dall'incontro tra domanda e offerta di mercato, mentre **quello di destra** si riferisce alla singola impresa.

Esaminiamo quest'ultimo.

La retta parallela all'asse delle ascisse corrisponde al prezzo di mercato rispetto al quale, come abbiamo visto, l'impresa non ha nessun potere contrattuale. Le due curve rappresentano i costi medi e marginali.

A questo punto siamo in grado di individuare, date le curve dei costi e il prezzo di mercato, qual è la quantità di prodotto che rende massimo il profitto dell'impresa. È la quantità **Qc**, in corrispondenza della quale la curva del costo marginale interseca la retta del prezzo, che coincide con il ricavo marginale.

All'impresa conviene infatti produrre fino a quando il ricavo aggiuntivo, che ottiene dalla vendita dei prodotti, supera i costi aggiuntivi che è necessario sostenere per produrli, cioè i costi marginali; oltre questa soglia non vi è più convenienza a produrre, in quanto i ricavi aggiuntivi sarebbero inferiori ai costi marginali e quindi l'impresa, anziché un profitto, conseguirebbe una perdita dalla produzione e dalla vendita di ulteriori quantità di prodotto.

A Beautiful Mind

Film drammatico del 2001 diretto da Ron Howard e ispirato alla vita del matematico ed economista John Forbes Nash jr.

L'azione ha inizio all'università di Princeton nel 1947, in cui Nash si distingue come studente intellettualmente brillante, che intraprenderà ben presto una carriera accademica prestigiosa. Brillante matematico, Nash rivoluziona l'economia con i suoi studi di matematica applicata alla teoria dei giochi e vince il Premio Nobel per l'economia nel 1994.

Per le sue competenze, in piena guerra fredda, gli verrà anche offerto il delicato incarico di decodificatore di codici segreti nel periodo della guerra fredda tra USA e URSS.

La sua vita, segnata da una grave malattia psichica, è stata alla base dell'acclamata pellicola interpretata da Russell Crowe e vincitrice dell'Oscar.

- Guarda il film e discutine con i compagni e l'insegnante.

In concorrenza perfetta, come abbiamo visto, il ricavo aggiuntivo o **ricavo marginale**, cioè il ricavo derivante dalla vendita dell'ultima unità di prodotto, è uguale al prezzo (e al ricavo medio).

Possiamo quindi scrivere che, in concorrenza perfetta, un'impresa ha convenienza a offrire la quantità di prodotto in corrispondenza della quale:

COSTO MARGINALE (CMG) = RICAVO MARGINALE (RMG) = PREZZO

Tale relazione identifica la condizione di equilibrio di breve periodo.

Come si individua l'ammontare del profitto totale dell'impresa?

Il profitto totale può essere calcolato come differenza tra ricavi totali e costi totali o come il prodotto del profitto medio unitario per le quantità vendute. Il profitto medio unitario, a sua volta, è dato dalla differenza tra il prezzo di vendita e il costo medio di una unità di prodotto. Nel grafico esso corrisponde al segmento **AB**, che rileva la differenza tra il prezzo e il costo medio in corrispondenza della quantità **Qc**, mentre le quantità vendute sono date dal segmento **OQc**. L'area del profitto è pertanto corrispondente all'area colorata del rettangolo **A B C** $\mathbf{P_1}$.

A seconda dei profitti che ottengono, si possono classificare tre tipi di imprese:

- **imprese con un profitto positivo** (denominato anche *extraprofitto*), come quella rappresentata nel grafico, in cui, in corrispondenza delle quantità vendute, risulta Costo medio $<$ Prezzo;
- **imprese in pareggio** (o marginali), in cui, in corrispondenza delle quantità vendute, risulta Costo medio = Prezzo;
- **imprese in perdita**, in cui, in corrispondenza delle quantità vendute, risulta Costo medio $>$ Prezzo.

Mentre nel breve periodo le imprese conseguono extraprofitti, nel lungo periodo esse operano in pareggio, diventando marginali. Se le imprese sono in perdita, dopo un certo periodo sono costrette inevitabilmente alla chiusura.

Perché nel lungo periodo le imprese, non realizzando più extraprofitti, diventano marginali? E tali imprese come possono rimanere a lungo sul mercato?

Poiché nella concorrenza perfetta non ci sono barriere all'entrata, è presumibile che nel lungo periodo nuove imprese entrino in questo mercato, attratte dalla prospettiva di godere di un extraprofitto. Tutto ciò comporta che la curva di offerta aumenti e si sposti verso destra, in modo che per ogni prezzo ci sia una quantità offerta superiore. Nel mercato si viene pertanto a determinare una nuova posizione di equilibrio, caratterizzata da un prezzo inferiore e da una maggiore quantità scambiata. Questa riduzione del prezzo, dovuta all'ingresso di nuove imprese, continuerà fino a quando il prezzo raggiungerà il livello minimo del costo medio. In tal modo l'extraprofitto scompare e ogni impresa produce la quantità per la quale il costo medio è al più basso livello possibile. Quando si raggiunge questa posizione:

PREZZO = COSTO MEDIO TOTALE = COSTO MARGINALE

l'impresa si definisce **impresa marginale** (fig. 2) e gode del solo profitto normale, mentre l'extraprofitto si annulla. L'impresa marginale può rimanere sul mercato perché il profitto normale, che essa realizza, corrisponde al compenso per l'attività direzionale dell'imprenditore e la remunerazione per il capitale investito, incluso nel calcolo dei costi di produzione. Nel breve periodo l'impresa continuerà a operare anche se il prezzo di mercato dovesse scendere ancora, purché non vada al di sotto del punto minimo del costo medio variabile, il cosiddetto punto di fuga.

Marginal company
Impresa marginale
A firm facing a market price equal to its average total costs. These firms operate at low production but will continue to operate in the short run.

Shut-down price
Punto di fuga
A firm will cease production in the short run if the market price falls below a minimun average variable cost.

PREZZO < COSTO MEDIO VARIABILE < COSTO MEDIO TOTALE

Se ciò dovesse succedere non avrebbe senso la sua permanenza sul mercato in quanto con i ricavi non riuscirebbe a coprire né i costi fissi (ammortamenti, affitti del locale, ecc.) né i costi variabili legati alle quantità prodotte (stipendi, costi per materie prime, per energia, ecc.). Se, al contrario, riuscisse a coprire almeno quest'ultimi, l'impresa potrebbe rimandare il momento della decisione relativa all'abbandono o alla permanenza sul mercato, tentando nel frattempo di recuperare efficienza e risanare la sua situazione mediante la riduzione dei costi di produzione (fig. 3).

Figura 2

Impresa marginale

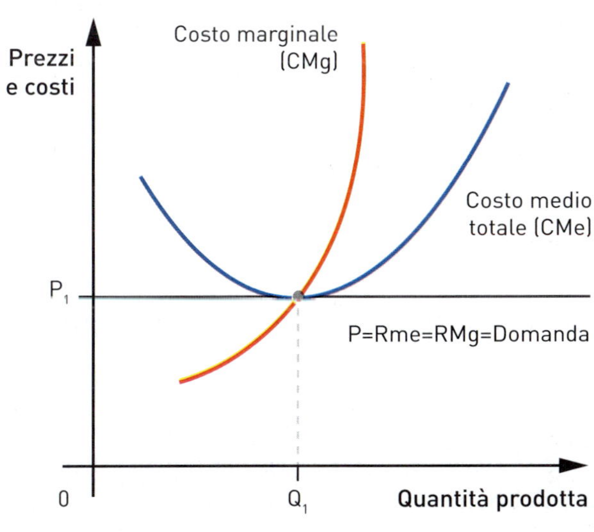

Figura 3

Impresa in perdita

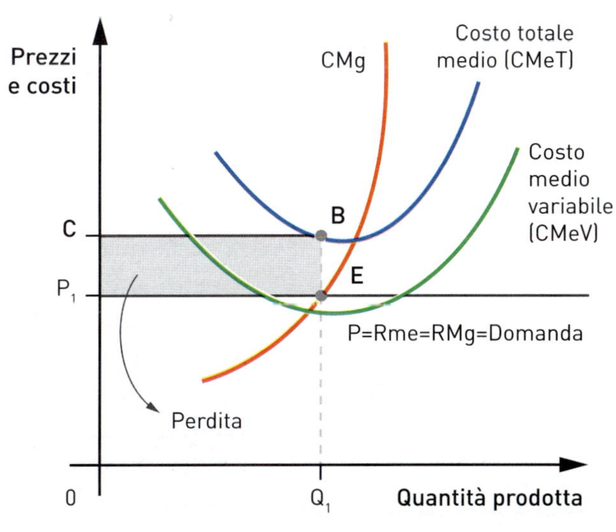

Secondo la teoria economica tradizionale, il mercato di concorrenza perfetta garantisce la sovranità del consumatore (cioè attribuisce al consumatore il ruolo di orientare il mercato con i suoi gusti e le sue scelte) e il massimo benessere per la collettività.

3 IL MONOPOLIO

Monopoly
Monopolio
A market in which a single and large firm has the power to rule the market and set the price for specific goods as it is the only supplier of that kind of goods.

Price maker
Determinatore del prezzo
When the producer controls the total quantity supplied and thus has considerable control over price.

Market power
Potere di mercato
Extent to which a firm as a single economic agent affects the price that prevails in the market.

La situazione opposta alla concorrenza perfetta è il **monopolio**, che è una forma di mercato in cui un solo venditore offre un prodotto di cui non esistono sostituti accettabili e non vi è la possibilità per altre imprese di entrare nel settore.

L'impresa monopolistica, a differenza di quella che opera in regime di concorrenza, non deve accettare il prezzo che si forma sul mercato, ma può fissarlo essa stessa. Pertanto, è un'impresa ***price maker***, nel senso che è in grado di influenzare il prezzo del proprio prodotto e ha così un forte potere di mercato. In quanto unico produttore di un bene, il monopolista si trova in una posizione privilegiata perché, se decide di aumentare il prezzo, non si deve preoccupare della concorrenza che, in altre forme di mercato, praticando prezzi più bassi, strappa quote di fatturato.

☐ L'impresa monopolistica può fissare qualsiasi prezzo, senza tenere conto della legge di domanda?

Per il monopolista la curva della domanda dei suoi prodotti, che è al tempo stesso la curva di domanda dell'intero mercato, ha una inclinazione negativa (basata sulla relazione inversa fra prezzo e quantità). Questo significa che, nonostante il monopolista goda di un ampio potere di mercato, poiché non esistendo perfetti sostituti del bene egli può influire sul prezzo, allo stesso tempo egli non è completamente libero di fissarlo. Soprattutto nel caso in cui il suo obiettivo sia la massimizzazione del profitto, la decisione di praticare un prezzo molto elevato lo porterebbe a vendere irrisorie quantità del bene e ciò contrasterebbe con l'obiettivo in questione.

Per massimizzare il profitto il monopolista, come nel caso dell'impresa perfettamente concorrenziale, deve produrre la quantità in corrispondenza della quale il costo marginale è uguale al ricavo marginale. Tuttavia, rispetto al caso dell'impresa che opera in concorrenza perfetta, **nell'impresa monopolistica il ricavo marginale non è uguale al prezzo, ma inferiore**. Il motivo è molto semplice e dipende dall'inclinazione negativa della curva di domanda, in quanto essa implica che l'impresa, per vendere una maggiore quantità di prodotto, debba abbassare il prezzo di vendita. In questa situazione il ricavo marginale risulta uguale al prezzo di vendita dell'ultima unità del bene, meno la perdita di ricavo dovuta al

QUESITO
Nel settore della produzione di uva da tavola varietà Regina, caratterizzato da concorrenza perfetta, ciascuna impresa realizza un profitto economico nullo.
Se il prezzo del prodotto diminuisce nessuna delle imprese sopravvive.
Siete d'accordo?

fatto che ciascuna unità venduta in precedenza è ora venduta a un prezzo inferiore. Il seguente esempio numerico può facilitare la comprensione di questo aspetto.

Tabella 3 – Il ricavo marginale in monopolio

Quantità prodotta e venduta	Prezzo unitario	Ricavo totale	Ricavo marginale	Ricavo medio
1	11	11	11	11
2	10	20	9	10
3	9	27	7	9
4	8	32	5	8
5	7	35	3	7

In questa situazione la curva dei ricavi medi non è più una retta parallela all'asse delle ascisse, come in concorrenza perfetta, ma assume l'andamento della domanda di mercato.

Il profitto dell'impresa monopolistica varia dal breve al lungo periodo?

Rispetto all'impresa operante in un mercato perfettamente concorrenziale, che nel lungo periodo è spinta dalla concorrenza verso il punto di pareggio (Prezzo = Costo medio = Costo marginale), in cui si consegue solo un profitto normale, l'impresa monopolistica anche nel lungo periodo può godere di extraprofitti. Come già rilevato, in monopolio la condizione di equilibrio corrispondente alla **massimizzazione del profitto** è data da:

COSTO MARGINALE = RICAVO MARGINALE

Poiché il ricavo marginale è sempre inferiore al prezzo, una proprietà della curva del ricavo marginale è quella di trovarsi sempre al di sotto della curva di domanda.

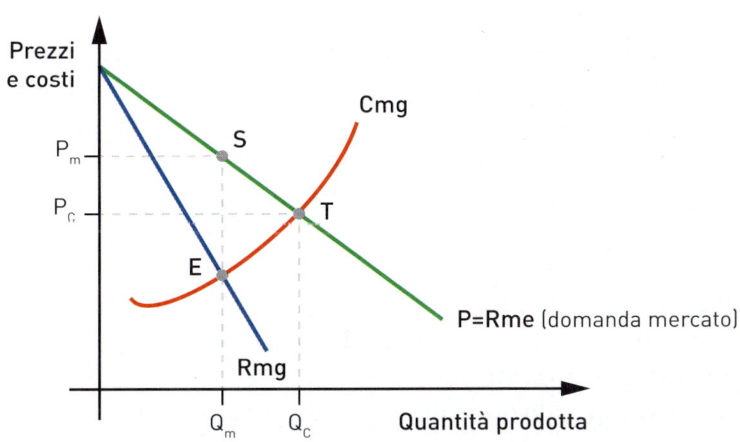

Figura 4

L'equilibrio in monopolio

Nel grafico il punto in cui si realizza l'intersezione fra le due curve del ricavo marginale e del costo marginale corrisponde alla quantità **Qm** e al prezzo **Pm**. Il prezzo Pm è ricavato osservando sulla curva di domanda qual è il prezzo a cui il mercato assorbe la quantità offerta Qm. Si può notare che se l'impresa monopolistica avesse adottato il criterio di fissare le quantità offerte in corrispondenza dell'uguaglianza fra costo marginale e prezzo, come in concorrenza perfetta, avrebbe venduto quantità maggiori (Qc) a un prezzo minore (Pc). Ciò significa che, per massimizzare il suo profitto, l'impresa monopolistica crea una scarsità di prodotto (Qm) al fine di determinare un prezzo (Pm) superiore al costo marginale. In molti casi l'impresa monopolistica, per aumentare ulteriormente il suo margine di profitto, ricorre alla politica dei prezzi multipli (o discriminazione dei prezzi).

Price discrimination
Prezzi multipli
When the same product, which is made in different versions, is sold by the same producer at different prices.

Come viene realizzata la politica dei prezzi multipli?

La politica dei prezzi multipli è una pratica frequentemente usata, che consiste nel vendere lo stesso bene a prezzi diversi a seconda del consumatore. Diverse aree di un Paese, o Paesi diversi, o ancora gruppi sociali diversi sono caratterizzati da un diverso reddito pro capite, da una diversa propensione al consumo, da diversi gusti. Attraverso la discriminazione dei prezzi l'impresa monopolistica fa pagare di più ai consumatori più ricchi, o applica prezzi più bassi in alcune aree geografiche e più alti in altre, oppure diversifica i prodotti su aspetti esteriori, destinandoli a categorie di consumatori differenti tenuti a pagare prezzi diversi.

Alcuni esempi: i biglietti aerei su uno stesso volo venduti a prezzi diversi in base alla classe (economy o business class) o del tempo di prenotazione che precede il volo; i libri proposti dall'editore a prezzi differenziati a seconda del tipo di rilegatura o di carta utilizzata; i biglietti per uno spettacolo teatrale con prezzi diversificati sulla base della collocazione del posto (platea, palchi, loggione).

A volte le imprese ricorrono alla discriminazione dei prezzi quando, essendo il mercato nazionale insufficiente a garantire l'assorbimento di un determinato volume di produzione, si rende opportuno conquistare mercati esteri anche praticando, almeno per un periodo iniziale, prezzi più bassi di quelli applicati all'interno del Paese.

In alcuni casi può essere praticata una discriminazione intertemporale, che comporta prezzi diversi per lo stesso prodotto in tempi diversi. È il caso di molti beni durevoli, come i cellulari o i computer, che all'inizio sono immessi sul mercato a prezzi elevati e risultano quindi destinati ai consumatori più esigenti; successivamente gli stessi prodotti, attraverso una considerevole riduzione di prezzo, diventano alla portata di tutti.

☐ Il mercato di monopolio è frequente nella realtà? Per quali tipi di imprese?

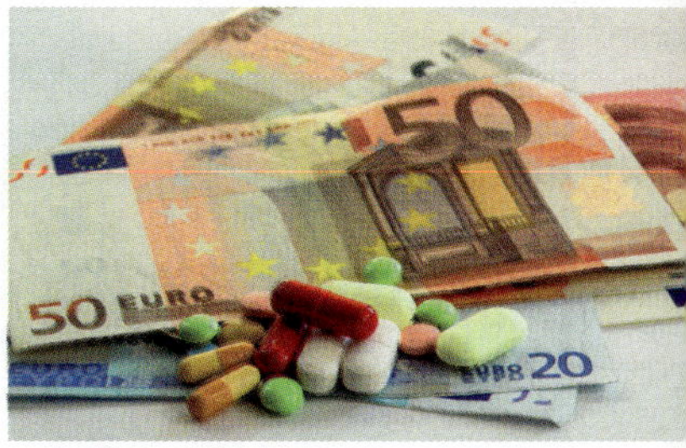

Il monopolio è visto con sfavore dalle autorità ed è contrastato attraverso una specifica legislazione, cosiddetta *Antitrust*, sia italiana sia europea. Bisogna però tenere presente che i monopoli, in relazione alla loro origine, si distinguono in:

- **monopoli derivanti dalla proprietà esclusiva di una risorsa**. Sono molto rari; a titolo di esempio ricordiamo una grande impresa sudafricana, proprietaria delle principali miniere di diamanti del mondo;
- **monopoli naturali**, che si realizzano quando una grande impresa, grazie alle economie di scala, produce un servizio a costi assai più bassi di una piccola impresa concorrenziale. È una situazione che si verifica frequentemente per le imprese che operano nel settore delle *public utilities* (acqua, gas, servizi telefonici, servizi ferroviari, energia elettrica, ecc.);
- **monopoli legali**, che nascono dalla titolarità di un brevetto o da una concessione amministrativa con cui si autorizza una sola impresa a commerciare un certo bene o a gestire un determinato servizio. È una situazione abbastanza diffusa; si può citare, per esempio, il diritto delle case farmaceutiche alla produzione e commercializzazione in esclusiva di un farmaco, per un certo numero di anni, in seguito alla sua scoperta.

In relazione alla natura giuridica dell'impresa, i monopoli si distinguono in **privati** e **pubblici**.

A partire dagli anni Novanta molte imprese operanti in regime di monopolio pubblico sono state sottoposte a un processo di privatizzazione (Enel, Telecom, Ferrovie dello Stato), che le ha trasformate in società per azioni, anche se in tali settori non si può considerare a oggi realizzato il passaggio a un mercato pienamente concorrenziale. Rimangono invece alcuni **monopoli pubblici fiscali**, istituiti per conseguire entrate fiscali (tabacchi, lotto, giochi di abilità e pronostici).

Una situazione rara e particolare è quella del **monopsonio**, che si verifica quando sul mercato è presente un solo compratore, mentre numerosi sono i venditori.

Natural monopolies
Monopoli naturali
Situation where one firm with a relevant level of industry output can supply a market's total demand for less than the combined total cost that two or more firms would incur if they divided that output among themselves.

Monopsony
Monopsonio
A market situation where a single large buyer faces a large number of sellers of a determined good, and where the entry of new producers is prevented.

APPROFONDIMENTO ONLINE
La legislazione antitrust italiana ed europea

4 LA CONCORRENZA MONOPOLISTICA

La concorrenza monopolistica è una forma di mercato, assai diffusa, che si colloca in una posizione intermedia fra la concorrenza perfetta e il monopolio. Le imprese infatti sono numerose e non vi sono significative barriere all'entrata, ma a differenza della concorrenza perfetta il prodotto offerto non è omogeneo, bensì differenziato in base ad alcune caratteristiche. Pensiamo, per esempio, alle pasticcerie di una città, i cui prodotti, anche se molto simili,

Monopolistic competition
Concorrenza monopolistica
Type of competition halfway between monopoly and perfect competition where there are several small suppliers with monopoly power, a different product, and easy entry or easy exit from the market.

QUESITO

Alcuni esperti sostengono che sul mercato siano presenti troppe marche di cereali per la colazione.

Sapreste formulare un'argomentazione a sostegno di questo punto di vista? E una contraria?

non sono mai perfettamente uguali. Grazie alla differenziazione del prodotto, ogni impresa presenta caratteristiche simili alle imprese monopolistiche, in particolare è dotata di un certo potere discrezionale in merito al prezzo e alla quantità prodotta. Anche se in forma più attenuata rispetto a quella operante in un mercato di monopolio, essa è una impresa *price maker*. Ne consegue che se la pasticceria di una città aumentasse il prezzo non perderebbe tutti i clienti (come invece accadrebbe in un mercato perfettamente concorrenziale), però probabilmente vedrebbe ridursi il loro numero.

Quali sono i settori in cui la concorrenza monopolistica è particolarmente sviluppata?

La concorrenza monopolistica è molto diffusa nel settore dei servizi: negozi al dettaglio, bar, ristoranti, alberghi, studi professionali, sono tutti esempi di imprese operanti in questo mercato. Ognuna di esse offre un prodotto diverso, dovuto alla particolare ubicazione dell'impresa, alla qualità del servizio o del bene venduto, alle sue caratteristiche estetiche.

La differenziazione può consistere anche nell'offerta di servizi aggiuntivi, come la consegna dei prodotti a domicilio, l'assistenza alla vendita, la presenza di ampi parcheggi in prossimità dell'esercizio commerciale.

Oltre che nei servizi la concorrenza monopolistica è diffusa anche nell'industria, soprattutto in quei settori caratterizzati dalla presenza di piccole imprese in grado di diversificare il prodotto (abbigliamento, mobili, calzature, ecc.).

L'impresa in concorrenza monopolistica realizza extraprofitti sia nel breve sia nel lungo periodo?

L'impresa in concorrenza monopolistica, al fine di massimizzare i suoi profitti, tende a fissare il prezzo dei suoi prodotti in corrispondenza del punto di intersezione fra le curve del costo marginale e del ricavo marginale. Tuttavia, a differenza del monopolio, esistendo libertà di entrata, se in un certo settore si realizzano extraprofitti tenderanno a entrarvi nuove imprese; aumentando la produzione, si ridurrà la domanda di prodotti rivolta alle imprese già operanti, facendone scendere il prezzo. Per esempio, se in un piccolo paese turistico esiste un solo albergo che proprio per questa caratteristica consegue profitti elevati, è molto probabile che, dopo qualche tempo, un altro imprenditore decida di aprirne un secondo, inducendo il primo albergatore ad abbassare i suoi prezzi.

Il risultato finale è che nel lungo periodo, come nella concorrenza perfetta, gli extraprofitti tenderanno a sparire e anche le imprese in concorrenza monopolistica godranno solo di profitti normali.

5 L'OLIGOPOLIO

Sul mercato dell'hi-tech sono presenti poche grandi imprese produttrici e moltissimi compratori.

Si ha oligopolio quando su di un particolare mercato sono presenti poche imprese venditrici e moltissimi compratori. È una delle forme di mercato più diffuse all'interno dei sistemi capitalistici contemporanei; le barriere all'entrata sono rilevanti e il prodotto può essere omogeneo (benzina, acciaio, rame, ecc.) oppure differenziato (automobili, elettrodomestici, computer, ecc.). La trasparenza in questo tipo di mercato non esiste, in quanto il reperimento delle informazioni è in genere difficile e costoso. Questo comporta, sul piano delle decisioni aziendali, un costante clima di incertezza. A differenza dell'impresa perfettamente concorrenziale, l'impresa oligopolistica non assume il prezzo come un dato imposto dal mercato, ma diversamente dall'impresa monopolistica, non essendo sola nel proprio settore, non può avere un controllo totale sul prezzo poiché deve tenere conto anche del comportamento delle pur poche concorrenti. La principale caratteristica dell'oligopolio è proprio la presenza di imprese interdipendenti, che si condizionano reciprocamente nelle decisioni relative a prezzi, produzione, investimenti, campagne pubblicitarie. Quando le imprese operanti sono soltanto due, tale forma di mercato è chiamata **duopolio**. Un esempio è costituito da Italo e Trenitalia che si dividono il mercato del trasporto passeggeri in alta velocità.

Oligopoly
Oligopolio
Type of competition halfway between perfect competition and monopoly with only a small number of producers while the buyers are numerous.
When the sellers are two, the market is called duopoly.

In che modo si realizza l'interdipendenza o il reciproco condizionamento?

Supponiamo che quest'anno una casa automobilistica, a causa di un calo delle vendite, per stimolare la domanda prenda in considerazione la possibilità di ridurre i prezzi del 15%. Prima di farlo, deve considerare con attenzione le possibili reazioni delle case concorrenti. Esse potrebbero:

- non reagire affatto;
- ridurre i loro prezzi di una percentuale minore (nel qual caso la casa automobilistica vedrebbe aumentare le vendite a spese dei concorrenti);
- ridurre i prezzi del 15%: così facendo, l'incremento delle vendite sarebbe ripartito fra tutte le case automobilistiche per cui ciascuna realizzerebbe profitti;
- ridurre i prezzi in misura superiore al 15%: questo porterebbe a una "guerra dei prezzi", con drastico abbassamento dei profitti in tutto il settore automobilistico.

Theory of games
Teoria dei giochi
In oligopoly the firms or the players of any game are decision makers. The choices are called strategy decisions (quantity prices) and other things like strategy are called actions (high quantity, low price, ...). At the end of the game, players get payoffs (profits, ...) depending on what others choose to do or not to do.

John Von Neumann *e* **Oskar Morgenstern** *autori del libro* Theory of Games and Economic Behavior.

La casa automobilistica deve valutare tutte queste possibilità, anche se si tratta di considerazioni strategiche molto complesse. Secondo la "teoria dei giochi", il comportamento dell'impresa oligopolistica è da paragonare a quello del giocatore d'azzardo che per vincere la partita, oltre a valutare le carte che ha in mano, deve considerare le possibili mosse degli altri giocatori.

È possibile che le imprese oligopolistiche si accordino per non farsi concorrenza?

Un'impresa che opera in un mercato di oligopolio può seguire due strade:
- accordarsi con altre imprese, in modo implicito o esplicito, per non farsi concorrenza, al fine di ottenere profitti elevati. Si parla in tal caso di **oligopolio collusivo**, attuato per esempio tramite cartelli, intese o trust, che possono portare a una situazione simile a quella del monopolio;
- fare concorrenza alle altre imprese, al fine di acquisire nuove quote di mercato a danno delle concorrenti. È questo l'**oligopolio non collusivo**.

È stato però osservato che nei mercati oligopolistici, anche non collusivi, per lunghi periodi si registra una certa stabilità dei prezzi, nel senso che le imprese preferiscono evitare una guerra dei prezzi con le concorrenti. A questa fase di stazionarietà dei prezzi può seguire un improvviso e simultaneo aumento da parte di tutte le imprese, che tentano di recuperare i margini di profitto precedentemente compressi.
Un modello utile per capire questo meccanismo è quello della curva di domanda spezzata (o a gomito). Va ricordato che in regime di oligopolio l'obiettivo dell'impresa non è necessariamente la massimizzazione del profitto, quanto piuttosto l'ampliamento delle dimensioni aziendali e il suo rafforzamento sul mercato.

Come può essere rappresentato il modello della domanda spezzata?

Osserviamo il grafico della figura 5. La curva D rappresenta la domanda dell'impresa oligopolistica e Po è il prezzo vigente sul mercato. L'impresa ritiene che se volesse abbassare il prezzo tutte le rivali la imiterebbero, con il risultato che l'aumento delle sue vendite sarebbe di scarsa entità; come si può notare, la curva di domanda per prezzi inferiori a Po è rigida. Se l'impresa invece decidesse di aumentare il prezzo, le rivali non la seguirebbero, con il risultato di una forte riduzione delle vendite; nel grafico è evidente che la curva di domanda per prezzi superiori a Po è elastica.

La curva di domanda dell'impresa ha pertanto una diversa elasticità, a seconda che il prezzo aumenti o diminuisca. In pratica si tratta di due distinte curve di domanda che formano un "gomito" proprio in corrispondenza del prezzo di mercato vigente.

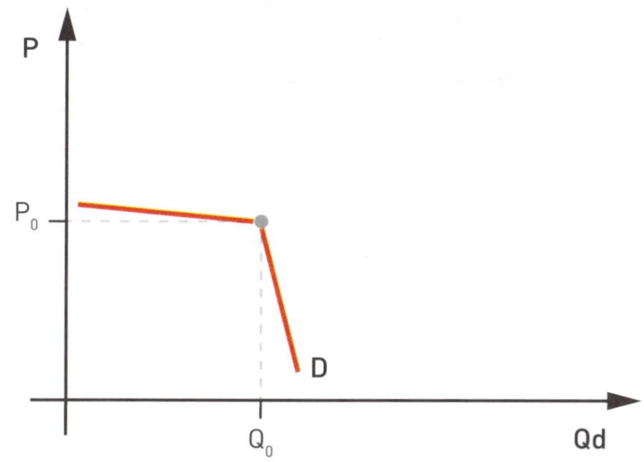

Figura 5

Il modello della curva di domanda spezzata

Come viene stabilito il prezzo nell'oligopolio?

Nell'oligopolio le imprese, data la difficoltà a individuare con precisione il punto di intersezione fra ricavi e costi marginali, hanno un certo grado di libertà nel fissare i prezzi; una delle pratiche più seguite fa riferimento al principio del costo pieno o, come si dice anche, del *mark up*. In pratica il prezzo è ottenuto sommando ai costi diretti (materie prime, lavoro, ecc.) un margine che tenga conto sia dei costi indiretti sia del profitto che si intende realizzare, dato un certo livello di produzione. In simboli possiamo scrivere:

$$\mathbf{P = Cp\ (1+k)}$$

dove:

Cp = costo diretto unitario (cioè costo di tutto quanto è riferibile direttamente al prodotto, come materie prime, lavoro, energia, ecc.);

k = *mark up* dato dalla somma di due componenti: **k'** (margine di copertura degli altri costi non riferibili direttamente al prodotto, cioè costi fissi e generali) e **k"** (margine di profitto).

Esempio

La ditta Alfa per produrre una lavatrice, sostiene un costo diretto di 300 euro; decide di assegnare a copertura dei costi fissi una percentuale del 25% e come margine di profitto il 35%.

Prezzo di vendita: **300 (1+ 0,25 + 0,35) = 480**.

MAPPA UNITÀ B4

FORME DI MERCATO

CONCORRENZA PERFETTA

- esiste un numero molto elevato di piccole e piccolissime imprese che offrono prodotti omogenei
- le imprese sono price taker (non hanno potere di mercato)
- la curva di domanda della singola impresa eguaglia la curva del ricavo medio e del ricavo marginale
- la condizione di equilibrio di breve periodo delle imprese in concorrenza perfetta è: Costo marginale (Cmg) = Ricavo marginale (Rmg) = Prezzo
- è definita impresa marginale l'impresa che produce quella quantità per la quale il costo medio si trova al più basso livello possibile, per cui gode del solo profitto normale, mentre l'extraprofitto si annulla. Per essa si verifica l'uguaglianza: Prezzo = Costo medio = Costo marginale
- è definito punto di fuga il punto minimo del costo medio variabile, che si ha quando: Prezzo < Costo medio variabile < Costo medio totale

MONOPOLIO

- Monopoli per proprietà esclusiva di una risorsa
- Monopoli naturali
- Monopoli legali

- un solo venditore offre un prodotto di cui non esistono sostituti accettabili
- non vi è la possibilità per altre imprese di entrare nel settore
- è un'impresa price maker (ha un forte potere di mercato)
- la condizione di equilibrio di breve periodo delle imprese monopolistiche è: Costo marginale (Cmg) = Ricavo marginale (Rmg)
- il ricavo marginale non è uguale al prezzo, ma inferiore (la curva del ricavo marginale si trova al di sotto della curva di domanda)
- l'impresa monopolistica, per aumentare ulteriormente il suo margine di profitto, ricorre spesso alla politica dei prezzi multipli

CONCORRENZA MONOPOLISTICA

- si colloca in una posizione intermedia fra la concorrenza perfetta e il monopolio
- le imprese sono numerose
- il prodotto non è omogeneo, ma differenziato
- l'impresa tende a fissare il prezzo dei suoi prodotti in corrispondenza del punto di intersezione fra le curve del costo marginale e del ricavo marginale
- nel lungo periodo gli extraprofitti tendono a sparire e le imprese godono solo di profitti normali

OLIGOPOLIO

- poche imprese venditrici
- moltissimi compratori
- prodotti omogenei e prodotti differenziati
- imprese interdipendenti:
  a) si condizionano reciprocamente per prezzi, campagne pubblicitarie, ecc.
  b) devono stimare le possibili reazioni da parte dei concorrenti
  c) non hanno un controllo totale sul prezzo, pur potendolo fissare in libertà
  d) hanno difficoltà a individuare con precisione il punto di intersezione fra ricavi e costi marginali, per cui il prezzo viene fissato sulla base del principio del costo pieno o mark up.
- obiettivo principale dell'oligopolista: consolidare la sua posizione sul mercato

Verifiche 4

1) TROVA L'ERRORE IN OGNI FRASE

Competenza: acquisire e riconoscere i contenuti chiave

A. Le forme di mercato si distinguono in base al grado di collaborazione che si determina tra le imprese.
B. Le barriere all'entrata sono ostacoli all'ingresso di un'impresa in un settore, costituiti da soggettive difficoltà a entrare o da strategie adottate da altre imprese già presenti.
C. Le imprese che operano in mercati perfettamente concorrenziali hanno potere di mercato e sono dette price taker.
D. Nel breve periodo le imprese perfettamente concorrenziali, operando in pareggio, sono definite marginali, mentre nel lungo periodo conseguono extraprofitti.
E. Nell'oligopolio sono presenti poche imprese venditrici e moltissimi compratori, le barriere all'entrata sono deboli, il prodotto può essere omogeneo oppure differenziato, non c'è trasparenza.

2) COLLEGA LE ESPRESSIONI CONTRASSEGNATE DA UNA LETTERA CON QUELLE INDICATE DA UN NUMERO

Competenza: individuare collegamenti e relazioni

A.	P = Cp (1+k)	1.	Impresa perfettamente concorrenziale
B.	Domanda spezzata	2.	Prezzo = Costo medio = Costo marginale
C.	Price maker	3.	Principio del costo pieno
D.	Impresa marginale	4.	Impresa oligopolista
E.	Ricavo marginale = Prezzo	5.	Impresa monopolista
F.	Costo medio < Prezzo	6.	Extraprofitto

A	B	C	D	E	F

3) INDICA SE LE SEGUENTI AFFERMAZIONI SONO VERE O FALSE. SE LE RITIENI FALSE GIUSTIFICA LA RISPOSTA

Competenza: acquisire, interpretare l'informazione e comunicare

	VERO	FALSO
A. Nell'oligopolio le imprese tendono facilmente a modificare i prezzi.		
B. Nell'oligopolio collusivo si realizza un maggior grado di concorrenza.		
C. Nel monopolio il ricavo marginale è inferiore al prezzo.		
D. Nei mercati di monopolio i prezzi sono più bassi e le quantità più elevate rispetto a quelli di concorrenza perfetta.		
E. Nel mercato di concorrenza monopolistica nel lungo periodo gli extraprofitti tendono a sparire.		

4) RISOLVI I SEGUENTI PROBLEMI

Competenza: risolvere problemi

A. Nella seguente tabella è riportata la curva di domanda di un'impresa monopolistica che produce un bene sostenendo un costo marginale costante di euro 60:

Prezzo	Quantità
100	1
90	2
80	3
50	4
30	5
10	6

Individua il prezzo e la quantità che massimizzano il profitto.

B. Nella seguente tabella sono riportati i dati relativi a un'impresa monopolistica.

Quantità	Prezzo	Costo totale
1	10	6
2	9	12
3	8	18
4	7	24
5	6	30

1. Individua la quantità venduta e il relativo prezzo.
2. Calcola a quanto ammonta il profitto del monopolista.
3. Stabilisci il prezzo e la quantità a cui il bene sarebbe venduto in concorrenza perfetta.

C. Un'impresa che opera in un mercato di oligopolio produce detersivi per lavatrici, sostenendo per ogni flacone un costo primo per unità di prodotto pari a 1,5 euro. Il prezzo a cui vende il prodotto contempla un margine di profitto del 25% e un *mark up* pari al 40%. Calcola il prezzo di ogni flacone.

D. Un'azienda dolciaria produce in un anno 1.000.000 di confezioni di biscotti. Calcola il prezzo di una confezione di biscotti sapendo che i costi variabili (lavoro, energia, materie prime) ammontano a 800.000 euro e che il *mark up* è del 40%.

5) RISPONDI AI SEGUENTI QUESITI IN UN MASSIMO DI 5/6 RIGHE

Competenza: saper organizzare e sintetizzare i contenuti

A. Quali condizioni devono verificarsi perché un mercato sia perfettamente concorrenziale?

B. Perché in concorrenza perfetta nel lungo periodo le imprese realizzano soltanto profitti normali?

C. Qual è la condizione di equilibrio dell'impresa in concorrenza perfetta nel breve e nel lungo periodo?

D. Perché si dice che l'impresa monopolistica è price maker?

E. Qual è la condizione di equilibrio dell'impresa che opera in monopolio, nel breve e nel lungo periodo?

F. In quali casi l'impresa monopolistica applica la teoria dei prezzi multipli?

G. Quali sono i principali aspetti che differenziano l'impresa in concorrenza monopolistica da quella che agisce in un mercato di monopolio?

H. Quali settori operano prevalentemente in regime di concorrenza monopolistica?

I. Perché l'analisi dell'oligopolio è più complicata dell'analisi del monopolio, della concorrenza monopolistica e della concorrenza perfetta?

1) Connect each letter with a number

A. Apple farmers	1. Long run profit = Zero
B. Plumbers in a small town	2. Perfect competition
C. Automobile manufactures	3. Firm expands output
D. Local gas utility	4. Natural monopoly
E. Marginal cost < Marginal revenue	5. Profit maximization condition
F. Marginal cost > Marginal revenue	6. Oligopoly
G. Marginal cost = Marginal revenue	7. Firm reduces output
H. Marginal cost = Marginal revenue = Price	8. Monopolistic competition

A	B	C	D	E	F	G	H

2) Theory of Games and Economic Behavior

The game is a situation in which strategic behavior is an important part of decision making.

A. The players: the decision makers in a game
B. Strategy: a player's plan of action in a game
C. Actions: the particular things that are done according to a player's strategy for a game
D. Payoffs: the rewards enjoyed by a player at the end of a game

Filling in the gaps

	Oligopoly market What's / What are ...?
Players	
Strategy	
Actions	
Payoffs	

Verifica finale B

ZTE ONLINE
Mettiti alla prova con gli esercizi interattivi

1) RISPONDI AI SEGUENTI QUESITI IN UN MASSIMO DI 5/6 RIGHE

Competenza: acquisire, interpretare l'informazione e comunicare

A. Qual è la relazione tra quantità domandata e prezzo?
B. Cosa esprime il coefficiente di elasticità?
C. Qual è la relazione tra rendimenti di scala e produttività marginale dei fattori?
D. Tra i costi marginali, medi e totali quali di essi sono rilevanti per decidere se portare avanti o meno un'attività?
E. Cosa si include nel calcolo del profitto economico?
F. Quale finalità assolve per l'imprenditore la conoscenza del ricavo marginale assieme a quella del costo marginale?
G. Qual è la differenza tra un costo esplicito e un costo implicito?
H. Qual è la differenza tra spostamento "lungo la curva di domanda" e spostamento "della curva di domanda"?
I. Le spese della campagna pubblicitaria per vendere il prodotto sono costi fissi o variabili?
J. Perché nel linguaggio economico le imprese che operano in mercati perfettamente concorrenziali sono dette price taker?
K. Perché in concorrenza perfetta la curva di domanda è una retta parallela all'asse delle ascisse?
L. Perché in monopolio la curva di domanda è una retta con pendenza negativa?
M. Perché in monopolio il ricavo marginale è inferiore al prezzo di mercato?
N. Perché in concorrenza perfetta, rispetto al monopolio, la quantità prodotta è più alta ed è venduta a prezzi più bassi? Dimostralo anche graficamente.
O. In cosa si differenzia l'impresa oligopolistica dall'impresa monopolistica e dall'impresa concorrenziale?

2) COMPLETA

Competenza: individuare collegamenti e relazioni

A. Le funzioni di prodotto medio e marginale hanno entrambe un andamento prima .... e poi ....
B. Il prodotto medio assume valori .... , mentre il prodotto marginale può assumere valori ....
C. I costi-opportunità delle risorse produttive, compreso il "profitto normale" dell'imprenditore, sono componenti del ....
D. Se ciascuna unità viene prodotta a costi inferiori al .... , per ognuna di esse il produttore realizza un ....
E. Il costo marginale determina quanto produrre per il .... ; il .... determina se entrare in un mercato o uscire da esso.
F. Nel punto d'intersezione tra costo marginale e costo medio i costi .... raggiungono il loro livello più ....
G. Il profitto totale può essere calcolato come il prodotto del .... per le ....
H. Monopoli naturali: si realizzano quando una grande impresa, grazie alle .... , produce un servizio a costi assai più bassi di una piccola impresa ....
I. In oligopolio l'obiettivo principale dell'impresa è ....

3) RISOLVI I SEGUENTI PROBLEMI

Competenza: saper risolvere problemi

A. Utilizza le curve di domanda e offerta per illustrare il modo in cui ciascuno dei seguenti eventi influisce sul **mercato delle mele**, spiegando il motivo e la direzione delle variazioni sia del prezzo sia della quantità venduta.
   1. La scienza medica scopre che una mela al giorno toglie il medico di torno.
   2. Il prezzo delle arance triplica.
   3. Una grandinata fa scendere il raccolto delle mele a un terzo del suo livello normale.
   4. Migliaia di studenti rinunciano agli studi per andare a raccogliere mele.
   5. Migliaia di studenti abbandonano gli studi per diventare produttori di mele.

B. In Thailandia, nel mercato del riso, si osservano le seguenti funzioni di domanda (Qd) e offerta (Qs):

   $Qd = 10 - 0{,}5p$

   $Qs = -2 + p$

   1. illustra graficamente l'equilibrio del mercato;
   2. calcola e inserisci nel grafico i valori di equilibrio di prezzo e quantità (scrivi tutti i passaggi).

C. In un Paese i costi di produzione e la domanda di rame sono i seguenti:

Prezzo	Quantità	Costo marginale
5	3	1
4	4	1
3	5	1
2	6	1
1	7	1

   Individua:
   1. prezzo e quantità in monopolio;
   2. prezzo e quantità in concorrenza perfetta;
   3. prezzo e quantità in oligopolio collusivo.

D. Nel mercato dei biscotti il prezzo aumenta da euro 1,00 a euro 1,10 e i consumatori riducono il consumo del 4%. Calcola l'elasticità della domanda.

E. Se all'aumentare del prezzo di 100 la domanda di un bene diminuisce anch'essa di 100, è corretto dire che siamo in presenza di un bene a elasticità unitaria?

F. La tabella seguente riporta i dati relativi alla produzione di filati di una piccola impresa.

Lavoratori	Macchinari impiegati	Produzione di bobine di filato al giorno
1	1	1.200
2	2	1.700
3	3	2.000
4	4	2.100

   Stabilisci il tipo di rendimenti di scala che caratterizza questa produzione.

4) ANALIZZA I DATI RIPORTATI NELLE TABELLE E RISPONDI AI QUESITI

Competenza: saper analizzare e interpretare dati economici

I seguenti dati riguardano l'andamento della spesa alimentare delle famiglie negli anni della crisi (2008-2013) secondo i rilevamenti campionari annuali dell'Istat.

Tabella 1 - **Spesa media mensile delle famiglie (confronto 2007-2013, in euro)**

	Nord	Centro	Sud	Italia
2007	2.796	2.539	1.969	2.480
2008	2.810	2.558	1.950	2.485
2009	2.768	2.523	1.898	2.442
2010	2.796	2.539	1.882	2.453
2011	2.843	2.577	1.894	2.488
2012	2.761	2.511	1.844	2.419
2013	2.694	2.436	1.798	2.359
Var. %08/13	–4,1	–4,8	–7,79	–5,07

Fonte: elaborazione del Centro studi Confagricoltura su dati Istat.

Tabella 2 - **Incidenza % della spesa alimentare e dei consumi con le maggiori variazioni sulla spesa totale delle famiglie**

	Alimenti bevande	Abitazione	Combustibile elettricità	Abbigliamento calzature	Arredi strumenti servizi per la casa
2007	18,8	26,7	4,7	6,3	5,7
2008	19,1	26,9	5,2	6	5,5
2009	18,9	28	5,5	5,8	5,5
2010	19	28,4	5,3	5,8	5,4
2011	19,2	28,9	5,2	5,4	5,1
2012	19,3	28,9	5,6	5	4,8
2013	19,5	29,4	5,8	4,6	4,6

Fonte: elaborazione del Centro studi Confagricoltura su dati Istat.

A. Qual è stato l'andamento a livello nazionale della spesa media mensile?
B. Spiega se gli effetti della crisi si sono manifestati in modo omogeneo in tutte le aree del Paese.
C. Qual è stato l'andamento della spesa alimentare?
D. Quali categorie di beni sono state maggiormente ridotte dai consumatori?
E. Per quali ragioni, oltre alle minori disponibilità economiche delle famiglie, alcune voci di spesa sono state ridotte?

5) LEGGI L'ARTICOLO E RISPONDI AI QUESITI

Competenza: saper leggere e interpretare testi economici

Regole per sopravvivere alla guerra del vino

Il marketing della qualità

Negli ultimi decenni il mercato mondiale del vino ha vissuto enormi stravolgimenti sia dal lato della domanda, con il crollo dei consumi nei paesi dell'Europa mediterranea, che dal lato dell'offerta, con il prepotente ingresso dei paesi del cosiddetto "nuovo mondo". Per sopravvivere a questa "guerra del vino" bisogna puntare su sei variabili chiave.

- **Qualità dei prodotti**: nel corso degli ultimi decenni si è assistito a un innalzamento costante della qualità del vino prodotto in ogni parte del mondo e al parallelo incremento delle pretese da parte di consumatori, sempre più esigenti e preparati. In un mercato così competitivo, dunque, produrre vini scadenti è difficilmente sostenibile. I consorzi di tutela delle denominazioni di origine devono impegnarsi nel migliorare costantemente i disciplinari di produzione, senza cedere alla tentazione di abbassare gli standard minimi di qualità per ottenere benefici di breve periodo. Parallelamente, è necessario favorire l'adozione di pratiche colturali e tecniche produttive d'eccellenza o innovative;
- **Marketing e sistema chiaro di classificazione dei vini**: le campagne di marketing sono fondamentali per imporre il marchio aziendale e influenzare le vendite, ma rimangono appannaggio dei grandi gruppi che nel Vecchio Mondo – e soprattutto in Italia – costituiscono una ristretta minoranza. Per questo motivo i fondi erogati dall'Unione europea ai consorzi di tutela per promuovere all'estero il vino e le denominazioni comunitarie costituiscono – se gestiti in modo oculato – un importante strumento di politica industriale. [...]
- **Prezzi e cultura dei consumatori**.
- **Economie di scala e prezzi competitivi**: il prezzo delle bottiglie di vino riflette in buona parte la struttura dei costi medi di produzione, che a loro volta sono funzione inversa delle economie di scala. Da questo punto di vista, le cooperative svolgono un ruolo fondamentale nel compattare un potenziale produttivo disperso tra centinaia o migliaia di individui dotati di appezzamenti troppo piccoli per poter sopravvivere nel mercato. Il loro compito è quello di impegnarsi in un costante miglioramento della qualità, identificando regole di gestione interna che possano minimizzare il rischio di comportamenti opportunistici da parte dei soci. Le autorità pubbliche, invece, dovrebbero favorire, mediante adeguati incentivi fiscali, il processo di aggregazione tra le aziende più piccole in modo da renderle competitive e adatte a sopravvivere.
- **Promozione della cultura enologica tra i consumatori**: lo squilibrio tra domanda e offerta di vino nei paesi dell'Europa mediterranea è causato non dalla crescita della produzione – che anzi è in calo da decenni – bensì dal collasso dei consumi domestici. È necessario adottare un piano nazionale di educazione al vino per riavvicinare i giovani a questa bevanda coinvolgendo attivamente le associazioni di sommelier come l'Ais (Associazione italiana sommelier). L'obiettivo, sempre subordinato alla tutela della salute pubblica e senza incrementare i consumi totali di alcool in quantità, deve essere quello di aumentare la disponibilità a pagare del consumatore e invertire il processo di sostituzione tra vino e birra in atto da anni. [...]

Stefano Castriota, «lavoce.info», 6 ottobre 2015

A. Quali sono i principali cambiamenti intervenuti negli ultimi anni sul mercato mondiale del vino?

B. Su quali strategie bisogna puntare per superare le difficoltà?

C. Cosa si potrebbe fare per riuscire a praticare prezzi competitivi?

D. Nei Paesi dell'Europa mediterranea a che cosa è dovuto lo squilibrio fra domanda e offerta?

E. Come si potrebbe realizzare e quali sono gli obiettivi di una cultura enologica?

ECONOMY HIGHLIGHTS CLIL

6) LEGGI E RISPONDI ALLE DOMANDE

Competenza: comprendere testi di natura economica in lingua inglese

Market and democracy

"We used to think that there could not be a market without democracy, but we had to think again. As a fact, there may indeed be totalitarian regimes which tolerate the presence of free markets. Those who did not recognise this situation in Pinochet's dictatorial regime of Chile - which is such a small country who had to put up whith military dictatorship lasting almost 20 years - didn't take into account the case of China, and let alone the fact of how important this case is. We just cannot ignore all this."

However, the relationship between market and democracy does not concern just China, but also other situations much closer to our everyday experience, such as the world of business for example. Indeed, lets have a word from Tito Boeri: "... not only can markets coexist with authoritarian regimes, but inside the markets there are organisations which operate in a very undemocratic fashion from within. Businesses are generally managed with an autocratic fashion. The "boss" just decides frequently without consulting the employees, or other people like suppliers and habitual clients who work with the company. If the boss is an important figure to the shareholders, yet there are always, or almost always, some shareholders who count more than others, without regard to the number of shares they own. There is no democracy in a business company". Thus the interweaving texture between market and democracy can be seen as a relationship between participation and political decision-making, or as a link between information and economic power, or as a two-way thread between the production system and consumption.

www.2008festivaleconomia.eu

A. What's the relationship between market and democracy?

B. Does the free market lead to development of democracy in a country?

C. Which countries corrispond to the author's views?

D. Why, according to the author, are businesses generally managed in an autocratic way?

SEZIONE C
L'impresa nel sistema della globalizzazione

Girovagando nella città di Economia ci troviamo a percorrere la grande **Via del Consumatore**, un susseguirsi di negozi, di vetrine sfavillanti, di insegne luminose. Siete attratti da magliette, scarpe, zaini e tanti altri prodotti di moda, in genere fabbricati in Paesi dove la manodopera costa poco. E allora come si spiegano prezzi così alti? È stato creato un marchio, un'immagine, un nome famoso: quando li indossate vi sentite importanti e per questo siete disposti a pagare un prezzo elevato. È anche vero che il produttore di una maglietta "griffata" dovrà sostenere molte più spese di quello che importa anonime t-shirt, perché dovrà curare il design, i canali di vendita, la pubblicità e altro ancora. Ma alla fine se volete il suo prodotto, voi dovrete affrontare l'arduo compito di convincere i vostri genitori ad aprire il portafoglio...

COMPETENZE

- Essere consapevoli di come l'evoluzione del contesto economico e concorrenziale abbia progressivamente ridisegnato l'idea e la funzione di marketing
- Saper riconoscere le strategie necessarie per affrontare il mercato globale
- Riconoscere i problemi del sistema produttivo italiano e le soluzioni richieste dalla nuova geografia economica internazionale
- Saper valutare l'importanza dell'etica nelle scelte economiche e le potenzialità dell'economia civile

UNITÀ 1
Le strategie dell'impresa

1 Che cos'è l'impresa

2 Le decisioni strategiche dell'impresa

3 Le strategie di crescita

La borsa disegnata da Renzo Piano che sembra un edificio

Realizzata da Max Mara, è la prima (e forse l'ultima) del grande architetto

La prima ad indossarla è Milly, che è sua moglie ma anche uno dei suoi architetti più fidati. Se poi la signora stia portando per mano un "oggetto d'arte" è presto per dirlo, ma le premesse ci sono tutte. La *Whitney Bag* by Renzo Piano Building Workshop per Max Mara non poteva avere battesimo più elettrizzante per la testimonial-designer ma anche per l'occasione: il party di apertura del nuovo museo downtown nel Meatpacking, tremila metri quadrati d'arte moderna.

Luigi Maramotti, il presidente di Max Mara, è come un bambino in un negozio di caramelle: arte e moda, il destino di una famiglia di collezionisti e imprenditori. «Fare impresa – sostiene Maramotti – è un costante atto di coraggio visionario e non solo sociale. Specie di questi tempi. Dunque salvaguardare posti di lavoro da una parte e dall'altra tenere viva la fiammella della cultura, senza barriere».

Il ragionamento si collega così senza troppi sforzi al passo successivo all'entusiasmo di esserci: la borsa "oggetto d'arte". Qualche aneddoto per creare la leggenda? Le mille sfumature di grigio per arrivare all'azzurro finale. E poi un'apertura che all'inizio era impossibile. O i manici «che l'architetto ha voluto quadrati».

Renzo Piano [...] è più a suo agio a parlare di controllo della luce e di edifici come piazze che di borse [...]. E mette le mani avanti: «Questa è la prima esperienza e credo rimarrà unica». Paganini non ripete. Peccato, portarsi a spasso un po' di museo non è male.

Paola Pollo
«corriere.it», 24 aprile 2015

attività

1. Che cosa vuole dire l'imprenditore Luigi Maramotti quando afferma che «fare impresa è un costante atto di coraggio visionario»?
2. Quale visione vuole comunicare il titolare di Max Mara?
3. Può la borsa in oggetto essere considerata un "oggetto d'arte"? Perché?
4. Sei a conoscenza di alcune creazioni dell'architetto Renzo Piano?

1 CHE COS'È L'IMPRESA

I pomodori di Pachino vengono esportati in tutto il mondo.

La produzione di beni e servizi, come abbiamo appreso nelle unità precedenti, avviene all'interno delle imprese. Consiste nella trasformazione di alcuni beni e servizi (input) in altri (output), che non sempre deve essere intesa in senso fisico-tecnico, cioè come concreta fabbricazione (come avviene per esempio con la trasformazione della lana in un maglione o della farina in pane). Attraverso l'attività di produzione si realizza infatti un incremento di valore in quanto i fattori utilizzati e incorporati nel prodotto acquisiscono una utilità più elevata di quella che avevano in precedenza. Questo incremento di valore degli input può avvenire anche grazie a una trasformazione nello spazio (come nel caso dei pomodori di Pachino che vengono esportati in tutto il mondo o del petrolio che giunge in Italia dal Medio Oriente o dalla Russia) o nel tempo (come accade nel caso della conservazione dei vini, dei surgelati, dei prodotti ortofrutticoli se depositati negli impianti frigoriferi).

Per svolgere l'attività produttiva l'impresa deve fare delle scelte che riguardano:

- l'acquisto degli input (materie prime, semilavorati, lavoro, energia, beni strumentali);
- l'organizzazione degli input (che cosa e quanto produrre, quali tecniche utilizzare).

Il concetto economico di impresa è diverso da quello giuridico previsto dal Codice civile?

Ai sensi dell'art. 2082 c.c., l'**impresa** è *l'attività economica organizzata dall'imprenditore e da lui esercitata in modo professionale al fine della produzione e dello scambio di beni e servizi.*

Il concetto giuridico di impresa differisce da quello di **azienda** che, **secondo l'art. 2555 c.c.**, è il *complesso dei beni economici organizzati dall'imprenditore per l'esercizio dell'impresa.*

Secondo la prospettiva economica, invece, l'**impresa** può essere considerata come una catena di attività coordinate tra loro per il raggiungimento degli obiettivi aziendali.

Il processo, che inizia con l'acquisto delle materie prime e termina con la distribuzione e la vendita dei prodotti finiti e dei servizi, viene definito **catena verticale**.

Prendendo come esempio un'impresa di confezioni, la catena verticale comporta il susseguirsi delle fasi indicate nello schema seguente.

Materie prime, lana.

Lavorazioni intermedie, produzione di tessuti.

Negozio di abbigliamento al dettaglio.

La catena verticale della produzione di capi di abbigliamento

Materie prime
lana, seta, cotone, fibre sintetiche
↓
Trasporto
↓
Lavorazioni intermedie e
prodotti accessori: bottoni, passamanerie, ecc.
↓
Trasporto
↓
Lavorazione
della materia prima
↓
Confezione dell'abito
↓
Trasporto
↓
Distribuzione a grossisti
↓
Trasporto
↓
Dettaglianti
negozi di abbigliamento

Le attività di supporto (←)

Contabilità
Finanza
Gestione risorse umane
Ricerca e sviluppo
Marketing
Progettazione
Altri servizi di supporto

Nell'ottica della catena verticale gli economisti distinguono le imprese definendole "*a monte*" o "*a valle*" l'una rispetto all'altra.

☐ Cosa significano le espressioni "a monte", "a valle"?

Queste espressioni vanno intese in termini relativi: ogni impresa può essere a monte di alcune e a valle di altre. Normalmente in un sistema economico si può rappresentare il ciclo produttivo (la cosiddetta **filiera**) di ciascun bene materiale come una lunga successione di fasi e processi che dall'acquisizione delle materie prime giunge alla vendita al consumatore finale; in mezzo stanno altre fasi, quali il trasporto delle materie prime, la lavorazione delle stesse, la produzione e il trasporto dei semilavorati, i montaggi, i confezionamenti, la distribuzione ai grossisti e ai dettaglianti.

Le fasi iniziali di questa catena verticale si considerano "a monte" del processo produttivo, quelle finali "a valle".

Nell'economia moderna esiste anche una vasta gamma di attività che fungono da supporto alle varie fasi della catena verticale, quali, per esempio, contabilità, finanza, gestione delle risorse umane, ricerca e sviluppo, programmazione strategica.

☐ Un'impresa può decidere di occuparsi in proprio di tutte le attività di lavorazione, movimentazione e supporto che si trovano in una determinata catena?

Lungo la catena verticale l'impresa può decidere di occuparsi in proprio di tutte le fasi o, viceversa, di realizzarne solo alcune, affidandosi per le altre a imprese operanti sul mercato.

Ritorniamo all'esempio proposto. Per fare arrivare un abito al consumatore finale occorre innanzitutto produrre la materia prima (lana, cotone, seta, fibre sintetiche, ecc.), poi provvedere alla filatura, tessitura, progettazione del modello, produzione degli accessori (bottoni, passamanerie, ecc.), confezione, stiratura, trasporto e vendita al dettaglio. L'impresa di confezioni potrebbe decidere di svolgere al proprio interno soltanto le fasi di taglio e confezione, acquistando i tessuti e gli accessori sul mercato dopo avere valutato, di volta in volta, quali fornitori offrono il rapporto qualità/prezzo più vantaggioso. La stessa impresa potrebbe poi decidere di affidare l'attività di progettazione dei modelli a uno o più stilisti, nell'ambito di un rapporto di collaborazione continuativa. Allo stesso modo potrebbe trasferire a un'impresa artigiana la fase di stiratura, stipulando con essa un contratto con il quale si impegna per un certo periodo di tempo e per un quantitativo minimo di abiti da stirare.

La decisione al riguardo è nota come scelta tra ***make-or-buy***, vale a dire scelta di internalizzazione (*make in house*) o di esternalizzazione (*contract outside*).

Le valutazioni inerenti alle scelte di integrazione verticale dell'impresa verranno affrontate più in dettaglio nel paragrafo 3.

Insourcing
Internalizzazione
A business practice in which work has been performed in house.

Outsourcing
Esternalizzazione
It is the practice of contracting outside of the business process some manufacturing tasks to other firms or purchasing intermediate goods from an external supplier.

2 LE DECISIONI STRATEGICHE DELL'IMPRESA

La **pianificazione strategica di un'impresa** è il piano d'azione elaborato dal management per la gestione delle operazioni e delle attività dell'impresa. Si tratta di un piano volto a sviluppare e mantenere una corrispondenza efficace fra gli obiettivi dell'azienda, le sue risorse e le opportunità offerte da un ambiente competitivo in continua evoluzione.

Michael Porter, accademico ed economista statunitense, uno dei maggiori studiosi della teoria della strategia manageriale, sosteneva, già negli anni Ottanta, che l'obiettivo finale di una strategia è quello di raggiungere un alto ritorno sull'investimento. Lo scopo, insomma, è la redditività. Si ha

Strategic planning
Pianificazione strategica
A systematic process of envisioning a desired future, and translating this vision into broadly defined goals or objective and a sequence of steps to achieve them.

Michael Porter. *È professore alla Harvard Business School, dove dirige l'Institute for Strategy and Competitiveness.*

una **strategia** quando si sceglie di "essere differenti", cioè si decide di fare una cosa diversa rispetto ai concorrenti non in quanto si è migliori, ma perché si vuole essere unici. Le differenze tra un soggetto e il suo concorrente sono le basi del vantaggio competitivo di questo soggetto. Un esempio di impresa che è riuscita a essere unica nel settore dell'arredamento e dell'oggettistica per la casa è IKEA, che ha inventato un modo interessante di soddisfare una fascia di clienti desiderosa di acquistare prodotti a un prezzo conveniente senza rinunciare allo stile. L'azienda progetta mobili facili da trasportare e assemblare dallo stesso consumatore, il quale ha comunque la possibilità di usufruire di personale specializzato sia per il trasporto che per l'assemblaggio, con un modesto costo aggiuntivo.

Il processo di pianificazione strategica richiede alle imprese l'adozione di un certo tipo di organizzazione?

Il processo di pianificazione strategica si svolge lungo tre (a volte quattro) livelli decisionali e operativi:

- **livello "Corporate - Direzione aziendale"**: coincide con la gestione centrale dell'impresa. A questo livello il top management, che ha l'autorità e la responsabilità dell'intera azienda, sviluppa la **Strategy corporate - Strategia aziendale** dell'organizzazione, che definisce il campo d'azione dell'impresa attraverso la scelta dei settori e dei mercati nei quali competere;
- **livello "Unità Operativa"**: riguarda le imprese di grandi dimensioni e le multinazionali che possono avere una o più unità operative dislocate anche in Paesi stranieri. Queste ultime devono sviluppare un piano volto al conseguimento della massima profittabilità nel proprio ambito d'azione, tenuto conto delle risorse che sono state loro assegnate;
- **livello "Area Strategica d'Affari (ASA) - Strategic Business Area (SBA)"**: rappresenta un sottosistema aziendale strategicamente rilevante. È un'area di attività (business) in cui l'impresa agisce. Può coincidere o con un mercato o con un segmento di mercato, o, addirittura, con un singolo prodotto. Ognuno di questi sottosistemi ha una propria strategia, un gruppo di clienti ben individuato, un proprio mercato, un distinto ambiente, uno scopo separato da quello delle altre parti dell'impresa e assume dimensioni economiche sufficienti a costituire un autonomo centro di profitto. La responsabilità della gestione di un particolare business dell'ASA è affidata ad una **Unità Strategica d'Affari (USA) - Strategic Business Unit (SBU o BU)** che fa capo a un manager, il quale si occupa sia della gestione delle risorse assegnate all'ASA, sia di tutte le decisioni riguardanti le strategie più opportune per creare valore nel mercato di riferimento;
- **livello "Funzionale"**: si riferisce al fatto che in ogni ASA sono presenti gruppi di professionisti specializzati in determinate funzioni, riguardanti un certo ambito dell'attività d'impresa (sistemi informativi, finanza, ricerca e sviluppo, marketing, produzione, gestione delle risorse umane). Il

Area Strategica d'Affari (ASA o SBA)
Area d'attività in cui l'impresa agisce.

Unità Strategica d'Affari (USA o SBU)
Unità organizzativa a cui affidare completamente la responsabilità di gestione di un particolare business dell'ASA.

Strategy (corporate)
Strategia (aziendale)
The overall scope and direction of a corporation and the way in which its various business operations work together to achieve particular goals.

Strategic Business Area (SBA)
Area strategica d'affari (ASA)
It is a profit center within a large corporation that has a distinct business mission, has its own competitors and manages its strategy in an independent manner and separate entity.

Strategic Business Unit (SBU o BU)
Unità strategica d'affari (USA)
Organizational unit to be entrusted with full responsibility for the management of a particular business within the SBA.

termine "area" viene spesso utilizzato per indicare tali funzioni specializzate, come, per esempio, l'area marketing o quella dei sistemi informativi. Le decisioni prese a livello funzionale hanno dunque natura fortemente operativa e si riferiscono ad aree specifiche della gestione aziendale.

I pianificatori strategici dovrebbero riconoscere le differenti capacità di performance di ciascuna area strategica d'affari e allocare accuratamente risorse scarse tra queste divisioni.

Analisi SWOT
Strumento di Pianificazione Strategica usato per valutare i punti di forza (*Strengths*), di debolezza (*Weaknesses*), le opportunità (*Opportunities*) e le minacce (*Threats*) di un progetto in un'impresa.

Swot analysis
Analisi Swot
Strategic Planning tool used to evaluate the strengths (Strengths), weakness (Weaknesses), opportunities (Opportunities) and threats (Threats) of a project in a company.

Esistono dei criteri per valutare le potenzialità di ogni ASA?

Risulta fondamentale per la valutazione delle ASA l'**analisi SWOT**, conosciuta anche come Matrice TOWS (TOWS è il termine SWOT scritto al contrario), uno strumento di pianificazione strategica usato per valutare:

- **punti di forza** (*strengths*): è tutto ciò che costituisce un reale vantaggio competitivo per l'azienda. Per esempio: la qualità delle materie prime, la storia dell'azienda, la fedeltà al marchio e il suo riconoscimento da parte del cliente/fruitore, le conoscenze del personale, le loro abilità;
- **punti di debolezza** (*weaknesses*): ciò che costituisce per l'azienda un vincolo, un freno al conseguimento di un determinato risultato. Per esempio: risorse mancanti o sovrabbondanti, pubblicità poco incisiva, marca poco conosciuta, carenze nel sistema distributivo;
- **possibilità/opportunità** (*opportunities*): sono tutti quei fattori esterni riguardanti l'ambiente, la concorrenza, i clienti, i fornitori, che avvantaggiano l'impresa. Per esempio: crescita dell'economia reale, leggi che favoriscono l'attività, problemi dei concorrenti, aumento della varietà degli input al processo, aumento dei fornitori, sviluppo di nuovi canali commerciali e di promozione;
- **minacce** (*threats*): sono i rischi generati da particolari condizioni esterne del contesto in cui l'impresa opera, sempre in riferimento ad ambiente, concorrenza, clienti e fornitori. Per esempio: calo dei consumi, crisi economica, leggi che non favoriscono l'attività, pubblicità comparativa a discapito dell'impresa, campagne diffamatorie contro l'azienda, fallimento di fornitori, cartelli e monopoli.

ESEMPI DI IMPRESE ORGANIZZATE PER UNITÀ STRATEGICA D'AFFARI (SBU)

Pirelli
- SBU pneumatici
- SBU Cavi Telecom
- SBU Cavi Energia

Telecom
- SBU Domestic wireline (rete fissa)
- SBU Internet & media (La Sette)
- SBU Telespazio
- SBU Information technology

FIAT
(riorganizzata nel 2002 in 5 SBU)
- SBU Fiat/Lancia
- SBU Veicoli industriali
- SBU Alfa Romeo
- SBU International development
- SBU Customers service e after sales

Con quali criteri l'impresa individua una ASA, cioè un campo d' attività in cui operare?

Secondo **Derek F. Abell**, professore di Harvard, l'Area strategica di affari (ASA o business o area competitiva) è definita dalle seguenti variabili:

1. **il gruppo di clienti** che verrà servito (coloro che utilizzano il prodotto/servizio). Per esempio: un negozio di abbigliamento può rivolgersi a una utenza di "sportivi" o di "eleganti";
2. **il tipo di bisogno che verrà soddisfatto** (funzioni d'uso che il prodotto assolve). Per esempio: un fast food soddisfa esigenze di rapidità, standard di qualità, prezzi ragionevoli;
3. **la tecnologia che verrà utilizzata a tale scopo** (tecniche di produzione o, meglio, modalità con cui si verifica il soddisfacimento di bisogni ed esigenze dei clienti). Per esempio: la particolare collocazione del negozio, la proposta di servizi di assistenza, ecc.

A tal proposito Abell ha elaborato un modello tridimensionale composto da tre assi: l'asse X delinea la tecnologia impiegata (*competenza*), l'asse Z i segmenti del mercato o gruppi di clienti, l'asse Y le funzioni d'uso (i *bisogni da soddisfare*) (fig. 1).

Figura 1

Approccio tridimensionale di Abell

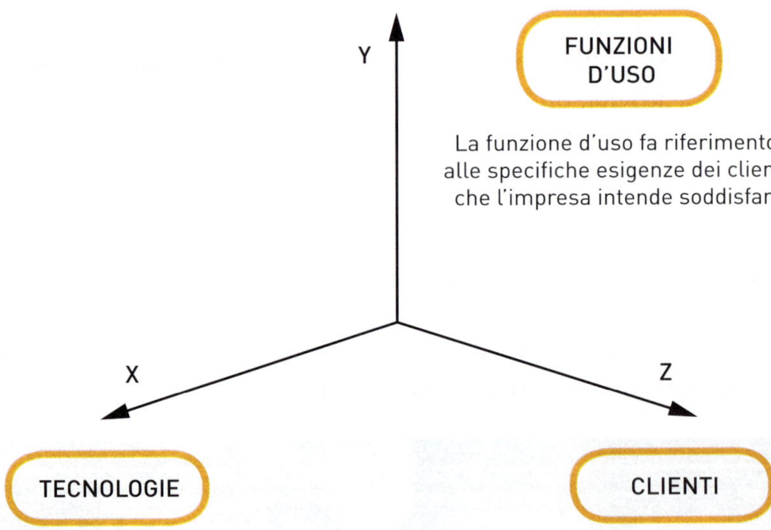

Per ciascuna di queste variabili (clienti, funzioni d'uso e tecnologie) l'impresa individua il rispettivo insieme di elementi ritenuto più adatto a descriverla ed effettuerà una loro proiezione grafica.

L'intersezione dei punti congiungenti i tre spazi forma un parallelepipedo che ricalca i contorni dell'ASA prescelta (fig. 2).

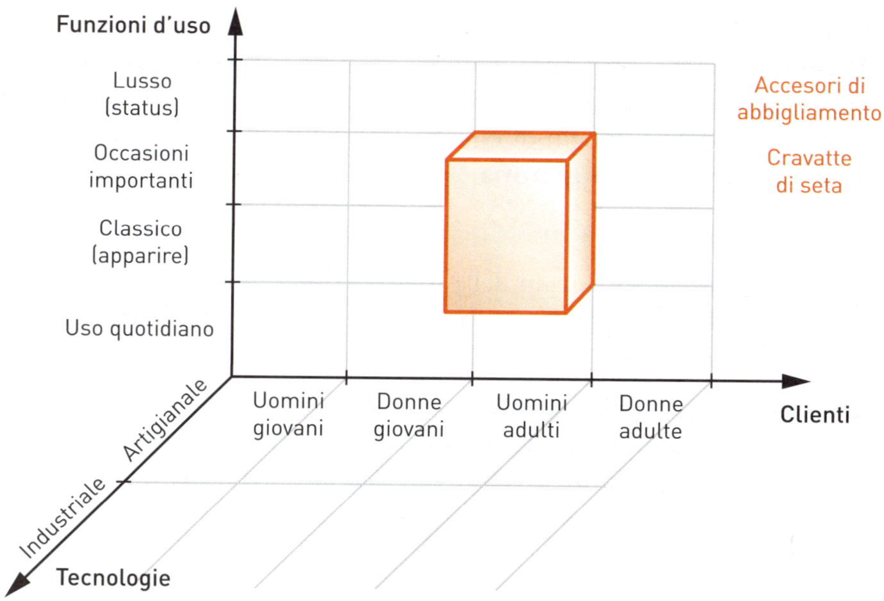

Figura 2

Esempio di approccio di Abell nel campo degli accessori di abbigliamento

Dalla figura emerge che l'area di business "cravatte di seta" è definita da:

- funzione d'uso del prodotto: occasioni importanti - classico;
- clienti: uomini adulti;
- tecnologie: processo artigianale.

Una volta stabilito il campo di attività, l'impresa deve comunicare all'esterno e all'interno i suoi obiettivi?

Ogni organizzazione giustifica la sua esistenza e dichiara ciò che la contraddistingue dalle altre attraverso la **mission** (missione, scopo), cioè l'enunciazione degli scopi da essa perseguiti, non sempre redatta per iscritto in un documento ufficiale (anche se oggi questa sembra essere la norma).

Secondo **Russel Lincoln Ackoff**, che è stato professore emerito di Management science presso la Wharton School, University of Pennsylvania, la "missione" deve:

1. **contenere** l'**indicazione degli obiettivi** attraverso i quali può essere raggiunta;
2. **differenziare** l'impresa dai concorrenti;
3. **definire il business** o i business in cui l'impresa intende operare;
4. **incorporare le attese** non soltanto degli azionisti e del management ma anche degli *stakeholder* (o "portatori di interessi" nei riguardi dell'impresa: dipendenti, banche e azionisti, clienti, fornitori, sindacati, Pubblica amministrazione, media, ecc.);
5. **stimolare**, cioè rappresentare una sfida da raccogliere.

La mission si differenzia dalla **vision** (visione), in quanto quest'ultima indica la proiezione dello scenario che l'imprenditore vuole "vedere" nel futuro e rispecchia i suoi valori, i suoi ideali e le sue aspirazioni generali, mentre la **mission** si correla con ciò che deve essere compiuto.

Mission
Enunciazione degli scopi.

Vision
Valori e ideali dell'impresa.

LA MISSION DEVE:

1 INDICARE GLI OBIETTIVI

2 DIFFERENZIARE L'IMPRESA DAI CONCORRENTI

3 DEFINIRE IL BUSINESS

4 INCORPORARE LE ATTESE

5 RAPPRESENTARE UNA SFIDA DA RACCOGLIERE

Esempio di "vision"

- **Illycaffè**: vogliamo essere, nel mondo, **punti di riferimento** della **cultura** e dell'**eccellenza** del caffè. Un'azienda innovativa che propone i migliori prodotti e luoghi di consumo e che, grazie a ciò, cresce e diventa **leader dell'alta gamma**.

Esempio di "mission"

- **Illycaffè**: deliziare gli amanti della **qualità della vita** nel mondo con il **miglior caffè** che la natura possa dare, esaltato dalle **migliori tecnologie** e dalla **bellezza**.

L'importante compito di comunicare la "mission" spetta alla funzione marketing del livello Corporate, mentre la **cultura organizzativa**, intesa come insieme dei valori, idee, atteggiamenti appresi e condivisi da tutti i membri di una organizzazione, esiste a tutti i livelli, sia a livello Corporate, sia di ASA, sia funzionale.

☐ Quali sono gli obiettivi che traducono la "mission" in prestazioni mirate da raggiungere in un certo lasso di tempo?

Gli obiettivi sono presenti sia a livello Corporate, sia ASA, sia Funzionale. Essi **devono essere chiari, possibili, identificabili, misurabili, raggiungibili e controllabili**. Inoltre, sono svariati e alcuni possono essere perseguiti congiuntamente.

Alcuni esempi:

- realizzare profitti il più possibile elevati;
- aumentare il livello delle vendite;
- aumentare la quota di mercato;
- mirare a una migliore qualità dei prodotti offerti;
- migliorare il grado di soddisfazione dei clienti;
- assicurare benessere ai dipendenti;
- promuovere il benessere generale di tutti anche a scapito dei profitti (migliorare l'etica e il senso di responsabilità sociale).

☐ Quali valutazioni deve fare l'impresa prima di prendere decisioni di importanza strategica?

Prima di procedere alla pianificazione strategica l'impresa dovrebbe effettuare:

a. una valutazione della sua posizione attuale attraverso tre tipi di analisi:
  - analisi del microambiente;
  - analisi dello stato di salute del proprio portafoglio prodotti o attività;
  - analisi competitiva del macroambiente, del settore, della concorrenza;

b. una valutazione della sua posizione futura, cioè del tipo di crescita che vuole effettuare (intensiva, integrativa, diversificativa) e quali strade intraprendere per raggiungere il suo prestabilito obiettivo di crescita. Della valutazione della posizione futura che l'impresa vuole raggiungere si parlerà nel paragrafo 3.

Cosa significa comprendere il microambiente?

Per comprendere il microambiente è necessario sapere chi sono i clienti, quali sono le competenze dell'azienda e quelle della concorrenza.

I **clienti** di una stessa impresa, pur consumando la stessa tipologia di prodotti, si differenziano in base alle loro preferenze ed esigenze. Perciò, le decisioni strategiche devono essere orientate a diversi insiemi di clienti, effettivi e potenziali, per garantire loro un valore reale.

Le **competenze** di un'organizzazione sono le capacità specifiche, in termini di abilità, tecnologie e risorse, che la contraddistinguono dalla concorrenza e che le garantiscono un **vantaggio competitivo**, ossia elementi di forza unici rispetto ai concorrenti (maggiore qualità, costi più bassi, una risposta al mercato più veloce o una maggiore innovazione).

Uno strumento con cui può essere migliorata la qualità è il **benchmarking**, che consiste nello scoprire in che modo la concorrenza ottiene risultati migliori dei propri, per poi imitarla. Questa tecnica può portare a studiare attività anche molto diverse dalla propria.

Per quanto riguarda la **concorrenza**, oggi i confini fra i settori che possono essere definiti concorrenti e quelli che non vengono considerati tali sono sempre più labili. Le imprese che riescono ad affermarsi sono quelle che mantengono sempre sotto controllo la concorrenza, osservandone l'evoluzione e rispondendo con strategie efficaci. Una discussione più approfondita su questo tema sarà presentata più avanti.

Competitive advantage
Vantaggio competitivo
A competitive advantage exists when a firm is able to deliver the same benefits as its competitors but at a lower cost or deliver benefits that exceed those of competing products.

Benchmarking
Benchmarking
It consists in finding out how the competition gets better results for their processes, then making the improvements necessary to reach those standards.

A cosa serve l'analisi dello stato di salute del portafoglio prodotti o attività?

Per un'impresa con produzione diversificata valutare lo stato di salute del proprio portafoglio prodotti o attività, cioè l'insieme delle aree d'affari in cui essa opera, significa monitorare costantemente le proprie ASA con due finalità:

- individuare quelle che al momento generano profitti, quelle su cui investire per il futuro e quelle da dismettere;
- attribuire loro obiettivi e distribuire al meglio fra esse le limitate risorse.

A tal proposito gli strumenti analitici più diffusi, funzionali al monitoraggio delle ASA, sono rappresentati dalle **matrici di portafoglio**. Esse defini-

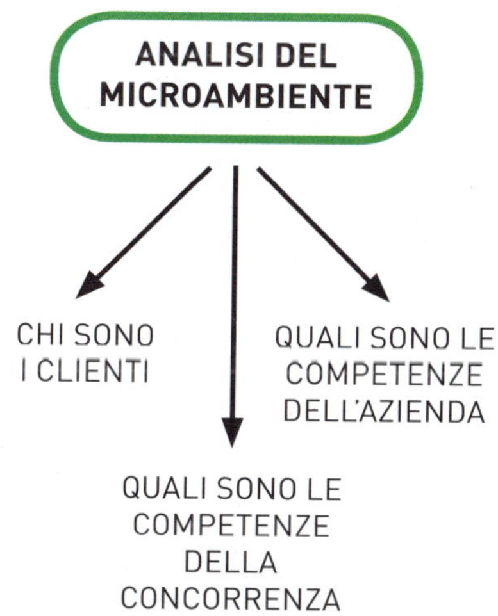

scono la posizione strategica di ogni area di affari basandosi su due elementi indipendenti:

- l'**attrattività dell'area di affari** misurata dal tasso annuale di crescita della stessa;
- la **competitività** dell'impresa in ognuno dei prodotti-mercati considerati.

Le matrici comunemente più usate a tale scopo sono:

- la **matrice del Boston Consulting Group (BCG)**, detta anche matrice "portafoglio prodotti o di attività" o di "sviluppo/quota di mercato", creata dall'omonima azienda americana di consulenza strategica nel 1963, utilizzata sia a livello ASA, sia a livello di linea di prodotto, sia di singoli prodotti, sia di marca;
- la **matrice della General Electric (GE)**, detta anche matrice "attrattività/posizione competitiva", creata dalla società di consulenza McKinsey & Company negli anni '70 per analizzare il complesso delle Strategic Business Unit General Electric.

☐ Su quali fattori di competitività dell'impresa e di attrattività del mercato si fonda la matrice BCG?

La **matrice BCG** valuta l'attrattività del mercato e la posizione competitiva di un'impresa sulla base di due variabili:

- **il tasso medio di sviluppo del mercato generico di riferimento di un prodotto o attività**, al fine di verificarne l'attrattività. Per esempio, il tasso medio di sviluppo del mercato generico dell'aceto:

$$\frac{\textbf{Vendite totali di aceto dell'anno X} - \textbf{Vendite totali di aceto dell'anno X} - \textbf{1}}{\textbf{Vendite totali dell'aceto dell'anno X} - \textbf{1}}$$

- **la quota di mercato raggiunta dall'impresa nel sottomercato specifico di quel prodotto o attività** per valutare la sua posizione competitiva. Per esempio, la quota di mercato nel sottomercato dell'aceto di mele in cui l'impresa opera:

$$\frac{\textbf{Fatturato prodotto} \text{ (per esempio, fatturato dell'aceto di mele dell'impresa A)}}{\textbf{Fatturato del concorrente principale} \text{ (per esempio, fatturato dell'aceto di mele del concorrente B)}}$$

Una volta trovati questi due elementi, per ogni prodotto l'impresa:

1. **costruisce una matrice** 2×2 in cui sull'asse verticale l'attrattività è rappresentata dal tasso di sviluppo del mercato generico di quel prodotto (aceto) mentre sull'asse orizzontale la competitività è rappresentata dai valori della quota di mercato nel sottomercato dello stesso proddotto (l'aceto di mele). L'aceto di mele viene posizionato all'interno di questa matrice all'incrocio della percentuale del tasso di crescita del mercato generico di quel prodotto (per esempio, mercato dell'aceto = 7%) e della percentuale della quota di mercato detenuta dall'impresa nel sottomercato di quel prodotto (per esempio, mercato dell'aceto di mele = 1,7%) (fig. 3);

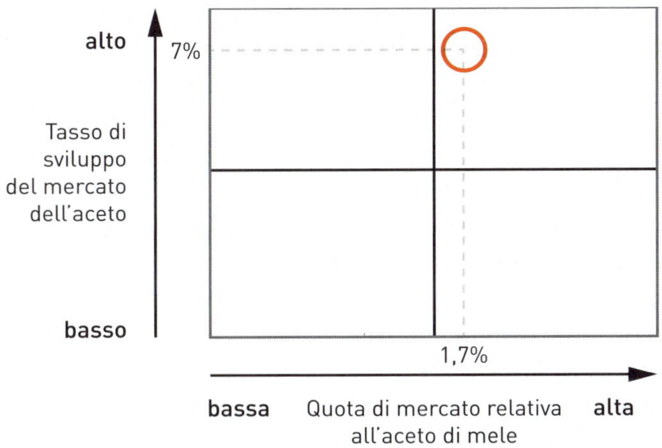

Figura 3

Matrice Boston Consulting Group (BCG)

2. **classifica i prodotti** in funzione della posizione assunta all'interno della matrice (fig. 4);

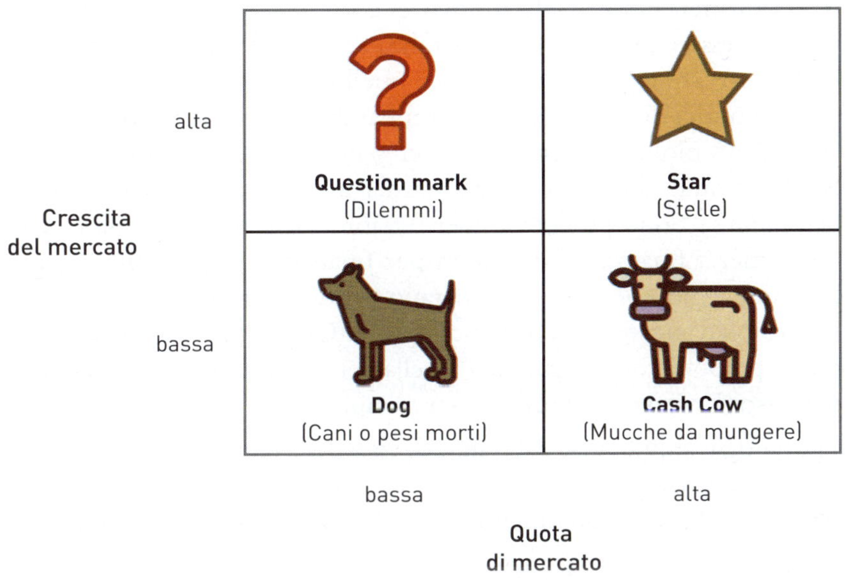

Figura 4

Matrice Boston Consulting Group (BCG). Classificazione dei prodotti

3. **valuta le quattro categorie** così determinate sulla base di aspetti finanziari e reddituali, quali l'assorbimento di risorse finanziarie (tasso di sviluppo del mercato) e la creazione di risorse finanziarie (quota di mercato relativa).

Quale significato hanno i simboli rappresentati nella matrice BCG?

I prodotti o attività che si ottengono con la matrice BCG si inquadrano in quattro tipologie che danno indicazioni diverse sulle ASA analizzate.

- **Mucche da mungere (Cash Cow)**: basso tasso di crescita del mercato, alta quota di mercato dell'impresa. Sono attività che dovrebbero

L'IMPRESA VALUTA LA SUA SITUAZIONE ATTUALE ATTRAVERSO:

a) matrici di valutazione del portafoglio prodotti o attività (attrattività del mercato, competitività dell'impresa):
- matrice del Boston Consulting Group (BCG), detta anche matrice "portafoglio prodotti o di attività" o di "sviluppo/quota di mercato";
- matrice della General Electric (GE), detta anche "attrattività/posizione competitiva";

b) matrici di valutazione delle capacità interne delle ASA:
- matrice performance/importanza.

fornire molta liquidità e consumarne poca; rappresentano una fonte di finanziamento per attività di diversificazione o di ricerca. L'obiettivo strategico prioritario è quello di raccogliere la liquidità fornita. Sono paragonate alle mucche perché, come le mucche, hanno poche necessità di mantenimento e danno latte, che può essere riutilizzato e facilmente trasformato in altri prodotti.

- **Cani o pesi morti (Dog)**: basso tasso di crescita del mercato, bassa quota di mercato dell'impresa. Sono attività per le quali l'accrescimento della quota di mercato è poco verosimile, poiché significherebbe scontrarsi con concorrenti che detengono vantaggi a livello di costi. Solitamente la produzione di questi beni viene abbandonata o realizzata esclusivamente per completare la gamma del portafoglio aziendale. Sono beni associati all'immagine del cane perché, come il cane, essi si prestano a "fare compagnia" ad altri prodotti.
- **Dilemmi (Question mark)**: alto tasso di crescita del mercato, bassa quota di mercato dell'impresa. Sono attività che richiedono notevole liquidità per finanziare la crescita, ma per esse sono possibili aumenti di quota di mercato. Per tale motivo occorre valutare bene quali attività possono essere promosse con speranza di successo e quali abbandonare. L'obiettivo strategico prioritario è quello di "disinvestire" o di accrescere la quota di mercato. Come un bambino, questi prodotti o attività richiedano molto nutrimento per crescere bene e rapidamente.
- **Stelle (Star)**: alto tasso di crescita del mercato, alta quota di mercato dell'impresa. Sono prodotti leader nel loro mercato in crescita e richiedono mezzi finanziari consistenti per finanziare l'espansione. Grazie al loro vantaggio competitivo generano profitti notevoli e sono destinati in futuro ad andare nella prima categoria (Cash Cow). La similitudine di questi prodotti con la figura della stella deriva dalla loro potenzialità e dal percorso di ascesa che l'impresa sta compiendo.

Un portafoglio equilibrato dal punto di vista della redditività dovrebbe contenere un'adeguata quantità di prodotti o attività Cash Cow, qualche Star e Question mark, cercando di eliminare i prodotti o attività Dog (fig. 5).

Figura 5

Il percorso ideale

È efficace per l'impresa l'utilizzo della matrice BCG?

La matrice BCG prende in considerazione un numero limitato di variabili, di conseguenza è semplice da costruire ma è poco adatta alle situazioni complesse o alle grandi realtà. Inoltre, l'attrattività di un mercato non dipende solo dal suo tasso di crescita, ma anche dal grado di accessibilità per l'impresa, dalle dimensioni, dalla presenza di un sistema distributivo ben strutturato, da una legislazione favorevole, dalla limitata presenza di concorrenti.

Analogamente, una posizione competitiva di vantaggio dell'impresa non si può associare sempre a un'elevata quota di mercato, perché il vantaggio competitivo può derivare da un'immagine di marca forte, dall'organizzazione commerciale e da molti altri fattori. Per esempio, Nokia nel 2009 deteneva il 35% del mercato nel campo dei telefoni cellulari, ma i suoi profitti erano inferiori a quelli della Apple che, con l'unico prodotto sul mercato, l'iPhone, deteneva una quota di mercato pari solo al 3%.

Può essere migliorata la misurazione dell'attrattività del mercato e della posizione competitiva?

Un'attenta misurazione dell'attrattività del mercato e della posizione competitiva può essere migliorata utilizzando la "**scheda di valutazione bilanciata delle performance aziendali**", uno strumento ideato negli anni Novanta da David P. Norton e Robert S. Kaplan, professori all'Università di Harvard, ora diventato il più efficace strumento di sorveglianza per l'esecuzione delle strategie. La metodologia su cui essa si basa parte dal presupposto che, per avere una "vision" esauriente dell'intera situazione aziendale, occorre costruire un insieme organizzato di indicatori che, collegati tra loro, consentano una valutazione globale dei risultati aziendali. Su tale logica si basa la **matrice della General Electric (GE)**, altrimenti conosciuta come **MPD** (Matrice Politiche Direzionali).

Balanced Scorecard (Bsc)
Scheda di valutazione bilanciata delle performance aziendali
Performance metric used in strategic management to measure quantitative results.

Su quali fattori di competitività dell'impresa e di attrattività del mercato si fonda la matrice GE?

La matrice GE (come la BCG) mette in relazione l'attrattività del mercato con la posizione competitiva, ma è più specializzata rispetto alla matrice BCG.

L'**attrattività del mercato** (settore) non è misurata solo dal livello di crescita del mercato (come accade nella BCG), ma dai fattori che spiegano le caratteristiche del settore e del gruppo strategico (come la dimensione, il trend di crescita e la reddittività del mercato, le tendenze dei prezzi, la variabilità della domanda, le barriere all'entrata, l'intensità della concorrenza, ecc.).

La **posizione competitiva** non è misurata solo dalla quota di mercato relativa (come accade nella BCG) ma sulla base dei punti di forza di cui l'impresa dispone.

Incrociando le due aree (attrattività e posizione competitiva) si ottiene una matrice in cui sull'asse verticale viene indicato il valore dell'attrattività, distinto in "elevato (*high*)", "medio (*medium*)", "basso (*low*)" e sull'asse orizzontale quello della competitività, distinto in "forte (*strong*)", "medio (*average*)", "debole (*weak*)".

Vengono, pertanto, identificati nove quadranti in cui verrà collocato il business (la matrice è infatti 3×3). Poiché, contrariamente alla BCG, non si basa solo su misurazioni oggettive ma anche sulle valutazioni che il management attribuisce ai diversi fattori che insieme contribuiscono a definire l'attrattività del mercato e la posizione competitiva, per ciascun fattore viene attribuito un punteggio da un minimo, che esprime la condizione peggiore, a un massimo che esprime la condizione migliore. Per ogni ASA verrà effettuata la media (semplice o ponderata) dei fattori utilizzati che determinerà i valori finali della attrattività e della posizione competitiva di ciascuna ASA (fig. 6).

Figura 6

Matrice della General Electric (GE)

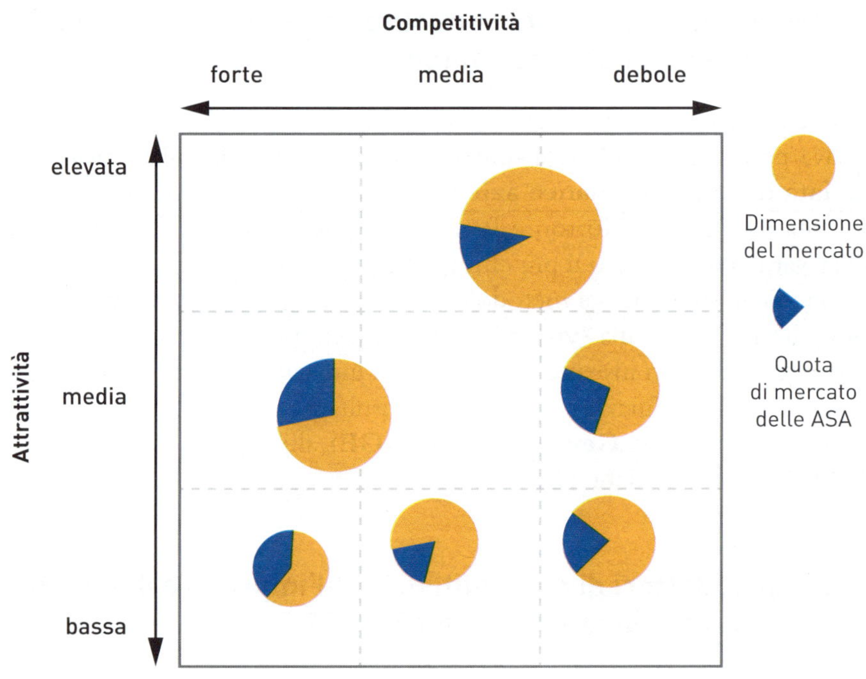

Nella rappresentazione della matrice GE:
- il *cerchio* rappresenta la dimensione del mercato;
- la *dimensione dello spicchio* rappresenta la quota di mercato delle ASA;
- le *frecce* rappresentano la direzione e il movimento della ASA nel futuro.

I nove quadranti vengono poi suddivisi in tre macroaree, ognuna delle quali offre indicazioni sulle strategie che l'impresa può perseguire, così come è riportato nella figura 7.

MATRICE GE		POSIZIONE COMPETITIVA		
		Forte	**Media**	**Debole**
ATTRATTIVITÀ DEL MERCATO	**Alta**	1 Investimento e crescita	2 Crescita selettiva	3 Selettività
	Media	4 Crescita selettiva	5 Selettività	6 Mietitura/Abbandono
	Bassa	7 Selettività	8 Mietitura/Abbandono	9 Mietitura/Abbandono

Figura 7

Le indicazioni che emergono dalla matrice GE

Nella matrice le tre macroaree con le opportune strategie sono:

1. l'**area "sviluppo"** (in giallo: 1-2-4) rappresenta la posizione migliore per l'impresa e contiene le attività su cui è opportuno che essa investa per migliorare o mantenere risultati già elevati (strategia di investimento e crescita – build share – o di crescita selettiva);
2. l'**area "mantenimento"** (in azzurro: 3-5-7) rappresenta una posizione intermedia per l'impresa, che le impone un approccio di tipo selettivo al fine di difendere e/o sfruttare gli elementi positivi collegati a una delle due dimensioni, nonostante questi siano controbilanciati da carenze sull'altra dimensione (strategia selettiva – hold share);
3. l'**area "realizzare o disinvestire"** (in verde: 6-8-9) rappresenta la posizione peggiore per l'impresa e contiene le attività su cui è necessario disinvestire, cercando di sfruttare sino in fondo le residue potenzialità dei prodotti prima di dismetterli (strategia di realizzazione, chiamata anche mietitura – harvest – o di abbandono – disinvest –).

La matrice GE presenta dei limiti?

Alcuni limiti individuati sono i seguenti:

- presenta problemi di misurazione (per esempio, la misurazione della quota di mercato dipende dalla definizione dei confini del mercato);
- si basa su valutazioni soggettive e aleatorie;
- c'è il rischio che il numero di attività preso in considerazione sia molto elevato e che dunque il procedimento di analisi diventi piuttosto pesante;
- gli indicatori hanno un valore che dipende da un aggregato di fattori per cui, a seconda della modalità di aggregazione usata, il risultato cambia;
- le ASA vengono valutate in modo statico anziché nella loro evoluzione e sinergia;
- l'uscita dal mercato o il disinvestimento non sempre avviene, perché talora si può trattare di attività "sicure" oppure ci sono barriere all'uscita.

È possibile effettuare una valutazione delle capacità interne delle ASA?

Una volta che è stato analizzato lo stato di salute delle ASA nel modo indicato, è possibile valutare le capacità interne delle ASA stesse con la matrice importanza-performance (matrice di terziarizzazione) che serve a valutare i punti di forza e debolezza dell'ASA relativamente alle attività svolte e ai singoli prodotti e a definire il programma di comunicazione (fig. 8).

Figura 8

La matrice performance/importanza

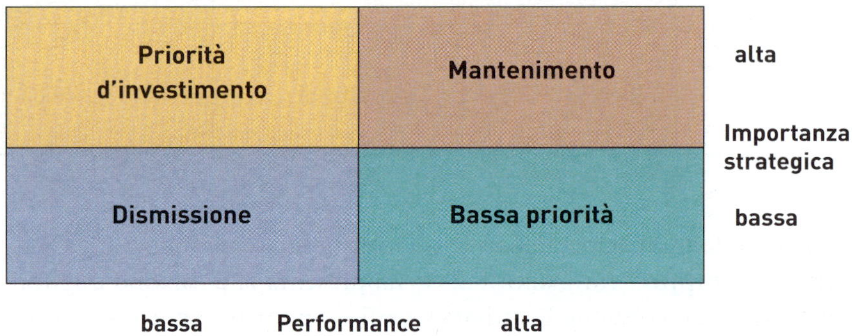

L'asse verticale rappresenta l'**importanza strategica** (capacità di cogliere opportunità o scongiurare minacce). L'asse orizzontale rappresenta la **performance** (attività: efficienza/efficacia con cui l'azienda le svolge; prodotti: risultati ottenuti sul mercato).

Otteniamo quattro quadranti che identificano altrettante azioni da intraprendere:

- **dismissione**: bassa performance, bassa rilevanza strategica. Contiene attività o prodotti strategicamente poco importanti, per i quali l'impresa non ha competenze particolari in merito. Non ha senso che l'impresa investa in tali attività, anzi le conviene disinvestire;
- **priorità d'investimento**: bassa performance, alta rilevanza strategica. Identifica attività o prodotti in cui l'impresa non eccelle, ma per i quali, data la loro rilevanza strategica, è fondamentale migliorare la performance o ricorrere a una partnership;
- **mantenimento**: alta performance, alta rilevanza strategica. Identifica i prodotti che rappresentano i punti di forza dell'impresa, la quale dovrà monitorare costantemente l'ambiente per difenderli;
- **bassa priorità**: alta performance, bassa rilevanza strategica. Identifica attività o prodotti che rappresentano i più gravi punti di debolezza dell'impresa, ma che essa può mantenere nel caso in cui un mutamento del contesto di riferimento ne aumenti l'importanza. L'impresa, in alternativa, può ricorrere a un'altra impresa con competenze specifiche riguardo tali attività o prodotti per colmare la sua debolezza o ricorrere a una partnership con un'azienda che opera in un contesto in cui queste attività o prodotti rappresentano punti di rilevanza strategica.

3 LE STRATEGIE DI CRESCITA

La maggior parte delle strategie aziendali ha come obiettivo la **crescita**, che può consistere in un aumento delle vendite, della quota di mercato, dei profitti o delle dimensioni aziendali. La crescita può essere sia interna sia esterna.

La **crescita interna** fa leva sulle risorse esistenti e disponibili in azienda (crescita per dilatazione).

La **crescita esterna** fa leva sulle risorse esterne, che possono acquisirsi tramite fusioni e acquisizioni oppure tramite accordi.

In genere le grandi imprese, come ad esempio Max Mara, Tod's, Campari, Enel, Telecom, ecc. adottano strategie di crescita sia interne sia esterne.

Diversi sono i sentieri percorribili a tale scopo, in quanto l'impresa può scegliere tre diverse modalità di crescita:

- **crescita intensiva**, quando l'impresa vuole ottenere una maggiore penetrazione del mercato in cui già opera (per esempio contendendo clienti ai concorrenti, stimolando un maggiore utilizzo di un prodotto, suggerendo nuove modalità di consumo);
- **crescita integrativa**, quando l'impresa assume il controllo di attività diverse, aventi importanza strategica, situate nella filiera industriale di cui fa parte (integrazione verticale) oppure attua una strategia di difesa dall'attacco dei concorrenti (integrazione orizzontale);
- **crescita diversificativa**, quando l'impresa si rivolge a un nuovo mercato con un nuovo prodotto.

Quali sono i criteri che guidano le imprese a scegliere l'una o l'altra delle suddette strategie?

Le strategie di **crescita intensiva** sono possibili quando l'impresa ritiene di poter cogliere nuove opportunità legate al prodotto di cui dispone e/o al mercato in cui opera.

Se queste sono inesistenti o esaurite, l'impresa può esplorare la possibilità di una **crescita integrativa** rimanendo nell'ambito della propria filiera. In sostanza essa reputa di migliorare la propria posizione attraverso il controllo diretto di attività strategiche tipiche dei propri fornitori o clienti (integrazione a monte e a valle), oppure l'acquisizione di concorrenti (integrazione orizzontale).

La strategia di **crescita diversificativa** viene in genere perseguita dalle imprese con spiccata attitudine all'innovazione, le quali si rendono conto che le potenzialità dei prodotti e dei mercati attuali non sono sufficienti nel lungo periodo.

Uno strumento utile a classificare le *strategie di crescita intensiva e diversificativa* è la **matrice di Ansoff**.

LE STRATEGIE DI CRESCITA

Strategia di **crescita intensiva** (utile strumento di classificazione di tale strategia è la matrice di Ansoff):

- **penetrazione del mercato;**
- **sviluppo del prodotto;**
- **sviluppo del mercato.**

Strategia di **crescita integrativa**:

- **integrazione verticale a monte;**
- **integrazione verticale a valle;**
- **integrazione orizzontale.**

Strategia di **crescita diversificativa** (utile strumento di classificazione di tale strategia è la matrice di Ansoff):

- **diversificazione concentrica;**
- **diversificazione pura;**
- **matrice performance/importanza.**

Internal growth
Crescita interna
The development of a company by growing its existing business, as opposed to acquiring other businesses.

External growth
Crescita esterna
Strategy based on intensive efforts to improve the business performance of a company by expanding sales of products.

Intensive growth
Crescita intensiva
Strategy based on intensive efforts to improve the business performance of a company by bringing highest gains with the least amount of effort and risk.

Integrative growth
Crescita integrativa
It takes place through the acquisition of other firms to form a bigger enterprise.

Diversified growth
Crescita diversificativa
Corporate strategy to enter a new market or industry with a new product.

Quali variabili vengono messe in relazione nella matrice di Ansoff?

Ritratto di **Igor Ansoff**. "MBA magazine" novembre 2009.

La matrice di Ansoff mette in relazione le dimensioni di **prodotto** (l'attuale contro il nuovo) e **mercato** (l'attuale contro il nuovo). Dall'incrocio delle due dimensioni deriva una matrice in cui ciascun quadrante evidenzia un diverso sentiero di crescita con caratteristiche peculiari in termini di potenzialità/innovazione e di rischio (fig. 9).

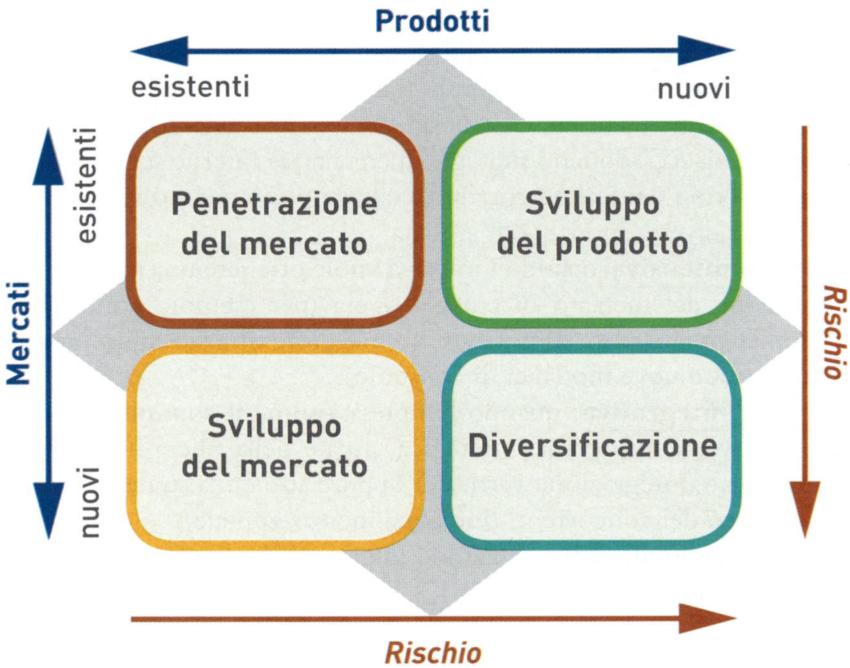

Figura 9

La matrice di Ansoff

Esempio di strategia di marca: il "caso Hotmail"

In futuro il web sarà sempre più basato sui modelli di business che riusciranno a creare ricchezza attraverso qualcosa di "free". Tra le prime aziende che hanno sfruttato questo modello abbiamo **Microsoft** con il servizio di posta **Hotmail**.

Il sito utilizza il servizio del "passaparola": l'idea che può rivelarsi interessante per un utente, viene passata da questo ad altri contatti, da questi ad altri, e così via.

Hotmail.com è stato uno dei primi siti a offrire **gratuitamente** un servizio di posta elettronica. Il fatto che siano diventati leader, con grande successo nei servizi e-mail, e non solo, è dovuto alla strategia di marketing virale adottata sin dall'inizio.

La strategia del "Caso Hotmail" si sviluppa in due fasi:

1. fornire un servizio **e-mail gratuito**;
2. **aggiungere** a ogni e-mail **un messaggio**, non invasivo, che dice: **«Ottieni la tua casella e-mail privata e gratis con www.hotmail.com»**. Oltre ad esserci un vero e proprio passaparola (alla domanda come faccio per avere una mail? quanto mi costa? la risposta era sempre la solita: usa Hotmail.com, funziona benissimo e poi è gratis!), ogni utente, inviando messaggi a decine e centinaia di persone, ha fatto una potentissima pubblicità del sito, anche perché il "testimonial" era assolutamente credibile: l'utente/promotore usava un servizio di mail gratuito e a sua insaputa lo proponeva ai suoi amici e conoscenti.

Spinosi Marketing Strategies

Analizzando la matrice si possono fare le seguenti considerazioni:

SENTIERO DI CRESCITA (STRATEGIA)	CARATTERISTICHE
Penetrazione del mercato (prodotti esistenti - mercati esistenti) (crescita intensiva)	L'impresa vi ricorre quando non sono ancora completamente sfruttate le potenzialità offerte dai propri prodotti e dal mercato in cui si opera. L'impresa tenta di: • conquistare nuovi consumatori; • aumentare la frequenza di consumo dei clienti attuali; • sottrarre clienti alla concorrenza; • ottenere bassi costi di investimento e correre scarsi rischi. È una strategia poco innovativa, con minori potenzialità di lungo periodo.
Sviluppo del prodotto (prodotti nuovi - mercati esistenti) (crescita intensiva)	L'impresa vi ricorre quando ritiene che ci siano delle potenzialità nel mercato attuale non sfruttabili con i prodotti esistenti. Lo sviluppo di un nuovo prodotto comporta: • innovazione tecnologica; • buone potenzialità di crescita; • rischio di insuccesso del nuovo prodotto; • maggiori costi per lo sviluppo del nuovo prodotto.
Sviluppo del mercato (prodotti esistenti - mercati nuovi) (crescita intensiva)	L'impresa vi ricorre quando ritiene che il prodotto già sviluppato possa essere lanciato con successo su un nuovo mercato. La strategia richiede di sviluppare le competenze di marketing (per la conoscenza del nuovo mercato, dei nuovi consumatori, dei nuovi concorrenti). È una strategia innovativa che offre buone possibilità di sviluppo.
Diversificazione (prodotti nuovi - mercati nuovi) (crescita diversificativa)	L'impresa vi ricorre quando ritiene che le opportunità offerte dai prodotti e dai mercati attuali siano insufficienti nel lungo periodo. La strategia comporta: • innovazione sia tecnologica sia di marketing; • elevati costi e rischi di investimento.

Cosa si intende più precisamente con crescita integrativa?

Prendiamo in considerazione due esempi di imprese, il gruppo spagnolo Inditex (marchio Zara) e il gruppo svedese Ikea. Sono aziende che sono riuscite a crescere e a imporsi grazie a scelte importanti e coraggiose che all'inizio della loro costituzione apparivano di fatto contro corrente e per molti assurde. Hanno scelto di assorbire all'interno della propria attività un certo numero di "passaggi intermedi" necessari all'ottenimento del prodotto finito. Hanno quindi perseguito una strategia di **integrazione verticale** volta a raggiungere l'obiettivo della crescita dell'impresa.

Vertical integration
Integrazione verticale
Merger of companies at different stages of production and/or distribution in the same industry.
When a company acquires its input supplier it is called backward integration. When it acquires companies in its distribution chain it is called forward integration.

La crescita integrativa: Zara e Ikea, esempi di integrazione verticale

«Se un'idea non sembra inizialmente assurda allora non ha speranza». Lo disse Albert Einstein ai suoi studenti di Princeton, per far capire loro che le grandi scoperte scientifiche non sarebbero mai potute nascere senza la capacità di andare controcorrente. Proprio quello che è successo a Zara e a Ikea: integrare verticalmente mentre tutti si affidavano a fornitori esterni, mettere da parte i guru della moda e far parlare le donne di tutte le età e di qualsiasi ceto sociale, far trasportare i mobili ai clienti e farglieli montare da soli in un momento in cui il lavoro manuale era sempre di più svalutato...

Un negozio Ikea.

Come accennato nel paragrafo 1, la scelta di internalizzazione o di esternalizzazione è una scelta ***make-or-buy***, anche se oggi questa distinzione non è così tassativa, perché tra i due estremi esiste un'ampia gamma di relazioni verticali intermedie.

In altre parole, quando l'impresa provvede da sé, si dice che è *verticalmente integrata*; nel secondo caso si dice che *usa il mercato*. A titolo di esempio **non è integrata verticalmente, quindi usa il mercato**, un'impresa che svolge la sola specifica fase della distribuzione all'ingrosso; al contrario, **è fortemente integrata verticalmente** un'impresa che svolge tutte (o quasi tutte) le fasi della filiera produttiva, dalla produzione delle materie prime alla vendita al consumatore finale.

☐ Quali sono i fattori che l'impresa deve considerare per decidere tra l'opzione "make" e l'opzione "buy"?

Relocation
Delocalizzazione
A change in the physical location of a business from one region to another.

Si tratta di una scelta strategica fondamentale che richiede grande attenzione. Pensiamo al settore della moda. Si è detto che leader indiscusso a livello internazionale è Zara, il cui successo è imputabile a una scelta "make", cioè all'integrazione verticale in campo produttivo. Non dimentichiamo, tuttavia, che in tale settore il gruppo svedese H&M ha ottenuto anch'esso un successo internazionale mediante una scelta "buy", cioè ha instaurato rapporti di collaborazione a lungo termine con fornitori indipendenti da cui ha acquistato i prodotti (in quanto non possiede fabbriche proprie) e ha deciso di attuare una delocalizzazione completa della produzione nei Paesi asiatici.

Ritornando all'opzione "**make**", essa offre all'impresa tutta una serie di vantaggi, come, per esempio, una riduzione dei costi, una maggiore vicinanza al consumatore, un minor carico fiscale, ma, soprattutto, le garantisce un controllo diretto sull'attività, sugli approvvigionamenti e sulla qualità del prodotto/servizio, oltre a consentirle di mantenere eventuali segreti industriali.

Il caso più classico di integrazione verticale è quello di un'impresa che, disponendo delle competenze necessarie, ritiene di migliorare i propri risultati economici svolgendo direttamente attività di importanza strategica tipiche dei propri fornitori (integrazione a monte) o dei propri clienti (integrazione a valle).

Allo stesso risultato l'impresa può arrivare mediante l'acquisizione di altre imprese in possesso delle competenze necessarie per svolgere le attività in questione.

Attraverso una strategia di questo tipo un'impresa può assicurarsi, per esempio, il controllo di una fonte di approvvigionamento, evitando così il rischio di irregolarità nelle forniture, oppure della rete di distribuzione attraverso, per esempio, negozi di proprietà.

L'opzione "**buy**", invece, offre all'impresa il vantaggio di avere minori costi fissi e quindi minore capitale immobilizzato, consentendole una maggiore flessibilità della capacità produttiva. Inoltre, in certe situazioni tale opzione è preferibile all'opzione "make". Ciò si verifica quando le imprese sul mercato sono più efficienti, cioè riescono a svolgere un'attività a costi inferiori, o di qualità superiore, di quanto potrebbe fare l'acquirente se svolgesse l'attività in proprio. La maggiore efficienza delle imprese indipendenti può essere dovuta:

- alla possibilità di aggregare la domanda di molte imprese e ottenere così delle economie di scala, laddove un'impresa verticalmente integrata produce soltanto per soddisfare le proprie esigenze;
- allo sfruttamento della propria esperienza produttiva a favore di molte imprese e alla possibilità di ottenere così economie di apprendimento;
- alla detenzione di brevetti o conoscenze riservate che consentono alle imprese indipendenti di produrre a costi inferiori.

LE STRATEGIE DI CRESCITA

La scelta "**make-or-buy**" si presenta in tre situazioni:

- l'impresa produce il bene e valuta l'opportunità di **acquistarlo all'esterno**;
- il bene è acquistato presso fornitori esterni e l'impresa valuta l'opportunità di **produrlo internamente**;
- l'impresa necessita di un nuovo bene e valuta l'opportunità di **acquistarlo all'esterno o produrlo direttamente**.

"Una tecnologia produttiva che comporta un notevole investimento in impianti e attrezzature determina un vantaggio di costi su una tecnologia che richiede un piccolo investimento iniziale soltanto se l'impresa può raggiungere un livello sufficientemente alto di produzione".

D.A. Besanko et al. *Economia dell'industria e strategie d'impresa*, Torino, Utet, 2001

☐ Quali sono i vantaggi di carattere economico che inducono le imprese a integrarsi verticalmente?

La scelta dell'azienda di produrre all'interno anziché fare affidamento sul mercato dipende, in primo luogo, da motivazioni di carattere economico e, pertanto, occorre analizzare l'incidenza che l'integrazione provoca sui ricavi e sui costi.

- Dal lato dei **ricavi** si determina un aumento del valore aggiunto, in quanto l'impresa aggiunge all'attività manifatturiera precedente ulteriori funzioni di trasformazione industriali e commerciali, a monte e a valle, incorporando con esse il valore aggiunto precedentemente realizzato da altre imprese.
- Dal lato dei **costi**, gli effetti dell'integrazione verticale si riflettono sui costi di transazione, sui costi di organizzazione e sui costi di produzione per i quali è rilevante l'incidenza delle economie di scala.

Le **economie di scala** si realizzano in seguito all'accresciuta dimensione degli impianti e sono quindi realizzate dalle grandi imprese per ragioni organizzative e tecnologiche, oppure si verificano in conseguenza della mag-

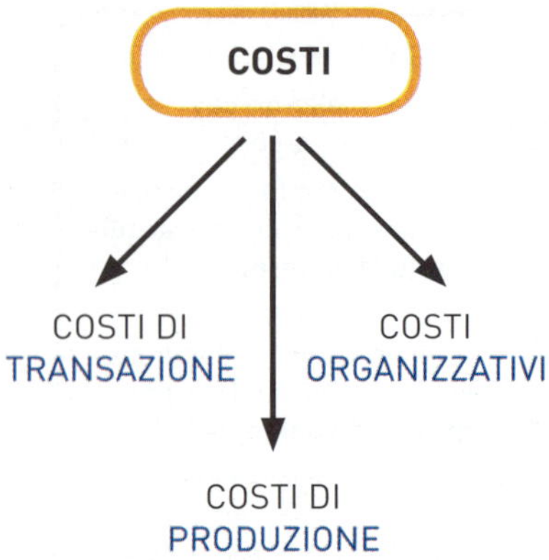

giore efficienza nell'impiego del personale, della diminuzione dei rischi, della maggiore facilità di finanziamento e della possibilità di un più largo ricorso alla pubblicità. Infine, le economie di scala sono connesse con la ricerca di migliori metodi di produzione e con lo sviluppo di nuovi prodotti.

La convenienza economica a integrare a monte e a valle dipende fondamentalmente dagli effetti delle economie di scala e, quindi, dall'aumento dei profitti derivabile dai minori costi di produzione interna. Tuttavia, la presenza di economie di scala, anche se necessaria, non è una condizione sufficiente per prendere una decisione in merito alla scelta di integrazione verticale. L'imprenditore, che intende verificare se economicamente ha convenienza o meno a portare avanti una strategia di integrazione verticale, deve fare un calcolo basato sulla redditività di questo tipo di investimento e confrontarlo con quello di investimenti alternativi. Potrà procedere nella strategia di integrazione verticale se l'aumento dei profitti determinato dall'attività integrata è superiore alla redditività conseguibile mediante altri investimenti.

Organization costs
Costi di organizzazione
Expenditures incurred to start a company.

Cosa si intende per "costi di organizzazione"?

I **costi di organizzazione** sono i costi interni sostenuti dall'impresa in quanto essa non è solo un puro luogo di trasformazione dei fattori in prodotti, ma è un'organizzazione che richiede progettazione, sperimentazione e controllo delle pratiche interne, cioè esige una struttura gerarchica costosa. Esempi di questo tipo di costi possono derivare dalla necessità di controllare i flussi di informazione da un reparto all'altro, le operazioni svolte dai dipendenti, e così via. I costi organizzativi aumentano al crescere della complessità e possono giustificare il passaggio all'opzione "*buy*".

Quali sono i principali costi del ricorso al mercato?

I principali oneri derivanti dal ricorso al mercato riguardano:

- i costi derivanti dallo **scarso coordinamento** fra le varie fasi della catena verticale. Basti pensare alle conseguenze sulle vendite derivanti dall'incapacità di un fornitore di consegnare la materia prima alla scadenza concordata o a quelle derivanti da una tardiva campagna pubblicitaria;
- la possibile **perdita di informazioni importanti**, che possono riguardare formule o procedimenti per ottenere un prodotto, dati relativi ai consumatori o altro ancora. Quando le imprese usano il mercato per rifornirsi o distribuire prodotti rischiano di perdere il controllo di queste preziose informazioni, in quanto altri soggetti potrebbero venirne a conoscenza;
- i **costi di transazione**, che sono quelli strettamente inerenti all'uso del mercato.

Transaction costs
Costi di transazione
The cost associated with the buying of goods or services from an external provider. They can include the costs of source selection, contract management, performance measurement, and dispute resolution.

Perché l'uso del mercato comporta costi di transazione?

L'uso del mercato è anch'esso un'attività costosa. Per poter utilizzare in modo continuo i mercati, in alternativa a una strategia di integrazione verticale, occorre in primo luogo trovare i fornitori e i clienti. Occorre poi verificare la qualità dei fattori necessari per la produzione, far rispettare i termini di consegna da parte dei fornitori, produrre e consegnare i prodotti come concordato con i clienti, avere certezza riguardo ai diritti di proprietà sui beni e servizi scambiati sui mercati, affrontare spese assicurative o legali in caso di mancato rispetto dei termini contrattuali (o per prevenire tale comportamento). Tutte queste attività collaterali comportano **costi di transazione** che sono aggiuntivi rispetto al pagamento dei fattori, e dipendono solo dal fatto che l'impresa utilizza i mercati per svolgere la propria attività.

I costi di transazione diminuiscono all'aumentare dell'internalizzazione aziendale, mentre i costi organizzativi crescono man mano che quest'ultima cresce. È probabile che le attività vengano verticalmente integrate quando i costi necessari per organizzarle sono inferiori ai costi sostenuti dall'impresa quando si rivolge al mercato. Pertanto l'impresa, nel determinare il grado ottimale di internalizzazione, deve mettere a confronto i costi di transazione e i costi organizzativi.

Integrazione verticale: vantaggi e svantaggi

Vantaggi	Svantaggi
Possibile conseguimento di economie di scala	
Controllo delle fonti di approvvigionamento o delle reti distributive	Entità notevole di risorse finanziarie da investire
Incentivo all'innovazione	Maggior ricorso a fonti di finanziamento esterne
Riduzione dei costi di transazione	Costi organizzativi molto alti
Coordinamento efficace	Incremento dei costi fissi
Riduzione dei livelli di incertezza	Difficoltà a gestire attività strategicamente diverse
Riduzione dei tempi per la negoziazione contrattuale	
Maggior valore aggiunto	
Maggior potere di mercato	
Economie di scopo e di apprendimento	
Maggior personalizzazione dei prodotti e/o servizi	

IN PILLOLE

Nel 2015 Nokia ha raggiunto l'accordo per l'acquisizione dell'azienda rivale franco-americana Alcatel-Lucent. Di che tipo di operazione si è trattato?

L'intesa che Nokia ha raggiunto con Alcatel-Lucent consente alle due aziende, concentrate sul mercato delle reti per la comunicazione, di aumentare la competitività e strutturarsi meglio per battere la concorrenza di Ericsson e Huawei, rivali di sempre.

Horizontal integration
Integrazione orizzontale
The merger between two firms in the same industry operating at the same stage of production.

Questo accordo di fusione, vincolato al via libero del Governo francese, è un'operazione di **integrazione orizzontale** che si verifica tutte le volte in cui un'impresa mette in atto una strategia di difesa dall'attacco di un'impresa rivale, attuando un processo esterno consistente nell'acquisizione di imprese similari.

Si tratta quindi di una strategia di sviluppo con la quale le attività di un'impresa vengono ampliate attraverso l'unione, acquisto o alleanza, con un'altra impresa che svolge le stesse attività.

Altri esempi di integrazione orizzontale:
- il **gruppo IFIL**, già proprietaria di Alpitour, ha acquisito i tour operator Francorosso, Viaggidea, Karambola e i Viaggi dell'Elefante;
- **Barilla** nel 1973 ha acquisito il controllo della Voiello.

Quali obiettivi intende raggiungere un'impresa che punta all'integrazione orizzontale?

Per l'impresa l'obiettivo è quello di aumentare la propria quota di mercato ai danni della concorrenza (rafforzando così la propria posizione e il proprio potere di mercato) attraverso:
- il completamento della gamma di prodotti;
- l'ampliamento del numero dei segmenti di mercato;
- l'allargamento dell'area geografica di vendita.

Inoltre, con l'integrazione orizzontale l'impresa sfrutta la familiarità delle produzioni con l'obiettivo di realizzare:
- **economie di scala**, grazie all'aumento di capacità produttiva;
- **economie di espansione**, grazie ai minori costi che l'impresa sostiene per aumentare la capacità produttiva esistente rispetto a un'impresa che realizza lo stesso aumento attraverso l'installazione ex novo di capacità produttiva.

In generale, in aggiunta alla riduzione di costi, quali altri tipi di vantaggio offre la strategia di integrazione orizzontale?

In generale, questa strategia produce i seguenti **vantaggi**:
- dà al mercato la possibilità di essere meglio servito attraverso l'attività congiunta di più imprese;

- favorisce per le imprese il raggiungimento di livelli più elevati di specializzazione, di realizzazione di programmi di formazione professionale, di scambio di informazioni e di specifiche competenze su particolari tecnologie e settori di attività;
- dà la possibilità alle aziende, per la realizzazione di progetti di integrazione, di utilizzare regimi di tassazione favorevoli, semplificazioni delle procedure burocratiche, interventi di sostegno e altro che derivano dal contesto giuridico-amministrativo;
- riduce il rischio della sottomissione dell'impresa al dominio di clienti e/o di fornitori.

La strategia d'integrazione orizzontale comporta anche svantaggi?

Per quanto riguarda gli **svantaggi**, l'integrazione orizzontale porta alla concentrazione delle attività di un settore nelle mani di un piccolo numero di imprese: l'impresa che integra orizzontalmente può aumentare la quota di mercato nel settore in cui opera e rafforzare la propria posizione rispetto ai competitor, minacciando di fatto la "concorrenza". Pertanto, è piuttosto osteggiata dalle autorità che disciplinano la concorrenza.

Integrazione orizzontale: vantaggi e svantaggi

IN PILLOLE

Vantaggi	Svantaggi
Economie di scala e di espansione	Eccessiva concentrazione come minaccia alla libera concorrenza
Ampliamento quota di mercato	L'aumento della dimensione aziendale può comportare sia difficoltà nel controllare il processo di crescita sia un aumento delle attività burocratiche
Possibilità di servire meglio il mercato attraverso l'attività congiunta di più imprese	Rischi legati alla concentrazione su un solo settore
Incentivo all'innovazione e all'efficienza	Problemi di coordinamento e di compatibilità
Possibilità di usufruire di una legislazione più favorevole per i progetti di integrazione	
Minore dipendenza da clienti e fornitori	

In sintesi, in quali situazioni conviene attuare l'integrazione orizzontale?

All'impresa conviene attuare l'integrazione orizzontale quando:
- intende preservare la posizione competitiva acquisita, rendendo più difficile l'ingresso nel settore di nuovi potenziali concorrenti;

- vuole difendersi da andamenti sfavorevoli del mercato;
- desidera sfruttare le potenzialità della domanda non soddisfatta nella fase di sviluppo del ciclo di vita del prodotto.

Ci sono ostacoli nell'adozione di strategie d'integrazione orizzontale?

Secondo **M. Porter** il principale ostacolo alla realizzazione di strategie di integrazione orizzontale è rappresentato dall'autonomia delle singole ASA.

Porter ha individuato i seguenti punti critici:

- i responsabili delle ASA ostacolano il processo di integrazione orizzontale quando i benefici riguardano una sola unità (o, comunque, un'unità diversa dalla propria) sebbene il risultato complessivo d'impresa sia positivo;
- i responsabili delle ASA temono di perdere la propria autonomia gestionale e il controllo sulle attività;
- i sistemi di incentivazione non sono adeguati e non portano all'accoglimento della strategia di integrazione orizzontale;
- le ASA possono presentare profonde differenze (per esempio, culturali, geografiche, ecc.) oppure possono aver sviluppato un forte senso di identità;
- se il Corporate promuove il decentramento gestionale possono esserci comunque delle remore nel cercare interrelazioni.

Esempio di integrazione orizzontale.

In precedenza si è accennato alla crescita diversificativa. In cosa consiste questo tipo di strategia?

La ***diversificazione*** è una strategia di crescita orientata alla ricerca di opportunità di sviluppo contemporaneamente di un nuovo prodotto e in un nuovo mercato.

Si tratta di una scelta assai costosa, a volte pericolosa per l'impresa, che però può apportare il maggior livello di innovazione.

In quali situazioni l'impresa è indotta a intraprendere il percorso della diversificazione?

Le imprese ricorrono alla diversificazione quando hanno la possibilità di ridurre i costi e migliorare l'efficienza del marketing sfruttando le economie di scala e di scopo.

Si tratta di una decisione che in genere le imprese assumono quando non vi sono rilevanti opportunità di crescita intensiva o integrativa.

In particolare, le imprese diversificano nelle seguenti situazioni:

- hanno la possibilità di ridurre o ripartire i rischi su aree d'affari diverse per non dipendere troppo da un determinato contesto;
- vedono diminuire le opportunità di mercato nel settore in cui esse operano e si verifica la stagnazione delle vendite;
- prospettano interessanti opportunità di espansione in settori con tecnologie e prodotti che integrano l'attività esistente;
- detengono risorse e competenze che costituiscono fattori chiave di successo per competere in altre aree d'affari;
- hanno buone opportunità di ridurre i costi operando anche in settori correlati;
- hanno la possibilità di sfruttare un marchio forte (brand) in altri ambiti per incrementare le vendite.

Quando un'impresa vuole diversificare, come sceglie le nuove attività?

La diversificazione può essere:
- concentrica (o correlata);
- pura (o conglomerale).

La diversificazione **concentrica** (o **correlata**) si realizza quando l'impresa si sposta su settori che sono complementari o che presentano qualche sinergia rispetto a quello in cui l'impresa opera. In questo modo è possibile utilizzare parte delle competenze (tecniche, organizzative, di marketing) possedute e svilupparne di nuove.

Esempi di aziende diversificate in modo concentrico:

Nestlè
- Bevande
- Prodotti a base di latte (gelato, yogurt, ecc.)
- Cibo per animali
- Piatti pronti
- Cioccolato e dolciumi
- Prodotti farmaceutici

Sony
- Televisori
- Videoregistratori
- Lettori DVD
- Pc

La diversificazione **pura** (o **conglomerale**) si realizza con una estensione dell'attività verso aree completamente nuove. In genere per far fronte alla mancanza di competenze si ricorre all'acquisizione di imprese già operanti.

Un esempio di tale diversificazione è fornito dal Gruppo Armani.

Due giorni, una notte

Film drammatico
di J. Pierre e Luc Dardenne, 2014

Sandra ha due giorni e una notte per convincere i propri colleghi di lavoro a rinunciare a un bonus di produzione di 1.000 euro per evitare il suo licenziamento. Non ha niente da offrire loro. Come è possibile che accettino? Il dramma di una giovane donna per capire se esiste ancora solidarietà nel nuovo mondo del lavoro.

- Guarda il film e discutine con i compagni e l'insegnante.

GIORGIO ARMANI

Dalla moda all'arredamento, dal ristorante ai fiori e ai dolci

Così, oltre alle collezioni in passerella – che restano il core business della marca – abbiamo visto l'apertura del grande spazio Armani di via Manzoni a Milano, con le ultime tendenze dello stile "casa", del ristorante Nobu, dove poter gustare la più raffinata cucina giapponese, di Armani Fiori e di Armani Dolci, ultimo spazio creato all'interno del centro del lusso milanese. Praline di cioccolato (al latte, fondente, bianco, beige), monoporzioni di mousse e di dolci al cucchiaio, tè esotici, caffè di piantagioni lontane, marmellate... Naturalmente in confezioni sofisticate con fiori come sigilli e fialette che mantengono il fresco. Il tutto nell'inconfondibile stile Armani, che oramai copre tutti i sensi. Il caso Armani mette in luce una diversa ottica e differenti obiettivi. Non si tratta di allargare il business né tantomeno di aumentare il fatturato. Si tratta di "creare valore", di "occupare spazi di mente" dei consumatori, diventare il più qualificato e il sempre presente interlocutore del cliente nelle sue occasioni più importanti e soprattutto continuare ad essere il rappresentante dello stile e dell'eleganza anche al di là dei capi di abbigliamento.

«businessonline.it»

Al di là di scelte strategiche specifiche, per le imprese esiste comunque un orientamento strategico di fondo?

L'impresa, sulla base delle proprie caratteristiche, del mercato in cui opera e degli obiettivi fissati, definisce il proprio orientamento strategico di fondo, utile a dare coerenza a tutte le decisioni che saranno prese ai diversi livelli. A questo proposito è molto utile il **modello di Porter** (fig. 10) che individua quattro strategie di base che possono essere adottate da qualsiasi impresa per ottenere un vantaggio competitivo.

Come sono classificabili le strategie di base individuate da Porter?

Sono classificabili sulla base di due dimensioni:

- **natura del vantaggio competitivo**, che può consistere in una leadership di costo oppure nella capacità di differenziarsi dalla concorrenza;
- **dimensione dell'ambito competitivo**, che può essere ampia o limitata, a seconda che la strategia interessi il mercato nel suo complesso o sia mirata a una parte di esso.

Incrociando le due dimensioni si individuano le quattro strategie di base di Porter.

Figura 10

Le fonti del vantaggio competitivo e le strategie di base (Porter)

	FONTI DEL VANTAGGIO COMPETITIVO	
	Bassi costi	**Differenziazione**
AMBITO COMPETITIVO	STRATEGIE DI BASE	STRATEGIE DI BASE
Obiettivo ampio (mercato)	1. **Leadership di costo** Esempi: Wal-Mart, Toys, H&M, Ryanair	2. **Differenziazione** Esempi: Nokia, Apple, Barilla, Illy
Obiettivo limitato (specifico segmento di prodotti o di acquirenti, chiamato anche segmento obiettivo o di nicchia)	3. **Focalizzazione sui costi** Esempi: le catene della distribuzione Sidis, Coop, Sigma, Auchan, Airone (charter)	4. **Focalizzazione sulla differenziazione** Esempi: Emporio Armani, Rolls Royce, le catene alberghiere Hilton e Marriot, Ferrari

Dal quadrante 1 emerge la strategia della leadership di costo. In che cosa consiste?

Si tratta di una strategia che consente una notevole competitività di prezzo, grazie a una struttura dei costi di produzione decisamente inferiore rispetto alla concorrenza. Essa si basa su una forte efficienza aziendale derivante soprattutto dalla capacità di sfruttamento delle economie di scala e di apprendimento, facendo attenzione a non sacrificare troppo la qualità del prodotto.

Toys 'R' Us detiene il 40% del mercato americano dei giocattoli. L'impresa è considerata una *category killer*, un'impresa, cioè, che avendo conquistato una leadership di costo, grazie ai grandi volumi di acquisto, riesce a praticare prezzi talmente bassi da rendere difficile la vita alla concorrenza.

Dal quadrante 2 emerge la strategia della differenziazione. In che cosa consiste?

La strategia di differenziazione consiste nella capacità da parte di un'impresa di creare un prodotto percepito come "unico" nell'ambito del settore grazie alla presenza di notevoli elementi di distinzione, in modo che i consumatori lo preferiscano a quello dei concorrenti e siano disposti a pagare un *premium price,* cioè un prezzo superiore alla media del settore.

All'impresa in questo caso viene riconosciuta una precisa immagine, che le consente di ottenere la preferenza di un'ampia porzione del mercato. Un esempio è costituito dalla multinazionale Nokia, che si distingue dalla concorrenza per design, immagine di marca, funzionalità del prodotto, innovazione tecnologica.

Un'impresa infatti può scegliere vari modi per differenziare prodotti e servizi rispetto ai rivali. I fattori di distinzione possono essere:

- simbolici (design, immagine di marca)
- funzionali (tecnologia avanzata, qualità superiore, servizi di assistenza, sistema di distribuzione, ecc.).

Le ricerche dimostrano che puntando su questi elementi si può creare una strategia di differenziazione efficace, capace di generare profitti più alti rispetto a una strategia centrata sui bassi costi, in quanto rappresenta per i concorrenti una barriera più difficile da superare.

STRATEGIA DI DIFFERENZIAZIONE: IL CASO APPLE

- **Anticipa i bisogni del consumatore** lanciando prodotti innovativi che fanno tendenza e a volte creano nuovi mercati (iMac, iPod, iPhone, iPad...)
- Ha sviluppato una **forte Brand Identity in cui il consumatore si identifica** come parte di una tribù (slogan: *"I'm a Mac"*)

Le strategie di focalizzazione risultanti dai quadranti 3 e 4 in che cosa consistono?

La strategia di focalizzazione **sui costi** (quadrante 3) richiede il raggiungimento di una elevata efficienza e conseguentemente la riduzione dei costi, al fine di offrire a prezzi contenuti i propri prodotti, che però sono destinati a ristretti segmenti di mercato. Un esempio è fornito da piccole aziende produttrici di articoli per stampanti che realizzano toner e cartucce compatibili a basso costo: analizzano le cartucce di marca e ne producono una versione simile senza violare i brevetti delle case madri.

La strategia di focalizzazione **sulla differenziazione** (quadrante 4) è perseguita dalle imprese che si specializzano su uno o pochi segmenti di mercato offrendo beni o servizi ritenuti migliori rispetto a quelli dei concorrenti. Un esempio è costituito da Emporio Armani, la linea più giovanile e *trendy* della produzione di Giorgio Armani oppure da Ferrari, la casa automobilistica fondata da Enzo Ferrari, che produce autovetture sportive d'alta fascia e da gara; essa gestisce, tra l'altro, una delle più titolate squadre sportive.

A livello internazionale sono state definite delle strategie che consentono alle imprese di essere competitive?

Michael Porter esamina la creazione del **vantaggio competitivo** a livello di sistema Paese (1990), attribuendolo allo stretto legame tra territorio ed economia.

La sua teoria dello sviluppo locale è riassunta nel seguente modello conosciuto come "**diamante di Porter**" (Porter's Diamond) (fig. 11).

Figura 11

Il "diamante" del vantaggio competitivo della nazione di M. Porter

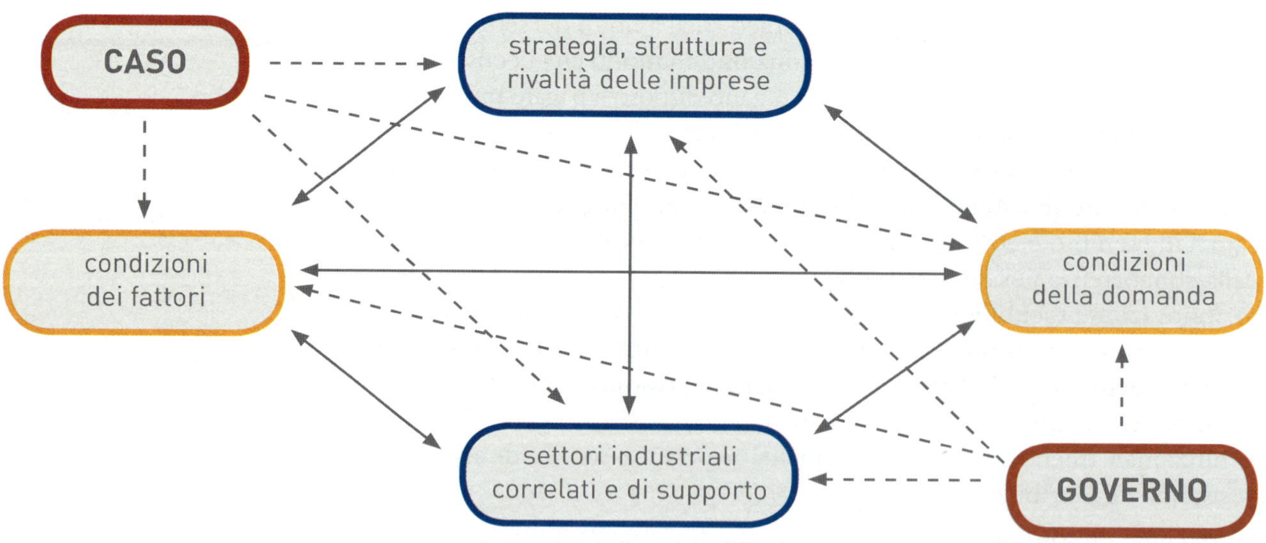

M.E. Porter, The Competitive Advantage of Nations*, New York, Free Press, 1990 - Elaborazione da Grandinetti e Rullani, 1996.*

In tale modello identifica 4 fattori determinanti del vantaggio competitivo di una Nazione.

1. **Condizione dei fattori produttivi**. Si tratta:
   - sia delle risorse sviluppate internamente, cioè di quelle risorse naturali, infrastrutturali, sociali e culturali che un Paese è capace di trasformare in vantaggio competitivo, come la tradizione artigianale e industriale italiana che ha imposto il Made in Italy (Ferrari nel settore auto, ultimamente Eataly in campo culinario e Grom, sinonimo di un gelato qualitativamente eccellente);
   - sia delle risorse altamente specializzate, quali la forza lavoro qualificata, il capitale, le infrastrutture.
2. **Settori industriali correlati e di sostegno**: la presenza di fornitori con base nazionale, ma competitivi sul piano internazionale, assicura alle imprese risparmi di costo nell'ottenimento degli input, stimola l'innovazione e migliora la qualità del prodotto finale. In Italia, il sistema dei distretti industriali, le accademie e le scuole professionali hanno creato sinergie che hanno permesso di innovare i prodotti, associando alla qualità estetica e creativa degli stessi quella dei materiali e della manifattura.
3. **Condizioni della domanda**: i gusti, le inclinazioni, le esigenze, gli stili di vita dei consumatori spronano le imprese a migliorare la qualità dei prodotti.
4. **Strategie, struttura delle imprese e, soprattutto, la concorrenza nel mercato interno** stimolano l'innovazione e la ricerca del vantaggio competitivo. In Italia, per esempio, l'industria calzaturiera è riuscita a imporsi sulla scena mondiale per l'agguerrita concorrenza presente all'interno del Paese fra imprese come Bruno Magli, MAB, Rossimoda, che ha prodotto per Christian Dior e Anne Klein Couture.

A questi 4 fattori Porter aggiunge poi le **istituzioni pubbliche**, le cui politiche nazionali di sostegno alle imprese aiutano il processo di creazione del vantaggio competitivo, e gli **eventi casuali** incontrollabili dalle singole imprese, come nuove invenzioni, crisi economiche, guerre, ecc., che provocano il successo o il decadimento del settore.

La tesi di Porter è stata sottoposta a critiche da parte degli studiosi Richard Nelson e Sidney Winter (1982), secondo i quali è limitativo sostenere che le capacità competitive delle imprese dipendano esclusivamente dal sistema nazionale. A loro avviso, in uno scenario globale, in continua evoluzione, la strategia deve diventare una **strategia evolutiva**, cioè orientata allo sviluppo dell'impresa secondo un percorso di apprendimento-adattamento all'ambiente, attuabile attraverso innovazioni organizzative (di processo e tecnologiche).

IL DIAMANTE DEL VANTAGGIO COMPETITIVO DI PORTER

- Condizioni dei fattori produttivi
- Settori industriali correlati e di sostegno
- Condizioni della domanda
- Strategia, struttura e concorrenza
- Istituzioni pubbliche
- Caso (o anche eventi casuali)

MAPPA UNITÀ C1

IMPRESA (ART. 2082 C.C.)

valuta

la sua posizione attuale

contribuisce

assieme alle altre imprese a fare del territorio una variabile fondamentale della sua azione strategica, determinando il successo internazionale di un Paese (**Modello del "diamante" di Porter**).

definisce

il proprio orientamento strategico attraverso le **strategie di base del modello di Porter** per ottenere un vantaggio competitivo

dichiara

i suoi obiettivi:
- mission
- vision

attraverso

- analisi del microambiente
- analisi del portafoglio prodotti (matrici di portafoglio: a) BCG b) GE) e strumento BSC
- analisi del macroambiente
- matrice performance/importanza

elabora

processo di pianificazione strategica

obiettivo

Crescita

può scegliere

- strategia di crescita **intensiva** (matrice di Ansoff)
- strategia di crescita **integrativa**
- strategia di crescita **diversificativa** (matrice di Ansoff)

che si svolge

- a livello Corporate
- a livello Unità operativa
- a livello ASA (area di attività dell'impresa sottoposta al controllo della USA e valutata tramite l'analisi SWOT)
- a livello funzionale

il livello ASA coincide

- con un mercato
- con un segmento di mercato
- con un singolo prodotto

l'area ASA è identificata

dalle seguenti variabili:
- clienti
- bisogni
- tecnologie

secondo l'approccio tridimensionale di Abell

MAPPA UNITÀ C1

IMPRESA (ART. 2082 C.C.)

↓ dal punto di vista economico è

una catena verticale di attività

↓ che vengono svolte

- **in proprio** (scelta **make**): scelta di integrazione **verticale** a monte e a valle
  - comporta
    - **vantaggi**
      aumento del valore aggiunto
    - **svantaggi**
      - costi organizzativi
      - costi fissi di produzione più elevati

- **in proprio** (scelta **make**): scelta di integrazione **orizzontale** (strategia di difesa dall'attacco di un'impresa rivale)
  - comporta
    - **vantaggi** (economie di scala, economie di espansione, specializzazione, ecc.)
    - **svantaggi** (concentrazione che impedisce la concorrenza, ecc.)
    - **ostacoli** causati dall'autonomia delle singole ASA

- **affidate a imprese indipendenti** (scelta **buy**) – esternalizzazione
  - comporta
    - **vantaggi**
      - maggiore efficienza delle imprese indipendenti
      - economie di scala o di apprendimento
    - **svantaggi**
      - costi per scarso coordinamento
      - perdita di informazioni importanti
      - costi di transazione

Verifiche 1

1) TROVA L'ERRORE IN OGNI FRASE

Competenza: acquisire e riconoscere i contenuti chiave

A. Nella matrice del Boston Consulting Group (BCG) l'attrattività del mercato (settore) è misurata dal livello di crescita del mercato e dai fattori che spiegano le caratteristiche del settore e del gruppo strategico; la posizione competitiva è misurata dalla quota di mercato relativa sulla base dei punti di forza di cui l'impresa dispone.

B. La vision si correla con ciò che deve essere compiuto.

C. Si ha una crescita diversificativa quando l'impresa vuole ottenere una maggiore penetrazione del mercato in cui già opera.

D. La scelta di *make-or-buy* è una scelta, rispettivamente, di esternalizzazione o di internalizzazione.

E. L'integrazione verticale si verifica tutte le volte che un'impresa mette in atto una strategia di difesa dall'attacco di un'impresa rivale, attuando un processo esterno consistente nell'acquisizione di imprese similari.

2) COLLEGA LE ESPRESSIONI CONTRASSEGNATE DA UNA LETTERA CON QUELLE INDICATE DA UN NUMERO

Competenza: individuare collegamenti e relazioni

A. La Volkswagen acquista un'azienda produttrice di pneumatici

B. Il gruppo tessile Marzotto acquista una casa editrice

C. La catena di supermercati Esselunga acquista un'altra azienda mercantile per potenziare la propria rete di vendita

D. Barilla, impresa da tempo produttrice di pasta e prodotti da forno, introduce una linea di alimenti senza glutine

E. Luisa Spagnoli, impresa di confezioni di alta moda, acquista una catena di negozi di abbigliamento

F. Alessi, impresa produttrice di oggetti di design, ha recentemente introdotto lo Spremiagrumi "Juicy Salif" negli Emirati Arabi

1. Aumento o diminuzione della Strategia di integrazione orizzontale
2. Strategia di integrazione verticale
3. Strategia di diversificazione
4. Strategia di sviluppo del prodotto
5. Strategia di sviluppo del mercato
6. Strategia di leadership di costo

A	B	C	D	E	F

3) INDICA SE LE SEGUENTI AFFERMAZIONI SONO VERE O FALSE. SE LE RITIENI FALSE GIUSTIFICA LA RISPOSTA

Competenza: acquisire, interpretare l'informazione e comunicare

	VERO	FALSO
A. Cash cow: basso tasso di crescita del mercato, bassa quota di mercato.		
B. La matrice importanza-performance è una matrice di portafoglio.		
C. Uno strumento utile a classificare le strategie di crescita intensiva e diversificativa è la matrice di Ansoff.		
D. Sui costi di produzione incidono le economie di scala.		
E. Man mano che l'internalizzazione passa dallo 0 al 100% i costi di transazione aumentano in modo più che proporzionale, mentre i costi organizzativi diminuiscono sempre più lentamente.		

4) RISOLVI I SEGUENTI PROBLEMI

Competenza: risolvere problemi

La ACQUAMARINA spa, operante nel settore dell'alta moda con un'immagine positiva conquistata grazie all'alta qualità dei suoi prodotti, negli ultimi quattro anni ha registrato un calo progressivo delle vendite e dei ricavi.
La Direzione, ravvisando la gravità della situazione, ha preso in considerazione alcune strategie di intervento alla luce delle seguenti considerazioni, relative a quanto avvenuto negli ultimi anni:

- le vendite hanno registrato un trend negativo, dovuto a una crisi del settore dell'alta moda;
- si è verificato un cambiamento nello stile di vita dei consumatori e nella scelta dei consumi;
- notevole è stato l'incremento dei costi di produzione, con riflesso sul prezzo di vendita.

In considerazione di ciò si sono formulate le due ipotesi seguenti:

A. diversificare il prodotto offerto sul mercato per avvicinarsi a un nuovo *target* di riferimento (consumatori compresi in una fascia di età tra i 18 e i 30 anni);

B. riorganizzare il processo produttivo-distributivo per un'ottimizzazione dei costi.

Scegli l'alternativa che ti sembra percorribile con maggiore possibilità di successo, motivandola e precisandone le modalità di realizzazione.

5) RISPONDI AI SEGUENTI QUESITI IN UN MASSIMO DI 5/6 RIGHE

Competenza: saper organizzare e sintetizzare i contenuti

A. Che cos'è la filiera produttiva?

B. Che cos'è e come si realizza la pianificazione strategica?

C. A che cosa serve la matrice BCG?

D. Che cosa si intende per strategia di mietitura?

E. In che cosa consiste e quando dovrebbe essere intrapresa l'azione di dismissione?

F. Quali decisioni dovrebbero scaturire dal confronto tra costi organizzativi e costi di transazione?

G. Secondo Michael Porter quali sono le strategie di base per avere un vantaggio competitivo?

H. Quali sono i rischi e i vantaggi della diversificazione?

1) What's the strategy of growth?
Choose the right answer among the ones listed below and fill in the gaps

A. A company, which manufactures refrigerators, enters into the business of air conditioners ______

B. A firm in the clothing industry decides to produce fibres ______

C. An American company of natural health care products purchases its Hong Kong distributor Green Life Ltd ______

D. Volkswagen buys Porsche ______

E. A company which manufactures television sets assembles an assembly line ______

F. A car producer increases promotional activities and cuts prices ______

G. Film distributors owning cinemas and digital streaming platforms ______

H. A company which manufactures television sets assembles an assembly line ______

I. Iberia and British Airways sign merger agreement ______

L. Drinks manufacturers buying bottling plants ______

M. In the Canadian province of Quebec, McDonald's offers poutine, a traditional dish of French fries, gravy and curd cheese ______

N. Car dealer starts a finance company to finance hire purchase of cars ______

[Horizontal integration, Vertical integration (Forward or Backward), Diversification (concentric or conglomerate), Market development, Market penetration, Product development]

2) Answer to the following questions

A. Explain horizontal and vertical integration strategies.
B. What's the diversification? Explain why it's followed.
C. Describe the Product Development Strategy.

UNITÀ

2 Soggetti, mercati, prodotti e organi del sistema commerciale

Eataly in affari con Amazon, venderà cibo online a New York

Accordo sperimentale tra Amazon e Eataly: a New York il cibo italiano verrà distribuito online dal gigante di Internet

Eataly entra in affari con Amazon per la consegna di cibo fresco su prenotazione online a New York. Come rivelano alcune testate internazionali, il colosso americano dell'e-commerce guidato da Jeff Bezos sta espandendo il suo servizio *Prime Now* di consegna veloce di cibo proveniente da alcuni esercizi commerciali di Manhattan.

Attraverso l'app *Prime Now* (per un abbonamento annuale di 99 euro si ha diritto a due consegne al giorno) gli utenti possono ordinare alimenti, cibo preparato e pietanze cotte da D'Agostino, Gourmet Garage e Billy's Bakery. La consegna in due ore è gratis per gli abbonati a Prime, quella in un'ora costa 7,99 dollari extra. Il servizio è iniziato ieri in alcuni quartieri di Manhattan e si allargherà ad altri nelle prossime settimane.

Presto, scrivono i giornali americani, il servizio includerà anche Eataly. Si tratta di un esperimento innovativo per la catena di ristoranti ideata e gestita da Oscar Farinetti. E certamente, se l'esperimento avrà successo, si aprirà una nuova strada per l'Italian food venduto online negli Usa.

Luciana Maci
«EconomyUp», quotidiano on line dell'economia digitale e dell'innovazione, 12 giugno 2015

attività

1. Come nasce Amazon e cosa offre agli utenti del web?
2. Di che cosa si occupa Eataly e qual è il suo tratto distintivo e originale?
3. Che cos'è Amazon *Prime Now*?
4. In breve, la partita dell'e-commerce dell'alimentare su che cosa si sta giocando?

CURIOSITÀ

La Ford Motor Company, all'inizio della sua produzione di massa, costruisce un solo tipo di automobile, il leggendario modello T di colore nero, prodotto dal 1908 al 1928, tanto che Henry Ford è celebre per la sua frase: «Potete avere un'automobile di qualunque colore, purché sia nera».

Con il crescere del benessere, la General Motors avvia la politica della produzione di una gamma di modelli studiati per le esigenze di una clientela differenziata. *Il gusto del consumatore inizia a diventare una componente nella strategia della produzione di massa.*

1 IL RUOLO DEL MARKETING NEL MERCATO ATTUALE

Il processo di globalizzazione, che caratterizza l'attuale fase di sviluppo del sistema economico di mercato, ha costretto le grandi aziende internazionali, già dalla fine degli anni Ottanta del secolo scorso, a operare in mercati globali, in continua competizione fra loro e in condizioni di eccesso di offerta, con prodotti sempre più sofisticati, ma resi rapidamente obsoleti dalla facile imitabilità. In tale contesto, caratterizzato da forti tensioni competitive, l'imperativo concorrenziale diventa "prima si vende e poi si produce", per cui l'impresa, se vuole sopravvivere e crescere, deve adattarsi a produrre ciò che soddisfa i gusti e le esigenze dei consumatori, intensificando l'attività di marketing, finalizzata allo studio del comportamento degli acquirenti con lo scopo di stimolarne la domanda.

Cosa si intende più precisamente con il termine "marketing"?

Marketing
Marketing
It is an organizational function and a set of processes to create, communicate, deliver value to customers and to manage relationships with them so that this will serve to benefit the organization and its stakeholders.

Promotion
Promozione
The act of furthering the growth or development or the acceptance and sale of merchandise through advertising, publicity, or discounting.

La parola inglese **marketing** deriva da "market" (mercato) e il verbo "to market" significa piazzare sul mercato. Pertanto, con tale termine, si fa riferimento – in senso tecnico – all'insieme dei metodi e degli strumenti più appropriati usati dall'impresa per affrontare il mercato. Non è possibile una traduzione precisa della parola, tanto che negli anni sono state proposte numerose definizioni di "marketing"; attualmente la più condivisa è quella fornita dall'**American Marketing Association**, l'associazione dei professionisti del marketing in America, che definisce il marketing "una funzione organizzativa e un insieme di processi volti a creare, comunicare, trasferire valore ai clienti e a gestire i rapporti con essi in modo che ciò vada a vantaggio dell'organizzazione e dei suoi portatori di interessi".

Dalla definizione citata appare come il marketing sia un'attività complessa e ampia, che si propone di:
- creare valore sia per l'impresa sia per i clienti attraverso lo scambio dei beni, dei servizi e delle idee;
- avviare, attraverso la comunicazione tra produttori e consumatori, una collaborazione duratura tra questi soggetti, in grado di consentire all'impresa di proiettare all'esterno una forte immagine aziendale.

Che cosa si intende per comunicazione?

APPROFONDIMENTO ONLINE
Le strategie di comunicazione

Il concetto di comunicazione include sia la **promozione**, cioè le iniziative delle imprese indirizzate a promuovere le vendite dei loro prodotti o servizi, facendoli conoscere al mercato e informando e persuadendo i consumatori, sia le attività che le imprese stesse svolgono relativamente alla gestione delle loro **relazioni con il pubblico** e alla costruzione di un'identità di marca e di reputazione.

In una situazione come quella attuale, caratterizzata da forte concorrenza e instabilità dei mercati, la chiave del successo del marketing viene cercata da parte dell'impresa nella costruzione di una relazione con i suoi clienti, con il proposito di "fidelizzarli" attraverso l'offerta di benefici che ai loro occhi vengono percepiti come un "valore" unico, inteso o come vantaggio economico (miglior prezzo) o come performance di prodotto (miglior prodotto) o come livello di personalizzazione (miglior servizio pre e postvendita). A tal proposito si è affermato negli ultimi decenni il cosiddetto "**marketing relazionale**", che si propone come scopo quello di stabilire relazioni con i clienti il più possibile personalizzate, in grado di costruire rapporti duraturi e continuativi che non si esauriscano in un singolo atto di scambio. Per ottenere il meglio da un rapporto relazionale si è sviluppato il **Customer Relationship Management (CRM)**, un nuovo metodo di lavoro e di gestione dei processi che permette alle aziende di individuare e gestire i profili dei clienti acquisiti e potenziali. In questo modo, si possono mettere a punto attività e strategie che aiutano, da un lato, a catturare nuovi clienti e, dall'altro, a massimizzare i profitti sui clienti fedeli, cercando di comprenderne esigenze e aspettative.

Per impostare un'attività di marketing efficace quali passi devono compiere le imprese?

Bisogna premettere, innanzitutto, che il marketing impone alle imprese il conseguimento dei seguenti obiettivi:

- individuare i bisogni insoddisfatti e i desideri dei clienti potenziali, soprattutto nel caso di nuovi prodotti;
- soddisfare i bisogni di uno specifico gruppo di potenziali consumatori o mercato obiettivo (i destinatari delle attività di marketing che rappresentano la domanda di mercato).

A tale scopo è fondamentale che l'impresa raccolga informazioni dettagliate e precise su tutto ciò che rappresenta il mercato e l'ambiente in cui agisce, procedendo a effettuare tre tipi di analisi.

- **Analisi dei clienti**, diretta a identificare i potenziali clienti, stimarne la quantità e stabilire il loro comportamento. Nel condurre questa analisi sui clienti, l'impresa cerca di individuare con precisione il bisogno o il desiderio che il suo prodotto soddisfa o contribuisce a soddisfare, tenendo conto del fatto che il comportamento del consumatore è condizionato anche dal prezzo del bene e dalle caratteristiche dei prodotti dei concorrenti.
- In molti casi è necessario che l'impresa effettui la cosiddetta **segmentazione del mercato**. Tale procedura consiste, in primo luogo, nell'individuazione, da parte dell'impresa, del **segmento di mercato**, cioè del settore produttivo e merceologico, in cui operare. Dal momento della sua individuazione tale segmento diventa una ASA. In secondo

LE LEVE DELLA COMUNICAZIONE (COMMUNICATION MIX)

- vendita mediante personale
- pubblicità
- promozioni vendite orientate al consumatore
- promozioni vendite orientate alle aziende
- pubbliche relazioni
- tecniche di comunicazione non convenzionale

PETER DRUCKER
(GURU DEL MANAGEMENT):
«Esiste una sola definizione di obiettivo aziendale: creare il cliente».

Relationship marketing
Marketing relazionale
Marketing activities focusing on customers retention and satisfaction to encourage long-term relationships.

Customer Relationship Management (CRM)
Gestione delle relazioni con il cliente
Entails all aspects of interaction that a company has with its customers, whether it is sales or service-related.

Market segmentation
Segmentazione del mercato
Division of the market into smaller groups of buyers with different needs, characteristics and behaviors, that may require customized products and marketing mix (Philip Kotler and Gary Armstrong).

Market segment
Segmento di mercato
An identifiable group of consumers sharing one or more characteristics or needs in an otherwise homogeneous market.

PER IMPOSTARE UN'EFFICIENTE ATTIVITÀ DI MARKETING LE IMPRESE DEVONO EFFETTUARE:
- analisi dei clienti;
- analisi dei concorrenti;
- analisi dell'ambiente esterno.

Segmentazione
Riguarda la diversità della domanda, cioè la diversità dei bisogni espliciti e impliciti dei clienti potenziali che formano il mercato.

Diversificazione
Riguarda la varietà dell'offerta, ossia l'aumento da parte delle imprese della gamma dei prodotti all'interno del loro portafoglio prodotti.

luogo, l'impresa procede a suddividere in vari gruppi i consumatori che hanno bisogni, aspettative e comportamenti d'acquisto internamente omogenei riguardo al suo prodotto/servizio, ma con profili di domanda tra loro distinti. Per esempio, nel segmento di mercato delle scarpe sportive ci sono consumatori che comprano scarpe per fare sport e altri più attratti da comfort, stile, prezzo; nel segmento di mercato delle automobili c'è chi desidera acquistare un'utilitaria, chi un'auto che gli dia prestigio, chi vuole un'auto sportiva, chi vuole un Suv, chi vuole un'auto spaziosa e confortevole, chi vuole una city car, e così via. Pertanto l'impresa, se vuole servire un più alto numero di clienti, deve trasformare il segmento di mercato individuato (ASA) in Strategic Business Unit (SBU), al fine di sviluppare piani specifici di marketing per ogni profilo di consumatore individuato.
- **Analisi dei concorrenti**, al fine di individuare i loro punti deboli, organizzare la propria impresa, capire come differenziare in modo vantaggioso la propria offerta.
- **Analisi dell'ambiente esterno**, allo scopo di individuare opportunità e possibili minacce provenienti da esso, di cui si parlerà più specificatamente nel paragrafo 3.

Esistono strumenti che possono agevolare l'impresa nelle sue analisi?

STRUMENTI DELL'ANALISI DI MERCATO

↓

- ISTAT
- CENSIS
- SUAP
- RICERCHE DI MERCATO
- ......

Pur non esistendo una procedura universale per l'analisi di mercato, per lo più legata alla natura dell'idea imprenditoriale, l'impresa può avvalersi di alcuni strumenti idonei ad agevolare le sue ricerche. Ne citiamo alcuni:
- le banche dati dell'**Istat** (l'Istituto nazionale di statistica), per acquisire dati sulla popolazione, sulla situazione economica e sociale;
- le analisi del **Censis** (Centro Studi Investimenti Sociali), utili per cogliere aspetti inerenti all'evoluzione della struttura sociale e dei comportamenti individuali;
- lo **Sportello Unico per le Attività Produttive** (**Suap**), uno strumento di semplificazione amministrativa che mira a coordinare tutti gli adempimenti richiesti per la creazione di imprese, con il compito di snellire e semplificare i rapporti tra i cittadini che vogliono aprire un'impresa e la Pubblica amministrazione italiana;
- le **ricerche di mercato** che possono essere:
  - **di tipo qualitativo**, con finalità prevalentemente esplorative per raccogliere indicazioni utili per la soluzione di un problema. Tale ricerca non offre risultati statisticamente utilizzabili, ma può fornire stimoli interessanti. Avviene spesso con interviste individuali o tramite *focus group*, ossia interviste condotte su un ristretto numero di persone inducendole a parlare tra loro, in profondità, di un certo argomento; dalla dinamica della discussione di gruppo, si può capire in anticipo quale potrebbe essere la reazione dei consumatori di fronte a un determinato prodotto;
  - **di tipo quantitativo**, con la finalità di descrivere i fenomeni attra-

verso il reperimento e l'analisi di dati numerici. Rientrano in questa categoria le ricerche basate sull'osservazione (per esempio del comportamento del consumatore nei supermercati), sulla raccolta di dati mediante un questionario o tramite i lettori di codici a barre alla cassa di un supermercato, o ancora attraverso test che rilevano gli aspetti emozionali, razionali, di esperienza che legano i consumatori all'uso e all'acquisto di un prodotto, ecc.

SCHEMA DEL PIANO DI MARKETING:
- **analisi della situazione**;
- **definizione delle variabili esterne**:
  - **macroambientali** (socio culturali, economiche, tecnologiche, politico-legislative);
  - **microambientali** (domanda, concorrenza, distribuzione);
- **posizionamento**;
- **azioni di marketing mix**;
- **piano operativo d'azione**;
- **risultati attesi** (di mercato, economico-finanziari).

Una volta effettuata l'analisi di mercato, quali valutazioni deve fare l'impresa riguardo se stessa?

Una volta effettuata l'analisi di mercato, l'impresa deve definire i suoi obiettivi generali e sviluppare la strategia più coerente per raggiungerli. In particolare deve individuare:
- la tipologia di prodotto o servizio che intende offrire;
- gli obiettivi di reddito che intende raggiungere, tenendo realisticamente conto:
  - dei dati raccolti riguardanti il settore in cui intende operare (prezzo medio del prodotto/servizio considerato, dati quantitativi del mercato, redditività media delle imprese concorrenti);
  - delle caratteristiche dell'impresa (i suoi punti di forza per cogliere le opportunità ed evitare le minacce provenienti dal mercato, i suoi punti di debolezza per renderli minimi e fronteggiare le minacce), delle risorse finanziarie e umane di cui dispone, nonché della localizzazione prevista.

È prevista la redazione, da parte dell'impresa, di un documento apposito che le permetta di sviluppare le sue strategie?

L'impresa raccoglie le informazioni derivanti dalle fasi precedenti nel **Piano di marketing**, che le permette di cercare il proprio "**posizionamento**", ossia di definire le strategie che consentono di collocare il suo bene o servizio nel sistema di percezione del consumatore, al fine di differenziarsi dai concorrenti e di raggiungere una posizione distinta e apprezzata nella mente dei clienti-obiettivo.

A tal proposito l'impresa prende le decisioni più opportune riguardanti i seguenti aspetti:
- **cosa vendere**, ossia la scelta delle caratteristiche che deve possedere il prodotto;
- **a che prezzo vendere**, quindi la scelta del prezzo più idoneo per stimolare la clientela all'acquisto e per influire sul posizionamento della marca dei prodotti dell'impresa sul mercato ma, al contempo, in grado di permettere all'impresa di raggiungere gli obiettivi di reddito e di sopportare i costi di produzione, promozione e distribuzione;
- **come vendere**, cioè la scelta di quell'insieme di attività necessarie a far

Marketing plan
Piano di marketing
It is a business document written for the purpose of describing specific marketing objectives covering a period of one to five years.

A product's position
Posizionamento
It is a way of emphasizing the distinctive characteristics/features of a product /brand that make it different from its competitors and appealing to the public.

Posizionamento
Processo per creare un'immagine nella mente dei consumatori.

PER TROVARE IL PROPRIO POSIZIONAMENTO L'IMPRESA DEVE DECIDERE:
- cosa vendere;
- a che prezzo vendere:
- come vendere;
- come comunicare.

IL MARKETING MIX

- 1. PRODUCT (PRODOTTO)
- 2. PRICE (PREZZO)
- 3. PLACEMENT (PIAZZAMENTO/ DISTRIBUZIONE)
- 4. PROMO COMUNICATION (COMUNICAZIONE PROMOZIONALE/ PUBBLICITÀ)
- 5. PERSONAL SELLING (VENDITA DIRETTA)
- 6. PEOPLE (PERSONE)
- 7. PROCESS (PROCESSO)
- 8. PHYSICAL EVIDENCE O PHYSICAL ENVIRONMENT (EVIDENZA FISICA)

Marketing communication
Comunicazione
One of the elements of the marketing mix consisting of all the coordinated promotional messages delivered through one or more channels such as print, radio, television, direct mail, and personal selling.

giungere un determinato prodotto al consumatore finale, con i vari passaggi intermedi. La decisione più importante che l'impresa deve assumere in tale materia è stabilire se vuol distribuire i suoi prodotti da sola o avvalersi di una rete di intermediari, come per esempio grossisti o agenti di commercio;

- **come comunicare**, ovvero la scelta di strategie di promozione che devono portare i potenziali clienti a riconoscere i prodotti dell'impresa rispetto a quelli dei concorrenti, collegando a essi delle ben distinte qualità positive.

In altre parole l'impresa, attraverso il Piano di marketing, sviluppa un programma decisionale strategico con il quale raggiungere i consumatori, utilizzando una combinazione di strumenti, definiti **Marketing mix**, il cui ruolo è fondamentale per costruire e gestire le relazioni con il mercato obiettivo e, in particolare, per realizzare il posizionamento del prodotto.

Le variabili che tradizionalmente vengono incluse nel marketing mix sono le cosiddette "**4P**", teorizzate inizialmente da Jerome McCarthy: **prodotto** (**P**roduct: decisioni riguardanti le caratteristiche che deve avere il bene per soddisfare le esigenze dei potenziali clienti e i servizi accessori offerti, come l'assistenza post vendita), **prezzo** (**P**rice: comprende i termini e le condizioni di pagamento, gli sconti, ecc.), **distribuzione** (**P**lace, cioè punto di vendita: decisioni riguardanti il contesto in cui il prodotto sarà reso disponibile al cliente, per esempio tramite vendita diretta, per corrispondenza, via internet, ecc.), promozione (**P**romotion) o, meglio, **comunicazione aziendale** (attività aventi lo scopo di creare nel consumatore interesse e consapevolezza, come offerte speciali, mostre, comunicati stampa, ecc.).

Attualmente sono state ampliate per includervi:
- la **vendita diretta**: insieme delle attività di supporto e informazione per il potenziale cliente svolte dall'intermediario o dal venditore stesso;
- la **formazione del personale**: attività volte a qualificare il personale addetto alle vendite in termini di conoscenze, know-how e modo di relazionarsi con il cliente;
- il **processo di produzione**: insieme di procedure e misure che, minimizzando i costi, rendono efficiente e funzionale il sistema produttivo e rispondono alle esigenze dei clienti (velocità, completezza ecc.);
- l'**evidenza fisica**: attività rivolte a potenziare i servizi attraverso il miglioramento degli aspetti fisici degli stessi, in modo che i consumatori ne abbiano una buona percezione. Per esempio, il consumatore ha una positiva percezione del servizio di trasporto fornito da un'impresa se reputa buone le condizioni in cui versano i mezzi di trasporto, se ritiene adeguato il numero dei posti a sedere, se il comportamento dei dipendenti è gentile e corretto, ecc.

2 IL CICLO DI VITA DEL PRODOTTO

Ogni prodotto o servizio ha un suo ciclo di vita, da valutarsi anche in relazione alla presenza o meno di altri prodotti e servizi alternativi sul mercato. Il **ciclo di vita del prodotto** (**Cvp**) è rappresentato sotto forma di curva all'interno di un grafico, in cui sull'asse orizzontale è riportato lo sviluppo temporale, e in quello verticale l'andamento delle vendite. Questa curva è divisa in quattro fasi successive nel tempo, definite come introduzione, sviluppo, maturità e declino. Non tutti i prodotti seguono, però, il ciclo di vita canonico. La lunghezza del ciclo di vita è diversa da un prodotto all'altro e può andare da poche settimane a parecchie decine d'anni. Gli stessi stadi del ciclo di vita hanno durate differenti, e la lunghezza temporale di ogni stadio varia a seconda del tipo di prodotto. Alcuni prodotti impiegano anni per superare la fase d'introduzione, mentre altri vengono accettati dal mercato nel giro di poche settimane. Inoltre, non tutti i prodotti attraversano tutti gli stadi del ciclo di vita: alcuni possono morire già nella fase d'introduzione, altri non possono essere introdotti se il mercato si trova già in una fase di crescita o di maturità (fig. 1).

Product life cycle
Ciclo di vita del prodotto
The period of time over which an item is developed, brought to market and eventually removed from the shelf.

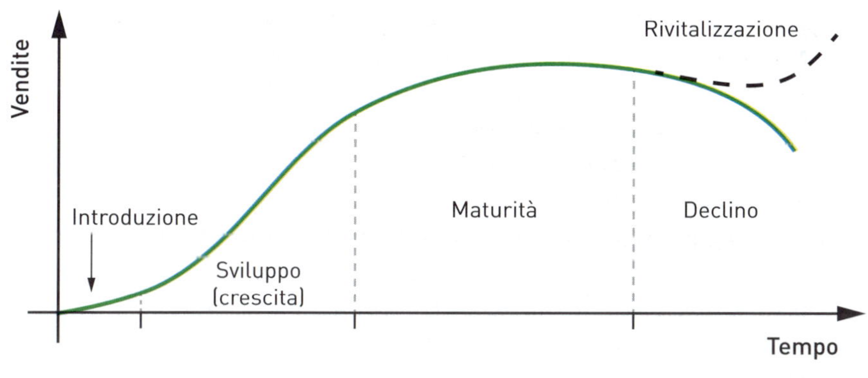

Figura 1

Il ciclo di vita del prodotto (o del servizio)

Ai fini di una corretta definizione di qualunque strategia aziendale, è indispensabile sapere in quale fase sta vivendo il prodotto o servizio e, di conseguenza, impostare una coerente politica di marketing.

Le **fasi del ciclo di vita** sono le seguenti.

Introduzione. È una fase in cui il prodotto o servizio è una novità assoluta sul mercato, non si hanno rivali significativi grazie alle caratteristiche innovative o di differenziazione del prodotto o servizio, o alle sue modalità di erogazione, di distribuzione, ecc. Il cliente che si avvicina a questi prodotti è un vero e proprio precursore.

In questa fase si assiste ai seguenti fenomeni:
- presenza di elevati costi unitari di produzione e distribuzione;
- prezzo elevato;
- profitti negativi;
- prodotto normalmente in perdita;
- comunicazione e distribuzione sono le "leve" di marketing più efficaci;
- efficienza tecnica bassa;
- distribuzione non uniforme;
- monopolio temporaneo.

Sviluppo (crescita). Il mercato si sviluppa, altri clienti seguono i primi arrivati, ma giungono sul mercato anche dei *competitor*. Tali concorrenti rincorrono, spesso copiano e migliorano, il primo produttore o fornitore di servizi. Il numero di concorrenti che entrano nel mercato fa calare i prezzi del prodotto e i profitti cominciano a diminuire verso la fine della fase di crescita. In questo momento del ciclo è importante stabilire e rafforzare la posizione del prodotto nel mercato, promuovendo la fedeltà alla marca.

In particolare durante la fase di crescita:
- i costi unitari e il prezzo diminuiscono;
- le vendite aumentano;
- i profitti raggiungono un massimo picco e poi cominciano a diminuire;
- i prodotti cominciano a differenziarsi rispetto a quelli dei concorrenti;
- la promozione è finalizzata alla formazione delle preferenze;
- si formano nuovi canali di distribuzione;
- si assiste all'entrata di marche concorrenti;
- l'efficienza tecnica è migliorata;
- i consumatori sono interessati al prodotto e sviluppano delle preferenze stabili.

Maturità. Il mercato è stato saturato dai vari concorrenti, i quali si spartiscono un mercato che ormai ha raggiunto il massimo livello dei volumi vendibili. Il prezzo è ulteriormente sceso e, di conseguenza, scendono anche i margini unitari. Di conseguenza, durante la fase di maturità, i concorrenti più deboli vengono espulsi dal mercato, mentre gli altri tendono a cambiare i propri sforzi promozionali e distributivi attraverso pubblicità diretta ai consumatori e promozioni dirette ai distributori.

Riassumendo, in questa fase:
- il prodotto genera profitti ma in misura inferiore rispetto alla fase di crescita;

- le vendite raggiungono un massimo picco e poi cominciano a calare;
- i prezzi sono leggermente inferiori;
- l'azione promozionale ha l'obiettivo di creare un'immagine per il prodotto, accentuando gli elementi secondari di differenziazione;
- le quote di marketing e i prezzi sono stabili;
- i consumatori hanno una profonda conoscenza del prodotto e sono molto esigenti.

Declino. Le attenzioni dei clienti ormai si rivolgono ad altri prodotti e servizi, i volumi di vendita si erodono costantemente, il prodotto o servizio non è più in grado di generare profitti. In questa fase viene deciso se spremere quanto ancora possibile dal prodotto o servizio, innovarlo o toglierlo dal mercato.

In altre parole:
- i costi di produzione aumentano;
- le vendite diminuiscono rapidamente;
- i costi di distribuzione diminuiscono al livello più basso dell'intero ciclo;
- il prezzo è al livello più basso del ciclo;
- i margini di profitto sono molto ridotti;
- si mantengono solo i punti vendita redditizi;
- si instaura una competizione sui prezzi;
- i consumatori perdono gradualmente interesse verso il prodotto e si ritirano dal mercato.

Nella fase dell'introduzione le attività richiedono notevole liquidità per finanziare la crescita; nella fase dello sviluppo i prodotti richiedono mezzi finanziari consistenti per finanziare l'espansione; nella fase della maturità, le attività richiedono poche risorse finanziarie; nella fase del declino l'obiettivo strategico prioritario è quello di "disinvestire" (in alternativa, l'impresa potrebbe migliorare la funzionalità e la qualità del prodotto, aumentarne il "valore" per il cliente attraverso l'offerta di servizi aggiuntivi)(fig. 2).

Figura 2

Relazione tra sviluppo del prodotto e utilizzo delle risorse finanziarie

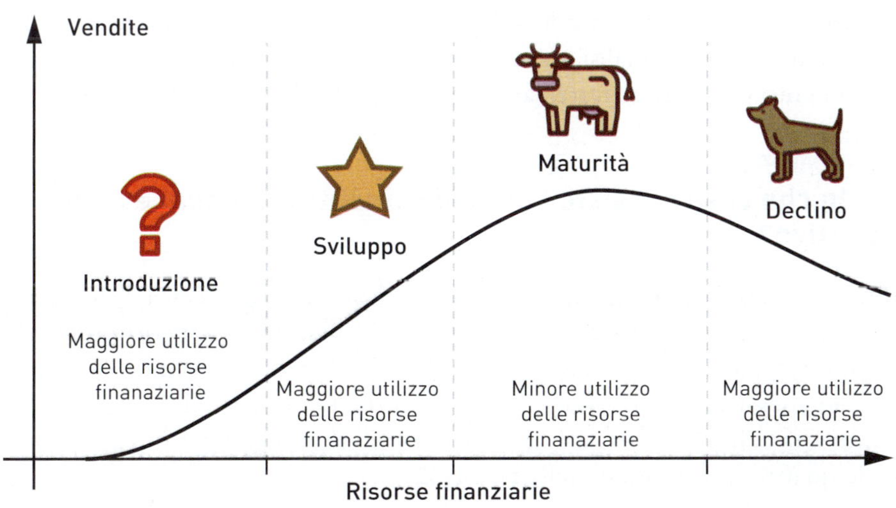

Gli obiettivi e le leve di marketing più efficaci in queste quattro fasi del ciclo di vita del prodotto sono indicati nella tabella 1.

Tabella 1 - **Obiettivi e leve di marketing nelle diverse fasi del ciclo di vita del prodotto**

Fasi del Cvp	Obiettivi di marketing	Leve di marketing
Introduzione	Stimolare la domanda per quel particolare prodotto (domanda primaria), piuttosto che quella per la marca del produttore (domanda secondaria).	Qualità del prodotto, pubblicità, prezzo, servizi.
Crescita o sviluppo	Massimizzare la quota di mercato.	Pubblicità, qualità del prodotto, prezzo, servizi.
Maturità	Difendere la quota di mercato, aumentare i profitti ove possibile e mantenere la clientela fedele al proprio prodotto.	Prezzo, qualità del prodotto, pubblicità, servizi.
Declino	Ridurre le spese, "mungere" ciò che resta da mungere del prodotto-servizio e prepararsi alla fuga. In parole povere: disinvestire.	Qualità del prodotto, servizi, prezzo, pubblicità.

3 L'IMPRESA E L'ANALISI COMPETITIVA

Per esercitare efficacemente la funzione di marketing è molto importante sapere gestire i differenti e articolati flussi informativi, esterni e interni all'impresa, che riguardano principalmente:

- le imprese concorrenti;
- il consumatore.

È infatti a partire da queste informazioni che l'impresa decide quale tipo di offerta sviluppare e per quale segmento di mercato.

Affronteremo il primo punto in questo paragrafo, descrivendo le modalità con cui si svolge l'analisi competitiva; il secondo punto, inerente al comportamento del consumatore, sarà invece oggetto del paragrafo successivo.

In che cosa consiste l'analisi competitiva e qual è il suo obiettivo?

Il termine **analisi competitiva** definisce il processo di ricerca e di analisi delle informazioni relative ai competitori e alla struttura concorrenziale di un mercato, affinché l'impresa sia in grado di mettere a punto la strategia più adeguata per il conseguimento e il mantenimento di un vantaggio competitivo. In linea di massima, il processo di analisi competitiva si articola nelle quattro fasi riportate nella tabella 2.

Tabella 2 – Fasi dell'analisi competitiva

Analisi del macroambiente	Individuazione dei fattori di interesse generale che influenzano l'attività dell'impresa (per esempio le leggi, l'andamento dell'economia, ecc.) per analizzarne l'impatto potenziale in termini di minacce e opportunità.
Analisi del settore	Valutazione delle principali caratteristiche strutturali del settore di interesse.
Analisi della concorrenza	Individuazione e analisi delle forze competitive interne al settore che possono rappresentare una minaccia per l'impresa.
Analisi interna	Identificazione delle principali risorse e competenze a disposizione dell'impresa e analisi dei suoi punti di forza e debolezza.

☐ Quali sono i principali fattori presenti nel macroambiente di cui l'impresa deve tenere conto?

Il **macroambiente** è costituito da un insieme di sottosistemi, quali:

- l'**ambiente demografico e sociale** (crescita della popolazione, composizione dei nuclei familiari, livelli di istruzione,...)
- l'**ambiente economico** (distribuzione del reddito, sviluppo del commercio, disoccupazione,...)
- l'**ambiente culturale** (stili di vita, valori e usanze, lingua, simboli, comportamenti nel tempo libero,...)
- l'**ambiente politico legislativo** (regime politico, politica fiscale, regolamentazione e liberalizzazione dei mercati,...)
- l'**ambiente tecnologico** (nuove tecnologie di produzione, sviluppo delle tecnologie di rete e del commercio elettronico,..)

I tratti caratteristici dei suddetti sottosistemi sono oggetto di analisi da parte delle imprese perché possono costituire minacce e opportunità per la loro attività. Per esempio, se consideriamo l'**ambiente politico-legislativo** unitamente a quello **tecnologico**, le decisioni delle autorità competenti in materia di liberalizzazione dei servizi di trasporto delle persone potranno costituire, a seconda del loro contenuto, una minaccia oppure una opportunità per i tassisti italiani e le loro organizzazioni.

Emblematica al riguardo è la vicenda di Uber. Il 26 maggio 2015 un'ordinanza del tribunale di Milano aveva imposto la chiusura di UberPop, il servizio che permette a qualsiasi privato di fare l'autista non professionista, per "concorrenza sleale" nei confronti dei tassisti.

Tuttavia l'Antitrust, nella sua segnalazione annuale per la legge sulla concorrenza, aveva indicato al Parlamento di andare verso l'equiparazione tra taxi e Ncc (noleggio con conducente) e di aprire alle innovazioni tecnologiche, come Uber, che vanno incontro alle nuove esigenze degli utenti. Anche numerose associazioni di consumatori si sono espresse a favore del sistema di trasporto introdotto dalla multinazionale californiana.

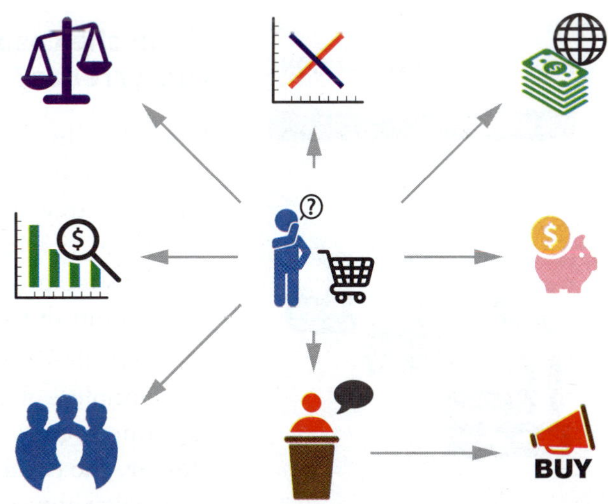

Perché è importante considerare la struttura del settore in cui opera l'impresa?

La conoscenza della struttura del settore consente all'impresa di individuare i vincoli di cui essa dovrà tenere conto al momento di assumere decisioni e, quindi, di intraprendere le azioni più convenienti per ottenere i migliori risultati. Le variabili che permettono di definire la struttura di un settore sono:

- **la forma di mercato**. Uno degli indici più utilizzati per capire se la forma di mercato si avvicina o meno a quella concorrenziale è il **rapporto di concentrazione del mercato**, espresso dalla sommatoria delle quote di mercato delle prime aziende del settore (di solito le prime 4);
- **le barriere all'entrata e alla mobilità**. Sono costituite da quegli elementi che limitano la possibilità di movimento delle imprese in rapporto alle loro strategie. Esempi di barriere all'entrata (e anche alla mobilità interna a un settore): elevato fabbisogno di capitale per l'investimento iniziale, necessità di brevetti e licenze;
- le **barriere all'uscita**: vincoli imposti dall'autorità, difficoltà di recuperare il valore iniziale degli investimenti, ecc.;
- la **struttura dei costi**, la cui diversità implica politiche di marketing differenziate e differenti opportunità di profitto. Per esempio, una struttura rigida, in cui prevalgono i costi fissi, è più adatta a volumi di vendita elevati rispetto a una struttura in cui prevalgono i costi variabili;
- le **possibilità di integrazione verticale**, che potrebbe offrire all'impresa elevati vantaggi, quali una diminuzione dei costi, un più efficace controllo della catena del valore, una maggiore vicinanza al consumatore;
- il **livello di internazionalizzazione** che, se elevato, costringe le imprese a investire nello sviluppo tecnologico per la realizzazione di economie di scala.

Barriers to entry
Barriere all'entrata
Economic, procedural, regulatory, or technological factors that obstruct or restrict entry of new firms into an industry or market.

Barriers to exit
Barriere all'uscita
Obstacles or impediments that prevent a company from exiting a market.

INDICI DI CONCENTRAZIONE

Che cosa sono?

Sono indicatori utilizzati dagli economisti per calcolare il grado di concorrenza di un determinato settore

In che cosa consiste e come si sviluppa l'analisi della concorrenza?

Dopo l'analisi del macroambiente e del settore, l'impresa deve effettuare un'analisi più specifica relativa al contesto competitivo in cui opera. Essa si sviluppa attraverso l'individuazione:

- dei concorrenti;
- delle strategie dei concorrenti;
- dei punti di forza e di debolezza dei concorrenti;
- della capacità di reazione dei concorrenti.

Per compiere il primo passo fondamentale, costituito dall'individuazione dei concorrenti, viene spesso utilizzato il **modello delle cinque forze di Porter**, che comprende e approfondisce il concetto di concorrenza proposto da altri approcci.

☐ Quale idea di concorrenza emerge dal modello delle cinque forze di Porter?

Il modello di Porter si differenzia dagli altri in quanto amplia la gamma dei soggetti tradizionalmente considerati concorrenti. In ogni settore, infatti, la concorrenza non viene esercitata soltanto dai concorrenti attuali, ma è "allargata" ad altre quattro classi di soggetti: i clienti, i fornitori, i potenziali entranti e i produttori di beni sostitutivi (fig. 3).

Figura 3

Il modello della concorrenza allargata di Porter

Secondo questo approccio, il termine "concorrenza" ha un significato molto ampio in quanto sta a indicare le pressioni, ossia le "forze", esercitate sull'impresa da ciascuna delle cinque classi di attori, che possono costituire una minaccia alla sua redditività. L'azione di tali forze può essere così sintetizzata:

- **rivalità tra i concorrenti presenti nel settore**. Si manifesta attraverso l'uso di tutte le leve di marketing: lancio di nuovi prodotti, mano vre sui prezzi, campagne pubblicitarie, ecc.;
- **minacce di ingresso**. La facilità di entrata di nuovi concorrenti, che dipende dall'esistenza o meno di barriere (quali fedeltà alla marca, necessità di elevati investimenti iniziali, ecc.), riduce le prospettive di profitto;
- **potere contrattuale dei clienti**. Si manifesta con la riduzione di prezzo pretesa dai clienti nei confronti dei fornitori, che così vedono diminuire i loro margini di profitto;
- **potere contrattuale dei fornitori**. Il fornitore che non si sente minacciato dalla presenza di potenziali sostituti può, in alcuni casi, imporre all'impresa prezzi più alti, aumentandone i costi;
- **minacce di sostituzione**. La disponibilità di prodotti sostitutivi aumenta l'elasticità della domanda e, quindi, rappresenta una minaccia per l'impresa che opera in un determinato settore.

Punto di vendita Liu Jo, a Verona. L'azienda è stata fondata a Carpi (Modena) nel 1995.

☐ A titolo di esempio, Liu Jo, un'impresa che ha creato un marchio leader nella produzione di abbigliamento made in Italy, a quali concorrenti deve prestare maggiore attenzione?

È evidente che un'impresa come **Liu Jo** dovrà considerare come concorrenti non tutte le imprese che operano nel settore moda, bensì solo quelle che optano per le sue scelte strategiche di fondo: fascia di prezzo elevata, che presuppone un prodotto di elevata qualità, e alto livello di integrazione a valle che consente una buona vicinanza al mercato, a costo di consistenti investimenti e rischi imprenditoriali inerenti alle modalità di distribuzione (rivenditori multimarca, negozi monomarca, rete in franchising). Una volta individuati i concorrenti più temibili, l'impresa dovrà valutarne i rispettivi punti di forza e di debolezza, nonché le modalità con cui costoro reagiscono alle sue scelte competitive. Se un'impresa, per esempio, decide di abbassare i prezzi per aumentare la propria quota di mercato, deve valutare se fra i suoi concorrenti qualcun altro, dotato di solida situazione finanziaria e leadership di costo, sarebbe in grado di seguirla. Se così fosse, infatti, si potrebbe innescare una "guerra dei prezzi" insostenibile per questa impresa.

☐ Dopo avere condotto un'analisi esterna, con quali modalità l'impresa procede all'analisi interna per individuare i suoi punti di forza e debolezza?

Value chain
Catena del valore
The whole series of Interlinked value-adding activities that convert inputs into outputs which, in turn, add to the bottom line and help create competitive advantage.

Catena del valore
Permette di considerare l'impresa come un sistema di attività generatrici del valore, inteso come il prezzo che il consumatore è disposto a pagare per il prodotto che soddisfa pienamente i propri bisogni.

L'impresa dispone al riguardo di diversi strumenti. Uno dei più utilizzati è la **catena del valore**, uno strumento adatto per individuare la competitività dei prezzi e dei costi e, conseguentemente, le attività strategicamente rilevanti. Il vantaggio competitivo può risiedere in ciascuna delle attività svolte dall'impresa: dalla progettazione alla produzione, alla vendita, all'assistenza alla clientela, ecc. Pertanto, il processo produttivo viene scomposto in varie attività, ognuna delle quali è sottoposta a un'analisi per vedere qual è il suo contributo al processo di creazione del valore e quali sono i costi che la caratterizzano. La differenza fra il valore di mercato del prodotto (cioè il ricavo totale ottenuto dalla vendita del prodotto) e i costi che sono attribuibili per quota-parte alle varie attività costituisce il **margine**, la cui conoscenza permette al manager, attività per attività, di intervenire su di esso al fine di aumentare il profitto aziendale. Per raggiungere questo scopo il manager può agire in due modi:

- ridurre i costi, agendo, per esempio, sull'attività di produzione per la realizzazione di economie di scala o sull'attività logistica al fine di ridurre i costi legati alla gestione delle scorte;
- aumentare i ricavi, agendo, per esempio, sull'attività di marketing per creare un'immagine di marca che induca i consumatori a pagare per l'acquisto del prodotto un prezzo maggiore rispetto a quello fissato dai concorrenti.

Quando l'impresa, attraverso la catena del valore, conosce i punti di forza e di debolezza della propria posizione competitiva, essa deve confrontarla con le catene dei concorrenti, ponendo particolare attenzione alle caratteristiche del settore in cui opera.

Quali sono le attività strategicamente rilevanti, in genere presenti nella catena del valore?

All'interno della catena del valore si possono distinguere, da un lato, le **attività primarie** (logistica in entrata, attività di produzione, logistica in uscita, marketing e vendite, servizi di assistenza al cliente), compiute per trasformare gli input in output e per trasferire la produzione ai clienti, e, dall'altro, le **attività di supporto** (servizi generali, gestione delle risorse umane, sviluppo tecnologico, approvvigionamenti, diffusione della cultura d'impresa), compiute per consentire lo svolgimento delle attività primarie (fig. 4). La rappresentazione della catena del valore mette in evidenza come la generazione del valore economico non provenga da un anello isolato della catena, ma richieda il coordinamento e il concorso di tutte le unità interne ed esterne a essa, che sono autonome, ma interdipendenti.

Figura 4

La catena del valore

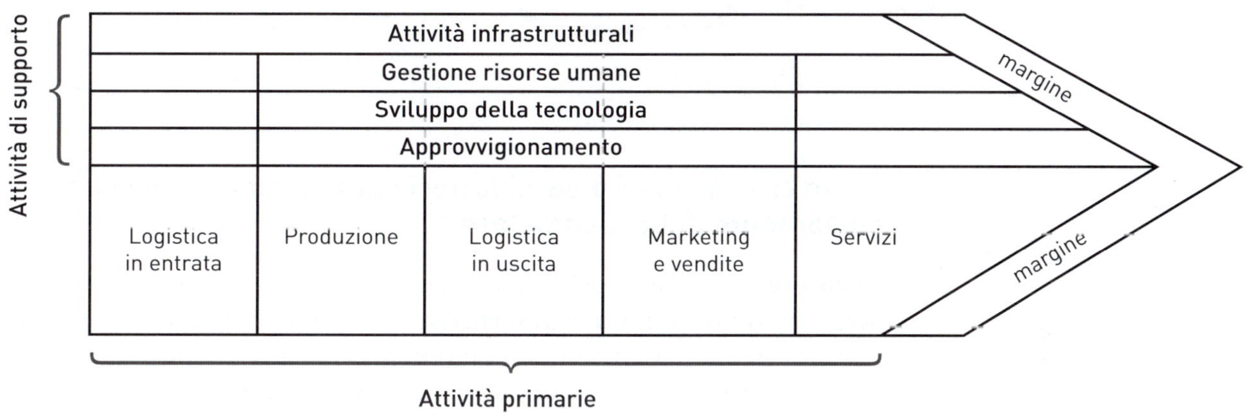

4 IL COMPORTAMENTO DEL CONSUMATORE

Il mercato in cui il consumatore finale acquista dalle imprese beni e servizi per uso personale è chiamato **business-to-consumer** (B2C). Non esiste il consumatore "medio": coloro che formano il mercato di consumo sono assai diversi per molteplici aspetti, età, sesso, livello di reddito e di istruzione, luogo di residenza, ecc. Un'impresa che produce ciò che il cliente desidera, o che soddisfa un bisogno del consumatore, deve tenere conto di tali differenze in quanto esse si riflettono sugli atteggiamenti di consumo e sui comportamenti di acquisto, e procedere quindi alla cosiddetta *segmentazione del mercato* di cui si è accennato nel paragrafo 1.

Figura 5

Fattori che influenzano il comportamento del consumatore

Nella figura 5 si mettono in evidenza i principali fattori che influenzano il comportamento del consumatore, con esclusione di quelli inerenti al marketing mix (prezzo, prodotto, promozione, distribuzione) che l'azienda può modificare direttamente.

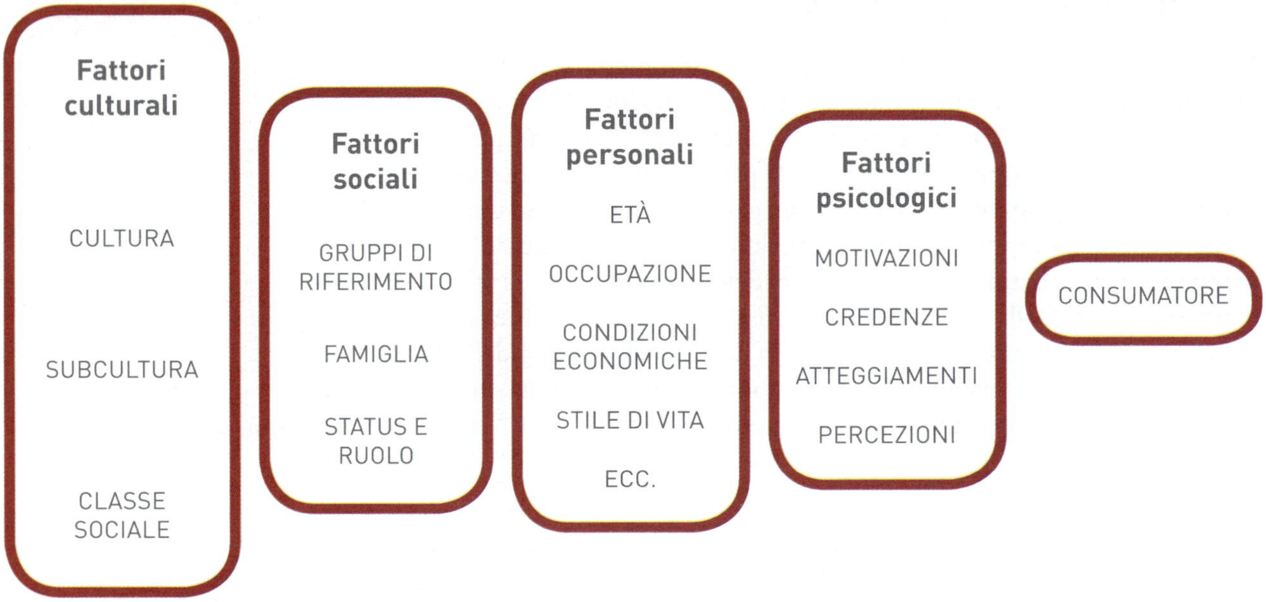

☐ In che misura i diversi fattori culturali incidono sul comportamento del consumatore?

La **cultura** può essere considerata la determinante fondamentale dei bisogni percepiti da una persona. Essa si riferisce a un insieme di valori e ideali che, essendo condivisi dai membri di un gruppo sociale, ne influenzano inevitabilmente i comportamenti di consumo. La **subcultura**, invece, è costituita da un gruppo che, all'interno di una data società, ne condivide le principali caratteristiche, ma è portatore di valori, abitudini e tradizioni specifiche. Esempi di subcultura sono costituiti dai diversi gruppi etnici, formati da immigrati, presenti nei diversi Paesi, come per esempio le comunità cinesi che, a Milano o a Londra, hanno dato vita alle cosiddette Chinatown. Le **classi sociali** sono rappresentate da stabili divisioni che si instaurano all'interno di una struttura sociale, i cui membri hanno in comune valori, interessi e comportamenti. L'appartenenza di un individuo a una determinata classe sociale dipende principalmente dal lavoro svolto, dal livello e dalla fonte del reddito, dal tipo di istruzione. Le differenze tra le classi sociali si presentano oggi in termini molto complessi e mutevoli rispetto al passato, richiedendo agli operatori di marketing particolare attenzione per comprenderne le scelte di consumo.

Quale, fra i fattori sociali indicati, ha il peso preponderante nelle scelte di consumo?

Tutti i fattori sociali influenzano il comportamento di consumo. Basti pensare a quanto le scelte di acquisto da parte di un individuo siano influenzate dal desiderio di comunicare agli altri precise immagini di **ruolo** e **status**. Anche i **gruppi di riferimento**, avendo un'influenza notevole sui comportamenti delle persone, ne condizionano gli acquisti. Ai fini del marketing i più rilevanti sono: il *gruppo di appartenenza* che, oltre alla famiglia, comprende per esempio circoli e associazioni, il *gruppo di aspirazione,* di cui il consumatore vorrebbe entrare a far parte e il *gruppo di dissociazione* di cui il consumatore vuole sottolineare le differenze presenti in termini di valori e atteggiamenti, mantenendo le distanze. È comunque soprattutto la **famiglia** che, oltre ad avere un ruolo preponderante nelle scelte di consumo, costituisce un'importante unità economica al fine di soddisfare il bisogno di nutrirsi, viaggiare, divertirsi, ecc. La famiglia di origine rappresenta il nucleo sociale da cui ogni individuo apprende gli orientamenti e i valori che influenzeranno nel tempo i bisogni e i conseguenti comportamenti di consumo. Le abitudini in essa acquisite condizioneranno anche i processi di consumo della famiglia di procreazione, che l'individuo andrà successivamente a costituire.

È possibile, utilizzando i fattori personali e in particolare lo stile di vita, individuare alcune tipologie di consumatori?

Lo stile di vita costituisce il modo con cui l'individuo interagisce con l'ambiente. Esso riflette i diversi elementi che caratterizzano la sua formazione, l'ambiente sociale di appartenenza, la concezione di sé e degli altri. Una classificazione proposta dal metodo Valori e stili di vita - VALS (ideato da Sri Consulting Business Intelligence), individua otto diversi profili di consumatori basati su atteggiamenti, opinioni e caratteristiche sociodemografiche diverse. Un'altra segmentazione del mercato basata sugli stili di vita è adottata dall'Eurisko, istituto di ricerche socio-economiche, che ha individuato sedici profili di consumatori utilizzando un elevato numero di variabili.

The social network

Film storico-drammatico di D. Fincher, 2010

In una sera d'autunno del 2003, lo studente di Harvard Mark Zuckerberg, un genio dell'informatica, siede al suo computer e inizia con passione a lavorare a una nuova idea. Passando con furore tra blog e linguaggi di programmazione, quello che prende vita nella sua stanza diventerà ben presto una rete sociale globale che rivoluzionerà la comunicazione.
In soli sei anni e con 500 milioni di amici, Mark Zuckerberg è il più giovane miliardario della storia... ma per lui il successo porterà anche complicazioni sia personali, sia legali.

- Guarda il film e discutine con i compagni e l'insegnante.

Quale contributo offre la psicologia alla comprensione del comportamento dei consumatori?

Si tratta di un contributo importante, in quanto chi deve compiere scelte di acquisto è influenzato da alcuni fattori psicologici fondamentali: la motivazione, la percezione, l'apprendimento, l'insieme di opinioni, valori e atteggiamenti posseduti.

Tabella 3 - Fattori psicologici fondamentali

Motivazione	È una forza che esercita una sufficiente pressione per spingere l'individuo al soddisfacimento del bisogno. I bisogni sono ordinati in modo gerarchico, come raffigurato nella **piramide di Maslow**.
Percezione	È un meccanismo particolarmente presente nel consumatore attraverso il quale egli seleziona e interpreta stimoli e informazioni a cui è sottoposto. Si parla di **percezione subliminale** quando uno stimolo viene impresso nella sua mente senza che egli ne sia consapevole, per esempio attraverso immagini e messaggi pubblicitari.
Apprendimento	Consiste in tutti quei comportamenti che sono frutto dell'esperienza e del ragionamento. È un processo su cui si basa anche il comportamento del consumatore, che può dar vita al fenomeno della fedeltà alla marca, cioè la preferenza verso una marca e il suo acquisto ripetuto nel tempo.
Valori, credenze e atteggiamenti posseduti	Sono determinanti nell'influenzare le scelte di acquisto del consumatore. Perciò molte imprese investono risorse per studiarli e per cercare di modificare gli atteggiamenti del consumatore verso i **prodotti** e le **marche**, al fine di sollecitarlo all'acquisto di questo o quel bene.

Brand loyalty
Fedeltà alla marca
The tendency of consumers to continuously purchase one brand's products over another competing brand's.

Quali sono i bisogni raffigurati nella piramide di Maslow?

La piramide individua cinque classi di bisogni che gli individui cercano di soddisfare secondo un ordine gerarchico: alla base si trovano i *bisogni fisiologici*, poi, via via che si sale, i *bisogni di sicurezza*, i *bisogni di appartenenza*, i *bisogni di stima*, i *bisogni di autorealizzazione* (fig. 6).

Figura 6

La piramide dei bisogni di Maslow

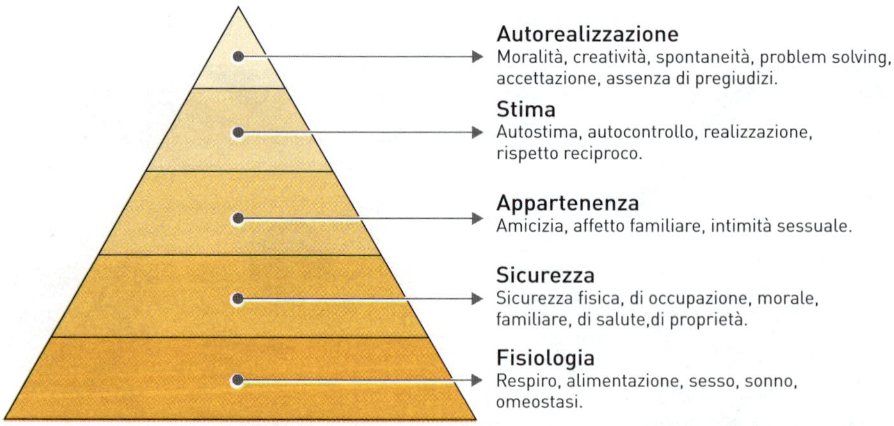

☐ Dopo avere individuato i principali fattori psicologici, socio-culturali e personali che condizionano il comportamento del consumatore, è possibile comprenderne le scelte di acquisto?

Dietro ogni scelta di acquisto di un bene o di un servizio si nasconde un processo decisionale, le cui fasi sono, in genere, le seguenti:

Il processo di acquisto inizia con la percezione dell'esistenza di un problema o di un bisogno, che può portare alla ricerca attiva di informazioni derivanti da esperienze precedenti di consumo di determinati prodotti e marche o da fonti esterne (amici e parenti, associazioni di consumatori, ecc.). Il consumatore, in questo modo, è in grado di valutare le possibili alternative ed esprimere preferenze verso le diverse marche. A questo punto subentra la decisione di acquisto che porta alla scelta di una specifica soluzione, del luogo e del momento in cui effettuarla. Dopo l'acquisto, il consumatore confronta il prodotto con le sue aspettative e questo avrà conseguenze importanti sul suo comportamento futuro, in merito al riacquisto o meno del bene o servizio. Per i responsabili del marketing ogni fase di questo processo decisionale fornisce spunti di grande interesse: dall'analisi delle diverse tipologie di bisogni del consumatore fino alla valutazione del livello di soddisfazione o insoddisfazione derivanti dal consumo di un prodotto.

MARKETING INNOVATIVO

***Dimmi come fai il selfie* e ti dirò che consumatore sei**

di Gaia Rubera
Corriere della Sera – 4 febbraio 2015

La mania degli autoscatti, che ha contagiato molti vip, è anche una fonte importante per capire quali sono i prodotti vincenti sul mercato. Google, Yahoo e Twitter hanno acquistato società che studiano le immagini. E si moltiplicano le ricerche di marketing [...].

☐ Tutti i processi di acquisto si svolgono allo stesso modo?

Può capitare che il consumatore non segua tutte le fasi del processo di acquisto sopra descritte e ne compia solo alcune, a seconda del suo grado di coinvolgimento, che dipende dal significato personale, sociale ed economico che egli attribuisce all'acquisto. Se il prodotto che il consumatore intende acquistare ha un costo elevato e può avere conseguenze importanti a livello personale o può comunque influenzare la sua immagine sociale, il coinvolgimento è elevato ed egli tenderà a seguire tutte le cinque fasi analizzate, con un'accurata ricerca di informazioni e valutazione delle alternative. Il contrario avverrà per acquisti di prodotti semplici, di uso quotidiano. Per esempio, mentre nell'acquisto di un detersivo o di un prodotto per l'igiene personale il consumatore è poco coinvolto, l'opposto avviene nel caso di un'automobile, di un gioiello o di un appartamento.

QUESITO

Quali vantaggi possono ottenere le imprese dall'analisi dei selfie?

5 NUOVI CONSUMATORI, NUOVI MERCATI

Con la progressiva integrazione economica fra gli Stati e la liberalizzazione degli scambi, il commercio mondiale ha assunto una nuova configurazione caratterizzata da:

- **concorrenza globale**;
- **imprese globali**;
- **consumatori globali**.

Quali sono le caratteristiche della concorrenza globale? La "guerra" fra Pepsi e Coca Cola ne può essere considerata un esempio?

Si parla di concorrenza globale quando le imprese producono, commercializzano i loro beni e servizi e si confrontano su scala mondiale. Oggi quasi tutti i settori sono interessati da forme di concorrenza globale, con venditori e acquirenti sparsi in tutto il mondo; ricordiamo in particolare quelli automobilistico, farmaceutico, tessile, elettronico, delle telecomunicazioni, ma anche delle bibite gassate, dei prodotti per l'igiene della casa, dei cosmetici. La "guerra" fra Pepsi e Coca Cola anche al di fuori degli Stati Uniti, in Cina, India e altri Paesi, è certamente un esempio di concorrenza globale. Un altro esempio di concorrenza globale è quello di Tiffany e Bulgari, due aziende di nazionalità diversa operanti nel settore dei gioielli, che si sono trovate a competere in ambito internazionale.

Coca cola vs Pepsi: è guerra per la «bottiglia sinuosa»

La prima accusa la seconda di averle copiato il design.

La vicenda finisce al tribunale di Melbourne.

La disputa tra Coca Cola e Pepsi Cola, due prodotti con brand differenti, distribuiti su scala mondiale e perfettamente concorrenziali, è raccontata da Elmar Burchia, sul «Corriere della Sera» del 25 settembre 2011.

«www.corriere.it»

La concorrenza globale fra imprese globali è orientata a conquistare i consumatori globali? Chi sono esattamente costoro?

Molto spesso le imprese globali sono in competizione fra loro proprio per raggiungere i consumatori globali. Si tratta di gruppi di individui che, pur vivendo in Paesi del mondo diversi e lontani, avvertono gli stessi bisogni e cercano di soddisfarli con beni e servizi dotati di caratteristiche e vantaggi simili. In questi ultimi anni le innovazioni dei social network e delle tecnologie hanno modificato i confini della comunicazione tradizionale e hanno creato consumatori più complessi, spesso seguaci di una determinata marca, indipendentemente dal Paese in cui vivono. Un giovane laureato di 30 anni, italiano, residente a Milano, single e in carriera, per il marketing è molto più simile a un coetaneo che vive a Parigi, New York o Tokio che non a un coetaneo connazionale che vive in provincia e lavora come operaio. Molte imprese globali si sono ampliate e consolidate proprio grazie alla crescita dei consumatori globali anche nel mercato dei giovani; per esempio Nike, Hogan, Levi's, Abercrombie, ecc.

Consumatori in coda davanti a un negozio Abercrombie a New York.

Un'impresa che opera nel mercato globale a quali fattori deve prestare particolare attenzione per insediarsi con successo nei diversi Paesi?

L'impresa globale deve considerare attentamente, per ogni Paese, alcune variabili presenti nel macroambiente, che abbiamo preso in considerazione nel paragrafo precedente a proposito dell'analisi competitiva. Si tratta, soprattutto, di quelle relative all'**ambiente culturale**, **economico** e **politico-legislativo**.

L'analisi della **cultura** di un Paese, delle affinità e delle differenze nelle usanze, nei simboli e nei valori dei consumatori appartenenti ad aree geografiche diverse è fondamentale per il successo di una strategia di internazionalizzazione di un'impresa globale. Essa deve anche saper comunicare con i consumatori dei Paesi in cui vengono commercializzati i suoi prodotti non solo attraverso le lingue più usate nel commercio internazionale, ma anche attraverso le lingue parlate dagli stessi consumatori. Una conoscenza lacunosa della lingua o della cultura di una società può generare equivoci e compromettere il buon esito di trattative e rapporti commerciali.

Chi si occupa di marketing globale deve effettuare anche un'analisi del **sistema economico** del Paese verso cui ci si vorrebbe orientare, che comprenda principalmente il grado e il tipo di sviluppo, i dati sul reddito pro capite, sull'inflazione, sull'andamento dei tassi di cambio. Il motore della crescita dei consumi mondiali è rappresentato da Paesi emergenti come Brasile, Indonesia, India e Cina che, in base alle stime, nel 2030 contribuiranno per due terzi all'espansione dell'economia globale. Si tratta, quindi, di aree di grande interesse all'interno delle quali bisogna analizzare le variabili economiche che hanno un impatto immediato sulle vendite e sui profitti delle imprese globali.

CURIOSITÀ

Nel 1989 in Bangladesh si assiste a una protesta, con oltre 50 feriti, contro la Bata, "colpevole" di aver apposto su un modello di sandali un logo che richiamava la scrittura araba di "Allah". Per i responsabili dell'azienda esso rappresentava solo tre campane.

La Pan Am inaugura i suoi voli sul Pacifico distribuendo garofani bianchi ai passeggeri e generando così un grande disappunto, perché in Estremo Oriente i garofani bianchi si usano per i funerali.

La Ford in Messico lancia la sua ammiraglia "Caliente": i responsabili dell'azienda ignoravano che "Caliente" in messicano vuol dire "prostituta".

Emerging Consumer Survey 2015

Ogni anno Credit Suisse, in collaborazione con AC Nielsen, istituto internazionale di ricerche di mercato, conduce un sondaggio presso i consumatori dei mercati emergenti. Quello condotto nel 2015, a cui hanno partecipato circa 16.000 famiglie di otto Paesi, si concentra su quattro settori: situazione patrimoniale, aspettative di inflazione, andamento dei redditi delle famiglie e intenzioni di acquisto.

LE TIPOLOGIE DI E-COMMERCE (COMMERCIO ELETTRONICO) PRESENTI SUL MERCATO:

- ***business to business* (B2B):** transazioni commerciale tra aziende;
- ***business to consumer* (B2C):** vendita diretta al consumatore finale;
- ***consumer to consumer* (C2C):** transazioni commerciali tra consumatori;
- ***consumer to business* (C2B):** la vendita viene condotta dal privato verso l'azienda.

Il marketing globale, infine, richiede l'analisi della **stabilità politica** di un Paese e delle **norme di carattere commerciale**. La stabilità politica favorisce la formazione di aspettative favorevoli e di una maggiore propensione agli investimenti finanziari e di marketing verso un determinato Paese.

La conoscenza della legislazione commerciale è fondamentale per comprendere i gradi di libertà e i vincoli relativi all'esercizio delle diverse attività economiche, evitando il rischio di sanzioni civili e penali che comporterebbero danni economici e di immagine.

Per esempio, le norme elaborate dall'Organizzazione mondiale della sanità (OMS) relative alla preparazione di farmaci e cibi devono essere rispettate dalle industrie farmaceutiche e dalle autorità di controllo del settore in diversi Paesi nel mondo, in particolare in quelli in via di sviluppo. Nell'Unione europea sono in vigore le relative norme europee, più restrittive rispetto a quelle dell'OMS; lo stesso avviene negli Stati Uniti.

Oltre ai mercati che mettono in relazione imprese e consumatori finali, esistono altri tipi di mercati che mettono in relazione le imprese tra loro?

Business-to-consumer (B2C)
Marketing dei beni di consumo
This is done when the transaction takes place between businesses and final consumers (individuals, families).

I mercati di cui abbiamo parlato fino a ora sono chiamati **business-to-consumer (B2C)** perché mettono in relazione imprese e consumatori finali. Esistono anche mercati in cui l'acquirente non è il consumatore finale, bensì un'organizzazione, che può essere un'altra impresa, un ente pubblico, un'associazione non profit. Si tratta dei mercati industriali, cosiddetti **busi-**

ness-to-business (B2B), in cui le imprese si confrontano con i cosiddetti *acquirenti industriali* (per esempio le imprese Airbus e Boeing vendono i loro vettori aerei ad altre imprese, come Alitalia, Lufthansa). Gli operatori di marketing devono conoscere le caratteristiche e gli elementi che differenziano i mercati industriali da quelli dei consumatori finali (tab. 4).

Business-to-business (B2B)
Marketing industriale
This is done when the transaction takes place between companies and institutions (the goods / services are used in production processes).

Tabella 4 - Caratteristiche dei mercati industriali

Mercati industriali (*business-to-business*)	Caratteristiche
Il mercato	La domanda industriale di beni e servizi è derivata da quella dei consumatori. Il numero di acquirenti è più basso rispetto a quello di un mercato in cui sono presenti consumatori finali. Gli ordini e gli acquisti degli acquirenti industriali hanno dimensioni maggiori rispetto a quelli dei consumatori finali.
I beni e i servizi	Le merci sono soprattutto materie prime o semilavorati. Grande importanza è attribuita ai tempi di consegna, al tipo di assistenza tecnica, ai servizi post-vendita.
Il processo di acquisto	È condotto da personale specializzato, operante all'interno delle organizzazioni, che possiede competenze superiori a quelli di un semplice consumatore finale. I criteri di scelta del fornitore sono complessi e fanno riferimento a diversi parametri (prezzo praticato, garanzie sulla qualità e sul rispetto dei termini di consegna, clausole sul risarcimento, presenza di certificazioni, ecc.). È frequente il ricorso a contrattazioni lunghe e complesse. È diffuso l'acquisto on line (un esempio è costituito dal sito *Priceline.com*).
Il marketing	Il canale di vendita è diretto. La pubblicità e le altre forme di promozione commerciale si riferiscono ad aspetti tecnici. Se l'acquirente ha forte potere contrattuale è diffusa la pratica del ***reverse marketing*** attraverso la quale egli comunica direttamente al fornitore le caratteristiche del prodotto di cui ha bisogno.

☐ Il "reverse marketing" è diffuso solo nei mercati business-to-business?

Il *reverse marketing* è una pratica innovativa basata sull'idea che nella relazione venditore-acquirente la centralità spetti a quest'ultimo. Alcune imprese, dotate di forte potere contrattuale, attraverso una serie di azioni intervengono nei rapporti con il fornitore per comunicargli direttamente le caratteristiche del prodotto di cui hanno bisogno e, in generale, per ottenere l'adeguamento dell'offerta del fornitore alle loro esigenze.

Alcune imprese hanno introdotto forme di *reverse marketing* anche nei mercati *business-to-consumer*, coinvolgendo in vari modi i consumatori finali. Per esempio la Barilla nel 2008, attraverso il progetto "Un biscotto in cerca d'autore", ha chiesto ai consumatori di scegliere un nome all'interno di una lista di cinque. Sono arrivate 21.000 proposte e, alla fine, ai nuovi biscotti è stato dato il nome di "Girotondi".

MAPPA UNITÀ C2

MARKETING

è

una funzione organizzativa e un insieme di processi messi in atto dall'impresa volti a creare, comunicare, trasmettere valore ai clienti e a gestire i rapporti con essi, in modo che tutto ciò vada a vantaggio dell'impresa e dei suoi portatori d'interessi. Negli ultimi decenni si è affermato il **marketing relazionale** che utilizza come nuovo metodo di lavoro il CRM

gli obiettivi perseguiti dall'impresa con questa funzione sono

individuare la tipologia di prodotto o servizio da offrire sul mercato

definire l'entità di reddito a cui mirare

che dipende

dalle fasi del ciclo di vita del prodotto:

- introduzione
- crescita
- maturità
- declino

attraverso

analisi del mercato:

- analisi dei clienti
- individuazione del segmento di mercato su cui operare usando diversi strumenti (Istat, ricerche di mercato, ecc.)
- analisi dei concorrenti
- analisi dell'ambiente esterno

che permettono all'impresa

di raccogliere le informazioni nel "Piano di marketing", al fine di trovare il suo "posizionamento" e sviluppare un programma decisionale strategico utilizzando strumenti definiti "marketing mix" (prodotto, prezzo, distribuzione, promozione o, meglio, comunicazione aziendale, ecc.)

MAPPA UNITÀ C2

MARKETING

per esercitare tale funzione l'impresa

studia

a) **il comportamento del consumatore nel mercato B2C** (business to consumer), che è influenzato da:
   - fattori culturali
   - fattori sociali
   - fattori personali (stili di vita – mappa Eurisko)
   - fattori psicologici (piramide di Maslow)

b) **il comportamento delle altre imprese nei mercati B2B** (business to business - mercati industriali) in cui esse si confrontano con gli acquirenti industriali e nei quali è diffusa la pratica del "reverse marketing"

c) **il comportamento dei nuovi consumatori globali, delle imprese globali, della concorrenza globale nel mercato globale**. A tal proposito, per ogni paese in cui intende insediarsi, l'impresa deve prestare attenzione all'ambiente culturale, economico e politico legislativo

svolge

un'analisi competitiva

che è

il processo di ricerca e di analisi delle informazioni relative ai competitori e alla struttura concorrenziale di un mercato

le cui fasi sono

- analisi del macroambiente
- analisi di settore
- analisi della concorrenza (modello delle cinque forze di Porter)

Verifiche 2

1) TROVA L'ERRORE IN OGNI FRASE

Competenza: acquisire e riconoscere i contenuti chiave

A. Nell'attuale fase di sviluppo del sistema economico di mercato la logica concorrenziale è "prima si produce e poi si vende ciò che si produce".
B. Nella fase del ciclo del prodotto di crescita e sviluppo occorre difendere la quota di mercato.
C. Il rapporto di concentrazione del mercato è espresso dalla sommatoria delle quote di mercato delle prime cinque aziende del settore.
D. Il modello delle cinque forze di Porter riduce la gamma dei soggetti tradizionalmente considerati concorrenti.
E. Il mercato business-to-consumer (B2C) ha per oggetto gli scambi di beni e servizi che intervengono tra imprese e acquirenti industriali.

2) COLLEGA LE ESPRESSIONI CONTRASSEGNATE DA UNA LETTERA CON QUELLE INDICATE DA UN NUMERO

Competenza: individuare collegamenti e relazioni

A. Customer Relationship Management (CRM)	1. Individuazione di classi di bisogni che gli individui cercano di soddisfare secondo un ordine gerarchico
B. Posizionamento	2. Collaborazione tra produttore e distributore
C. Segmentazione	3. Scomposizione dei processi aziendali al fine di individuare le attività strategicamente rilevanti
D. Catena del valore	4. Fidelizzazione dei clienti
E. Efficient Consumer Response (ECR)	5. Processo per creare un'immagine nella mente del consumatore
F. Piramide di Maslow	6. Scomposizione del mercato in singole unità target

A	B	C	D	E	F

3) INDICA SE LE SEGUENTI AFFERMAZIONI SONO VERE O FALSE. SE LE RITIENI FALSE GIUSTIFICA LA RISPOSTA

Competenza: acquisire, interpretare l'informazione e comunicare

	VERO	FALSO
A. Nella fase di maturità il prodotto genera profitti in misura superiore rispetto alla fase di crescita.		
B. Le leve di marketing nella fase di crescita o sviluppo sono pubblicità, qualità del prodotto, prezzo, servizi.		
C. Tutti i prodotti seguono lo stesso ciclo di vita.		

	VERO	FALSO
D. La logistica sia in entrata che in uscita è un'attività di supporto all'interno della catena del valore.		
E. La struttura dei costi è una variabile che permette di definire la struttura di un settore.		

4) RISOLVI I SEGUENTI PROBLEMI

Competenza: risolvere problemi

A. Facendo riferimento alla piramide di Maslow, associa a uno o più livelli i seguenti prodotti:

1. Assicurazione sulla vita
2. La rivista «Donna moderna»
3. Un'automobile Ferrari
4. La pizza
5. Un biglietto di auguri
6. Una cena in un ristorante di lusso

B. Perché...

1. negli ascensori degli alberghi Hilton situati negli Usa non viene indicato il 13° piano?
2. McDonald's nei suoi ristoranti in India non propone hamburger di manzo?
3. pur festeggiando anche in Giappone il giorno di San Valentino, nessuna pubblicità della Nestlé avrà come protagonista un uomo che regala fiori o cioccolatini alla sua compagna?

C. Immagina di lavorare in un negozio della Apple e di impegnarti per incrementare le vendite. A tal fine, decidi di utilizzare la piramide dei bisogni di Maslow per convincere i clienti ad acquistare un prodotto il cui prezzo è elevato.
Utilizzando tutti i gradini (o quasi) della piramide, esponi in una scaletta le argomentazioni su cui dovrai fare leva per convincerli all'acquisto.

5) RISPONDI AI SEGUENTI QUESITI IN UN MASSIMO DI 5/6 RIGHE

Competenza: saper organizzare e sintetizzare i contenuti

A. Qual è la differenza tra ricerche di mercato di tipo qualitativo e di tipo quantitativo?
B. Che cosa si intende per "marketing mix"?
C. Che cosa si intende per "concorrenza allargata"?
D. Che cos'è e a cosa serve il rapporto di concentrazione del mercato?
E. Perché il ciclo di vita di un prodotto assume una grande importanza nel marketing?
F. A quali fini è indirizzata l'analisi del macroambiente?
G. Quali sono i fattori che influenzano gli acquisti?
H. Che cosa rappresenta la piramide di Maslow?
I. Quale funzione svolgono gli intermediari commerciali?
J. Che cosa si intende per reverse marketing?

1) Put the following words (or expressions) into the correct "P" of the marketing mix

[Accessibility - Advertising - Affordability - Branding - Communication - Convenience - Customer needs - Delivery - Design - Direct marketing - Discounts - Distribution - Launch - Life cycle - List price - Location - Press - Quality - Special deals - Surcharge]

Product	**P**rice	**P**lace	**P**romotion

2) Answer to the following questions

A. What's meant by the term *Marketing?*
B. What's meant by the *life cycle* of a product?
C. Give one example showing the full span of the product life cycle.
D. What is the Marketing plan?
E. Who are the competitors, according to Michael Porter?

UNITÀ 3 L'impresa e il sistema economico locale

Il calcio è firmato Carpi

Il distretto emiliano, dopo aver vissuto la crisi, torna a correre. Una rinascita trainata dalle grandi aziende di abbigliamento, legate a doppio filo col pallone

Mai come a Carpi il calcio diventa la cartina al tornasole del successo. A due passi dalla via Emilia, infatti, le aziende di abbigliamento **Gaudì** e **Manila Grace**, che negli ultimi anni sono state al centro di una crescita importante, sono legate a doppio filo col mondo del pallone. Al punto che entrambi i responsabili delle griffe giocano un ruolo fondamentale nel calcio: mentre **Stefano Bonacini** di Gaudì è azionista di maggioranza dello stesso **Carpi Fc**, salito quest'anno in serie A, **Maurizio Setti** di Manila Grace è patron dell'**Hellas Verona**, che la stessa promozione l'ha vissuta di recente. Una coincidenza che diventa la prova di un fenomeno reale, testimonianza di quanto Carpi sia tornata a essere un motore per il mercato. Una favola di rinascita e successo, quella del distretto. Ha vissuto la crisi, ha incassato la perdita di molti dei piccoli produttori, è finito sotto il tiro delle malelingue che lo volevano nelle mani dei cinesi. Oggi porta ancora le cicatrici delle due notti maledette del terremoto del 2012. Ma, alla fine, ha ritrovato le sue griffe che gli hanno rialzato la testa. Una storia a lieto fine, grazie a Liu Jo, Twin Set, Blumarine e, appunto, Manila Grace e Gaudì: la produzione, nel 2014, ha ripreso la propria corsa mettendo a segno un fatturato complessivo sopra gli 1,4 miliardi di euro, cresciuto del 3,1% rispetto all'anno precedente. E, come dichiarato dallo studioso del distretto Franco Mosconi al «Corriere della Sera», quasi la metà del fatturato è stato realizzato da queste cinque aziende. Quest'anno Carpi e il suo distretto della moda possono festeggiare la promozione diretta in serie A. La Cenerentola della B è pronta per partecipare al gran ballo delle debuttanti della massima serie. Vestita Gaudì, ovviamente.

Letizia Redaelli
«Pambianco News», 25 giugno 2015

attività

1. Quali sono, a tuo avviso, le principali difficoltà incontrate negli ultimi anni dai distretti tessili italiani?
2. A che cosa è dovuta la "rinascita" del distretto di Carpi?
3. Per spiegare il successo inaspettato, nel 2015, della squadra di calcio del Carpi, ritieni importante che l'azionista di maggioranza sia un imprenditore di successo? Per quali ragioni?

1 IL TESSUTO PRODUTTIVO ITALIANO: TENDENZE GLOBALI, EFFETTI LOCALI

Fattori che hanno ostacolato il processo di espansione delle imprese italiane:

- organizzazione flessibile della piccola impresa;
- scarsa conflittualità sindacale nella piccola impresa;
- legislazione che ha incentivato la piccola dimensione aziendale;
- gestione per lo più familiare delle imprese italiane;
- dimensione ridotta delle banche fino agli anni Novanta;
- aspetti istituzionali (caratteri del diritto del lavoro e del diritto commerciale, inefficienza nell'amministrazione della giustizia civile, ecc.).

Nella seconda metà del Novecento il nostro Paese, portando a compimento il processo di industrializzazione, ha realizzato notevoli progressi e ridotto le distanze dai Paesi più avanzati.

Le fasi e le caratteristiche dello sviluppo economico italiano saranno analizzate nel secondo volume, ma già da ora possiamo anticipare alcuni elementi che caratterizzano il nostro sistema produttivo. In particolare:

- la **dimensione media delle imprese**, molto più piccola rispetto a quella degli altri Paesi europei;
- la **specializzazione produttiva**, avvenuta in settori tradizionali (tessile-abbigliamento, mobilio, calzature, ecc.) ad alto contenuto di creatività, di design, di fantasia e poco qualificati tecnologicamente.

Il sistema industriale italiano si è affacciato alle soglie del XXI secolo con alcune specificità rispetto agli altri Paesi industrializzati fra cui l'esistenza, accanto a poche grandi imprese, situate soprattutto a Nord-Ovest (nel cosiddetto *triangolo industriale*) e operanti nei settori classici dell'industria pesante, di moltissime piccole imprese localizzate prevalentemente nel Nord-Est e nell'Italia centrale. La presenza rilevante di piccole imprese è una caratteristica di quasi tutti i sistemi produttivi europei. Le imprese con meno di 10 addetti rappresentano la maggioranza in tutti i Paesi industrializzati: Regno Unito, Spagna, Germania, Francia, ecc. Rispetto a questo fenomeno generale, la struttura produttiva italiana si caratterizza per il maggior peso relativo e per il più alto numero delle piccole e piccolissime imprese (secondo i dati Eurostat nel 2011 le imprese italiane con un numero di addetti compreso fra 0 e 9 rappresentavano il 94,8% del totale e gli occupati nelle stesse costituivano il 42% del totale).

Production specialization
Specializzazione produttiva
ISpecialization is when a nation concentrates its productive efforts on producing a limited variety of goods. Oftentimes it has to forgo producing other goods and relies on obtaining those other goods through trade.

Negli ultimi anni la crescita economica si è ridotta e il sistema produttivo italiano ha mostrato segnali di difficoltà. Molti ritengono che, oltre alle dimensioni, anche il tipo di specializzazione prescelto sia responsabile delle perdite di quote di mercato e della minor crescita della produttività, in quanto la competizione economica globale richiede capacità di innovazione, investimenti in ricerca e sviluppo, oltre che in capitale umano e sociale: fattori che sarebbero ostacolati dalle peculiarità suddette.

La piccola impresa ha costituito un vantaggio per lo sviluppo economico italiano?

La crescita delle piccole imprese in Italia, soprattutto nel corso degli anni Settanta e Ottanta del secolo scorso, è avvenuta in risposta ad alcuni problemi che hanno fatto seguito all'affermazione, a livello di economia mondiale, di un mercato di massa per i beni di consumo. Per le imprese questo fenomeno aveva rappresentato una grande opportunità, ma al tempo stesso una sfida molto impegnativa. Era necessario investire i profitti in nuovi e costosi impianti, al fine di ottenere aumenti di produttività e far fronte a una domanda dei consumatori che si andava diversificando. A differenza della grande impresa, caratterizzata da un'organizzazione rigida, la piccola impresa, grazie alla maggiore flessibilità nella combinazione dei fattori produttivi, consentiva di rispondere meglio a queste esigenze, evidenziando grande capacità di personalizzazione e di innovazione del prodotto. La piccola impresa, inoltre, consentiva agli imprenditori di ridurre la conflittualità sindacale, soprattutto gli scioperi derivanti dalle richieste di aumenti salariali e di migliori condizioni di lavoro, grazie al rapporto personale e diretto fra datore di lavoro e dipendenti. La piccola impresa ha perciò rivestito un ruolo molto importante negli anni di crescita economica generalizzata, in cui il commercio mondiale cresceva continuamente offrendo notevoli opportunità alle aziende desiderose di affermarsi e di competere sui mercati internazionali.

☐ Vi sono altre cause, oltre a quelle sopra citate, che hanno ostacolato in Italia il raggiungimento delle grandi dimensioni aziendali?

Vi sono diversi fattori che hanno ostacolato il processo di espansione delle imprese italiane, fra cui:

- una **legislazione che ha incentivato la piccola dimensione aziendale**, attraverso la concessione di incentivi, esenzioni, forme di protezione di varia natura (finanziaria, fiscale, ecc.);
- la **gestione per lo più familiare delle imprese italiane** con le conseguenti difficoltà, anche di natura culturale, a trasferirne almeno in parte il controllo, consentendo l'ingresso di nuovi soci o l'apporto di nuovi finanziatori;
- la **dimensione ridotta delle banche**, che hanno cominciato a crescere e ad aggregarsi solo negli ultimi decenni. Diversi studi mettono in luce il fatto che i Paesi caratterizzati dalla prevalenza di banche piccole abbiano, in genere, anche imprese più piccole;
- **alcuni aspetti di natura istituzionale, fra cui l'inefficienza nell'amministrazione della giustizia civile**, nonché le caratteristiche del diritto del lavoro e del diritto commerciale: tutti fattori che hanno ostacolato il raggiungimento di dimensioni aziendali ottimali.

La crisi degli ultimi anni, determinata da un calo notevole della domanda, ha però messo in luce la fragilità della piccola impresa. È emersa una nuova tendenza a costruire reti e legami fra imprese per rendere più efficiente l'organizzazione e migliorare la capacità competitiva. Spesso questi rapporti sono stati formalizzati mediante la creazione di gruppi, in cui ciascuna impresa, pur mantenendo la propria autonomia giuridica, si impegna al rispetto di politiche aziendali decise in comune.

☐ Quale peso ha avuto il tipo di specializzazione produttiva sul ruolo assunto dall'Italia nel commercio internazionale?

La teoria economica tradizionale fa discendere il commercio internazionale dai cosiddetti **vantaggi comparati**. Ogni Paese pertanto si specializza in quei settori che gli consentono di vendere all'estero determinati prodotti scambiandoli con ciò che è meno conveniente produrre all'interno. L'Italia si è specializzata nei settori tradizionali (tessile, abbigliamento, calzature, mobili, ecc.) e in alcuni comparti del settore meccanico (macchine utensili, elettrodomestici, ecc.) riuscendo a conquistare ampie quote di mercati esteri. La Germania, al contrario, è fortemente specializzata nelle produzioni a elevato grado di innovazione tecnologica, come la meccanica, la chimica, la farmaceutica, mentre è debole in alcuni settori in cui l'Italia è più specializzata. Se guardiamo il contesto mondiale l'Italia già da diversi anni appare esposta, nei settori cosiddetti "maturi" (maglieria, calzature, abbigliamento), alla concorrenza dei Paesi emergenti, che risultano molto competitivi grazie al basso costo del lavoro.

Tabella 1 – Specializzazione dell'Italia e dei principali concorrenti mondiali nei settori tradizionali

SETTORI	Italia	Francia	Germania	Spagna	Cina	India	Brasile
Alimentare e bevande	+	+					+
Tessile-abbigliamento	+				+	+	
Calzature e pelli	+	+		+	+	+	+
Vetro e ceramica	+			+	+	+	+
Mobili	+				+		+
Gioielleria	+						

Fonte: Elaborazione su dati Eurostat e Uffici nazionali di statistica in Franco Mosconi (a cura di), La metamorfosi del modello emiliano: l'Emilia-Romagna e i distretti industriali che cambiano, *Bologna, Il Mulino, 2012.*

☐ Per quanto riguarda la capacità di esportazione delle nostre imprese, in quali settori l'Italia gode oggi di un vantaggio competitivo?

A partire dall'inizio degli anni Duemila, accanto ai tradizionali settori manifatturieri, si sono affermati anche quelli rappresentativi di un "nuovo" **made in Italy**, composto soprattutto dalla meccanica strumentale e da alcune tipologie di beni intermedi.

Il settore agroalimentare ha giocato un ruolo importante nel consolidamento del *made in Italy* sui mercati internazionali. Questo risultato è stato possibile per il fatto che, oltre alla qualità certificata di prodotti come pasta, vino, olio ecc., i generi alimentari italiani presentano caratteristiche di continua innovazione e originalità (come dimostra, per esempio, lo sviluppo di prodotti *green*, o *cereal-based*, o *gluten-free*, ecc.).

L'Italia ancora oggi gode di un vantaggio competitivo nei prodotti che esprimono cultura, creatività e stile. Nonostante la riduzione di peso, il settore del tessile e dell'abbigliamento continua a mantenere un ruolo di primo piano per il nostro export (è del 13,5% la sua incidenza sul valore delle esportazioni nel 2015), mentre in grande espansione è il settore dei gioielli.

La tabella 2 mette in luce l'andamento delle esportazioni italiane nel periodo 2004-2014.

Tabella 2 – **Quote di mercato dell'Italia in % sull'export mondiale (a prezzi correnti)**

	2004	2005	2006	2007	2008	2009	2010	2011	2012	2013	2014
Quote ITALIA su Export mondiale	3,9	3,6	3,5	3,6	3,4	3,3	3,0	2,9	2,7	2,8	2,8
Posizione ITALIA su Export mondiale	7°	8°	8°	7°	7°	7°	8°	8°	9°	9°	8°

Fonte: Elaborazioni Osservatorio Economico Ministero Sviluppo Economico su dati FMI-DOTS, maggio 2015.

2 LO SVILUPPO DEI SISTEMI PRODUTTIVI LOCALI

La realtà economica nazionale e internazionale è caratterizzata dalla presenza di aree fortemente differenziate. Sono osservabili, infatti, i seguenti fenomeni:

- una percentuale consistente della produzione mondiale di beni e servizi viene realizzata in un ristretto numero di città e regioni;
- le imprese appartenenti a un certo settore tendono a localizzarsi in prossimità le une delle altre, dando vita a processi di concentrazione geografica che, una volta avviati, si consolidano nel tempo.

Il sistema economico che si sviluppa su un territorio di dimensioni circoscritte viene definito **sistema economico locale**.

Local economic system
Sistema economico locale
Economic system tightly linked to a specific territory of limited dimensions.

Il sistema agroindustriale è un'importante filiera produttiva di molte realtà economiche locali italiane.

La distribuzione territoriale delle attività economiche ha trovato diverse spiegazioni teoriche, alcune delle quali sintetizzate nella tabella 3.

Tabella 3 – Distribuzione territoriale delle attività economiche

Teoria neoclassica	L'azione dei mercati determina una crescita economica equilibrata su tutto il territorio
Alfred Marshall (1842-1924)	Le economie esterne sono la principale causa dei fenomeni di agglomerazione delle imprese e danno vita ai distretti
Teoria classica del sottosviluppo regionale	L'esistenza di condizioni di mercato diverse dalla concorrenza perfetta determina persistenti squilibri nella crescita economica del territorio
Nuova geografia economica (Paul Krugman, 1953)	Esistono forze economiche che spingono verso una polarizzazione delle attività produttive, pertanto sul territorio si formeranno un centro e una periferia
Michael Porter (1947)	Un *cluster* industriale è un insieme di imprese, fornitori e istituzioni geograficamente concentrate e strettamente interconnesse

☐ La teoria neoclassica come spiega la distribuzione territoriale delle attività economiche?

La distribuzione territoriale delle attività economiche è spiegata, innanzitutto, dai **costi di trasporto** che rappresentano la variabile in grado di influenzare in modo determinante i costi di produzione e, quindi, i prezzi. Maggiore è la distanza tra produttore e consumatore, maggiore sarà il prezzo del bene e, quindi, minore la quantità domandata.

Ciascun produttore, per tenere sotto controllo i costi di trasporto, si localizzerà in modo tale da servire un'area di mercato di forma circolare, tangente a quella di un altro produttore, al fine di non rivolgersi agli stessi consumatori; perciò, ipotizzando che la popolazione sia distribuita in maniera uniforme, tutte le aree avranno la stessa dimensione. In questo modo, la crescita economica e la sua localizzazione nello spazio avverranno secondo un processo lineare e uniforme, anche grazie alla perfetta mobilità dei fattori produttivi (capitale e lavoro). Lo sviluppo economico avviene pertanto in base a meccanismi che impediscono la formazione di squilibri regionali o locali. Se un qualsiasi avvenimento altera l'equilibrio, il perfetto funzionamento dei mercati, con il libero gioco della domanda e dell'offerta, è in grado di ristabilirlo.

☐ L'economista Alfred Marshall quale spiegazione fornisce dei fenomeni di agglomerazione delle imprese?

Alfred Marshall introduce il concetto di **economie esterne** per spiegare la capacità competitiva di un sistema locale. Esse consistono in particolari condizioni di vantaggio derivanti dalla fitta rete di interdipendenze fra le imprese di uno specifico territorio, che spingono verso una localizzazione concentrata delle attività economiche. Le economie esterne accrescono la competitività delle imprese e sono determinate da quelle che Marshall definisce le "tre fonti della localizzazione industriale":

- un'ampia circolazione di informazioni e conoscenze tecniche;
- lo sviluppo di una forza-lavoro specializzata e qualificata;
- l'insediamento su quel territorio di fornitori specializzati.

Nel 1919 Marshall, nei *Principles of Economics*, afferma che un'area ad alta concentrazione di piccole imprese, in presenza di determinate caratteristiche, può essere definita **distretto industriale** (vedi paragrafo 3). Nel distretto un ruolo chiave è proprio giocato dalle economie esterne, grazie alle quali le piccole imprese possono conseguire i vantaggi tipici della produzione su grande scala, in virtù di una particolare "atmosfera industriale" che consente di compensare la mancanza di economie interne.

Sources of industrial localization
Fonti della localizzazione industriale
There are three sources, in the basic theory of A. Marshall: labor market pooling, nontraded input, technological spillover.

Industrial district
Distretto industriale
Group of factories situated in a particular area that belong to the same business sector.

External economies of scale
Economie esterne di scala
External economy of scale refers to benefits that arise from general growth in the economy or a specific industry E.g. micro chip producers often set up in Silicon valley. This occurs when firms benefit from the whole industry getting bigger. E.g. firms will benefit from better infrastructure, access to specialized labour and good supply networks.

Quali sono le idee di fondo della teoria classica del sottosviluppo regionale?

A differenza dell'impostazione neoclassica, tale approccio, sviluppatosi negli anni Cinquanta del secolo scorso, considera gli squilibri regionali una caratteristica permanente e non transitoria del sistema economico, poiché la distribuzione nello spazio delle attività economiche avviene in modo non uniforme, in quanto caratterizzata dalla presenza di agglomerazioni di imprese solo in alcune aree.

Gli studi riconducibili a questa impostazione attribuiscono all'esistenza di **economie di scala** lo sviluppo di alcune regioni e il mancato sviluppo di altre. L'inizio di una nuova attività in una regione, infatti, genera, grazie alla crescita del potere d'acquisto della manodopera locale, l'incremento della domanda di prodotti di quell'impresa oppure di altre a essa collegate. Si assiste così, per un verso, a una crescita delle dimensioni delle imprese per realizzare i vantaggi conseguenti alle **economie di scala interne** e, per l'altro verso, allo sviluppo economico di quell'area che, a sua volta, provoca la nascita di **economie esterne** (infrastrutture, espansione dei servizi e del terziario, delle conoscenze tecnologiche, ecc.), ossia vantaggi che ricadono sul settore e sul territorio in cui le imprese operano. Tali vantaggi attireranno risorse, tramite movimenti di capitali, migrazioni di lavoratori e sviluppo del commercio, dalle altre aree del Paese. Questi processi di tipo cumulativo produrranno, da un lato, effetti positivi nelle aree più avvantaggiate, quali la nascita di nuove industrie, l'incremento demografico, del livello d'istruzione e del reddito pro capite; dall'altro lato, effetti negativi, di entità addirittura superiore, nelle località o regioni più marginali, in quanto i flussi in uscita dei fattori produttivi (lavoro e capitale) rappresentano un freno permanente allo sviluppo.

In conclusione, nel lungo periodo la distribuzione territoriale delle attività economiche non avviene in modo diffuso e uniforme, poiché si verifica una concentrazione dello sviluppo economico in certe aree a scapito delle altre.

La stella che non c'è

Film-documentario di Gianni Amelio, 2006

Un'intera fabbrica migra dall'Italia verso il nuovo luogo della crescita: la Cina.

Una compagnia cinese rileva l'altoforno di un'acciaieria in disarmo. Vincenzo Buonavolontà, ex manutentore specializzato, scopre un difetto nell'impianto. Per prevenire incidenti sul lavoro e garantire gli operai che dovranno manovrarlo, Vincenzo parte alla volta della Cina. Vuole consegnare personalmente la centralina modificata ai nuovi acquirenti. Giunto a Shanghai incontra di nuovo la loro giovane traduttrice, Liu Hua, che lo accompagnerà in un viaggio attraverso la Cina e dentro se stesso.

- Guarda il film e discutine con i compagni e l'insegnante.

Quali sono le idee alla base della Nuova geografia economica?

La **Nuova geografia economica** riprende i contributi della teoria classica del sottosviluppo regionale e si propone di spiegare i processi che determinano le concentrazioni di popolazione e di attività economiche.

Il modello, elaborato nel 1991 da **Paul Krugman**, premio Nobel per l'Economia, illustra come due regioni uguali in ogni loro caratteristica possano avere percorsi di sviluppo assai differenti, che determineranno l'emergere di una regione centrale, più avanzata, e di una regione periferica più arretrata.

Egli sottolinea come alcune regioni abbiano evidenti vantaggi oggettivi nella creazione di agglomerazioni di attività economiche: risorse naturali, clima, posizione geografica. Anche se questi dovessero mancare, si possono però sviluppare vantaggi di altro tipo, grazie ai quali una regione riesce a ospitare molte imprese che diventano, a loro volta, polo di attrazione per altre.

I processi di sviluppo delle regioni dipendono, infatti, dai vantaggi del primo tipo (*first nature*) a cui si aggiungono quelli derivanti da concentrazione (*second nature*).

Per quali ragioni le imprese vanno a insediarsi in un'area che già ne ospita molte?

La Nuova geografia economica cerca di dimostrare in modo analitico questo processo di agglomerazione, come risultato delle interrelazioni fra:

- **economie di scala**: più sono elevate, più forti saranno le tendenze all'agglomerazione;
- **mobilità dei fattori produttivi**: tanto maggiore è la quota di popolazione mobile, tanto più è probabile che le attività economiche possano concentrarsi. Se una larga parte della popolazione è occupata in attività in cui la localizzazione è vincolata (per esempio in agricoltura), ci sono più ostacoli all'insorgenza di fenomeni di agglomerazione;
- **livello dei costi di trasporto**: al decrescere dei costi di trasporto, risulta più semplice soddisfare la domanda espressa da una regione con la produzione di un'altra regione. Risultano pertanto facilitati i processi di agglomerazione, perché l'attività produttiva può concentrarsi in alcune regioni.

Un altro elemento fondamentale è costituito dalle **aspettative**, in quanto le decisioni delle imprese in merito alla loro localizzazione dipendono anche dalle attese circa le dimensioni future dei mercati.

Nel 1991 Paul Krugman riprende le tre ragioni della localizzazione individuate da Marshall, considerandole le forze principali in grado di determinare la nascita di agglomerazioni geografiche di imprese.

Il punto centrale è che all'interno dei sistemi economici sono presenti forze che spingono verso la polarizzazione delle attività economiche, dando vita a una periferia e a un centro.

L'approccio della Nuova geografia economica presuppone che una regione possa essere *centro* o *periferia* in base all'andamento di determinati parametri economici (costi di produzione, aspettative, ecc.), per cui è possibile che, al loro mutare, le periferie si sviluppino fino a diventare centri e viceversa: è questo il cosiddetto **principio di reversibilità della geografia**.

Un'analisi che ha molti tratti in comune con quelle di Marshall e di Krugman, è quella di Michael Porter a proposito del *cluster*.

Cluster
Sistema produttivo locale o Indotto industriale
A network of connected factories businesses, suppliers, and associates in a specific field that are all located in the same geographical area.

Che cos'è un "cluster"?

Il "cluster" o "grappolo" di imprese è un insieme, geograficamente prossimo ed economicamente interconnesso, di imprese e istituzioni.

Le imprese che fanno parte di un "cluster" diventano più competitive grazie alla presenza in quel territorio non solo di fornitori, di manodopera specializzata, di infrastrutture adeguate e di concorrenti orientati all'innovazione, ma anche di un clima socio-culturale favorevole alla creazione di rapporti di collaborazione fra le imprese, e fra queste e le istituzioni. La capacità competitiva di un "cluster" è in continuo mutamento, in quanto dipende dalla continua interazione fra tutti i soggetti che lo compongono e l'ambiente locale.

Il termine "cluster" si può tradurre in italiano con la locuzione "sistema produttivo locale" o con il termine "distretto".

Un esempio di cluster è il *Solar Valley* della Sassonia, principale distretto al mondo per il fotovoltaico.

Dalla Solar Valley della Sassonia, regione con soli 2,4 milioni di abitanti, proviene circa il 20% delle celle solari prodotte nel mondo e l'80% di quelle prodotte in Europa.

Attualmente i principali sistemi produttivi locali hanno tutti le stesse caratteristiche?

Negli ultimi anni si è registrato un notevole interesse per i sistemi produttivi locali e sono state condotte ricerche anche nei Paesi di recente industrializzazione per individuarne caratteristiche e tipologie. Oggi sono principalmente presenti:

- **cluster di piccole e medie imprese specializzate**, in cui le imprese competono sulla base di bassi salari, con il rischio di essere costrette a perseguire la cosiddetta "via bassa allo sviluppo" (è il caso dei Paesi in via di industrializzazione: Ludhiana, Tiruppur, Vale do Sinos, Gamarra-Lima, ecc.);
- **distretti industriali**, in cui la competizione è basata sulle caratteristiche della forza-lavoro (conoscenze, competenze professionali specifiche, ecc.), sulle relazioni di collaborazione tra le imprese e sulla loro specializzazione produttiva (per esempio, in Italia: Sassuolo, Prato, Vicenza, ecc.);
- **aree-sistema** e **poli tecnologici**, in cui la competizione fra le imprese è basata sull'altissima innovazione tecnologica, grazie al collegamento costante con i centri di ricerca, al fine di perseguire la cosiddetta "via alta allo sviluppo" (si possono citare, a titolo d'esempio: Silicon Valley negli Stati Uniti, Bangalore in India, Grenoble in Francia, Singapore, ecc.).

Technological pole (cluster)
Polo tecnologico
It's a group of interrelated companies and institutions (including suppliers, service providers, universities, trade associations, etc.) located in a specific area whose main aim is to increase the wealth of its community by promoting the culture of innovation and the competitiveness of its associated businesses and knowledge-based institutions.

3 DISTRETTI INDUSTRIALI: GENESI E SVILUPPO

Fabbrica di piastrelle a Sassuolo, uno dei principali poli produttivi mondiali per la produzione di ceramica.

Il **distretto industriale** è un modello organizzativo tipico dell'economia italiana.

La maggior parte dei distretti industriali italiani è nata e si è ampliata durante il miracolo economico degli anni Cinquanta e Sessanta, quando l'economia cresceva a ritmi elevati. Si è poi verificato un forte incremento negli anni Settanta e Ottanta, quando i distretti hanno portato sviluppo e benessere in aree allora arretrate, come il Nord-Est e le Regioni centrali lungo la costa adriatica. Negli anni Ottanta e soprattutto negli anni Novanta i distretti industriali hanno cominciato a diffondersi anche nel Sud del Paese.

Quali sono le caratteristiche di un distretto?

Nel 1919 Marshall affermava, sempre nei *Principles of Economics*, che un'area ad alta concentrazione di piccole imprese si può definire **distretto** quando sussistono le seguenti caratteristiche:

- numerosità di imprese specializzate di piccola o piccolissima dimensione;
- presenza di imprese che vendono i loro prodotti direttamente sul mercato e di altre imprese che non producono beni finali, bensì componenti di un prodotto e agiscono come sub-fornitrici delle prime;
- elevata capacità di innovazione grazie alla presenza di imprenditorialità diffusa e di alta qualità del capitale umano;
- presenza di una produzione dominante (abbigliamento, calzature, ceramiche, ecc.);
- specializzazione flessibile nei modi di produrre e nei prodotti offerti;
- relazioni tra imprese basate su un intreccio fra competizione e cooperazione;
- supporto delle istituzioni e degli enti locali;
- interconnessione fra sistema produttivo e ambiente di vita familiare, politica e sociale.

In Italia, a cavallo tra gli anni Sessanta e Settanta, alcuni economisti italiani, nel tentativo di spiegare lo sviluppo economico di alcune aree del Paese, spostano l'oggetto di indagine: non la singola piccola impresa, ma i sistemi di piccole imprese. Questo cambiamento del punto di vista, che aprirà una ricca stagione di studi sia economici sia sociologici sui distretti industriali, porta a una rivisitazione del pensiero di Alfred Marshall.

Qual è la nozione di distretto formulata dagli economisti italiani?

Per l'economista **Giacomo Becattini**, il distretto è «un'unità socio-territoriale caratterizzata dalla compresenza attiva, in un'area territoriale circoscritta, naturalisticamente e storicamente determinata, di una comunità di persone e di una popolazione di imprese industriali. Nel distretto, a differenza di quanto accade in altri ambienti, la comunità e le imprese tendono, per così dire, a interpenetrarsi a vicenda».

Secondo Becattini, i vantaggi competitivi dei distretti derivano proprio dall'insieme di saperi, competenze, esperienze, coesione sociale, cultura istituzionale, che nel tempo si sono creati e stabilizzati dando vita a uno specifico tessuto sociale.

L'economista **Sebastiano Brusco** afferma, inoltre, che il distretto industriale «può essere costituito da tre elementi: le imprese attive; il territorio sul quale le imprese sorgono; la gente che vive in quel territorio, con i suoi valori e la sua storia, che è anche storia delle imprese i cui segni sono scritti anche sul territorio».

IN PILLOLE

Il concetto di **distretto** è stato proposto in Italia da Giacomo Becattini (1979), riprendendo l'idea di Alfred Marshall (1920), mentre il concetto di cluster è stato proposto negli Usa dall'economista Michael Porter (1991).

Alcuni esempi di cluster in Italia:

- **nei settori tecnologicamente avanzati**: il distretto Aerospaziale Pugliese, il polo di innovazione MESAP (Meccatronica e Sistemi Avanzati di Produzione) in Piemonte, il Lombardy Energy Cleantech Cluster, il sistema produttivo lombardo per l'energia e l'ambiente, il Polo Tecnologico di Navacchio, localizzato a Pisa, nel campo dell'informatica, il cluster tecnologico Alisei per la ricerca hi-tech, ecc.;
- **nei settori tradizionali**: il riso di Vercelli, il vino di Asti, Cuneo e Alessandria, i rubinetti di Novara, Vercelli e Verbano-Cusio-Ossola, i casalinghi di Verbano-Cusio-Ossola, ecc.

Quali sono le condizioni che favoriscono la nascita dei distretti industriali?

Le "tre fonti della localizzazione", individuate da Marshall, riprese da Krugman e di fatto assai somiglianti alle quattro determinanti della capacità competitiva presenti nel diamante di Porter, sono sostanzialmente ancora oggi le forze che possono determinare la nascita e lo sviluppo dei distretti industriali. Anche le analisi degli studiosi italiani dell'economia dei distretti rimandano a quelle degli autori citati. In sintesi, le principali condizioni necessarie per la nascita di un distretto possono essere considerate le seguenti:

- **disponibilità di risorse e fattori produttivi**. In molti casi la diversa dotazione di fattori produttivi consente di spiegare i percorsi di sviluppo differenziati di regioni e territori. La risorse climatiche, paesaggistiche e ambientali sono la base per la nascita di distretti basati sul turismo o sulla produzione agroalimentare. Lo stesso si può dire per le risorse del sottosuolo: basti pensare al distretto del marmo di **Carrara**; a quello delle

CONDIZIONI NECESSARIE PER LA NASCITA DI UN DISTRETTO:

- disponibilità di risorse e fattori produttivi;
- utilizzo di un'adeguata tecnologia;
- nascita di nuove imprese "motrici" o avvio di nuove produzioni da parte di imprese esistenti;
- presenza di un livello di domanda in grado di assorbire la produzione;
- caratteristiche del contesto locale.

Spillover effects
Effetti di traboccamento
In economics, a spillover effect refers to the impact that seemingly unrelated events in one nation can have on the economies of other nations (e.g. externalities).

Spin-off
Spin off
They are divisions of companies or organizations that then become independent businesses with assets, employees, intellectual property, technology, or existing products that are taken from the parent company.

ceramiche di **Sassuolo**, sorto grazie all'abbondanza di argilla; o della lana di **Biella**, favorito dalla disponibilità di acqua e quindi di energia idroelettrica. Il fattore produttivo ovunque disponibile, fondamentale per lo sviluppo dei distretti, è comunque il capitale umano. Spesso la nascita dei principali distretti italiani è stata possibile per l'esistenza sul territorio di una pregressa tradizione artigianale e manifatturiera come, per esempio, la lavorazione del truciolo a **Carpi** e quella degli stracci a **Prato**, divenuti entrambi importanti distretti tessili;

- **utilizzo di un'adeguata tecnologia**. La disponibilità di tecnologie adeguate può essere un elemento decisivo per lo sviluppo economico di una regione. Può accadere che imprese già esistenti introducano nuove tecnologie, con ricadute positive sul territorio (cosiddetti "**effetti spillover**", cioè effetti di traboccamento), determinando così una crescita economica estesa a tutta l'area. Una spinta tecnologica importante si può verificare anche quando i centri di ricerca e universitari della regione producono nuove conoscenze, che vengono poi incorporate in nuovi prodotti o nuovi processi da parte delle imprese del territorio;
- **nascita di nuove imprese "motrici" o avvio di nuove produzioni da parte di imprese esistenti**. L'impresa motrice può essere un'impresa già esistente o può nascere con il distretto; può essere un'impresa esterna o locale. Le imprese motrici possono generare la nascita di un distretto attraverso varie modalità. Un primo canale è la nascita di loro fornitori per realizzare fasi del processo produttivo, che prima erano interne all'impresa. Un altro canale è la formazione di capitale umano, attraverso la diffusione nel territorio di una cultura d'impresa, basata su conoscenze tecniche, manageriali e finanziarie. Le imprese motrici possono anche determinare "**spin-off**": dirigenti, tecnici e operai specializzati possono in seguito mettersi in proprio, dando vita a nuove attività produttive. In alcuni casi le grandi imprese multinazionali, che sono protagoniste della globalizzazione, contribuiscono anche al processo di formazione dei distretti industriali. In alcuni settori, come quelli dei prodotti farmaceutici e delle apparecchiature biomedicali, le decisioni delle multinazionali in materia di localizzazione stanno portando a una maggiore concentrazione territoriale delle attività produttive; un esempio è costituito dal distretto di **Mirandola**;
- **presenza di un livello di domanda in grado di assorbire la produzione**. Un distretto nasce tanto più facilmente quanto più è vasta la domanda locale; il decollo di tanti distretti italiani, anche con produzioni tradizionali e bassa tecnologia, è infatti avvenuto negli anni Sessanta, in una fase di eccezionale crescita del reddito. In altri casi è possibile puntare direttamente sulla domanda estera, orientandosi verso le aree nelle quali non ci sono ancora concorrenti. Molti distretti italiani si sono sviluppati in questo modo, grazie al ruolo assunto da intermediari nordeuropei, i cosiddetti ***buyer***, che ben conoscevano la domanda dei loro Paesi e la capacità di soddisfarla in modo continuativo da parte delle imprese italiane;
- **caratteristiche del contesto locale**. Le caratteristiche economiche, so-

cio-culturali e politiche della regione possono avere un ruolo importante nello sviluppo del distretto. La politica dei governi locali può favorire la coesione sociale, stimolare l'imprenditorialità, attribuire un ruolo sociale importante alla figura dell'imprenditore. Un distretto nasce e si sviluppa se ci sono istituzioni ben funzionanti, in grado di garantire, oltre ai servizi e alle necessarie infrastrutture, condizioni di sicurezza e di legalità. Questi elementi sono stati determinanti per favorire lo sviluppo dei distretti del Centro-Nord-Est italiano.

Lavorazione del truciolo a Carpi, Modena.

Come vengono individuati e quali caratteristiche presentano i principali distretti industriali italiani?

L'Istat, per individuare i distretti presenti sul territorio italiano, si avvale dei **Sistemi locali del lavoro (SLL)**, aggregazioni di più Comuni geograficamente contigui, che rappresentano luoghi di vita quotidiana, in quanto la loro popolazione lì risiede e lavora. Trattandosi di un criterio di aggregazione di tipo economico e non amministrativo, può accadere che molti Sistemi locali del lavoro includano Comuni che appartengono a diverse Province e anche a diverse Regioni. L'Istat, con il censimento del 2011, a partire dai Sistemi locali del lavoro (che sono 611), ha individuato la presenza di 141 distretti industriali sulla base della loro specializzazione produttiva. Rispetto al 2001, il numero di distretti industriali è diminuito di 40 unità (fig. 1). I distretti industriali costituiscono circa un quarto del sistema produttivo del Paese, in termini sia di addetti (il 24,5% del totale), sia di unità locali produttive (il 24,4% del totale). Ogni distretto, in media, è costituito da 15 Comuni. La maggior parte dei distretti industriali è localizzata al Nord-Est, che è tradizionalmente l'area territoriale di riferimento per questo tipo di sistema produttivo. Lombardia e Veneto, insieme, assorbono il 60,4% dell'occupazione manifatturiera distrettuale (rispettivamente il 33,7% e il 26,7%); seguono Toscana (9,9%), Emilia-Romagna (9,4%) e Marche (8,7%). Complessivamente, queste cinque Regioni assorbono l'88,3% dell'occupazione manifatturiera dei distretti industriali del Paese.

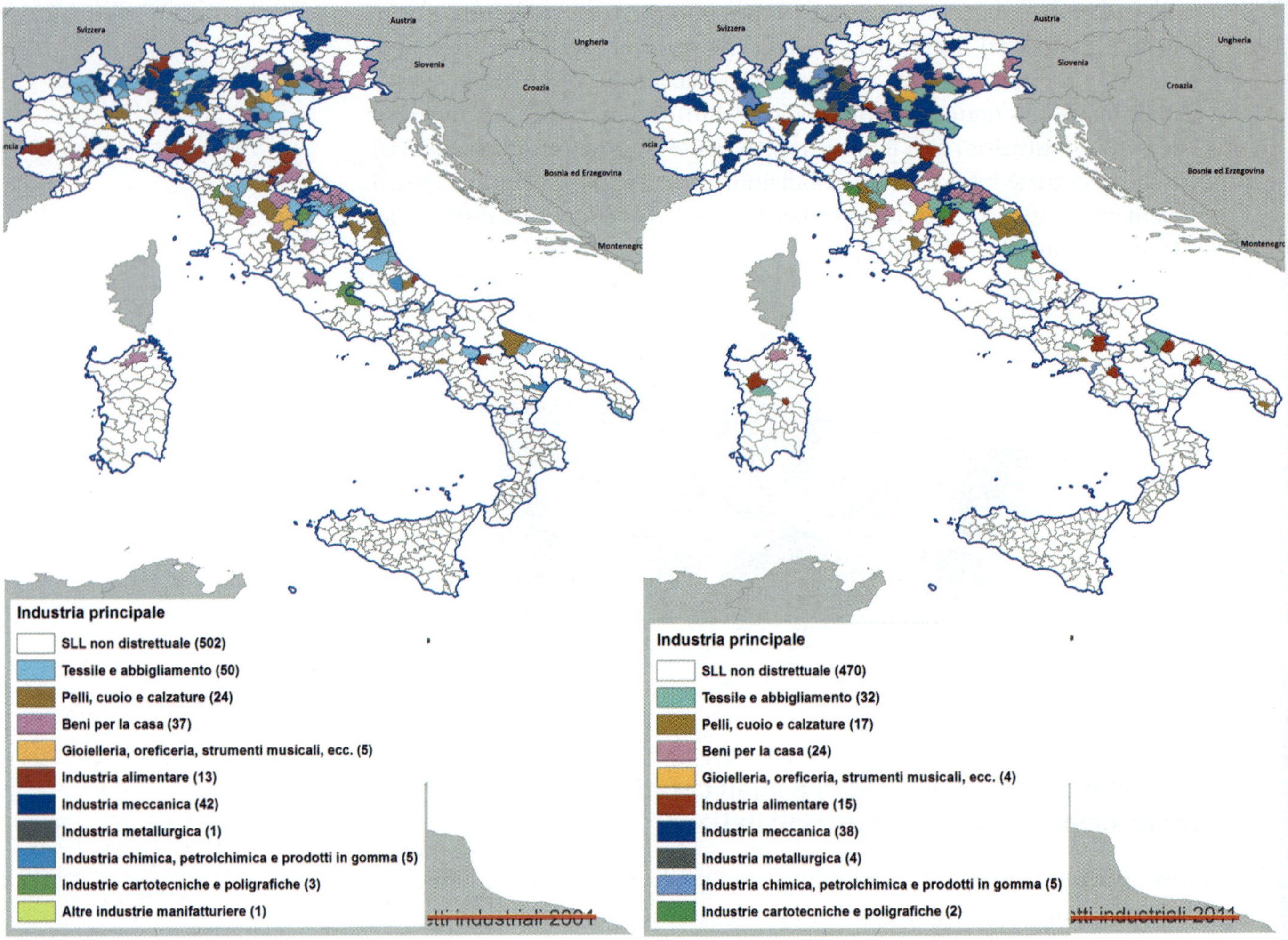

Figura 1

Distretti industriali in Italia nel 2001 e nel 2011

Fonte: Istat, febbraio 2015.

I distretti industriali, essendo un'importante realtà economica, sono anche riconosciuti sul piano giuridico?

La legge 317/91 riconosce, all'art. 36, l'esistenza dei distretti industriali e, con il decreto attuativo del 21 aprile 1993, vengono individuati i parametri per la loro identificazione. La legge attribuisce alle Regioni il compito di individuare i distretti industriali (sentite le Unioni delle Camere di commercio e sulla base di un decreto del ministero dell'Industria, del commercio e dell'artigianato) e sostenerne, dal punto di vista finanziario, lo sviluppo, attraverso progetti innovativi concernenti consorzi di imprese. In seguito, per superare la rigidità dei parametri introdotti e ampliare il numero delle aree destinatarie di aiuti regionali, è stata approvata la legge n. 140/99 che, all'art. 6, fa rientrare la definizione di distretto nel più ampio concetto di sistema produttivo locale. In Italia sono comunque previste, anche da parte della legislazione nazionale e comunitaria, agevolazioni e sovvenzioni che privilegiano le piccole imprese in quanto tali.

Quali sono le principali specializzazioni dei distretti industriali italiani?

Le principali specializzazioni distrettuali sono quelle tipiche del ***made in Italy***. Con questa espressione ci si riferisce a una serie di attività caratterizzate da una notevole competitività internazionale, in grado di generare da decenni consistenti volumi di esportazioni e saldi positivi della bilancia commerciale. Si tratta principalmente di meccanica, tessile e abbigliamento, beni per la casa, pelli, cuoio e calzature, alimentare, gioielleria, oreficeria, strumenti musicali. I distretti così caratterizzati sono 130, cioè il 92,2% del totale.

Tabella 4 – Distretti industriali per specializzazione – Anno 2011

	VALORI ASSOLUTI			COMPOSIZIONE %		
Specializzazione	**Distretti industriali**	**Unità locali manifatturiere**	**Addetti manifatturieri**	**Distretti industriali**	**Unità locali**	**Addetti manifatturieri**
Tessile e abbigliamento	32	48.278	386.335	22,7	29,3	25,7
Pelli, calzature	17	18.335	150.866	12,1	11,1	10,0
Beni per la casa	24	19.200	179.656	17	11,7	11,9
Gioielleria	4	7.353	63.217	2,8	4,5	4,2
Alimentare	15	7.326	62.810	10,6	4,4	4,2
Industrie meccaniche	38	55.167	572.370	27	33,5	38,0
Industrie metallurgiche	4	2.147	22.819	2,8	1,3	1,5
Chimica, gomma	5	4.421	45.350	3,5	2,7	3,0
Industria cartotecnica	2	2.510	21.067	1,4	1,5	1,4
ITALIA	**141**	**164.737**	**1.504.490**	**100,0**	**100,0**	**100,0**

Fonte: Istat, febbraio 2015.

Quali sono i vantaggi competitivi dei distretti?

I distretti industriali hanno da sempre costituito un punto di forza della struttura produttiva italiana, non soltanto per il loro peso sul settore manifatturiero del Paese, ma anche per la loro capacità competitiva e di innovazione. Le ipotesi formulate dagli autori già citati, in particolare Marshall e Porter, sono tuttora fondamentali per comprendere le ragioni del vantaggio competitivo dei distretti. I due autori attribuiscono grande importanza alle **economie esterne all'impresa, ma interne ai distretti**, che consentono alle imprese stesse di conseguire peculiari vantaggi competitivi che singolarmente non sarebbero in grado di ottenere. Più nello specifico, si può affermare che la particolare condizione di efficienza a livello del sistema produttivo complessivo, generata dalle economie esterne, determina i seguenti benefici:

- **riduzione dei costi di produzione**, poiché la scomposizione del ciclo produttivo in fasi di lavorazione e la specializzazione nell'esecuzione di ciascuna di esse assicurano elevati livelli di flessibilità ed economie di apprendimento che favoriscono l'aumento della produttività e, quindi, la competitività sui costi;

- **riduzione dei costi di transazione**, in quanto la prossimità geografica e il ruolo delle istituzioni locali rendono trasparente e facilitano l'incontro tra domanda e offerta di lavoro, tra fornitori e acquirenti, ecc.;
- **aumento della capacità innovativa** delle imprese del distretto, grazie alla diffusione di informazioni tecniche, alla conoscenza del mercato di riferimento, al contatto interpersonale e all'osservazione diretta.

Negli ultimi anni i cambiamenti intervenuti nel sistema economico internazionale hanno indebolito la capacità competitiva dei distretti, molti dei quali hanno avviato profonde trasformazioni strutturali per adeguarsi al nuovo contesto.

4 DISTRETTI INDUSTRIALI: EVOLUZIONE E METAMORFOSI

Il sistema dei distretti produttivi, fondato su rapporti di interdipendenza e di cooperazione tra imprese prevalentemente di piccole dimensioni localizzate in un determinato territorio, ha storicamente rappresentato uno dei punti di forza dell'economia italiana, contribuendo in misura notevole alla crescita del reddito e dell'occupazione, anche grazie alla qualità e all'originalità dell'offerta produttiva. Il modello dei distretti industriali ha consentito al nostro Paese di crescere e di imporsi sui mercati internazionali, ma negli ultimi anni ha risentito profondamente degli **effetti della globalizzazione**. I distretti industriali sono, infatti, sottoposti a una pressione maggiore da parte della concorrenza estera a mano a mano che i loro prodotti diventano maturi e la tecnologia ampiamente disponibile. Diversamente da quanto hanno fatto gli altri Paesi industrializzati, l'Italia ha mantenuto nel tempo la stessa specializzazione produttiva che aveva negli anni del miracolo economico, con una struttura dei vantaggi comparati simile a quella dei Paesi in via di sviluppo (in particolare i cosiddetti Bric: Brasile, Russia, India, Cina). La progressiva liberalizzazione degli scambi, favorendo l'integrazione dei Paesi emergenti, ha ridotto drasticamente la competitività delle imprese italiane generando un diffuso pessimismo sul futuro della nostra economia, anche alla luce della crisi economica e finanziaria non ancora risolta. Per affrontare le nuove sfide, sono tuttora in corso processi di selezione, riorganizzazione e riconversione produttiva all'interno dei distretti, che fanno parlare di una loro "metamorfosi".

Quali sono le principali trasformazioni che stanno avvenendo all'interno dei distretti italiani?

Le strategie messe in campo negli ultimi anni per affrontare la crisi hanno richiesto profonde trasformazioni, tuttora in atto, che sono state accompagnate da interessanti segnali di ripresa.

Gli elementi su cui stanno puntando molte imprese distrettuali sono:

- **forte orientamento all'esportazione**. Molte imprese hanno dimostrato una forte propensione non solo per i mercati esteri in generale, ma soprattutto per quelli dei Paesi emergenti che, pur essendo molto lontani, offrono migliori opportunità;

- **innovazione tecnologica**. Le imprese distrettuali hanno da sempre creato innovazione in modo informale; oggi invece sta emergendo la consapevolezza dell'importanza dell'innovazione tecnologica attuata mediante la registrazione di brevetti, quindi caratterizzata da stretti legami con gli istituti di ricerca e la comunità scientifica;
- **qualità dei prodotti e politiche del marchio**. Molte imprese distrettuali si stanno impegnando per migliorare la qualità dei loro prodotti, al fine di collocarsi su segmenti di mercato in cui la concorrenza dei Paesi emergenti è meno forte. In questi ultimi anni diverse aziende hanno anche registrato un proprio marchio (*brand*), sia in Italia, sia sui mercati esteri. Un caso emblematico è quello di Carpi, dove una decina di imprese dotate di un proprio *brand* (Blumarine, Liu Jo, Gaudì, Twin Set, ecc.) realizzano oggi la metà del fatturato complessivo del distretto;
- **internazionalizzazione**. Molte imprese distrettuali stanno cercando un equilibrio tra le attività svolte in Italia e quelle svolte all'estero, in seguito a investimenti diretti e alleanze con imprese straniere. In certi casi la presenza di una controllata estera può creare effetti positivi anche per la casa madre sul territorio italiano, come dimostra l'esperienza di imprese operanti nel distretto emiliano delle macchine agricole. Negli ultimi anni sono anche aumentati gli investimenti stranieri, che nei distretti, storicamente, sono sempre stati bassi. Le imprese estere possono rafforzare gli investimenti in ricerca e sviluppo, nonché la struttura commerciale delle imprese italiane. Il caso più emblematico è quello delle multinazionali che investono nel distretto farmaceutico, uno dei poli tecnologici che è più cresciuto negli scorsi anni, secondo solo a quello aeronautico.

Una nuova classificazione dei distretti italiani:

a) distretti dinamici (molto attenti all'innovazione, forte cooperazione tra le imprese);
b) distretti maturi (poco attenti all'innovazione, collaborazione tra imprese non pianificata);
c) distretti vulnerabili (assenza di innovazione e di cooperazione tra imprese);
d) distretti virtuali (istituiti da decreti regionali, sono semplici aree industriali).

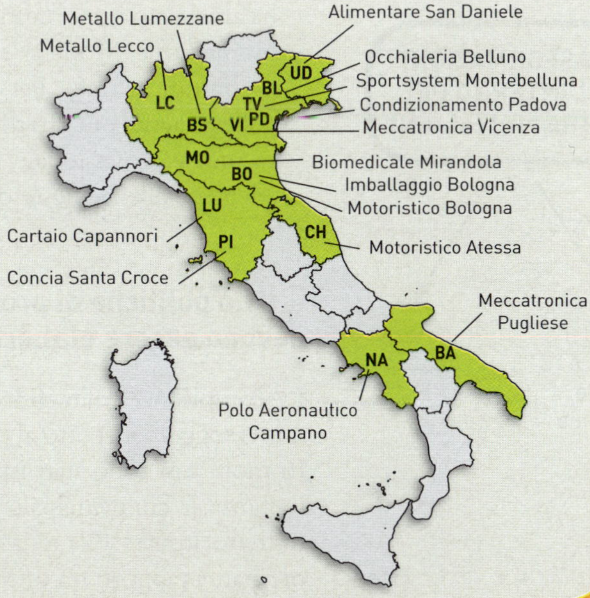

RINFORZO

Quali sono i principali obiettivi da perseguire per il rilancio dei distretti?

I principali obiettivi da perseguire oggi per il rilancio dei distretti sono:

- **ampliamento della dimensione aziendale**. Le azioni sopra descritte, su cui deve puntare oggi l'impresa distrettuale, richiedono dimensioni aziendali più ampie rispetto a quelle della piccola impresa tradizionale. Soltanto un'impresa di medie dimensioni può disporre di una organizzazione aziendale idonea ad agire sui mercati emergenti, a effettuare investimenti diretti all'estero o in ricerca e sviluppo. Questo risultato può essere raggiunto mediante politiche di fusioni e acquisizioni, o la creazioni di gruppi aziendali;
- **partecipazione a reti di imprese**. Una rete è un gruppo di imprese che uniscono le loro risorse per cooperare a progetti comuni. Le reti possono prendere forme diverse in base agli obiettivi: alcune sono strutturate e formali e hanno addirittura una personalità giuridica (come i consorzi in Italia). Altre sono informali e vedono gruppi di imprese scambiarsi idee o mettere in atto forme di cooperazione di ampio respiro. Alcune si propongono un generico scambio di informazioni, mentre altre mirano a obiettivi più specifici (per esempio, le *joint ventures* per l'esportazione). Le reti possono firmare accordi con organismi di ricerca, istituti d'istruzione e di formazione, enti pubblici;
- **sperimentazione di nuove specializzazioni**. La politica industriale necessaria per il rilancio dell'impresa italiana sui mercati internazionali deve avere come obiettivo lo sviluppo di nuovi settori rispetto a quelli tradizionali, alcuni dei quali ormai obsoleti. Per raggiungere tale obiettivo, sono necessari forti investimenti nella ricerca e nella formazione del capitale umano. È interessante, da questo punto di vista, l'esperienza dell'Emilia-Romagna, che ai distretti tradizionali (piastrelle, maglieria e abbigliamento, macchine agricole, macchine per imballaggio, agroalimentare, ecc.) ha affiancato importanti distretti tecnologici, come quelli di Mirandola nel biomedicale, Modena e Bologna nelle Ict (Tecnologie dell'informazione e comunicazione). Per supportare il cambiamento si rendono necessari collegamenti più stretti con l'Università e con il sistema dell'istruzione tecnica e professionale, al fine di favorire la formazione di professionalità adeguate alle richieste dei nuovi settori.

Le politiche di promozione del distretto da quali soggetti devono essere elaborate e realizzate?

La complessità delle sfide da affrontare richiede la capacità di individuare nuovi soggetti, rispetto al passato, a cui affidare la guida strategica dei distretti. In molti casi sono stati istituiti i Comitati di distretto, organismi di rappresentanza, la cui principale funzione è di organizzare le attività all'interno del distretto attraverso la redazione e l'attuazione di Piani di sviluppo, oltre a coordinare i rapporti tra tutti i soggetti coinvolti, sia pubblici sia privati. In alcuni casi, al Comitato di distretto si affianca un soggetto attuatore del Piano di sviluppo (imprenditori, associazioni di industriali, consorzi tra imprese, ecc.).

Alcuni esempi:

- **Distretto veneto dell'abbigliamento Verona ProntoModa**. Il soggetto attuatore del Piano per lo sviluppo è il Consorzio della Moda: coordina il distretto, gestisce i progetti e i finanziamenti, eroga servizi alle imprese consorziate, ecc.;
- **Distretto biomedicale di Mirandola**. Il Consorzio ConsoBioMed è l'ente che governa il distretto. Promuove la cooperazione tra le imprese e svolge un ruolo di primo piano per l'applicazione delle innovazioni e per l'internazionalizzazione.

Un'indagine recente condotta dall'*Osservatorio Nazionale Distretti Italiani* (istituito nel 2009 dalla Federazione nazionale Distretti) mostra che, all'interno di un campione costituito da dieci distretti del Centro-Nord, quelli con i risultati migliori si caratterizzano per il fatto di essere riusciti a elaborare e attuare politiche di sviluppo condivise da soggetti, pubblici e privati, capaci di lavorare insieme a supporto del sistema economico-produttivo locale: comitati di distretto, università, centri di ricerca, centri servizi, associazioni e consorzi tra aziende, fondazioni e osservatori. In questo modo i distretti conquistano la fiducia di potenziali investitori, ottengono con più facilità nuovi finanziamenti, consolidando i risultati raggiunti. Nella ricerca citata, esempi di questo tipo sono costituiti dai distretti di Lecco (metalli) e Santa Croce sull'Arno (prodotti in pelle e cuoio).

*Nel distretto tessile di Carpi la collaborazione tra istituzioni e imprese ha dato vita al **Campus della Moda**, dove vengono insegnate competenze stilistiche e manageriali.*

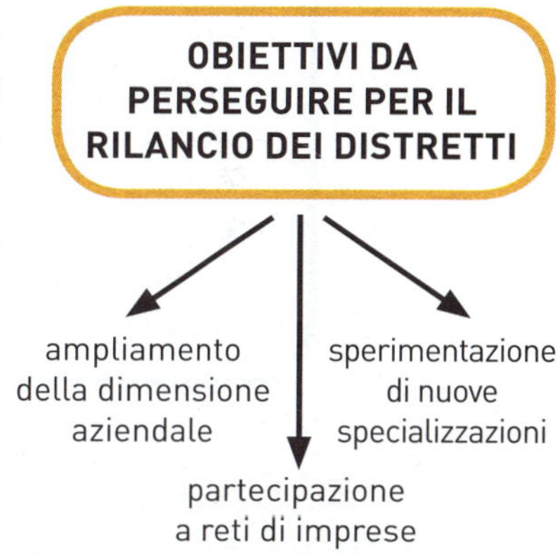

Rapporto 2014 – Osservatorio nazionale distretti italiani

L'indagine annuale per il 2014, condotta da Unioncamere sulle imprese operanti nei 100 distretti industriali censiti dall'Osservatorio, ha messo in luce elementi di evoluzione positiva unitamente a fattori di minaccia per il futuro.

Tra i fenomeni evolutivi intervenuti maggiormente negli ultimi anni, l'indagine lascia emergere in particolare:

- la crescente apertura all'estero (segnalata nel 65,5% dei casi);
- l'innalzamento della qualità dei prodotti (49,4%);
- l'incremento del livello di collaborazione tra le imprese del distretto (30,7%).

Emergono anche alcuni fenomeni più specifici che potrebbero incidere notevolmente sulla conformazione dei distretti, come per esempio: il tentativo di avvio di produzioni completamente nuove o di diversificazioni produttive, l'emergere di nuove imprese leader, la costituzione di nuove reti di collaborazione.

Molte restano, tuttavia, le criticità. In particolare:

- permane, in molte imprese, un problema di ricambio generazionale (segnalato dal 60,4% delle imprese);
- la continua fuga di investimenti verso altri territori in Italia e all'estero verosimilmente a opera delle imprese di dimensione più elevata (47,1%);
- la mancanza di capitale umano qualificato (40,8%);
- la presenza di fenomeni di concorrenza sleale determinata in particolare dalla presenza di aziende gestite da stranieri (36,5%), come nei casi dei Distretti del tessile-abbigliamento di Prato, Empoli e Carpi.

IN PILLOLE

SISTEMA ECONOMICO LOCALE

↓

è presente

nel sistema economico italiano

↓

oggi caratterizzato da

- **specializzazione nei settori tradizionali** (es. tessile, abbigliamento, calzature, ecc.) e in alcuni comparti del settore meccanico (per esempio elettrodomestici) ma è sottoposta alla concorrenza dei Paesi emergenti
- **vantaggi comparati** in settori a basso contenuto di lavoro specializzato
- **svantaggi comparati** in settori con economie di scala a livello di impresa e a elevato grado di innovazione tecnologica
- **esportazioni** in calo per difficoltà a competere sul mercato estero ma ha un **vantaggio competitivo** nei settori rappresentativi del nuovo "Made in Italy" (per esempio agroalimentare)

↓

caratterizzato nel XX secolo

- da grandi imprese al Nord (**triangolo industriale**)
- da piccole imprese nel Nord-Est e nell'Italia centrale (**distretti industriali**)

↓

che ha provocato

nel corso degli anni Settanta e Ottanta:

vantaggi:
- maggiore flessibilità nella combinazione dei fattori produttivi
- riduzione della conflittualità sindacale, soprattutto degli scioperi

ostacoli al processo di espansione:
- legislazione favorevole alla piccola impresa
- gestione familiare
- dimensione ridotta delle banche
- inefficienze nel sistema di giustizia civile

MAPPA UNITÀ C3

SISTEMA ECONOMICO LOCALE

soggetto fondamentale è

un sistema economico che si sviluppa su un territorio di dimensioni circoscritte, che ha trovato diverse **spiegazioni teoriche** da parte:

a) della teoria neoclassica
b) di A. Marshall
c) della teoria classica del sottosviluppo regionale
d) della teoria di M. Porter
e) della Nuova geografia economica di P. Krugman

sono sistemi produttivi locali

Distretti industriali (legge 317/91 e legge 140/1999)

Per Becattini, il **distretto** è «un'unità socio-territoriale caratterizzata dalla compresenza attiva, in un'area territoriale circoscritta, naturalisticamente e storicamente determinata, di una comunità di persone e di una popolazione di imprese industriali...»

nascono grazie:
- alla disponibilità di risorse e fattori produttivi
- all'utilizzo di un'adeguata tecnologia
- alla nascita di nuove imprese "motrici" o avvio di nuove produzioni da parte di imprese esistenti

vengono **individuati** dall'Istat con i **sistemi locali di lavoro**

il **vantaggio competitivo** dei distretti è dato dalle economie esterne all'impresa ma interne ai distretti.

oggi, molte imprese distrettuali stanno puntando:
- a un forte orientamento all'esportazione
- all'innovazione tecnologica
- alla qualità dei prodotti e politiche del marchio
- all'internazionalizzazione

per il **rilancio dei distretti**: a) ampliamento della dimensione aziendale b) partecipazione a reti di imprese c) sperimentazione di nuove specializzazioni

Cluster di piccole e medie imprese specializzate
Porter li definisce come un gruppo di industrie, fra di loro connesse mediante relazioni verticali (cliente/fornitore) e orizzontali (rapporti di concorrenza e complementarietà fra le imprese)

Aree-sistema e poli tecnologici, in cui la competizione fra le imprese è basata sull'altissima innovazione tecnologica, grazie al collegamento costante con i centri di ricerca

Verifiche 3

1) TROVA L'ERRORE IN OGNI FRASE

Competenza: acquisire e riconoscere i contenuti chiave

A. La presenza rilevante di piccole imprese è una caratteristica esclusiva del sistema produttivo italiano.

B. Il sistema produttivo italiano presenta vantaggi comparati nei settori caratterizzati da forti economie di scala a livello di impresa ed elevato grado di innovazione tecnologica.

C. Per Marshall le economie esterne determinano una crescita economica equilibrata sull'intero territorio.

D. Per gli autori della Nuova geografia economica i processi di sviluppo delle regioni dipendono dai vantaggi derivanti dalla concentrazione delle imprese (*first nature*), a cui si aggiungono quelli relativi alle condizioni climatiche e geografiche (*second nature*).

E. L'Istat, per individuare i distretti presenti sul territorio italiano, si avvale dei Sistemi locali del lavoro (SLL), luoghi di vita e di lavoro individuati sulla base di criteri di aggregazione di tipo amministrativo.

2) COLLEGA LE ESPRESSIONI CONTRASSEGNATE DA UNA LETTERA CON QUELLE INDICATE DA UN NUMERO

Competenza: individuare collegamenti e relazioni

A. Michael Porter	1. La crescita economica di una regione può avere origine da poli di sviluppo, cioè località in cui operano una o più imprese "motrici"
B. Giacomo Becattini	2. I vantaggi competitivi dei distretti derivano da esperienze, coesione sociale, cultura istituzionale, che nel tempo si sono consolidate
C. Teoria classica del sottosviluppo regionale	3. Le economie esterne accrescono la competitività delle imprese del distretto e sono determinate dalle "tre fonti della localizzazione"
D. Paul Krugman	4. Principio di reversibilità della geografia
E. Teoria neoclassica	5. La capacità competitiva di un "cluster" dipende dall'interazione fra tutti i soggetti che lo compongono e l'ambiente locale
F. Alfred Marshall	6. L'azione dei mercati determina una crescita economica equilibrata su tutto il territorio

A	B	C	D	E	F

3) INDICA SE LE SEGUENTI AFFERMAZIONI SONO VERE O FALSE. SE LE RITIENI FALSE GIUSTIFICA LA RISPOSTA

Competenza: acquisire, interpretare l'informazione e comunicare

	VERO	FALSO
A. La ridotta dimensione delle banche italiane ha ostacolato il processo di espansione delle imprese.		
B. Alfred Marshall ha introdotto per primo il concetto di distretto industriale.		

	VERO	FALSO
C. Per la teoria neoclassica la distribuzione delle attività economiche è spiegata dalle economie di scala.		
D. Si verificano *spillover* quando dipendenti di una impresa si mettono in proprio, dando vita a nuove attività produttive.		
E. Il Comitato di distretto è un organismo incaricato di elaborare e attuare i Piani di sviluppo.		

4) RISOLVI I SEGUENTI PROBLEMI

Competenza: risolvere problemi

A. L'indagine condotta da Unioncamere per il 2014 rivela che il 36,5% degli intervistati individua come fattore di criticità dei distretti la presenza di fenomeni di concorrenza sleale, determinata in particolare dalla presenza di aziende gestite da stranieri.
   1. In che cosa consistono, a tuo avviso, i principali fenomeni di concorrenza sleale?
   2. Quali settori ne sono principalmente colpiti? (almeno 3)
   3. In che cosa consistono i danni subiti dai produttori italiani?
   4. Quali azioni si potrebbero intraprendere per affrontare il problema?

B. Brill, azienda *leader* di utensili per la lucidatura di piastrelle e ceramiche, con sede a Isola Vicentina, da molti anni fornisce materie prime ai *partner* cinesi per realizzare il semilavorato, per poi completare il prodotto in Italia anche al fine di controllarne la qualità. Nel corso del tempo la delocalizzazione ha comportato numerosi problemi: eccessivi costi di trasporto e complessità della logistica, ma soprattutto il mancato rispetto della dichiarazione dei materiali da parte dei fornitori cinesi. Quali decisioni potrebbe prendere la Brill per risolvere i problemi evidenziati?

5) RISPONDI AI SEGUENTI QUESITI IN UN MASSIMO DI 5/6 RIGHE

Competenza: saper organizzare e sintetizzare i contenuti

A. Quali ragioni hanno favorito in Italia la prevalenza delle piccole imprese?
B. Quale tipo di specializzazione produttiva ha caratterizzato il nostro Paese?
C. Che cos'è un sistema economico locale?
D. Quali teorie attribuiscono particolare importanza ai costi di trasporto per spiegare la distribuzione sul territorio delle attività economiche?
E. Quali sono, secondo Marshall, i vantaggi derivanti dalla concentrazione geografica delle imprese?
F. In che cosa consiste il principio della reversibilità della geografia?
G. Che cos'è un polo tecnologico?
H. Che cos'è un'impresa motrice?
I. A che cosa è dovuta la competitività dei distretti industriali?
J. Che cosa sono le reti di imprese?

1) Chose the right words among the ones listed below and fill in the gaps

Across Italy there are – according to the District Monitor of the study service of the Bank ISP – 140 traditional .... , in addition 20 .... for a total, therefore, of 160 territorial collections of small-to medium-sized industries. In Emilia Romagna there are 19 districts (out of the 140 mapped at national level) wich generate overall 10,2 billion in exports equal to 24% of the total exported by the .... Within the traditional sphere amongst the main italian districts for .... we have: .... from Sassuolo; .... machinery from Bologna; machines for the .... industry from Modena and Reggio Emilia; .... and clothing from Carpi; .... machinery from Reggio Emilia and Modena. To these can be added all districts of the Italian .... chain wich counts many of its top names in Emilia Romagna. Amongst the technological poles must be mentioned Mirandola for .... and the .... poles of Bologna and Modena. [.....]

(Franco Mosconi, *The Cluster Structure of the Emilian Economic System*)

[agricultural, agrofood, biomedical, ceramics, districts, exports, knitwear, ICT, region, packaging, technological, tiles]

2) Answer to the following questions

A. Describe the figure that Porter defined as a "diamond".
B. What's the meaning of the term *district*?
C. Explain the three "sources of industrial localization" identified by Marshall and later updated by Krugman
D. What conditions determine the rise and development of industrial districts?
E. What are the policies needed to sustain the regeneration of districts?

UNITÀ 4 L'impresa socialmente responsabile

Idee curiose e sostenibili

Con la tazzina che si sgranocchia il caffè è più ecologico

Gusto, sapore e innovazione si sposano in un'idea singolare e originale per bere il caffè: la **cookie cup**, la tazzina commestibile di Lavazza. La nuova tazzina commestibile, lanciata da qualche mese nei bar, secondo l'azienda farebbe risparmiare sull'acqua normalmente utilizzata per lavare le tazzine, oltre a far felici quelli che insieme al caffè non rifiutano un dolce per accompagnarlo ed esaltarne il sapore.

Nata da un'idea dello stilista venezuelano Enrique Luis Sardi, la tazzina è un incrocio tra un cono gelato e il biscotto, ricoperta da uno strato di zucchero a velo che funge da isolante rendendo impermeabile il bicchierino e dolcificandolo al tempo stesso.

L'idea si rifà al cucchiaino di cioccolato che sta diventando d'uso comune in molti bar, in cui il cioccolato si fonde al caffè rendendo più gustoso l'espresso e ciò che rimane del cucchiaino si può mangiare. Lavazza per la sua idea originale ed ecosostenibile ha ricevuto molti premi in campo ecologico e del marketing. L'idea, che ha dietro una strategia di marketing, ha unito le forze del designer Sardi e del pasticcere Lello Parisi, che ha fuso il biscotto per esaltare il gusto del caffè espresso subito dopo averlo bevuto. La pasta frolla è resa più consistente rispetto alla ricetta tradizionale, viene modellata e cotta in particolari stampi a forma di tazzina col marchio Lavazza.

L'interno viene rivestito da una speciale glassa di zucchero affinché la tazza possa sopportare l'alta temperatura del caffè espresso durante il consumo. In questo modo la tazzina può essere realmente mangiata, come se fosse un biscotto, una volta che si finisce di sorseggiare il caffè.

Questa creazione non è solo un'idea bizzarra, ma anche un utile sistema per evitare di buttare via una quantità enorme di tazzine di plastica o di dover lavare ogni volta la tazzina, con una considerevole riduzione dell'impatto ambientale in entrambi i casi. Inoltre, unisce anche il gusto e la curiosità di molti. Forse non terrà a bada le calorie, ma per il resto è promossa!

Maria Rosaria Mandiello
«Rosmarinonews.it: giornale on-line di enogastronomia, turismo e sostenibilità», 12 aprile 2013

attività

1. Perché bere il caffè e mangiarsi la tazzina è un'idea ecosostenibile?
2. Quali risparmi otterrebbero i bar con la tazzina commestibile di Lavazza?
3. Dove si è costituita e sviluppata l'impresa Lavazza?
4. Su quali mercati internazionali opera l'impresa?

Corporate social responsibility (Csr)
Responsabilità sociale d'impresa
Refers to operating a business in a manner that accounts for the social and environmental impact created by the business. CSR means a commitment to developing policies that integrate responsible practices into daily business operations, and to reporting on progress made toward implementing these practices.

Human capital
Capitale umano
It is an approach to employee staffing that perceives people as assets (human capital) whose current value can be measured and whose future value can be enhanced through investment.

Social capital theory
Capitale sociale
Social capital may be defined as those resources inherent in social relations which facilitate collective action. It includes trust, norms, and networks of association representing any group which gathers consistently for a common purpose.

1 LE SCELTE DELL'IMPRESA RESPONSABILE

Gli anni Ottanta e Novanta del secolo scorso sono quelli in cui, nei Paesi dell'Occidente avanzato, esplode la problematica della responsabilità sociale dell'impresa (RSI o, in inglese, CSR, Corporate Social Responsibility), di cui nel 2001, in un "Libro verde", la Commissione europea diede una definizione, poi ampliata e articolata nel 2011 con la "Comunicazione sulla strategia rinnovata della Ue per il periodo 2011-2014 in materia di responsabilità sociale delle imprese" - COM 2011.

La RSI non va confusa con la filantropia d'impresa, atto di impegno sociale, sempre esistito, benché poco praticato, la cui logica poggia sulla compassione o la concessione.

La logica della RSI si fonda, invece, sul principio della pari dignità di tutti i soggetti coinvolti nell'attività aziendale, sull'investimento delle imprese in capitale umano, sulla capacità da parte delle stesse di integrare le questioni sociali, ambientali ed etiche nelle operazioni commerciali e nelle strategie di base in stretta collaborazione con i rispettivi interlocutori.

Quali sono le ragioni che hanno portato alla stesura di questi documenti da parte della Commissione europea?

- Una **prima ragione** sta nel fatto che nell'ultimo quarto di secolo sono sorte moltissime organizzazioni della società civile, costituite da "enti non profit", "Terzo settore", "organizzazioni non governative", "fondazioni" e altre, le cui finalità d'interesse collettivo hanno contagiato la logica di azione dell'impresa profit.
- Una **seconda ragione** è riconducibile al cambiamento culturale che si è sviluppato negli ultimi anni, connesso al fenomeno della

Figura 1

I principali stakeholder per l'impresa

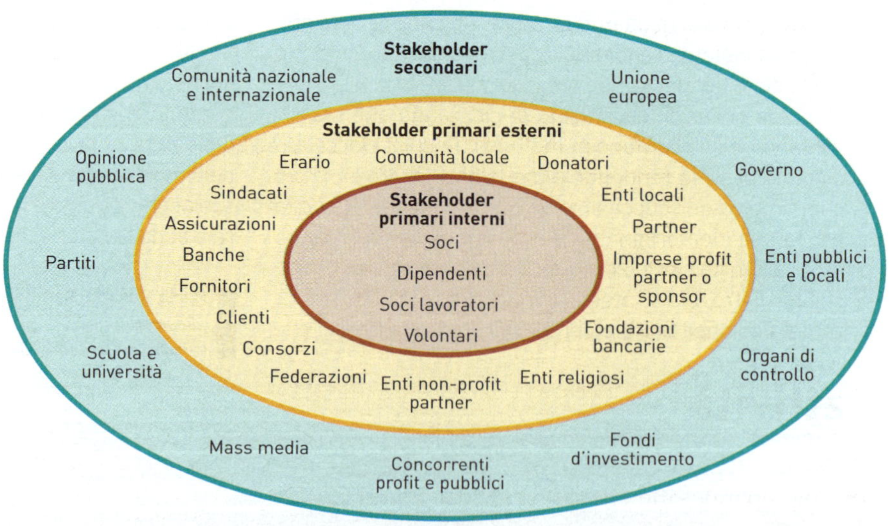

globalizzazione e alle trasformazioni che essa ha apportato al ruolo dell'impresa nella società. Nel tempo dell'impresa globalizzata, non legata a nessun contesto territoriale e sociale specifico, per ottenere legittimazione sociale è fondamentale che le imprese soddisfino le aspettative non solo dei loro **azionisti** (*shareholders*), ma di tutti i **compartecipanti/portatori d'interesse** nell'attività d'impresa (*stakeholders*), fra cui rientrano ovviamente anche gli azionisti (fig. 1).

- Una **terza ragione** ha a che vedere con una vera e propria novità emergente da questa epoca di sviluppo: il passaggio dalla figura del consumatore-cliente a quella del consumatore-cittadino, un soggetto che vuole consumare, ma in modo critico, che vuole sapere come quel certo bene è stato prodotto e se nel corso della sua produzione l'impresa ha violato, poniamo, i diritti fondamentali della persona che lavora, oppure ha inquinato l'ambiente in modo inaccettabile, e così via.

Uno dei numerosi esempi è offerto dalla **Nike**, celebre multinazionale americana con sede centrale nell'Oregon, che è tornata a produrre scarpe e abiti sportivi in Cambogia, dopo esserne fuggita per le accuse di sfruttamento del lavoro minorile. Se ora può tornarci è perché la battaglia delle associazioni umanitarie, dei consumatori e dei sindacati americani ha avuto successo. La Cambogia, infatti, ha aperto le sue fabbriche ai controlli internazionali sui diritti dei lavoratori e si è impegnata a debellare la piaga sociale dei bambini-operai, costretti a produrre per i Paesi ricchi. Esperienze analoghe sono capitate alla Reebok e alla Nestlé.

Shareholders
Azionisti
A *shareholder* or stockholder is an individual or institution (including a corporation) that legally owns a share of stock in a public or private corporation.

Stakeholders
Compartecipanti/portatori di interessi
A person, group or organization that has interest or concern in an organization.

Contestazioni contro Nike.

2 GLI STRUMENTI DELL'IMPRESA RESPONSABILE

Le imprese hanno la possibilità di dimostrare di essere socialmente responsabili realizzando specifiche iniziative pianificate e monitorate per mezzo della **"revisione sociale" (audit sociale)**, che consiste appunto in una valutazione sistematica degli obiettivi, delle strategie e della performance in termini di responsabilità sociale.

Per essere considerata socialmente responsabile l'impresa deve:

- **investire nel capitale umano**, ovvero impegnare risorse per l'addestramento e la formazione permanente dei propri dipendenti e collaboratori, assumere persone sfavorite sul mercato del lavoro, adottare la *Certificazione etica SA8000*. Si tratta di uno standard di certificazione internazionale in tema dei diritti dei lavoratori con il quale le imprese garantiscono che i loro prodotti sono stati realizzati in coerenza con i criteri relativi al non impiego minorile o di lavoro obbligato, al mantenimento di condizioni di salute e di sicurezza sul lavoro, alla libertà d'associazione, all'assenza di pratiche discriminatorie o coercitive, alla definizione di un orario di lavoro e di una retribuzione equa;

Social audit
Revisione sociale (audit sociale)
It examins a company's performance towards its employees, society, and the environment.

L'IMPRESA SOCIALMENTE RESPONSABILE:
- **investe** in capitale umano;
- **contribuisce** alla tutela dell'ambiente;
- **cura** il rapporto con i partner commerciali e i fornitori;
- **investe** nel rapporto con il cliente;
- **investe** nella comunità.

International standard organization (ISO)
Organizzazione internazionale di normalizzazione
It is an independent, non-governmental membership organization and the world's largest developer of voluntary International Standards. They give world-class specifications for products, services and systems, to ensure quality, safety and efficiency. They are instrumental in facilitating international trade.

Environmental management and audit scheme (emas)
Schema di ecogestione e audit ambientale
It is a management instrument developed by the European Commission for companies and other organisations to evaluate, report, and improve their environmental performance.

Cause related marketing
Marketing sociale
It is a partnership between a firm and a non-profit organization designed to create a social project, while pursuing the company's business objectives (sales).

- **contribuire alla tutela dell'ambiente** riducendo le emissioni inquinanti, limitando il più possibile l'impatto ambientale delle proprie attività, sviluppando processi produttivi ecosostenibili. Un'iniziativa in questo ambito è stata messa a punto dall'organizzazione internazionale non governativa **ISO** (International Standards Organization – Organizzazione internazionale di normalizzazione) di Ginevra, fondata nel 1947, che ha avviato il progetto *ISO 14000*, il cui obiettivo è stato quello di definire uno standard dei requisiti ambientali riconoscibile a livello internazionale. A livello europeo vige lo **Schema di ecogestione e audit ambientale**, cioè il *regolamento EMAS* (acronimo di Eco-Management and Audit Scheme*) n. 1221/2009* del Parlamento Europeo e del Consiglio, entrato in vigore nel gennaio 2010, ovvero un sistema di certificazione che riconosce a livello europeo il raggiungimento di risultati di eccellenza nel miglioramento ambientale;
- **curare il rapporto con partner commerciali e fornitori**, scegliendo attentamente i propri interlocutori, favorendo coloro che rispettano i diritti umani e adottando standard di eccellenza in materia di rispetto e tutela dell'ambiente;
- **investire nel rapporto con i clienti**, offrendo prodotti e servizi che ne soddisfino i bisogni e le aspettative, fornendo loro qualità, sicurezza e affidabilità;
- **investire nella comunità**: collaborare con scuole e università, sostenere i progetti delle organizzazioni non profit attive nella propria comunità di riferimento con programmi di **marketing sociale**. Con questa espressione si intende una particolare forma di collaborazione commerciale per mezzo della quale un'azienda profit contribuisce all'attività o alla realizzazione di un progetto di un'azienda non profit, fornendole risorse finanziarie o materiali in proporzione al fatturato derivante dalla collaborazione. Per esempio, Ikea, nel periodo dal 1° giugno 2003 al 31 agosto 2004, attraverso la vendita dell'orsetto Brum, ha finanziato un progetto dell'Unicef. Per ogni orsetto Brum venduto Ikea/Ps ha devoluto a Unicef 2 euro.

Cosa significa tenere un comportamento etico?

Etica
Principi e valori morali personali di un individuo o del gruppo sociale a cui questi appartiene.

Leggi
Insieme dei valori e degli standard di una società che devono essere rispettati.

Ethical code
Codice etico
It is a system of principles governing morality and acceptable conduct.

Adottare un comportamento etico significa non solo agire in conformità alla legge, ma anche instaurare un corretto rapporto con l'ambiente, applicare politiche rispettose dell'individuo e più in generale svolgere un ruolo positivo verso il contesto economico e sociale in cui ci si trova a operare.

L'eticità o meno di un'azione dipende:
- dal sistema di norme e dalla cultura condivisa presso una certa società;
- dalla cultura d'impresa che prevale nei diversi settori industriali;
- dalla cultura organizzativa che emerge sia da manifestazioni tacite (abbigliamento, stile relazionale tra superiori e dipendenti, tra colleghi, ecc.) sia da manifestazioni esplicite (come il **codice etico**);
- dal sistema di valori individuale di chi prende le decisioni e del modo con cui esse interagiscono con i valori degli altri individui coinvolti in tali decisioni.

Cosa si intende per codice etico?

Archie B. Carroll ha elaborato la "Piramide delle responsabilità sociali" (fig. 1), in cui identifica quattro livelli di responsabilità sociale dell'impresa.

Figura 1

La piramide delle responsabilità sociali

In questa piramide vengono individuati quattro livelli crescenti di responsabilità ben definite: ai primi due appartengono azioni obbligatorie di carattere economico e giuridico; al terzo azioni attese dalla comunità, inerenti all'adesione a una responsabilità etica (o, meglio, a un *codice etico*) e solo al quarto, collocato al vertice, iniziative discrezionali o filantropiche.

I **codici etici** sono strumenti volontari, non vincolanti ai sensi di legge. Le prescrizioni contenute nel codice etico non sorgono come imposizione, ma nascono dalla condivisione dei valori sentiti come comuni.

Gli obiettivi del codice etico sono:

- eliminare o prevenire atti palesemente contrari alla morale o agli interessi dell'impresa;
- decidere le sanzioni in caso di violazione del codice;
- aiutare i dipendenti a risolvere i "dilemmi etici", ossia situazioni di conflitto tra gli interessi dell'impresa e i principi etici del singolo manager (o dei pari grado) o, per esempio, di importanti gruppi di clienti.

La responsabilità sociale verso tutti gli stakeholder comporta per le imprese l'obbligo di comunicare all'esterno questo impegno etico?

Un'impresa socialmente responsabile, in sintesi, è quella che trasferisce il suo obiettivo dal perseguimento del massimo profitto a quello del massimo valore per se stessa, per i suoi azionisti e per tutti gli altri stakeholder. È conseguente e logico perciò che il management d'impresa desideri anche rendere conto di come ha operato nei confronti della *mission* dell'azienda, e quindi che le scelte e i valori adottati internamente possano avere la giusta visibilità all'esterno.

Social report
Bilancio sociale
It provides information to the various stakeholders on the social effects that result from decisions of the companies.

Tra le nuvole

Film drammatico-romantico di Jason Reitman, 2009

Il film racconta la storia di Ryan Bingham, un cinico "tagliatore di teste" aziendale che, dopo tanti anni spesi in viaggio, improvvisamente decide di cambiar vita. Ryan è sempre stato soddisfatto della sua libertà, vissuta fra aeroporti, alberghi e automobili in affitto. Tutto ciò di cui ha bisogno entra comodamente in una valigia a rotelle: Ryan è un viaggiatore privilegiato, un membro esclusivo di tutti i programmi "mille miglia" di ogni compagnia aerea. E ora che sta per raggiungere l'ambito obiettivo di 10 milioni di miglia... si rende conto che nulla nella sua vita ha davvero senso.

- Guarda il film e discutine con i compagni e l'insegnante.

Quali sono gli strumenti di rendicontazione sociale che rispondono a tale esigenza?

Le imprese e le organizzazioni di vario genere dimostrano "pubblicamente" il proprio operato in campo sociale, creando, sviluppando e diffondendo documenti informativi di supporto diversi dal bilancio d'esercizio o che quanto meno lo integrano. Tra gli strumenti ricordiamo in particolare il **bilancio sociale**. È un documento in grado di fornire ai diversi stakeholder informazioni di carattere consuntivo sugli effetti sociali che derivano dalle scelte aziendali. Si tratta di un documento informativo, non obbligatorio (tranne che per le "imprese sociali"), che si affianca al rendiconto consuntivo. Ha una funzione di rendicontazione analoga a quella del bilancio di esercizio, ma indirizzata alla dimensione sociale e ambientale per cui prevede un'attività di contabilità e di riclassificazione delle tradizionali grandezze economico-monetarie (come il conto economico) in relazione ai risultati sociali/ambientali dell'impresa. In questa prospettiva, per esempio, i lavoratori cessano di rappresentare un costo e divengono parte del maggior valore creato dall'azienda.

Il bilancio sociale spesso, per accuratezza, tende anche a chiarire il significato di alcune voci del bilancio d'esercizio, essendo un mezzo per descrivere analiticamente le ragioni per cui si sono sostenuti o si sostengono alcuni costi lontani dalla gestione caratteristica, ma in grado di produrre dei vantaggi per alcune categorie di interlocutori sociali. È quindi complementare al bilancio d'esercizio.

Esempio

Facciamo il caso di un'impresa, per ipotesi una cartiera, che, a fronte di una manifestazione di ecologisti, ha dichiarato che già da qualche tempo sta investendo per ridurre il proprio impatto ambientale negativo. Se volessimo andare a verificare la veridicità dell'informazione potremmo cercare notizie tanto nel bilancio d'esercizio quanto in quello sociale.
Il **bilancio d'esercizio** riporterà gli oneri sostenuti per l'acquisto di un depuratore; potrebbe anche riportare nel Conto economico gli accantonamenti a fondo spese o rischi futuri e penalità, che nello Stato patrimoniale compariranno sotto la voce "Fondo spese" o "Rischi collegati".
Nel **bilancio sociale**, invece, sarà possibile rilevare gli stessi dati economici (oneri sostenuti, ecc.), distinti tra obbligatori (per legge) e volontari, gli effetti negativi provocati ai terzi da tale attività, il progetto di riduzione dell'impatto ambientale e lo stato di avanzamento di tale progetto.

Per evitare che rimanga un documento vago e indeterminato, nel bilancio sociale devono essere esplicitati gli obiettivi che l'impresa si propone di raggiungere in campo sociale e ambientale, quali, per esempio, l'assunzione di determinati costi culturali o ambientali non strettamente legati all'applicazione di norme giuridiche; l'avvio di sistemi di controllo aggiuntivi sulla qualità dei prodotti e sull'uso che ne viene fatto alla fine della loro vita utile, con la quantificazione delle conseguenze ambientali nel momento in cui i prodotti diventano rifiuti; l'assunzione di personale appartenente a categorie svantaggiate, ecc.

La redazione del bilancio sociale è di solito effettuata dalle imprese di grandi dimensioni che hanno adottato al loro interno un codice etico, il quale rappresenta l'altra faccia del bilancio sociale. Dalla *mission* aziendale scaturiscono così due attività di controllo: una più generale, che coinvolge le politiche dell'impresa e che nel **bilancio sociale** trova piena attuazione, e l'altra attinente al monitoraggio dei comportamenti aziendali, svolta dal **codice etico**.

Un altro strumento di rendicontazione sociale è il **bilancio integrato**, un documento che utilizza la *rendicontazione triple bottom line*, che affianca al risultato economico (Profitto), ultima riga del Conto economico scalare (*bottom line*), cioè quella in cui sono riportati i profitti conseguiti, anche indicazioni riguardanti gli effetti sociali prodotti (Persone) e l'impatto ambientale delle attività condotte (Pianeta). Importante è anche il **Bilancio degli intangibili** che gestisce e valorizza il capitale intellettuale di un'azienda. Esso punta a misurare in che modo elementi astratti presenti in azienda contribuiscano alla creazione di valore economico.

Reporting "triple bottom line"
Rendicontazione triple bottom line
An accounting framework that indicates a scheme to measure and record corporate goals from an economical, social and environmental point of view.

Intangibles report
Bilancio degli intangibili
It manages and promotes the intellectual capital of a company. This includes human capital, relational capital, organizational capital.

RENDICONTAZIONE TRIPLE BOTTOM LINE
Misura e registra le prestazioni aziendali sotto il profilo:
- **dell'equità sociale**
- **della qualità ambientale**
- **della prosperità economica**

3 IL RAPPORTO ETICA/ECONOMIA

Le grandi trasformazioni sociali che si sono succedute negli ultimi decenni hanno provocato l'estensione delle situazioni "a rischio". Le conseguenze di queste modificazioni sono ben visibili: l'aumento più che proporzionale delle diseguaglianze nella distribuzione del reddito, il considerevole aumento della fascia più anziana della popolazione, l'impoverimento della convivenza nelle città, accompagnato dall'incremento dei tassi di devianza, di disadattamento e di solitudine, la crescente complessità del mercato del lavoro. Questa realtà, così problematica e complessa, ha condotto a una maggiore diffusione dell'emarginazione e del disagio, con i servizi sociali pubblici chiamati ad assistere un numero sempre più elevato di utenti con una vasta gamma di interventi. Si è così verificata la crisi finanziaria e culturale dello **Stato sociale**, un modello di Stato, nato nel secondo dopoguerra del secolo scorso, con il compito di intervenire nell'economia di mercato con politiche pubbliche per porre rimedio alla ineguale distribuzione dei redditi generata dalle forze del mercato. Oggi esso non è più in grado di rispondere in modo efficace a tutti i bisogni espressi dalle fasce più deboli della popolazione. Questa crisi, ormai sistemica e non solo puramente congiunturale, della forma di Stato sociale dà ragione dell'interesse crescente che da qualche tempo viene rivolto al modello di **Stato civile o Welfare society**, secondo il quale è l'intera società, e non solo lo Stato, che deve farsi carico del benessere di coloro che la compongono.

Welfare state
Stato sociale
It is a social system in which the welfare is responsability of the government. It must have policies to provide minimum income, social security, health and education, housing, and working conditions.

Si tratta dell'avvio di un percorso culturale, prevalente anche a livello internazionale, che si basa sul principio della **sussidiarietà circolare** (o **reciprocità**), una versione più avanzata rispetto alla sussidiarietà sia verticale sia orizzontale.

RINFORZO

Sussidiarietà verticale e orizzontale

In generale, la **sussidiarietà** può essere definita come "principio e criterio di ripartizione delle funzioni e delle competenze amministrative all'interno dell'ordinamento giuridico". Il termine sussidiarietà deriva dal latino *subsidium*, che significa aiuto, sostegno. Nella terminologia militare romana stava a indicare le truppe di riserva, pronte a intervenire a supporto di quelle al fronte quando queste ultime non reggevano l'urto delle truppe nemiche. Tale principio, da tempo presente nella tradizione di pensiero della dottrina sociale della Chiesa cattolica, si afferma progressivamente anche in ambito giuridico e politico per definire un metodo di limitazione del potere pubblico.

La sussidiarietà ha avuto finora due modalità di espressione: verticale e orizzontale.

Sussidiarietà verticale: riguarda le relazioni tra pubblici poteri ed equivale a decentramento. Gli organi centrali decentrano agli organi direttamente più vicini ai cittadini una serie funzioni. Gli organismi superiori intervengono solo se l'esercizio delle funzioni da parte dell'organismo inferiore è inadeguato per il raggiungimento degli obiettivi.

Sussidiarietà orizzontale: riguarda il rapporto tra i pubblici poteri e i privati. L'ente pubblico (Stato, Regione, Comune, ecc.) non solo consente, ma favorisce l'aggregazione libera di soggetti della società civile nel fornire servizi e nel mobilitare la loro libera iniziativa. In pratica si stabilisce che le attività di interesse generale non sono monopolio esclusivo dei pubblici poteri, ma possono essere svolte anche da privati. Questo principio, espresso in parole diverse, si trova nell'art. 2 della Costituzione e, dopo la modifica costituzionale del 2001, nell'art. 118, comma 4, in cui si parla esplicitamente di sussidiarietà orizzontale.

Cosa si intende per sussidiarietà circolare?

La **sussidiarietà circolare** è così chiamata perché punta sul dialogo continuo, sulla costante collaborazione e operatività delle tre distinte realtà presenti all'interno di una società pluralista:

- la sfera di tipo statale, indispensabile in uno Stato moderno;
- la sfera delle imprese private (*business community*) motivate innanzi tutto da un'esigenza di profitto a tutela dei proprietari e azionisti;
- la sfera della società civile organizzata: volontariato, associazioni di promozione sociale, cooperative sociali, associazioni non governative, fondazioni, imprese sociali, ecc.

Il dialogo si deve realizzare attraverso regole che evitino inefficienze e che mettano tutti e tre i soggetti sullo stesso piano decisionale, secondo le regole della democrazia deliberativa.

Horizontal subsidiarity
Sussidiarietà orizzontale
Delegation of aspects of public welfare from state to businesses and non-governmental organisations.

Vertical subsidiarity
Sussidiarietà verticale
Higher governmental authorities intervene only if the performance of the duties by lower bodies is inadequate to achieve the objectives. [Central governmental bodies decentralize several public functions to lower authorities.] [...]

Circular subsidiarity
Sussidiarietà circolare
It is based on the support and cooperation between citizens, private enterprises, and public authorities, working all together as a network for the governance of a pluralistic society.

La sussidiarietà circolare ha modificato il modo in cui si pensa al sistema economico?

La sussidiarietà circolare è il perno su cui si fonda la cosiddetta **economia civile**, termine coniato nel Settecento dal filosofo, economista Antonio

Genovesi e oggi riportato alla ribalta dagli studiosi Stefano Zamagni e Luigino Bruni.

Con "economia civile" si intende un modo di pensare al sistema economico basato su alcuni principi che superano la supremazia del profitto o del puro scambio strumentale nell'attività economica e finanziaria. Le basi dell'economia civile sono:

- **reciprocità**: è il legame, il rapporto relazionale che si instaura tra chi eroga i beni e i servizi e chi li riceve, che ha come fine la fraternità;
- **fraternità**: è un principio di organizzazione sociale che consente agli individui, liberi e uguali nella loro dignità e nei loro diritti fondamentali, di essere considerati persone, cioè soggetti diversi dal punto di vista culturale, religioso, etnico, ecc., e che considera questa diversità non elemento di conflitto, ma, viceversa, elemento di unità;
- **gratuità**: è un atteggiamento morale che porta ad accostarsi agli altri, alla natura e a se stessi non in cerca di qualcuno o qualcosa da usare a proprio vantaggio, bensì da trattare con rispetto e in un rapporto di reciprocità;
- **felicità pubblica**: etica delle virtù e del bene comune;
- **pluralità degli attori economici**: le attività di economia civile devono coinvolgere sia imprese profit sia non profit, sia pubblici sia privati, superando così il duopolio Stato-mercato.

In conclusione l'economia civile, secondo gli economisti citati, non contrappone lo Stato al mercato o il mercato alla società civile, cerca semmai di trovare codici condivisi (seppur differenti) di azione: in sostanza non separa il momento della produzione del reddito e della ricchezza dal momento della sua distribuzione; non separa l'economia dall'etica, ma mostra invece come nel mercato possano e debbano operare contemporaneamente sia le imprese capitalistiche sia le imprese sociali. La sfida dell'economia civile è esattamente questa: prefigurare un modello d'ordine sociale nel quale i principi di efficienza, ridistribuzione e reciprocità possano convivere e rinforzarsi mutuamente.

Civil economy
Economia civile
Market economy which places well-being, virtue and the common good alongside market share, increased productivity and competitiveness, efficiency, equity, public happiness, plurality of economic actors.

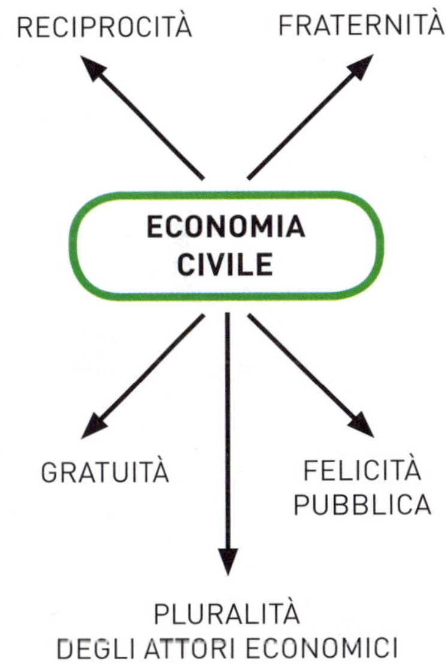

La marcia verso il modello di welfare civile sta incontrando degli ostacoli?

Le ragioni che ostacolano la realizzazione del nuovo welfare hanno a che fare con le difficoltà di cooperazione tra le tre sfere. Per esempio, l'ente amministrativo statale si limita a decidere in autonomia, forte del voto dei cittadini, non chiedendo il parere di chi realmente conosce il territorio e le situazioni più bisognose e non fidandosi dei privati, ai quali spesso si rivolge per una mera e triste concessione di favori in cambio di voti. Le aziende, dal canto loro, sono molto interessate a ricercare il profitto e a far quadrare i bilanci, ma spesso poco interessate al supporto che potrebbero dare al volontariato o alle decisioni della Pubblica amministrazione. Il volontariato accetta spesso passivamente i fondi che vengono erogati dal pubblico, senza fornire le corrette informazioni o senza chiedere l'aiuto dei privati, che molto avrebbero da insegnare.

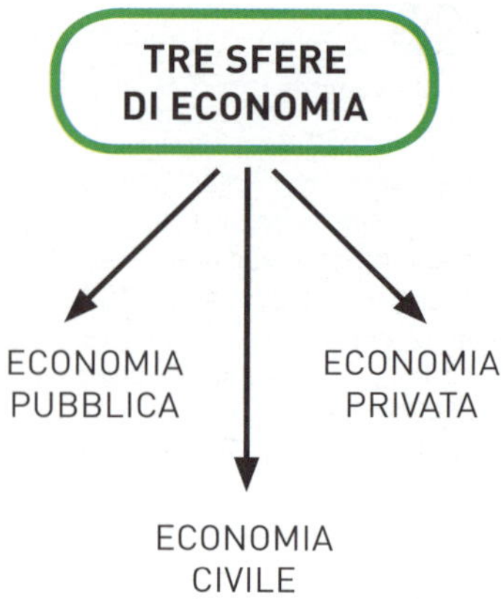

In più c'è tutta un'altra serie di ragioni: l'incapacità dell'apparato burocratico-amministrativo di far fronte ai nuovi compiti, l'eccessiva eterogeneità dei punti di partenza tra le diverse Regioni italiane, nonché motivi di diffidenza da parte dei cittadini che fanno fatica a comprendere questo nuovo modello di welfare basato su un progetto che prevede, attraverso la socializzazione (e non attraverso la privatizzazione), una minore presenza dello Stato nell'erogazione dei servizi pubblici. Infine, va considerato il limite del dibattito culturale in atto che continua a ragionare in termini di contrapposizioni: più Stato e meno mercato, oppure viceversa, senza spingersi più in là.

4 LE PRINCIPALI FORME DI IMPRESA ETICA

Da quanto detto, il modello futuro di società prospettato dai sostenitori del welfare civile è quello che si snoda attorno a tre sfere di economia:

- l'**economia pubblica**, che deve continuare a esercitare un ruolo, perché in certi settori lo Stato è obbligato a mantenere la sua presenza;
- l'**economia privata**, costituita da tutte le imprese che hanno scopi di profitto;
- l'**economia civile**, formata da tutte quelle organizzazioni e imprese che costituiscono il cosiddetto **Terzo settore** (OTS è l'acronimo di Organizzazioni Terzo Settore): onlus (associazioni di promozione sociale, fondazioni riconosciute e non riconosciute, cooperative sociali), comitati etici, Organizzazioni di volontariato e Centri di Servizio per il Volontariato (Csv), Organizzazioni non governative (Ong), enti confessionali, Aziende di Servizi alla Persona (Asp), Enti di Patronato degli enti erogativi (Inps, Inail, ecc.), imprese sociali.

Third sector
Terzo settore
Non-governmental and non-profit organisations or associations, including charities, voluntary and community groups, cooperatives, etc.

La sede a Roma dell'Istituto Nazionale della Previdenza Sociale (INPS).

Secondo i sostenitori dell'economia civile, l'espressione "Terzo settore" tende a essere equivoca perché lascia intendere che si tratta di un settore residuale, dopo i due settori dello Stato e del mercato. A loro avviso, il non profit deve invece concorrere alla definizione delle linee d'intervento, non deve intervenire solo dopo che altri hanno deciso quello che occorre fare nell'area dell'assistenza, nell'area del *Welfare state*.

A fronte di tutto ciò, in questi ultimi anni il Terzo settore è sempre più oggetto di interesse, in quanto mostra una capacità di operare anche secondo logiche di impresa e contribuisce, al tempo stesso, all'innalzamento della qualità dei servizi sociali offerti.

Le imprese sociali sono iniziative imprenditoriali simili alle cooperative?

L'espressione **impresa sociale** è stata utilizzata per la prima volta in Italia alla fine degli anni Ottanta del secolo scorso per indicare alcune iniziative private di nuova costituzione, spesso avviate e gestite da volontari, impegnate non tanto – come le tradizionali organizzazioni senza scopo di lucro – nella promozione dei diritti, bensì direttamente nella produzione di servizi sociali e in attività produttive volte a favorire l'inserimento lavorativo di persone svantaggiate. Poiché in quel momento mancava nell'ordinamento italiano una forma giuridica coerente con gli obiettivi e gli assetti proprietari di queste nuove iniziative imprenditoriali, i promotori si orientarono verso la forma cooperativa cui la Costituzione italiana e la tradizione attribuiscono un'esplicita funzione sociale (art. 45 Cost.). Sono stati così creati vari tipi di cooperative "a finalità sociale" fino a quando, con la legge n. 381 del 1991, esse sono state riconosciute e definite come "cooperative sociali". In Italia l'impresa sociale ha così assunto prevalentemente, anche se non esclusivamente, la forma cooperativa.

Social enterprise
Impresa sociale
A type of non-profit business that employs people and earns income in order to help address social or environmental issues.

L'IMPRESA SOCIALE
È un'organizzazione:
- **privata;**
- **senza scopo di lucro;**
- **che esercita un'attività economica di utilità sociale;**
- **con finalità di interesse generale.**

Oggi con "impresa sociale" si qualificano anche altre iniziative diverse da quelle dirette alla produzione di servizi sociali e tese a favorire l'inserimento lavorativo di persone svantaggiate?

Nel corso del decennio 1990-2000, il concetto di impresa sociale è stato utilizzato con sempre maggior frequenza in altri Paesi europei (e non solo) per qualificare le iniziative produttive di beni e servizi, anche privati, che si propongono obiettivi diversi dal profitto dei proprietari, come la lotta alla povertà e alla denutrizione.

L'impresa sociale è, innanzitutto, **diversa**:

- **dalle tradizionali imprese di capitale**, perché caratterizzata da obiettivi, forme proprietarie, vincoli e modalità di *governance* e di gestione che escludono la ricerca e, soprattutto, la massimizzazione dei vantaggi (monetari e non) dei proprietari;
- **dall'impresa pubblica**, perché fondata e gestita da soggetti privati;
- **dalle varie istituzioni pubbliche di erogazione di beni e servizi**, perché è a tutti gli effetti un'impresa.

Tuttavia essa è per molti aspetti (proprietà, governo democratico, ecc.) più vicina all'impresa cooperativa che all'impresa convenzionale, in quanto recupera lo spirito originario del movimento cooperativo. Ciò spiega la scelta di molte imprese sociali di adottare, con gli opportuni adattamenti, la forma cooperativa.

Piantagione di caffè, una delle coltivazioni più diffuse nelle cooperative sociali.

Si sente spesso parlare di banca etica, di microcredito, di commercio equo e solidale, di marchio etico. Di che cosa si tratta?

La **banca etica** nasce l'8 marzo 1999, dopo aver ricevuto l'autorizzazione a operare dalla Banca d'Italia nel dicembre 1998. Si rivolge fondamentalmente a famiglie, privati e imprese, ispirandosi alla **finanza etica**, ossia a un'attività finanziaria effettuata secondo criteri di utilità sociale. Si può definire, dunque, una banca cooperativa che, grazie alla libera partecipazione dei singoli soci alle attività, porta avanti una gestione democratica secondo il principio "una testa, un voto".

A differenza dalle altre banche, la Banca Etica (BE) ha i seguenti obblighi:

- **eticità degli impieghi finanziari**: le somme raccolte vengono impiegate solo per finanziare iniziative di carattere etico e i depositanti possono scegliere il settore a cui destinare il proprio risparmio;
- **autodeterminazione del tasso**: il cliente può scegliere il tasso di interesse praticato sul suo deposito tra un importo minimo e uno massimo;
- **nominatività del rapporto**: il risparmiatore è sempre identificato e non esistono forme di deposito al portatore;
- **trasparenza**: i risparmiatori devono essere informati sull'impiego dei fondi.

Le procedure avvengono, poi, tali e quali alle altre banche.

Il **microcredito** è uno strumento di sviluppo economico, volto a rendere possibile l'accesso al credito a persone in situazione di povertà ed emarginazione, che solitamente ne restano escluse perché non possono offrire garanzie patrimoniali.

Il **commercio equo e solidale** è una modalità di relazione commerciale, alternativa a quella tradizionale, che ha lo scopo di riequilibrare i rapporti tra i produttori svantaggiati del Sud del mondo e i consumatori del Nord, eliminando le intermediazioni speculative e garantendo in tal modo ai produttori del Sud un miglior accesso al mercato, un giusto guadagno, condizioni di lavoro dignitose. Inoltre, con il prefinanziamento, sostiene i progetti di autosviluppo di tali Paesi.

Il **marchio etico** è un segno distintivo o una'etichetta che, apposta accanto al vero e proprio marchio, garantisce che i prodotti siano stati fabbricati rispettando i principi di responsabilità sociale. Esempi di marchi etici: Fairtrade, Solidal Coop, Fairglobe, Altromercato, Rainforest, ecc.

Famosi sono anche i marchi etici nella moda:

- la collezione di Stella McCartney, figlia d'arte, che progetta abiti, occhiali, borse e accessori in materiali completamente naturali: semi di lino, acido citrico e perfino una sostanza ricavata dalla fermentazione dello zucchero;
- le magliette in cotone biologico firmate EJF (Environmental Justice Foundation), Monkee Genes, marchio nato in Inghilterra nel 2006, che presenta una varietà di jeans completamente organici;
- Machrò, sul fronte borse, con prodotti realizzati con materiali da riciclo;
- il marchio spagnolo Zapatos in fatto di scarpe;
- i gioielli-scultura di Magma Jewels, rigorosamente *made in Italy*, pezzi unici ricavati da materiali naturali, come alberi o rami restituiti dal mare.

Ethical banking
Banca etica
It is inspired by principles of ethical finance. It uses the money placed by depositors in solidarity initiatives aimed at giving support to the disadvantaged.

Ethical finance
Finanza etica
Philosophy based on sustainable and responsible investment taken up by people who consider long-term investment and environmental, social and governance issues as important moral criteria in the community.

Microloan
Microcredito
It provides access to financial services for people poor countries in povertyn.

Fair trade
Commercio equo e solidale
It is alternative approach to the traditional which aims to balance the relationship between the disadvantaged producers in the southern hemisphere and the Northern consumers, eliminating speculative intermediation and providing better deals.

Ethical brand
Marchio etico
It is a distinctive sign or a particular label, affixed to certain products next to the real brand. It guarantees that they have been manufactured in compliance with the principles of social responsibility.

FAIRTRADE INTERNATIONAL

APPROFONDIMENTO ONLINE
Muhammad Yunus, il banchiere dei poveri

MAPPA UNITÀ C4

IMPRESE SOCIALMENTE RESPONSABILI

praticano

la RSI (responsabilità sociale d'impresa): responsabilità delle imprese per il loro impatto sulla società (Commissione europea 2011)

la cui definizione in documenti ufficiali deriva

- dalla nascita di moltissime organizzazioni della società civile (enti no profit, fondazioni, ecc.)
- dai cambiamenti culturali
- dal passaggio dal consumatore-cliente al consumatore-cittadino

deve essere dimostrata attraverso

le seguenti iniziative che le imprese devono realizzare e monitorare per mezzo dell'**audit sociale**:
- investire in capitale umano
- contribuire alla tutela ambientale
- curare il rapporto con i partner commerciali e i fornitori
- investire nel rapporto con i clienti
- investire nella comunità

ha a che fare

con il rapporto etica/economia

a causa

delle grandi trasformazioni sociali degli ultimi decenni che
- hanno provocato l'estensione delle situazioni "a rischio"
- hanno messo in crisi lo Stato sociale (*Welfare State*)
- hanno spostato l'attenzione sul modello di **Stato civile** o ***Welfare society***, secondo il quale è l'intera società, e non solo lo Stato, che deve farsi carico del benessere di coloro che la compongono

deve avere

un fondamento etico (e non discrezionale e filantropico)

a tal proposito

Archie B. Carroll ha elaborato la **Piramide delle responsabilità sociali**, che indica 4 livelli di responsabilità sociale dell'impresa, tra cui la responsabilità discrezionale (filantropica) e la responsabilità etica ben distinte tra loro

la responsabilità etica si concretizza

in un codice etico, strumento volontario, la cui struttura è articolata su più livelli (preambolo, principi etici dell'impresa, norme e standard di comportamento, ecc.)

e a livello d'impresa

con strumenti di comunicazione sociale tra cui:
- il bilancio sociale
- il bilancio integrato
- il bilancio degli intangibili

si è affermato

il principio della **sussidiarietà circolare**, una versione più avanzata dei tradizionali principi della sussidiarietà verticale e orizzontale. Esso costituisce il perno su cui si fonda la cosiddetta **economia civile**, un sistema economico basato su alcuni principi che superano la supremazia del profitto (reciprocità, fraternità, gratuità, ecc.)

il modello futuro di società si snoda

attorno a tre sfere di economia:
- l'**economia pubblica** che deve continuare a esercitare un ruolo, perché in certi settori lo Stato è obbligato a mantenere la sua presenza
- l'**economia privata**, costituita da tutte le imprese che hanno scopi di profitto
- l'**economia civile,** formata da tutte quelle organizzazioni e imprese che costituiscono il cosiddetto "**Terzo settore**" tra cui le imprese sociali

Verifiche 4

1) TROVA L'ERRORE IN OGNI FRASE

Competenza: acquisire e riconoscere i contenuti chiave

A. Nella fase attuale dell'economia vi è il passaggio dalla figura del consumatore-cittadino a quella del consumatore-cliente.

B. La Certificazione etica SA8000 è uno standard di certificazione internazionale in tema di tutela dell'ambiente.

C. Nella "Piramide delle responsabilità sociali" le iniziative filantropiche sono al vertice della piramide seguite dall'adesione a una responsabilità giuridica.

D. Il bilancio degli intangibili utilizza la rendicontazione "Triple bottom line".

E. Il bilancio sociale è un documento in grado di fornire ai diversi "shareholders" informazioni di carattere consuntivo sugli effetti sociali che derivano dalle scelte.

2) COLLEGA LE ESPRESSIONI CONTRASSEGNATE DA UNA LETTERA CON QUELLE INDICATE DA UN NUMERO

Competenza: individuare collegamenti e relazioni

A.	Marketing sociale	1.	Fondamento etico
B.	Revisione sociale	2.	Norme e standard di comportamento
C.	Responsabilità sociale d'impresa	3.	Forma di collaborazione commerciale per mezzo della quale un'azienda profit contribuisce all'attività o alla realizzazione di un progetto di un'azienda non profit
D.	Economia civile	4.	Iniziativa promossa da un gruppo di cittadini
E.	Codice etico	5.	Principi che superano la supremazia del profitto
F.	Impresa sociale	6.	Valutazione sistematica degli obiettivi, delle strategie e della performance in termini di responsabilità sociale

A	B	C	D	E	F

3) INDICA SE LE SEGUENTI AFFERMAZIONI SONO VERE O FALSE. SE LE RITIENI FALSE GIUSTIFICA LA RISPOSTA

Competenza: acquisire, interpretare l'informazione e comunicare

	VERO	FALSO
A. Un'impresa socialmente responsabile è quella che ha l'obiettivo del massimo valore.		
B. Adottare un comportamento etico significa agire solo in conformità alla legge.		
C. Il bilancio sociale è un bilancio preventivo.		
D. La sussidiarietà orizzontale riguarda le relazioni tra pubblici poteri.		
E. Le fondazioni, riconosciute e non riconosciute, rientrano nella qualifica di Onlus.		

4) RISOLVI I SEGUENTI PROBLEMI

Competenza: saper risolvere problemi

Dato lo schema seguente:

STAKEHOLDERS INTERESSATI AL VALORE

Interessi interni	Interessi esterni
azionisti management altri collaboratori	banche altri finanziatori fornitori consumatori distributori Stato comunità locale

individua, per ogni stakeholder interessato al valore, quali sono gli interessi che ciascuno di essi persegue.

5) RISPONDI AI SEGUENTI QUESITI IN UN MASSIMO DI 5/6 RIGHE

Competenza: organizzare e sintetizzare i contenuti

A. Quali sono i 4 livelli di responsabilità individuati nella "Piramide delle responsabilità sociale"?
B. Qual è la differenza tra filantropia d'impresa e responsabilità sociale d'impresa?
C. Quali sono gli elementi fondanti la responsabilità sociale dell'impresa e verso quali soggetti essa va esercitata?
D. Che cosa si intende per "audit sociale"?
E. Quali sono gli obiettivi del codice etico?
F. Qual è la funzione del bilancio sociale?
G. Qual è il pregio della rendicontazione "Triple bottom line"?
H. Qual è la differenza tra bilancio sociale e bilancio degli intangibili?
I. Qual è la differenza tra sussidiarietà verticale, orizzontale, circolare?
J. Quali sono i principi dell'economia civile?

1) Chose the right words among the ones listed below and fill in the gaps

There are different ways for a company to show corporate social .... (CRS).

Cause .... marketing (CRM) is when a company donates money to a charity for a good cause or to a non profit organization (such as ....) to sustain an activity or a project.

Green marketing, is the development and distribution of eco-friendly, or environmentally friendly, goods (for example, washing powder that is not harmful to the environment) so to contribute to .... development . This is the development that meets the .... of .... generations without compromising the ability of future .... to satisfy their needs.

Responsible purchasing, for example when the companies refuse to buy materials or goods which are made by using .... labour or that have been tested on animals. A company can also implement a policy of sustainable purchasing and only by buying products that, in respect for human .... , come from renewable ....

[child, generations, needs, present, related, responsibility, rights, sources, sustainable, Unicef]

2) Put the following words (or expressions) into the correct column

[assurances, banks, customers, employees, government, investment funds, mass media, member volunteer, non profit organisations, partner, political parties, public opinion, public body, school and university, staff members, shareholder, trust, trust, unions, European Union]

Primary internal stakeholder	Primary external stakeholder	Secondary stakeholder

Verifica Finale C

ZTE ONLINE
Mettiti alla prova con gli esercizi interattivi

1) RISPONDI AI SEGUENTI QUESITI IN UN MASSIMO DI 5/6 RIGHE

Competenza: acquisire, interpretare l'informazione e comunicare

A. Secondo Abell, quali sono le tre dimensioni attraverso cui viene definita l'area di business?
B. Esponi la differenza tra *vision* e *mission* attraverso degli esempi tratti da imprese note che conosci.
C. Che cosa significa fare una scelta di tipo "make" o di tipo "buy", e quali vantaggi comportano rispettivamente?
D. Esponi la differenza tra costi di transazione, costi organizzativi e costi di produzione.
E. Quali strategie competitive di base ha adottato Google (motore di ricerca online) che si è concentrato su un segmento di mercato (o di nicchia)?
F. Che cosa significa per un'impresa cercare il proprio "posizionamento"?
G. In che cosa consiste la catena del valore?
H. Che cos'è la "grande mappa"?
I. Come sono stati classificati i bisogni nella piramide di Maslow?
J. Quali sono i fattori determinanti del vantaggio competitivo di una nazione per Porter?
K. Spiega il motivo per cui nei distretti rivestono molta importanza le economie esterne all'impresa, ma interne al distretto stesso.
L. Spiega perché, per la teoria neoclassica, la distribuzione territoriale delle attività economiche è determinata innanzitutto dai costi di trasporto.
M. Per Alfred Marshall, quali sono le tre fonti della localizzazione territoriale?
N. Su quali basi Krugman afferma che l'equilibrio tra due regioni inizialmente identiche è instabile?
O. Quali competenze hanno le regioni in materia di politiche distrettuali?
P. In che cosa si differenzia il modello di "Stato civile" o "Welfare society" dal modello di "Stato sociale"?
Q. Che cosa si intende per programmi di marketing sociale (*cause related marketing*)?
R. Secondo i sostenitori della sussidiarietà circolare, quali sono le cause che hanno determinato il fallimento dell'attuale Stato sociale?
S. In che cosa differisce l'impresa sociale dalle imprese di capitale, dalle imprese pubbliche e dalle istituzioni pubbliche di beni e servizi?

2) COMPLETA

Competenza: individuare collegamenti e relazioni

A. Gli strumenti di monitoraggio più comuni per valutare su quali aree di attività conviene investire risorse e quali è preferibile dismettere sono ....
B. Un utile strumento usato dalle imprese per valutare le possibili strategie di crescita è ....
C. Le strategie competitive di base proposte da Porter sono: a) .... b) .... c) ....
D. La convenienza economica a integrare a monte e a valle dipende fondamentalmente dagli effetti delle ....
E. L'integrazione orizzontale migliora l'efficacia e l'efficienza, in quanto l'azienda sfrutta la familiarità delle produzioni su cui si sviluppa, realizzando: a) .... b) ....
F. Il Piano di marketing permette all'impresa di cercare il proprio ....
G. Durante la fase di crescita del ciclo di vita è importante stabilire e rafforzare la posizione del prodotto nel mercato, promuovendo ....
H. I sottosistemi che compongono il macroambiente sono: a) .... b) .... c) .... d)

.... e) ....

I. Una struttura di costi flessibile, in cui prevalgono i costi variabili, è più indicata per volumi di vendita ....

J. All'interno della catena del valore si possono distinguere: a) le attività .... b) le attività ....

K. Per la teoria classica del sottosviluppo regionale, l'esistenza di condizioni di mercato diverse dalla .... determina persistenti squilibri nella crescita economica del territorio.

L. Secondo Alfred Marshall, le .... accrescono la competitività delle imprese.

M. L'Istat, per individuare i distretti presenti sul territorio italiano, si avvale dei ....

N. Per Porter le nazioni hanno successo in .... di industrie fra di loro connessi mediante relazioni verticali e orizzontali.

O. La legge n. 140/99 fa rientrare la definizione di distretto nel più ampio concetto di ....

P. Il Bilancio degli intangibili gestisce e valorizza ....

Q. La sussidiarietà si chiama "circolare" perché punta sulla collaborazione tra: a) .... b) .... c) ....

R. L'economia civile è formata da tutte quelle organizzazioni e imprese che costituiscono il ....

S. La Costituzione italiana (art. 45) attribuisce alla .... un'esplicita funzione sociale.

3) RISOLVI I SEGUENTI PROBLEMI

Competenza: risolvere problemi

A. Un tipo di impresa che appartiene al settore non profit è la Banca del Tempo. Essa si costituisce quando un gruppo di persone decide di mettere a disposizione di altri un po' del proprio tempo, effettuando determinate attività (giardinaggio, piccoli lavori di riparazione, assistenza agli anziani, servizi di babysitter, dogsitter, ecc.). Questo tempo costituisce il "deposito" della Banca del Tempo; chi deposita ha un credito che può utilizzare, richiedendo servizi a chi ha accumulato un debito.

Presso la Banca del Tempo di Canicattì si verifica al 30 settembre la seguente situazione:

- la maestra Rosa deposita 10 ore di doposcuola per i bambini del paese;
- l'infermiera Paola deposita 12 ore di assistenza agli anziani;
- l'operaio Vito deposita 8 ore di lavori di giardinaggio;
- la casalinga Maria deposita 15 ore di lavori domestici.

Nel corso del mese di ottobre si verificano le seguenti situazioni:

- La maestra Rosa impartisce 8 ore di lezione ai figli dell'operaio Vito che, a sua volta, esegue lavori di giardinaggio per 12 ore nella casa dell'infermiera Paola, la quale infine accudisce per 20 ore i genitori anziani di Maria.

Calcola:

- il totale dei depositi presso la Banca del Tempo al 30 settembre;
- le posizioni finali di debito e credito di ciascuno degli associati;
- il totale dei depositi al 31 ottobre.

B. La società di consulenza "Etica & Vita" viene interpellata dalle seguenti aziende, che vogliono ricevere consigli in merito alla strada da intraprendere per diventare imprese socialmente responsabili:

- "Toys and Toys", società produttrice di giocattoli;
- "Bianchi & Verdi", impresa di costruzioni;
- "Mulini verdi", impresa produttrice di dolciumi.

Quali saranno le indicazioni principali che la società di consulenza fornirà ai suoi clienti?

C. Federal Express necessita di furgoni specialmente progettati per soddisfare le sue esigenze. Se il produttore di autocarri deve compiere investimenti specifici, FedEx potrebbe avere un incentivo a produrre internamente i propri veicoli, per evitare i costi di transazione (e di opportunismo), ma non sarebbe una soluzione efficiente. Per quale motivo?

D. Per la produzione del prodotto A vengono assemblati diversi componenti, prodotti ciascuno in un apposito reparto.

Il reparto Zeta, che non è destinabile altrove, fabbrica il componente A10, di cui occorrono 10.000 unità all'anno, sostenendo i seguenti costi annui di produzione:

- materie prime € 30.000;
- manodopera diretta € 75.000;
- ammortamento impianti € 15.000;
- altri costi fissi di reparto € 15.000.

Un fornitore esterno è disposto a fornire il componente A10 al prezzo unitario di € 12,75.

Valuta l'opportunità per l'impresa di cessarne la produzione in proprio e acquistarlo all'esterno.

4) ANALIZZA I DATI RIPORTATI NELLE TABELLE E RISPONDI AI QUESITI

Competenza: saper analizzare e interpretare dati economici

Imprese nei distretti industriali: prevista una crescita del 3,2% nel biennio 2015-2016

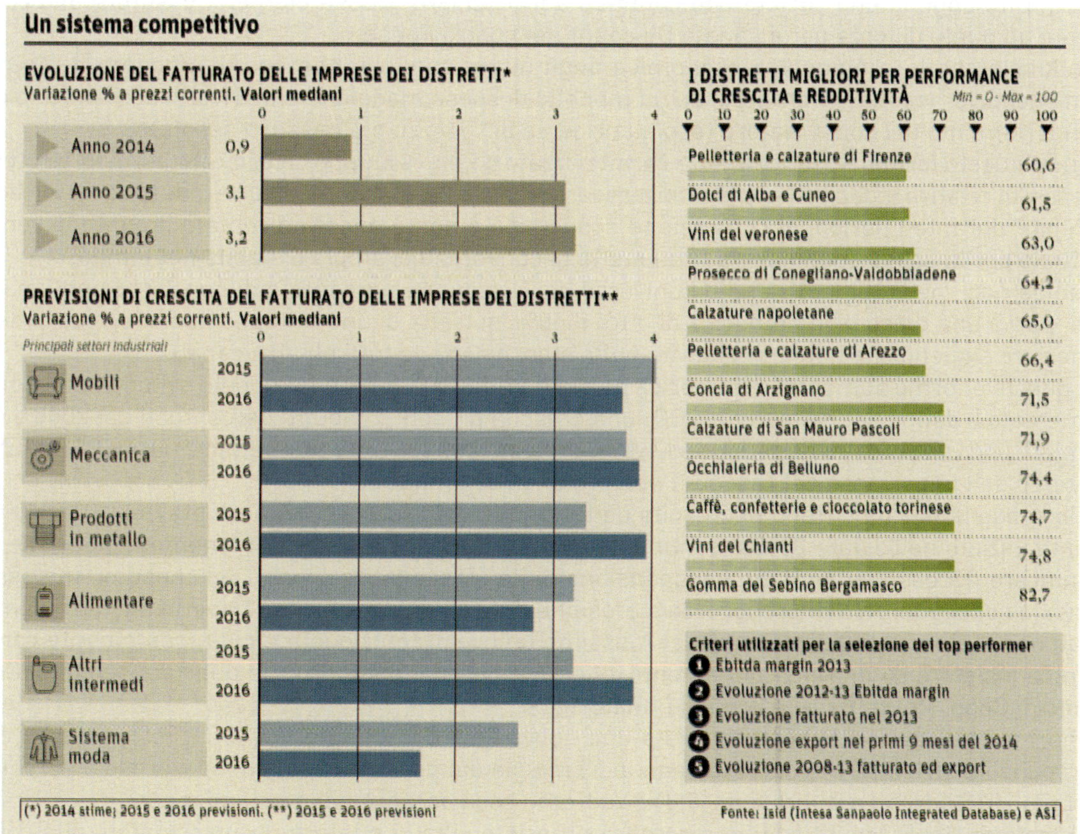

Il Sole 24 ore - Info Data - Le notizie raccontate con i numeri - 25 febbraio 2015

- Quali considerazioni si possono trarre dall'andamento del fatturato delle imprese distrettuali nel periodo 2014-2016?
- Quali sono le cause di tale andamento?
- Quali settori presentano le migliori possibilità di crescita del fatturato?
- Quale andamento presenta il settore della moda?
- Quali produzioni sono ricorrenti nei distretti che hanno ottenuto i migliori risultati per crescita e redditività?

5) LEGGI L'ARTICOLO E RISPONDI AI QUESITI

Competenza: saper leggere e interpretare testi economici

Un canale in evoluzione? Le nuove strategie del Discount

In Italia, i Discount sono apparsi negli anni '80 ma il primo ingresso significativo nel Paese fu quello di Lidl che il 26 marzo 1992 ad Arzignano, in provincia di Vicenza, aprì il suo primo punto di vendita. Negli anni successivi sono sorti in Italia moltissimi punti vendita di questo tipo (per esempio nel 1996 si contavano 69 insegne). Oggi il canale conta 4.581 negozi e fa l'11,4% del totale delle vendite nell'universo *grocery* (Moderno + Tradizionale).

I Discount si concentrano maggiormente al Sud, con 1.277 punti di vendita e con una quota del 14,1%. I leader di canale sono sicuramente Eurospin, MD-LD Discount (diventato secondo gruppo in Italia dopo l'acquisizione da parte di Lillo spa di LD Market) e Lidl che insieme pesano il 53,6% del totale canale con 2.225 pdv sul totale territorio italiano.

Gli operatori da sempre puntano su prezzi contenuti e forte presenza di prossimità, valore chiave soprattutto oggi, in una società che continua a invecchiare. Questi elementi costituiscono certamente un punto di forza per il canale Discount nel nostro Paese.

È indubbio che la congiuntura economica degli ultimi anni avrebbe potuto eleggere il Discount come negozio "ideale", improntato su un modello di spesa maggiormente rivolto al risparmio e un comportamento del consumatore teso alla ricerca del prezzo più basso in assoluto.

Eppure questo format – storicamente caratterizzato da uno sviluppo ciclico con fasi di forte crescita e fasi di relativa staticità – non sembra essere riuscito a svincolarsi da un limitato ruolo di canale "rifugio" durante i periodi di contrazione economica e non è ancora diventato il punto di vendita abituale per la spesa quotidiana per una fetta di consumatori ampia e stabile nel tempo.

Intendiamoci: nell'ultimo decennio l'universo dei Discount è aumentato di ben 1.746 punti di vendita, pari a una crescita in numerica di oltre il 60%; si tratta di uno sviluppo enorme, sicuramente superiore a quello che hanno registrato nello stesso periodo tutti gli altri canali.

Ma questo enorme aumento in numerica non si è tradotto in un proporzionale sviluppo della quota di mercato a danno del resto della GDO: una crescita di "soli" 2,5 punti percentuali dal 2005 a oggi – un po' poco rispetto all'incremento in numerica del canale – ma pur sempre pari all'aumento di un terzo dell'importanza del Discount nel giro di un decennio.

A ciò si aggiunga che il trend di crescita delle vendite del Discount ha mostrato un forte rallentamento iniziato nell'estate 2013 e continuato durante tutto il 2014: questo fenomeno potrebbe non significare necessariamente una sospensione della "Discountizzazione" dei consumi, ma essere bensì la conseguenza della progressiva erosione del gap di convenienza rispetto agli altri canali, i quali negli ultimi anni hanno spinto al massimo la leva promozionale e più recentemente cominciano a insistere su un riposizionamento – verso il basso – della propria offerta a scaffale (Costa meno di Coop, Prezzi Bassi e Fissi di Conad, ecc.).

Nei primi mesi del 2015, si è registrata una nuova lieve crescita del Discount (come anche degli altri canali distributivi a eccezione degli Iper) ma già dal periodo pasquale ha ripreso a perdere: a maggio 2015 il trend a valore è di –0,8%. Vedremo cosa accadrà nei prossimi mesi.

La strategia dei Discount oggi non sembra proprio quella di puntare esclusivamente alla convenienza, da questo punto di vista il canale è "snaturato" e forse ha bisogno di tempo per crescere cambiando posizionamento.

Oggi l'indice di prezzo del Discount è del 67% rispetto a quello del canale Iper + Super.
Il Discount, invece di estremizzarsi e differenziarsi ulteriormente tramite il fattore prezzi, punta sempre più verso un aumento di ampiezza assortimentale (che è passato da 1.924 a 2.448 referenze in quattro anni, +27,2%) e addirittura su marchi "premium", cercando di modificare così il percepito del consumatore e penetrare in classi sociali che prima non sarebbero riusciti ad attirare.
Molti operatori stanno inoltre puntando da oltre un anno sui prodotti freschi e freschissimi, inserendo i reparti panetteria, ortofrutta e per ultimo la pescheria. Infatti, Lidl ha recentemente iniziato a proporre in alcuni punti vendita una selezione di referenze di pesce fresco take away. Significativi anche gli sviluppi dell'offerta ortofrutta (a cui sono dedicati diversi metri lineari di vendita, con una comunicazione in store importante) e dei formaggi e salumi take away.
Con un numero di scontrini che permette un buon turn over di questi prodotti freschi e freschissimi, alcune insegne vogliono essere comparabili come qualità ad altri format della grande distribuzione organizzata.
Sugli scaffali dei punti vendita MD-LD Discount è recentemente stata introdotta una nuova linea di prodotti a marchio Premium. L'assortimento dedicato ai clienti top conta, ormai, una trentina di referenze suddivise nelle diverse categorie merceologiche (freschi, prima colazione, dispensa) presenti nei Discount delle due insegne. Interessante anche il lancio della nuova linea di prodotti per l'igiene intima e la cosmesi a marchio Botanika, che punta a valorizzare un segmento molto redditizio e su cui il consumatore (non solo donna) è diventato molto più esigente.
MD Discount quindi, sulla scia del lancio della linea Deluxe di LIDL, punta sul *value for money* per allargare il target di consumatori a cui proporre un'offerta commerciale ormai tutt'altro che di solo prezzo.
In ultimo vi è sicuramente da menzionare l'aspetto della comunicazione. Non sono pochi gli operatori che oggi investono in Televisione, radio e new media. Pensiamo a Lidl in televisione, mentre MD-LD Discount ed Eurospin preferiscono la radio.
Quello che colpisce è il tentativo esplicito di comunicare al cliente non solo il prezzo ma il valore (e i valori) dell'insegna, confrontandosi con altri canali nel tentativo di far diventare la propria catena la principale scelta per gli acquisti *grocery*.
Insomma, stiamo parlando di un canale che sta sicuramente evolvendo per avvicinarsi maggiormente ad altri format.

Veridiana Braidotti, tratto da IRi. Growth delivered, 2 luglio 2015

A. Quali sono stati i punti di forza dei Discount?

B. Quale strategia hanno adottato fino a oggi per affermarsi?

C. Perché i Discount non sono ancora "decollati" come punti vendita abituali per la spesa quotidiana, almeno per una fetta di consumatori ampia e stabile nel tempo?

D. Per fronteggiare un rallentamento del trend di crescita, quali tipi di strategie stanno ora adottando?

E. Quali ostacoli si frappongono a questo nuovo percorso strategico?

ECONOMY HIGHLIGHTS CLIL

6) LEGGI E RISPONDI ALLE DOMANDE

Competenza: comprendere testi di natura economica in lingua inglese

Where growth take place

[...] However, the economic geography of the world shows an increasing concentration of economic growth in relatively few large cities, capable of attracting human capital and stimulating innovation. Maps of per capita income show very sharp peaks, often located in places that house research centres and the best universities. Indeed, it is not necessarily the old cities dominating after the Second World War or even at the end of the last century that excel. The economic hierarchy not only of countries, but also of cities has changed radically and is constantly evolving. There are many "new entries" as well as many demotions in the urban hierarchy around the world.

Study of the economic and demographic growth of these new areas is fundamental, in order to understand not only the ingredients that are necessary for economic growth, but also the ideal mixture and the recipe required if it is wished to stimulate growth. The scale and size of cities counts, because only large labour markets can offer multifarious opportunities to the most varied talents, ensuring the matching of supply and demand in terms of skills and allowing so-called *power couples* to achieve the dreams of both partners. In order to achieve these economies of agglomeration, it is very important to favour the circulation of ideas and networks of contacts between individuals. However, so-called *amenity values*, factors which are not strictly economic but which make one site more attractive than another, drawing in intelligence from outside, also count considerably. There is a great deal of hysteresis in these processes: virtuous or negative processes are set in motion as soon as a local area takes off or begins to note the first signs of decline. It is very difficult to stop them, even supposing that one wishes to do so. [...]

Tito Boeri, Scientific Director of the Festival of Economics
(Trento Festival of Economics 2016)

A. Why does the author write: «The economic hierarchy not only of countries, but also of cities has changed radically and is constantly evolving»?

B. What's necessary to realize the economies of agglomeration?

C. What are the amenity values?

SEZIONE D

Il reddito nazionale

A Economia si fa un grande uso di numeri, tutte le operazioni economiche vengono accuratamente registrate e, per mantenere l'ordine e l'armonia della città, vige un sistema di contabilità molto complicato. Con diverse argomentazioni criticate questa pratica: l'uomo non può essere ridotto a numeri, la felicità non si misura con i numeri, i numeri possono far cadere in errore. Il problema è che i numeri possono essere trattati in tanti modi diversi e la loro manipolazione può presentare trappole e insidie. In sostanza, se con i numeri si dà una rappresentazione errata di ciò che avviene nella città di Economia, la colpa non è dei numeri, ma del modo in cui i numeri e le statistiche vengono manipolati. È in un certo senso quel che a volte accade quando consegnate il vostro compito di matematica ...

COMPETENZE

- Acquisire consapevolezza del procedimento di formazione e di distribuzione del reddito nazionale
- Saper valutare l'importanza delle diverse fonti economiche in funzione di specifiche esigenze
- Riconoscere il processo di evoluzione del sistema economico verso l'equilibrio
- Riconoscere le scelte fondamentali nell'ambito della politica economica e i loro effetti sul sistema economico

UNITÀ 1

La contabilità economica nazionale

1 La prospettiva macroeconomica e il ruolo della contabilità nazionale

2 Definizione e misurazione del PIL

3 La distribuzione del PIL

I piccoli produttori alimentari italiani a un bivio

Esportare i propri prodotti anche nei mercati internazionali o morire

Ci vogliono due giorni per fare un panettone, il soffice dolce a forma di cupola cosparso di frutta candita che gli italiani mangiano in questo periodo dell'anno, spiega Gianluca Corsini, *quality manager* presso la Corsini Biscotti. Fondata nel 1921 nella cittadina toscana di Castel del Piano, l'azienda di prodotti da forno a conduzione familiare gode di un fatturato annuo di 14 milioni di euro, nessun debito e una crescita costante.

Il tutto, a dispetto della prolungata fase di decrescita del Paese, durante la quale il mercato interno è crollato mentre il tasso di disoccupazione ha raggiunto livelli record.

[...] Una delle ragioni principali per cui così tante imprese sono finite con le spalle al muro è che sono troppo concentrate sul mercato domestico.

[...] I piccoli produttori di cibo che sono sopravvissuti alla crisi sono spesso quelli che, come Corsini, erano già presenti sui mercati esteri e si erano già impegnati per aumentare le esportazioni.

[...] Altre grandi economie dell'Europa occidentale vantano un mercato alimentare più solido, e ognuna di esse possiede almeno una catena di grandi supermercati con vaste reti di filiali al di fuori del proprio Paese, come Tesco (Gran Bretagna), Aldi (Germania), Carrefour (France) e Dia (Spagna).

I piccoli produttori alimentari accusano questi colossi di condurre negoziazioni spietate, ma la loro crescita e diffusione è indicativa del fatto che i produttori debbano trattare solo con un numero limitato di clienti, e che quei commercianti spesso esportino per loro, immagazzinando i loro prodotti in filiali estere. L'Italia, invece, non possiede un distributore alimentare globale della stessa stazza, e il suo mercato interno è frammentato: persino le catene a diffusione nazionale spesso stoccano prodotti diversi in regioni diverse, in base alle scelte degli addetti agli acquisti del luogo.

Eataly, una catena internazionale di specialità gastronomiche in rapida crescita, sta portando prodotti alimentari di produzione italiana a un pubblico internazionale più ampio; ma si tratta comunque di una fetta ristretta. [...]

Italy's small food-makers: Export or die
«The Economist», 13 gennaio 2015

attività

1. Quali sono le ragioni del successo della Corsini biscotti e di Eataly?
2. Qual è la situazione della piccola industria alimentare italiana?
3. Perché le aziende alimentari italiane, pur dotate di know how, tecnologia e spesso anche di risorse finanziarie, fanno fatica a vendere sul mercato interno?
4. Perché è difficile per le aziende alimentari italiane entrare nei mercati europei?

1 LA PROSPETTIVA MACROECONOMICA E IL RUOLO DELLA CONTABILITÀ NAZIONALE

Come si è detto in precedenza (Sezione A, Unità 3), la macroeconomia tralascia le attività dei singoli operatori (famiglie e imprese) per dedicare la sua attenzione al funzionamento del sistema economico nel suo complesso. Per l'analisi macroeconomica vengono prese in considerazione le **grandezze aggregate**, cioè la somma delle corrispondenti variabili riferite ai singoli operatori. Pertanto, il punto di riferimento della macroeconomia non è più il consumo della singola famiglia ma il consumo aggregato di un Paese (domanda aggregata), non è la quantità prodotta da un'impresa rappresentativa ma è la produzione nazionale (offerta aggregata), non è il reddito individuale ma il reddito nazionale, non sono i prezzi ma il livello generale dei prezzi e il tasso d'inflazione, non è la domanda di lavoro delle singole imprese ma l'occupazione complessiva e il tasso di disoccupazione, e via discorrendo.

San Marino, *un piccolo Stato situato nel centro-nord della penisola italiana: qui non esistono frontiere né dogane e l'attività economica è spesso condivisa.*

Per passare dalle grandezze individuali alle grandezze aggregate si usano procedimenti e tecniche di tipo statistico, elaborati da istituti specializzati, come l'Istat.

Tabella 1 – Confronto tra alcune grandezze individuali e rispettive grandezze aggregate

MICROECONOMIA grandezze individuali	MACROECONOMIA grandezze aggregate
Domanda del singolo consumatore: quantità richiesta di un bene o servizio da un singolo consumatore in corrispondenza di un determinato prezzo.	/
Domanda di mercato: somma delle domande di tutti i consumatori di quel determinato tipo di prodotto (per esempio, somma delle domande di tutti i consumatori di cellulari) in corrispondenza di un determinato prezzo.	**Domanda aggregata**: insieme delle quantità di beni e servizi di tutte le varie tipologie che, in un dato periodo, la collettività domanda in corrispondenza di un determinato livello di prezzi.
Offerta del singolo produttore: quantità offerta da un singolo produttore in corrispondenza di un determinato prezzo.	/
Offerta di mercato: somma delle offerte di tutte le imprese produttrici di quel determinato tipo di prodotto (a titolo d'esempio, somma delle offerte di tutti i produttori di cellulari) in corrispondenza di un determinato prezzo.	**Offerta aggregata**: insieme delle quantità di beni e servizi provenienti dalle varie tipologie di attività produttive (dal settore automobilistico al settore ceramico, al settore dei servizi, ecc.) che, in un dato periodo, le imprese sia pubbliche sia private producono e sono disposte a vendere in corrispondenza di un determinato livello di prezzi.
Prezzo: quantità di moneta necessaria all'acquisto di un bene o all'utilizzazione di un servizio.	**Livello generale dei prezzi**: livello medio dei prezzi monetari nel sistema economico.

Quale importanza assumono le analisi effettuate dagli istituti specializzati in campo statistico?

La macroeconomia, in particolare, intende studiare e comprendere i fenomeni economici che si verificano nel sistema economico, per permettere al soggetto pubblico (Stato, Regione, Unione europea, ecc.) di intervenire in modo appropriato nel momento in cui si verificano situazioni di crisi economica del sistema stesso. Pertanto, gli studi effettuati da questi organismi assumono un'importante rilevanza. Essi sono alla base della **contabilità nazionale**, un sistema di informazioni statistiche attraverso il quale viene descritta in termini quantitativi l'attività economica di un Paese o di una Regione o di un'altra qualsiasi unità territoriale, offrendo al riguardo valide informazioni quantitative per analisi sia di breve sia di medio e lungo periodo. Nata durante la seconda guerra mondiale sotto lo stimolo delle teorie keynesiane, la contabilità nazionale è attualmente realizzata in tutti i Paesi secondo schemi comuni che permettono il confronto tra le grandezze economiche misurate, dal prodotto interno lordo, ai consumi, al reddito disponibile, al risparmio, ecc.

Non deve essere confusa con la contabilità di Stato, che riguarda solo la Pubblica amministrazione.

La contabilità nazionale è articolata secondo il **Sistema Europeo dei Conti economici integrati** (**SEC**). Approvato nel 1996 come regolamento del Consiglio europeo, è stato predisposto dall'Eurostat con la collaborazione degli Istituti nazionali di statistica dei singoli Paesi membri della Ue (per l'Italia l'Istat). A partire da settembre 2014, è stato adottato dagli Stati membri dell'Unione europea il nuovo **Sistema europeo dei conti nazionali e regionali** (**Sec 2010**). Esso ha introdotto una serie di innovazioni rispetto alla precedente versione del 1995 (in vigore dal 1999).

Aggregazione
Processo consistente nel raggruppare le variabili economiche individuali all'interno di categorie, le più ampie possibili, per ottenere grandezze economiche totali, in grado di rappresentare l'economia nel suo complesso. Per esempio, la categoria aggregata "lavoro" è l'insieme di tutti i lavoratori del sistema economico (dagli operai, ai medici, agli insegnanti, ecc.).

Contabilità nazionale
Insieme di procedure statistiche predisposte per misurare l'attività produttiva complessiva di un Paese.

National accounts
Contabilità nazionale
Consistent accounting techniques for measuring the economic activity of a nation.

National income and product accounts
Conto delle risorse e degli impieghi
Double-entry recording that shows the composition of production and the distribution of incomes earned in the country, including data regarding total revenues earned by domestic corporations.

Le stime effettuate dalla contabilità nazionale sono esposte in documenti particolari?

I principali aggregati stimati nell'ambito dei conti nazionali sono evidenziati nel **Conto delle risorse e degli impieghi** che riassume la **situazione macroeconomica del Paese**, mettendo in evidenza l'equilibrio tra l'offerta, rappresentata dalle risorse, e la domanda, data dagli impieghi di beni e servizi per usi finali (tab. 2).

Tabella 2 - Conto delle risorse e degli impieghi

RISORSE (offerta)	IMPIEGHI (domanda)
Prodotto interno lordo (PIL) ai prezzi di mercato	**Consumi nazionali** • Spesa delle famiglie residenti (spesa sul territorio economico [1] + acquisti all'estero dei residenti – acquisti sul territorio dei non residenti) • Spesa delle Amministrazioni pubbliche (spesa pubblica) • Spesa delle istituzioni sociali private senza scopo di lucro al servizio delle famiglie [2]
Importazioni • Importazioni di beni • Importazioni di servizi di cui: acquisti all'estero dei residenti	**Investimenti fissi lordi** [3] • Investimenti fissi netti • Ammortamenti
	Variazione delle scorte [4]
	Oggetti di valore [5]
	Esportazioni • Esportazioni di beni • Esportazioni di servizi di cui: acquisti sul territorio dei non residenti

(1) *Il territorio economico è il territorio geografico più altre porzioni come acque territoriali, giacimenti situati in acque internazionali sfruttati da operatori residenti, navi, aerei, zone franche (sedi di ambasciate, consolati, corpi militari, organismi internazionali).*

(2) *Sono tali le associazioni culturali, sportive, di volontariato, le fondazioni, i partiti politici, i sindacati, gli enti religiosi, ecc.*

(3) *Valore dei beni materiali e immateriali derivanti da un'attività di produzione (il che esclude ad esempio l'acquisto di terreni o di giacimenti minerari) e acquistati dai produttori per essere impiegati nel processo produttivo per un periodo superiore a un anno.*

(4) *Misura la variazione del capitale circolante che si è verificata durante il periodo contabile. Se ne parlerà nell'Unità 3.*

(5) *Sono investimenti in beni rifugio: oggetti d'arte, da collezione e di antiquariato, gioielli, pietre preziose, oro non monetario, ecc.*

Risorse
Insieme dei beni di cui la collettività nazionale è venuta a disporre, nell anno considerato, per produzione interna e per importazione.

Impieghi
Destinazione che è stata attribuita all'insieme delle risorse.

Ovviamente, per la logica della partita doppia, dovrà essere rispettata la seguente uguaglianza:

Totale delle Risorse (offerta) = Totale degli Impieghi (domanda)

2 DEFINIZIONE E MISURAZIONE DEL PIL

Il **Prodotto interno lordo (PIL)**, come si è appena visto, è la componente interna dell'offerta globale e quindi prende le mosse dalla produzione effettuata dalle imprese produttrici residenti in Italia. Esso rappresenta il **valore dei beni finali prodotti per il mercato in un certo lasso di tempo** (in genere l'anno), **all'interno di un Paese, da tutti i settori economici nazionali privati e pubblici, calcolati ai prezzi di mercato**.

Gross domestic product (GDP)
Prodotto interno lordo
Monetary measure of the market value of all final goods and services produced yearly in a country.

PIL
Produzione ottenuta dall'attività economica svolta all'interno del Paese dai residenti e dai non residenti.

PNL
Produzione ottenuta dall'attività economica svolta all'interno o all'estero dai soli residenti.

Prezzo di mercato
Prezzo al lordo delle imposte indirette sulla produzione e sulle importazioni, al netto dei contributi del settore pubblico alla produzione e all'esportazione.

Prezzo al costo dei fattori
Prezzo al netto delle imposte indirette sulla produzione e sulle importazioni, al lordo dei contributi del settore pubblico alla produzione e all'esportazione.

PIL ai prezzi di mercato
PIL al costo dei fattori + Imposte indirette – Contributi del settore pubblico alla produzione e all'esportazione.

PIL al costo dei fattori
PIL ai prezzi di mercato – Imposte indirette + Contributi del settore pubblico alla produzione e all'esportazione.

PIN ai prezzi di mercato
PIL ai prezzi di mercato – Ammortamenti.

PIN al costo dei fattori
PIL al costo dei fattori – Ammortamenti.

PNL ai prezzi di mercato
PIL ai prezzi di mercato + Redditi netti dall'estero.

PNL al costo dei fattori
PIL al costo dei fattori + Redditi netti dall'estero.

PNN ai prezzi di mercato
PNL ai prezzi di mercato – Ammortamenti.

PNN al costo dei fattori
PNL al costo dei fattori – Ammortamenti.

Pertanto entrano nel PIL:

- **tutti i beni e i servizi**, cioè tutti i beni, quali merci (pane, computer, ecc.) e servizi, quali prestazioni (tagli di capelli, consulenze, ecc.), anche quelli che provengono dall'economia sommersa. Oggi, poi, con il nuovo sistema di contabilizzazione SEC 2010, entrano nella stima del PIL anche le spese private per la ricerca e lo sviluppo e i beni e i servizi provenienti **dall'economia illegale**;
- **finali**, cioè è escluso dal calcolo del PIL il valore dei beni intermedi;
- **valutati ai prezzi di mercato** (correnti), cioè ai prezzi a cui vengono effettivamente venduti nell'anno in cui sono stati prodotti, nei quali sono incluse le imposte indirette (Iva, accise, imposte sulle importazioni, ecc.) ed esclusi i contributi del settore pubblico alla produzione e all'esportazione;
- **prodotti**, cioè non entra nel calcolo del PIL la terra perché non è prodotta, così come non entrano le azioni e le obbligazioni;
- **per il mercato**, cioè sono esclusi i beni e servizi prodotti e consumati all'interno delle famiglie (quelli prodotti per l'autoconsumo e i lavori domestici);
- **in un anno**, cioè sono esclusi i beni che nell'anno sono oggetto di transazioni. Per esempio, le auto nuove che vengono vendute e acquistate fanno parte del PIL in quanto prodotte nell'anno, mentre la compravendita di auto usate non è registrata nel PIL;
- **all'interno di un Paese**, cioè prodotti nel territorio "di" un certo Paese (nel nostro caso nel territorio italiano). Pertanto, include il valore di attività svolte in Italia dai non residenti sia privati sia imprese (e quindi include i redditi guadagnati in Italia dai non residenti) ed esclude il valore della attività svolte all'estero dai residenti sia privati sia imprese (e quindi esclude i redditi guadagnati all'estero dai residenti).

Il **PIL** può essere valutato anche **al costo dei fattori**:

- **PIL al costo dei fattori** = PIL ai prezzi di mercato – Imposte indirette + Contributi del settore pubblico alla produzione e all'esportazione
- **PIL ai prezzi di mercato** = PIL al costo dei fattori + Imposte indirette – Contributi del settore pubblico alla produzione e all'esportazione

Il PIL è un indicatore lordo, in quanto non tiene conto degli ammortamenti. Gli **ammortamenti** rappresentano un costo, in quanto sono costituiti dalla quota di PIL accantonata per riparare e rimpiazzare i fattori della produzione che si logorano con il tempo e mantenere così la capacità produttiva inalterata. Pertanto, se dal PIL ai prezzi di mercato o dal PIL al costo dei fattori si sottraggono gli ammortamenti, si ottiene il **Prodotto interno netto** (PIN) **ai prezzi di mercato** o il **Prodotto interno netto al costo dei fattori**:

- **PIN ai prezzi di mercato** = PIL ai prezzi di mercato – Ammortamenti
- **PIN al costo dei fattori** = PIL al costo dei fattori – Ammortamenti

Si può dire che il PIL coincide con il prodotto di una nazione?

Il Prodotto interno lordo non va confuso con il **Prodotto nazionale lordo** (**PNL**), che è il valore di tutti i beni e servizi finali prodotti in un determinato periodo di tempo (anno o trimestre) "da" un certo Paese, cioè dai soli soggetti residenti (privati o imprese), sia che operino in Italia sia che operino all'estero. Alcuni esempi:

- gli italiani emigrati stabilmente all'estero, anche se hanno conservato la loro nazionalità, sono considerati residenti all'estero, per cui il valore della loro attività non rientra nel calcolo del PNL italiano;
- gli italiani emigrati temporaneamente all'estero sono considerati residenti in Italia, per cui il valore della loro attività, sotto forma di trasferimenti di reddito a favore dei familiari residenti in Italia (rimesse degli emigranti), entra a far parte del PNL;
- se un italiano si reca negli Stati Uniti per una settimana per una consulenza a una società californiana, il valore del suo lavoro rientra nel PNL italiano (poiché è un lavoro svolto da un italiano), ma non viene conteggiato nel PIL italiano (poiché il lavoro è stato fatto negli Usa);
- se consideriamo la produzione di veicoli in Italia operata da imprese di proprietà sia nazionale sia estera, come risulta dalla seguente scheda:

	Autovetture	Altri veicoli leggeri
Stabilimenti di proprietà italiana in Italia	471.000	714.000
Stabilimenti di proprietà estera in Italia	227.000	63.000

- tutte e due le righe entrano nel PIL dell'Italia;
  solo la prima riga entra (per intero) nel PNL dell'Italia.

Dagli esempi si traggono le seguenti conclusioni:

PNL ai prezzi di mercato = PIL ai prezzi di mercato + redditi provenienti dall'estero (che fanno parte del PNL e non del PIL) – redditi diretti all'estero (che fanno parte del PIL, ma non del PNL) – **PIL ai prezzi di mercato + redditi netti dall'estero**.

Se dal PNL ai prezzi di mercato si sottraggono gli ammortamenti si otterrà il **Prodotto nazionale netto** ai prezzi di mercato (PNN ai prezzi di mercato).

Anche il **PNL** può essere valutato **al costo dei fattori**:

PNL al costo dei fattori = PNL ai prezzi di mercato – Imposte indirette + contributi del settore pubblico alla produzione e all'esportazione.

Se dal PNL al costo dei fattori si sottraggono gli ammortamenti si otterrà il **Prodotto nazionale netto al costo dei fattori**.

Sia il PIL sia il PNL sono **grandezze di flusso**, cioè grandezze per definire le quali è necessario far riferimento anche a un intervallo temporale, oltre che all'unità di misura propria delle grandezze. Le grandezze di flusso

Depreciation
Ammortamenti
A reduction in the value of an asset over time, due in particular to wear and tear.

Gross National Product (GNP)
Prodotto nazionale lordo
The total value of goods produced and services provided by a country during one year, equal to the gross domestic product plus the net income from foreign investments

Gross National Product at market prices
Prodotto nazionale lordo ai prezzi di mercato
Sum of the gross values added of all resident producers at market prices, plus taxes less subsidies on imports.

Gross national product at factor cost
Prodotto nazionale lordo al costo dei fattori
The value of all final goods and services at market price produced within the produced within the domestic territory of the country in an accounting year including net factor income from abroad minus net indirect taxes.

Flow magnitudes
Grandezza di flusso
A flow is a quantity which is measured with reference to a period of time. Thus, flows are defined with reference to a specific period , e.g., hours, days, weeks, months or years For instance, the income of a person is a flow.

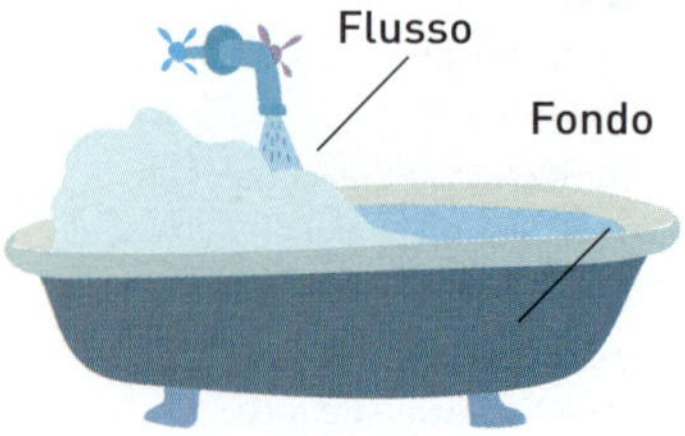

Fondi e flussi

non vanno confuse con il concetto di **ricchezza o patrimonio** nazionale esistente in un dato momento, che è una **grandezza di stock o fondo** (cioè una grandezza per definire la quale non occorre far riferimento a un intervallo temporale).

L'equivalente monetario del PNL è il **Reddito nazionale lordo (RNL)**, che rappresenta i compensi attribuiti a chi ha partecipato al PNL. Esso è costituito dalla somma di tutti i redditi (rendite, interessi, imposte, salari, profitti) percepiti dai soggetti residenti in Italia che, nell'anno considerato, hanno partecipato al processo produttivo di imprese di proprietà nazionale (sia che producano in patria sia che producano all'estero).

Come il PNL, anche il RNL è valutato o ai prezzi di mercato o al costo dei fattori e, sottraendo gli ammortamenti, si ottiene il RNN (Reddito nazionale netto).

Il RNL non va confuso con il **Reddito nazionale lordo disponibile (RNLD)** che è il reddito effettivamente percepito dal settore delle persone fisiche, famiglie e imprese individuali (imprese non costituite in società). È il reddito di cui dispone il Paese per i consumi finali e il risparmio.

Esso si ottiene **sottraendo** dal **RNL al costo dei fattori** (equivalente al PNL al costo dei fattori):
- la parte dei profitti che non viene distribuita ma rimane all'interno delle imprese (risparmio d'impresa);
- gli interessi, le rendite e i dividendi percepiti dal settore pubblico;
- i contributi pagati allo Stato per la sicurezza sociale

e sommando:
- i trasferimenti operati dalle Amministrazioni pubbliche alle famiglie per le prestazioni sociali (pensioni, indennità di disoccupazione, ecc.);
- i saldi dei trasferimenti unilaterali dall'estero;
- gli interessi percepiti per il possesso di titoli del debito pubblico (per esempio Buoni Ordinari del Tesoro);
- i dividendi, cioè i profitti al netto di imposta, che le società distribuiscono effettivamente agli azionisti.

Occorre poi tener distinto il reddito disponibile dell'intero Paese da quello del singolo cittadino destinato al consumo o al risparmio. Esso è dato dal reddito percepito + i trasferimenti netti – i tributi.

Stock magnitudes
Grandezza di stock
A stock is a quantity which is measurable at a particular point of time. For instance, capital is a stock variable.

Che cosa sono i trasferimenti unilaterali?

I trasferimenti unilaterali sono prestazioni in denaro a cui non corrisponde una cessione di fattori o comunque una controprestazione. Possono essere pubblici o privati.

Per esempio, sono **trasferimenti privati unilaterali attivi** le rimesse che gli emigrati italiani trasferiti definitivamente all'estero inviano alle loro famiglie in Italia; sono **trasferimenti unilaterali passivi** le rimesse che gli stranieri immigrati in Italia inviano alle loro famiglie all'estero. Sono **trasferimenti pubblici verso il resto del mondo** (passivi) gli

I BOT (Buoni Ordinari del Tesoro) sono titoli pubblici collocati con il sistema dell'asta competitiva: dal 1998 non sono più emessi in forma cartacea, in quanto dematerializzati, cioè rappresentati da iscrizioni contabili a favore degli aventi diritto.

aiuti dell'Italia al Terzo mondo, i contributi versati al bilancio della Ue (per esempio quote delle entrate IVA in percentuale del PIL); sono trasferimenti pubblici dal resto del mondo (attivi) i contributi alla produzione dell'Ue all'Italia o previsti dai diversi fondi (per esempio fondi strutturali, fondi sociali della Ue, ecc.).

Infine, nel calcolo del RNLD vanno computati solo i trasferimenti correnti, in quanto solo questi incidono sulla capacità di spesa, mentre quelli in conto capitale incidono sul patrimonio.

Dal PNL si possono ottenere i principali aggregati della contabilità nazionale come qui sotto indicato.

Quadro contabile di raccordo

PIL ai prezzi di mercato
+ redditi netti dall'estero

= RNL ai prezzi di mercato
– Ammortamenti

= RNN ai prezzi di mercato
– Imposte indirette (al netto dei contributi alla produzione)

= Reddito nazionale netto al costo dei fattori
– Trasferimenti correnti netti all'estero

= Reddito nazionale lordo disponibile

Ricorda

PIL, RNL e RNLD sono grandezze concettualmente distinte dato che:

- il PIL riguarda i processi produttivi svolti all'interno della nazione;
- il RNL riguarda i redditi guadagnati dai cittadini della nazione;
- il RNLD riguarda i redditi di cui la nazione può disporre per consumi o risparmi.

RINFORZO

Si è detto che nel calcolo del PIL entrano anche i beni e servizi provenienti dall'economia sommersa e illegale. Cosa si intende con tale espressione?

Alcuni beni e servizi prodotti e distribuiti sfuggono, in tutto o in parte, alla contabilità nazionale. Si parla in tal caso di **Economia non osservata**. Essa si suddivide in:

- **economia sommersa o sommerso economico**: coincide con l'insieme di tutte quelle attività di produzione e distribuzione di beni e servizi di per sé leciti, ma che vengono svolte violando le normative fiscali, contributive, amministrative, ecc. (si pensi ai taxi abusivi, al lavoro nero che riguarda attività lavorative non dichiarate, alle prestazioni relative a riparazioni domestiche o servizi sanitari effettuate senza emissione di fattura, al contrabbando di sigarette, ecc.). Il **sommerso statistico**, invece, fa riferimento alle inefficienze nel sistema di raccolta dei dati;

Shadow economy
Economia sommersa
Economic activities and the income derived from them that circumvent or otherwise avoid tax laws.

sí

- **economia informale**: include le attività produttive legali svolte da piccole unità produttive, le cui dimensioni rendono difficile o impossibile l'osservazione statistica, ma che, non essendo finalizzate all'evasione fiscale o contributiva, non possono essere comprese nell'economia sommersa. Ne fa parte l'**Economia domestica o comunitaria**, che si identifica nella produzione di beni e servizi leciti non orientati al mercato, bensì a forme di autoconsumo familiare, comunitario;
- **economia illegale** (**criminale**): comprende, in seguito all'innovazione introdotta dal SEC 2010, le attività di produzione e/o distribuzione, svolte in maniera illegale, di beni e servizi anch'essi illegali. La lista comprende esclusivamente il traffico di sostanze stupefacenti, i servizi della prostituzione e il contrabbando (di sigarette o di alcol). Le cifre sulla prostituzione (da includere nei "servizi") saranno calcolate dal lato dell'"offerta", e il traffico di droga dal lato della "domanda". Per l'Italia questa innovazione significa un miglioramento, in quanto l'impatto dell'economia illegale è, almeno secondo le stime, più elevato per l'Italia rispetto ad altri Paesi per la presenza delle varie mafie nel Paese.

Illegal economy
Economia illegale
The production of goods or services whose sale, distribution or possession is forbidden by law; and production activities when carried out by unauthorised producers.

Questa decisione, presa a livello europeo, rende operativo il principio (già presente nel SEC 95) secondo cui le misure che esprimono il reddito di una nazione devono tener conto anche di attività vietate dalle leggi nazionali, ma che hanno caratteristiche di scambio volontario tra soggetti economici. L'esigenza, in tale contesto, è stata dettata dalla necessità di garantire un confronto internazionale delle stime sul PIL tra i vari Paesi. Il concetto di attività illegale può prestarsi, infatti, a interpretazioni diverse, per cui alcune attività possono essere legali e riconosciute dalle istituzioni fiscali e contributive in un Paese e non in un altro. Proprio per questo, il primo elemento concordato in sede europea è stato quello delle tipologie di attività da prendere in considerazione. Il SEC 2010 ha ritenuto di dover escludere dal PIL le attività illegali non produttive cioè le attività che generano il trasferimento non volontario della ricchezza (furti, sequestri di persona, ecc.). Si è osservato, infatti, che nonostante provochino un incremento del PIL stesso (incremento degli acquisti di sistemi d'allarme, stipulazione di un più alto numero di polizze d'assicurazione, rafforzamento dei corpi di polizia e delle strutture giudiziarie, ecc.), le spese "difensive" sostenute per prevenire o riparare i danni provocati da queste spiacevoli necessità non riflettono incrementi di benessere. Si tratta poi di spese per natura considerate spese intermedie e, come tali, escluse dal PIL, il che falsifica i dati del PIL stesso.

ECONOMIA NON OSSERVATA
È il complesso di attività economiche che non sono registrate nelle indagini statistiche presso le imprese, o nei dati fiscali e amministrativi, in quanto non osservabili in modo diretto. Comprende tre categorie:
- economia sommersa;
- economia informale;
- economia illegale.

Come si calcola il PIL?

Il PIL è formato da un insieme di beni e servizi molto diversi tra loro. Data l'eterogeneità di tali beni e servizi, non possiamo sommare tra loro le quantità fisiche degli stessi (non si possono sommare pere con mele!). Per risolvere questo problema, gli economisti utilizzano come misura del PIL il valore che si ottiene moltiplicando le quantità prodotte di ogni bene o servizio (*q*) per il rispettivo prezzo (*p*) e sommando i risultati ottenuti.

$$\text{PIL} = p_1\, q_1 + p_2\, q_2 + \dots + p_n\, q_n$$

Frequentemente, per misurare il PIL, si usano i **prezzi di mercato** (**correnti**), cioè i prezzi a cui i beni e servizi vengono effettivamente venduti e che, pertanto, sono variabili di anno in anno. Si parla in tal caso di **PIL nominale**. Tuttavia, quando si vogliono fare dei confronti tra il valore della produzione di un certo anno e il valore della produzione di un altro anno, senza che questo confronto sia influenzato dalla variazione dei prezzi correnti, si usano i **prezzi costanti** (**prezzi di un anno base**). In pratica, se si vuole confrontare la produzione del 2015 con quella del 2016, si scelgono per esempio i prezzi dell'anno 2014, denominato anno base, poi si calcola sia il PIL del 2015 sia quello del 2016, usando i prezzi del 2014. In tal modo sono possibili confronti quantitativi fra il 2015 e il 2016. Si parla in tal caso di **PIL reale**.

Occorre poi notare che la definizione del PIL fa riferimento a beni finali. Il motivo sta nel fatto che tale riferimento evita il doppio conteggio di un bene. Pensiamo, per esempio, al valore di un'automobile. In essa è compreso anche il valore dei pneumatici. Se nel PIL venisse incluso anche il valore dei pneumatici delle auto, tale valore sarebbe contato due volte. Per evitare ciò, nel PIL va incluso solo il valore dell'automobile, cioè, generalizzando, solo il valore dei beni venduti ai consumatori, che si chiamano appunto beni finali (come l'automobile dell'esempio) e vanno trascurati i beni venduti tra produttori, che si chiamano beni intermedi (come i pneumatici, già montati sull'automobile). Naturalmente anche i pneumatici possono diventare beni finali, nel caso in cui diventassero pneumatici di ricambio venduti ai possessori di auto.

Fatta questa precisazione, il PIL può essere pensato:

1. come somma dei valori dei beni finali prodotti (metodo dell'output);
2. come somma dei valori aggiunti dei diversi settori produttivi (metodo del valore aggiunto);
3. come somma dei redditi (metodo del reddito);
4. come somma degli impieghi (metodo della spesa).

NO

Esempio

Supponiamo che in un'economia esistano due sole imprese. La prima (un mugnaio) produce farina per un valore complessivo di euro 50, impiegando lavoro per il quale paga salari pari a euro 10, mentre la seconda (un fornaio) produce pane per un valore pari a euro 100, impiegando farina per un valore di euro 10 e lavoro per il quale paga salari di euro 40.

1. PIL come somma dei valori dei beni finali prodotti

In tal caso esso risulta dalla differenza tra il valore della produzione di beni e servizi, conseguita nelle varie imprese, branche e settori produttivi, e il valore dei beni e servizi intermedi (cioè delle materie prime, dei semilavorati e dei servizi forniti da altre imprese, branche o settori),

PIL nominale
Somma delle quantità dei beni finali valutati a **prezzi di mercato (correnti)**.

PIL reale
Somma delle quantità dei beni finali valutati a **prezzi dell'anno base**.

Nominal gross domestic product
PIL nominale
Nominal GDP is the GDP without the effects of inflation or deflation.

Real gross domestic product
PIL reale
Real Gross Domestic Product (real GDP) is a macroeconomic measure of the value of economic output adjusted for price changes (i.e., inflation or deflation).

RICORDA
Metodi di misurazione del PIL

1. **Metodo dell'output:** PIL = Valore della produzione finale – Valore dei beni intermedi.
2. **Metodo del valore aggiunto:** PIL = somma dei valori aggiunti prodotti dal complesso delle imprese in un Paese.
3. **Metodo del reddito:** PIL = Reddito nazionale = somma delle remunerazioni dei fattori produttivi (salari + profitti + rendite + interessi).
4. **Metodo della spesa:** PIL = Reddito nazionale = Consumi + Investimenti + (Esportazioni – Importazioni), cioè somma degli impieghi del reddito.

I quattro metodi di calcolo misurano la stessa grandezza.

Consumi intermedi
Valore dei beni e dei servizi consumati quali input in un processo di produzione, escluso il capitale fisso il cui consumo è registrato come ammortamento. I beni e i servizi possono essere trasformati oppure esauriti nel processo produttivo.

Gross value added
Valore aggiunto industriale
It is the industry's contribution to the gross domestic product (GDP) and is the basis on which value added tax (VAT) is computed.

consumati nelle varie imprese, branche o settori nel periodo considerato. Si aggiungono poi gli investimenti in scorte.

Nel nostro esempio, il PIL di questa economia non è il valore complessivo della produzione, cioè euro 50 (valore della farina) + 100 (valore del pane) = 150, perché bisogna considerare il fatto che una parte di farina è stata utilizzata nella produzione di pane e quindi il valore del pane, pari a euro 100, comprende già il valore pari a euro 10 della farina utilizzata (bene intermedio). Pertanto, dal valore del pane occorre sottrarre il valore della farina impiegata per evitare duplicazioni nel calcolo del PIL:

PIL = 50 + (100 – 10) = 140 euro

2. **PIL come somma di valori aggiunti (VA)**

Per ogni fase di produzione di un bene, si considera solo l'**incremento di valore della produzione** (cioè il VA) ottenuto in quella fase. Pertanto, il **valore aggiunto** da un'impresa alla produzione è pari al valore della sua produzione, al netto del valore dei beni intermedi utilizzati nella produzione. Nell'esempio, il mugnaio non utilizza beni intermedi per cui il valore netto della sua produzione coincide con il valore lordo, cioè euro 50. Il fornaio, viceversa, impiega euro 10 di farina e, quindi, il valore netto della sua produzione è pari a euro 90, cioè euro 100 – 10 = 90.

PIL = 50 (valore aggiunto dal mugnaio) + 90 (valore aggiunto dal fornaio) = 140 euro

3. **PIL come somma di redditi**

La differenza tra valore della produzione e valore dei beni intermedi in ogni impresa non può che andare nella remunerazione dei lavoratori (salari), nel pagamento di imposte indirette e nel profitto dell'impresa (distribuito o meno agli azionisti). Nel nostro esempio non ci sono imposte indirette, per cui la differenza in questione non può che essere pari ai salari più i profitti:

PIL = somma dei redditi = salari (10 + 40) + profitti (40 + 50) = = 140 euro

4. **PIL come somma degli impieghi**

Consiste nel misurare il PIL sommando le spese sostenute per gli acquisti dei beni e servizi.

Con questo metodo il PIL si calcola con la formula:

PIL = C + I + G + (X – M), come abbiamo visto nel Conto delle risorse e degli impieghi (tabella 2 del paragrafo 1). Riprendiamo l'esempio. Con i dati a disposizione si avrà:

PIL = 50 (consumo dei lavoratori, supponendo che il loro reddito sia destinato tutto al consumo) + 90 (investimenti degli imprenditori, supponendo che i profitti siano tutti investiti) + 0 (supponendo, l'inesistenza della spesa pubblica) + 0 (supponendo un'economia chiusa) = 140.

PIL = somma degli impieghi = 50 + 90 + 0 + 0 = 140 euro

sí

☐ Sono state espresse delle critiche all'indicatore PIL?

La critica radicale, rivolta in generale al PIL, è che esso non misura il benessere di una collettività (né, tantomeno, la felicità).

La crescita del PIL è stata spesso considerata come sinonimo di sviluppo economico e di benessere, ma i suoi ideatori, **Simon Kuznets** (1901-1985), economista bielorusso emigrato negli Stati Uniti, professore di economia e statistica presso l'università della Pennsylvania nel 1934 (premio Nobel nel '71), il primo a sviluppare un sistema di contabilità negli Usa, e **John Maynard Keynes** (del quale si è già parlato) si ribellarono all'idea che PIL e benessere sociale coincidessero. Il primo politico, poi, a esprimere una forte critica in questo senso è stato Robert Fitzgerald Kennedy il 18 marzo 1968 all'università del Kansas.

Simon Kuznets

Altre critiche sono, invece, di carattere tecnico e riguardano la mancata misurazione da parte del PIL:

- **dei servizi prestati dalle casalinghe a favore delle proprie famiglie**, essendo un'attività che, anche se riconosciuta utile, non è diretta alla produzione di servizi da scambiare contro moneta o contro altri beni e servizi;
- **degli altri servizi autoconsumati in ambito familiare o prestati**, senza retribuzione, per simpatia verso ideali o per solidarietà verso certe categorie di cittadini;
- **del depauperamento delle risorse ambientali** che andrebbe contabilizzato con segno negativo per tener conto delle spese sostenute per prevenire o riparare danni all'ambiente e alla salute;
- **della qualità della vita**, nel senso che il metodo di calcolo del PIL è lo stesso, indipendentemente dal fatto che si tratti di attività relative alla produzione di beni necessari per fare sport o di serrature di sicurezza;
- **della valutazione inadeguata della produttività della Pubblica amministrazione**.

CURIOSITÀ

Nel 1934, il "padre" del PIL, Simon Kuznets, presentando la sua "creatura" al Congresso Usa ebbe a dichiarare: «Il benessere di una nazione [...] non può essere facilmente desunto da un indice del reddito nazionale».
Kuznets usò le sue ricerche statistiche e pionieristiche sul reddito nazionale e sul PIL per avallare la tesi di Keynes, secondo cui il sostegno alla domanda aggregata avrebbe innescato lo sviluppo economico.

☐ La conclusione è che il PIL è un indicatore superato?

La Grande crisi degli anni Trenta e la guerra, con il crescente ruolo dei governi nell'economia, fecero emergere la necessità di conoscere quanto e in quali settori ogni Paese producesse e quanto del reddito generato andasse a consumi, investimenti, esportazioni. Occorreva, pertanto, trovare un indicatore in grado di fornire ai governi uno schema immediatamente utilizzabile per verificare l'efficacia delle loro azioni di politica economica. L'indicatore PIL, messo a punto da Simon Kuznets, permise allora di soddisfare tale esigenza, con effetti positivi sul benessere materiale collettivo dei vari Paesi.

Oggi da più parti si chiede di "andare oltre il PIL" sulla base delle mutate condizioni economiche e sociali che sono intervenute nel frattempo. In realtà quello che oggi è mutato è il concetto di benessere sociale, in quanto sono cambiate le preferenze e i valori di fondo delle società e degli individui che le compongono. Il benessere non viene più fatto coincidere totalmente con il benessere materiale, ma con altri aspetti importanti che

Stiglitz, Sen, Fitoussi: *economisti a capo della Commissione di 25 grandi esperti che ha redatto il* Measurement of Economic Performance and Social Progress, *un rapporto da cui emergono i limiti del PIL e le strategie da adottare per superarlo.*

hanno a che fare con la qualità della vita. Un PIL alto, infatti, non significa sempre e automaticamente un livello di vita altrettanto alto.

Un indicatore studiato per misurare la qualità della vita è il **Benessere economico nazionale**. Esso si ottiene aggiungendo al PIL il tempo libero e l'economia sommersa e sottraendo la componente negativa dei danni ambientali:

Benessere economico nazionale (BEN) = PIL + Tempo libero ed economia sommersa – Danni ambientali

Queste correzioni sono però difficili da quantificare nel BEN e ne rappresentano un limite.

Purtroppo siamo ancora molto lontani dall'elaborare un sistema di indicatori perfetto. L'unica strada percorribile è quella proposta dalla **Commissione Stiglitz-Sen-Fitoussi**, istituita nel 2008 dall'allora presidente francese Sarkozy, presieduta dal premio Nobel Joseph Stiglitz, con la collaborazione dell'altro premio Nobel Amartya Sen e dell'economista Jean Paul Fitoussi, con il compito di indicare misure del benessere diverse dal PIL. Nel settembre 2009 furono pubblicati i risultati del suo lavoro, le cui indicazioni sono state in parte recepite dal Progetto "Benessere equo e sostenibile" avviato dall'Istat (vedere unità D2).

Per ora, in attesa di solide e condivise misure del benessere, non resta che il PIL. Esso, pur non coincidendo con il benessere, ne è parte, sia perché le condizioni materiali di vita contribuiscono a generare il grado complessivo di benessere, sia perché altri aspetti presumibilmente importanti del benessere stesso (per esempio la salute, la speranza di vita, l'istruzione, la sicurezza) sono più o meno correlati al livello di reddito di un Paese.

APPROFONDIMENTO ONLINE
Gli indicatori alternativi al PIL

3 LA DISTRIBUZIONE DEL PIL

Da quanto detto in precedenza, il PIL è pari al reddito totale guadagnato internamente nel sistema economico considerato. Pertanto risulta chiaro che, in qualsiasi Paese, tutto ciò che viene prodotto e venduto genera un certo reddito monetario che viene poi distribuito in vario modo tra quanti hanno partecipato al processo produttivo. In altre parole, remunerando i fattori utilizzati nella produzione, viene nello stesso tempo distribuito il reddito prodotto ai proprietari di tali fattori. La remunerazione dei fattori produttivi finisce così per coincidere con il fenomeno della **distribuzione del reddito**.

Esistono vari punti di vista da cui può essere esaminata la distribuzione di reddito e da cui nascono varie forme di distribuzione, quali le seguenti:
- **distribuzione funzionale del reddito**: distribuzione del reddito tra i soggetti economici sulla base della funzione da essi svolta nel processo

Functional income distribution
Distribuzione funzionale del reddito
How the income of an economy is divided among the owners of different factors of production, into wages, rents, etc.

produttivo: sotto forma di **salari** ai proprietari della forza lavoro, sotto forma di **rendita** ai proprietari delle risorse naturali, sotto forma di **interesse** ai proprietari dei capitali, sotto forma di **profitto** all'imprenditore per il suo lavoro di organizzatore del processo produttivo;
- **distribuzione personale del reddito**: distribuzione del reddito tra i soggetti sulla base dei redditi ricevuti, indipendentemente dalla fonte da cui tali redditi provengono (un singolo individuo può ricevere un salario in quanto lavoratore, interessi in quanto risparmiatore, rendite in quanto proprietario di risorse naturali e dividendi in quanto proprietario di azioni);
- **distribuzione sociale del reddito**: distribuzione del reddito sulla base della distinzione tra le classi sociali di appartenenza;
- **distribuzione settoriale del reddito**: distribuzione del reddito sulla base della distinzione tra i vari settori produttivi (settore primario, secondario, terziario) per valutare per esempio il livello di industrializzazione di un Paese;
- **distribuzione territoriale**: distribuzione del reddito sulla base della distinzione tra aree geografiche (Comuni, Regioni).

Personal income distribution
Distribuzione personale del reddito
An analysis showing how income is divided among the population.

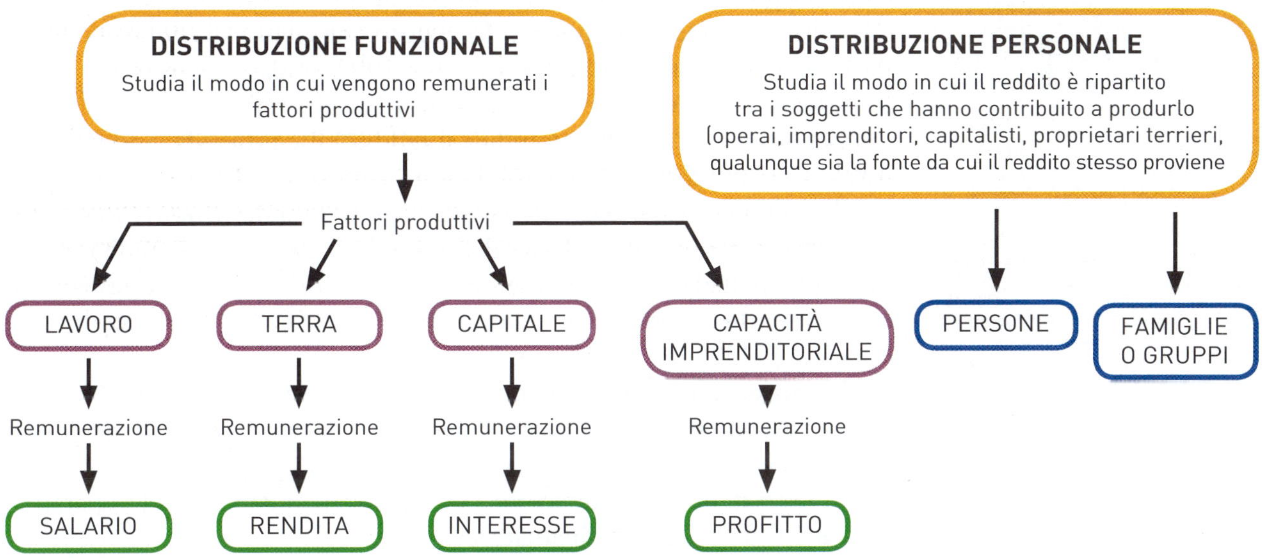

☐ Che cosa si intende più precisamente con i termini "salario", "rendita", "interesse", "profitto"?

I termini suddetti esprimono le varie forme di remunerazione. Esaminiamoli brevemente.

Il **salario** è la retribuzione spettante al lavoratore che abbia lavorato, intellettualmente o manualmente, alle dipendenze di un datore di lavoro. Attualmente è corrisposto prevalentemente in moneta, mentre in epoche passate poteva essere pagato anche in natura. È importante distinguere tra salario nominale e salario reale.

Il **salario nominale** è costituito dalla quantità di moneta corrisposta al lavoratore.

Wage
Salario
A payment usually of money for labor or services usually according to contract and on an hourly, daily, or piecework basis.

Rent
Rendita
Income enjoyed by owners of productive factors not easily reproducible (eg.houses, land).

Interest
Interesse
Money paid regularly at a particular rate for the use of money lent, or for delaying the repayment of a debt.

Profit
Profitto
Income received from contractor for its business activities.

Il **salario reale** è pari alla quantità di beni e servizi che, con quella somma, possono essere acquistati. Il valore del salario reale dipende, quindi, dal livello generale dei prezzi e può essere espresso con la seguente formula:

$$\textbf{salario reale} = \frac{\text{salario monetario}}{\text{livello generale dei prezzi}}$$

È evidente che, se il livello generale dei prezzi cresce più velocemente del salario nominale, il lavoratore si impoverisce, perché, pur disponendo di una maggiore retribuzione, può acquistare meno beni e servizi.

In passato nel nostro Paese esisteva un meccanismo, detto **scala mobile**, che cercava di attenuare la diminuzione di valore del salario reale, agganciando il salario monetario all'aumento dei prezzi (tasso d'inflazione). A ogni aumento di prezzo dei beni di largo consumo che andavano a comporre un dato paniere scattavano automaticamente gli aumenti dei salari monetari, che venivano adeguati al nuovo costo della vita. Avveniva però che gli aumenti di retribuzione concessi dai datori di lavoro ai propri dipendenti fossero compensati aumentando i prezzi dei beni e servizi forniti e gli ulteriori aumenti di prezzi facessero scattare nuovi aumenti salariali, innescando così un circolo vizioso che favoriva la crescita dell'inflazione. Per contrastare l'inflazione, nel 1992, sindacati, governo e Confindustria, di comune accordo, abolirono la scala mobile.

Con il termine **rendita** si indica il reddito di cui beneficiano i possessori di fattori produttivi non facilmente riproducibili (case, terreni). Nel caso la rendita derivi dal possesso di terreni, prende il nome di rendita fondiaria; nel caso invece derivi dal possesso di fabbricati, prende il nome di rendita edilizia. Il primo economista che studiò con una certa sistematicità la rendita fondiaria fu l'economista inglese David Ricardo, di cui si è parlato nell'Unità 3 della Sezione A.

L'**interesse** può essere definito come il prezzo pagato per l'uso del risparmio. Il tasso di interesse è il prezzo unitario del denaro preso a prestito; esso è solitamente indicato in termini percentuali e riferito al periodo di un anno.

Un tasso di interesse superiore a quello determinato secondo i parametri previsti dalla legge è chiamato usurario.

Il **profitto** è il reddito percepito dall'imprenditore per la sua attività di impresa. Esso è costituito da tre componenti:

- remunerazione del lavoro personale dell'imprenditore;
- interesse per il capitale investito direttamente dall'imprenditore;
- premio per i rischi tecnici ed economici che gravano sull'imprenditore.

Di esso si è già parlato nell'Unità 2 della Sezione B.

Se riteniamo che il reddito sia un indicatore di benessere della collettività, i dati sulla distribuzione personale del reddito potrebbero esserci d'aiuto?

Nel momento in cui vogliamo valutare il grado di benessere di una comunità di soggetti economici (una città, una classe sociale, una nazione, ecc.), dobbiamo individuare il metodo per avere informazioni sul reddito di tutti questi soggetti. Ciò avviene tramite la distribuzione personale del reddito, che individua appunto il livello di reddito per ogni famiglia.

Dai dati della distribuzione del reddito possiamo ottenere varie informazioni. Per esempio, potremmo calcolare il **PIL pro capite**, dividendo il PIL per il numero di abitanti (reddito medio), per avere un indicatore generale del benessere collettivo e l'**indice di sviluppo umano** (**ISU**) per quantificare il tenore di vita di un dato Paese.

Oggi le analisi sulla diseguaglianza della distribuzione si sono raffinate e gli economisti si avvalgono di strumenti più precisi per formulare, in base alla distribuzione del reddito, giudizi sul benessere collettivo di una popolazione.

Indici di distribuzione del reddito

Indice di polarizzazione del reddito
È dato dal seguente rapporto:

$$\frac{\textit{Quota di reddito posseduta dalla parte più ricca della popolazione}}{\textit{Quota di reddito posseduta dalla parte più povera della popolazione}}$$

Serve soprattutto per analizzare le diseguaglianze nella distribuzione del reddito tra Paesi.

Curva di Lorenz
È un diagramma cartesiano in cui, in ascissa, sono posti i valori percentuali della popolazione e, in ordinata, quelli del reddito. Descrive la distribuzione effettiva del reddito: ogni punto della curva indica la percentuale di reddito ricevuto nella realtà da una percentuale di famiglie.
Se il reddito fosse uniformemente distribuito, la curva coinciderebbe con la retta a 45° uscente dall'origine degli assi.
Se c'è diseguaglianza, la curva assume una forma concava.

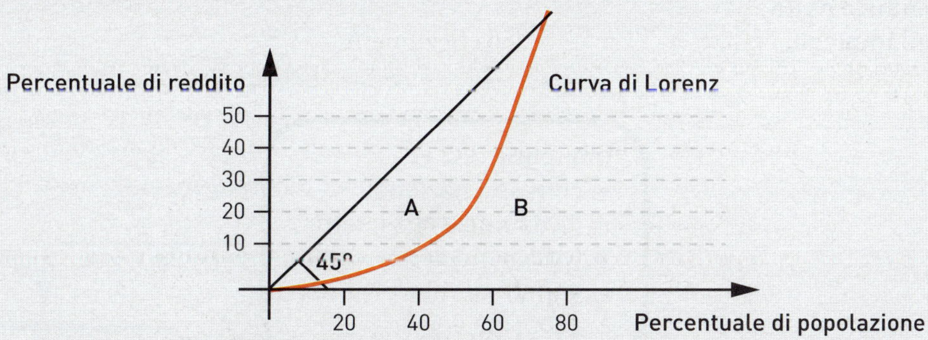

Indice di Gini
Introdotto dallo statistico italiano Corrado Gini, è un indicatore specifico della diseguaglianza (o concentrazione del reddito). Esso assume un valore compreso tra 0 (equidistribuzione) e 1 (massima diseguaglianza). Si calcola come rapporto tra l'area A, che giace tra la linea di massima uguaglianza e la curva di Lorenz, e l'area totale A + B sotto la linea di perfetta uguaglianza:

$$G = \frac{A}{A+B}$$

RINFORZO

Rimane comunque il fatto che, se la diversità tra redditi è molto marcata, lo Stato può intervenire per cercare di ridurre le differenze di reddito o, comunque, per aiutare le persone o le famiglie con i redditi più bassi.

MAPPA UNITÀ D1

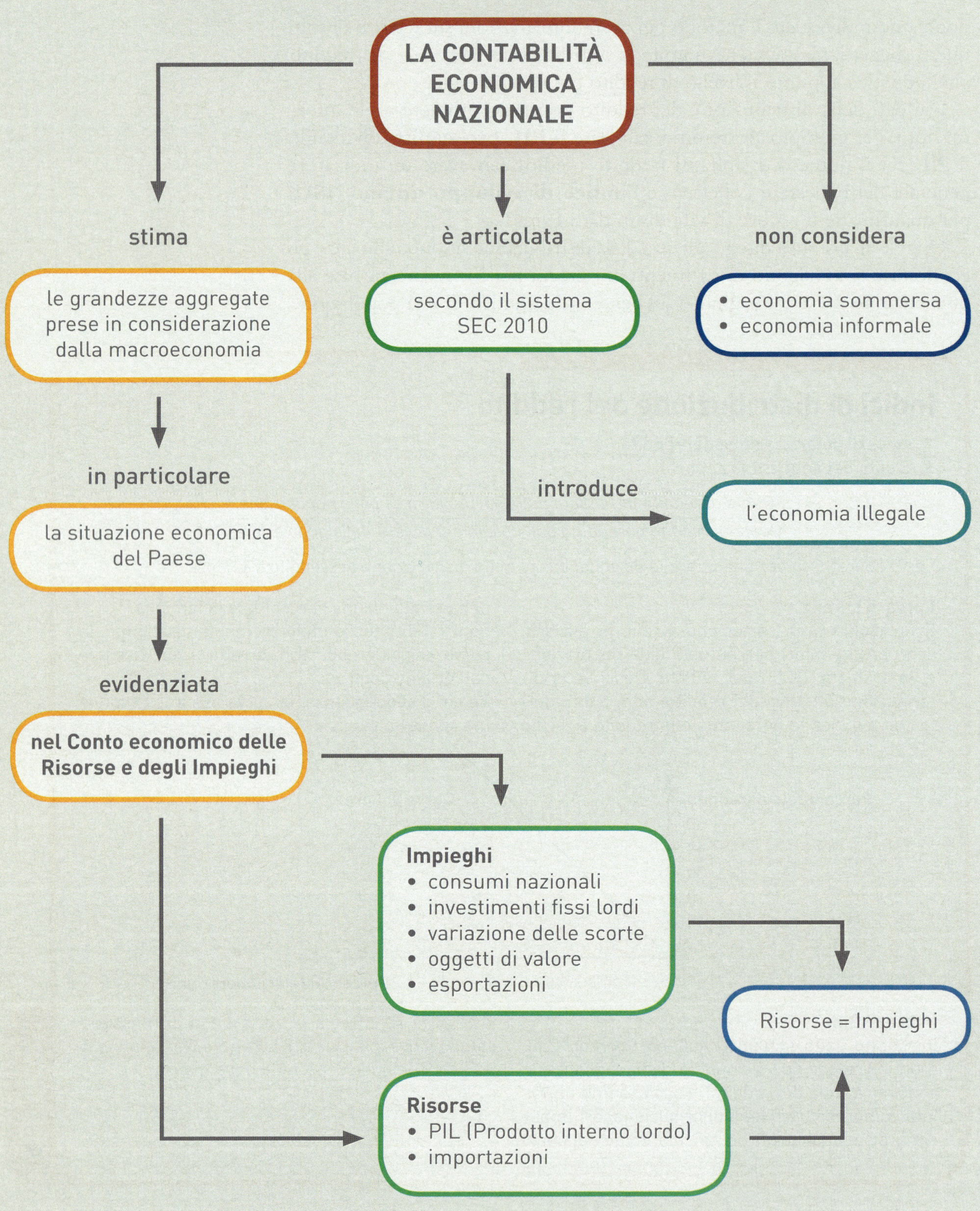

MAPPA UNITÀ D1

PIL

↓

Calcolo
- somma del valore dei beni finali prodotti
- somma dei valori aggiunti
- somma di redditi
- somma di impieghi

Valutazione del PIL
- ai prezzi di mercato
- al costo dei fattori

Critiche
un PIL alto non significa sempre e automaticamente un livello di vita altrettanto alto

Confronto tra PIL e altre grandezze contabili
PIL ≠ PNL (Prodotto nazionale lordo)
PNL = RNL (Reddito nazionale lordo)
RNL ≠ PIL
RNL ≠ RNLD (Reddito nazionale lordo disponibile = reddito effettivamente percepito da famiglie e imprese)
RNLD ≠ Reddito personale disponibile

↓

distribuzione del PIL

- **Funzionale:**
  - salari (il salario è distinto in salario nominale e salario reale)
  - rendite
  - interessi
  - profitti
- **Personale:**
  - persone
  - famiglie o gruppi

  Dai dati della distribuzione del reddito personale è possibile calcolare il **PIL pro-capite** e l'indicatore **ISU**
- **Sociale**
- **Settoriale**
- **Territoriale**

Indici di distribuzione
- indici di polarizzazione
- Curva di Lorenz e Indice di Gini

Verifiche 1

1) TROVA L'ERRORE IN OGNI FRASE

Competenza: acquisire e riconoscere i contenuti chiave

A. Con il nuovo sistema di contabilizzazione SEC 2010, entrano nella stima del PIL le attività illegali non produttive (furti, sequestri di persona, ecc.)

B. I beni e i servizi che entrano nel PIL sono valutati ai prezzi al costo dei fattori.

C. L'offerta aggregata è l'insieme delle quantità di beni e servizi provenienti da tutte le imprese produttrici di quel determinato tipo di prodotto.

D. La differenza tra PNL ai prezzi di mercato e PIL ai prezzi di mercato è che il PNL ai prezzi di mercato non include i redditi netti dall'estero.

E. I conti delle operazioni correnti registrano variazioni intervenute nelle attività e passività.

2) COLLEGA LE ESPRESSIONI CONTRASSEGNATE DA UNA LETTERA CON QUELLE INDICATE DA UN NUMERO

Competenza: individuare collegamenti e relazioni

A. PIL ai prezzi di mercato	1. Valore di tutti i beni e servizi finali prodotti in un dato periodo di tempo dai soli soggetti residenti sia che operino in Italia sia che operino all'estero
B. PIL al costo dei fattori	2. PIL ai prezzi di mercato – Imposte indirette + Contributi del settore pubblico alla produzione e all'esportazione
C. RNL	3. Valore dei beni e servizi finali prodotti in Italia anche da imprese estere che operano in Italia, con esclusione del valore della produzione effettuata all'estero da lavoratori e imprese italiane
D. RNLD	4. Redditi percepiti dai soggetti residenti in Italia che, nell'anno considerato, hanno partecipato al processo produttivo di imprese di proprietà nazionale che producano sia in patria che all'estero
E. PNL	5. PIL al costo dei fattori + Imposte indirette – Contributi del settore pubblico alla produzione e all'esportazione
F. PIL	6. Reddito di cui dispone il Paese per i consumi finali e il risparmi

A	B	C	D	E	F

3) INDICA SE LE SEGUENTI AFFERMAZIONI SONO VERE O FALSE. SE LE RITIENI FALSE GIUSTIFICA LA RISPOSTA

Competenza: acquisire, interpretare l'informazione e comunicare

	VERO	FALSO
A. Il PIL misurato ai prezzi costanti è il PIL nominale.		
B. Il RNL coincide con il PIL.		
C. Il RNLD è il reddito effettivamente percepito dal settore delle persone fisiche, famiglie e imprese individuali.		
D. Il salario reale è costituto dalla quantità di moneta corrisposta al lavoratore.		
E. Sia il PIL sia il PNL sono grandezze di stock.		
F. Il reddito disponibile per il singolo cittadino è dato dal reddito percepito + i trasferimenti netti – i tributi.		

4) RISOLVI I SEGUENTI PROBLEMI

Competenza: risolvere problemi

A. In un'economia esistono due imprese: l'impresa Alfa produce arance che vende all'impresa Beta, la quale produce succhi di frutta.

Impresa Alfa		Impresa Beta	
Salari	200	Salari	300
Profitti	200	Profitti	100
Fatturato	400	Fatturato	800

Dopo averlo definito, calcola il PIL come somma del valore aggiunto delle imprese e come somma dei redditi distribuiti.

B. Sono dati i seguenti valori relativi al Paese X:

Rendite	183	Imposte indirette	777
Profitti	597	Importazioni	399
Ammortamenti	135	Esportazioni	531
Investimenti lordi	807	Spesa pubblica	339
Redditi da proprietà	162	Tasse alle imprese	273
Consumi	1.581	Tasse individuali	249
Dividendi	79,8	Trasferimenti	117
Redditi netti dall'estero	84,6	Interessi	76,2
Salari	327		

Calcola: 1) PIL con il metodo della spesa; 2) il PIL al costo dei fattori; 3) il PIN ai prezzi di mercato; 4) il PIN al costo dei fattori; 5) il PNL ai prezzi di mercato; 6) il PNL al costo dei fattori; 7) il PNN ai prezzi di mercato; 8) il Reddito nazionale.

C. L'economia è composta da 2 settori: A e B. I beni e servizi finali prodotti sono:

Settori	ANNO 1		ANNO 2	
	QUANTITÀ	PREZZO	QUANTITÀ	PREZZO
A	5	2	6	2,5
B	3	5	3,5	6

A quanto ammonta il PIL nominale? E il PIL reale?

5) RISPONDI AI SEGUENTI QUESITI IN UN MASSIMO DI 5/6 RIGHE

Competenza: saper organizzare e sintetizzare i contenuti

A. Quali innovazione ha introdotto il SEC 2010?
B. Che cosa indica il conto delle risorse e degli impieghi?
C. Che cosa s'intende per territorio economico?
D. Perché nel calcolo del PIL vanno considerati solo i beni finali?
E. Qual è la differenza tra PIL e PNL?
F. Qual è la differenza tra PIL a prezzi di mercato e PIL al costo dei fattori?
G. Che cosa sono i trasferimenti unilaterali?
H. Qual è la differenza tra distribuzione funzionale e personale del reddito?
I. Qual è la differenza tra PIL monetario e PIL reale?

ENGLISH EXERCICES 1

1) True or False questions

Are these acticities part of Italy's GDP ?	TRUE	FALSE
A. Mrs. Rossi picks flowers in her garden.		
B. Fruits are sold on the market.		
C. Patients, hurt in a car accident, are treated in a hospital.		
D. Pensioners do community work for free.		
E. A garage buys spare tyres to sell them to customers next year.		
F. Blumarine produces t-shirts in Thailand.		
G. A purse sold to a foreign visitor.		

Are the following final goods?	TRUE	FALSE
A. Pencils used by a fifth-grader in class.		
B. Nike shoes used by a basketball player.		
C. A computer used by Intel to design new computer chips.		
D. Flour used by the baker to make cupcakes.		
E. A new car sold to Avis for use in their fleet of rental cars.		
F. A hot dog sold to a spectator at a football match.		
G. The fertilizer bought by a tomato grower.		

2) Answer to the following questions

A. By which methods can GDP be calculated?
B. Is GDP a good indicator for the living standard in a country?
C. What's the net domestic product at factor cost?
D. Why aren't intermediate goods or services counted in GDP?

UNITÀ 2

Fonti e strumenti di informazione economica

Oltre il PIL, un'altra economia

Un Tg come questo è un sogno?

L'Istat ha comunicato oggi i tre dati che sintetizzano l'evoluzione della nostra società nell'ultimo anno: il PIL è aumentato dell'1%, la Qualità ambientale è migliorata del 2%, la Qualità sociale del 3%.

- **Il PIL** – non si tratta del vecchio PIL, ma del nuovo indicatore che indica la produzione di beni e servizi compresi i servizi domestici – è aumentato nella stessa misura della popolazione, quindi il reddito pro capite è rimasto invariato. Ma all'interno del PIL sono diminuite le produzioni inquinanti ed è migliorata la qualità dei beni prodotti e sono aumentati i servizi alla persona e quelli culturali e ricreativi. Poiché in questi settori c'è una maggiore incidenza del lavoro, è aumentato il numero di occupati e soprattutto di donne, in particolare nel Sud del Paese.
- **L'indice della Qualità ambientale** ha registrato un incremento perché è diminuito il tasso di inquinamento industriale e si cominciano a raccogliere i frutti delle nuove politiche ambientali: incremento dei trasporti urbani con mezzi a trazione elettrica, aumento delle piste ciclabili e diffusione dell'uso di bici e moto elettriche, incremento dei trasporti ferroviari locali grazie al rinnovato parco vetture delle ferrovie e ai miglioramenti alla rete, sviluppo della raccolta differenziata, interventi di risanamento idrogeologico...
- **L'indice della Qualità sociale** ha registrato l'incremento più consistente sia perché si sono sviluppati in quantità i servizi alla persona, sia perché è migliorata la qualità dei servizi sanitari e di quelli di assistenza, soprattutto ad anziani e disabili. Ciò è stato possibile anche grazie al fatto che il minore inquinamento e la migliore qualità dei servizi di trasporto hanno ridotto alcune patologie e migliorato le condizioni di salute. Un particolare contributo è venuto dalle nuove politiche scolastiche e per l'infanzia, che oltre all'incremento degli asili nido hanno consentito di aumentare il tempo pieno e di migliorare la qualità dell'insegnamento. [...]

Aldo Eduardo Carra
«Ediesse», 2010

attività

1. In base alle tue informazioni (o alle tue percezioni), qual è stato nell'ultimo anno il reale andamento del PIL, della Qualità ambientale, della Qualità sociale?
2. Quali sono gli elementi descritti nel testo già presenti nella realtà e quali gli elementi ancora assenti?
3. Un Tg come questo è un sogno? Perché?

Sì

1 FONTI DI INFORMAZIONE ECONOMICA (NAZIONALI E INTERNAZIONALI)

La sede centrale dell'Istat, *ente di ricerca pubblico italiano, a Roma. Dal 1926 è il principale produttore di statistica ufficiale a supporto dei cittadini, degli operatori economici e dei decisori pubblici.*

I dati e le informazioni relativi all'economia nazionale e internazionale si possono rintracciare in numerose pubblicazioni prodotte da diversi enti, oggi spesso disponibili anche su Internet.

Le informazioni economiche sono estremamente importanti, non solo per la conoscenza, ma in quanto sono il supporto delle scelte sia dei responsabili della politica economica sia dei diversi soggetti economici (risparmiatori, consumatori, imprenditori, ecc.).

La statistica è la metodologia utilizzata per trattare grandi masse di dati in modo da rendere ottimale il loro apporto informativo. Le statistiche economiche sono presentazioni di dati – prodotti o diffusi da soggetti istituzionali, nazionali o internazionali – destinate alla descrizione di grandezze economiche rilevanti e di interesse.

Quando ci si accinge a effettuare uno studio su uno qualsiasi degli aspetti (demografico, sociale, economico) di un determinato territorio, in primo luogo occorre individuare, raccogliere, organizzare e utilizzare tutte le possibili informazioni esistenti relative all'oggetto di tale studio.

Il primo passo da compiere è pertanto quello di individuare la fonte dei dati, cioè identificare quale ente o organizzazione dispone delle informazioni che si stanno cercando, distinguendo fra **fonte di informazione economica** nazionale e fonte internazionale.

Source of economic data
Fonte di informazione economica
Database, with statistics on balance of payments, trade, prices, graphics on GDP, GNI/capita, inflation, debt, interest rates, economic trends, etc, reported on fact sheets, charts, links, etc.

National Statistical System
Sistema statistico nazionale
The national statistical system is the ensemble of statistical organisations and units within a country that jointly collect, process and disseminate official statistics on behalf of the national government.

National Statistical Institute
Istituto Nazionale di Statistica (Istat)
The leading statistical agency within a national statistical system.

Quali sono in Italia le principali fonti nazionali di informazione economica?

In Italia le rilevazioni statistiche di carattere economico e di interesse pubblico sono stabilite dallo Stato, a mezzo del **Programma statistico nazionale (Psn)** di durata triennale e con aggiornamenti annuali, e dallo stesso affidate al **Sistema statistico nazionale (Sistan)**. Esiste dunque una pubblicazione (per l'appunto il Psn) che raccoglie, descrivendone le principali caratteristiche, tutte le indagini e ricerche previste dagli organismi facenti parte del Sistan.

Il **Sistan** è costituito da una rete di soggetti pubblici e privati che fornisce l'informazione statistica ufficiale. Tuttavia ciò non significa che non vi siano statistiche autorevoli e di fatto "ufficiali", prodotte da enti non appartenenti al Sistan. Si pensi per esempio all'insieme delle informazioni raccolte e pubblicate dalla Banca d'Italia (attraverso il *Bollettino economico*, la *Relazione annuale*, ecc.), la quale, pur non facendo parte del Sistan, è autorizzata a effettuare tutte le indagini che riguardano l'economia italiana e il settore del credito.

L'**Istat** (**Istituto nazionale di statistica**) è un ente pubblico di ricerca a cui è affidato il governo del Sistan.

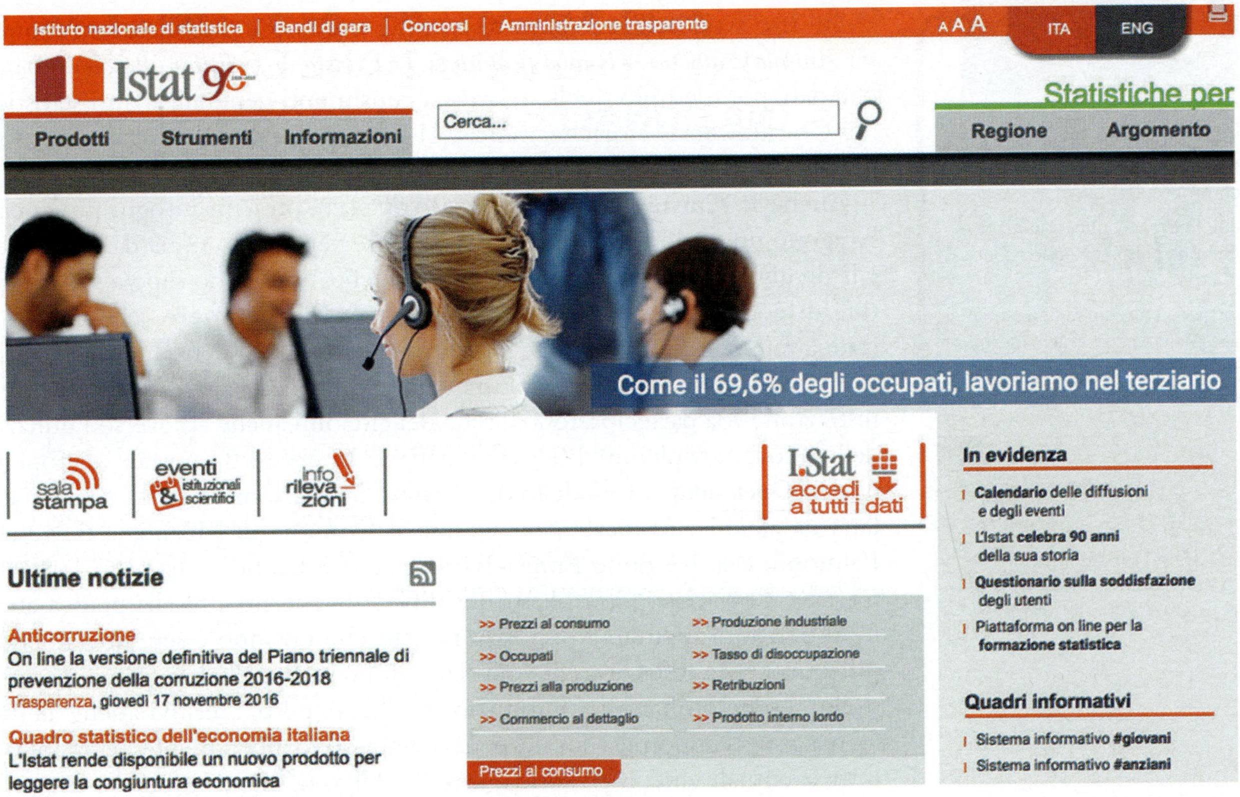

Oltre all'**Istat** fanno parte del Sistan gli **Uffici di statistica** dei seguenti enti:

- amministrazioni centrali dello Stato e aziende autonome;
- enti pubblici e privati che svolgono funzioni di interesse pubblico;
- Regioni, Province autonome di Trento e Bolzano, Comuni;
- Camere di commercio;
- Prefetture.

D.L. 322/1989, art. 1, comma 2

«L'informazione statistica ufficiale è fornita al Paese e agli organismi internazionali attraverso il Sistema statistico nazionale.»

☐ Quali sono gli enti che svolgono una funzione particolarmente rilevante in questo campo?

L'**Istat**, presente in Italia dal 1926, ha il compito di produrre e comunicare l'informazione statistica ufficiale, al servizio dei cittadini, degli operatori economici e degli amministratori pubblici. Per questo deve operare in piena autonomia, sulla base di rigorosi principi etico-professionali, in una continua interazione con il mondo accademico e scientifico.

L'Istat svolge un ruolo di indirizzo e di coordinamento di tutti gli enti che, all'interno del Sistan, raccolgono dati statistici; provvede all'elaborazione e pubblicazione di analisi statistiche volte a favorire la conoscenza della realtà ambientale, economica e sociale del nostro Paese.

Fa parte del Sistema statistico europeo (*European Statistical System*) e collabora con gli altri organismi che, a livello internazionale, svolgono funzioni analoghe.

L'Eurostat
(Ufficio Statistico dell'Unione europea) è una Direzione generale della Commissione europea.

STARnet

- Starnet è la rete degli uffici studi e statistica delle Camere di commercio
- dal 2000 raccoglie, organizza e diffonde l'informazione economico-statistica
- fornisce i principali dati statistici e le analisi economiche organizzate per territorio e persettore

Open data
Dati aperti
Data that can be freely used, shared and built-on by anyone, anywhere, for any purpose.

Sul sito web dell'Istat sono disponibili numerose pubblicazioni (come gli *Annuari statistici*, i *Rapporti annuali*, la *Rivista di statistica ufficiale*) e banche dati, per esempio quelle relative a censimenti generali, atlanti statistici dei Comuni, serie storiche, indicatori congiunturali, territoriali e demografici, statistiche del commercio estero.

Anche le **Camere di commercio** (Cciaa), presenti in ogni provincia, svolgono un ruolo particolarmente rilevante per quanto riguarda la raccolta e la divulgazione di informazioni economiche. Esse fanno capo a una struttura di coordinamento nazionale, chiamata **Unioncamere**, che si avvale di una rete per l'informazione statistica ed economica denominata ***Starnet***.

Al fine di promuovere la cultura della trasparenza nella Pubblica Amministrazione e la partecipazione diretta dei cittadini anche attraverso l'utilizzo delle nuove tecnologie, il Governo italiano ha creato un portale (datiopen.it) dell'***Open data***, sul modello dei *datagov* anglosassoni. La stessa cosa è stata fatta da alcuni enti locali, per esempio il Comune di Milano, la Regione Piemonte e la Regione Emilia-Romagna, che hanno realizzato i loro siti internet *Open data*. Con questo termine si fa riferimento alla pratica amministrativa di mettere a disposizione dati che possono essere liberamente utilizzati, senza restrizioni di copyright, di brevetti o di altre forme di controllo che ne limitano la riproduzione. I "dati aperti", relativi anche all'informazione economica locale o nazionale, sono liberamente accessibili a tutti; eventuali vincoli possono essere l'obbligo di citare la fonte – che può essere Sistan o non Sistan – o di mantenere la banca dati sempre aperta.

Particolarmente attesa dal mondo economico (e corredata di un'appendice statistica diffusa solo *online*) è anche la **Relazione annuale**, pubblicata alla fine del mese di maggio in occasione dell'assemblea ordinaria dei partecipanti al capitale della **Banca d'Italia**, aperta dal Governatore con la lettura delle considerazioni finali.

Alcune fonti nazionali di dati (siti web)

- Open data Comune di Milano: dati.comune.milano.it
- Annuario statistico regionale della Lombardia: asr-lombardia.it/ASR/
- Open data Regione Emilia-Romagna: dati.emilia-romagna.it
- Unioncamere: unioncamere.gov.it, starnet.unioncamere.it
- Istat: istat.it, dati.istat.it
- Centro studi investimenti sociali Censis: censis.it
- Banca d'Italia: bancaditalia.it/statistiche/index.html

Quali sono le principali fonti internazionali di informazione economica?

Le fonti statistiche internazionali sono molto numerose e permettono di confrontare dati economici relativi a diversi Paesi.

si

Si possono individuare due distinte categorie:
- fonti nazionali estere;
- fonti sopranazionali.

Le **fonti nazionali estere** riguardano quegli enti, pubblici e privati, che elaborano informazioni statistiche in virtù di obblighi di legge, funzioni di natura amministrativa o finalità conoscitive. Si tratta di fonti molto eterogenee che comprendono istituti nazionali di statistica (tipo l'Istat), servizi statistici regionali, ministeri, banche centrali, istituti di ricerca, fondazioni e archivi dati.

Le **fonti sopranazionali** sono, invece, costituite dai servizi statistici delle organizzazioni sovranazionali, in particolare **Eurostat**, **Ocse**, **Onu**, che si impegnano per definire schemi di classificazione condivisi, basati su criteri uniformi, al fine di rendere confrontabili le statistiche internazionali.

- **Ufficio statistico dell'Unione europea (Eurostat)**. Svolge un ruolo di coordinamento dell'attività statistica effettuata dai Paesi membri dell'Unione europea, in quanto gestisce e rielabora i dati inviati dagli Istituti nazionali di statistica. Verifica la qualità del lavoro svolto dagli stessi, inviando eventuali raccomandazioni. Collabora attivamente anche con diverse organizzazioni sovranazionali (Onu, Ocse, Fmi, ecc.) e con Paesi che non sono membri Ue.
- **Ocse (Organizzazione per la cooperazione e lo sviluppo economico)**: è un'organizzazione internazionale di studi sui sistemi economici dei Paesi membri, che hanno in comune un sistema di governo di tipo democratico e un'economia di mercato. Produce diverse pubblicazioni, accessibili grazie al sito web.
- **Commissione statistica Onu** (Organizzazione delle Nazioni Unite): ha il compito di raccogliere tutti i dati relativi agli aspetti demografici, economici, sociali e commerciali provenienti dagli Istituti di statistica di tutti i Paesi del mondo, di divulgare le informazioni statistiche e di coordinare le attività internazionali. Elabora diverse pubblicazioni, accessibili sul sito web.

Oltre a quelle descritte, vanno ricordate altre istituzioni economiche internazionali che pubblicano importanti statistiche monetarie, finanziarie, di bilancia dei pagamenti: in particolare la Banca centrale europea (**Bce**), il Fondo monetario internazionale (**Imf**), la Banca mondiale (**Wb**), le cui pubblicazioni sono accessibili attraverso i loro siti web.

Statistical Office of the European Union
Ufficio Statistico dell'Unione Europea (Eurostat)
Its main responsibilities are to provide statistical information to the institutions of the European Union(EU) and to promote the harmonisation of statistical methods across its member states.

Oecd (Organisation for Economic Co-operation and Development)
Ocse (Organizzazione per la cooperazione e lo sviluppo economico)
It is an international economic organisation founded to stimulate economic progress, market economy and world trade, providing a platform to compare policy experiences, seek answers to common problems, identify good practices and coordinate policies of its members.

United Nations Statistical Commission (Unsc)
Commissione Statistica Onu
It is a Functional Commission of the UN Economic and Social Council. It assists the Council in promoting the development of national statistics and the improvement of their comparability and generally in the coordination of the statistical work of specialized agencies.

Le principali fonti internazionali di dati (siti web)

- Eurostat: epp.eurostat.ec.europa.eu
- Ocse (Oecd): oecd.org/statistics/
- Onu: unstats.un.org
- Fondo monetario internazionale: imf.org
- Banca mondiale: worldbank.org
- Banca centrale europea: ecb.it
- World Health Organization: who.int
- World Resource Insitute: wri.org
- World Trade Organization: wto.org

2 LE STATISTICHE ECONOMICHE E GLI STRUMENTI DI MISURAZIONE

Statistics
Statistica

It is the study of the collection, analysis, interpretation, presentation, and organization of data.

Statistical methodology
Metodo statistico

Theory and methods of data collection, processing and analysis.

Population census
Censimento della popolazione

It is the total process of collecting, compiling, evaluating, analysing and publishing or otherwise disseminating demographic, economic and social data pertaining, at a specified time, to all persons in a country or in a well delimited part of a country.

Gran parte dei fenomeni che osserviamo si ripetono in modo ricorrente, con caratteristiche diverse, ma al tempo stesso con aspetti comuni.

Il compito della **statistica** è il trattamento sistematico di grandi masse di osservazioni, al fine di esaltarne i caratteri comuni e la loro potenzialità di informazione.

Il **metodo statistico** per lo studio dei fenomeni collettivi si basa su alcune fasi fondamentali:

- **rilevazione** dei dati quantitativi riguardanti gli aspetti di un certo fenomeno ritenuti particolarmente interessanti;
- **elaborazione** dei suddetti dati, cioè loro trasformazione con particolari metodologie matematico-statistiche in altri dati più significativi;
- **rappresentazione** dei dati elaborati in modo chiaro, completo, preciso attraverso particolari strumenti, quali grafici, tabelle, indici sintetici, ecc.;
- **interpretazione** dei dati elaborati, in modo da giungere alla formulazione di ipotesi di comportamento del fenomeno (cioè a leggi statistiche).

In che modo vengono raccolti i dati quantitativi relativi al fenomeno che si vuole studiare?

Innanzitutto bisogna stabilire se si vuole effettuare una rilevazione totale o campionaria.

Con la **rilevazione totale** si prendono in considerazione tutte le unità coinvolte nel fenomeno che si vuole studiare. È quanto avviene con i censimenti demografici effettuati ogni dieci anni (l'ultimo **censimento della popolazione** è del 2011), che costituiscono una delle principali rilevazioni statistiche affidate all'Istat.

RINFORZO

Il censimento

Il censimento è una rilevazione totale della popolazione, delle abitazioni, degli edifici (e di altre importanti unità di rilevazione) di un Paese o di una regione in un momento determinato. Esso serve a:

- produrre un quadro informativo-statistico sulle principali caratteristiche strutturali e socio-economiche della popolazione a livello nazionale, regionale e locale;
- determinare, per ogni Comune, l'insieme delle persone residenti che costituiscono la popolazione legale (popolazione che rappresenta la base per determinare i posti letto negli ospedali, il numero delle farmacie, delle scuole per grado di istruzione, il numero dei rappresentanti politici all'interno delle diverse istituzioni, ecc.);
- fornire dati e informazioni utili all'aggiornamento e revisione delle anagrafi comunali della popolazione residente;
- produrre informazioni sulla consistenza numerica e sulle caratteristiche delle abitazioni e degli edifici.

sì

Con la **rilevazione campionaria**, invece, si considera solo una parte delle unità che formano l'intera collettività, cioè si estrapola un "**campione**" che rappresenterà l'intero universo.

Gran parte della statistica moderna è proprio basata sul metodo del campione, che presenta notevoli vantaggi sia per il costo della rilevazione sia per la rapidità di esecuzione; basti ricordare l'esempio degli *exit poll* che sono in grado di anticipare i risultati delle consultazioni elettorali poco tempo dopo la chiusura dei seggi. In ambito economico, esempi di particolare importanza sono l'*Indagine sui bilanci delle famiglie italiane*, condotta ogni due anni dalla Banca d'Italia, e l'*Indagine sui consumi degli italiani*, condotta ogni anno dall'Istat.

Le tecniche d'indagine possono essere varie, per esempio l'intervista diretta o telefonica, il questionario, la stesura di diari, oppure si può ricorrere a tecniche miste.

Frequente è anche l'utilizzo di dati amministrativi, cioè di informazioni raccolte da istituzioni pubbliche per finalità non statistiche, che sono però suscettibili di impiego anche a fini statistici, con alcuni possibili limiti. Per esempio, si può trattare di dati amministrativi raccolti su persone e imprese a fini fiscali dall'Agenzia delle entrate, o a fini pensionistici dall'Inps.

Sample
Campione
It is a set of data collected and/or selected from a statistical population by a defined procedure.

☐ Qual è l'obiettivo specifico e da chi viene utilizzata la Statistica economica?

La statistica economica ha l'obiettivo di sviluppare concetti, definizioni, classificazioni e metodi per produrre informazioni statistiche che descrivano lo stato e l'andamento, nel tempo e nello spazio, dei fenomeni economici.

Queste informazioni sono impiegate per analizzare i comportamenti degli operatori economici, effettuare previsioni sulla dinamica degli aggregati economici, prendere decisioni di politica economica e aziendale, valutare pro e contro di investimenti alternativi, o altro ancora.

Le statistiche economiche sono, in un certo senso, i riassunti dei dati che descrivono le grandezze economiche rilevanti, con cui ci confrontiamo ogni giorno. Rispondono a una domanda di informazioni economiche sempre maggiore e sempre più articolata ed esigente. Soggetti differenti – per esempio politici, amministratori, sindacati dei lavoratori, organismi di rappresentanza, imprenditori, dirigenti d'azienda, operatori del terzo settore, associazioni dei consumatori, famiglie, singole persone – hanno infatti necessità di informazioni specifiche a diverse scale di dettaglio e con differente tempestività.

☐ Con quali strumenti, in genere, vengono rappresentati i dati statistici di tipo economico?

Le statistiche sul sistema economico italiano sono numerose e la loro produzione è volta a soddisfare la domanda degli utilizzatori.

La 24esima edizione del Rapporto annuale dell'Istat sviluppa il tema delle generazioni, contribuendo così a quella più ampia riflessione sulle trasformazioni del Paese che l'Istituto promuove anche attraverso il programma di eventi legati alle celebrazioni del 90° anniversario dalla sua fondazione.

La rappresentazione dei dati in genere avviene con tabelle, figure, grafici. I grafici più utilizzati sono:

- **grafico cartesiano**: utilizza il piano cartesiano, mettendo in evidenza in modo efficace le relazioni tra due variabili;
- **grafico a torta**: viene costruito suddividendo l'area di un cerchio, che si riferisce al 100% del valore da considerare, in settori circolari le cui aree sono proporzionali alle percentuali rappresentate. Spesso i settori sono colorati in modo diverso per mettere in evidenza un dato rispetto agli altri;
- **istogramma**: viene costruito utilizzando rettangoli aventi la base sull'asse delle ascisse e un'altezza proporzionale alla quantità che rappresentano. È efficace per fare confronti e mettere in evidenza la variazione di un insieme di dati;
- **grafico a pila**: viene utilizzato quando si devono rappresentare due serie di dati (per esempio il numero degli occupati suddivisi in maschi e femmine). Per costruirlo si disegnano i rettangoli con lo stesso criterio dell'istogramma, però in questo caso ogni rettangolo, relativo alla prima serie di dati (maschi), è sormontato da un altro rettangolo, relativo alla seconda serie di dati (femmine).

☐ Attraverso i diversi tipi di rappresentazione quali informazioni vengono fornite?

Vengono fornite informazioni relative:

- al **livello** delle variabili economiche, al fine di valutare la *struttura* del sistema nel suo complesso. In questo caso lo scopo è quello di fornire una specie di fotografia di un certo fenomeno, per esempio valore aggiunto e occupazione, reddito distribuito per settore, importazioni ed esportazioni per gruppi di prodotti, consumi finali per capitoli di spesa, investimenti fissi per branca di attività economica, ecc., mettendone in evidenza i valori assunti in un determinato periodo. Il grafico a torta di figura 1 si riferisce per esempio al numero dei disoccupati in Italia nel 2009 (Fonte Istat);

Figura 1

I disoccupati in Italia (valori assoluti in migliaia)

- Persone in cerca di occupazione
- Inattivi in età lavorativa (cercano lavoro non attivamente ma sono disponibili a lavorare)
- Inattivi in età lavorativa (cercano lavoro ma non sono disponibili a lavorare)
- Inattivi in età lavorativa (non cercano lavoro ma sono disponibili a lavorare)

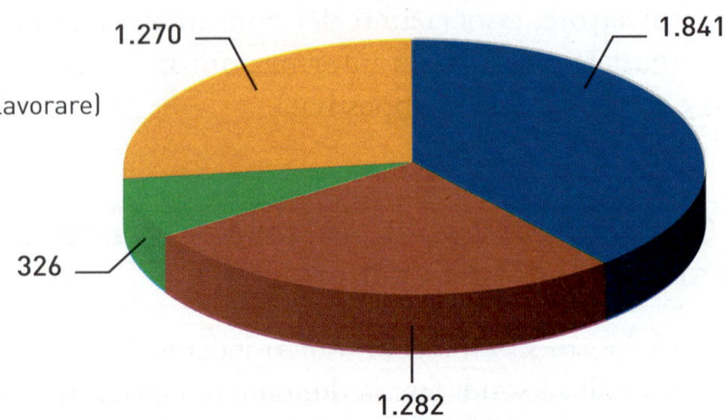

Totale disoccupati: 4.719
Totale di disoccupazione: 16,8

- all'**andamento nel tempo** di un certo fenomeno, cioè allo studio della dinamica temporale delle variabili economiche, quali ad esempio tassi di crescita del PIL, andamento dell'inflazione, livelli di import-export, spostamenti delle preferenze nella composizione del portafoglio finanziario degli operatori ecc. Il **grafico cartesiano** di figura 2 si riferisce all'andamento del PIL nel periodo 2009-2013; le variazioni sul trimestre precedente sono rappresentate con **istogrammi** (fonte Istat). Per confronti di natura temporale si possono utilizzare anche **tabelle**: la tabella 1, per esempio, mostra l'andamento dell'import-export nel settore agroalimentare nel periodo 1999-2009 (fonte: Istituto per il commercio estero su dati Istat);

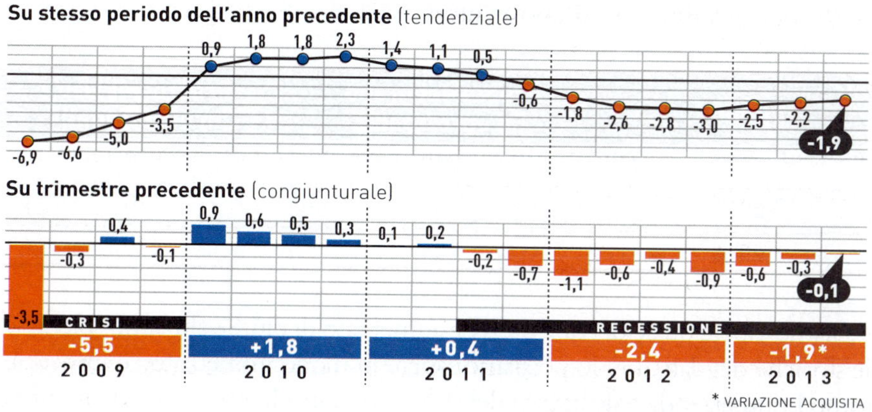

Figura 2

Andamento del PIL, variazioni % del PIL reale (dati corretti per giorni lavorativi)

Fonte:
Istat dati storici revisionati.

Tabella 1 – Import-Export dell'agroalimentare in Italia (1999-2009). Milioni di euro e % sul totale

Anno	Import	Export	Import %	Export %
1999	23.034	15.692	11,1%	7,1%
2000	25.068	16.886	9,7%	6,5%
2001	25.922	18.219	9,8%	6,7%
2002	26.054	19.138	10,0%	7,1%
2003	26.620	18.999	10,1%	7,2%
2004	27.282	19.449	9,6%	6,8%
2005	28.043	20.571	9,1%	6,9%
2006	30.187	22.198	8,6%	6,7%
2007	31.856	24.141	8,5%	6,6%
2008	31.856	26.241	8,7%	7,1%
2009	29.969	24.542	10,1%	8,4%
Variazione % 2009/2008	-9,58%	-6,47%		

Fonte:
elaborazione ICE su dati Istat.

- all'**andamento nel tempo e nello spazio** di fenomeni economici, relativi ad esempio a specifici settori di attività, o in merito alla presenza o meno di sistemi produttivi localizzati in determinate aree. Ne abbiamo proposto un esempio nella figura 1 della Sezione C.

Quando si vogliono confrontare grandezze nel tempo e nello spazio si può fare ricorso ai **numeri indice**.

Index number
Numero indice
A quantity which shows by its variations the changes of a magnitude over time or space.

sì

Che cosa sono i numeri indice?

I numeri indice sono uno strumento molto utilizzato in economia, perché servono a confrontare rapidamente i dati e gli andamenti delle grandezze economiche.

Quando un fenomeno (il PIL, i consumi, i prezzi, ecc.) varia nel tempo e per ogni prefissato momento temporale (per esempio l'anno, il trimestre, ecc.) si rileva la sua entità, siamo in presenza di una **serie storica**. In tal caso, se si è interessati a valutare l'andamento delle variazioni del fenomeno, si possono costruire i **numeri indice**.

Facciamo un esempio, supponendo di avere il prezzo del grano e il prezzo del riso di tre anni consecutivi.

QUESITO
Individua alcuni beni o servizi che potrebbero essere introdotti quest'anno nel paniere relativo all'indice Nic, al fine di tenere conto della modifica dei consumi delle famiglie in seguito all'evoluzione dei costumi e dei comportamenti.

Anno	Prezzo del grano (in euro/tonn.)	Prezzo del riso (in euro/tonn.)
2012	345	545
2013	365	575
2014	405	610

Vogliamo sapere quale dei due prezzi è aumentato di più. Se abbiamo solo le serie storiche dei dati, non lo possiamo sapere in modo immediato; se invece abbiamo i numeri indice dei prezzi del riso e del grano, lo possiamo sapere subito.

NO

Come si costruiscono i numeri indice?

Si pone uguale a 1 (o a 100) il valore dell'indice dell'anno base, poi si ricavano i successivi valori degli indici dal rapporto tra i valori della grandezza economica di ogni periodo e il valore dell'anno base.

Utilizzando i dati del nostro esempio, calcoliamo gli indici dei prezzi dei due anni successivi all'anno base (2012).

a. Indici prezzi del grano: (365 / 345) = **1,058** e (405 / 345) = **1,174**.
b. Indici prezzi del riso: (575 / 545) = **1,055** e (610 / 545) = **1,119**.

Moltiplicati per 100, gli indici dei prezzi sono i seguenti:

Anno	Indice prezzo del grano	Indice prezzo del riso
2012	100	100
2013	105,8	105,5
2014	117,4	111,9

Con questa serie di dati è più semplice comprendere l'entità delle variazioni e risulta subito evidente che il prezzo del grano è cresciuto di più di quello del riso.

I numeri indice così calcolati sono chiamati a **base fissa**, perché tutti i termini della serie vengono rapportati alla stessa base (in questo caso i valori del 2012).

NO

Si parla invece di numeri indice a **base mobile** quando ogni termine della serie viene rapportato al termine immediatamente precedente (ad esempio il valore del 2013 a quello del 2012, il valore del 2014 a quello del 2013).

I numeri indice sopra calcolati sono definiti **semplici**.

I numeri indice possono anche essere **composti**, se esprimono le variazioni di un insieme di grandezze economiche e non di una sola, per esempio i prezzi dei beni di consumo. In questo caso il valore dell'insieme alla base dell'indice è costruito con una media ponderata delle grandezze economiche che lo compongono.

Gli **indici dei prezzi al consumo** calcolati dall'Istat fanno riferimento a specifici panieri di beni e servizi acquistati dalle famiglie sul mercato interno e sono costituiti da:

- indice nazionale per l'intera collettività (in sigla, Nic; anno base 2010);
- indice dei prezzi al consumo per le famiglie di operai e impiegati (in sigla, Foi; anno base 2010);
- indice armonizzato per i Paesi dell'Unione europea (in sigla, Ipca; anno base 2005).

Le differenze fra i suddetti indici riguardano le categorie di persone considerate nelle rilevazioni o i sistemi di ponderazione utilizzati per i vari capitoli di spesa.

L'Istat elabora anche l'**indice dei prezzi alla produzione** dei prodotti industriali, che si riferisce ai prezzi dei beni venduti sia sul mercato interno sia su quelli esteri da imprese residenti in Italia, al netto dell'Iva.

INDICI DEI PREZZI AL CONSUMO (GENNAIO 2016)

Indice nazionale per l'intera collettività (NIC) (base 2010 = 100)	107,1
Indice armonizzato per i Paesi dell'Unione europea (IPCA) (base 2005 = 100)	117,5

Price index (consumers/producers)
Indice dei prezzi (al consumo/alla produzione)
A consumer price index (CPI) measures changes in the price level of a market basket of consumer goods and services purchased by households. A Producer Price Index (PPI) is a price index that measures the average changes in prices received by domestic producers for their output.

SÌ

3 LA QUALITÀ DELL'INFORMAZIONE STATISTICA E LA SUA DIFFUSIONE

L'applicazione del metodo statistico ai fenomeni economico-sociali ha l'obiettivo di fornire informazioni imparziali, accurate e rilevanti come supporto informativo alle decisioni e alle scelte pubbliche e anche private.

È molto importante innanzitutto individuare la fonte dei dati, cioè identificare l'ente nazionale o internazionale che raccoglie, elabora e diffonde le informazioni, in quanto, se i dati raccolti non sono credibili, viene meno la qualità dell'informazione. La messa in atto di strategie volte a migliorare la qualità delle statistiche europee è uno dei punti cardine del programma avviato negli ultimi anni dalla Commissione europea.

Le informazioni statistiche sono oggi sempre credibili e di buona qualità?

Per dare una risposta concreta all'esigenza di garantire la qualità delle statistiche ufficiali è stato introdotto, come raccomandazione all'interno della comunicazione della Commissione al Parlamento e al Consiglio europeo

European Statistics Code of Practice
Codice di buone pratiche della statistica europea
The purpose of the Code of Practice for European Statistics is to improve trust and confidence in the European Statistical System and to ensure that all producers of official statistics in the EU apply the best international statistical principles and methods. It is based on 15 principles.

del maggio 2005, il **Codice di buone pratiche della statistica europea**. Esso rappresenta una risposta concreta rispetto all'indipendenza, all'integrità e alla responsabilità dei soggetti chiamati a produrre e diffondere le statistiche europee. Tali soggetti, nel loro insieme, costituiscono il cosiddetto sistema statistico europeo, che è composto dall'Eurostat, autorità statistica della Commissione, dagli istituti nazionali di statistica e dalle altre autorità nazionali operanti in questo campo all'interno di ciascuno Stato membro.

L'Italia ha fatto già un passo avanti adottando nel 2010 il **Codice italiano delle statistiche ufficiali**, che si fonda sui principi del Codice europeo ed è rivolto al Sistema statistico nazionale.

☐ Quali sono i principi contenuti nel Codice di buone pratiche della statistica europea recepiti dal Codice italiano delle statistiche ufficiali?

Il Codice è strutturato in quindici principi che recepiscono in larga misura le norme internazionali esistenti, tra cui i principi fondamentali delle statistiche ufficiali adottati dalle Nazioni Unite.

L'obiettivo perseguito è innanzitutto quello di accrescere la fiducia nella statistica ufficiale, stabilendo dei requisiti minimi di qualità e individuando dei meccanismi di controllo dei processi statistici.

Riportiamo nella tabella 2 **alcuni principi** di particolare interesse.

Tabella 2 – Alcuni principi del Codice di buone pratiche della statistica europea

Principio 1 **Indipendenza professionale**	L'indipendenza professionale delle autorità statistiche da altri organi e dipartimenti politici, amministrativi o di regolamentazione, nonché da operatori del settore privato, garantisce la credibilità delle statistiche europee.
Principio 4 **Impegno a favore della qualità**	La qualità è un imperativo per le autorità statistiche che individuano sistematicamente e regolarmente i punti di forza e di debolezza al fine di migliorare costantemente la qualità dei processi e dei prodotti.
Principio 6 **Imparzialità e obiettività**	Le autorità statistiche sviluppano, producono e diffondono statistiche europee nel rispetto dell'indipendenza scientifica nonché in maniera obiettiva, professionale e trasparente, assicurando pari trattamento a tutti gli utilizzatori.
Principio 11 **Pertinenza**	Le statistiche europee soddisfano le esigenze degli utilizzatori.
Principio 12 **Accuratezza e attendibilità**	Le statistiche europee rispecchiano la realtà in maniera accurata e attendibile.
Principio 13 **Tempestività e puntualità**	Le statistiche europee sono rilasciate in maniera tempestiva e con puntualità.
Principio 14 **Coerenza e comparabilità**	Le statistiche europee sono intrinsecamente coerenti nel tempo e comparabili tra i diversi Paesi e le varie regioni; è possibile combinare i dati affini provenienti da fonti diverse e farne un uso congiunto.
Principio 15 **Accessibilità e chiarezza**	Le statistiche europee sono presentate in una forma chiara e comprensibile, sono rilasciate in maniera conveniente e adeguata, sono disponibili e accessibili a tutti e accompagnate da metadati e istruzioni.

☐ Gli enti che si occupano di statistica cercano di garantire, oltre alla qualità, anche l'adeguatezza dell'informazione statistica in merito ai fenomeni che si vogliono misurare?

A questo proposito gli sforzi più interessanti da parte degli enti che compongono il Sistema statistico si inquadrano nel dibattito internazionale sul "superamento del Pil", di cui abbiamo parlato nell'Unità precedente. L'Istat, in collaborazione con il Cnel (Consiglio Nazionale dell'Economia e del Lavoro), ha sviluppato dal 2013 un progetto per misurare il "benessere equo e sostenibile" (Bes) con un indice che valuta il progresso di una società non solo per l'aspetto economico (il PIL), ma anche per quello sociale e ambientale, introducendo la misurazione di diseguaglianza e sostenibilità.

Dal solo valore del PIL si passa a un insieme di 12 dimensioni del benessere rilevanti per il Paese: la Commissione scientifica per la misura del benessere ha poi selezionato 134 **indicatori di sviluppo equo e sostenibile**, di elevata qualità statistica e appropriati.

Le 12 dimensioni del benessere individuate sono: salute, istruzione e formazione, lavoro e conciliazione tempi vita, benessere economico, relazioni sociali, politica e istituzioni, sicurezza, benessere soggettivo, paesaggio e patrimonio culturale, ambiente, ricerca e innovazione, qualità dei servizi.

L'iniziativa pone l'Italia nel gruppo dei Paesi (Francia, Germania, Regno Unito, Stati Uniti, Australia, Irlanda, Messico, Svizzera, Olanda) che hanno deciso di misurare il benessere e la qualità della vita della società.

La base informativa del **Benessere equo e sostenibile** è oggetto di continua riflessione al fine di renderla sempre più completa e tempestiva e dal rapporto Bes 2015, pubblicato dall'Istat, si rileva che, rispetto a quanto esistente alla partenza del progetto, sono stati introdotti nuovi indicatori o migliorati quelli esistenti.

Per esempio, in merito alla dimensione "Istruzione e formazione", nel cui ambito vengono presi in considerazione diversi indicatori volti a misurare il livello di istruzione formale, formazione continua, competenze acquisite e partecipazione culturale, è stato aggiunto un indicatore del Tasso di passaggio all'università, calcolato come percentuale di neodiplomati che si iscrive per la prima volta all'università nello stesso anno in cui ha conseguito il diploma di scuola secondaria di II grado (vedi tabella 3 a pagina seguente). Questo indicatore permette di monitorare la sostenibilità dell'incremento del capitale umano del Paese, in quanto una diminuzione delle immatricolazioni all'università potrebbe influire negativamente sulla già bassa quota di laureati tra i giovani.

Particolare importanza assume la scelta degli indicatori di benessere, in quanto il "cosa si misura" influenza il "cosa si fa" (Rapporto della Commissione su *La misurazione delle performance economiche e del progresso sociale*, Stiglitz et al. 2009). Se gli strumenti utilizzati non sono corretti, o non riescono a cogliere tutte le caratteristiche del fenomeno di interesse, essi possono indurre a prendere decisioni inefficaci o sbagliate. Al contrario, l'utilizzo di strumenti di misurazione corretti può portare a cambiamenti positivi grazie ad adeguate politiche economiche e sociali.

Dal discorso di **Robert Kennedy** durante la tragica campagna presidenziale del 1968:

«Il PIL non include la bellezza e la poesia o la forza dei nostri matrimoni, l'integrità dei pubblici ufficiali. Non misura la nostra arguzia e il nostro coraggio, non misura la nostra saggezza né la nostra compassione o devozione al nostro Paese. In breve, misura tutto tranne ciò che rende la vita degna di essere vissuta».

Indicators of Sustainable Development
Indicatori di sviluppo equo e sostenibile

Sustainable development requires that the stock of capital that one generation passes on to the next be maintained or enhanced. Therefore measuring and monitoring environmental conditions like e.g., longevity, knowledge, and the command over resources needed for a decent life, are still object of debate.

bes | benessere equo sostenibile

misurare e valutare
il progresso della società italiana

QUESITO

Per misurare il bes, nell'ambito della dimensione "ambiente" sono stati individuati 15 indicatori.

- Secondo te quali sono i principali?

Tabella 3 – Indicatori utilizzati per la dimensione "Istruzione e formazione"

Numero	Indicatore	Ultimo anno disponibile
1	Partecipazione alla scuola dell'infanzia	2013/2014
2	Persone con almeno il diploma superiore	2014
3	Persone che hanno conseguito un titolo universitario	2014
4	Tasso di passaggio all'università	2014/2015
5	Uscita precoce dal sistema di istruzione e formazione	2014
6	Giovani che non lavorano e non studiano (Neet)	2014
7	Partecipazione alla formazione continua	2014
8	Livello di competenza alfabetica degli studenti	2014/2015
9	Livello di competenza numerica degli studenti	2014/2015
10	Persone con alti livelli di competenza informatica	2014
11	Partecipazione culturale	2014

Fonte: Istat, Rapporto Bes 2015, Il benessere equo e sostenibile in Italia.

Quali strategie vengono messe in atto dall'Istat per migliorare la comunicazione delle informazioni statistiche?

Negli ultimi anni l'Istat ha notevolmente modificato la propria strategia di comunicazione e diffusione delle informazioni, differenziandola per le diverse fasce di pubblico, attraverso l'utilizzo di tecnologie aggiornate. In pratica sono stati diversificati i canali di accesso ai dati per soddisfare esigenze conoscitive di utenti fortemente differenziati. Per ogni *target* (cittadini, ricercatori, studenti, ecc.) l'Istat ha creato un canale di comunicazione e la possibilità di personalizzare al meglio le richieste di informazione. È stato attivato un servizio a cui ci si può rivolgere per **richiedere dati**, pubblicazioni, cartografie, ricerche storiche, elaborazioni personalizzate, informazioni su dati europei. Sono, inoltre, liberamente scaricabili tutti i dati dell'Istat diffusi attraverso banche dati, tavole di dati e risultati delle indagini.

Le **banche dati** forniscono una visione globale e accurata del fenomeno indagato offrendo un patrimonio informativo statistico completo e omogeneo. Molto utilizzati sono, per esempio, i dati contenuti nell'*Atlante statistico dei comuni*, nelle serie storiche, nei censimenti, ecc.

Data base
Banca dati
A database is a collection of information that is organized so that it can easily be accessed, managed, and updated.

Le **tavole di dati** sono collezioni di dati diffuse senza una cadenza regolare. Vengono prodotte generalmente alla conclusione di alcune indagini, come forma preliminare di diffusione dei dati prodotti. I **risultati delle indagini** sono resi disponibili attraverso i **comunicati stampa** e la produzione editoriale, che comprende anche le pubblicazioni scientifiche (*Rivista di statistica ufficiale*, *Working Papers*, *Letture statistiche*, ecc.) attraverso cui l'Istat promuove e valorizza l'attività di ricerca.

FONTI E STRUMENTI DI INFORMAZIONE ECONOMICA

FONTI DI INFORMAZIONE ECONOMICA

si dividono

Fonti nazionali di informazione economica

Sono stabilite dallo Stato a mezzo del Programma statistico nazionale (Psn) affidato al Sistema statistico nazionale (Sistan), rete di soggetti pubblici e privati che fornisce l'informazione statistica ufficiale. Fanno parte del Sistan l'Istat e gli Uffici di statistica di vari enti: amministrazioni centrali dello Stato, enti pubblici e privati, Regioni, Province autonome, Comuni, Camere di Commercio, Prefetture

Fonti internazionali di informazione economica

- Fonti nazionali estere (riguardano enti, pubblici e privati, che elaborano informazioni statistiche in virtù di obblighi di legge, funzioni di natura amministrativa o finalità conoscitive)
- Fonti sovranazionali (servizi statistici di organizzazioni sovranazionali, quali Eurostat, Ocse, Onu)

vengono comunicate dall'Istat attraverso:

- banche dati
- tavole di dati
- risultati delle indagini

L'Istat ha poi attivato una strategia di comunicazione personalizzata per ogni target (studenti, ricercatori, cittadini, ecc.) e un servizio a cui ci si può rivolgere per richiedere dati, pubblicazioni, ecc.

per garantire la qualità delle statistiche ufficiali

- a livello europeo: il **Codice delle statistiche europee**, redatto da soggetti che, nel loro insieme, costituiscono il cosiddetto **sistema statistico europeo**
- in questo ambito l'**Istat**, in collaborazione con il Cnel, ha sviluppato dal 2013 un progetto per misurare il "**benessere equo e sostenibile**" (Bes); dal solo valore del PIL si passa a un insieme di 12 dimensioni del benessere rilevanti per il Paese
- in Italia il **Codice italiano delle statistiche ufficiali adottato nel 2010**

UN METODO DI STUDIO DEI FENOMENI COLLETTIVI

è

la **Statistica economica**: trattamento sistematico di grandi masse di osservazioni, al fine di esaltarne i caratteri comuni e la loro potenzialità di informazione

raccoglie i dati attraverso

- rilevazione totale (censimenti)
- rilevazione campionaria

utilizza strumenti

- **tabelle**
- **figure**
- **grafici** (grafico cartesiano, grafico a torta, istogramma, grafico a pila)

fornisce informazioni relative

- al **livello** delle variabili economiche
- a confronti di **natura temporale**
- a **confronti di tipo spaziale e temporale**; in tal caso si può far ricorso ai **numeri indice** (semplici e composti), distinti in Indici dei prezzi al consumo e Indice dei prezzi alla produzione

Verifiche 2

1) TROVA L'ERRORE IN OGNI FRASE

Competenza: acquisire e riconoscere i contenuti chiave

A. Il Sistan (Sistema statistico nazionale) costituisce il nucleo centrale dell'Istat (Istituto nazionale di statistica).

B. Lo *Starnet* è la pratica amministrativa di mettere a disposizione dati che possono essere liberamente utilizzati, senza restrizioni di alcun genere.

C. L'Eurostat è un'organizzazione internazionale di studi sui sistemi economici dei Paesi membri.

D. Il Programma statistico nazionale (Psn) è una pubblicazione che raccoglie e descrive le principali caratteristiche delle indagini statistiche, effettuate da enti pubblici, stabilite dallo Stato.

E. L'Ocse svolge un ruolo di coordinamento dell'attività statistica effettuata dai Paesi membri dell'Unione europea, in quanto gestisce e rielabora i dati inviati dagli istituti nazionali di statistica.

2) COLLEGA LE ESPRESSIONI CONTRASSEGNATE DA UNA LETTERA CON QUELLE INDICATE DA UN NUMERO

Competenza: individuare collegamenti e relazioni

A.	Rilevazione totale	1.	Utilizzo di dati amministrativi
B.	Rilevazione campionaria	2.	Grafici
C.	Rappresentazione	3.	Legge statistica
D.	Serie storica	4.	Censimento demografico
E.	Interpretazione	5.	Numeri indice
F.	Tecnica d'indagine	6.	Indagine sui consumi degli italiani

A	B	C	D	E	F

3) INDICA SE LE SEGUENTI AFFERMAZIONI SONO VERE O FALSE. SE LE RITIENI FALSE GIUSTIFICA LA RISPOSTA

Competenza: acquisire, interpretare l'informazione e comunicare

	VERO	FALSO
A. Il grafico cartesiano utilizza il piano, mettendo in evidenza in modo efficace le relazioni tra due variabili.		
B. Nel grafico a torta ogni settore circolare è sormontato da un altro per mettere in evidenza un tipo di dato rispetto all'altro.		
C. L'istogramma viene costruito utilizzando rettangoli aventi una base proporzionale alla quantità che rappresentano.		
D. Gli *exit poll* sono un esempio di rilevazione campionaria.		
E. Gli uffici di statistica della Banca d'Italia non fanno parte del Sistema statistico nazionale.		

4) RISOLVI I SEGUENTI PROBLEMI

Competenza: risolvere problemi

A. La tabella seguente riporta le serie storiche dei prezzi al consumo di un determinato bene in tre punti vendita differenti.

Calcola i numeri indice dei prezzi nei tre punti vendita con base 2011 = 100 e illustrane il significato.

Anno	Punto vendita A	Punto vendita B	Punto vendita C
2011	21	21	19
2012	22	21	18
2013	22	23	20
2014	24	24	22

B. La seguente tabella riporta i numeri indice dei prezzi al consumo per le famiglie di operai e impiegati (Foi - fonte Istat 2015):

2011	2012	2013	2014	2015
102,8	106,0	107,2	107,2	107,5

Sapendo che la base degli indici è il 2010, commenta la serie dei numeri indice.

C. Un noto istituto di ricerca svolge un'indagine sulla distribuzione per età (dai 20 ai 70 anni) dei consumatori di prodotti alimentari biologici. Intervista 200 persone e i risultati sono i seguenti:

DISTRIBUZIONE DEL NUMERO DI CONSUMATORI PER CLASSE D'ETÀ

Classe d'età	20-30	30-40	40-50	50-70
Numero di consumatori	50	80	40	30

- Di che tipo di rilevazione si tratta?
- Rappresenta i risultati della rilevazione mediante un istogramma.

5) RISPONDI AI SEGUENTI QUESITI IN UN MASSIMO DI 5/6 RIGHE

Competenza: saper organizzare e sintetizzare i contenuti

A. In Italia quali soggetti fanno parte del Sistema statistico nazionale?
B. A che cosa serve la statistica economica?
C. Quali sono le funzioni dell'Istituto nazionale di statistica?
D. Quali sono le funzioni dell'Eurostat?
E. Quali sono le fasi su cui si basa il metodo statistico per lo studio dei fenomeni collettivi?
F. Quali informazioni si possono ricavare dai censimenti demografici?
G. Quali soggetti sono interessati alle informazioni fornite dalla statistica economica?
H. Come si può garantire la qualità dell'informazione statistica?
I. Quali sono le principali innovazioni introdotte dal progetto dell'Istat e del Cnel per la misurazione del Bes?
J. A che cosa servono e quali sono le principali banche dati dell'Istat?

ENGLISH EXERCICES 2

1) Connect each letter with a number

A. Principle of Professional Independence	1. European Statistics are presented in a clear and understandable form, released in a suitable and convenient manner, available and accessible on an impartial basis with supporting metadata and guidance.
B. Principle of Commitment to Quality	2. European Statistics meet the needs of users
C. Principle of Impartiality and Objectivity	3. European Statistics are released in a timely and punctual manner
D. Principle of Relevance	4. European Statistics accurately and reliably portray reality
E. Principle of Accuracy and Reliability	5. Statistical authorities develop, produce and disseminate European Statistics respecting scientific independence and in an objective, professional and transparent manner in which all users are treated equitably
F. Principle of Timeliness and Punctuality	6. Professional independence of statistical authorities from other policy, regulatory or administrative departments and bodies, as well as from private sector operators, ensures the credibility of European Statistics
G. Principle of Accessibility and Clarity	7. Statistical authorities are committed to quality. They systematically and regularly identify strengths and weaknesses to continuously improve process and product quality

A	B	C	D	E	F	G	H

2) Chose the right words among the ones listed below and fill in the gaps

Eurostat's mission: to be the leading provider of high .... statistics on Europe.
Eurostat is the statistical .... of the European Union situated in Luxembourg. Its task is to .... the European Union with statistics at European level that enable .... between countries and regions. This is a .... task. Democratic societies do not function properly without a solid basis of reliable and objective .... On one hand, decision-makers at EU level, in Member States, in local government and in business .... statistics to make those decisions. On the other hand, the public and media need statistics for an accurate ...... of contemporary society and to evaluate the .... of politicians and others. Of course, national statistics are still important for national purposes in Member States whereas EU statistics are essential for decisions and evaluation at European ....
Statistics can answer many .... Is society heading in the direction promised by .... ? Is unemployment up or .... ? Are there more CO_2 .... compared to ten years ago? How many .... go to work? How is your country's .... performing compared to other EU Member States?
.... statistics are a way of getting to know your neighbours in Member States and .... outside the EU. They are an important, objective and down-to-earth way of measuring how we all live.

[comparisons, countries, down, economy, emissions, key, international, level, need, office, performance, picture, politicians, provide, quality, questions, statistics, women]

UNITÀ 3 L'equilibrio macroeconomico

Un aiuto psichiatrico per la nostra economia quotidiana

Dal volume La psicoeconomia di Charlie Brown *di Matteo Motterlini: un'intelligente panoramica sulle possibilità del nudge*

L'era dell'*homo oeconomicus*, se mai ce n'è stata una, è oggi al tramonto [...]. Quel che manca per un addio definitivo è una spinta, decisa ma gentile, che gli anglofoni chiamerebbero *nudge*.

Non è però affatto semplice accettare un simile addio e riconoscere pienamente che, anche quando si tratta di economia, siamo e rimaniamo fondamentalmente umani, con le nostre emozioni e la nostra irrazionalità. È da questa necessità che si presenta l'esigenza di uno «*psychiatric help* per la nostra economia quotidiana», per dirla con le parole di Matteo Motterlini, fresco autore de *La psicoeconomia di Charlie Brown* (Rizzoli) [...].

Ma se non siamo razionali, dovremo prenderne atto. Noi come singoli, ma soprattutto la politica e le istituzioni. Abbiamo bisogno di ricondurre al mondo reale i modelli economici dei manuali su cui abbiamo costruito le fondamenta di un sistema di vita, lavoro e commercio che sta collassando [...].

«Come si potrebbero indurre i cittadini, per esempio – riflette Motterlini – a utilizzare fonti energetiche che garantiscono risparmi economici e un maggior rispetto per l'ambiente? Attraverso il *green default*. Si tratta semplicemente di indicare, per esempio, nella stipula di un contratto, l'opzione "verde" come default» [...]. O ancora, sono mai state disegnate spinte gentili che possano aiutare i consumatori a scegliere i prodotti ottenuti da materiali riciclati, anziché vergini? No, ed è un peccato. [...]

Luca Aterini
«Greenreport.it», 19 gennaio 2015

attività

1. Perché l'*homo oeconomicus*, perfetto calcolatore che ottimizza ogni sua scelta, è un individuo inesistente, secondo le parole di Matteo Motterlini?
2. Se lo scopo del *nudge* è indirizzare le persone verso la decisione più efficiente, senza costringerle, ma semplicemente cambiando la modalità di presentazione della scelta, come imposteresti una campagna a favore del pagamento delle imposte e tasse?
3. La rivoluzione sperimentale adottata dal *nudge*, nonostante i pregi, potrebbe presentare dei difetti? Quali, a tuo avviso?

1 L'EQUILIBRIO ECONOMICO GENERALE NELLA CONTABILITÀ NAZIONALE

Nei sistemi di contabilità nazionale e nell'analisi economica assume un ruolo centrale l'aggregato chiamato PNL o RNL di cui si è parlato nell'Unità 1.

Se indichiamo con **Y** il PNL (o RNL), con **C** i consumi, con **I** gli Investimenti, con **G** la spesa pubblica, con **X** le esportazioni, con **M** le importazioni, avremo:

$$\mathbf{Y = C + I + G + X - M}$$

Il primo membro dell'equazione **(Y)** costituisce l'**offerta** di prodotti sul mercato.

Il secondo membro dell'equazione **(C + I + G + X – M)** rappresenta gli impieghi delle risorse economiche, cioè la **domanda globale** di prodotti richiesti per essere impiegati in consumi immediati o per ulteriore produzione, comprensiva sia della domanda rivolta a prodotti di altri Paesi (che dà luogo a importazioni) sia della domanda proveniente dall'estero per quei beni destinati a essere collocati in mercati di altri Paesi (che dà luogo a esportazioni).

Il flusso circolare della macroeconomia

Fonte: N. Gregory Mankiw, Principi di economia, *Bologna, Zanichelli, 2004.*

Nella contabilità nazionale l'uguaglianza **offerta globale = domanda globale** è sempre valida, in quanto determinata da eventi economici già realizzati, cioè *ex post*. Per questo motivo, essa è puramente contabile, tanto da essere definita "identità" (e non equazione). Allo stesso modo, nella contabilità nazionale, i risparmi accantonati coincidono con gli investimenti realizzati durante il periodo di tempo considerato (*ex post*), per cui vale l'uguaglianza contabile: **investimenti = risparmi**.

Bisogna però tener presente che, nella realtà economica, i risparmi e gli investimenti vengono progettati dalle famiglie e dalle imprese nei rispettivi piani familiari e di produzione in una fase precedente alla loro realizzazione. In questa ottica il reddito nazionale è visto come una grandezza che riflette le attese e i desideri delle famiglie e delle imprese e, pertanto, è una grandezza *ex ante*.

Può quindi succedere che il reddito *ex post* non coincida con il reddito *ex ante*. Esaminiamo i seguenti esempi:

- gli imprenditori intendono produrre 80 unità di beni di consumo e investire 20 in macchinari, mentre i consumatori intendono risparmiare solo 10 e consumare 90. A questo punto i risparmi progettati (10) dai consumatori risultano inferiori agli investimenti progettati (20) dalle imprese. Questo squilibrio si riflette sul mercato dei beni di consumo, dove si verifica un analogo squilibrio. Infatti i consumatori vogliono consumare 90 unità, mentre gli imprenditori ne hanno prodotte solo 80. Sul mercato dei beni di consumo la **domanda** è **maggiore dell'offerta**;
- gli imprenditori intendono produrre 70 unità di beni di consumo e investire 30 in macchinari, mentre i consumatori intendono risparmiare 40 e consumare 60. A questo punto i risparmi progettati (40) risultano superiori agli investimenti progettati (30). Questo squilibrio si riflette sul mercato dei beni di consumo, dove si verifica un analogo squilibrio. Infatti i consumatori vogliono consumare 60 unità, mentre gli imprenditori ne hanno prodotte 70. Sul mercato dei beni di consumo la **domanda** è **minore dell'offerta**.

Nella contabilità nazionale, tuttavia, questi squilibri non si manifestano grazie a dei meccanismi che si mettono in moto e che garantiscono la coincidenza tra offerta globale e domanda globale o tra risparmi e investimenti. L'artificio usato dalla contabilità nazionale consiste nel distinguere due componenti dell'investimento:

- l'acquisto di impianti, macchinari e altri beni di investimento in capitale fisso;
- le variazioni nell'investimento in "scorte di magazzino", intendendo per tali la quantità fisica di materie prime, materie ausiliarie, semilavorati e prodotti finiti presente nel magazzino in un determinato momento e destinata a essere impiegata o nel processo produttivo o in quello distributivo in caso di incremento imprevisto delle vendite.

La presenza delle "scorte di magazzino" permette che il valore dei beni prodotti e quello dei beni venduti siano sempre uguali in quanto:

- la mancata vendita di beni prodotti è registrata nella contabilità nazionale come una vendita alla stessa impresa produttrice, cioè come **in-**

vestimento involontario in scorte. Nel primo esempio le 10 unità residue di beni di consumo vanno ad accrescere le scorte di magazzino;
- una produzione inferiore rispetto alla domanda delle famiglie costringe gli imprenditori ad attingere alle scorte di magazzino ed è quindi registrata nella contabilità nazionale come **disinvestimento involontario in scorte**, non progettato e pertanto involontario. Nel secondo esempio, per soddisfare la domanda, gli imprenditori sono costretti a ridurre le scorte di magazzino per un importo pari a 10 unità.

Il meccanismo dell'investimento e disinvestimento involontario in scorte ha permesso di raggiungere a consuntivo l'identità contabile tra produzione (offerta) e impiego (domanda) o, in altre parole, tra risparmi realizzati e investimenti realizzati, ma l'economia non è in posizione di equilibrio perché le previsioni di produzione e di vendita degli imprenditori sono andate deluse.

Pertanto, il **vero equilibrio economico** non è quello che risulta nella contabilità nazionale, ma è quello che si verifica quando il reddito *ex ante* coincide con il reddito *ex post*.

IN PILLOLE

Nella **contabilità nazionale** l'equilibrio si verifica quando:
- offerta globale = domanda globale
- risparmi realizzati (involontari) = investimenti realizzati (involontari)

Il **vero equilibrio economico** si verifica quando:
- risparmi volontari (desiderati) = investimenti volontari (desiderati)

Dietro questa possibilità di realizzazione o meno del reddito *ex ante* si scontrano due teorie, contrapposte e incompatibili tra loro, che si sono entrambe occupate del quesito fondamentale, ossia di cosa determina il livello del reddito nazionale in un sistema economico.

Le due teorie sono: la teoria neoclassica e quella keynesiana.

La **teoria neoclassica** reputa che il livello del reddito nazionale sia determinato dal volume della produzione, cioè dall'offerta, per cui ritiene possibile la coincidenza tra risparmi volontari e investimenti volontari (ossia realizzabile la coincidenza tra reddito *ex ante* e reddito *ex post*).

La **teoria keynesiana** ritiene, al contrario, che il livello del reddito nazionale sia determinato dalla domanda globale ed è molto scettica sulla possibilità di una coincidenza tra risparmi volontari e investimenti volontari (ritiene cioè difficile la coincidenza tra reddito *ex ante* e reddito *ex post*).

Esaminiamo separatamente le due teorie.

2 LA TEORIA NEOCLASSICA DELLA DETERMINAZIONE DEL REDDITO NAZIONALE

Gli economisti neoclassici hanno elaborato una loro teoria del reddito nazionale secondo la quale il sistema economico di mercato, in quanto basato sulla concorrenza, sarebbe un sistema stabile, immune da crisi, che può funzionare armonicamente senza incorrere in gravi problemi, come la disoccupazione e la sovrapproduzione, conciliando gli interessi di tutti: quelli dei lavoratori e degli imprenditori sul mercato del lavoro e quelli dei consumatori/risparmiatori e degli imprenditori sul mercato dei capitali.

Per dimostrarlo hanno individuato due meccanismi, uno operante sul mercato del lavoro e l'altro operante sul mercato del risparmio, che, se non impediti nel loro funzionamento, assicurerebbero un livello di reddito d'equilibrio che permetterebbe di utilizzare tutta la manodopera disponibile e di spendere tutto il risparmio in investimenti (**equilibrio di piena occupazione**).

Il **primo meccanismo** presuppone che gli imprenditori effettuino una **domanda di lavoro** che varia in funzione inversa del salario reale (salario monetario/livello generale dei prezzi – vedi Unità 1) corrisposto ai lavoratori (prezzo del lavoro). Il salario reale rappresenta per essi un costo da sopportare per cui, se cresce il salario reale, la domanda di lavoratori da parte delle imprese cala (e viceversa nel caso contrario). I lavoratori, invece, offrono il loro lavoro in funzione crescente del salario reale. Il lavoro viene concepito da questi economisti come pena, sacrificio. A loro avviso, gli uomini potrebbero impiegare il loro tempo tra attività piacevoli come lo svago o attività penose come il lavoro. La scelta tra le une e le altre attività dipende dal salario reale, considerato come compenso per l'attività penosa del lavoro. I lavoratori, pertanto, si offrono in misura sempre maggiore sul mercato del lavoro soltanto se il compenso per il sacrificio del lavoro, cioè il salario reale, è via via sempre più alto. L'**offerta di lavoro** è, quindi, frutto di una libera decisione dei lavoratori fondata sull'entità del salario reale che essi ricevono in cambio del sacrificio del lavoro. Nel grafico di figura 1 sono tracciate le curve della domanda di lavoro da parte delle imprese e dell'offerta di lavoro da parte dei lavoratori.

Full employment equilibrium
Equilibrio di pieno impiego
When the economy is at full employment, aggregate demand is equal to aggregate supply. In other words, the total amount of goods and services demanded by consumers is equal to the total amount of goods and services produced by producers.

Aggregate labour demand
Domanda di lavoro
Demand for labour that an economy or all firms together are willing to hire in exchange of real wage being the amount of output that can be produced.

Aggregate labour supply
Offerta di lavoro
Availability of suitable human resources in the labor market offered by all families who give up mind and body consumption in exchange for income.

Figura 1

Mercato del lavoro neoclassico

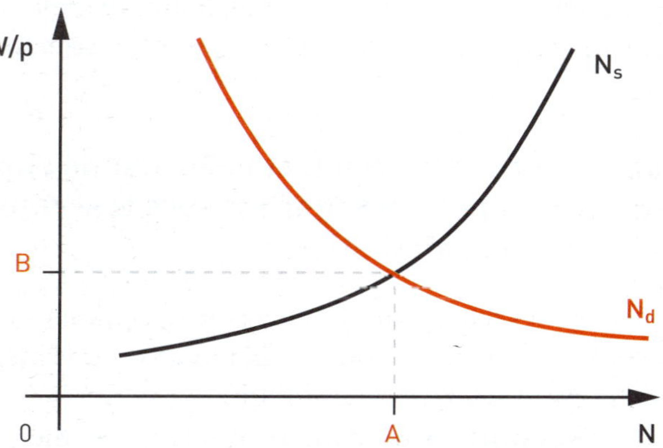

N_s = offerta di lavoro e N_d = domanda di lavoro

Il punto d'intersezione tra le due curve dice che, a un certo livello del salario reale (B), la domanda di lavoro è uguale all'offerta di lavoro ($N_d = N_s$), tutti coloro che desiderano essere occupati trovano lavoro e, quindi, il mercato del lavoro è in equilibrio. La disoccupazione esiste solo nel caso in cui l'offerta di lavoro sia maggiore della domanda di lavoro, ma in tal caso la discesa del salario reale (come la discesa di qualsiasi altro prezzo in condizioni analoghe) riporterebbe l'equilibrio. I lavoratori che non accettano una discesa del salario reale e quindi non si offrono più sul mercato del lavoro sono considerati disoccupati "volontari".

Jean-Baptiste Say

La manodopera occupata, insieme con i macchinari e gli impianti produttivi, determina la quantità di prodotto realizzato e, conseguentemente, il reddito distribuito a quanti partecipano al processo produttivo, reddito che verrà in parte consumato e in parte risparmiato. Occupazione, produzione e distribuzione, secondo la teoria neoclassica, sono fenomeni che possono essere conosciuti in una successione che va dall'uno all'altro.

L'ultimo passo da compiere è quello di stabilire quali sono le circostanze che consentono la vendita completa di tutto ciò che è stato prodotto (coincidenza tra reddito *ex ante* e reddito *ex post*).

A tal proposito, gli economisti pre-keynesiani hanno elaborato la loro teoria del reddito nazionale partendo dall'idea che le decisioni di produzione determinino le decisioni di spesa. In altre parole, essi sostengono che ogni produzione crea automaticamente una domanda equivalente e apre così uno sbocco per quanto è stato prodotto. Questa tesi, che va sotto il nome di **Legge degli sbocchi**, formulata dall'economista francese **Jean-Baptiste Say** (1767-1832), viene rielaborata dagli economisti neoclassici per dimostrare la coincidenza tra reddito *ex ante* e reddito *ex post* e, quindi, la stabilità dei sistemi economici di mercato che caratterizzano le odierne economie occidentali.

La Legge degli sbocchi di Say è molto semplice. Gli uomini, diceva Say, producono in vista della soddisfazione dei propri bisogni, perciò quel che essi producono è o da loro direttamente consumato, oppure è ceduto sul mercato ad acquirenti in cambio di altri beni che servono al loro consumo: pertanto l'offerta crea la propria domanda. David Ricardo, economista classico, sosteneva tale legge affermando che, in un'economia di mercato nella quale i capitalisti erano anche imprenditori, l'offerta di risparmio derivava tutta dai profitti non consumati dei capitalisti-imprenditori, i quali li impiegavano interamente nella domanda di beni d'investimento decisa in ogni epoca da loro stessi.

☐ In che modo gli economisti neoclassici hanno riformulato la Legge degli sbocchi per sostenere la loro tesi riguardante la stabilità dei sistemi capitalistici?

Gli economisti neoclassici hanno rielaborato la legge enunciata da Say alla luce di considerazioni riguardanti l'utilizzo del reddito che viene distribuito a imprese e famiglie dopo essere stato prodotto.

Qui interviene il **secondo meccanismo**, relativo al mercato del risparmio, con cui arriveranno a dimostrare che nei sistemi economici di mercato non si verificherà mai una crisi generale di sovrapproduzione, cioè di eccesso di produzione sulla domanda.

Gli uomini, secondo questa teoria, quando guadagnano un reddito, hanno davanti a loro due possibilità alternative: consumarlo o risparmiarlo. Chi consuma il proprio reddito oggi, gode oggi stesso dei frutti del proprio lavoro o della propria attività. Chi risparmia, si astiene dal consumo presente per godere in un'epoca futura dei frutti della propria attività. Il risparmio è perciò astinenza, sacrificio. Coloro che risparmiano, quindi, vanno compensati per il sacrificio che compiono. Il tasso d'interesse reale (tasso d'interesse nominale al netto del tasso d'inflazione) è il compenso per tale sacrificio. Se il tasso d'interesse reale è basso, il compenso per l'astinenza è modesto e la gente sarà poco invogliata a risparmiare; viceversa nel caso contrario.

La conclusione è che **il risparmio per i consumatori/risparmiatori è in funzione crescente del tasso d'interesse reale** ed è quindi frutto di una loro libera decisione, fondata sull'entità del compenso (saggio d'interesse reale) che essi ricevono astenendosi dal consumo presente:

$$\mathbf{S = S(i)} \text{ per i consumatori/risparmiatori}$$

Per gli imprenditori che domandano mezzi finanziari alle banche o al mercato finanziario per fare investimenti reali, cioè per acquistare mezzi di produzione, macchinari, materie prime e così via, il tasso d'interesse reale è un costo che devono sopportare per prendere a prestito tali somme di denaro. Pertanto, **gli investimenti effettuati dagli imprenditori sono in funzione decrescente del tasso d'interesse reale** (la domanda di prestiti per fare investimenti diminuisce al crescere del tasso d'interesse reale):

$$\mathbf{I = I(i)} \text{ per gli imprenditori}$$

Tenendo conto del comportamento dei risparmiatori e di quello degli imprenditori, gli economisti neoclassici ritengono che il tasso d'interesse reale sia la grandezza capace di rendere compatibili le decisioni di risparmio e le decisioni di investimento. Se eguagliamo risparmi e investimenti, otteniamo infatti:

$$\mathbf{S(i) = I(i)}$$

un'equazione la cui incognita è il tasso d'interesse. Il grafico di figura 2 rappresenta il mercato del risparmio. In esso sono tracciate la curva dell'offerta di risparmio e la curva della domanda di risparmio (domanda di beni d'investimento).

Figura 2

Mercato del risparmio o mercato dei capitali (finanziario)

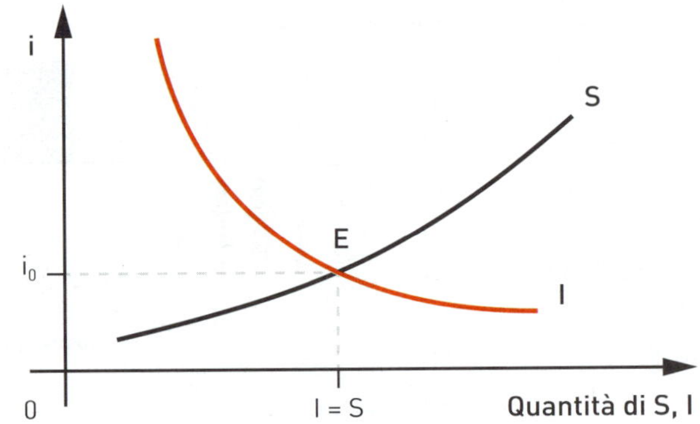

Il punto di intersezione tra le due curve (S e I) dice che, a un certo livello di tasso d'interesse reale (i_0), risparmi e investimenti si eguagliano. Se l'offerta di risparmio supera la domanda di risparmio, il tasso d'interesse reale scende. Di conseguenza l'offerta di risparmio diminuisce e la domanda di risparmio aumenta. Viceversa nel caso contrario.

Il tasso d'interesse reale assicura il verificarsi della Legge degli sbocchi, cioè che l'offerta, la produzione, trovi sempre acquirenti o, in altri termini, che i risparmi si trasformino in domanda di beni d'investimento.

Per gli economisti neoclassici, il tasso d'interesse reale è la grandezza determinante per l'equilibrio di tutto il sistema economico in quanto, se il mercato dei capitali è caratterizzato dalla concorrenza tanto dal lato dell'offerta (cioè dei risparmiatori e delle banche) quanto dal lato della domanda (cioè degli imprenditori), allora qualunque ammontare di risparmio la collettività decida di accumulare sarà speso per l'acquisto di beni d'investimento (l'offerta di risparmio si trasforma in domanda di beni d'investimento).

☐ Qual è la conclusione del ragionamento neoclassico?

La conclusione di tutto questo ragionamento è che, se ogni produzione crea la propria domanda, gli imprenditori possono offrire qualsiasi ammontare di prodotto, con la sicurezza di venderlo sul mercato. Poiché gli imprenditori cercano di produrre il più possibile per guadagnare maggiori profitti, essi fisseranno l'offerta produttiva al livello massimo delle proprie possibilità produttive, livello che consente loro di occupare tutti i lavoratori che si offrono sul mercato del lavoro. Pertanto, se le forze spontanee del mercato (flessibilità dei prezzi, dei salari, dei saggi d'interesse tipica dei mercati concorrenziali) non vengono ostacolate, il sistema economico raggiunge sempre la piena occupazione, la produzione trova sempre un mercato sufficiente per assorbirla e i risparmi si trasformano in investimenti di pari ammontare.

Per gli economisti neoclassici, l'eventuale **disoccupazione è di tipo volontario**, cioè voluta dai lavoratori e dai loro sindacati che non accettano il necessario calo dei loro salari reali in presenza della stessa, provocando in tal modo il cattivo funzionamento del mercato del lavoro concorrenziale. Anche le eventuali crisi di sovrapproduzione sono attribuite a un mercato dei capitali che non opera secondo le regole della concorrenza perfetta e che, pertanto, soggiace alla pretesa da parte dei risparmiatori e delle banche di tassi d'interesse reali troppo alti per assicurare l'uguaglianza tra risparmi e investimenti. In sintesi, la disoccupazione e le crisi di sovrapproduzione sono dovute per gli economisti neoclassici al cattivo funzionamento del mercato del lavoro e del mercato dei capitali.

L'unico tipo di crisi che gli economisti neoclassici ritengono possibile è circoscritta a singoli settori di produzione e può verificarsi, per esempio, se gli imprenditori non indovinano i gusti dei consumatori e producono troppo di un bene e poco di altri: se su un particolare mercato c'è troppa offerta di un bene rispetto alla domanda, questo significa che in un altro mercato c'è insufficienza di offerta rispetto alla domanda, ma complessivamente non possono verificarsi crisi generali di sovrapproduzione.

3 LA TEORIA KEYNESIANA: IL MODELLO DI DOMANDA E OFFERTA AGGREGATA

Il risultato ottimistico della teoria neoclassica del reddito nazionale viene a cadere seguendo il punto di vista della teoria del reddito nazionale, elaborata dall'economista **John Maynard Keynes** nella sua opera maggiore, la *Teoria generale dell'occupazione, dell'interesse e della moneta*, pubblicata nel 1936, che fornì una spiegazione diversa del funzionamento del sistema economico di mercato.

Intanto, Keynes mette in luce il fatto che in un'economia di mercato i diversi operatori, in primo luogo imprese e famiglie, sono centri di decisione indipendenti gli uni dagli altri. Chi decide il risparmio non è lo stesso soggetto che decide l'investimento. Non solo: gli imprenditori sono individui che assumono una duplice veste: producono beni, tra cui beni d'investimento, ma nello stesso tempo sono anche soggetti che domandano beni d'investimento ad altri imprenditori come loro, per produrre beni di consumo. Pertanto, il risultato economico complessivo, riassunto nella grandezza del reddito nazionale, dipenderà dall'insieme delle decisioni riguardanti la produzione, la distribuzione e la spesa, prese da questi operatori economici che agiscono in modo indipendente gli uni dagli altri. Solo per pura casualità le decisioni prese da tutti questi operatori possono risultare coerenti, ovvero compatibili le une con le altre, nel momento in cui sono adottate. Nella stragrande maggioranza dei casi, alla prova dei fatti, questo non accade.

In secondo luogo, l'economista britannico evidenzia un'altra caratteristica dell'economia di mercato, quella di essere un'economia monetaria, ma questo sarà oggetto della prossima unità.

Illustra poi la sua teoria che ruota attorno al **principio della domanda effettiva**, cioè al principio secondo cui è la domanda che crea l'offerta (vedi Sezione A, Unità 3, paragrafo 5) e non viceversa, come affermavano i neoclassici.

Quali sono le motivazioni addotte da Keynes per sostenere la sua tesi?

Nella sua analisi di breve periodo del sistema economico, supponendo un'economia chiusa e senza Pubblica amministrazione, egli afferma che il reddito distribuito viene utilizzato dai consumatori in parte per essere consumato e in parte per essere risparmiato:

Y = **C** (consumi) + **S** (risparmi)

e dagli imprenditori in parte per essere consumato e in parte per essere investito

Y = **C** (consumi) + **I** (Investimenti)

da cui: C + S = C + I e quindi:

S = **I** nella contabilità nazionale

In realtà, dice Keynes, questa uguaglianza non si verifica nella realtà, perché risparmi e investimenti, essendo decisi da operatori indipendenti, non dipendono dalle stesse variabili.

Per quanto riguarda la **domanda di beni di consumo**, Keynes ritiene che le famiglie non possano scegliere liberamente tra consumo e risparmio affidandosi per questa scelta al più o meno favorevole tasso d'interesse che si forma sul mercato dei capitali, come invece affermavano i neoclassici. Per Keynes, nel momento in cui riceveranno un reddito, le famiglie legheranno psicologicamente le loro scelte su quanto consumare o risparmiare del reddito conseguito oggi alla previsione di ciò che potrebbe accadere domani. È proprio l'**incertezza sul futuro** a indurre le famiglie a non spendere tutto il loro reddito in consumi e a mettere da parte qualcosa con cui garantirsi dagli imprevisti futuri. Se i redditi sono bassi, gran parte del reddito che le famiglie percepiscono viene spesa nell'acquisto di beni di consumo, mentre solo una piccola parte viene risparmiata. Man mano che nel corso del tempo il reddito della collettività cresce, le famiglie spenderanno una quota minore del loro reddito in acquisti di beni di consumo e risparmieranno di più. Allo stesso modo si può dire che nel breve periodo, man mano che si passa da una fascia di reddito familiare basso a una fascia di reddito più alto, la spesa per i consumi diminuisce e aumenta la quota di reddito destinata al risparmio. Si conclude allora che consumo e risparmio dipendono principalmente dal reddito, anziché dal tasso d'interesse.

Teorema della domanda di consumi

A livello macroeconomico viene definita una funzione del consumo (legame funzionale che collega domanda di consumi e reddito nazionale) e una funzione del risparmio (legame funzionale che collega il risparmio al reddito nazionale) nel modo seguente:

C = c (Y) dove C = consumi e "c" = propensione marginale al consumo.
S = s (Y) dove S = risparmio e "s" = propensione marginale al risparmio.

Possiamo definire **la <u>propensione marginale al consumo</u>** come il rapporto tra l'incremento dei consumi e l'incremento del reddito nazionale:

$$c = \frac{\Delta C}{\Delta Y}$$

Se, per esempio, la propensione marginale al consumo è pari all'80%, ciò significa che ogni qualvolta il reddito nazionale aumenta di 100 unità, la domanda di consumi aumenta di 80 unità e le altre 20 unità di reddito percepito in più vengono destinate al risparmio.

L'aumento del risparmio, che si verifica in corrispondenza di ogni aumento unitario di reddito, viene detto **<u>propensione marginale al risparmio</u>**:

$$s = \frac{\Delta S}{\Delta Y}$$

Nell'esempio riportato, si dirà che la propensione marginale al risparmio è pari al 20%.
Poiché tutto il reddito si ripartisce tra consumi e risparmi, la somma delle due propensioni (al consumo e al risparmio) deve necessariamente essere uguale al 100% (oppure = 1).

c + s = 100% (oppure = 1)

Possiamo anche definire una **<u>propensione media al consumo</u>** come rapporto tra consumo e reddito e una **<u>propensione media al risparmio</u>** come rapporto tra risparmio e reddito:

$$\textbf{propensione media al consumo} = \frac{C}{Y}$$

$$\textbf{propensione media al risparmio} = \frac{S}{Y}$$

Se, per esempio, la propensione media al consumo è pari al 70%, ciò significa che per ogni 100 euro di reddito, 70 vengono destinati al consumo e 30 vengono destinati al risparmio, per cui la propensione media al risparmio è il 30%. Anche in tal caso la somma delle due propensioni è uguale al 100% (oppure uguale a 1).

Si può, quindi, enunciare il seguente **teorema della domanda di consumi**:

- la domanda di beni di consumo è in funzione diretta del reddito nazionale;
- la propensione marginale al consumo è generalmente maggiore di zero (cioè ogni aumento di reddito produce un aumento del consumo), ma inferiore al 100% (ossia ogni aumento del reddito viene destinato solo in parte al consumo e per il resto al risparmio).

RINFORZO

Per quanto riguarda la **domanda di beni d'investimento**, per Keynes essa non dipende dal reddito degli imprenditori, almeno non in maniera stretta e diretta, ma è finanziata prevalentemente dal credito bancario, cioè con liquidità presa a prestito. Pertanto, è definita come una componente autonoma della domanda. Il tasso d'interesse reale è il prezzo pagato per ottenere tale liquidità e, quindi, influenza le decisioni d'investimento (se il tasso d'interesse reale aumenta, la domanda di investimento si riduce; viceversa nel caso contrario).

Il tasso d'interesse reale, però, per Keynes non è l'unica grandezza che influenza le decisioni degli imprenditori. Costoro, infatti, fanno previsioni sui ricavi e i costi futuri relativi ai progetti d'investimento da realizzare e, quindi, sui rendimenti dei loro investimenti, per cui la domanda di beni d'investimento dipende, oltre che dal tasso d'interesse reale, dalle aspettative, dalle previsioni che gli imprenditori fanno circa il futuro.

Marginal propensity to consume
Propensione marginale al consumo
Average propensity to consume
Propensione media al consumo
Marginal propensity to save
Propensione marginale al risparmio
Average propensity to save
Propensione media al risparmio

La funzione degli investimenti è dunque la seguente:

$$I = I\ (i, a)$$

dove con "i" si intende il tasso d'interesse reale e con "a" le aspettative imprenditoriali.

Le aspettative imprenditoriali sono una componente importantissima della domanda d'investimento. Esse si formano sotto l'influenza degli avvenimenti più diversi: un cambiamento politico all'orizzonte o il discorso di un leader politico possono creare euforia o panico a seconda delle circostanze. Pertanto, se anche una massa abbondante di risparmio affluisse sul mercato finanziario facendo scendere il tasso d'interesse reale, non è affatto detto che gli imprenditori reagirebbero al minor tasso d'interesse reale realizzando un volume maggiore di investimenti. Se le aspettative imprenditoriali sono sfavorevoli, se gli "spiriti vitali" (cioè la spinta a fare, ad ampliare imprese, ecc.) degli imprenditori si sono affievoliti a causa della scarsa fiducia nel futuro, gli investimenti non saranno incoraggiati benché continui a scendere il tasso d'interesse reale.

A questo punto Keynes giunge alle seguenti conclusioni.

Nel breve periodo la capacità produttiva è "data", non si può modificare. Essa determina il livello del **reddito potenziale**, cioè il massimo volume dei beni e servizi che un sistema economico può produrre dato lo stock di risorse produttive esistenti (impianti e attrezzature produttive combinate con le forze di lavoro esistenti). Le imprese, tuttavia, producono ovviamente per il mercato, cioè per vendere il prodotto ottenuto e ricavarne un profitto. È quindi chiaro che le imprese producono solo nei limiti in cui il mercato è disposto ad assorbire i loro prodotti, cioè nella misura in cui i prodotti vengono domandati.

Potential output
Reddito potenziale
The maximum product that an economy could produce if all the factors of production were fully employed. Also called Natural gross domestic product.

Real income
Reddito effettivo
Income of individuals or nations after adjusting for inflation. It is calculated by subtracting inflation from the nominal income.

Può quindi succedere che, se la domanda globale per consumi è bassa, per i motivi in precedenza sottolineati, gli imprenditori manifestino una bassa propensione a investire. Può succedere, in altre parole, che il risparmio potenziale non sia assorbito da investimenti di pari importo. Se è così, la produzione effettiva (**reddito effettivo**) scenderà al di sotto del suo livello potenziale e, *ex post*, anche il risparmio scenderà a causa della diminuzione del reddito fino al punto da eguagliare *ex post* gli investimenti. Contabilmente si verifica l'equilibrio, ma è un **equilibrio di sottoccupazione**, caratterizzato da sottoutilizzazione delle risorse, disoccupazione e quindi non è un equilibrio auspicabile.

Può anche verificarsi la situazione contraria. Quando il sistema economico ha raggiunto il livello del reddito potenziale (cioè quando la capacità produttiva è impiegata pienamente o si è incappati in una strozzatura dovuta per esempio alla piena utilizzazione di un particolare tipo di lavoratori specializzati), anche se la domanda di mercato cresce, il livello della produzione non può aumentare, perché è anche chiaro che il reddito effettivo non può mai essere superiore al reddito potenziale e l'aumento di domanda si traduce nell'aumento dei prezzi. Contabilmente si verifica l'equilibrio, ma è un **equilibrio con inflazione**.

Comunque sta di fatto che, in entrambe le situazioni, è **la domanda a fissare il livello della produzione**, per cui non vi è nessuna garanzia che si realizzi l'uguaglianza tra investimenti programmati dalle imprese e risparmi programmati dalle famiglie (coincidenza tra reddito *ex ante* e reddito *ex post*).

Questa è la conclusione a cui arriva Keynes, il quale rifiuta la cosiddetta Legge degli sbocchi e sostiene che il sistema economico di mercato è altamente instabile, contrariamente a quanto affermato dagli economisti neoclassici.

IN PILLOLE

Il ruolo della domanda effettiva per Keynes

Se la domanda effettiva è minore dell'offerta potenziale, il sistema cadrà in una situazione depressiva.

Se la domanda effettiva è maggiore dell'offerta potenziale, le imprese non saranno più in grado di far fronte all'aumento della domanda con un'accresciuta produzione, per cui un aumento della domanda (della spesa) si tradurrà in aumento dei prezzi.

Anche il funzionamento del mercato del lavoro neoclassico è criticato da Keynes?

Keynes descrive il mercato del lavoro in modo molto diverso dagli economisti neoclassici.

A suo avviso, i lavoratori hanno ben poca possibilità di scelta quanto all'impiego del proprio tempo: essi devono procacciarsi di che vivere guadagnandosi un salario e, quindi, non possono scegliere liberamente tra ozio e lavoro. Il salario reale preteso dai lavoratori in ogni epoca è un "dato" che riflette le abitudini di consumo e il livello di vita che un lavoratore medio e la sua famiglia devono garantirsi, contrattato a livello sindacale.

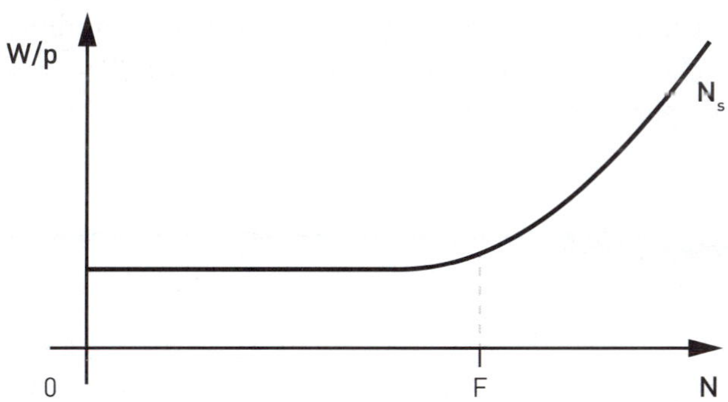

Figura 3

Offerta di lavoro nella teoria keynesiana

Dalla figura 3 emerge che la **curva dell'offerta di lavoro** ha un tratto parallelo in corrispondenza del salario reale "storicamente dato", perché a quel "dato" salario reale tutti coloro che sono costretti a lavorare per vivere si offrono sul mercato del lavoro. Al punto F del grafico corrisponde il raggiungimento della piena occupazione; oltre tale punto, solo un salario reale sempre più alto indurrà i lavoratori a offrirsi in numero maggiore o ad allungare il tempo di lavoro.

La **curva di domanda di lavoro** (fig. 4) è tecnicamente simile a quella vista nella teoria neoclassica e quindi ha un andamento decrescente, diminuisce al crescere del salario reale.

Figura 4

Mercato del lavoro nella teoria keynesiana

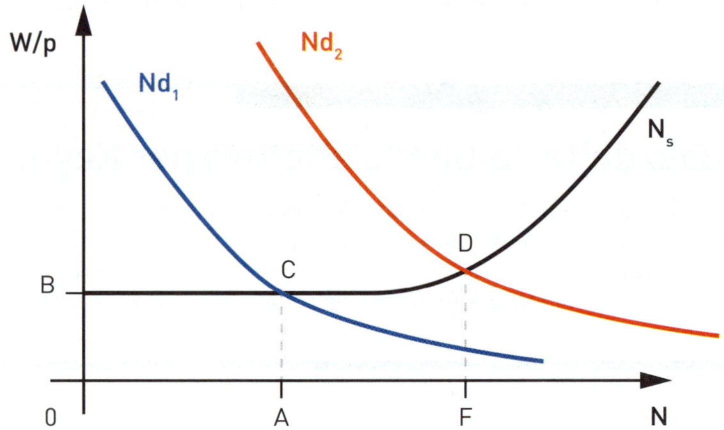

Nel punto di intersezione tra la curva di domanda di lavoro e la curva di offerta di lavoro (punto D) si ha piena occupazione. Se, invece, la curva di domanda di lavoro (nel grafico, la curva blu), incontra la curva di offerta di lavoro nel tratto orizzontale di quest'ultima (punto C) l'equilibrio che si formerebbe sul mercato del lavoro sarebbe un "equilibrio di sottoccupazione". Questa situazione identifica il caso in cui la domanda globale è bassa e, pertanto, le imprese assorbono meno manodopera di quella corrispondente alla "piena occupazione". In tal caso il salario reale non scenderà al di sotto del livello dato, perché né i lavoratori possono offrire né le imprese pretendere che si lavori a un salario reale inferiore alle esigenze di vita dei lavoratori (rigidità dei salari reali verso il basso). Per tale motivo, una parte dell'offerta di lavoro resta insoddisfatta e si crea un "equilibrio con disoccupazione", che non è auspicabile e va sanato con interventi di politica economica da parte dello Stato.

IN PILLOLE

Teoria keynesiana

- **Il salario reale** è "storicamente determinato".
- **Offerta di lavoro**: a un salario reale "storicamente determinato" tutti coloro che sono costretti a lavorare per vivere si offrono sul mercato del lavoro; oltre quel tratto, la curva d'offerta di lavoro sale.
- **Domanda di lavoro**: è in funzione decrescente del salario reale, ma soprattutto **è determinata dalla domanda aggregata**.
- **Equilibrio sul mercato del lavoro**: offerta di lavoro = domanda di lavoro, ma non sempre di piena occupazione a causa della rigidità dei salari verso il basso.
- **La disoccupazione** è involontaria.

Bisogna però precisare quanto segue. **Per Keynes l'occupazione rimane fondamentalmente determinata nel mercato dei beni, mentre il mercato del lavoro "segue".** L'economista britannico ritiene, infatti, che la curva di domanda di lavoro delle imprese sia influenzata dal livello della domanda aggregata (a differenza dei suoi predecessori neoclassici) e sottolinea che le contrattazioni salariali tra lavoratori e imprese riguardano il salario monetario e non quello reale. Pertanto, per Keynes, il grafico non rappresenta il mercato del lavoro, in quanto non c'è nessun motivo per cui sul mercato del lavoro debbano incontrarsi domanda e offerta di lavoro. L'unica cosa che possiamo però dire, tenendo conto di questa osservazione di Keynes, è che la curva di domanda di lavoro rappresenta il salario massimo che gli imprenditori sono disposti a pagare per occupare una data quantità di lavoro, al fine di massimizzare il loro profitto.

4 IL REDDITO D'EQUILIBRIO

In un'economia chiusa e senza interventi della Pubblica amministrazione la legge elaborata da Say non funziona, perché la produzione potenziale non sempre trova uno sbocco equivalente, cioè una domanda di pari importo. Pertanto il reddito che effettivamente sarà prodotto è quello che trova una domanda per consumi e una domanda per investimenti.

Riprendiamo l'equazione scritta in precedenza:

$$\mathbf{Y = C + I}$$

Sapendo che C = cY e indicando con C_0 il consumo minimo, irrinunciabile anche in caso di un cataclisma che facesse cessare l'attività economica, avremo:

$$\mathbf{C = C_0 + cY}$$

Sostituiamo ora nella formula Y = C + I l'espressione vista per la domanda di beni di consumo e quella vista per la domanda di beni d'investimento (paragrafo 3). Otteniamo:

$$\mathbf{Y = C_0 + cY + I\,(i, a)}$$

La domanda globale si può allora suddividere in due categorie: la domanda che dipende dal reddito indicata con cY e la domanda indipendente dal reddito, detta anche domanda autonoma, costituita da quella parte del consumo, C_0, che, come si è detto, è il consumo minimo indispensabile anche quando il reddito è nullo, e dalla domanda di beni d'investimento, che dipende dal tasso d'interesse reale e dalle aspettative.

Se chiamiamo A la domanda autonoma ($A = C_0 + I$), la formula precedente si può riscrivere così:

$$\mathbf{Y = cY + A}$$

da cui: $Y - cY = A$ e quindi: $Y(1 - c) = A$ e infine:

$\mathbf{Y} = \frac{1}{1-c}\,\mathbf{A}$ o, in altri termini, $\mathbf{Y} = \frac{1}{s}\,\mathbf{A}$, essendo $\mathbf{c+s=1}$ per cui $\mathbf{s=1-c}$

Multiplier
Moltiplicatore
The multiplier refers to the increase in final income arising from any new injection of spending.

L'espressione $\frac{1}{1-c}$ o, in altri termini, l'espressione $\frac{1}{s}$ è indicata con il termine **moltiplicatore**. Si tratta di una grandezza che, applicata alla spesa autonoma (indicata con A), fornisce il livello del reddito nazionale che sarà prodotto. Nei casi normali il moltiplicatore risulta superiore all'unità. Ciò significa che ogni euro d'investimento fa crescere il reddito nazionale di una quota superiore all'investimento stesso, a seconda della propensione marginale al risparmio.

È possibile spiegare il moltiplicatore con un esempio numerico?

Supponiamo di partire da zero con un'economia immaginaria nella quale inizialmente non si svolga alcuna produzione e non si formi alcun reddito. Immaginiamo ora che in questa economia vengano eseguiti 100 euro di investimenti, cioè che vengano prodotti beni strumentali per 100 euro. Questa produzione dà luogo immediatamente alla formazione di 100 euro di reddito per coloro che hanno partecipato alla produzione. Questo reddito sarà speso in parte per acquistare beni di consumo. Se la propensione al risparmio è del 20%, il rimanente 80% del reddito, cioè 80 euro, sarà speso per acquistare beni di consumo. Questa domanda stimola la produzione di 80 unità di beni di consumo; questa produzione, a sua volta, forma nuovi redditi pari a 80 euro. A loro volta, questi redditi saranno spesi per l'80%, il che significa che vi sarà una nuova domanda di beni di consumo pari a 64 unità. I cicli di spesa si susseguono così fino a quando i beni di consumo e i beni strumentali vengono prodotti nella stessa proporzione in cui la collettività intende ripartire il proprio reddito tra consumo e risparmio. Poiché questa proporzione è di 80 contro 20, cioè di 4 contro 1, si raggiunge l'equilibrio soltanto quando si producono beni di consumo per un ammontare quadruplo dell'ammontare dei beni d'investimento prodotti. Poiché i beni strumentali vengono prodotti in ragione di 100 unità, i beni di consumo dovranno essere prodotti in ragione di 400 unità. La somma dei consumi e degli investimenti darà luogo a un reddito d'equilibrio di 500 unità. A questo punto l'economia è in equilibrio. Infatti, con un reddito di 500 euro e con una propensione al consumo dell'80%, si domandano 400 unità di beni di consumo che sono esattamente quelle che sono prodotte.

Possiamo anche immaginare che questo processo sia distribuito nel tempo, lungo vari periodi, e costruire la seguente tabella.

Tabella 1 – Effetti espansivi del reddito: una esemplificazione

Periodi	Investimenti (domanda)	Reddito disponibile (offerta)	Consumo (80%)	Risparmio (20%)
1° periodo	Δ**100**	Δ100	Δ80	Δ20
2° periodo	Δ80	Δ80	Δ64	Δ16
3° periodo	Δ64	Δ64	Δ51,20	Δ12,80
......	....	......	......	......
Totale	Δ500	Δ500	Δ400	Δ**100**

Il livello della produzione, e quindi del reddito nazionale (Y), può essere espresso con la seguente formula:

$$\Delta Y = \frac{1}{1-c}\,\Delta I = \frac{1}{s}\,\Delta I$$

cioè:

$$\Delta Y = \frac{1}{0{,}20}\,100 = 500$$

la quale indica che Y è tanto maggiore quanto maggiori sono gli investimenti (I) e quanto minore è la propensione al risparmio (s). L'investimento produce, quindi, un effetto amplificato sulla formazione del reddito nazionale.

Come si vede dalla tabella 1, la produzione e il reddito aumentano fino al punto in cui nel sistema si forma un ammontare di risparmio esattamente uguale alla spesa autonoma per investimento. Possiamo, dunque, enunciare il seguente:

TEOREMA DEL MOLTIPLICATORE

Il livello di equilibrio del reddito nazionale, quello che rende uguali risparmi e investimenti volontari e che è corrispondente all'uguaglianza tra offerta (PIL reale) e domanda globale (spesa globale), è uguale al prodotto tra il volume degli investimenti (moltiplicando) e l'inverso della propensione marginale al risparmio (moltiplicatore).

In sintesi:
- nella **teoria keynesiana**, gli investimenti, intesi come la più importante componente autonoma della domanda, sollecitano tramite il moltiplicatore un certo livello di produzione e di reddito, mentre le decisioni di risparmio seguono (ossia gli investimenti guidano il risparmio);
- nella **teoria neoclassica**, al contrario, gli investimenti seguono i risparmi (ovvero i risparmi guidano gli investimenti).

È possibile rappresentare graficamente la situazione d'equilibrio del reddito nazionale descritta da Keynes?

La situazione d'equilibrio del reddito nazionale descritta da Keynes dal punto di vista grafico è rappresentata in figura 5.

Figura 5

Determinazione del punto di equilibrio del reddito nazionale

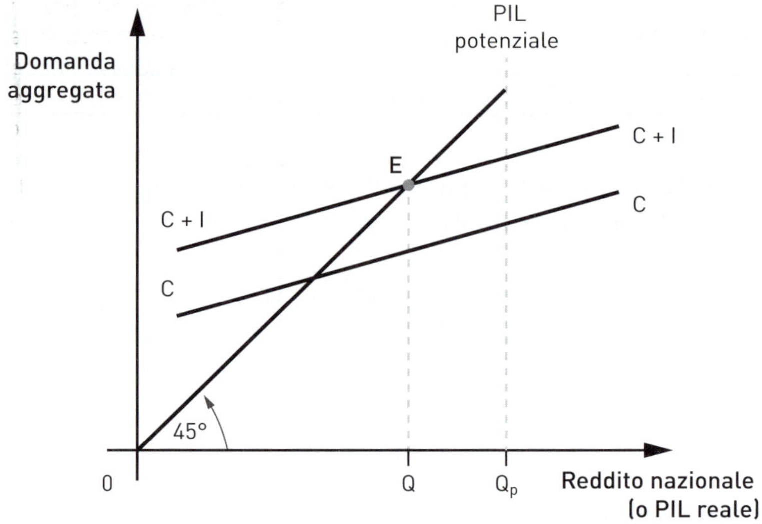

L'equilibrio si verifica quando il reddito (o PIL reale) eguaglia la domanda aggregata (C + I). Per individuare il punto di equilibrio è, quindi, necessario rappresentare anche la **retta del reddito**. Essendo il reddito (o PIL reale) indicato nell'asse dell'ascisse del diagramma, è sufficiente tracciare dall'origine (0) una semiretta crescente a 45°; tutti i punti di questa semiretta corrispondono a valori uguali dell'ascissa e dell'ordinata. Viene poi tracciata la retta del consumo che varia in funzione diretta del reddito e la retta della domanda aggregata (C + I) che si sposta parallelamente più in alto rispetto alla retta del consumo di un ammontare fisso costituito dagli investimenti, in quanto questi non dipendono dal reddito. Quando nel punto E la retta del reddito a 45° interseca la retta della domanda aggregata (C + I), il reddito nazionale (o PIL reale) eguaglia la domanda aggregata (C + I). Il livello di reddito Q è detto **reddito di equilibrio**. Tutti i punti a sinistra o a destra del punto E sono situazioni di instabilità, per cui si mettono in moto dei meccanismi di aggiustamento consistenti in variazioni della produzione, evidenziati nel seguente schema e a cui abbiamo già accennato in precedenza.

Meccanismo di aggiustamento attraverso variazioni della produzione (quantità)

A sinistra del punto E:
- la spesa programmata per consumi e investimenti > della produzione;
- eccesso di domanda;
- la domanda di beni e servizi supera la produzione a causa di una attività economica diventata più dinamica o dell'aumento della spesa pubblica. Questo può portare a un PIL reale superiore al PIL potenziale, con conseguente gap inflazionistico, così chiamato perché l'aumento relativo del PIL reale si traduce in un aumento dei prezzi nel lungo periodo. Si determina, pertanto, un **equilibrio con inflazione**.

A destra del punto E:
- la produzione > della spesa programmata per consumi e investimenti;
- eccesso di offerta;
- è la situazione che si verifica tutte le volte in cui il reddito reale diventa inferiore a quello di piena occupazione. Infatti, in seguito all'eccesso di offerta, le imprese dovranno aumentare le loro scorte e ridurre la produzione. Questo significa licenziamenti di lavoratori, minori redditi erogati, minori consumi, minori investimenti. Si determina, pertanto, un **equilibrio con sottoccupazione** (o disoccupazione).

IN PILLOLE

Come possono essere risolte queste situazioni di eccesso di domanda o di scarsità di domanda?

Secondo Keynes, spetta ai Governi risolvere le situazioni sopra delineate attraverso provvedimenti di politica economica destinati a incidere sulla domanda globale.

Una possibile soluzione prospettata da Keynes in una situazione di sottoccupazione è quella di provocare un aumento della domanda aggregata attraverso un'iniezione di spesa fatta dallo Stato (**spesa pubblica**), tale da indurre un incremento del reddito nazionale (naturalmente si tratterà di un incremento di reddito superiore alla domanda aggregata per via del moltiplicatore del reddito, generalmente superiore all'unità). Esempi di politiche keynesiane sono le opere pubbliche, interventi dello Stato sulle infrastrutture e sull'edilizia, altri interventi ridistributivi, ecc. Tuttavia Keynes non è stato mai un sostenitore della spesa pubblica "sempre e comunque", ma soltanto in caso di recessione o depressione e quindi programmando spese pubbliche "produttive", orientate alla crescita di lungo periodo.

Veniamo allora alla funzione assolta dalla spesa pubblica e dalla tassazione, visto che nella realtà dei sistemi economici il settore pubblico occupa un posto molto importante.

Come influisce la spesa pubblica sul livello del reddito nazionale?

Se l'operatore pubblico decide di aumentare la spesa pubblica ΔG, poiché essa è una componente autonoma della domanda, il reddito aumenterà di

Inflationary gap
Equilibrio con inflazione
Above full-employment equilibrium simply means that a given economy is producing goods, as measured by its GDP, at a higher level then it usually does. Because this market is in equilibrium, there will not be any excess supply in the short run, but this overly active economy will create more demand for goods and services, which will push prices upwards and possibly, lead to a greater level of inflation.

Underemployment equilibrium
Equilibrio di sottoccupazione
In Keynesian economics, underemployment equilibrium refers to a situation with a persistent shortfall relative to full employment and potential output so that unemployment is higher than at the "natural" rate of unemployment.

Government spending
Spesa pubblica
Government Spending refers to public expenditure on goods and services. Government spending policies consist in budget targets, adjusting taxation, increasing public expenditures and public work.

un ammontare pari all'aumento della spesa pubblica ΔG moltiplicato per il valore del moltiplicatore:

$$\Delta Y = \frac{1}{1-c} \Delta G$$

Se la spesa pubblica fosse costituita da trasferimenti alle persone (pensioni, indennità, ecc.), indicati con "Tr", solo una parte dei trasferimenti verrebbe spesa e ciò dipenderebbe dalla propensione marginale al consumo "cTr". In questo caso avremmo:

$$\Delta Y = \frac{1}{1-c} c \Delta Tr$$

Non bisogna dimenticare, inoltre, che il settore pubblico è responsabile del prelievo fiscale a carico delle famiglie (e anche delle imprese, ma per semplicità trascureremo questo aspetto).

La percentuale del reddito complessivo sottratta alle famiglie sotto forma di imposte può essere misurata dal parametro "t", che indica l'aliquota d'imposta (supponendo per semplicità che sia un'imposta proporzionale, cioè che il suo ammontare cresca in modo proporzionale al crescere del reddito). Tale aliquota, applicata al reddito complessivo (Y) misura il valore complessivo del prelievo fiscale (il cosiddetto gettito d'imposta), pari a tY. Pertanto il reddito disponibile per i consumi delle famiglie e imprese Y_d è:

$$Y_d = Y - tY$$

Tutto questo modifica il valore del moltiplicatore. Infatti:

$$Y = C + I + G$$

Tenendo presente che C dipende dal reddito disponibile Y_d e non dal reddito complessivo Y, avremo:

$$C = C_0 + cY_d$$

Essendo $Y_d = Y - tY$, si avrà:

$$Y = C_0 + c\,(Y - tY) + I + G$$

Effettuando gli opportuni passaggi algebrici, risulterà:

$$Y = \frac{1}{1-c(1-t)} (C_0 + I + G)$$

o, in termini di variazione (Δ):

$$\Delta Y = \frac{1}{1-c(1-t)} (C_0 + \Delta I + \Delta G)$$

La suddetta equazione ci dice che l'esistenza del prelievo fiscale ha modificato il moltiplicatore keynesiano poiché è inferiore rispetto a quello di un'economia senza Pubblica amministrazione:

$$Y = \frac{1}{1-c(1-t)} < \frac{1}{1-c}$$

Come si modifica il valore del moltiplicatore nel caso in cui il sistema economico sia aperto ai rapporti con il resto del mondo?

In un sistema con Pubblica amministrazione e aperto le componenti autonome della domanda, oltre agli investimenti, sono la spesa pubblica, G, e le esportazioni X.

Le importazioni sono proporzionali al reddito, cioè aumentano all'aumentare del reddito e viceversa, per cui M = mY, dove "m" è la propensione marginale a importare e misura il valore delle merci che verranno acquistate per ogni euro di reddito nazionale. Anche le imposte (T) dipendono dal reddito.

Partendo dall'equazione del reddito nazionale:

$$\mathbf{Y = C + I + G - T + X - M}$$

isoliamo le componenti autonome della domanda (I + G + X):

$$\mathbf{Y - C + M + T = I + G + X}$$

da cui:

$$\mathbf{Y - cY + mY + tY = I + G + X}$$

$$\mathbf{Y\ (1 - c + m + t) = I + G + X}$$

$$\mathbf{Y = \frac{1}{1-c+m+t}\ (I + G + X)}$$

o, in termini di variazione (Δ):

$$\Delta Y = \frac{1}{1-c+m+t}\ (\Delta I + \Delta G + \Delta X)$$

$$\Delta Y = \frac{1}{s+m+t}\ (\Delta I + \Delta G + \Delta X)$$

I **tributi T** rappresentano le entrate per il Governo. Sono una variabile esogena (strumento della politica economica).

Il consumo, come è noto, dipende dal reddito disponibile (Y – tY).

Moltiplicatore in un'economia senza Pubblica amministrazione e chiusa	Moltiplicatore in un'economia con Pubblica amministrazione e chiusa	Moltiplicatore in un'economia con Pubblica amministrazione e aperta
$\frac{1}{1-c}$	$\frac{1}{1-c(1-t)}$	$\frac{1}{s+t+m}$

IN PILLOLE

5 IL MERCATO DEL LAVORO E LA DISOCCUPAZIONE

L'andamento e le prospettive economiche di un Paese sono ben evidenziati da cinque variabili fondamentali:

- il tasso di disoccupazione;
- il tasso di crescita del PIL;
- il tasso di interesse;
- il tasso di inflazione;
- il tasso di cambio.

I primi due tassi rivestono una particolare importanza, in quanto sono chiaramente percepiti dai cittadini come indicatori del loro benessere presente e futuro ed è su essi che concentreremo la nostra attenzione in questa Unità. Gli altri tre tassi verranno presi in considerazione nelle sezioni successive.

Il **tasso di disoccupazione** riguarda il mercato del lavoro. La principale fonte di informazione statistica sul mercato del lavoro è la rilevazione campionaria Istat sulle forze di lavoro. Le informazioni da qui rilevate sono la base per ricavare le stime ufficiali degli occupati e delle persone in cerca di lavoro, necessarie per il calcolo dei tassi di occupazione e di disoccupazione.

Per procedere al loro esame, dobbiamo fare attenzione a distinguere i concetti di *popolazione in età attiva* e di ***forza lavoro***.

Labour force
Forza lavoro
The total of all civilians aged 15 or older classified as employed, or willing and able to work.

Population
Popolazione
All elements, individuals, or units that meet the selection criteria for a group to be studied, and from which a representative sample is taken for detailed examination. The total of all populations is called a universe.

Working age population
Popolazione in età attiva
Population aged 15 to 64. The age dependency ratio is the ratio of dependents (people younger than 15 or older than 64) to the working-age population.

☐ Da chi è costituita la popolazione in età attiva? E la forza lavoro?

Nella società contemporanea non tutte le persone che fanno parte della **popolazione** complessiva possono lavorare: pensiamo innanzitutto agli anziani (molti dei quali già pensionati) e ai minori di 15 anni. Sottraendo dalla popolazione gli appartenenti a queste due categorie, otteniamo la **popolazione in età attiva**, che per l'Istat è quella di età compresa fra i 15 e i 64 anni:

POPOLAZIONE IN ETÀ ATTIVA =

Popolazione totale – (persone di età > 64 anni + persone di età < 15 anni)

La popolazione in età attiva (Pop*a*) comprende, pertanto, tutti i cittadini che potenzialmente potrebbero lavorare, ma è evidente che al suo interno vi sono soggetti non interessati a entrare nel mercato del lavoro, come per esempio le casalinghe e gli studenti di età superiore ai 15 anni. Soltanto coloro che partecipano al mercato del lavoro, in quanto **occupati** o **disoccupati** in cerca di occupazione, fanno parte della forza lavoro:

FORZA LAVORO =
Occupati + Disoccupati in cerca di occupazione

Il rapporto tra la forza lavoro (FL) e la popolazione in età attiva indica il **tasso di partecipazione** (Tp) alla forza lavoro, definito anche *tasso di attività netto*:

$$\mathbf{Tp} = \frac{\mathbf{FL}}{\mathbf{Pop}a} \times 100$$

Se invece al denominatore della frazione mettiamo la popolazione totale, otteniamo il *tasso di attività lordo*.

In genere, lo sviluppo economico di un Paese comporta la crescita di questo rapporto, soprattutto per l'aumento della percentuale di donne che entrano nel mercato del lavoro.

Esistono anche disoccupati che non sono in cerca di occupazione?

I disoccupati sono coloro che, privi di un'occupazione "ufficiale" retribuita, la ricercano attivamente. Nelle indagini statistiche è considerato disoccupato chi ha svolto negli ultimi trenta giorni almeno un'azione concreta di ricerca di un lavoro (documentata, per esempio, da una iscrizione presso gli Uffici del lavoro o presso un'agenzia di lavoro interinale o altro ancora) ed è disponibile a lavorare nelle due settimane successive a quelle dell'intervista. Se questi due criteri non vengono rispettati, la persona è definita "inattiva", quindi non entra a far parte delle forze di lavoro.

Le persone in cerca di occupazione sono definite come:

- **disoccupati in senso stretto**, se avevano un lavoro e lo hanno lasciato da meno di un anno;
- **disoccupati in cerca di prima occupazione** (che più propriamente dovrebbero essere definiti "inoccupati"), se non hanno mai lavorato;
- **disoccupati di lunga durata**, se hanno perso il lavoro da oltre un anno;
- **altre persone in cerca di occupazione** (casalinghe, studenti, ecc.), se si dichiarano disponibili a lavorare ma solo in presenza di condizioni particolari, per esempio con un orario flessibile o con un contratto a tempo parziale.

Può capitare che, dopo un periodo più o meno lungo di ricerca di un lavoro, alcune persone smettano di cercarlo, uscendo in questo modo dalla categoria dei disoccupati, nonché da quella della forza lavoro rilevata periodicamente dai competenti uffici statistici, facendo diminuire così anche il tasso di partecipazione.

Unemployeds
Disoccupati
Individuals who do not have a job are considered unemployed if they were older than 15 years, they were available for work and are actively looking for it.

Employee
Occupato (lavoratore dipendente)
A person who has agreed by contract to perform specified services for another, the employer, in exchange for wage, salary, fee or payment, as a subordinate.

New entrants
Disoccupati in cerca di prima occupazione e lavoratori stranieri
They're young people looking for a first full-time job, and foreign workers.

Discouraged workers
Lavoratori scoraggiati
People not in the labour force who have looked for work sometime in the past, but are not currently looking, because they believe there are no jobs available or there are none which meet their qualification.

La popolazione in età lavorativa che non lavora e non cerca occupazione costituisce la "non forza di lavoro". Diversi studi hanno dimostrato che, quando le persone restano per lungo tempo in cerca di occupazione, tendono a smettere di cercarla attivamente: in questo caso si parla di **lavoratori scoraggiati**. Nei Paesi in cui un'elevata disoccupazione rappresenta un fatto strutturale, si assiste spesso a un calo della forza lavoro, dato che aumenteranno i lavoratori scoraggiati.

Disponibili a lavorare ma non cercano (15-74 anni)

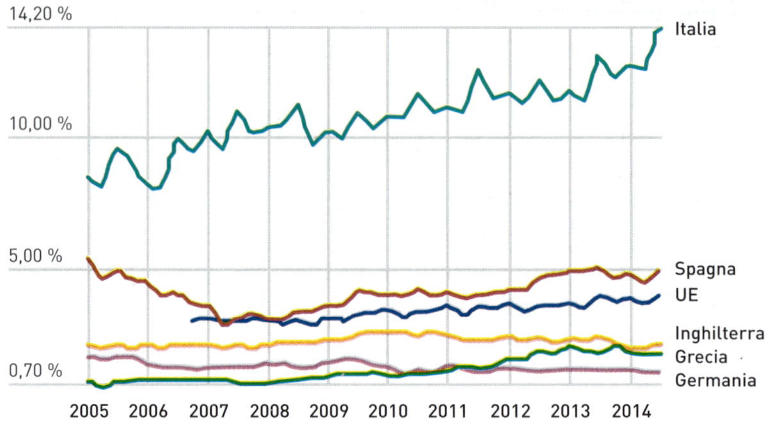

Fonte: Eurostat.

Come può essere definito il tasso di disoccupazione? E il tasso di occupazione?

Sulla base del ragionamento fin qui svolto, siamo in grado di definire il **tasso di disoccupazione (u)** come il rapporto percentuale tra le persone in cerca di occupazione (cioè i disoccupati, U) e la forza lavoro (FL):

$$\mathbf{u} = \frac{\mathbf{U}}{\mathbf{FL}} \times \mathbf{100}$$

Il tasso di disoccupazione, così calcolato, indica la percentuale della forza lavoro che sta cercando un impiego. Esso può essere calcolato anche per specifiche fasce di forza lavoro, differenziate sulla base del sesso, dell'età, del livello di istruzione, della zona di residenza.

In base alla definizione statistica, il **tasso di occupazione (n)** non è – come ci si potrebbe aspettare – il rapporto percentuale tra occupati (N) e forza lavoro (FL), ma è dato dal rapporto tra occupati e popolazione attiva, Pop*a*, (cioè popolazione della classe di età 15-64 anni):

$$\mathbf{n} = \frac{\mathbf{N}}{\mathbf{Pop}\boldsymbol{a}} \times \mathbf{100}$$

Secondo l'indagine sulle forze di lavoro armonizzata a livello europeo, una persona è definita "occupata" se nella settimana di riferimento in cui si è realizzata l'intervista ha svolto almeno un'ora di lavoro retribuito, oppure ha svolto almeno un'ora di lavoro presso l'azienda di un familiare o, infine, è stata assente dal lavoro (per malattia, ferie, maternità, ecc.), ma ha mantenuto il diritto alla conservazione del posto.

Alla luce delle suddette considerazioni, una diminuzione del tasso di disoccupazione non corrisponde necessariamente a un aumento del tasso di occupazione, a meno che i disoccupati si trasformino tutti in occupati. In realtà ciò spesso non accade, perché in molti casi chi non ha un lavoro smette di essere disoccupato non perché trova lavoro, ma perché, scoraggiato, si trasforma in un inattivo, ovvero in colui che non lavora e neppure cerca un impiego.

Un viaggio nel mercato del lavoro

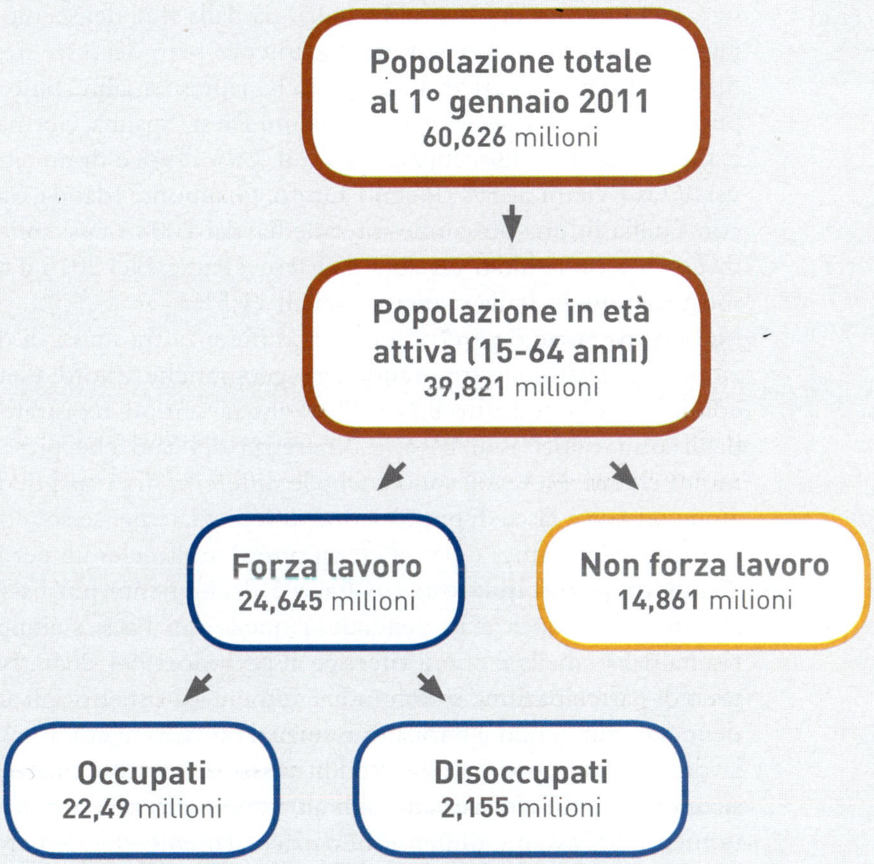

Tasso di disoccupazione: 2,155 / 24,645 = 8,7%
Tasso di occupazione: 22,49 / 39,821 = 56,48%
Tasso di partecipazione: 24,645 / 39,821 = 61,88%

Fonte: rielaborazione dati Istat.

Unemployment rate
Tasso di disoccupazione

It is a measure of the prevalence of unemployment and it is calculated as a percentage by dividing the number of unemployed individuals by all individuals currently in the labor force.

Employment rate
Tasso di occupazione

The percentage of the total labor force that is unemployed but actively seeking employment and willing to work.

Participation rate
Tasso di partecipazione

A measure of the active portion of an economy's labor force that refers to the proportion of people who are either employed or are actively looking for work.

Quali sono i problemi principali del mercato del lavoro italiano?

Per avere un'immagine abbastanza realistica del mercato del lavoro italiano bisogna guardare non soltanto ai tassi di disoccupazione e di occupazione, ma anche a quello di partecipazione; in merito all'andamento di questi tassi, i dati disponibili mettono in luce alcune peculiarità.

- **Tasso di occupazione**: nel quadro europeo l'Italia registra risultati non soddisfacenti, in quanto negli anni di crescita economica, come quelli compresi nel periodo 1995-2008, gli incrementi sono stati inferiori rispetto alla media dell'Unione europea. Nel periodo di crisi, 2008-2012, il tasso di occupazione dell'Italia e quello degli altri Paesi Ue si sono ridotti più o meno della stessa percentuale. Nel 2011 in Italia il tasso di occupazione era del 56,48% contro una media europea un poco più elevata. Nel 2015 il dato risultava sostanzialmente stazionario (56,3%).
- **Tasso di disoccupazione**: è l'indicatore più utilizzato per valutare lo stato del mercato del lavoro. In Italia già dalla fine del secolo scorso ha raggiunto valori elevati, con un andamento però decrescente fino all'inizio della crisi del 2008, anno in cui ha ripreso a salire. Fino al 2006, si può parlare di una convergenza di alcuni Paesi (Spagna, Germania, Francia) verso tassi di disoccupazione fra il 7% e il 9% e di un altro gruppo verso tassi vicini al 5% (Regno Unito, Giappone, Irlanda, Stati Uniti), con l'Italia in una posizione intermedia; dal 2008 i tassi sono tornati a divergere, con risultati variabili da Paese a Paese. Nel 2015 il tasso di disoccupazione in Italia risultava pari all'11,5%.
  Nel nostro Paese è però notevole la differenza tra i tassi di disoccupazione registrati nelle tre grandi aree geografiche (Nord, Centro, Sud), con il Nord (soprattutto il Nord Est) che ha sempre registrato nel corso degli anni valori assai bassi, a differenza del Sud che presenta valori molto elevati. Notevoli sono anche le differenze fra i tassi di disoccupazione relativi a fasce di popolazione differenziate per sesso (con tassi più elevati per le donne) e per età (con punte molto elevate per i giovani).
- **Tasso di partecipazione**: in Italia è decisamente più basso rispetto alla media europea e in generale a quella dei Paesi sviluppati, come risulta dalla tabella 2 che si riferisce al periodo 1994-2010. Nel 2015 il tasso di partecipazione è comunque aumentato rispetto agli anni precedenti, raggiungendo il 64%. In sostanza il numero di coloro che cercano lavoro in modo poco attivo, o addirittura rinunciano a farlo, in Italia è sicuramente più alto rispetto agli altri Paesi europei; si tratta di un fenomeno che assume dimensioni particolarmente elevate per le donne.

Le cause di questo fenomeno sono di diversa natura, soprattutto di tipo:

- culturale (difficoltà e vincoli al lavoro delle donne; presenza di legami familiari che agiscono da sostegno per i giovani, ecc.);
- economico (la scarsa domanda di lavoro scoraggia una ricerca attiva);
- istituzionale (carenza di servizi per l'impiego).

La differenza rispetto ai tassi di partecipazione degli altri Paesi è dovuta in parte anche alla presenza di un'ampia fascia di lavoro nero, con conseguenze negative innanzitutto per le entrate dello Stato, dal momento che i lavoratori in nero non pagano le imposte sul reddito e i contributi pensionistici. Questo comporterà un inevitabile incremento della pressione tributaria generale.

Tabella 2 – Tasso di partecipazione tra le persone comprese fra 15 e 64 anni di età

	1994	2002	2004	2006	2008	2010
Danimarca	78,8	79,9	80,2	80,1	80,9	73,4
Francia	66,6	68,3	69,3	69,1	69,7	64,0
Germania	70,5	71,5	72,6	75,0	75,9	71,2
Giappone	71,4	72,3	72,2	73,1	73,8	70,1
Italia	**58,0**	**61,2**	**62,5**	**62,7**	**63,0**	**56,9**
Regno Unito	76,0	76,2	76,2	76,7	76,8	70,3
Spagna	62,4	67,1	69,7	71,9	73,7	59,4
Stati Uniti	76,7	76,4	75,4	75,5	75,3	66,7
Turchia	57,5	52,3	51,5	51,1	50,6	46,3

Fonte: rielaborazione dati Ocse, Employment Outlook, 2011.

A quale livello il tasso di disoccupazione diventa preoccupante?

In ogni sistema economico un certo tasso di disoccupazione è inevitabile; esso inoltre varia con il variare del **ciclo economico**, caratterizzato da fasi di **espansione** e di **recessione**. Bisogna pertanto distinguere fra **disoccupazione naturale** e **disoccupazione ciclica**, in particolare tra:

- **tasso naturale di disoccupazione**, che rappresenta la quantità di disoccupazione normalmente esistente, cioè a prescindere dall'andamento del ciclo economico di un dato momento;
- **tasso di disoccupazione ciclica**, che è determinato dall'andamento, positivo o negativo, del ciclo economico.

All'interno del tasso naturale di disoccupazione è possibile distinguere una componente frizionale e una componente strutturale. La **disoccupazione frizionale** indica la disoccupazione determinata dalla difficoltà nel mettere in contatto persone in cerca di occupazione con aziende che cercano forza lavoro. La **disoccupazione strutturale**, invece, si riferisce alle persone in cerca di occupazione che eccedono la domanda di lavoro del sistema economico ed è causata da squilibri stabili e duraturi, che colpiscono interi settori o intere aree geografiche.

Il problema della disoccupazione diventa serio e preoccupante quando il tasso di disoccupazione sale al di sopra del valore cosiddetto *frizionale*, perché ciò significa che alla disponibilità dei lavoratori a lavorare non corrisponde la disponibilità delle aziende ad assumere.

Structural unemployment
Disoccupazione strutturale
Long-term joblessness that results from changes in the kinds of workers needed by the economy, either by skill obsolescence, competition from foreign imports, or lack of training for the skills local employers requires.

Cyclical unemployment
Disoccupazione ciclica
Is caused by periodic declines in business activity that give rise to inadequate demand for workers in the economy.

Natural unemployment
Disoccupazione naturale
It is a combination of frictional and structural unemployment that persists in an efficient, expanding economy when labor and resource markets are in equilibrium.

Frictional unemployment
Disoccupazione frizionale
The unemployment that results from time spent between jobs when a worker is searching for, or transitioning from one job to another, engaged in seasonal work, have quit their jobs and are looking for better ones or are looking for their first jobs. It is sometimes called search unemployment.

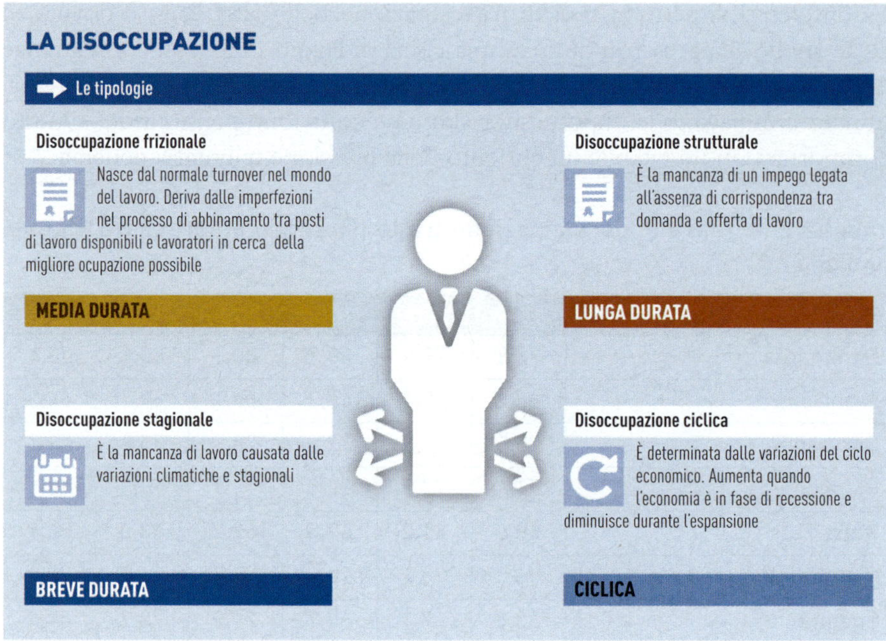

Lo stesso tasso di disoccupazione assume un significato assai diverso a seconda che il periodo di disoccupazione sia lungo o breve. Più elevata è la quota di disoccupati di lunga durata e più preoccupante è il tasso di disoccupazione, poiché sta a indicare una situazione in cui la possibilità di trovare lavoro entro un tempo ragionevole è bassa.

La lotta alla disoccupazione dovrebbe essere al centro delle politiche economiche dei Governi per via dei diversi effetti negativi che produce. In primo luogo, essa provoca uno spreco di risorse che impoverisce l'intera collettività, in quanto tutti risultiamo danneggiati se non possiamo usufruire delle prestazioni di una persona che potrebbe con passione e talento esercitare la professione di medico, di insegnante, di meccanico o altro ancora.

In secondo luogo, la disoccupazione genera maggiore povertà, dovuta al fatto che una quota, magari non piccola, di soggetti disponibili a lavorare non ha un reddito o ha soltanto il sussidio di disoccupazione; tale situazione genera un calo dei consumi, quindi un calo della domanda, con effetto amplificato sul reddito nazionale.

Infine la disoccupazione produce anche disagi sul piano sociale, perché una persona che non trova lavoro e non riesce a contribuire ai bisogni della famiglia o a far fronte a quelli personali può entrare facilmente in uno stato di fragilità psicologica, con conseguente rischio di emarginazione sociale.

La tabella 3 si riferisce ai risultati emersi dall'indagine Istat sulle forze di lavoro al 31 ottobre 2015. Si registrano, rispetto al trimestre precedente, un calo del tasso di disoccupazione e un incremento del tasso di occupazione, dopo anni di variazioni sempre negative, anche se impressiona il livello della disoccupazione nella fascia di età 15-24 anni.

Tabella 3 – Tassi di occupazione, disoccupazione e inattività al 31 ottobre 2015 (in Italia)

	Valori %	Variazioni congiunturali in % agosto-ottobre 2015 rispetto a: maggio-luglio 2015
Tasso occupazione 15-64 anni	56,3	0,2
Tasso disoccupazione	11,5	- 0,5
Tasso disoccupazione 15-24 anni	39,8	- 1,2
Tasso inattività 15-64 anni	36,2	0,2

Quali sono oggi le principali cause della disoccupazione?

Le cause della disoccupazione sono numerose e sono da sempre oggetto di discussione e di scontro tra gli economisti che rappresentano le diverse teorie economiche. Tuttavia, con estrema semplificazione, possiamo affermare che l'evoluzione nel tempo della disoccupazione dipende principalmente da tre variabili fondamentali:

- il tasso di crescita del PIL;
- le regole che disciplinano il mercato del lavoro;
- processi strutturali, come l'evoluzione tecnologica o la possibilità delle imprese di delocalizzare una parte delle attività.

Il valore del PIL, come sappiamo, è un dato che riassume l'andamento dell'economia. Se cresce, è segno che l'economia va meglio e la disoccupazione diminuisce, anche se con ogni probabilità diminuirà meno dell'aumento del PIL. Questo perché, se l'economia riparte dopo una fase negativa del ciclo economico (recessione), gli imprenditori saranno inizialmente incerti sulla qualità e sulla durata della ripresa, per cui non ricominceranno subito ad assumere. Se poi ci sono lavoratori in cassa integrazione o a orario ridotto rispetto a quello normale, può accadere che i fatturati aziendali ripartano senza che nulla succeda alla disoccupazione. Prima di assumere nuovi dipendenti, infatti, le aziende provvedono a reintegrare i cassintegrati e riportano i lavoratori già occupati al loro orario pieno. Per questo motivo, la riduzione della disoccupazione è di solito percentualmente inferiore e anche ritardata di uno o due trimestri rispetto alla crescita del PIL.

Anche le regole del mercato del lavoro, che incidono sulla facilità di assumere e licenziare, possono influenzare il livello della disoccupazione. Su questo tema l'Italia ha di recente approvato il **Jobs Act**, cioè un insieme di provvedimenti legislativi in materia di lavoro, comprensivi del **contratto a tutele crescenti**, con lo scopo di favorire le assunzioni a tempo indeterminato. Infine, influenzano la disoccupazione anche variabili più difficili da misurare, come la disponibilità delle aziende a intraprendere attività di delocalizzazione, cioè lo spostamento di segmenti di produzione all'estero (per esempio in Romania, in Slovacchia, in Cina, in America), oppure il grado di evoluzione tecnologica che, aumentando la produttività, consente alle imprese di ottenere lo stesso livello di produzione con una quantità inferiore di manodopera.

La parte degli angeli

Film-commedia di Ken Loach

È una storia di giovani disadattati nella periferia di Glasgow. Robbie è costretto dal giudice a un periodo di lavori socialmente utili. Convinto di voler cambiar vita dopo la nascita del figlio, con l'aiuto dell'assistente sociale e degli altri giovani affidati alla riabilitazione, riesce a trovare la propria vocazione. Il riscatto sociale percorre però vie infinite e spesso tortuose, e in questo caso si compie attraverso la messa in opera di un'enorme truffa ai danni di alcuni facoltosi collezionisti di distillati...

- Guarda il film e discutine con i compagni e l'insegnante.

APPROFONDIMENTO ONLINE
Le politiche del lavoro in Italia da metà degli anni '80 a oggi

RINFORZO

Il contratto a tutele crescenti

Il contratto a tutele crescenti, introdotto dal Decreto legislativo n. 23/2015, attuativo della Legge 183/2014 (cosiddetto **Jobs Act**), è un contratto a tempo indeterminato riservato ai lavoratori assunti a partire dal 7 marzo 2015, che sostituisce moltissime forme di contratto preesistenti, come per esempio i contratti a progetto o a chiamata. Questa forma contrattuale dovrebbe favorire l'ingresso nel mondo del lavoro e offrire maggiori garanzie di stabilità ai lavoratori dipendenti. In base alle nuove disposizioni, le aziende possono scegliere se assumere i loro nuovi dipendenti con un contratto a tempo indeterminato (a tutele crescenti) o determinato. Il primo, però, è stato reso molto più flessibile attraverso la modifica delle norme sul licenziamento, precedentemente regolate dall'articolo 18 dello Statuto dei lavoratori, in base al quale il lavoratore di un'azienda con almeno 15 dipendenti aveva diritto al reintegro nel posto di lavoro (in pratica alla riassunzione) in tutti i casi di licenziamento ingiustificato. Ora il diritto al reintegro non si applica più a tutti i licenziamenti effettuati dall'azienda, in particolare a quelli per ragioni di tipo economico e per ragioni di tipo disciplinare; rimane in vigore soltanto nei casi di licenziamento discriminatorio, cioè quello determinato da ragioni di credo politico o fede religiosa, dall'appartenenza a un sindacato, dalla partecipazione a scioperi e altre attività sindacali, dal sesso, dall'età, dall'appartenenza etnica o dall'orientamento sessuale.

Le tutele "crescenti" riguardano l'indennizzo economico a cui il lavoratore ha diritto in caso di licenziamento, che aumenta col crescere dell'anzianità di servizio.

Per l'impresa che assume a tempo indeterminato vi sono numerosi vantaggi, perché, oltre alla maggiore libertà di licenziamento in cambio di un'indennità al lavoratore, essa gode per i primi tre anni dall'assunzione di notevoli sgravi fiscali e contributivi, a cui non ha diritto se sceglie di stipulare un contratto a tempo determinato.

6 LE FLUTTUAZIONI CICLICHE DI BREVE PERIODO

Lo studio dell'andamento economico di un Paese può avere due distinti oggetti:

- la crescita;
- le fluttuazioni cicliche.

Con l'analisi della crescita si prende in considerazione l'andamento dell'economia di un Paese nel corso di un lungo intervallo di tempo, focalizzando l'attenzione sui fattori che la possono favorire.

Quando gli economisti si occupano della crescita (o dello sviluppo), prendono in considerazione il sentiero di crescita tendenziale (il cosiddetto ***trend***) dell'economia, cioè l'andamento del PIL nel lungo o lunghissimo periodo. La teoria della crescita sarà affrontata nella Sezione F. I Paesi industrializzati nel corso dei secoli hanno sperimentato una straordinaria crescita economica, che ha trasformato le economie e migliorato il tenore di vita dei cittadini. Eppure periodicamente le espansioni sono state interrotte da fasi di marcata disoccupazione, forte contrazione di produzione, di reddito e di consumo in una sequenza che ha dato vita ai cosiddetti *cicli economici*.

Trend
Tendenza
It's a long-term movement in a single direction of a series, going up or down.

Come può essere definito il ciclo economico?

La definizione di **ciclo economico** fa riferimento agli studi degli anni '40 di due economisti americani, Burns e Mitchell, secondo i quali «i cicli economici sono quel tipo di fluttuazioni che si verificano a livello aggregato nei sistemi economici fondati sul mercato. Un ciclo consiste di espansioni che si verificano quasi contemporaneamente in molti settori dell'economia, seguite da altrettanto generalizzate contrazioni, sino alla fase di espansione del ciclo successivo. Questa sequenza di mutamenti è ricorrente, ma non periodica; in termini di durata i cicli economici variano da uno a dieci o dodici anni».

Le fluttuazioni che il PIL, il tasso di disoccupazione o altre grandezze economiche rilevanti registrano trimestre dopo trimestre, o anno dopo anno, sono dovute a piccole o grandi "perturbazioni" (i cosiddetti *shock*), che colpiscono il sistema economico, sia dal lato della domanda sia da quello dell'offerta. Si tratta di eventi inaspettati e non prevedibili che ne influenzano in modo positivo o negativo l'andamento. Per esempio, possono essere causa di shock dell'offerta eventi politici o militari nei Paesi produttori di materie prime (petrolio, gas, ecc.) o condizioni metereologiche particolari che incidono sulla produzione agricola, provocando notevoli ripercussioni sulle quantità offerte e sui prezzi. Gli shock di domanda riguardano eventi che incidono sulla spesa per i consumi delle famiglie, o su quella per gli investimenti delle imprese, o sulle esportazioni (per esempio una politica monetaria con un forte impatto sul costo del denaro, una svalutazione della moneta di un Paese, ecc.).

Gli shock di domanda e di offerta possono essere neutralizzati in tempi molto rapidi, oppure possono provocare effetti amplificati generando vere e proprie fluttuazioni, i cosiddetti *cicli,* caratterizzati dall'alternarsi di fasi di **espansione** e fasi di **recessione** dell'attività economica.

Quali sono le caratteristiche dei cicli economici?

A differenza della **crescita economica**, che è un fenomeno di lungo periodo, il ciclo economico fa riferimento a un orizzonte temporale più breve. Le fluttuazioni che si verificano possono essere così ampie da modificare il "sentiero di crescita" dell'economia (**trend**), oppure possono introdurre solo lievi scostamenti per via della loro modesta entità. In ogni caso possono avere un impatto rilevante sul benessere dei cittadini per gli effetti, più o meno duraturi, su grandezze economiche rilevanti, quali produzione, occupazione, reddito e consumo, dando vita a una **congiuntura** che può essere positiva o negativa.

Il ciclo economico viene in genere suddiviso in due fasi:

- una discendente, caratterizzata da *recessione* e *depressione*. Si ha **recessione** quando il PIL diminuisce per almeno due trimestri consecutivi; se essa è particolarmente forte, allora si parla di **depressione**;
- una ascendente, caratterizzata da **ripresa** ed **espansione**. Con la ripresa il PIL inizia nuovamente a crescere, per poi aumentare rapidamente durante l'espansione.

Business cycle
Ciclo economico
A pattern of fluctuation in economic activity, characterized by alternate expansion and contraction.

Expansion
Espansione
It's a period of the business cycle which the economy is growing in real terms, as evidenced by increases in indicators like employment, industrial production, sales and personal incomes. It's measured from the trough to the peak of the current cycle.

Recession
Recessione
A recession is usually defined as two consecutive quarters of negative economic growth. It's measured from the peak to the trough of the current business cycle.

Economic growth
Crescita economica
An increase in the production capacity of the economy.

Favourable/difficult economic situation
Congiuntura
Short phase of the economic cicle the economy is going through.

RINFORZO

Le recessioni

Nel secondo dopoguerra le principali recessioni si sono verificate in presenza di eventi di particolare gravità:

- **nel 1975**, come conseguenza del primo shock petrolifero, che colpì nell'anno precedente il mondo intero, in seguito all'improvvisa interruzione del flusso dell'approvvigionamento di petrolio proveniente dalle nazioni appartenenti all'Opec (l'organizzazione dei Paesi esportatori di petrolio) verso le nazioni importatrici del petrolio;
- **nel 1993**, in seguito alla grave crisi finanziaria che aveva comportato, nel 1992, l'uscita del nostro Paese dal Sistema monetario europeo (Sme) e l'adozione di misure eccezionali per evitare il cosiddetto *default* del debito sovrano;
- **negli anni 2008-2009** e **2012-2013**, nel contesto della gravissima crisi scoppiata in seguito al fallimento, nel settembre 2008, della banca d'affari Lehman Brothers negli Stati Uniti; crisi che, per la dimensione particolarmente ampia della contrazione del PIL, per la sua durata e diffusione in altri Paesi, è stata chiamata la "Grande recessione".

La figura 6, illustra un tipico ciclo economico. La linea rossa descrive il sentiero di crescita potenziale dell'attività economica, mentre la linea blu ne evidenzia gli aumenti e le contrazioni rispetto al suo valore tendenziale (trend).

Economic growth rate
Tasso di crescita
An economic growth rate is a measure of economic growth from one period to another in percentage terms.

Poiché il trend che si riferisce al lungo periodo è crescente, essendo il **tasso di crescita** mediamente positivo, nella fase ascendente del ciclo (espansione) si registrano tassi di crescita superiori a quelli di trend e in quella di contrazione (recessione) tassi di crescita inferiori a quelli di trend. Il punto di svolta superiore del ciclo, ossia il punto di massimo, è chiamato **picco** (*peak*); il punto di svolta inferiore, ossia il punto di minimo, è chiamato **valle** (*trough*). La distanza tra una valle e il picco successivo è coperta dalla fase di ripresa ed espansione, mentre la distanza tra un picco e la valle successiva è coperta dalla fase di recessione e depressione. L'intera sequenza di declini e riprese, misurata tra due picchi o fra due valli, costituisce tecnicamente il ciclo economico.

Figura 6

Le fluttuazioni cicliche

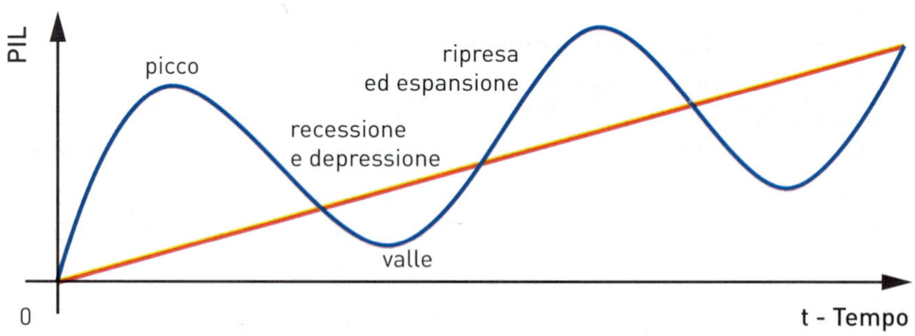

Economic indicator
Indicatore economico
A statistical series that has been found to represent fairly accurately changes in business conditions.

Quali sono gli indicatori più utilizzati per definire le diverse fasi del ciclo economico?

L'**indicatore** più usato è dato dall'andamento del prodotto interno lordo (PIL) in termini reali. Esistono però molti altri indicatori di carattere parziale, ma di importanza notevole, quali l'andamento della produzione nei diversi settori, dei livelli occupazionali, degli investimenti, delle grandezze monetarie, della domanda di particolari prodotti, dei consumi di materie prime, dei prezzi, dei profitti, ecc. Questi indicatori possono segnalare in modo concordante, per esempio, l'inizio o il consolidamento di un periodo di accelerazione o di rallentamento dell'economia.

L'analisi dei cicli economici si basa in genere sull'utilizzo delle **serie storiche**. Una serie storica è la registrazione cronologica di osservazioni sperimentali di una variabile, per esempio l'andamento dei prezzi delle materie prime, gli indici di borsa, il tasso di disoccupazione, ecc. Da questa serie di dati si estraggono informazioni per la caratterizzazione del fenomeno in osservazione e per la previsione di valori futuri. I metodi statistici utilizzati differiscono nei dettagli, ma nella sostanza consistono tutti nella valutazione di un andamento tendenziale (il trend) che dovrebbe dar conto della crescita, e nel calcolo degli scostamenti che la serie storica considerata mostra nei confronti del trend. Esaminando l'entità degli scostamenti diventa possibile individuare le fasi con cui tradizionalmente si descrive il ciclo: ripresa, espansione, recessione, depressione, successiva ripresa, ecc.; nonché la loro durata.

La durata delle diverse fasi cicliche è costante nel tempo?

La lunghezza delle diverse fasi cicliche è variabile nel tempo. La loro caratteristica è infatti la ricorrenza, ma non la periodicità, nel senso che si sa che i massimi e i minimi si ripeteranno, ma non si sa quando. Le fluttuazioni del ciclo sono inoltre persistenti, nel senso che, una volta cominciata, una recessione o un'espansione tende a durare per un certo periodo di tempo. Negli Usa la ricerca sul ciclo economico venne inaugurata dal **National Bureau of Economic Research (NBER)**, che da tempo utilizza una metodologia per registrare la durata delle diverse fasi. Una rielaborazione di tali dati è contenuta nella tabella 4.

Tabella 4 – I cicli economici degli Stati Uniti 1854-2009

Cicli (numero)	Contrazione Numero mesi (media)	Espansione Numero mesi (media)
1854-2009 (33 cicli)	16	42
1854-1919 (16 cicli)	22	27
1919-1945 (6 cicli)	18	35
1945-2009 (11 cicli)	11	59

L'esame dei dati contenuti nella tabella consente alcune riflessioni:

- nei 155 anni compresi tra il 1854 e il 2009 negli Stati Uniti si sono verificati 33 cicli: le espansioni hanno una durata media di 42 mesi e le contrazioni di 16 mesi;
- nel sottoperiodo 1854-1919 i cicli sono stati 16, con una durata delle contrazioni solo di poco più breve delle espansioni;

- nel secondo sottoperiodo (1919-1945), situato fra la fine della prima e la fine della seconda guerra mondiale, si sono verificati 6 cicli che, rispetto ai precedenti, presentano fasi di contrazione molto più brevi ed espansioni più lunghe, nonostante esso comprenda il decennio della Grande Depressione (1929-1939);
- nel terzo sottoperiodo, che partendo dal secondo dopoguerra abbraccia un arco di 64 anni, si registrano soltanto 11 cicli, caratterizzati da fasi di espansione di durata più ampia e da fasi di contrazione più ridotte rispetto alle precedenti.

Si può pertanto ritenere che nel corso del tempo le fluttuazioni cicliche si siano ridotte, sia come numero sia come durata, in seguito alle politiche di stabilizzazione messe in campo dai governi e dalle autorità monetarie in applicazione della teoria economica di Keynes.

☐ I danni economici provocati dalle recessioni vengono rapidamente assorbiti con l'inizio della ripresa?

Stabilization policy (Counter-cyclical policy)
Politica di stabilizzazione
Economic policy realized to smooth fluctuations in the business cycle and promote a more gradual and balanced development.

Le fluttuazioni cicliche sono caratterizzate da movimenti congiunti del PIL e di altre variabili come i consumi, gli investimenti, il tasso di disoccupazione, ecc. Una variabile è detta:
- **pro-ciclica**, quando si muove nella stessa direzione del PIL (per esempio i consumi, gli investimenti, l'occupazione, ecc.);
- **anti-ciclica**, quando si muove nella direzione opposta al PIL (per esempio il tasso di disoccupazione).

Nel corso delle **recessioni** la disoccupazione può aumentare molto e con essa aumenta anche la probabilità di dover ridurre i consumi, soprattutto per quanto riguarda i soggetti appartenenti ai gruppi sociali più deboli (giovani, lavoratori manuali, soggetti con scarso livello di istruzione, donne, ecc.). Le **politiche di stabilizzazione** intraprese dai Governi (ossia i provvedimenti tesi a ridurre l'ampiezza delle fluttuazioni di breve periodo) hanno quindi lo scopo di tutelare tali soggetti, che anche in occasione della recente recessione hanno subito significative perdite di reddito rispetto alla situazione di parten-

La mattina di lunedì 15 settembre 2008, il «Wall Street Journal» titolava a sei colonne in prima pagina: "Crisi a Wall Street, Lehman in bilico, Merrill in vendita e AIG in cerca di soldi". Per sua sfortuna, il WSJ era andato in stampa poco prima che Lehman Brothers entrasse ufficialmente sotto tutela fallimentare, il che era avvenuto esattamente all'una e quarantacinque di notte. Durante la giornata il Dow Jones (il principale indice della borsa di New York) perse più di 504 punti, il crollo più alto dal 17 settembre 2001, il primo giorno di scambi dopo l'attentato alle Torri gemelle. Il fallimento di Lehman Brothers non fu la causa principale della crisi, ma fu il momento in cui divenne chiaro che, molto presto, la crisi avrebbe raggiunto proporzioni globali.

za. Per quanto riguarda l'Italia, la "**Grande recessione**", avvenuta fra il 2008 e il 2014, ha determinato una caduta molto alta dell'attività economica, pari complessivamente al 9% del PIL. Bisogna anche tenere conto del fatto che, dopo una recessione grave e duratura, la ripresa può presentarsi in modo incerto e richiedere tempi lunghi, perciò le condizioni delle famiglie torneranno ai livelli pre-crisi solo molto lentamente. Secondo studi e simulazioni effettuati da Eurostat, ipotizzando un tasso di crescita annuo costante pari all'1%, il PIL reale italiano tornerebbe ai livelli del 2007 soltanto nel 2021. Tuttavia in questo arco di tempo la popolazione sarà aumentata e quindi il PIL pro capite si sarà ridotto rispetto al livello del 2007. Pertanto la combinazione di recessione profonda e di ripresa lenta provoca perdite elevate sia del PIL complessivo sia del PIL pro capite, che non vengono assorbite in tempi rapidi.

7 IL RUOLO E GLI OBIETTIVI DELLA POLITICA ECONOMICA

Le situazioni di difficoltà che abbiamo analizzato nei paragrafi precedenti possono essere affrontate e corrette con la **politica economica**, cioè con un complesso di provvedimenti con cui lo Stato interviene nell'economia per promuoverne uno sviluppo ordinato.

Per esempio, in un sistema economico che presenta un livello di disoccupazione elevato, un intervento da parte dell'autorità pubblica volto a sanare o, quanto meno, a mitigare il fenomeno, mettendo in campo strategie atte a contrastarlo, è un'azione di politica economica. L'intervento pubblico nell'economia è giustificato dalla presenza di fallimenti del mercato, quali la disoccupazione, l'inflazione, gli squilibri di bilancia dei pagamenti e il sottosviluppo. Storicamente l'esigenza di una politica economica si manifesta allorché appare chiaro che l'economia, lasciata in mano agli interessi egoistici dei singoli operatori, non è in grado di evitare squilibri e diseguaglianze economiche, anzi spesso finisce per rendere instabile anche il tessuto sociale di un Paese e i rapporti tra nazioni.

Esistono diversi tipi di politica economica, individuati in base agli obiettivi che si prefiggono e agli strumenti adottati. Il loro studio sarà affrontato nel secondo volume; per ora ci limitiamo a descrivere le due principali tipologie:
- politica fiscale (o di bilancio);
- politica monetaria.

La **politica fiscale** consiste nella gestione delle entrate e delle spese della Pubblica Amministrazione, recepite nel bilancio dello Stato. La titolarità della politica fiscale è del Governo, le cui scelte di spesa e di imposizione tributaria devono però essere approvate dal Parlamento.

La **politica fiscale espansiva** si realizza tramite provvedimenti che comportano un aumento della spesa pubblica e/o una diminuzione dell'imposizione tributaria; la **politica fiscale restrittiva** comporta invece una diminuzione della spesa e/o un aumento delle entrate tributarie.

Economic policy
Politica economica
The complexity of actions taken by public authorities in the economic field to reach certain objectives and by government interventions into the economy.

Fiscal policy
Politica fiscale
Set of government measures of taxation, public expenditures and transfers, made to lead the global demand in the desired direction.

Fiscal expansionary policy
Politica fiscale espansiva
It consists in increase of public spending, or transfers, or a tax reduction.

Fiscal restrictive policy
Politica fiscale restrittiva
It is the reduction in public spending, or transfers, or an increase in taxes.

Monetary policy
Politica monetaria
Monetary policy is the process by which the fiscal authority of a country controls the supply of money, often targeting an inflation rate or interest rate to ensure price stability and general trust in the currency

La **politica monetaria** consiste nel complesso di provvedimenti adottati dalle autorità competenti per regolare la quantità di moneta in circolazione e per sviluppare l'attività creditizia. Essa viene condotta dalla Banca centrale europea.

Con il termine politica monetaria **espansiva** si intende una politica monetaria volta ad aumentare l'offerta di moneta e a diminuire i tassi di interesse. Con il termine politica monetaria **restrittiva** si fa riferimento, invece, a una politica monetaria volta a diminuire l'offerta di moneta e ad alzare i tassi di interesse. La politica monetaria sarà meglio analizzata nella Sezione E.

Quali sono gli obiettivi della politica economica?

Nei moderni sistemi economici, lo Stato interviene nell'economia al fine di promuoverne uno sviluppo stabile e ordinato e, conseguentemente, per ridurre l'ampiezza e la durata delle fluttuazioni cicliche. I principali obiettivi che lo Stato cerca di raggiungere attraverso la politica economica sono:
- massimo impiego dei fattori produttivi, in particolare della forza lavoro;
- stabilità dei prezzi;
- crescita costante ed equilibrata del reddito;
- redistribuzione equa del reddito;
- equilibrio dei conti con l'estero.

In particolare, occorre distinguere le finalità specifiche delle due tipologie di politica economica che per ora abbiamo preso in considerazione, quella monetaria e quella fiscale.

Mario Draghi
Presidente della Bce e fino al 2011 Governatore della Banca d'Italia.

Il quadro aggiornato di finanza pubblica (dati in percentuale)

	2015	2016	2017	2018	2019
QUADRO PROGRAMMATICO					
Pil (var.%)	0,7	0,8	1,0	1,3	1,2
Indebitamento netto	-2,6	-2,4	-2,0	-1,2	-0,2
Saldo primario	1,5	1,5	1,7	2,4	3,2
Interessi	4,2	4,0	3,7	3,6	3,4
Indebitamento netto strutturale	-0,7	-1,2	-1,2	-0,7	-0,2
Variazione strutturale	0,2	-0,5	0,0	0,5	0,6
Debito pubblico	132,3	132,8	132,5	130,1	126,6
Obiettivo per la regola del debito	-	-	126,6	-	-
Proventi da privatizzazioni	0,4	0,1	0,5	0,5	0,3
Pressione fiscale (a legislazione vigente)	43,4	42,6	42,8	42,7	42,7
Pressione fiscale al netto bonus 80 euro	42,8	42,1	42,2	42,2	42,2
QUADRO TENDENZIALE					
Indebitamento netto	-2,6	-2,4	-1,6	-0,8	0,0
Saldo primario	1,5	1,5	2,1	2,8	3,4
Interessi	4,2	4,0	3,7	3,6	3,4
Indebitamento netto strutturale	-0,8	-1,4	-0,8	-0,4	-0,2
Variazione Strutturale	0,2	-0,5	0,6	0,3	0,2
Debito pubblico	132,3	132,8	132,2	129,6	126,1

Fonte: nota di aggiornamento del Def 2016.

La **politica monetaria** viene utilizzata per combinare lo sviluppo regolare dell'economia con la stabilità del livello dei prezzi, in quanto la principale funzione della Banca centrale europea è quella di preservare la stabilità del valore della moneta. La politica monetaria, pertanto, può esercitare un ruolo importante per stimolare la crescita economica, ma sempre vincolato al fatto che gli aumenti della quantità di moneta non generino un eccesso di inflazione.

La **politica fiscale** è il tipo di politica economica a cui si fa ampio ricorso a partire dal secondo dopoguerra, a seguito della diffusione della teoria keynesiana che aveva messo in dubbio la possibilità dell'economia di uscire da uno stato di depressione con il solo aiuto della politica monetaria. Lo Stato può raggiungere gli obiettivi desiderati variando il livello della spesa pubblica in beni o servizi o il livello della pressione tributaria. Più precisamente, ogni volta che con una manovra restrittiva si aumentano le imposte e/o si abbassa la spesa pubblica, viene ridotto il reddito disponibile e, di conseguenza, il livello della domanda di beni e servizi e della produzione. Viceversa, con una politica espansiva caratterizzata da un aumento della spesa pubblica e/o da un abbassamento dei tributi, si provoca un aumento del reddito disponibile, della domanda di beni e servizi e del livello di produzione, ma anche dell'inflazione.

Il Ministero dell'Economia e delle Finanze, a Roma.

La politica economica, sia fiscale sia monetaria, produce sempre gli effetti desiderati?

Vi è una profonda differenza fra la politica monetaria e quella fiscale. In effetti la politica monetaria espansiva, se le aspettative degli imprenditori sono pessimistiche, può anche non essere efficace, nonostante i bassi tassi di interesse, nello stimolare gli investimenti e quindi il reddito; al contrario, la politica fiscale espansiva è sempre efficace nel fare aumentare la domanda e il reddito, basta accrescere il livello della spesa pubblica.

L'utilizzo congiunto della politica fiscale e della politica monetaria consente ai responsabili della politica economica di controllare il livello della domanda aggregata, con l'obiettivo di mantenere elevati i livelli di reddito e di occupazione, compatibilmente con la stabilità dei prezzi e con l'equilibrio dei conti con l'estero.

Le politiche monetarie e le politiche fiscali non possono però essere condotte indipendentemente l'una dall'altra, in quanto serve un certo grado di coordinamento per rendere gli obiettivi perseguiti tra loro compatibili. Infatti la stabilità dei prezzi e l'equilibrio dei conti con l'estero, come si vedrà meglio nelle prossime unità, possono in certi casi risultare difficilmente conciliabili con la possibilità di raggiungere livelli di reddito elevati e di **piena occupazione.**

Per esempio politiche espansive volte ad aumentare il reddito possono provocare una maggiore **inflazione**, oltre a un maggiore disavanzo della bilancia dei pagamenti; viceversa, politiche restrittive di controllo dell'inflazione possono provocare un aumento della disoccupazione.

Pertanto i Governi e le autorità responsabili della politica economica devono scegliere tra soluzioni alternative, nessuna delle quali ha la possibilità di risolvere tutti i problemi e di ottenere pienamente i risultati desiderati.

Inflation
Inflazione
A continuously rising of general price level resulting in a loss of the purchasing power of money.

Full employment
Piena occupazione
Full employment embodies the highest amount of skilled and unskilled labor that can be employed within an economy at any given time.

SECONDO TE...

Prova a immaginare, nel caso in cui i responsabili della politica economica non intervenissero, quali sarebbero gli effetti dei seguenti eventi:

- un peggioramento significativo delle aspettative degli imprenditori;
- un aumento del risparmio delle famiglie allo scopo di cautelarsi contro i rischi di una futura recessione economica;
- un aumento generalizzato e permanente di fiducia da parte dei consumatori.

Quali criteri adottano i governi per scegliere tra diverse soluzioni alternative?

I governanti hanno il supporto degli economisti che prospettano loro, attraverso l'elaborazione di modelli economici, i diversi scenari in cui il Paese può venire a trovarsi in seguito al tipo e alla misura degli strumenti di politica economica adottati. La scelta degli strumenti dipende sia dalla convinzione che i responsabili della politica economica hanno a proposito delle cause scatenanti dei problemi da risolvere, sia dagli orientamenti ideologici e culturali. Inoltre assumono importanza anche considerazioni di carattere politico: infatti, mentre una manovra espansiva basata sulla riduzione delle imposte e sull'aumento della spesa pubblica incontra in genere il consenso della popolazione o di ampi gruppi di essa, nel caso di una manovra di segno opposto, quindi restrittiva, si toccano gli interessi di diverse fasce di cittadini colpiti da inasprimenti fiscali, da minori servizi pubblici o dall'elargizione di minori sussidi. Questo spiega perché, per ottenere il consenso degli elettori, i governanti a volte decidano con facilità misure espansive, anche se la situazione economica dovrebbe richiedere una maggiore prudenza.

IN PILLOLE

Legenda
G = Spesa pubblica; T = Tributi; M = Offerta di moneta, i = Tasso di interesse

EQUILIBRIO MACROECONOMICO NELLA CONTABILITÀ NAZIONALE

↓

Y (offerta) **= C + I + G + X – M** (domanda globale)

↓

l'equilibrio contabile *ex post* è

- offerta globale = domanda globale
- risparmi realizzati (involontari) = investimenti realizzati (involontari) grazie all'investimento involontario in scorte o al disinvestimento involontario in scorte

↓

che non coincide con

Equilibrio economico generale
reddito *ex ante* = reddito *ex post* **oppure** risparmi volontari (desiderati) = investimenti volontari (desiderati), cioè scorte di produzione = 0

↓

a questo proposito si scontrano due teorie

TEORIA NEOCLASSICA:

- il sistema economico di mercato, in quanto basato sulla concorrenza, è un sistema immune da crisi: il salario reale d'equilibrio che si forma sul mercato del lavoro e il tasso d'interesse reale d'equilibrio che si forma sul mercato del risparmio (o dei capitali) assicurano la piena occupazione e la coincidenza tra offerta globale e domanda globale;
- la Legge degli sbocchi, formulata dall'economista francese J.B. Say, secondo la quale l'offerta crea la domanda, è sempre valida;
- la rielaborazione della Legge degli sbocchi dimostra la coincidenza tra reddito *ex ante* e reddito *ex post* e, quindi, la stabilità dei sistemi economici di mercato che caratterizzano le odierne economie occidentali.

TEORIA KEYNESIANA:

- il sistema economico di mercato è un sistema instabile, sottoposto a crisi;
- il principio della domanda effettiva, secondo cui la domanda crea l'offerta, determina l'occupazione;
- le decisioni in merito ai consumi e agli investimenti sono prese da operatori che agiscono in modo indipendente gli uni dagli altri e formano le loro decisioni basandosi su parametri diversi per ognuno di loro. La mancata coincidenza tra le decisioni di questi operatori determina o una situazione di equilibrio con sottoccupazione o di equilibrio con inflazione, situazioni queste che non rappresentano il vero equilibrio economico;
- il principio del moltiplicatore dimostra che un aumento della domanda globale determina un aumento del reddito nazionale maggiore dell'aumento della domanda globale stessa.

MAPPA UNITÀ D3

L' ANDAMENTO E LE PROSPETTIVE ECONOMICHE DI UN PAESE

sono evidenziate da

cinque variabili fondamentali:
1. il tasso di disoccupazione
2. il tasso di crescita del PIL
3. il tasso di interesse
4. il tasso di inflazione
5. il tasso di cambio

nella media europea

L'Italia ha un tasso di occupazione non soddisfacente, un tasso di disoccupazione elevato, un tasso di partecipazione al di sotto della media.
Le cause della situazione italiana in campo occupazionale sono di tipo:
1. economico
2. culturale
3. istituzionale

il tasso di disoccupazione varia

con il variare del ciclo economico, caratterizzato da fasi di espansione e di recessione.
Bisogna pertanto distinguere fra:
- **tasso naturale di disoccupazione** (componente **frizionale** e componente **strutturale**)
- **tasso di disoccupazione ciclica**

Il problema della disoccupazione diventa serio e preoccupante quando il tasso di disoccupazione sale al di sopra del valore cosiddetto *frizionale*.

la disoccupazione dipende

da tre variabili fondamentali:
1. il tasso di crescita del PIL
2. le regole che disciplinano il mercato del lavoro
3. i processi strutturali, come l'evoluzione tecnologica o la possibilità delle imprese di delocalizzare

lo studio dell'andamento economico può avere

due distinti oggetti:
- la crescita
- le fluttuazioni cicliche (recessione depressione, ripresa, espansione), i cui indicatori sono il PIL reale e le serie storiche

Con le politiche di stabilizzazione i governi prendono provvedimenti per ridurre l'ampiezza delle fluttuazioni di breve periodo.

le fasi del ciclo che creano difficoltà

possono essere affrontate e corrette con la **politica economica**, complesso di provvedimenti con cui lo Stato interviene nell'economia per promuoverne uno sviluppo ordinato.
Le principali tipologie di politica economica sono la **politica fiscale** (espansiva o restrittiva) e la **politica monetaria** (espansiva o restrittiva).

Verifiche 3

1) TROVA L'ERRORE OGNI FRASE

Competenza: acquisire e riconoscere i contenuti chiave

A. Keynes critica la legge di Say sostenendo che i risparmi delle famiglie dipendono dal saggio d'interesse, mentre gli investimenti delle imprese sono solo marginalmente influenzati dal tasso d'interesse.

B. Nella teoria keynesiana, il moltiplicatore esprime l'entità dell'incremento del risparmio provocato da un aumento del reddito.

C. Nel pensiero di Keynes la flessibilità dei salari garantisce la piena occupazione.

D. Il tasso di occupazione (n) è il rapporto percentuale tra occupati (N) e forza lavoro (FL).

E. La disoccupazione strutturale indica la disoccupazione determinata dalla difficoltà nel mettere in contatto persone in cerca di occupazione con aziende che cercano forza lavoro.

F. Il divario percentuale tra il livello effettivo del PIL e il livello potenziale dello stesso è detto "trend".

G. Il tasso di disoccupazione è una variabile pro-ciclica.

2) COLLEGA LE ESPRESSIONI CONTRASSEGNATE DA UNA LETTERA CON QUELLE INDICATE DA UN NUMERO

Competenza: individuare collegamenti e relazioni

A.	Propensione media al consumo	1.	Legge degli sbocchi
B.	Il sistema economico tende spontaneamente alla piena occupazione	2.	Indica la parte del reddito complessivo destinata ai consumi delle famiglie
C.	Tasso di partecipazione	3.	Rapporto percentuale tra le persone in cerca di occupazione e la forza lavoro
D.	Propensione marginale al consumo	4.	Rapporto tra la forza lavoro e la popolazione in età attiva
E.	Tasso di attività lordo	5.	Indica la parte dell'incremento del reddito destinata al consumo
F.	Tasso di disoccupazione	6.	Rapporto tra la forza lavoro e la popolazione totale

A	B	C	D	E	F

3) INDICA SE LE SEGUENTI AFFERMAZIONI SONO VERE O FALSE. SE LE RITIENI FALSE GIUSTIFICA LA RISPOSTA

Competenza: acquisire, interpretare l'informazione e comunicare

	VERO	FALSO
A. Se la propensione media al consumo è 0,8 (80%), la propensione marginale al risparmio è 0,2 (20%).		
B. Il valore del moltiplicatore dipende dal valore della propensione marginale al consumo.		
C. Il moltiplicatore in un'economia aperta è maggiore del moltiplicatore in un'economia chiusa.		
D. La politica monetaria italiana viene condotta dalla Banca d'Italia.		

	VERO	FALSO
E. La distanza tra una "valle" e il "picco" successivo è coperta dalla fase di ripresa ed espansione, mentre la distanza tra un picco e la valle successiva è coperta dalla fase di recessione e crisi.		
F. La politica fiscale è il tipo di politica economica a cui fanno ampio ricorso gli economisti neoclassici.		

4) RISOLVI I SEGUENTI PROBLEMI

Competenza: risolvere problemi

A. Supponiamo che gli imprenditori abbiano deciso di produrre 50 unità di beni di consumo e 10 di macchinari. Ipotizziamo, inoltre, che i consumatori abbiano deciso di risparmiare solo 5 e di consumare 55. Quale sarà la situazione *ex post*?

B. La propensione marginale al consumo è c = 0,8; l'aliquota fiscale è t = 0,3. Quale effetto avrà sul reddito nazionale un aumento autonomo della spesa pubblica ΔG = 400?

C. Sappiamo che la componente autonoma dei consumi = 300 e che, quando il reddito è Y = 1.000, i consumi sono $C = C_0 + cY = 1.200$.

Calcola:

1. la propensione al consumo c;
2. quanto si consuma se il reddito è Y = 1.500.

D. Al 31 dicembre 2015 il Paese di Eurolandia aveva una popolazione complessiva di 700 milioni di abitanti, così composta:

- popolazione in età 0-14: 100 milioni;
- popolazione in età 15-64: 450 milioni;
- popolazione in età 64: 150 milioni.

Le persone in età lavorativa che, pur non lavorando, non cercano neppure lavoro ammontano a 140 milioni, mentre i disoccupati in cerca di occupazione sono 30 milioni.

Calcola:

1. il tasso di disoccupazione;
2. il tasso di occupazione;
3. il tasso di partecipazione.

5) RISPONDI AI SEGUENTI QUESITI IN UN MASSIMO DI 5/6 RIGHE

Competenza: saper organizzare e sintetizzare i contenuti

A. Perché, per gli economisti neoclassici, il risparmio è tutto impiegato a finanziare gli investimenti?

B. Perché in un'economia molto depressa, per Keynes, una riduzione dei salari aggrava la depressione?

C. Che differenza esiste tra reddito d'equilibrio e reddito potenziale?

D. In un'economia aperta e con Pubblica amministrazione, quali sono le componenti autonome della domanda rispetto al reddito?

E. Che ruolo gioca lo Stato nell'ambito della teoria keynesiana?

F. Chi è considerato disoccupato secondo le indagini statistiche?

G. Il tasso di partecipazione in Italia è molto basso anche per il peso del lavoro nero. Quali conseguenze comporta questo fenomeno?

H. Quali sono i fattori che possono favorire la crescita economica di un Paese?

I. Cosa si intende per politiche di stabilizzazione adottate dai Governi?

J. Perché occorre coordinare tra loro le politiche monetarie e fiscali?

ENGLISH EXERCICES 3

1) True or False questions

	TRUE	FALSE
A. The multiplier measures the rate of change in output resulting from a change in consumption.		
B. When the marginal propensity to save is 0,25 the value of the multiplier is 5.		
C. The autonomous consumption is the minimum level necessary to survive.		
D. Firm's expenditure on investment goods depends both on rate of interest and expectation.		
E. A recession follows a business cycle peak.		
F. Inflation is a part of a business cycle.		
G. In the business cycle an expansion occurs in between the trough and peak.		
H. Unemployment caused by a recession is called structural.		
I. Frictional unemployment often occurs when people first enter the labor force.		
J. The labor force participation rate measures the number of people who are working as a percentage of the labor force.		

2) Multiple choices

A. Which of the following would be included as a member of the labor force?
1. A full time college student.
2. A recent high school graduate looking for a first job.
3. A homemaker contributing 15 hours per week as a volunteer worker in a hospital
4. A retired school teacher collecting social security benefits

B. Which of the following people would be considered unemployed?
1. A full-time college student.
2. A recent high school graduate looking for a first job
3. A retired school teaching collecting social security benefits
4. A homemaker contributing 15 hours per week as a volunteer worker in a hospital

3) Answer to the following questions

A. Describe the different phases of the business cycle.

B. What are the types of unemployment?

C. What are the consequences of unemployment?

Verifica Finale D

ZTE ONLINE
Mettiti alla prova
con gli esercizi interattivi

1) RISPONDI AI SEGUENTI QUESITI IN UN MASSIMO DI 5/6 RIGHE

Competenza: acquisire, interpretare l'informazione e comunicare

A. Qual è la differenza fra beni e servizi intermedi e beni e servizi finali?
B. Come si ottiene il PIL al costo dei fattori?
C. Da cosa dipende il tenore di vita di un Paese?
D. Perché la scelta dell'anno base nel calcolo del PIL reale influenza sempre la misura del PIL?
E. Quali sono le fasi fondamentali del metodo statistico?
F. A cosa si fa ricorso quando si vogliono confrontare fra loro grandezze nel tempo e nello spazio?
G. Come si calcola il "tasso di passaggio all'università" e qual è il suo scopo?
H. Perché, secondo Say, lo Stato non ha un ruolo attivo nella guida dell'economia nazionale?
I. Quali sono le cause della disoccupazione per Say e quali per Keynes?
J. Perché, secondo il principio della domanda effettiva, il risparmio non costituisce necessariamente un bene per il sistema economico?
K. Se, grazie a un aumento della domanda autonoma, il reddito nazionale cresce, perché questo aumento è superiore all'aumento della domanda, secondo la teoria keynesiana?
L. Qual è il ruolo della politica economica per Keynes e quali sono gli strumenti della stessa?
M. Chi è considerato disoccupato secondo le indagini statistiche?
N. Perché una diminuzione del tasso di disoccupazione non corrisponde necessariamente a un aumento del tasso di occupazione?
O. Cosa indica il rapporto tra la forza lavoro (FL) e la popolazione in età attiva?
P. Da cosa è costituita la "forza lavoro"?
Q. Qual è la differenza di calcolo tra tasso di disoccupazione e tasso di occupazione?
R. Cosa si intende per ciclo economico?
S. Quali sono le variabili che determinano le fluttuazioni cicliche?
T. Perché la caratteristica delle fluttuazioni cicliche è la ricorrenza e non la periodicità?

2) COMPLETA

Competenza: individuare collegamenti e relazioni

A. Nel PIL entra il valore dei .... valutati a ....
B. Il PIL può essere pensato: 1) .... ; 2) .... ; 3) .... ; 4) ....
C. Il PIL si riferisce al valore dei beni e servizi prodotti .... , mentre il RNL si riferisce al valore dei beni e servizi prodotti ....
D. Il Sistema statistico nazionale (Sistan) è la rete di .... che fornisce al Paese e agli organismi internazionali l'informazione statistica ufficiale.
E. Il governo del Sistan è affidato ....
F. L'organizzazione che si occupa del confronto delle esperienze politiche, per la risoluzione dei problemi comuni, l'identificazione di pratiche commerciali e il coordinamento delle politiche locali e internazionali dei Paesi membri, è ....
G. Per Keynes il fattore determinante del sistema economico è ....
H. Per Keynes le decisioni degli operatori economici sono condizionate dalle ....
I. Secondo la teoria keynesiana la variazione del reddito è tanto più elevata quanto maggiore è la variazione di quella parte della domanda che è .... dal .... e quanto maggiore è la ....

J. Si ha recessione quando il PIL .... per almeno .... consecutivi.

K. Le politiche di stabilizzazione sono misure di .... periodo introdotte per .... l'ampiezza delle ....

L. I principali obiettivi che lo Stato cerca di raggiungere attraverso la politica economica sono: 1) .... ; 2) .... ; 3) .... ; 4) .... ; 5) ....

3) RISOLVI I SEGUENTI PROBLEMI

Competenza: saper risolvere problemi

A. Considera un Paese che produce quattro beni: pane, latte, mele e barrette di cioccolata. Nella tabella sono riportate le quantità prodotte di ciascun bene e i relativi prezzi nell'anno 1 e nell'anno 2. Supponendo l'anno 1 come anno base, trova il PIL nominale e reale nei due periodi.

ANNO 1

Beni	Quantità	Prezzo
pane	100	1,20
latte	80	1,30
mele	120	0,90
cioccolata	76	0,50

ANNO 2

Beni	Quantità	Prezzo
pane	108	1,50
latte	85	1,70
mele	130	1,20
cioccolata	85	1,00

B. La popolazione residente in Italia ammontava al 1° gennaio 2013 a 60.782.668 unità, diventate poi 60.795.612 al 1° gennaio 2014 e 60.806.504 al 1° gennaio 2015. Qual è il numero indice temporale che misura l'incremento dall'anno 2013 all'anno 2015?

C. Supponi che un'economia chiusa agli scambi con l'estero sia descritta dalle seguenti equazioni:

C = 400 + 0,5 Yd
T = 400
I = 200
G = 600

1. Qual è il valore della propensione marginale al consumo e della propensione marginale al risparmio?
2. Calcola il valore della domanda aggregata quando il reddito è pari a 0.

D. Supponi che in America vi siano 160 milioni di persone che possono e vogliono lavorare (forza lavoro), che ciascuno sia in grado di produrre beni per un valore di 30 mila dollari all'anno, che il tasso di disoccupazione ritenuto "naturale" o fisiologico dalla Banca centrale americana (la Federal Reserve) sia il 5%.

1. Determina la produzione potenziale complessiva di "piena occupazione".
2. Calcola il numero di disoccupati che vi sarebbero in America con un tasso di disoccupazione del 5%.
3. Supponendo che non vi sia né spesa pubblica né tassazione, che tutto il reddito prodotto venga distribuito alle famiglie, che la propensione marginale al consumo sia del 96% e non vi sia alcuna componente autonoma del consumo, determina il valore del risparmio di piena occupazione.

4) ANALIZZA I DATI RIPORTATI NELLA TABELLA E RISPONDI AI QUESITI

Competenza: saper leggere e interpretare dati economici

Tasso di disoccupazione giovanile

I giovani rappresentano da sempre una delle categorie più vulnerabili e la loro condizione nel mercato del lavoro diviene sempre più preoccupante. Quelli che seguono sono i dati relativi ai Paesi dell'Unione europea nel 2013.

Fonte: http://noi-italia2015.istat.it/

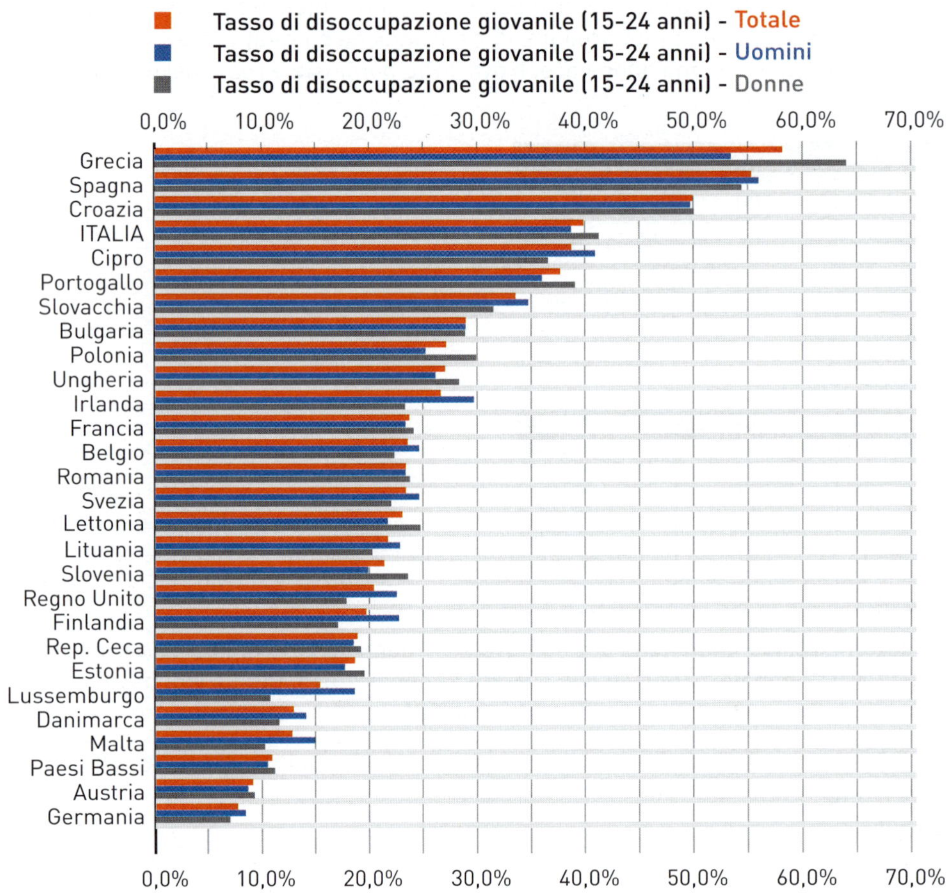

A. Qual è il tasso di disoccupazione giovanile in Italia?

B. In Italia quali sono i tassi di disoccupazione giovanile, maschile e femminile?

C. All'interno dell'Unione europea qual è il valore minimo e qual è il valore massimo della disoccupazione giovanile? Quali Paesi registrano tali valori?

D. Quali Paesi hanno un tasso di disoccupazione giovanile superiore al 40%? E quali hanno un tasso inferiore (o prossimo) al 10%?

E. Come si spiegano, a tuo avviso, differenziali così elevati?

F. Nella media europea il divario di genere è in linea con quello italiano?

G. In quali Paesi la condizione delle donne è particolarmente critica per quanto riguarda la disoccupazione giovanile?

5) LEGGI L'ARTICOLO E RISPONDI AI QUESITI

Competenza: saper leggere e interpretare testi economici

Perché l'economia criminale non può entrare nel PIL

A partire da settembre un certo numero di Paesi europei, tra cui l'Italia (ma non la Francia), inseriscono nel calcolo del PIL alcune forme di economia "criminale" (contrabbando, prostituzione e droga). [...] Il PIL, tra tutte le statistiche economiche, è una delle più importanti e ha assunto una valenza che va ben al di là delle classifiche tra Paesi o della semplice misurazione della "ricchezza" materiale prodotta in un determinato lasso temporale. Una valenza che nel caso dell'Unione europea è sancita da trattati internazionali che vincolano i comportamenti dei Paesi membri, influenzando reciprocamente la vita, le speranze e il benessere di 500 milioni di persone. Ci riferiamo principalmente al Trattato di Maastricht e agli accordi successivi, attraverso i quali è stata creata la moneta unica e si sono coordinate le finanze pubbliche dei Paesi membri. [...] Perché in Maastricht si è deciso di usare il PIL e non qualche misura alternativa di benessere o di felicità? Perché non sono state incluse forme di attività come il lavoro casalingo? Il motivo è che serve una misura della potenziale "base imponibile" su cui i Governi possono contare per rispettare gli impegni assunti nei confronti degli investitori, privati e istituzionali, che, acquistando il loro debito, hanno finanziato la quota di spesa pubblica non coperta dalle tasse. Il PIL, se calcolato correttamente, rappresenta la misura più affidabile della capacità di un'economia di produrre reddito "imponibile". [...] Il reddito dell'economia sommersa (attività perfettamente legali ma non dichiarate, come le somme versate in nero al dentista o all'idraulico) per definizione sfugge alle autorità fiscali del Paese e quindi è inutile ai fini della determinazione della sostenibilità delle finanze pubbliche. Se oltre all'economia "sommersa", si include anche (una stima) dell'economia "criminale" all'interno del PIL, si rischia invece di compiere un vero e proprio errore di logica economica. Se il "sommerso" potrà venire alla luce del sole con una più efficiente lotta all'evasione e con una legislazione fiscale più semplice, l'economia "criminale", invece, non potrà mai emergere.
L'economia "criminale" viene combattuta ogni giorno dalle forze di polizia, dalla magistratura, dalle istituzioni. L'obiettivo è quello di azzerarla, non di farla emergere, perché il nostro comune sentire ha decretato che quelle attività sono dannose e distruggono capitale umano, sociale ed economico. Tra l'altro, questo implica che anche le attività lecite che dipendono dall'economia "criminale" sono a rischio. Quanto maggiore la quota di PIL criminale, tanto più fragile è l'economia "lecita" del Paese. [...] Per capirne il motivo, facciamo un semplice esempio. Prendiamo il caso di una cosca mafiosa che impiega i soldi del traffico di droga nell'economia del proprio territorio acquistando auto di lusso, ristrutturando ville, pagando vitto e alloggio alle famiglie dei carcerati, e così via. Cosa succederebbe se un magistrato come Giovanni Falcone o Paolo Borsellino, arrestando la cupola della cosca, azzerasse l'afflusso di denaro? Il PIL del territorio si sgonfierebbe non solo per l'ammontare "criminale" ma anche per quello "lecito" che le attività criminali avrebbero reso possibile. [...] L'inclusione dell'economia criminale o di parti di essa all'interno del PIL avrebbe quindi un senso "economico" solo se l'Europa avesse intenzione di legalizzare quel tipo di attività. Poiché non è così rappresenta solo una fonte di errori statistici incommensurabili. [...]
L'accettabilità sociale dell'economia di mercato si basa sulla libertà degli individui di acconsentire a una determinata transazione a un determinato prezzo. Gli individui non devono subire coercizioni, se no non è più un'economia di mercato. Si può parlare di "comune accordo" tra un drogato e uno spacciatore? Come si può considerare "libero scambio" quello tra un uomo e una prostituta, se questa è stata costretta con le sevizie e la violenza a fare una scelta di vita così degradante?
E volendo ragionare per assurdo, perché escludere il "pizzo", la "mazzetta" o l'usura dalla definizione di libero scambio. Un'ultima domanda per Eurostat (e Istat): quando considereremo PIL anche la "libera compravendita" di organi e lo scambio di materiale pedopornografico?

Marcello Esposito, «laVoce.info», 9 settembre 2014

A. Quali sono le innovazioni, relative al calcolo del PIL, introdotte dal Sec 2010 (il Sistema europeo dei conti pubblici) di cui si parla nell'articolo?

B. A tale proposito, quali sono le attività da considerare e i requisiti richiesti?
C. Perché il Trattato di Maastricht e i successivi trattati internazionali considerano il PIL l'indicatore più affidabile per il calcolo della ricchezza di un Paese?
D. Qual è la differenza fra economia "sommersa" ed economia "criminale"? Fai un esempio dell'una e dell'altra.
E. È giusto, secondo l'autore, fare emergere l'economia sommersa e inserirne il valore nel PIL di un Paese? Per quali ragioni?
F. Si può dire lo stesso a proposito dell'economia criminale? Per quali ragioni?
G. Come risponderesti all'ultima domanda (provocatoria) dell'autore?

ECONOMY HIGHLIGHTS CLIL

6) LEGGI E RISPONDI ALLE DOMANDE

Competenza: comprendere testi di natura economica in lingua inglese

The GDP: 'measures everything except what is worthwhile'

Even if we act to erase material poverty, there is another greater task, it is to confront the poverty of satisfaction - purpose and dignity - that afflicts us all.
Too much and for too long, we seemed to have surrendered personal excellence and community values in the mere accumulation of material things. Our Gross National Product, now, is over $800 billion dollars a year, but that Gross National Product - if we judge the United States of America by that - that Gross National Product counts air pollution and cigarette advertising, and ambulances to clear our highways of carnage.
It counts special locks for our doors and the jails for the people who break them. It counts the destruction of the redwood and the loss of our natural wonder in chaotic sprawl.
It counts napalm and counts nuclear warheads and armored cars for the police to fight the riots in our cities. It counts Whitman's rifle and Speck's knife, and the television programs which glorify violence in order to sell toys to our children.
Yet the gross national product does not allow for the health of our children, the quality of their education or the joy of their play. It does not include the beauty of our poetry or the strength of our marriages, the intelligence of our public debate or the integrity of our public officials.
It measures neither our wit nor our courage, neither our wisdom nor our learning, neither our compassion nor our devotion to our country, it measures everything in short, except that which makes life worthwhile.
And it can tell us everything about America except why we are proud that we are Americans.
If this is true here at home, so it is true elsewhere in world.

Discorso di Robert Kennedy, 18 marzo 1968, Università del Kansas

A. What's GDP?
B. How is it calculated?
C. Explain the sentence of Robert Kennedy on GDP: 'measures everything except that which is worthwhile'.

SEZIONE

E Il sistema monetario e finanziario

Nella città di Economia da molto tempo circola la moneta. Pensate a quanto sarebbe complicata la vita se non ci fossero i soldi. «Devo comprare una sciarpa, ma il negoziante vorrà qualcosa in cambio. Cosa posso offrirgli? Un vecchio paio di scarpe, una cornice di legno oppure una cintura di pelle mai usata?» Ma chi ha avuto per primo l'idea dei soldi? Oggi si usano banconote e monete metalliche che non hanno un valore in sé, ma andando molto indietro nel tempo, in molti luoghi si usavano conchiglie, poi si passò ai metalli preziosi. C'erano molte miniere d'oro e d'argento, direttamente sotto il controllo del sovrano. Se a lui servivano stoffe preziose per il suo palazzo e migliaia di spade per il suo esercito, faceva estrarre oro e argento dalle miniere per ricavarne monete e con quelle comperava ciò che gli serviva. La cosa piacerebbe anche a voi, anche se con una miniera d'oro a disposizione probabilmente fareste un uso assai diverso di quei soldi...

COMPETENZE

- Acquisire consapevolezza del ruolo del sistema creditizio e finanziario all'interno di un'economia evoluta e aperta alle relazioni internazionali
- Sapere spiegare gli andamenti dei mercati finanziari
- Riconoscere i processi di reciproca interazione tra aspetti reali e aspetti monetari di un sistema economico
- Riconoscere gli effetti della politica monetaria nella determinazione del livello del reddito

UNITÀ

1 La moneta e il credito

La banda degli onesti che vuole il denaro elettronico

L'impossibilità di evadere dev'essere intrinseca, la tracciabilità totale: una possibilità è il denaro elettronico

[...] Il tema non è nuovo ed è stato ampiamente dibattuto all'estero (Kenneth Rogoff, Willem Buiter e l'«Economist»). Per l'Italia, nell'indagine Isfol Plus 2014 è stato inserito un modulo ad hoc che mostra come il 60 per cento delle persone (il 65 per cento con gli indecisi) sia favorevole ad abbandonare il denaro contante per passare a quello elettronico.

[...] [Molte sono le vie per sostituire il contante. Una è che lo Stato fornisca gratis a tutti carte a "spesa controllata o positiva", in cui non ci sono interessi sul deposito, si è assicurati sulle frodi e non si può andare a debito. Il gettito recuperato compenserebbe di gran lunga i costi. La soluzione non incentiverebbe il consumo compulsivo, dovuto alle illusioni monetarie che le carte (di credito) possono generare: l'alta propensione al risparmio è un valore da salvaguardare.

Un'altra soluzione è una piattaforma che sfrutti gli innovativi metodi di pagamento contactless che non richiedono pos (come l'*Apple Pay* o *Jiffy* della Cassa depositi e prestiti o Messenger): qui è sufficiente associare l'iban al proprio numero telefonico per poter inviare denaro a destinatari registrati. In alternativa, si può proporre una tassa sul circolante (sui prelievi) per disincentivarne l'uso. [...] Il contante comporta invece seri problemi: la contraffazione (nel 2013 la Banca d'Inghilterra ha ritirato 680 mila banconote false, pari a 11 milioni di sterline), costituisce una riserva per attività illecite (soprattutto i tagli grandi: si pensi che un milione di euro in banconote da 500 pesa poco più di due chili), il costo di gestione (l'Agenzia delle entrate lo stima in 4 miliardi l'anno per le banche e 8 per il paese), nei Paesi europei in cui si maneggia più contante l'incidenza dell'economia sommersa è più elevata. C'è un problema di privacy? L'accesso alla tracciabilità delle transazioni (come per le intercettazioni) sarebbe condizionato a esigenze investigative, autorizzate dal tribunale.

Non è poi irrilevante l'azione di "bonifica" del Paese: per esempio, sarebbe più difficile rapinare, vivere in clandestinità, corrompere, gestire la prostituzione o la droga, pagare in nero o in ritardo.

Emiliano Mandrone
«La Voce.info», 19 maggio 2015

attività

1. A tuo avviso, una tassa sul circolante (sui prelievi) per disincentivarne l'uso è più efficace di una campagna informativa e di sensibilizzazione a favore del denaro elettronico?
2. Nel caso in cui il contante fosse sostituito dal denaro elettronico, cosa bisognerebbe evitare affinché l'utilizzo di quest'ultimo non diventasse un costo?
3. Spiega in cosa consistono i problemi elencati dall'autore nell'articolo riguardanti il denaro contante e fornisci la tua opinione favorevole o sfavorevole.

1 IL RUOLO DELLA MONETA

La moneta è quell'"oggetto" che la gente è abituata ad accettare in cambio di beni. Essa è, quindi, un **mezzo intermediario degli scambi** (o, meglio, un **mezzo di pagamento**). Tuttavia, assolve anche ad altre funzioni. La moneta è infatti:

- una **misura dei valori**, cioè è un metro di valutazione di tutti i beni e servizi (un numerario, una unità di conto);
- un **deposito (riserva) di valore**: chi ottiene moneta, in cambio di una merce che ha ceduto, non è obbligato a spenderla immediatamente, ma può conservarla (si dice a volte "tesoreggiarla") per convertirla in merci in un'epoca successiva o per effettuare pagamenti differiti e dilazionati nel tempo.

La moneta procura ai suoi possessori vantaggi grazie alle due proprietà che la contraddistinguono:

- **proprietà della liquidità**: si può convertire prontamente in qualsivoglia bene, per cui è spendibile immediatamente in ogni momento, in ogni luogo, con qualsiasi controparte, per acquistare qualsiasi bene o servizio;
- **proprietà della circolarità**: può passare facilmente e senza costi da una mano all'altra, senza deteriorarsi né distruggersi (è circolante), per cui può essere utilizzata più volte, da persone diverse e per più di una transazione.

L'oggetto che viene considerato moneta ha delle caratteristiche particolari valide per tutti i tempi e per tutti i luoghi?

Non esiste un attributo universale che caratterizzi in tutti i tempi e in tutti i luoghi un oggetto facendolo diventare moneta. In una collettività primitiva l'oggetto accettato come moneta poteva essere una conchiglia o una pietra rara, in un'altra collettività consisteva in una collana dotata di determinate caratteristiche, in un'altra ancora era costituito da oro coniato, cioè trasformato in dischetti di un determinato peso, sulle cui facce erano impresse delle immagini. Ai nostri giorni esistono:

- **la moneta cartacea e metallica** (**moneta legale**): è la moneta coniata da un'autorità politica o monetaria (per i Paesi dell'eurozona è la Banca centrale europea - Bce), la quale attribuisce a ciascuna banconota e moneta metallica un valore nominale o legale (per esempio, il valore nominale di una banconota da 5 euro è appunto 5 euro). L'accettazione di tale moneta come mezzo di pagamento è imposta per legge (**corso legale**);
- **la moneta bancaria** (**moneta a corso fiduciario**): è costituita dai mezzi di pagamento messi in circolazione dalle banche in sostituzione della moneta contante; a tale moneta i soggetti possono accedere in qualsiasi momento tramite **assegni**, bonifici, bancomat, carte di credito, ecc.;

Means of exchange
Intermediario degli scambi
An intermediary instrument used to facilitate the sale, purchase or trade of goods between parties.

Means of payments
Mezzo di pagamento
The way that a buyer chooses to compensate the seller of a good or service that is also acceptable to the seller.

Measure of values
Misura dei valori
It is a yardstick of all goods and services.

Store of value
Riserva di valore
The money function in which money is used as a way to postpone the satisfaction obtained from using or consuming goods until a later time.

Fiat currency
Moneta legale
Money expressed by the banknotes issued by the issuing bank and the divisionary coins (either metal or change) coined by the mint, all declared legal by the government.

Legal tender
Corso legale
Legal tender is a medium of payment recognized by a legal system to be valid for meeting a financial obligation. Paper currency and coins are common forms of legal tender in many countries.

Bank money
Moneta bancaria
The money expressed by all bank deposits.

Fiduciary money
Moneta a corso fiduciario
In nineteenth century, currency whose validity and value depended on the faith and confidence relied on the issiung body. It was backed up by no government and it could had beeen refused as a means of paym.

Commercial papers
Moneta commerciale
A written instrument or document such as a check, draft, promissory note, or a certificate of deposit, or a commercial paper (in the strict sense) that manifests the pledge or duty of one individual to pay money to another. It is a reliable and expedient means of dealing with large sums of money and minimizes the risks inherent in using cash, such as the increased possibility of theft. They are also known as negotiable instruments.

Promissory note
Cambiale
A written promise to pay a specified sum of money to a designated person or to his or her order, or to the bearer of the note, at a fixed time or on demand. It is a negotiable instrument.

Elecronic money
Moneta elettronica
An electronic store of monetary value on a technical device that may be widely used for making payments to entities other than the e-money issuer.

Liquidity preference
Preferenza per la liquidità
It's the desire of individuals to hold part of their wealth in monetary form.

IRVING FISHER
«Un aumento della quantità di moneta in circolazione provoca solo un aumento del livello generale dei prezzi e, quindi, dell'inflazione.»

- **la moneta commerciale**: **cambiali**;
- **la moneta elettronica**: borsellino elettronico (il valore in denaro è caricato su una smart card, dotata di un microprocessore), moneta virtuale (il valore in denaro è caricato nella memoria di un computer).

Pertanto la moneta è una convenzione: una cosa diventa moneta perché la gente si è abituata a considerarla tale e viene usata a questo scopo.

L'emissione e la circolazione della moneta incidono sull'equilibrio economico generale di cui si è parlato in precedenza?

Per condurre questa analisi si deve distinguere la posizione degli economisti neoclassici dalla posizione di Keynes.

Per i neoclassici la moneta ha l'unica funzione di agevolare gli scambi. Essa entra ed esce dalle tasche della gente e nessuno dovrebbe essere disposto a trattenerla se non per il tempo necessario per consentirle di adempiere alla sua funzione, che è quella di permettere l'acquisizione di beni di consumo oppure di un titolo rappresentativo della proprietà dei mezzi di produzione. Per tali economisti la preferenza per la detenzione di moneta in forma liquida (**preferenza per la liquidità**), senza che vi sia alcuna necessità di trattenerla in tale forma, è una stravaganza oppure una decisione irrazionale, perché significa rinunciare all'utilità dei beni di consumo che si potrebbero acquistare con la moneta oppure al guadagno costituito dall'interesse. La teoria neoclassica scinde la rappresentazione del sistema economico in due parti: una parte reale e una parte monetaria.

Nella **parte reale** del sistema economico la domanda e l'offerta determinano i valori di scambio sia per i beni prodotti sia per i fattori della produzione (saggio di salario reale, saggio d'interesse reale), nonché il reddito reale della collettività.

Nella **parte monetaria** compare l'**offerta di moneta**, creata dalle autorità monetarie, che è assorbita dai soggetti economici per finanziare le transazioni. La quantità di moneta in circolazione ha qui il compito di fissare il livello generale dei prezzi, ma non ha alcuna influenza sulla parte reale del sistema economico.

Su quali basi gli economisti neoclassici affermano che la quantità di moneta in circolazione non ha alcuna influenza sulla parte reale del sistema economico?

Essi si rifanno alla **Teoria quantitativa della moneta** di Irving Fisher (1867-1947), economista e statistico statunitense, in seguito rielaborata da Alfred Marshall e dagli altri economisti della Scuola di Cambridge tra la fine dell'Ottocento e i primi decenni del Novecento, nonché ripresa da Milton Friedman e dalle correnti monetariste nel 1956.

Tale teoria afferma che se il livello del reddito reale è costante, un aumento della quantità di moneta in circolazione produce un aumento proporzionale nel livello dei prezzi, lasciando immutate tutte le altre grandezze economiche.

La teoria quantitativa è stata anche sintetizzata in una formula divenuta famosa come **Equazione generale degli scambi**. L'equazione degli scambi è basata sul seguente principio:

Valore delle merci scambiate = potere d'acquisto della moneta

Il **valore complessivo delle merci scambiate** è calcolato moltiplicando la quantità di merci scambiate (Q) per il livello generale dei prezzi (P).

Il **potere d'acquisto della moneta**, ossia la quantità di beni e servizi che in un determinato momento si possono acquistare con l'impiego della moneta, è calcolato moltiplicando la quantità di moneta esistente (M) per la velocità di circolazione della moneta (V).

Per **velocità di circolazione della moneta** si intende il numero di volte che un'unità di moneta si scambia contro beni in un certo periodo di tempo.

Esempio

Supponiamo che esista in circolazione un solo biglietto da 5 euro e che nel giro di tre ore esso sia utilizzato per la prima volta da Anna per acquistare una confezione di cioccolatini e poi dal pasticcere Ugo per acquistare frutta e verdura e, infine, dal fruttivendolo Giorgio per acquistare un giocattolo per suo figlio. In tal caso la velocità di circolazione del biglietto da 5 euro è 3, ma ha finanziato un volume di scambi monetari pari a 15 (cioè 5 euro × 3).

Tenuto conto di quanto detto, se indichiamo con P il livello generale dei prezzi, Q la quantità dei beni e servizi prodotti nel Paese, M la quantità di moneta in circolazione e con V la velocità di circolazione della moneta, la teoria quantitativa della moneta si esprime con questa uguaglianza:

$$\mathbf{P \times Q} \quad = \quad \mathbf{M \times V}$$

(valore complessivo delle merci scambiate o reddito nazionale) = (potere d'acquisto della moneta)

dividendo primo e secondo membro dell'equazione per Q, si avrà:

$$\mathbf{P} = \frac{\mathbf{M \times V}}{\mathbf{Q}}$$

Da questa espressione risulta chiaramente che il livello generale dei prezzi (P) è direttamente proporzionale alla quantità di moneta in circolazione (M) e alla velocità di circolazione della stessa (V). Poiché **V** è costante, in quanto nel breve periodo le abitudini di pagamento degli individui non mutano da un momento all'altro, e **Q** nel breve periodo è sempre al livello massimo possibile di piena occupazione secondo la concezione neoclassica esaminata nella precedente unità (si veda la Legge degli sbocchi di Say), allo-

Quantity theory of money
Teoria quantitativa della moneta
Economic theory elaborated by the American economist Irving Fisher, according to which the amount of circulating currency and the general price level of goods is directly proportional.

Purchasing power of money
Potere d'acquisto della moneta
The value of currency resulting from the amount of goods that can be purchased with a unit of the same.

Velocity of circulation
Velocità di circolazione
Number of times in which the money changes hand within an economy in the course of a year.

Demand for money
Domanda di moneta
The amount of money that individuals usually own in cash (fiat currency and no term deposits) to deal with their own needs.

ra una variazione della quantità di moneta in circolazione (M) influenzerà il livello generale dei prezzi, ma non avrà alcuna influenza sulla parte reale del sistema economico. Se la quantità di moneta in circolazione raddoppiasse da un momento all'altro, tutti i prezzi raddoppierebbero, sia dei beni prodotti sia dei fattori produttivi, cosicché la posizione di ogni soggetto economico rimarrebbe immutata. Infatti, se i prezzi dei beni di consumo raddoppiano e al tempo stesso raddoppia il salario monetario, il potere d'acquisto del salario non cambia e il salario reale rimane immutato. Sotto questo aspetto si può concludere che la moneta è come un "velo" che copre i rapporti economici effettivi, i "veri" rapporti di scambio. Secondo i neoclassici, l'indagine economica deve andare al di là di questo "velo" per mettere a nudo i meccanismi reali che presiedono al funzionamento del sistema economico.

Occorre premettere che la formulazione di Fisher è stata successivamente rielaborata da Marshall e dagli altri economisti della Scuola di Cambridge. I loro studi rappresentano un progresso rispetto alla teoria di Fisher, in quanto si concentrano sulla propensione del pubblico a detenere il proprio reddito sotto forma di moneta (**domanda di moneta**) e, quindi, a manifestare una **preferenza per la liquidità**. Tuttavia anche tali economisti riaffermano in sostanza lo stesso principio della teoria quantitativa, cioè l'esistenza di una relazione diretta tra quantità di moneta in circolazione e livello generale dei prezzi.

RINFORZO

L'equazione di Cambridge

La teoria monetaria della scuola di Cambridge (elaborata da Marshall) non è altro che una diversa versione della teoria quantitativa:

$$M = KPQ$$

dove **M** rappresenta *la quantità di moneta in circolazione*, **PQ** è il *reddito nazionale*. Dalla equazione sopra scritta si deduce facilmente:

$$K = \frac{M}{PQ}$$

K è la *quantità di moneta in circolazione* divisa per *il reddito nazionale*, cioè la percentuale di reddito nazionale detenuta (dagli individui) sotto **forma di moneta.**
K è quindi la **domanda di moneta della collettività (M)** divisa per *il reddito nazionale* (espressa in percentuale rispetto al reddito).
L'equazione di **Fisher** e quella di **Cambridge** sono facilmente riconducibili l'una all'altra.
Infatti **M = KPQ** può essere scritta nella forma:

$$M \times \frac{1}{K} = PQ$$

Essendo $V = \frac{1}{K}$ (tanto più la moneta è detenuta, tanto meno essa circola: K è l'inverso di V), questa equazione è identica all'equazione di Fisher **MV = PQ**.

Al contrario, **Keynes** porta più avanti la teoria della domanda di moneta di Marshall e critica in modo esplicito l'equazione di Fisher.

Qual è la critica di Keynes?

Secondo Keynes le ipotesi alla base della teoria quantitativa non sono valide. L'economista britannico ritiene che il reddito non sia sempre al livello massimo di piena occupazione, in quanto dipende dal livello della domanda aggregata, e non crede nemmeno che la velocità di circolazione sia costante, perché in un sistema di mercato sviluppato la moneta è domandata anche come riserva di valore. A tal proposito egli è convinto che imprese e famiglie si muovano nell'incertezza:

- **gli imprenditori** perché o non sanno in quale tipo di eventi negativi possono incappare, o non conoscono la probabilità che eventi temuti si verifichino (per esempio, è difficile per un imprenditore prevedere che un concorrente stia introducendo nuovi metodi di produzione che abbassano notevolmente i costi e procurano serie difficoltà alla sua impresa);
- **le famiglie** perché nella vita familiare possono presentarsi degli imprevisti che vanno affrontati.

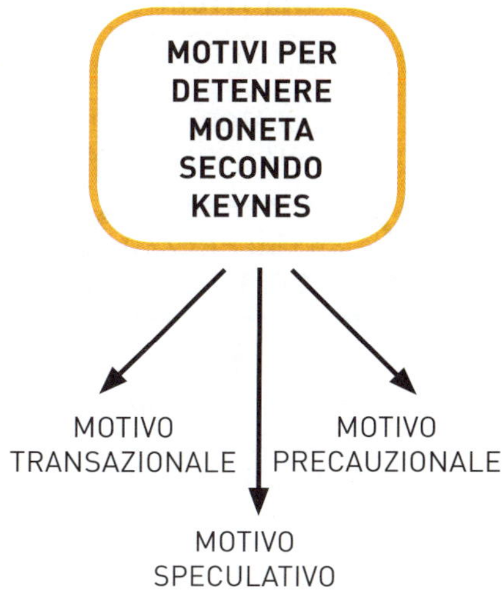

Pertanto, la maniera più diretta con cui imprese e famiglie possono far fronte a eventi sfavorevoli e imprevedibili consiste nell'accantonare una certa somma di moneta da utilizzare all'occorrenza.

La **domanda di moneta** consiste proprio nell'accantonare moneta (in termini di potere d'acquisto, cioè in termini reali) per far fronte agli imprevisti ed è cosa diversa dal risparmio: chi risparmia deposita i suoi soldi in banca, vincolando il deposito a una certa scadenza, o compra un titolo del debito pubblico oppure versa i suoi soldi in un fondo pensioni, e così via. Chi detiene invece moneta a causa dell'incertezza, ha in mano liquidità che non gli frutta nulla, ma gli conferisce appunto il vantaggio della liquidità.

Vengono indicati tre motivi per i quali i soggetti trovano utile domandare moneta, cioè avere una scorta di disponibilità liquida:

- **il motivo delle transazioni o degli acquisti correnti**. Nella generalità dei casi, le entrate e le uscite dei soggetti sono caratterizzate dal fatto che incassi e pagamenti non coincidono nel tempo. Gli individui, pertanto, terranno una riserva di moneta, dal giorno in cui realizzeranno l'entrata fino al giorno in cui dovranno affrontare la spesa, per essere in grado di far fronte a pagamenti certi e previsti. L'ammontare dei mezzi di pagamento che i soggetti detengono presso di sé per questo scopo dipende soprattutto dal livello del loro reddito (è in funzione diretta del reddito: tanto più alto è il reddito tanto maggiore è la **domanda di moneta per transazioni**, e viceversa), ma non si esclude che possa dipendere anche dai tassi d'interesse perché, se questi ultimi sono elevati, i soggetti potrebbero scegliere di utilizzare l'intervallo tra incassi e pagamenti per mettere a frutto le somme disponibili (per esempio investirle in titoli) e guadagnare l'interesse corrente, soprattutto se questo è abbastanza elevato da compensare il costo delle operazioni necessarie. In tal caso la domanda di moneta è in funzione inversa del tasso d'interesse: tanto più è alto il tasso d'interesse, tanto minore è la domanda di moneta, e viceversa;

Transactions demand for money
Domanda di moneta per transazioni
The amount of money needed to cover the needs of an individual, firm, or nation.

ALTO PREZZO DEI TITOLI

↓

GLI SPECULATORI VENDONO TITOLI E DETENGONO MONETA

BASSO PREZZO DEI TITOLI

↓

GLI SPECULATORI ACQUISTANO TITOLI E NON DETENGONO MONETA

- **il motivo precauzionale**. Ogni soggetto detiene anche un certo ammontare di moneta destinata a far fronte a pagamenti incerti o addirittura a possibili imprevisti. In tal caso la liquidità serve a soddisfare il bisogno di sicurezza e la misura in cui ogni individuo desidera soddisfare tale bisogno varia a seconda delle sue tendenze personali, perché ogni individuo ha una diversa propensione alla liquidità. L'ammontare di riserve liquide detenute a tale scopo dipende dal livello del reddito (la **domanda di moneta precauzionale** è in funzione diretta del reddito), ma anche dal tasso d'interesse (la domanda di moneta è in funzione inversa del tasso d'interesse) per i motivi già esaminati al punto precedente;
- **il motivo speculativo**. Questo motivo è tipico degli operatori di Borsa, i quali desiderano avere a loro disposizione una riserva di liquidità per sfruttare le occasioni che si presentano in relazione al mercato dei titoli. L'esame dei mercati finanziari sarà oggetto della prossima Unità; per ora ci basta sapere che gli speculatori di Borsa sono coloro che speculano sul mercato dei titoli, nel senso che cercano di prevedere l'andamento futuro della Borsa per trarne un guadagno. Essi, quindi, acquistano e vendono titoli per guadagnare sulle oscillazione dei corsi (prezzi) dei titoli. Se il prezzo dei titoli è basso e il tasso d'interesse è elevato, gli speculatori penseranno che sia conveniente acquistare titoli. Pertanto essi ridurranno le loro scorte liquide per effettuare tali acquisti. In tal modo diminuisce la domanda di moneta, cresce il prezzo (o corso) dei titoli a causa della maggiore domanda e cala il tasso d'interesse degli stessi. Viceversa nel caso contrario. In conclusione, anche la **domanda di moneta speculativa** è in funzione inversa di "i".

Precautionary demand for money
Domanda di moneta precauzionale

Speculative demand for money
Domanda di moneta speculativa

It is the demand for financial assets, such as securities, money, or foreign currency, that is not dictated by real transactions such as trade or financing. Speculative demand arises from the need for cash to take advantage of investment opportunities that may arise.

RINFORZO

Rapporto inverso tra prezzo del titolo e tasso d'interesse

Supponiamo un'obbligazione del valore nominale di 100, tasso d'interesse nominale annuo 8%, prezzo 100. Il tasso d'interesse effettivo è:

100 : 8% = 100 : i

i effettivo = **0,08 = 8%** (tasso d'interesse effettivo pari al tasso d'interesse nominale).
Se il prezzo si abbassa a 90, il titolo continuerà a fruttare l'8% nominale, ma in realtà questo rendimento del titolo rispetto a un valore capitale di 90 provoca un tasso d'interesse effettivo più alto. Infatti:

90 : 8% = 100 : i

i = 0,088 = 8,88% tasso d'interesse effettivo (superiore al tasso d'interesse nominale).

Qual è la conclusione del ragionamento keynesiano?

Manifestazione di protesta in Argentina, un Paese che continua a registrare tassi d'inflazione molto elevati.

La conclusione per Keynes è che, in un sistema economico dominato dall'incertezza, gli operatori manifestano una "preferenza per la liquidità" e il tasso d'interesse è ciò a cui si rinuncia per la preferenza accordata alla liquidità. Per Keynes, pertanto, il saggio d'interesse è un fenomeno esclusivamente monetario che si determina sul mercato della moneta, non ha nulla a che fare con le scelte intertemporali dei consumatori/risparmiatori e, quindi, non si determina sul mercato dei capitali (del risparmio), come invece affermavano gli economisti neoclassici (vedi Sezione D, Unità 3).

La domanda di moneta dipende sostanzialmente dal reddito nazionale (è in funzione diretta di esso) e dal tasso d'interesse (è in funzione inversa di esso).

Se definiamo con L_d la domanda di moneta, possiamo scrivere la seguente funzione:

$$L_d = L_d(Y, i)$$

Supponiamo, per semplicità, che tale funzione sia di tipo lineare. Indicando con "k" e "h" la sensibilità della domanda di moneta rispettivamente alle variazioni del reddito Y e al tasso d'interesse i, potremo scrivere la seguente equazione:

$$L_d = kY - hi$$

la quale dice appunto che la domanda di moneta è in funzione (diretta) del reddito atteso quale risulta dalle stime degli operatori sul flusso di transazioni che presumibilmente si verificheranno nell'anno (Y), mentre è in funzione (inversa) del saggio d'interesse (i).

Quanto all'**offerta di moneta**, essa è fissata dalle autorità monetarie e, quindi, è "data":

$$L_s = L_s^*$$

Se eguagliamo l'offerta di moneta alla domanda di moneta, otteniamo:

$$L_s^* = kY - hi$$

(la formula esprime la relazione tra domanda di moneta reale, reddito e tasso d'interesse).

QUESITI

1) Completa la tabella indicando le funzioni della moneta secondo i neoclassici e secondo Keynes.

	Neo-classici	Keynes
Mezzo di scambio		
Numerario		
Riserva di valore		

2) In un sistema economico descritto dai seguenti parametri:

Y = 900; i = 0,16; k = 0,2; h = 500

qual è il valore della domanda di moneta?

Money supply
Offerta di moneta
The whole amount of money circulating in a country at any given time.

Figura 1

Equilibrio nel mercato della moneta

Possiamo rappresentare graficamente l'equilibrio sul mercato della moneta (fig. 1):

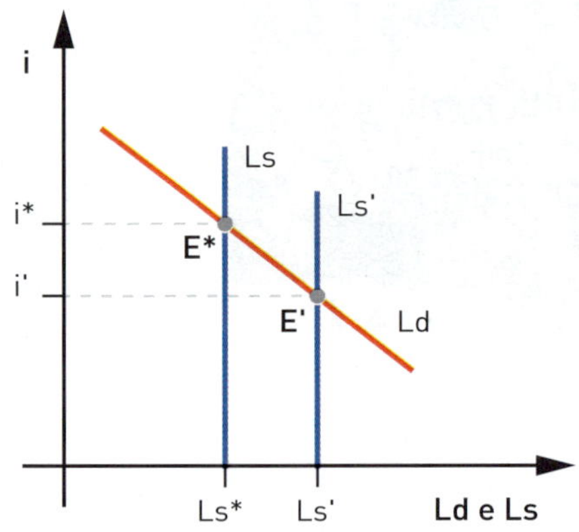

JOHN MAYNARD KEYNES
Un aumento della quantità di moneta in circolazione incentiva la domanda globale attraverso una riduzione dei tassi d'interesse, ma solo se il sistema non ha raggiunto la piena occupazione e in presenza di stabili aspettative.

Money market
Mercato della moneta
Section of the financial market where the negotiations of short term financial assets (up to 18 months) are traded.

QUESITO
Per i neoclassici, il tasso d'interesse equilibra il mercato

....

Per Keynes, il tasso d'interesse equilibra il mercato

....

Misuriamo, sull'asse verticale, il tasso d'interesse (i) e, sull'asse orizzontale, la domanda e l'offerta di moneta reali (Ld e Ls). Il punto d'intersezione tra la linea d'offerta di moneta e la linea di domanda di moneta (E*) determina il tasso d'interesse d'equilibrio (i*).

Se aumenta l'offerta di moneta da Ls* a Ls' (offerta di moneta > domanda di moneta), si avrà una spinta dei soggetti economici ad aumentare sia la domanda di beni, stimolando in tal modo la produzione, sia la domanda di titoli provocando l'aumento del loro prezzo con conseguente diminuzione dei tassi d'interesse. Ciò provocherà la crescita della detenzione di moneta fino al punto in cui essa eguaglierà l'offerta di moneta. A questo punto il **mercato della moneta** è in equilibrio (nel grafico il punto d'equilibrio diventa E' con un tasso d'interesse pari a i').

L'opposto accade se l'offerta di moneta risulta inferiore alla domanda di moneta (offerta di moneta < domanda di moneta).

Il mondo, come lo vede Keynes, è un mondo in cui la moneta conta. Il tasso d'interesse, determinato sul mercato monetario, è una grandezza che può influire sulle decisioni degli imprenditori riguardanti gli investimenti. Date la stabilità o la positività delle aspettative imprenditoriali, in una situazione in cui è necessario incoraggiare la domanda globale, un basso tasso d'interesse stimola gli investimenti, i quali tramite il moltiplicatore contribuiscono, assieme alle altre componenti della domanda autonoma, a generare un flusso di produzione e di reddito che crea risparmi in grado di finanziare gli investimenti stessi. In definitiva, la moneta, per Keynes, non è più un "velo", come pretendevano i neoclassici, ma un fattore che influenza l'equilibrio macroeconomico.

IN PILLOLE

Per i **neoclassici** è il risparmio il motore della crescita del reddito nel lungo periodo. Il tasso d'interesse (i) eguaglia risparmi (S) e investimenti (I).

Per **Keynes**, in una prospettiva di breve periodo, sono gli investimenti (I) il motore dell'aumento del reddito (Y), la cui crescita determina un innalzamento dei risparmi (S) in grado di finanziare gli investimenti stessi.

$$I \rightarrow Y \rightarrow S$$

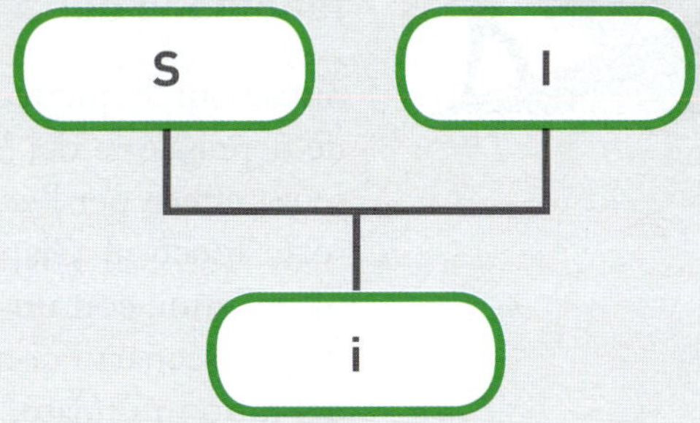

2 LA DINAMICA DEI PREZZI: DEFLAZIONE E INFLAZIONE

Come afferma Keynes, la moneta influenza le grandezze reali dell'economia (investimenti, reddito, occupazione), ma occorre una precisazione. Nell'Unità 3 della precedente Sezione si è parlato delle **aspettative imprenditoriali** e di come siano per Keynes una componente importantissima della domanda d'investimento. Sintetizzando, per l'economista britannico, un basso tasso d'interesse stimola gli investimenti a condizione che le aspettative imprenditoriali siano stabili o positive. Ne deriva che una politica monetaria espansiva, cioè di aumento della moneta in circolazione, in una fase di recessione o depressione dell'economia, attuata al fine di abbassare i tassi d'interesse per sollecitare una crescita della domanda globale e portare il reddito nazionale a un livello più alto, può risultare inefficace se le aspettative imprenditoriali sono negative riguardo al futuro. In questa situazione, per Keynes, è più opportuno un intervento dei pubblici poteri, del Governo, mediante la manovra di spesa pubblica (in aumento) e/o delle entrate fiscali (in diminuzione).

Una delle massime più celebri degli economisti keynesiani negli anni Trenta era utilizzata per fotografare la cosiddetta "trappola della liquidità":
«È possibile portare un cammello all'abbeveratoio, ma non lo si può costringere a bere».

Inoltre, per Keynes, la politica monetaria espansiva è inefficace quando i tassi d'interesse hanno raggiunto un livello talmente basso che al di sotto non possono più scendere.

Keynes disse: «Quando il tasso d'interesse nominale è zero, l'aumento dello stock di moneta fa precipitare l'economia in una **trappola della liquidità**». Ciò significa che se i tassi d'interesse sono molto bassi, i risparmiatori si aspettano che prima o poi essi crescano; pertanto, nell'attesa, preferiscono trattenere moneta in forma liquida per investirla al momento opportuno. La domanda di moneta a fini speculativi diventa così illimitata. Aggiunge Krugman: se la Banca centrale applica una politica espansionistica della base monetaria mentre le banche non allargano i cordoni dei prestiti e la gente tiene i soldi nel materasso, non si avranno effetti di rilievo.

Liquidity trap
Trappola della liquidità
A liquidity trap is a situation in which injections of cash into the private banking system by a central bank fail to decrease interest rates and hence make monetary policy ineffective.

Volgendo lo sguardo al passato: si sono verificate riduzioni massicce dei tassi d'interesse che hanno causato il fenomeno della "trappola della liquidità"?

Situazioni di questo tipo possono essere rintracciate nel periodo della Grande depressione del '29. Gli Stati Uniti portarono il costo del denaro a zero senza effetti per l'economia e così apparve la trappola della liquidità. Stessa sorte toccò al Giappone con la Grande deflazione degli anni '90. Negli ultimi anni, con un tasso d'interesse tendente allo zero, il rischio in Europa di uno scenario contrassegnato dalla trappola della liquidità non è apparso del tutto infondato.

Tuttavia, risulta utile evidenziare che la trappola della liquidità rappresenta un problema quando si combina con la deflazione e non ogni volta che appare. Un tasso di deflazione crescente, a un dato tasso d'interesse nominale, provoca un continuo aumento del tasso d'interesse reale, generando una caduta continua della produzione, con l'economia che entra in un circolo vizioso.

È possibile contrastare il fenomeno della "trappola della liquidità"?

Secondo il premio Nobel **Paul Krugman**, è possibile contrastare il fenomeno della "trappola della liquidità" realizzando una politica attiva che generi **aspettative inflazionistiche**, cioè aspettative di aumento dei prezzi. Krugman afferma che gli agenti economici prendono decisioni riguardanti sia il presente sia il futuro. La trappola della liquidità può svilupparsi se essi pensano che la crescita attesa dell'economia sia negativa, inducendoli a risparmiare oggi per aumentare il consumo domani. Secondo Krugman, per evitare che il sistema cada in questa trappola, bisogna persuadere gli agenti economici che, se incrementano i loro consumi oggi, l'economia si riprenderà. Sicuramente con la ripresa si creerà inflazione, ma la futura inflazione non sarà un problema per loro perché la Banca centrale garantisce fin da oggi il mantenimento a zero dei tassi d'interesse reali, cioè di quei tassi che tengono conto delle variazioni previste nel livello dei prezzi, per cui gli operatori non subiranno alcun danno dalla futura inflazione. L'obiettivo è chiaro: poiché i tassi reali sono molto importanti nelle decisioni economiche, la tranquillità in merito a questo abbassamento dovrebbe convincere gli operatori a incrementare i loro consumi, a risparmiare di meno, consentendo la ripresa dell'economia. Paradossalmente, nello strano contesto della trappola della liquidità più inflazione c'è, meglio è. Questa terapia fu adottata nel 1933 dagli Stati Uniti e più recentemente nel 2003 dalla BoJ (Banca del Giappone) e in entrambi i casi servì a far modificare le aspettative inflazionistiche.

Paul Krugman.

☐ Si è accennato alla deflazione. Quali sono i danni da essa provocati?

La **deflazione** è un problema decisamente molto infido: il calo generale dei prezzi potrebbe infatti apparire come una cosa buona, ma, in realtà, l'arrivo della deflazione è una cattiva notizia perché reca con sé un certo numero di conseguenze ed effetti che è possibile riassumere con una sola parola: **recessione**. La deflazione innesca un circolo vizioso che si autoalimenta e che alla lunga fa male a tutti: **i prezzi in calo generano un'aspettativa di ulteriori cali futuri**, questo porta i singoli individui a posticipare gli acquisti (ognuno pensa: "se aspetto costerà meno") e la somma di queste aspettative generali comporta una diminuzione generale dei consumi. Per paradosso, in una situazione in cui gli acquisti diventano più convenienti la gente non compra! Un calo dei consumi comporta poi una ripercussione sulle imprese che vedono diminuire sia i margini sia i fatturati e sono costrette a un certo punto a licenziare, se non addirittura a chiudere. A questo punto abbiamo nuovi disoccupati, che non avranno più un reddito da spendere in consumi, dando così nuovo "carburante" al processo di distruzione dell'economia.

Un secondo effetto nefasto della deflazione riguarda i **debiti**. Se c'è deflazione, la situazione diventa insostenibile per i debitori perché la discesa dei prezzi rende più onerosi dal punto di vista reale i loro debiti, in quanto questi sono definiti al valore nominale. Per esempio: se un debitore deve a un creditore 1.000 euro, l'importo reale del suo debito è di 1.000/P euro, dove P è il livello dei prezzi. Poiché il debitore deve restituire al creditore 1.000 euro, una diminuzione del livello dei prezzi gli provoca un aumento dell'importo reale del debito. Infatti, ai nuovi e più bassi prezzi, il creditore, con gli stessi 1.000 euro, può ora comprare più beni e servizi di prima, per cui il debitore è come se dovesse restituire più del dovuto. Alla lunga anche questa situazione è pericolosa per i creditori, che rischiano di non recuperare i loro soldi da debitori ridotti a essere insolventi.

Deflation
Deflazione
A phenomenon that is opposite to inflation, characterized by a general decrease of prices with a consequent increase of the currency's purchasing power.

LA DEFLAZIONE PROVOCA:
- un posticipo degli acquisti con conseguente diminuzione dei consumi;
- un aumento del tasso di interesse reale (tasso al netto dell'inflazione) al di sopra del suo livello d'equilibrio;
- un aumento del peso del debito pregresso;
- un aumento del rapporto debito pubblico/PIL.

Germania di Weimar, 1923. Si va a fare la spesa trasportando su una carriola le banconote necessarie.

Il meccanismo vale anche per gli Stati indebitati. Quando il PIL non cresce a causa della deflazione, può accadere a Paesi con un altissimo debito pubblico, come l'Italia, che il rapporto debito/PIL cresca sempre di più. Infatti, il rapporto debito/PIL è formato da un numeratore (il valore del debito) e da un denominatore (il PIL).

Prendiamo per esempio una situazione iniziale in cui: 100 (debito) / 25 (PIL) = 4.

Con la deflazione, il PIL nominale cala, rendendo il rapporto debito / PIL sempre più elevato e potenzialmente ingestibile. Continuando nell'esempio: 100 (debito) / 20 (PIL) = 5.

Da quanto detto sembra che la deflazione sia un grave danno per le economie dei vari Paesi, ma si è sentito spesso dire che l'inflazione è un fenomeno altrettanto pericoloso. È un'opinione fondata?

Inflation
Inflazione
A sustained increase of the general level of prices for goods and services with the consequent diminishing of the currency's purchasing power.

Inflation rate
Tasso d'inflazione
The increase of the general level of price at a certain time expressed in percentage figures.

Per decenni in Europa la parola più calda sui media è stata **inflazione** e la stessa Bce (Banca centrale europea) ha come compito principale di governare la politica economica in modo da mantenere un **tasso d'inflazione** generale in Europa il più possibile vicino a un valore annuo del 2%, considerato arbitrariamente come il valore "giusto" per una crescita economica sana. In linea generale è corretto affermare che un'economia sana, nell'ambito di una crescita economica equilibrata e sostenibile, produce una leggera inflazione. Un'inflazione bassa spinge infatti i consumatori a continuare ad acquistare prodotti o servizi. Inoltre, in tempi di inflazione bassa, anche i tassi d'interesse sono bassi, circostanza che stimola i prestiti e quindi i consumi e gli investimenti, poiché riduce il costo sostenuto per ottenere capitali a prestito. Per esempio, se oggi faccio un mutuo a 30 anni a tasso fisso, con una rata di 500 euro, e guadagno 1.000 euro al mese, il peso relativo della rata è del 50% sul mio stipendio: in un trend inflazionistico, invece, fra 20 anni, è verosimile che lo stipendio, solo per cause di "recupero dell'inflazione" (non per "promozioni" o cose del genere), diventi di 1.500 euro. La rata quindi non pesa più per il 50% sullo stipendio, ma per il 33%.

Quando, invece, l'inflazione diventa eccessiva si verifica una situazione problematica. Si parla in tal caso di **iperinflazione**. L'iperinflazione si ha quando, per qualche motivo, viene fatta circolare una grande quantità di moneta, la quale però non ha un riscontro in un aumento di "ricchezza reale". È una situazione in cui l'inflazione va fuori controllo, raggiungendo livelli elevatissimi, a causa di una forte perdita di valore della moneta.

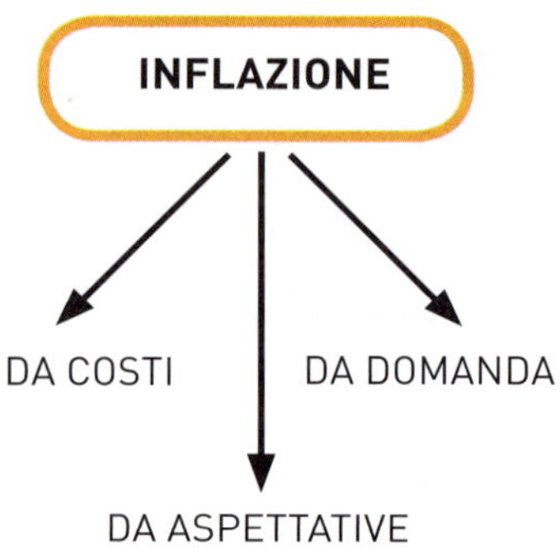

Quali sono le ragioni che inducono a considerare una forte inflazione come un pericolo?

Le ragioni sono numerose. Ne elenchiamo alcune:

- **danni dovuti all'incertezza e alla sfiducia sul futuro,** che ridu-

cono la propensione a investire in impianti e macchinari, con gravi ripercussioni sull'attività produttiva;
- **danni di natura pratica**: in un'economia monetaria la contabilità viene tenuta in termini di moneta. Di conseguenza, se il livello dei prezzi si altera continuamente, le registrazioni contabili perdono di significato e diventa difficile redigere bilanci corretti e significativi;
- **danni sotto il profilo dell'equità**: al crescere dei prezzi, anche i redditi dovrebbero crescere per lasciare invariata la capacità d'acquisto dei singoli individui. Invece l'adeguamento dei redditi monetari avviene con grandi differenze a seconda dei casi. Ogni inflazione, quindi, dà luogo a una ridistribuzione del reddito nazionale a danno dei cosiddetti redditi fissi e a favore degli altri redditi;
- **danni connessi alla crescita più che proporzionale dei tassi d'interesse nominali rispetto al tasso d'inflazione**. In effetti, se l'inflazione si protrae a lungo, i creditori chiedono un interesse in grado di coprire, oltre alla remunerazione reale del prestito, non solo un tasso equivalente al tasso d'inflazione, ma addirittura superiore a esso;
- **danni dovuti alla crescita della spesa pubblica**, a causa dei maggiori oneri che lo Stato deve sopportare per pagare stipendi ai dipendenti e per fornire servizi pubblici.

Quali sono le cause che determinano l'inflazione?

Vi sono diversi fattori che causano l'inflazione.

Inflazione da costi
Citiamo alcune cause dell'aumento dei costi:
- **un aumento dei prezzi delle materie prime**. Quando le materie prime provengono dall'estero si parla di inflazione importata;
- **conflitti sulla distribuzione del reddito**, cioè aumento dei salari che crescono più della produttività del lavoro, provocando la reazione di quelle imprese che si trovano nella possibilità di aumentare i prezzi (per esempio imprese che non subiscono alcuna concorrenza estera) e che vogliono conservare i loro margini di profitto. A tale aumento segue una nuova spinta inflazionistica per l'esigenza dei lavoratori di adeguare l'entità dei redditi fissi ai nuovi aumenti dei prezzi. Si innesta così la spirale salari-prezzi-salari;
- **decisione delle imprese di accrescere i propri margini di profitto**, considerati troppo esigui, magari per finanziare nuovi investimenti. I lavoratori reagiscono chiedendo aumenti di salario e la spirale inflazionistica si metterà in moto, esattamente com'è stato descritto nel punto precedente;
- **crescita dei tassi d'interesse delle banche** che inducono le imprese a scaricarne il costo sui prezzi.

Inflazione da domanda
Si verifica quando la domanda supera l'offerta. In tal caso le aziende sono portate ad aumentare i prezzi. Tuttavia, finché il reddito d'equilibrio si trova

La grande scommessa (The big short)

Regia di Adam Mckay, USA (2015)

Il film è basato sul libro di Michael Lewis, *The big short – Il grande scoperto*. La storia, raccontata attraverso la voce di uno dei protagonisti, segue le vicende parallele e incrociate di diversi investitori e gestori di fondi che scommisero sul crollo delle obbligazioni bancarie sui mutui immobiliari, intuendo prima di tutti l'imminenza della crisi scoppiata nel 2008, che andò poi ben oltre le loro previsioni.
Il film aiuta a svelare le finzioni dei luoghi dello sviluppo finanziario e a fare comprendere che questa finanza non genera né crescita né benessere sociale.

- Guarda il film e discutine con i compagni e l'insegnante.

BILANCIO DELLA BANCA CENTRALE

Attività	Passività (Base monetaria)
Oro	Circolante
Valute straniere	Riserve del sistema bancario (obbligatorie e libere)
Titoli del debito pubblico	
Finanziamenti al sistema creditizio	

sotto il suo livello potenziale, l'aumento dei prezzi può essere uno stimolo alla crescita della produzione e dell'occupazione: tale effetto è positivo perché si combina a un aumento del PIL reale. Il problema nasce quando il reddito si trova già al suo livello potenziale. In tal caso una crescita della domanda può provocare l'aumento dei prezzi senza effetti sulle quantità prodotte.

Inflazione da aspettative
La previsione degli operatori economici (più o meno attendibile) che l'inflazione si verifichi produce l'effetto di causarla veramente. Ciò accade per esempio nel caso in cui i sindacati, attendendosi il verificarsi nel prossimo futuro di un'inflazione del 2%, si battano fin da oggi per un aumento salariale del 2%. Se i datori di lavoro concedono questo aumento, è facile che essi poi lo scarichino aumentando i prezzi, producendo così veramente l'evento inflattivo.

☐ Quali sono i metodi per tenere l'inflazione sotto controllo?

L'inflazione da eccesso di domanda si può contenere con politiche di freno alla domanda globale, attraverso la stretta creditizia, cioè riducendo il flusso di liquidità che alimenta gli investimenti o la spesa pubblica, oppure aumentando la pressione fiscale attraverso l'inasprimento delle imposte dirette o l'aggravio di imposte indirette che colpiscono generi di consumo.

Si potrebbe prevenire l'inflazione da costi dovuti ad aumenti salariali con una "politica dei redditi" in grado sia di controllare i salari monetari, affinché essi crescano a un ritmo uguale, e mai superiore, all'aumento della produttività media del lavoro, per evitare aumenti ingiustificati dei costi di produzione delle imprese, sia di controllare i prezzi, per evitare che le imprese li aumentino anche in assenza di aumenti dei costi. Inoltre, la politica dei redditi andrebbe collegata con una politica di investimenti produttivi disegnata dal Governo con l'accordo di sindacati e imprenditori, in modo che lo spazio assegnato ai profitti sia accettato anche dai lavoratori e dalla collettività capaci di apprezzare i benefici derivanti dagli investimenti.

Stagflation
Stagflazione
An inflationary period accompanied by rising unemployment and lack of growth in consumer demand and business activity.

Le politiche antinflazionistiche sono comunque difficili da attuare perché l'inflazione è originata non da una singola causa, ma da un insieme di concause. Inoltre molto spesso tali politiche sono poco incisive per il fenomeno della **stagflazione**, consistente nel contemporaneo verificarsi di stagnazione (mancanza di crescita economica, riduzione della domanda rispetto all'offerta) e di inflazione; situazione che mette i responsabili della politica economica di fronte a scelte delicate:
- **privilegiare l'obiettivo della piena occupazione**, anziché quello di contenimento dell'inflazione, e quindi adottare politiche espansive centrate sulla crescita della domanda globale, che potranno però produrre maggiore inflazione;
- **privilegiare la riduzione dell'inflazione**, anziché il raggiungimento della piena occupazione, e quindi adottare politiche restrittive focalizzate sulla riduzione della domanda aggregata, che però provocano una riduzione del PIL reale con effetti negativi sulla produzione e l'occupazione.

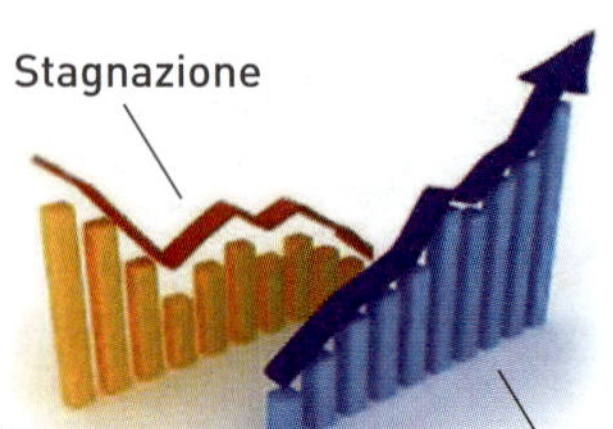

Stagflazione

3 IL SISTEMA CREDITIZIO E BANCARIO

Come si è detto in precedenza, nei moderni sistemi economici le funzioni della moneta sono svolte anche da forme monetarie diverse dalle banconote emesse dalle banche centrali dei vari Paesi, tanto che la moneta esistente in un sistema economico viene suddivisa in due categorie:

- **moneta legale**, composta da banconote e monete metalliche emesse dalla Banca centrale. La moneta legale è costituita dal complesso delle passività finanziarie della Banca centrale;
- **moneta bancaria**, emessa dalle banche ordinarie, le quali si pongono come intermediarie tra i risparmiatori, che offrono fondi, e gli imprenditori, che domandano fondi per finanziare la produzione e gli investimenti. In altre parole le banche raccolgono dal pubblico i risparmi, che confluiscono in appositi conti, e impiegano tali risparmi concedendo credito agli imprenditori, cioè autorizzandoli, per esempio, a emettere assegni fino all'importo massimo del credito concesso.

Credit
Credito
Confidence in a purchaser's ability and intention to pay, displayed by entrusting the buyer with goods or services without immediate payment.

Monetary base
Base monetaria
It is the total amount of a currency that is either circulated in the hands of the public or in the commercial bank deposits held in the central bank's reserves.

Gli aggregati monetari

Le banche centrali classificano le attività che costituiscono la moneta in tre aggregati, secondo un ordine decrescente in termini di liquidità e crescente per ampiezza, da utilizzare nell'analisi monetaria del sistema economico:

Moneta M1: definita liquidità primaria, è composta da banconote e monete in circolazione (il circolante) + depositi bancari e postali;

Moneta M2: definita liquidità secondaria, è formata da M1 + depositi con scadenza prestabilita fino a due anni e i depositi rimborsabili con preavviso fino a tre mesi;

Moneta M3: è composta da M2 + titoli pubblici (per esempio Buoni ordinari del tesoro o Bot), titoli obbligazionari, fondi comuni monetari, contratti pronto termine bancari.

L'analisi monetaria della Banca centrale europea segue con particolare attenzione l'aggregato monetario M3, perché include tutti gli strumenti liquidi, stretti sostituti tra loro, e quindi è più stabile di M1 e M2. Al contrario, negli Stati Uniti la Federal Reserve ha smesso di pubblicare l'aggregato M3 nel 2006, non ritenendolo più informativo di M2.

RINFORZO

La moneta legale, costituita dalla somma di tutte le banconote e monete metalliche circolanti nel sistema economico e detenute da soggetti privati e pubblici, rappresenta la **base monetaria (BM)**.

È possibile distinguere:

- **una base monetaria del pubblico** costituita dal "**circolante**" o "**contante**", che si forma grazie agli incassi correnti del pubblico derivanti dai redditi percepiti ed è utilizzata dallo stesso per effettuare pagamenti, in genere di modico valore. Il suo ammontare (Ci) è definito in una percentuale dei depositi: Ci = *c* (De);
- **una base monetaria delle banche** costituita:
  - dalla **riserva obbligatoria**, che le banche sono obbligate a tenere

Bank
Banca
According to classical and neoclassical economics, as well as most mainstream economics, the purpose of a bank is that to consolidate deposits and uses the funds to transform them into loans. As a financial intermediary it transfers funds from people who have extra money or surplus savings (savers) to those who do not have enough money to carry out a desired activity (borrowers).

per soddisfare le richieste di conversione in moneta dei depositi da parte dei depositanti;
- delle **riserve di liquidità**. L'ammontare di riserva obbligatoria è definita anch'essa in una percentuale dei depositi: Ri = r (De)

Bank deposits
Depositi bancari
They consist of money placed into banking institutions for safekeeping. These deposits are made of deposit accounts such as savings accounts, checking accounts and money market accounts.

Deposit multiplier
Moltiplicatore dei depositi
Its function is to describe the amount of money a bank creates in additional money supply through the process of lending the available capital it has in excess of the bank's reserve requirement.

Money multiplier
Moltiplicatore monetario
It is an indicator that explains the mathematical relationship between the monetary base and money supply of an economy. It shows the increase in the amount of cash in circulation generated by the banks' ability to lend money out of their depositors' funds.It shows the increase in the amount of cash in circulation generated by the banks' ability to lend money out of their depositors' funds.

$$\mathbf{BM}\ \text{(base monetaria)} = \mathbf{Ci + Ri}$$

$$\mathbf{BM} = c\,\mathbf{De} + r\,\mathbf{De}$$

da cui:

$$\mathbf{BM} = \mathbf{De}\,(c + r)$$

$$\mathbf{De} = \frac{\mathbf{BM}}{c + r}$$

$$\mathbf{De} = \frac{1}{c + r}\,\mathbf{BM}$$

Il valore di $\frac{1}{c+r}$ è detto **moltiplicatore dei depositi**. Esso è quel coefficiente che moltiplicato per la moneta legale immessa nel sistema economico determina l'ammontare della moneta bancaria creata dalle banche, a fronte di determinati valori del circolante e della riserva obbligatoria. Pertanto consente di conoscere le variazioni della moneta bancaria determinate dalle variazioni della moneta legale, come si vedrà a breve in modo più approfondito.

L'offerta di moneta (M) è la somma di **circolante o contante** (Ci) e **depositi bancari** (De), cioè è la quantità di mezzi di pagamento in circolazione.

$$\mathbf{M}\ \text{(offerta di moneta)} = \mathbf{Ci + De}$$

$$\mathbf{M} = c\,\mathbf{De} + \mathbf{De}$$

da cui:

$$\mathbf{M} = \mathbf{De}\,(c + 1)$$

$$\mathbf{De} = \frac{\mathbf{M}}{c + 1} = \frac{1}{c + 1}\,\mathbf{M}$$

poiché si è visto nel riquadro precedente che **De è anche uguale a** $\frac{1}{c+r}$ **BM**, si avrà:

$$\frac{\mathbf{M}}{c + 1} = \frac{\mathbf{BM}}{c + r}$$

$$\mathbf{M} = \frac{c + 1}{c + r}\,\mathbf{BM}$$

In definitiva l'offerta di moneta (M) è uguale al prodotto della base monetaria (BM) per il coefficiente $\frac{(c+1)}{(c+r)}$, che prende il nome di **coefficiente monetario** o **moltiplicatore monetario**. Pertanto, l'offerta di moneta è determinata dal volume della base monetaria moltiplicato per tale coefficiente.

A sua volta la $\mathbf{BM} = \frac{\mathbf{M}\,(c + r)}{c + 1} = \mathbf{M}\,\frac{c + r}{c + 1}$.

In che modo avviene nella pratica il processo di moltiplicazione dei depositi messo in moto dall'immissione di moneta nel circuito economico?

La funzione creditizia svolta dalle banche produce nel sistema economico la moltiplicazione della quantità di moneta esistente attraverso la creazione di moneta bancaria. Esaminiamo la tabella 1 che mostra, attraverso un esempio, il processo mediante il quale una determinata immissione di moneta legale nel sistema economico crea depositi e crediti bancari per un ammontare pari al prodotto tra l'ammontare della stessa e il coefficiente di moltiplicazione dei depositi. L'esempio assume che il valore di "*c*" sia il 10% dei depositi e quello di "*r*" sia il 20% dei depositi e che la Banca centrale faccia affluire al sistema economico un ammontare di moneta legale pari a 1.100.

Riserva obbligatoria
Deposito in contanti che una banca è tenuta per legge a mantenere presso la Banca centrale in un conto solitamente infruttifero o remunerato a tassi più bassi di quelli di mercato, ai fini di tutela del risparmio.

Tabella 1 – **Creazione di moneta bancaria**

Emissione di moneta legale	Circolante c = 10% dei depositi	Depositi bancari $De = \frac{M}{c+1} = \frac{BM}{c+r}$	Riserve bancarie r = 20% dei depositi	Credito disponibile	Credito erogato
Δ 1.100	Δ 100	Δ 1.000*	Δ 200	Δ 800	Δ 800
Δ 800	Δ 73	Δ 727	Δ 145	Δ 582	Δ 582
Δ 582	Δ 53	Δ 529	Δ 106	Δ 423	Δ 423
Δ 423	......	......	....	.....	......
....	......	......	....	......	......
Totali	Δ 333,30	Δ 3.333	Δ 666,60	Δ 2.666,4	Δ 2.666,4

$$^*De = \frac{M}{c+1} = \frac{BM}{c+r} \text{ da cui: } \frac{1.100}{0{,}10+1} = \frac{100+200}{0{,}10+0{,}20} = 1.000$$

L'immissione di moneta legale di 1.100 viene in parte versata sui depositi bancari (1.000) e in parte trattenuta dal pubblico sotto forma di circolante (cioè 100), secondo il rapporto desiderato contante/depositi di 1/10. La parte versata nelle banche accresce (di 1.000) i depositi della clientela e fa aumentare la capacità di credito delle banche. Il credito bancario disponibile è dato dall'incremento dei depositi meno la parte di moneta legale che le banche devono versare come riserva obbligatoria alla Banca centrale e che devono detenere come loro liquidità (2/10 dell'incremento dei depositi, cioè 200). Ciò che residua (cioè 1.000 – 200 = 800) è la somma data a credito. Essa non circola necessariamente nel sistema sotto forma di moneta legale, in quanto la clientela può disporre del prestito mediante l'emissione di assegni bancari. La circolazione della moneta tra gli operatori economici comporta la creazione di nuovi depositi presso le banche (pari a 800 – 73 = 727, perché 73 sono detenute dal pubblico come circolante), le quali utilizzeranno i fondi così ottenuti per concedere nuovi crediti (pari a 727 – 145 = 582, perché 145 è la riserva obbligatoria). Pertanto, supponendo per semplicità che il credito disponibile sia completamente richiesto, al sistema economico affluisce nuovamente moneta bancaria (per 582 – 53 di circolante = 529) e il processo di creazione dei depositi e del credito ricomincia. A questo

QUESITO
Sapendo che:
- **Circolante** = 400
- **Depositi** = 6.000
- **Riserve** = 150

calcola il valore dell'offerta di moneta e della base monetaria.

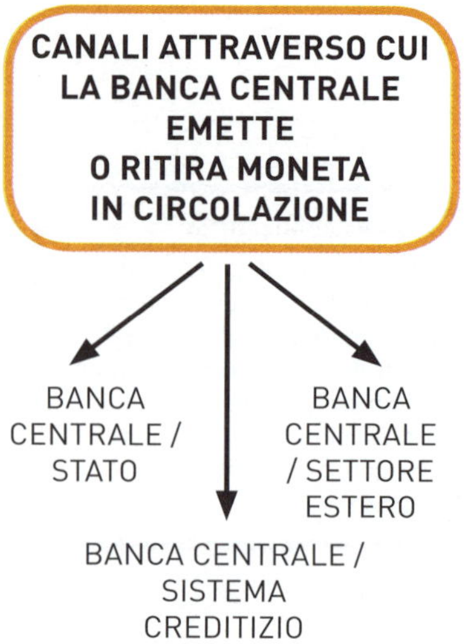

punto possiamo calcolare il valore totale dell'incremento dei depositi attraverso il moltiplicatore dei depositi $\frac{1}{(c + r)}$ cioè $\frac{1}{0{,}1 + 0{,}2} = 3{,}333$. Moltiplicando l'immissione di moneta legale per tale valore, otteniamo l'incremento totale dei depositi e circolante (moneta legale immessa) = 1.100 × 3,333 = 3.666,30 (infatti, nell'esempio 333,30 + 3.333 = 3.666,30).

Appare evidente che, quanto più i valori di "c" e "r" sono bassi, tanto più il moltiplicatore dei depositi è elevato e, quindi, maggiore è la quantità di moneta bancaria che si crea a seguito di un dato incremento di moneta legale. Ciò è facilmente comprensibile, in quanto bassi valori di questi due parametri indicano che gli obblighi di riserva sono bassi e che il pubblico desidera detenere poca moneta legale rispetto ai depositi.

Come fa la moneta legale a entrare e a uscire dal circuito economico?

Ci sono tre canali attraverso cui la Banca centrale emette o ritira moneta in circolazione.

Canale Banca centrale e Stato

Open market operations
Operazioni di mercato aperto
The purchasing or selling of government securities (or securities guaranteed by the government) carried out on the market by the central bank.

Questo canale riguarda le **operazioni sul mercato aperto**, consistenti nella compravendita dei titoli da parte della Banca centrale. Quando la Banca centrale fa un prestito allo Stato, dando l'ordine a un agente di borsa di acquistare titoli pubblici (esempio Buoni del tesoro) emessi dal Ministero dell'Economia e delle Finanze (Mef), cede moneta legale in controvalore dei titoli acquistati. La moneta entra pertanto nel sistema economico, per cui la quantità di denaro in circolazione cresce. Quando il Mef restituisce il prestito (rimborsa i titoli), la quantità di denaro in circolazione cala. La Banca centrale immette moneta anche acquistando titoli (azioni e obbligazioni) dai privati, perché li paga con nuova moneta. Infatti, i privati che vendono i titoli alla Banca centrale normalmente depositano la somma incassata dalla vendita presso il sistema bancario, per cui i depositi aumentano dello stesso importo dei titoli venduti, mettendo in moto il processo di espansione dei depositi. Allo stesso modo la Banca centrale ritira moneta vendendo titoli ai privati, mettendo in moto un processo inverso a quello dell'espansione dei depositi.

RINFORZO

Divorzio tra Tesoro e Banca d'Italia

Fino al 1981 la Banca d'Italia emetteva moneta per acquistare i titoli di Stato non collocati sul mercato. Ciò aveva alimentato il debito pubblico, già originatosi dalla politica economica seguita tra la fine degli anni Sessanta e i primi anni Ottanta, periodo che era coinciso prima con il rallentamento della crescita economica al termine del boom economico e poi con i periodi di recessione e contemporanea inflazione legati alle crisi petrolifere degli anni Settanta. Nel 1981, con il cosiddetto "**divorzio**" tra ministero del Tesoro e Banca d'Italia, quest'ultima non fu più obbligata a pagare il debito attraverso l'emissione di moneta, acquistando in tal modo indipendenza e autonomia nei confronti del Governo.

Canale estero

In un'economia aperta l'offerta di moneta è influenzata anche dal saldo della bilancia dei pagamenti, ossia dal conto che registra le transazioni tra un Paese e il Resto del mondo. Supponendo per semplicità che questo conto registri solo incassi dovuti a esportazioni di merci ed esborsi dovuti a importazioni, possiamo affermare che il saldo di esso influenza la liquidità. Infatti, per esempio, la conversione di dollari in euro, richiesta alla Banca centrale da parte di un esportatore italiano che vende merci negli Stati Uniti e riceve in cambio dollari, determina emissione di moneta; viceversa, la conversione di euro in dollari richiesta alla Banca centrale da parte di un importatore italiano che acquista merci dagli Stati Uniti e deve pagare in dollari determina riduzione di moneta.

Canale sistema creditizio

La Banca centrale permette al sistema delle banche commerciali di espandere o di contrarre l'offerta di moneta bancaria attraverso:

- **la variazione del coefficiente di riserva obbligatoria**: un aumento del coefficiente di riserva obbligatoria riduce il moltiplicatore dei depositi; il contrario accade con una riduzione dello stesso;
- **le operazioni di risconto**. Il risconto è un'operazione mediante la quale le banche commerciali chiedono alla Banca centrale di cedere loro moneta legale in cambio di cambiali, che le banche commerciali hanno, a loro volta, ricevuto dagli imprenditori a cui hanno concesso prestito. Se la Banca centrale accoglie la richiesta, attraverso tale operazione crea moneta, in quanto dà moneta alle banche commerciali in cambio di cambiali. Il costo di questa operazione è rappresentato dall'applicazione alle cambiali scontate da parte della Banca centrale di un tasso di sconto, chiamato **Tasso ufficiale di sconto** (**TUS**), cioè di una percentuale fissata su base annua. Esso non è altro che il costo del denaro, della liquidità primaria, che le banche commerciali devono sostenere se vogliono accedere al risconto (si differenzia dal saggio libero di sconto, che è quello praticato dalle banche ai loro clienti per le operazioni di sconto di cambiali e che per motivi di guadagno da parte delle banche è più alto del TUS). Il Tasso ufficiale di sconto influenza le variabili economiche. Se il TUS è basso significa che il costo del denaro è basso e questo potrebbe invogliare gli imprenditori a chiedere denaro a prestito alle banche per effettuare investimenti con conseguenze positive sui livelli dei consumi, del reddito nazionale, dell'occupazione; viceversa nel caso contrario. A decorrere dal 1999, con la nascita dell'Eurosistema, il TUS è stato sostituito dal **TUR** (**Tasso ufficiale di riferimento**), il tasso ufficiale fissato dalla Bce (Banca centrale europea), la nuova autorità monetaria dell'Uem (Unione economica e monetaria europea) di cui l'Italia fa parte. Tale tasso, punto di riferimento per tutti gli altri tassi d'interesse, è applicato alle operazioni di rifinanziamento delle banche presso la Bce, cioè alle operazioni della Bce di immissione di liquidità, della quale le banche dell'Eurosistema hanno bisogno per regolare i propri obblighi di pagamento e di riserva obbligatoria.

Cash reserve ratio
Coefficiente di riserva obbligatoria
Money reserves that the commercial banks have to put aside to face requirements of liquidity coming from the customers.

Bank rate
Tasso ufficiale di riferimento
The interest rate that the Central bank, issuer of the fiat money, charges commercial banks for the loans of currency granted to them.

Tasso ufficiale di riferimento (TUR)
È il tasso guida per il mercato finanziario, rappresenta il costo del denaro per la concessione dei prestiti alle banche da parte della Bce.

La Banca centrale italiana ha quindi delegato alla Bce il suo ruolo di autorità monetaria?

Fino al 1998 la Banca d'Italia ha avuto il compito di gestire la politica monetaria. A decorrere dal 1° gennaio 1999 opera come Banca centrale nazionale (Bcn) nell'Eurosistema, composto dalla Bce (Banca centrale europea) e dalle Banche centrali nazionali (Bcn) dei 19 Paesi membri dell'Unione europea (Ue) che hanno aderito all'Uem e introdotto l'euro. Il compito di gestire la politica monetaria è stato pertanto trasferito alla Bce. La Bce e le Bcn dei 28 stati membri dell'Unione europea, che saranno 27 una volta completata la procedura di uscita del Regno Unito (a prescindere dall'adozione dell'euro) formano a loro volta il **Sistema europeo di banche centrali (Sebc)**. Esso è entrato in operatività con la stessa decorrenza dell'Eurosistema (1° giugno 1998), ma solo i governatori delle Bcn dei Paesi appartenenti all'"eurozona" prendono parte al processo decisionale e attuativo della politica monetaria della Bce.

L'introduzione della Banca centrale europea e dell'euro segue all'entrata in vigore il 1° novembre 1993 del Trattato di Maastricht, che ha istituito l'Uem, di cui nel 2016 *fanno parte* 19 Paesi: Austria, Belgio, Cipro, Estonia, Finlandia, Francia, Germania, Grecia, Irlanda, Italia, Lettonia, Lituania, Lussemburgo, Malta, Paesi Bassi, Portogallo, Slovacchia, Slovenia, Spagna. *Non ne fanno parte*: Bulgaria, Croazia, Polonia, Repubblica Ceca, Romania, Svezia e Ungheria. *Hanno invece deciso di non partecipare*: Danimarca, Regno Unito.

La politica monetaria della Bce sarà sviluppata nel secondo volume dedicato alla 5° classe.

APPROFONDIMENTO ONLINE
L'evoluzione del sistema bancario italiano

RINFORZO

I principali tassi ufficiali fissati dalla Bce

- **Tasso ufficiale di riferimento (TUR)**: tasso che la Bce applica nei prestiti agli altri istituti bancari per le operazioni di rifinanziamento.
- **Euribor (Eur Bank Offered Rate)**: tasso d'interesse che viene applicato nel trasferimento di fondi da una banca a un'altra (senza passare per la Banca centrale europea).
- **Eonia (Euro OverNight Index Average)**: tasso di interesse medio di riferimento nelle operazioni a brevissima scadenza (chiamate "*overnight*" – una sola notte – da cui il nome, dall'inglese "over", sopra, e "night", notte), svolte sul mercato interbancario (fra banche) europeo.
- **Tasso sui depositi**: è ciò che la Bce paga alle banche che depositano.
- **Tasso di rifinanziamento marginale (overnight)**: tasso applicato ai prestiti concessi a brevissima scadenza alle banche che si trovano in mancanza di liquidità temporanea.
- **Tasso di deposito (overnight)**: è ciò che viene corrisposto alla banca che deposita a brevissima scadenza le sue eccedenze di liquidità.

MONETA

è

- mezzo intermediario degli scambi
- misura di valori
- deposito di valori

viene suddivisa

- moneta legale
- moneta bancaria

occorre distinguere

Base monetaria (BM) = complesso delle passività finanziarie della Banca centrale.

$$BM = \frac{c + r}{c + 1} M$$

Offerta di moneta (M) = quantità di mezzi di pagamento in circolazione:

$$M = \frac{c + 1}{c + r} BM$$

procura

i seguenti vantaggi:

- liquidità
- circolarità

viene immessa

attraverso tre canali:

- Banca centrale/Stato
- canale estero
- canale sistema creditizio

la sua immissione provoca

il processo di **moltiplicazione dei depositi**, nel senso che la funzione creditizia svolta dalle banche produce nel sistema economico la moltiplicazione della quantità di moneta esistente attraverso la creazione di moneta bancaria.

$$De = \frac{M}{c + 1} = \frac{BM}{c + r}$$

MONETA

il suo ruolo è

Teoria neoclassica
- agevolare gli scambi;
- fissare il livello generale dei prezzi.

La teoria neoclassica scinde la rappresentazione del sistema economico in due parti: una reale e una monetaria:

- nella parte reale la domanda e l'offerta determinano i valori di scambio sia per i beni prodotti sia per i fattori della produzione; ogni offerta crea la propria domanda (Legge degli sbocchi di Say) e si verifica sempre l'equilibrio di piena occupazione;
- nella parte monetaria compare l'offerta di moneta creata dalle autorità monetarie. Una variazione della quantità di moneta in circolazione non ha alcuna influenza sulla parte reale del sistema economico;
- a dimostrazione dell'ininfluenza della moneta nella determinazione delle grandezze reali del sistema economico viene presa in considerazione la **teoria quantitativa della moneta**, condensata nell'equazione generale degli scambi di I. Fisher, successivamente rielaborata dagli economisti della scuola di Cambridge (equazione di Cambridge di A. Marshall);
- una politica monetaria espansiva provoca sempre **inflazione**.

Teoria keynesiana
- agevolare gli scambi;
- fungere da riserva di valori.

La teoria keynesiana ritiene che in un sistema economico dominato dall'incertezza, gli operatori manifestino una "preferenza per la liquidità".
Essi detengono moneta (domanda di moneta) per tre motivi:
- transazionale (in funzione diretta di Y e inversa di "i");
- precauzionale (in funzione diretta di Y e inversa di "i");
- speculativo (in funzione inversa di "i").

L'offerta di moneta è creata dalle autorità monetarie.
Sul mercato della moneta si forma il tasso d'interesse d'equilibrio.
Il tasso d'interesse, determinato sul mercato monetario, è una grandezza che può influire sulle decisioni degli imprenditori riguardanti gli investimenti.
La moneta influenza pertanto le grandezze reali dell'economia e quindi influisce sull'equilibrio macroeconomico.
Una politica monetaria espansiva che abbassa i tassi d'interesse per incentivare gli investimenti può essere efficace ma anche non esserlo se le aspettative imprenditoriali sono pessimistiche.
Una politica monetaria espansiva è sicuramente inefficace se il sistema cade nella **trappola della liquidità**, che rappresenta un problema quando si combina con la **deflazione**.

Verifiche 1

1) TROVA L'ERRORE IN OGNI FRASE

Competenza: acquisire e riconoscere i contenuti chiave

A. La moneta-segno ha un valore d'uso.
B. La moneta è in grado di svolgere bene le sue funzioni se c'è un forte aumento del livello generale dei prezzi.
C. Quando il tasso d'interesse nominale è superiore allo zero si ha la trappola della liquidità.
D. Se il coefficiente di riserva obbligatoria viene alzato, le banche possono aumentare il credito.
E. Nell'equazione degli scambi la variabile indipendente è il livello generale dei prezzi.
F. Il livello generale dei prezzi (P) è inversamente proporzionale alla quantità di moneta in circolazione (M) e alla velocità di circolazione della stessa (V).
G. Se c'è deflazione, la situazione diventa favorevole per i debitori.
H. L'inflazione da costi può essere causata da una diminuzione dei tassi d'interesse.
I. La moneta bancaria è alla base del processo di creazione di moneta legale.
J. L'offerta di moneta è determinata dal volume della base monetaria moltiplicato per il valore di $1/(c + r)$.

2) COLLEGA LE ESPRESSIONI CONTRASSEGNATE DA UNA LETTERA CON QUELLE INDICATE DA UN NUMERO

Competenza: individuare collegamenti e relazioni

A. Coefficiente monetario	1. Somma di circolante e depositi
B. Base monetaria	2. Quota dei depositi che le banche per legge devono detenere presso la Banca centrale
C. Offerta di moneta	3. $1/(c + r)$
D. Moltiplicatore dei depositi	4. $(c + 1)/(c + r)$
E. Moneta bancaria	5. Si applica alle operazioni di rifinanziamento presso la Bce
F. Moneta legale	6. Creata dal sistema creditizio
G. Tasso ufficiale di riferimento	7. Somma di circolante e riserve
H. Coefficiente di riserva obbligatoria	8. Emessa dalla Banca centrale

A	B	C	D	E	F	G	H

3) INDICA SE LE SEGUENTI AFFERMAZIONI SONO VERE O FALSE. SE LE RITIENI FALSE GIUSTIFICA LA RISPOSTA

Competenza: acquisire, interpretare l'informazione e comunicare

	VERO	FALSO
A. Per i neoclassici la quantità di moneta in circolazione ha il compito di fissare il livello generale dei prezzi.		
B. Il saggio d'interesse per Keynes è una grandezza reale.		
C. Se il tasso di interesse fosse superiore a quello di equilibrio, ci sarebbe un eccesso di offerta di moneta.		
D. Il prezzo dei titoli e il tasso d'interesse sono direttamente proporzionali.		
E. Per Krugman una politica che genera aspettative inflazionistiche non è efficace per contrastare il fenomeno della "trappola della liquidità".		
F. La base monetaria costituisce un'attività nel bilancio della Banca centrale.		

4) RISOLVI I SEGUENTI PROBLEMI

Competenza: risolvere problemi

A. Supponiamo che l'emissione di moneta legale sia pari a 2.500 euro, il circolante (*c*) pari al 5% dei depositi e la riserva (*r*) pari al 10% dei depositi. Spiega come avviene il processo di moltiplicazione dei depositi e calcola l'incremento degli stessi, inserendo i dati nella seguente tabella.

Emissione di moneta legale	Circolante	Depositi bancari	Riserve bancarie	Credito disponibile	Credito erogato

B. Dati i seguenti valori delle variabili:

c = 0,2; r = 0,3; BM = 1.500 unità monetarie

determina il valore dell'offerta di moneta.

5) RISPONDI AI SEGUENTI QUESITI IN UN MASSIMO DI 5/6 RIGHE

Competenza: saper organizzare e sintetizzare i contenuti

A. Quali funzioni ha la moneta secondo gli economisti neoclassici e secondo Keynes?
B. Cosa afferma la teoria quantitativa della moneta?
C. Qual è il significato della velocità di circolazione della moneta?
D. Qual è la differenza tra l'interpretazione neoclassica e quella keynesiana della teoria quantitativa?
E. Qual è la differenza tra la teoria neoclassica e la teoria di Keynes sull'impiego del risparmio?
F. Quali grandezze determinano la domanda di moneta?
G. Qual è il significato dei parametri "k" e "h" nella funzione della domanda di moneta?
H. In che modo le aspettative incidono sulla domanda di moneta?
I. Qual è la differenza tra circolante e depositi bancari?
J. Quali sono i canali di creazione di moneta?
K. Quali sono gli strumenti utilizzati dalla Banca centrale per regolare l'offerta di moneta?
L. Quale rapporto esiste tra moneta legale e moneta bancaria?

ENGLISH EXERCICES 1

1) Multiple choices

A. The demand for money ...... when the ....
1. Increases; price level rises
2. Decreases; price level rises
3. Remains constant; price level rises
4. Increases; supply of money decreases

B. The supply curve of money is vertical because the quantity of money supplied increases
1. When the value of money increases
2. When the value of money decreases
3. Only if people desire to hold more money
4. Only if the central bank increases the money supply

C. When the number of euros needed to buy a representative basket of goods falls, the value of money
1. Rises, and so the price level rises
2. Rises, and so the price level falls
3. Falls, and so the price level rises
4. Falls, and so the price level falls

D. Hyperinflation is
1. Inflation caused by negative growth in the quantity of money
2. Inflation caused by excessive growth in the quantity of money
3. Inflation caused by excessive growth in the demand for money
4. Only theoretical and has never occurred in the real world

E. When the BCE increases the quantity of money, the
1. Equilibrium nominal interest rate falls
2. Equilibrium nominal interest rate rises
3. Supply of money curve shifts leftward
4. Demand for money curve shifts leftward

2) Connect each letter with a number

A. Liquidity preference	1. Section of the financial market where the negotiations of short term financial assets (up to 18 months) are traded
B. Deflation	2. Amount of money that individuals usually own in cash to deal with their own needs
C. Deposit multiplier	3. Amount of money circulating in a country at any given time
D. Velocity of circulation	4. Desire of individuals to hold part of their wealth in monetary form
E. Money market	5. Money people hold to meet unexpected expenses
F. Money supply	6. Increase in the amount of money a bank creates in additional money supply through the process of lending
G. Precautionary demand for money	7. A general decrease of prices with a consequent increase of the currency's purchasing power
H. Demand for money	8. Number of times in which the money changes hand within an economy in the course of a year

A	B	C	D	E	F	G	H

3) Answer to the following questions

A. What is money?
B. What are the benefits of a stable value of the currency?
C. What are the causes of the inflation?

UNITÀ 2

I mercati finanziari e la Borsa

"Il Lupo di Wall Street": miliardario a 26 anni, in carcere a 36

Gli operatori: la Borsa è tutta un'altra cosa

The Wolf of Wall Street, il film della consolidata coppia Martin Scorsese-Leonardo Di Caprio, nell'anteprima milanese di Piazza Affari mette d'accordo in sala gli spettatori nonché operatori dei mercati: «La Borsa è tutta un'altra cosa». Lo spaccato della finanza d'assalto di fine anni Ottanta, ben cinque nomination all'Oscar con Di Caprio al suo quinto tentativo di aggiudicarsi la statuetta mancante, lascia perplessa per gli eccessi mostrati la platea di Palazzo Mezzanotte.

In quasi tre ore viene raccontata la storia di Jordan Belfort, il famelico Lupo, un ex broker che con la sua società di intermediazione a Long Island truffa migliaia di clienti togliendo loro milioni di dollari. La sceneggiatura si basa sulla sua autobiografia, edita in Italia da Bur, con Di Caprio che gli presta il volto e sintetizza la sua vita con parole lapidarie: «Miliardario a 26 anni, in carcere a 36».

Negli Stati Uniti da Natale, ossia da quando è uscito il film nelle sale peraltro con buoni incassi, continuano incessanti le polemiche alimentate soprattutto dalle associazioni delle vittime, secondo cui la vita di Belfort viene rappresentata in maniera agiografica rendendo in modo indulgente il punto di vista di una persona che ha prodotto conseguenze drammatiche nelle vite delle vittime. Significativo al riguardo è il commento di Joel Cohen, il procuratore che inchiodò il "Lupo" Belfort, sul «New York Times»: «Tutti mi chiedono che cosa penso del film. L'arte ha il diritto di esprimersi e prendersi licenze, ma appunto deve essere chiaro che è tutta finzione. L'uomo che abbiamo arrestato noi, non è affatto un eroe carismatico... ma un uomo malvagio, con l'ossessione di truffare qualcuno e che purtroppo sullo schermo beneficia dello straordinario carisma di Leonardo Di Caprio: persino io ho dovuto faticare per ricordarmi chi è veramente Jordan Belfort».

[...] Sia Scorsese che Di Caprio hanno replicato alle accuse: l'attore in un'intervista a «Variety» nega qualsiasi tipo di simpatia per Belfort, da lui interpretato, «che nessuno pensi che abbiamo voluto schierarci con i personaggi, non li giustifichiamo affatto: il nostro è un atto di accusa». Il regista ha scritto perfino un comunicato ufficiale: «C'è un tizio di cui vi fidate che vi ruba tutto quello che avete: se non si parla di queste cose, queste cose continueranno ad accadere».

Cesare Balbo
«Il Sole 24 ore - Cultura», 22 gennaio 2014

attività

1. Chi è "il Lupo" di Wall Street?
2. Palazzo Mezzanotte, situato a Milano in Piazza degli Affari, è la sede di quale istituzione?
3. Quali sono e da chi provengono le principali critiche al film?
4. Come rispondono alle critiche l'attore protagonista e il regista?

1 LA STRUTTURA DEL SISTEMA FINANZIARIO

Il sistema finanziario è costituito dal complesso delle operazioni svolte dalle banche e da altri intermediari attraverso cui si svolge l'attività finanziaria, consistente nella produzione e offerta di mezzi di pagamento e di strumenti finanziari.

All'interno del sistema finanziario tradizionalmente si distinguono il **mercato monetario** e il **mercato finanziario**.

Il **mercato monetario** è il mercato dei prestiti a breve termine, cioè non superiori a 18 mesi.

Il **mercato finanziario**, chiamato anche mercato dei capitali, riguarda i prestiti a medio (dai 18 mesi ai 5 anni) e lungo termine (oltre 5 anni).

Financial market
Mercato finanziario
Physical or virtual location for buying and selling equity and debt instruments. It may be classified either primary or secondary market.

Il sistema finanziario assolve un ruolo fondamentale per il funzionamento delle moderne economie di mercato. Esso infatti svolge numerosi compiti in quanto:

- garantisce la realizzazione di un efficace sistema dei pagamenti, con idonei strumenti di regolazione e di compensazione dei rapporti di credito e debito derivanti dagli scambi commerciali e non commerciali;
- rende possibile frazionare e redistribuire, grazie alla presenza di intermediari, una grande varietà di rischi (attraverso i contratti a termine e l'attività assicurativa);
- permette il trasferimento di risorse dagli operatori economici in *surplus* (prevalentemente famiglie che risparmiano) a quelli in *deficit* (prevalentemente imprese e Pubbliche amministrazioni) che necessitano di risorse per investimenti e spesa pubblica.

La struttura del sistema finanziario è particolarmente articolata, proprio per l'esistenza di compiti così ampi e complessi, ed è formata da diverse componenti.

Quali sono le componenti di un sistema finanziario?

Un sistema finanziario è caratterizzato principalmente da quattro componenti:

1. gli **strumenti finanziari**, ossia titoli rappresentativi di un credito esigibile o di un bene reale, riconducibili sostanzialmente alle seguenti categorie:
   - contratti di debito (per esempio depositi bancari, titoli pubblici, obbligazioni private, crediti commerciali);
   - titoli rappresentativi di quote di proprietà di una società (come le azioni);
   - contratti di assicurazione che danno diritto a ricevere una determinata somma, oppure flussi periodici di pagamenti, al verificarsi di determinati eventi (per ipotesi un incidente);
2. i **mercati finanziari**, consistenti in luoghi (fisici e non) in cui si ve-

rifica lo scambio di strumenti finanziari. Il loro sviluppo è dovuto al fatto che la maggior parte delle principali attività finanziarie possono essere vendute e comperate sul mercato dei capitali anche prima della loro scadenza;

3. gli **intermediari finanziari**, costituiti dalle banche e da altri operatori specializzati in grado di svolgere funzioni di collegamento fra i soggetti interessati ad agire sui mercati finanziari;
4. gli **organi di vigilanza**, rappresentati da agenzie pubbliche istituite per regolamentare e sorvegliare strumenti, mercati e intermediari allo scopo di tutelare gli investitori e di favorire il buon funzionamento e la stabilità del sistema finanziario. La legge italiana attribuisce poteri di controllo sul sistema finanziario alle seguenti istituzioni: **Banca d'Italia**, **Consob** (Commissione nazionale per le società e la Borsa), **Isvap** (Istituto per la vigilanza sulle assicurazioni private), **Covip** (Commissione vigilanza sui fondi pensione) e **Agcm** (Autorità garante della concorrenza e del mercato).

Financial broker
Intermediario finanziario
A company (or a person) that buys and sells shares, bonds and other securities for customers.

La fonte legislativa a cui fare riferimento per la disciplina del sistema finanziario è il Testo unico delle disposizioni in materia di intermediazione finanziaria (D.lgs. n. 58 del 24/2/1998, più volte modificato anche su impulso di varie direttive comunitarie), il cosiddetto **Tuf**.

INTERMEDIARI FINANZIARI

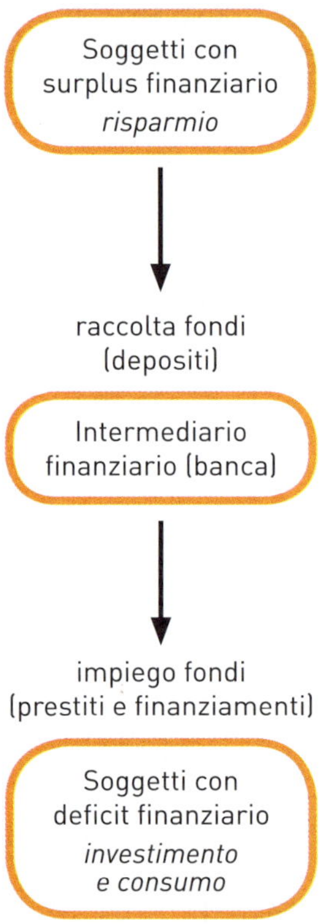

In che modo interagiscono fra loro le componenti del sistema finanziario?

Supponiamo che un'impresa abbia necessità di ottenere fondi per effettuare un investimento: essa potrebbe chiedere un prestito oppure effettuare un aumento di capitale attraverso l'emissione di azioni. Entrambe le operazioni possono essere eseguite stabilendo rapporti diretti e bilaterali con soggetti bene individuati, per esempio un amico dell'imprenditore o una persona disposta a diventare socio, oppure rivolgendosi al mercato. In questa seconda ipotesi si rende necessario l'intervento di operatori specializzati, i cosiddetti **intermediari**, la cui tipologia tradizionale è costituita dalle banche. La loro funzione non è soltanto quella di intermediare fra risparmiatori e imprese, ma anche quella di trasformare le caratteristiche degli strumenti finanziari, da quelle che è disposto a emettere il soggetto che prende a prestito a quelle che è disposto ad accettare il risparmiatore.

L'intermediario infatti rilascia al risparmiatore uno strumento finanziario di suo gradimento, mentre chi prende a prestito si indebita con lui a determinate condizioni. A titolo d'esempio, il risparmiatore non disposto a finanziare direttamente un'impresa a lui sconosciuta con un prestito decennale, può essere disponibile a sottoscrivere delle obbligazioni bancarie il cui corrispettivo sarà utilizzato dalla banca per finanziare la stessa impresa.

La delicata funzione svolta dalle banche e la possibilità che esse investano i fondi raccolti in attività poco liquide e rischiose, le sottopone in tutti i Paesi a una severa regolamentazione e vigilanza.

L'accesso ai mercati finanziari e il loro funzionamento sono a loro volta soggetti alla vigilanza di istituti specializzati, come la Consob in Italia.

Oltre alle banche, quali sono i principali intermediari finanziari?

Accanto alle banche, vi sono altri soggetti che svolgono funzione di intermediazione:

- **gli intermediari "puri"**, così definiti in quanto svolgono soltanto servizi di pura mediazione fra risparmiatori e investitori. Sono tali le cosiddette **banche d'affari**, che assistono le imprese nel collocamento delle azioni, e le **società di intermediazione mobiliare (Sim)** che, sotto il controllo di Consob e Banca d'Italia, sono autorizzate a raccogliere ed eseguire ordini di Borsa;
- **società finanziarie** che si limitano a erogare prestiti, ma non raccolgono fondi presso il pubblico, poiché si finanziano sul mercato o attraverso prestiti concessi dalle banche. Appartengono a questa categoria le **società di leasing, di factoring** e **di credito al consumo**;
- **altri investitori istituzionali**, cioè intermediari la cui attività caratteristica è quella di investire un patrimonio per conto di un soggetto che si trova in una situazione di surplus finanziario; essi svolgono attività di gestione del risparmio anche attraverso l'aggregazione di grandi masse di fondi provenienti da un elevato numero di investitori. L'entità dei fondi raccolti consente il loro impiego su una pluralità di strumenti finanziari, al fine di ottenere un'equilibrata combinazione di rischio e rendimento, tipica di ogni investimento.
  Alla categoria degli investitori istituzionali appartengono:
  - **gli organismi di investimento collettivo del risparmio (Oicr)**, introdotti dal *Testo unico della finanza* del 1998, quali i **fondi comuni di investimento** e le **società di investimento a capitale variabile (Sicav)**;
  - i **fondi pensione**;
  - le **compagnie di assicurazione del ramo vita**.

Collective investment scheme
Fondi comuni di investimento
Trust arrangement that combines the assets of various individuals to pool a larger, well diversified portfolio in order to share the return and reduce the financial risk.

Per quali ragioni il risparmiatore sceglie di affidarsi a investitori istituzionali per la gestione dei propri risparmi?

Ogni risparmiatore si pone l'obiettivo di impiegare nel modo più oculato possibile il proprio patrimonio al fine di realizzare un giusto equilibrio fra esigenze di rendimento e di sicurezza; quindi, dopo aver valutato la propria propensione al rischio, formula le sue scelte di investimento.

Un criterio fondamentale da osservare è quello del frazionamento del rischio, che si realizza suddividendo il patrimonio tra più strumenti finanziari aventi caratteristiche diverse, al fine di compensare le perdite registrate su alcune tipologie di investimenti con i guadagni ottenuti da

altre. Il risparmiatore può effettuare direttamente le scelte di investimento, se dispone delle necessarie competenze tecniche, oppure può ricorrere al **risparmio gestito**, affidando il proprio patrimonio a investitori istituzionali (banche, Sim, Oicr, imprese di assicurazione, ecc.), autorizzati per legge all'esercizio professionale dei servizi di investimento nei confronti del pubblico.

Il **risparmio gestito** può assumere la forma di:

- **gestione individuale**, quando l'investitore istituzionale personalizza la gestione, effettuando gli investimenti secondo le istruzioni ricevute da ogni singolo cliente;
- **gestione collettiva**, quando l'investitore istituzionale svolge il servizio di investimento contemporaneamente per più clienti, attenendosi a norme stabilite per tutti i partecipanti, come nel caso dei fondi comuni di investimento, dei fondi pensione e di talune assicurazioni del ramo vita.

Come funzionano gli organismi di investimento collettivo del risparmio (Oicr)?

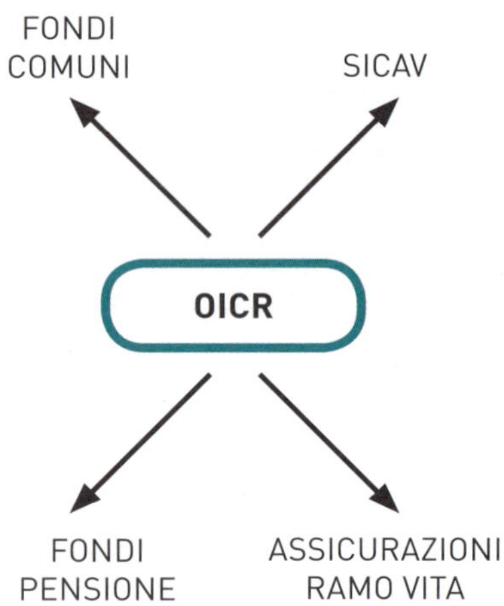

Come abbiamo visto, i principali **organismi di investimento collettivo del risparmio** (Oicr) sono i fondi comuni di investimento e le Sicav.

I **fondi comuni di investimento** sono promossi e gestiti dalle Società di gestione del risparmio (**Sgr**), autorizzate a svolgere tali funzioni dalle competenti autorità di vigilanza, purché in possesso di determinati requisiti indicati dalla legge.

Il fondo comune è una società per azioni caratterizzata da un patrimonio autonomo da quello della società di gestione che lo amministra; esso è costituito da una proprietà indivisa di portafogli diversificati di strumenti finanziari. Gli investitori, infatti, diventano titolari di una quota di partecipazione al fondo, ma non ricevono, come corrispettivo delle somme versate, azioni della società. I fondi comuni di investimento si distinguono principalmente in base alla composizione dei portafogli, costituiti da titoli scambiati sul mercato monetario e obbligazionario, oppure da titoli azionari, italiani ed esteri; inoltre possono anche essere specializzati per Paese o settore produttivo.

Le **Sicav** sono società per azioni a capitale variabile, in cui il patrimonio viene raccolto attraverso l'offerta pubblica delle proprie azioni. In pratica, mentre il risparmiatore nel fondo comune acquista quote ed è escluso dalla partecipazione all'attività di gestione del patrimonio, nelle Sicav acquista azioni assumendo la qualità di socio, con la possibilità quindi di incidere sulle decisioni e strategie della società.

Un ruolo importante in questo campo è svolto anche dalle **compagnie di assicurazione**, grazie al fatto che esse accumulano ingenti risorse finanziarie attraverso i premi pagati da coloro che si assicurano per tutelarsi da determinati eventi dannosi. Le compagnie investono in larga parte tali risorse in portafogli composti da diverse tipologie di attività finanziarie; a loro, negli ultimi decenni si sono affiancate le banche, che in questo modo hanno diversificato la loro offerta di strumenti finanziari alle famiglie.

Oltre alle banche, alle Società di gestione del risparmio e alle compagnie di assicurazione, una **gestione collettiva del risparmio** è attuata dai **Fondi pensione privati**, attraverso i quali i lavoratori possono accantonare una quota del proprio reddito allo scopo di garantirsi una pensione integrativa rispetto a quella che sarà a suo tempo erogata dagli enti pubblici.

Asset management
Gestione collettiva del risparmio
Any coordinated activity of a financial services company to realize return on investments from assets of many investors who have pooled in their funds.

Financial instruments
Strumenti finanziari
A category of assets that can be traded, including monetary market securities, transferable securities (shares, bonds, government bonds, etc.), derivatives securities and shares of collective investment schemes.

Quali sono le funzioni svolte dai diversi strumenti finanziari?

Gli **strumenti finanziari**, per la loro natura e le loro caratteristiche, svolgono importanti funzioni, in quanto:

- rendono più facile il trasferimento della ricchezza reale. Infatti, questa viene incorporata e frazionata in strumenti finanziari, il cui importo unitario può essere sufficientemente piccolo da renderne accessibile l'acquisto anche a un modesto investitore;
- garantiscono una circolazione più rapida rispetto a quanto accade per la ricchezza reale; in tal modo, gli investitori possono rivedere continuamente le loro scelte e realizzare un elevato grado di liquidità;
- consentono a ogni investitore di ripartire la propria ricchezza tra un numero ampio di impieghi, realizzando così una reale diversificazione del rischio;
- permettono, grazie a una loro diversa combinazione, di soddisfare categorie di investitori con una diversa propensione al rischio, sulla base del principio che a rendimenti più alti sono associati rischi più elevati.

Quali sono le principali tipologie di strumenti finanziari?

Il Tuf, cioè il citato Testo unico della finanza, non ha introdotto una precisa definizione di strumento finanziario, ma ne fornisce un'elencazione tassativa, attribuendo al contempo al ministro dell'Economia e delle Finanze la facoltà di individuare nuove categorie.

Il Tuf, all'art. 1 secondo comma, stabilisce che gli "strumenti finanziari" sono:

- i **valori mobiliari** che, ai sensi della Direttiva Cee n. 22 del 10 maggio 1993, sono titoli di credito negoziabili e trasferibili, emessi da enti pubblici o da società private. Sono evidenziati nel seguente schema:

Azioni	Titoli rappresentativi della frazione minima in cui è suddiviso il capitale sociale di una società, che vengono assegnati ai soci in proporzione ai conferimenti effettuati. Attribuiscono ai portatori diritti patrimoniali (diritto al dividendo se la società realizza utili; alla restituzione del capitale, al netto del pagamento di tutti i debiti societari, in caso di scioglimento della società, ecc.) e amministrativi (per esempio il diritto di partecipare all'assemblea, di votare, ecc.).
Obbligazioni	Titoli che rappresentano quote ideali di un debito che la società stipula con una pluralità di risparmiatori. Il titolare ha diritto al rimborso, a una determinata scadenza, del capitale prestato e al pagamento periodico di un interesse. Il loro acquisto attribuisce la qualità di creditore, e non di socio, della società.
Warrants	Titoli che attribuiscono il diritto, ma non l'obbligo, di sottoscrivere o acquistare azioni a un prezzo e a una scadenza prefissata. Il detentore eserciterà tale diritto soltanto nel caso in cui il prezzo previsto per l'acquisto delle azioni sia inferiore al loro valore di mercato. I *warrants* possono essere emessi come strumento a sé stante, oppure possono essere abbinati a obbligazioni.
Titoli pubblici	Sono emessi dallo Stato e costituiscono un'importante fonte di finanziamento della Pubblica amministrazione. Esistono diverse tipologie (Btp, Cct, ecc.), ognuna delle quali prevede la durata del prestito e il suo compenso.

Share
Azione
A portion of ownership interest in a corporation or financial asset.

Bond
Obbligazione
Also known as a fixed-income security, is a debt instrument created by corporations and public authorites for the purpose of raising capital.

Warrant
Certificato di diritto d'opzione
Derivative that confers the right, but not the obligation, to buy or to sell a security - normally an equity - at a certain price before expiration.

Government bonds
Titoli pubblici
Securities issued by the sovereign governments.

Derivatives
Strumenti finanziari derivati
Financial instruments whose values are linked to a specific underlying financial asset, index or security.

- i **titoli normalmente negoziabili sul mercato monetario** (Bot, cambiali finanziarie, certificati di deposito);
- le **quote di fondi comuni di investimento**;
- gli **strumenti finanziari derivati**.

Non costituiscono strumenti finanziari i mezzi di pagamento, come assegni, carte di credito, ecc.

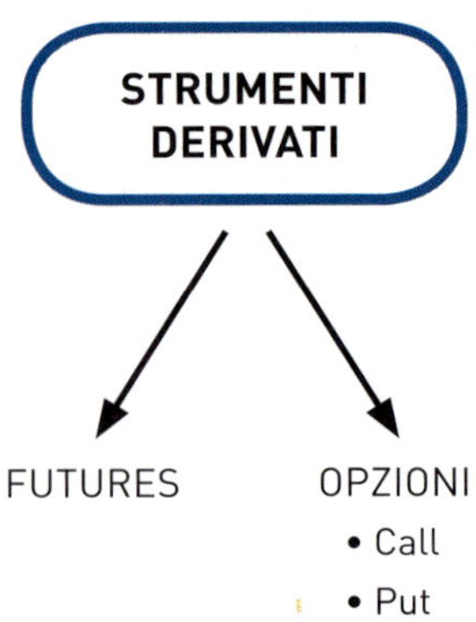

Che cosa sono gli strumenti finanziari derivati?

A partire dagli anni '70 del secolo scorso, si sono sviluppati i mercati cosiddetti "a termine", nei quali vengono scambiati strumenti finanziari derivati. Si tratta di contratti la cui esecuzione è differita nel tempo e il cui valore si "deriva", cioè si calcola, sulla base del prezzo di un altro strumento finanziario, definito "attività sottostante". Questa può essere costituita da titoli azionari, da titoli di Stato, da un indice azionario o altri strumenti finanziari; oppure può consistere in metalli preziosi e merci, trattati in mercati di Borsa specializzati (come per esempio il caffè, il cacao, l'oro, il petrolio, ecc.).

Tra gli strumenti derivati più diffusi ricordiamo i *futures* e le opzioni (*stock options*).

I ***futures*** sono contratti nei quali una parte si impegna a vendere l'attività sottostante a un prezzo prefissato e per una data prestabilita, mentre l'altra parte si impegna ad acquistare l'attività sottostante alle medesime condizioni.

Le **opzioni** sono contratti nei quali una parte, contro il pagamento di un prezzo prefissato (premio), ottiene la facoltà di acquistare (opzione *call*) oppure di vendere (opzione *put*) l'attività sottostante a un prezzo prestabilito e a una data (o entro una data) fissata, mentre l'altra parte si obbliga a eseguire il contratto.

Le due tipologie di derivati hanno in comune l'esecuzione del contratto a una data futura stabilita e, allo stesso tempo, la definizione anticipata del prezzo a cui il contratto verrà eseguito.

La differenza sta nei diversi obblighi che assumono i contraenti:

- nei ***futures*** entrambi sono tenuti a dare esecuzione al contratto: uno consegna i titoli e l'altro li paga;
- nelle **opzioni** un solo contraente assume l'obbligo di consegnare (o di ritirare) i titoli, mentre all'altro spetta la facoltà di eseguire o meno il contratto.

È chiaro che l'acquirente dell'opzione ha un rischio di perdita limitato al valore del premio pagato e una possibilità di guadagno illimitato, mentre il venditore dell'opzione ha un guadagno pari al premio incassato e un rischio di perdita illimitato.

In generale si tratta comunque di strumenti che richiedono una propensione al rischio piuttosto elevata e molta cautela quando vengono utilizzati da investitori poco esperti.

Future
Contratto a termine
A contractual agreement to buy or sell a particular commodity or financial instrument for delivery on a specified future date at a predetermined price.

Option
Opzione
A financial derivative that offers the buyer the right, but not the obligation, to buy (call) or sell (put) a security or other financial asset at an agreed-upon price (strike price) during a certain period of time or on a specific date (exercise date).

Esempi di contratti derivati

Contratto *future*
Un contraente si impegna ad acquistare un titolo a un prezzo di 80 euro e, alla scadenza, il prezzo di mercato è 90 euro. Egli, dopo avere eseguito il contratto, rivenderà il titolo a 90 euro guadagnando 10 euro.
Se invece si fosse impegnato a vendere al prezzo di 80 euro, avrebbe sopportato una perdita pari a 10 euro, in quanto costretto ad acquistare il titolo sul mercato al prezzo di 90 euro per venderlo a 80 euro.

Contratto di opzione
Un contraente acquista un'opzione pagando alla controparte un premio di 5 euro, in cambio della facoltà di acquistare a una certa scadenza un determinato titolo al prezzo di 50 euro. Se alla data prestabilita il prezzo di mercato del titolo è più alto del prezzo fissato, per esempio 70 euro, il contraente avrà interesse a esercitare la sua opzione, ottenendo un vantaggio pari alla differenza fra la quotazione (70) e il prezzo stabilito a cui si dovrà aggiungere il premio (50 + 5 = 55): in sostanza egli avrà realizzato un vantaggio pari a 15 euro (70 – 55).
Se invece alla scadenza la quotazione fosse minore del prezzo stabilito, il contraente avrà interesse a non esercitare il suo diritto di opzione, limitando in questo modo la perdita all'ammontare del premio pagato (5 euro).

RINFORZO

2 LA BORSA VALORI

Stock exchange
Borsa Valori
Organized and regulated financial market where securities are negotiated.

La **Borsa valori** è un mercato finanziario dove vengono scambiati valori mobiliari. **Si tratta di un mercato regolamentato, perché caratterizzato da un elevato grado di organizzazione e da precise regole di funzionamento.**

Se l'oggetto delle contrattazioni è costituito da merci, si parla di **Borsa merci**: in essa si negoziano prodotti agricoli e materie prime (le cosiddette *commodities*), per esempio grano, riso, caffè, rame, ferro, ecc.

La maggiore notorietà e importanza spetta comunque alla **Borsa valori**, in cui si trattano strumenti finanziari con caratteristiche comuni, destinati alla circolazione.

Oggi la Borsa è una componente sempre più importante del sistema finanziario di tutti i Paesi economicamente evoluti. L'evoluzione tecnologica degli ultimi anni, in coincidenza con il processo di globalizzazione dell'economia, sta portando a un'integrazione dei mercati di Borsa a livello mondiale.

RINFORZO

La storia della Borsa valori

La storia della Borsa ha radici lontane nel tempo, risalenti al Medioevo. In quest'epoca infatti cominciano a svilupparsi i commerci, molte città diventano sedi di importanti mercati, luogo di incontro tra mercanti e compratori. Nella città di Bruges, in Belgio, a partire dal 1530 circa i commercianti e gli uomini d'affari fiamminghi si riunivano periodicamente nel palazzo di un'antica famiglia di mercanti veneziani, i Van der Bourse, per scambiarsi titoli di credito e stipulare più agevolmente contratti di compravendita. Da questa prassi nacque il concetto stesso di Borsa, probabilmente per lo stemma con tre borse scolpito sul frontale del palazzo di questa famiglia del XVI secolo. Il riferimento etimologico descritto non trova però corrispondenza nel mondo anglosassone, dove la Borsa è denominata Stock Exchange. Nata per essere un'occasione di incontro tra uomini di affari, l'iniziativa dei Van der Bourse si amplia e si diffonde in altre località europee, quali Amsterdam, Anversa, Londra, Parigi. In Italia la Borsa arriva soltanto nel XVII secolo con la Borsa di Venezia, che resta l'unica fino al 1775 quando, grazie allo sviluppo dei traffici commerciali, viene costituita anche la Borsa di Trieste. Nel corso del XIX secolo ne vengono aperte altre, tra cui quelle di Firenze e di Milano nel 1808. È qui che hanno cominciato a essere scambiati non solamente documenti rappresentativi di merci e derrate, bensì titoli governativi e le prime azioni di società anonime (le attuali società per azioni). La Borsa di Milano fin dalla sua fondazione si impone come la più importante Borsa d'Italia.

☐ Quali sono le principali funzioni della Borsa valori?

Per comprendere il ruolo della Borsa all'interno del sistema economico, dobbiamo fare riferimento alle modalità di collegamento fra risparmio e investimento che prevedono due canali, uno diretto e l'altro indiretto.

Nel canale diretto lo strumento finanziario emesso dalle imprese e acquistato dai risparmiatori costituisce esso stesso il mezzo per il trasferimento dei fondi. Per esempio, quando una società propone un aumento di capitale attraverso l'emissione di nuove azioni, si verifica un trasferimento dei fondi dai sottoscrittori delle azioni (azionisti vecchi e nuovi) alla società.

Nel canale indiretto interviene, invece, un intermediario che emette propri strumenti finanziari, li colloca presso le famiglie e, con i fondi raccolti, finanzia le imprese che desiderano effettuare investimenti, concedendo loro prestiti di diversi tipi e di diversa durata.

La Borsa agisce nel canale diretto poiché, come abbiamo detto, favorisce lo scambio di strumenti finanziari emessi dalle imprese. Questo mercato è costituito da due segmenti fra loro strettamente interdipendenti: il mercato primario e il mercato secondario.

Il **mercato primario** è costituito dall'insieme delle operazioni di emissione e di collocamento dei titoli ed è il meccanismo per mezzo del quale avviene il passaggio dei fondi dai risparmiatori alle imprese, in cambio dell'assegnazione di titoli di nuova emissione al valore nominale, cioè al valore della quota di capitale sociale che rappresentano. Per esempio, se il capitale sociale di una società è pari a 500.000 euro ed è rappresentato da 5.000 azioni, ognuna di esse ha un valore nominale di 100 (ossia 500.000 : 5.000).

Il **mercato secondario**, invece, è costituito dall'insieme delle contrattazioni attraverso le quali, dopo il collocamento, avviene lo scambio dei titoli tra i risparmiatori. In questo mercato svolgono un ruolo importante gli intermediari, quali banche e società d'investimento mobiliare (Sim), mettendo in contatto coloro che domandano e coloro che offrono titoli ed eseguendo gli ordini di acquisto e di vendita. Le contrattazioni che avvengono determinano il valore di mercato del titolo, soggetto a continue variazioni nel tempo, in base all'andamento della domanda e dell'offerta.

Il contatto fra singoli risparmiatori e mercati finanziari è favorito anche dall'intervento degli investitori istituzionali (fondi d'investimento, Sicav, fondi pensione, compagnie d'assicurazione), che investono i fondi raccolti dai risparmiatori, sostituendosi a essi nella scelta e nella gestione degli strumenti finanziari. Non tutti i titoli azionari, però, sono trattati in Borsa.

La Borsa rimane comunque il mercato secondario per eccellenza, perché in essa vengono trattati i principali strumenti finanziari che sono già stati emessi, quindi già in circolazione.

Tuttavia la Borsa è, al tempo stesso, anche un mercato primario, nel quale avvengono i collocamenti di nuove azioni finalizzati alla quotazione ufficiale, gli aumenti di capitale di società già quotate e, inoltre, alcune operazioni di finanza straordinaria effettuate da società quotate, come le offerte pubbliche di acquisto.

In sintesi possiamo dire che la Borsa svolge le seguenti funzioni:

- una funzione di **finanziamento**, consentendo alle imprese e allo Stato di raccogliere agevolmente i mezzi finanziari di cui hanno necessità;
- una funzione di **investimento**, in quanto permette ai risparmiatori di impiegare i propri capitali scegliendo fra un'ampia varietà di titoli;

Primary market
Mercato primario
Part of the capital market that deals with the issuing of new securities.

Secondary market
Mercato secondario
A market where investors purchase securities or assets from other investors, rather than from issuing companies themselves.

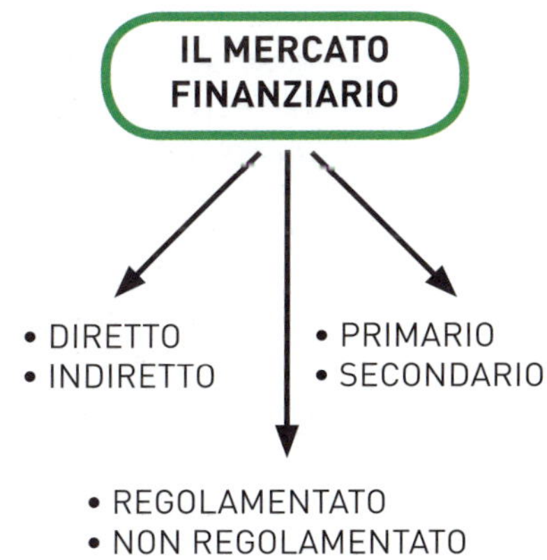

- una funzione di **liquidità**, poiché è possibile in ogni istante cedere i titoli quotati di cui si è in possesso, al fine di ricevere in cambio il controvalore corrispondente al prezzo del momento.

Queste funzioni possono essere esercitate in modo efficace grazie alla severa disciplina e ai controlli a cui sono sottoposte le Borse valori. Gli scambi, inoltre, avvengono in un contesto altamente organizzato: ogni Borsa, infatti, ha il suo calendario annuale, un preciso orario giornaliero e una sede ben definita. Solo in alcuni casi, però, le contrattazioni avvengono in un luogo fisico ben definito, come per esempio Wall Street a New York o London Stock Exchange a Londra. Per quanto riguarda l'Italia, Piazza Affari a Milano è un esempio di mercato virtuale, in quanto la sede storica della Borsa, a partire dal 2 gennaio 1998, ospita la Borsa Italiana spa, la quale si regge su un sistema informatico di contrattazioni.

Quali sono le caratteristiche della Borsa Italiana?

Palazzo Mezzanotte, *sede della Borsa di Milano.*

La Borsa Italiana è una società per azioni privata – il cui capitale è detenuto da banche, Sim e da un'associazione di emittenti – che dal 1998 organizza e gestisce i mercati mobiliari. L'attuale assetto giuridico, improntato a principi di imprenditorialità e di autoregolamentazione, deriva da una riforma che ha preso corpo nel corso degli anni Novanta grazie all'emanazione dei seguenti atti normativi:

- il **decreto Eurosim** (D.lgs. 415/1996) che stabilisce la privatizzazione della Borsa valori, fino a quel momento caratterizzata da una struttura pubblica;
- il **Testo unico della finanza** del 1998, in base al quale anche la gestione di un mercato finanziario costituisce un'attività di impresa, che deve essere svolta in modo professionale da una società per azioni denominata **Società di gestione del mercato (Sgm)**. Ogni Sgm può gestire anche più mercati regolamentati, ciascuno dei quali può essere suddiviso in più segmenti a seconda degli strumenti finanziari trattati.

La riforma ha comportato la soppressione delle sedi locali delle dieci Borse valori italiane e la concentrazione di tutti gli scambi, a livello nazionale, nella **Borsa valori di Milano**.

Un elemento fondamentale introdotto è costituito dalla separazione delle funzioni di vigilanza (esercitate da Consob e Banca d'Italia) da quelle di regolamentazione e gestione dei mercati.

La Consob nel 2010 ha autorizzato la gestione di mercati regolamentati da parte di due Sgm: la Mts spa (che gestisce tre mercati) e la Borsa Italiana spa che, per via del numero elevato di mercati, è in Italia la Borsa per eccellenza.

Quali sono gli obiettivi e i compiti assegnati alla Borsa Italiana?

La Borsa Italiana spa si occupa dell'organizzazione, della gestione e del funzionamento dei mercati finanziari. A partire dal 1° ottobre 2007 si è realizzata l'integrazione tra il Gruppo Borsa Italiana e il Gruppo London Stock Exchange, che ha dato vita al mercato leader in Europa per quanto riguarda gli scambi azionari di strumenti finanziari derivati, così come di titoli a reddito fisso, attraverso un sistema di negoziazione completamente elettronico per l'esecuzione degli scambi in tempo reale.

I principali compiti assegnati alla Borsa italiana sono i seguenti:
- definire l'organizzazione e le modalità di funzionamento dei mercati;
- stabilire i requisiti e le procedure di ammissione e di permanenza dei titoli nel mercato;
- definire le regole di accesso e di operatività degli intermediari;
- vigilare sul corretto svolgimento delle negoziazioni, intervenendo anche con provvedimenti di sospensione di uno o più titoli dalla quotazione;
- richiedere informazioni alle società al fine di garantire trasparenza al mercato e parità di trattamento degli operatori.

3 LE QUOTAZIONI DEI TITOLI

Il requisito necessario per ottenere la quotazione in Borsa è l'**offerta pubblica iniziale** (o **IPO**, secondo l'acronimo derivante dall'inglese *Initial Public Offering*), attraverso cui una società ottiene la diffusione dei propri titoli tra il pubblico.

L'IPO deve garantire un'informazione trasparente, al fine di fornire al mercato e agli investitori tutte le informazioni necessarie per valutare l'attrattività del titolo offerto. La società che intende procedere alla sua realizzazione deve pertanto darne preventiva comunicazione alla Consob specificando tutte le caratteristiche dell'offerta, elencando tutti i soggetti che prenderanno parte all'operazione e indicando il ruolo di ciascuno. In un prospetto informatico che deve rispettare i requisiti richiesti dalla Consob, devono essere ben definiti i termini dell'operazione: tipologia di strumenti finanziari da proporre, entità delle risorse da richiedere, condizioni di prezzo e modalità con cui procedere al collocamento dei titoli. A questo proposito la società dovrà scegliere uno o più intermediari – banche o società di intermediazione finanziaria – che assumendo il ruolo di garanti dell'iniziativa nei confronti del mercato, assisteranno l'impresa fino al collocamento finale.

Come si stabilisce il valore dei titoli da collocare?

Il valore dei titoli può essere analizzato sotto diversi punti di vista. Dobbiamo infatti distinguere tra valore nominale, valore di emissione, valore patrimoniale, valore di mercato.

Il **valore nominale** è quello stabilito dalla società emittente e indicato sul titolo. Esso è dato dal rapporto tra capitale sociale e numero delle azioni emesse.

Il **valore di emissione** è il prezzo che l'investitore dovrà pagare per acquistare il titolo al momento della sottoscrizione, cioè del collocamento ufficiale sul mercato primario. L'emissione può avvenire:

- **alla pari**: il valore di emissione è uguale al valore nominale;
- **sopra la pari**: il valore di emissione è superiore al valore nominale;
- **sotto la pari**: il valore di emissione è inferiore al valore nominale.

Una società può decidere di emettere un titolo sotto la pari per invogliare gli investitori a sottoscriverlo, offrendo loro un rendimento di fatto maggiore di quello risultante dal titolo stesso.

Se invece ritiene che l'emissione del titolo incontri il gradimento degli investitori che ripongono grande fiducia nelle prospettive di quella società, il prezzo di emissione potrà essere sopra la pari, anche se questo comporterà un rendimento minore di quello risultante dal titolo stesso.

Il **valore patrimoniale** è dato dal rapporto tra patrimonio della società (che grazie ai profitti eventualmente realizzati e reinvestiti nella società può nel tempo accrescersi rispetto a quello iniziale) e numero di azioni in cui è suddiviso il capitale sociale.

Il **valore di mercato** è quello che scaturisce dall'incontro tra la domanda e l'offerta del titolo sul mercato borsistico. Si tratta della quotazione del titolo, che può non coincidere con il valore nominale e con il valore di emissione.

In Borsa ogni giorno arrivano ordini di vendita o di acquisto di **azioni**.

Se ci sono tante persone che vogliono vendere e poche che vogliono comprare, il prezzo del titolo si ridurrà. Al contrario, se in molti vogliono comprare e pochi vendere, i venditori potranno vendere il titolo a un prezzo più alto. È ragionevole pensare che un'azienda con alto valore e buone prospettive, avrà delle azioni appetibili e molti compratori. Gli investitori, infatti, nel valutare la convenienza dell'acquisto considerano anche le prospettive future di quel titolo: se prevale l'idea che la società in futuro realizzerà profitti più elevati, si creano aspettative di maggiori dividendi e di una crescita del valore del patrimonio. Pertanto essi potranno ritenere conveniente acquistare il titolo a un prezzo di mercato superiore al valore patrimoniale attuale, ma (probabilmente) inferiore al valore patrimoniale futuro. Se, viceversa, prevalgono aspettative negative, in quanto si prevede la realizzazione di perdite, in

Nominal value
Valore nominale
The value of a security stated by the issuer that remains fixed for the duration of its life.

Issue price
Valore di emissione
The price at which the bond issuer originally sells the bonds.

Quotation
Valore di mercato
The price of a security as quoted on an exchange at the end of a trading day on the stock market.

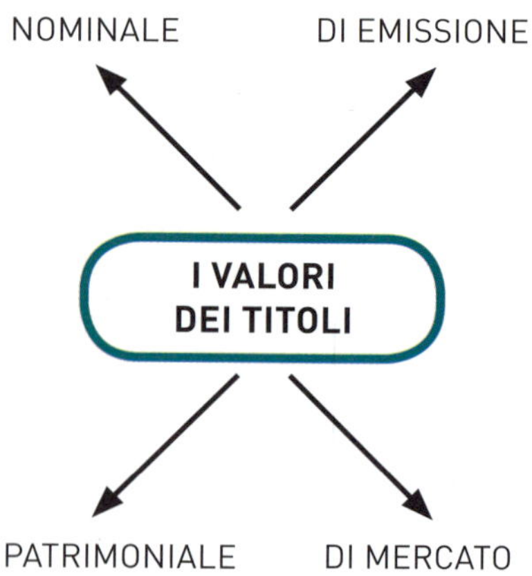

base a considerazioni opposte a quelle precedenti, gli investitori riterranno conveniente vendere il titolo a un prezzo di mercato inferiore al valore patrimoniale attuale, per evitare future perdite ancora più consistenti.

La quotazione di un titolo non rispecchia, però, necessariamente l'effettiva solidità della società che lo ha emesso, in quanto non sempre gli investitori dispongono di tutte le informazioni necessarie per fare una scelta razionale. Può così accadere che il prezzo che si forma sul mercato sia sottovalutato o, al contrario, sopravvalutato rispetto a quello che dovrebbe essere il valore reale della società.

Esempio

La società Alfa spa ha un capitale sociale pari a € 2.000.000, rappresentato da 1.000.000 di azioni.

Il **valore nominale** dell'azione è pari a € 2 (2.000.000/1.000.000).

Il **valore patrimoniale** iniziale è uguale al valore nominale, cioè € 2.

Si possono fare due ipotesi:

- gli investitori ritengono che in futuro il patrimonio della società raddoppierà, grazie a profitti via via crescenti, diventando pari a € 4.000.000. Perciò potranno ritenere conveniente comperare l'azione anche al prezzo di € 3, perché in futuro potrebbe valere € 4 (4.000.000/1.000.000);
- gli investitori ritengono che in futuro il patrimonio della società si dimezzerà a causa di probabili perdite, diventando pari a € 1.000.000. In tal caso essi potranno ritenere conveniente vendere l'azione al prezzo di € 1,5, perché in futuro potrebbe valere solo € 1 (1.000.000/1.000.000).

Il valore di mercato è il punto di riferimento per valutare la convenienza anche delle obbligazioni e dei titoli di Stato, oltre a quella delle azioni?

Le obbligazioni e i titoli di Stato sono due tipologie che appartengono alla categoria dei titoli a reddito fisso, in quanto di norma fruttano al possessore un interesse nominale costante fissato al momento dell'emissione, anche se possono essere previsti adeguamenti dei tassi in base all'andamento dell'inflazione. I valori delle obbligazioni dipendono più o meno dagli stessi fattori che incidono sul valore delle azioni, anche se le oscillazioni in genere sono molto più contenute. Per obbligazioni e titoli di Stato gli investitori, anziché i valori di mercato, in genere prendono come riferimento i tassi che, soprattutto nei mercati obbligazionari, rivestono grande importanza al fine della valutazione di convenienza o meno di un titolo. Come abbiamo visto nell'unità precedente, esiste una relazione inversa tra valore di un titolo e tasso di interesse. Distinguiamo tra:

- **tasso di rendimento nominale**: è dato dal rapporto tra una singola cedola (ossia gli interessi percepiti periodicamente) e il valore nominale del titolo;
- **tasso di rendimento immediato (Tri)**: è dato dal rapporto tra gli interessi percepiti periodicamente e il capitale investito;

Margin Call

Film drammatico, Usa (2011)
di J.C. Chandor

Ambientato nel mondo dell'alta finanza, Margin Call racconta una storia che coinvolge gli uomini chiave di una grande banca di investimenti durante le drammatiche ore che precedettero la crisi finanziaria del 2008. Peter Sullivan un giovane analista, assiste impotente al licenziamento del proprio capo, causa tagli al personale. Questo fa in tempo a passargli sottobanco un *file* dai cui dati Sullivan scopre che che buona parte dei titoli in possesso della banca si sono rivelati "tossici". I vertici della banca decidono per una rapida svendita, a costo di distruggere l'affidabilità dell'azienda, oltre che numerosi posti di lavoro. Il giorno dopo, svenduti i titoli e salvate le poltrone da salvare, il diffondersi dei titoli tossici innesca una crisi economica di proporzioni enormi

- Guarda il film e discutine con i compagni e l'insegnante.

- **tasso di rendimento effettivo a scadenza (Tres)**: consente di eguagliare il prezzo pagato per acquistare un titolo di debito con la somma dei valori attuali di tutti i flussi futuri, sia relativi agli interessi sia al guadagno (o perdita) in conto capitale, che maturano a beneficio del possessore. In sostanza il Tres supera i limiti insiti nel tasso di rendimento nominale e nel tasso di rendimento immediato in quanto considera tutte le cedole fino a scadenza, i proventi ottenibili dal loro reinvestimento allo stesso tasso, nonché i profitti/perdite derivanti dalla differenza tra valore di acquisto e di rimborso.

Il calcolo del Tres si basa sulla seguente formula:

$$\mathbf{VA} = \sum_{t=1}^{T} \frac{\mathbf{F_t}}{(\mathbf{1+tres})^t}$$

dove VA rappresenta il valore attuale del titolo, T rappresenta la scadenza, F i flussi periodici che vengono corrisposti al possessore. In termini matematici il calcolo del Tres risulta piuttosto complesso; ciò che in questa sede ci preme mettere in rilievo è semplicemente il fatto che tale indicatore rappresenta uno degli strumenti più idonei per valutare la redditività di un investimento in titoli di debito.

Esempio

Consideriamo l'obbligazione Alfa 3% con scadenza a 3 anni. Prezzo di emissione 98, prezzo di rimborso uguale al valore nominale, cioè 100.

La società corrisponde al suo possessore tre cedole annue pari a 3€ per ogni 100€ di valore nominale e alla scadenza rimborserà il valore nominale (100), che, essendo superiore al valore di emissione (98), darà all'investitore un guadagno in conto capitale pari a 2 (cioè 100-98). Pertanto:

a. tasso di rendimento nominale: 3 / 100 = 3%
b. tasso di rendimento immediato (Tri): 3 / 98 = 3,01%
c. tasso di rendimento effettivo a scadenza (Tres).

Il Tres può essere calcolato risolvendo la seguente equazione:

$$98 = \frac{3}{(1+tres)^1} + \frac{3}{(1+tres)^2} + \frac{100+3}{(1+tres)^3}$$

ossia: Tres = 3,72%.

QUESITO

Tre amici investono ciascuno la somma di 10.000 euro nel seguente modo:

- **Paolo** metà in azioni della società Y e metà in un fondo comune azionario;
- **Andrea** metà in obbligazioni della società Y e metà in titoli di Stato;
- **Caterina** metà in azioni di una Sicav e metà in certificati di deposito.

Chi di loro va incontro a rischi maggiori?

Quali sono per un'impresa i vantaggi della quotazione in Borsa?

La Borsa svolge una funzione molto importante in stretto collegamento con l'economia reale. Essa infatti è anche il luogo dove le aziende, grazie al risparmio conferito direttamente (soprattutto dalle famiglie), si capitalizzano per effettuare gli investimenti funzionali al proprio sviluppo e a quello più generale dell'economia.

La decisione di quotarsi in Borsa ha una rilevanza strategica e richiede da parte dell'impresa una attenta valutazione di costi e benefici. I principali obiettivi che possono indurre un imprenditore a quotare la propria società possono essere i seguenti:

- **rendere più solida la struttura finanziaria**, grazie a un nuovo canale di finanziamento che può essere accompagnato da un aumento di capitale contestuale alla quotazione;
- **agevolare l'afflusso di nuovi capitali per finanziare progetti di crescita**, per esempio investimenti per aumentare la capacità produttiva, per internazionalizzare l'impresa, per il lancio di nuovi prodotti e/o l'entrata in nuove aree di business, per la creazione di una nuova rete distributiva o per il rafforzamento di quella esistente, ecc.;
- **migliorare l'immagine aziendale**, in quanto la quotazione in Borsa, richiedendo maggiore trasparenza dei bilanci e chiarezza di strategie, conferisce maggiore notorietà e prestigio;
- **attrarre manager più qualificati**, in quanto le maggiori responsabilità e la maggiore visibilità aumentano gli incentivi e la motivazione;
- **trasformare l'assetto proprietario dell'impresa**, permettendo di trovare un'alternativa qualora per esempio sia impossibile un passaggio generazionale;
- **aumentare la redditività dell'azienda**, grazie a sistemi di gestione più efficienti, introdotti da manager qualificati, e alla realizzazione di progetti di crescita innovativi.

La quotazione in Borsa, modificando in modo permanente l'assetto della società, può però incontrare diverse resistenze, principalmente dovute a:

- **necessità di introdurre cambiamenti organizzativi e manageriali**, a causa del carattere familiare della maggior parte delle imprese italiane;
- **costi della quotazione**, che possono essere anche elevati;
- **ridefinizione della proprietà**, con conseguente riluttanza a vedere ridotta la quota di controllo; inoltre rischio di scalate ostili, nel caso in cui la quota di controllo scenda sotto il 50%;

- **divulgazione di informazioni in precedenza non pubbliche**, per esempio margine operativo, stipendi percepiti dal *top management*, ecc.

L'andamento della Borsa è un segnale importante dell'andamento economico di un Paese?

La Borsa, in un certo senso, può essere considerata un vero e proprio barometro dell'economia, importante per le scelte degli operatori, in quanto, oltre a indicare le aspettative di stabilità, di crescita o di crisi delle singole imprese, tende a fornire elementi di valutazione della situazione economica e politica globale. Nel gergo borsistico, vengono spesso utilizzati i termini di **Toro** e **Orso**, con motivazioni molteplici e a volte originali. In ogni caso se prevale un clima di fiducia e il mercato è orientato al rialzo si dice che domina il "toro"; se al contrario è diffuso il pessimismo, e il mercato è orientato al ribasso, allora si ritiene che domini l'"orso".

In tal senso ritornano particolarmente utili i più comuni indici azionari, che sono un indicatore importante dell'andamento complessivo della Borsa. Ogni **indice azionario** è costituito da un insieme di titoli: ogni giorno si fa una sintesi del loro andamento attraverso una media delle loro quotazioni. Esistono differenti metodologie di calcolo degli indici, a seconda dei pesi attribuiti alle azioni del paniere. Se l'indice aumenta, significa che, mediamente, il paniere composto da quelle azioni ha accresciuto il suo valore; se invece l'indice è al ribasso, significa che in media i valori sono diminuiti.

Stock market index
Indice azionario
Indicator that represents the performance of the stock market of a given nation.

Gli indici più conosciuti sono:

- il **FtseMib**: misura l'andamento di 40 titoli azionari (cosiddetti *Blue-chip*, cioè titoli guida) delle società di primaria importanza quotate nella borsa italiana;
- il **Dow Jones**: misura l'andamento complessivo delle 30 migliori *Blue-chip* americane, cioè delle imprese industriali di maggior valore quotate alla Borsa di New York;
- il **Nasdaq**, che prende in considerazione i principali titoli tecnologici della Borsa.

Il Toro di Wall Street, *scultura in bronzo realizzata nel 1989 dall'artista siciliano Arturo Di Modica e divenuta il simbolo della Borsa di New York.*

Come può essere descritto il rapporto tra mercato finanziario ed economia reale?

La ricchezza e il benessere di un Paese dipendono dall'economia reale, cioè dai beni e servizi che i suoi cittadini hanno a disposizione. A sua volta questa ricchezza dipende dalla quantità e qualità delle risorse – fisiche, umane, tecnologiche – utilizzabili nei processi produttivi. Gli strumenti finanziari, come le azioni e le obbligazioni, rappresentano rispettivamente diritti di proprietà e di credito su tale ricchezza: essi pertanto, pur non incidendo direttamente sulla capacità produttiva del sistema economico, ne agevolano lo sviluppo, in quanto permettono di finanziare gli investimenti produttivi

in modo efficace. Per la crescita economica di un Paese è infatti di fondamentale importanza la capacità del mercato finanziario interno di attrarre capitali e la disponibilità delle imprese a investire e a raccogliere nuove sfide imprenditoriali.

L'attenzione degli investitori al rendimento e al grado di rischio dei singoli titoli azionari induce le società emittenti a individuare strategie di crescita capaci di incrementare il valore dell'impresa per i suoi azionisti. I manager cercheranno di individuare, per esempio, nuovi prodotti e nuovi mercati o nuove tecnologie per rendere più efficiente il processo produttivo e conseguire ricavi più elevati. Se falliranno nell'intento e non conseguiranno gli obiettivi attesi, il prezzo di mercato scenderà perché gli investitori preferiranno investimenti alternativi. In breve, il management è stimolato a gestire in modo efficiente una società quotata, contribuendo per questa via allo sviluppo economico di un Paese, dato che, per le informazioni che esso è tenuto a rendere pubbliche, la società è costantemente sottoposta al giudizio degli investitori.

Gli effetti dell'andamento della Borsa valori si ripercuotono sull'economia reale anche se si prende in considerazione il comportamento degli investitori. Se le quotazioni azionarie sono in crescita, essi percepiscono una sensazione di maggiore ricchezza (anche se la certezza di maggiori entrate si avrà soltanto al momento della vendita delle azioni), per cui aumentano i consumi e, conseguentemente, il livello della produzione e dell'occupazione.

Se invece le quotazioni azionarie sono in calo, le famiglie si percepiscono più povere e questo comporterà un calo dei consumi, con i conseguenti effetti negativi sul livello della produzione e dell'occupazione.

LO SAI CHE...

I principali reati finanziari previsti dal codice penale sono:

- **l'aggiottaggio**, cioè la diffusione di notizie false o tendenziose al fine di determinare rialzi o ribassi delle quotazioni borsistiche al fine di trarne un guadagno;
- **l'insider trading**, ossia la compravendita di titoli da parte di coloro che utilizzano informazioni privilegiate, ovvero non di pubblico dominio, per trarne un vantaggio.

4 LA SPECULAZIONE FINANZIARIA

Il funzionamento della Borsa appare spesso avvolto da un alone di mistero: gli acquisti e le vendite si concentrano di volta in volta su titoli e settori diversi, determinando movimenti di prezzi altalenanti con conseguenti ondate di euforia o di pessimismo. Per quanto gli analisti finanziari cerchino di comprenderle, le ragioni di questi andamenti non sono sempre chiare e a volte rientrano nel campo dello studio della psicologia di massa.

Come abbiamo già detto, i prezzi delle azioni riflettono tutte le informazioni disponibili per gli investitori in un determinato momento e si modificano in seguito a movimenti della domanda e dell'offerta generati da nuove informazioni. Dal momento che i mercati finanziari non sono perfettamente efficienti, gli operatori non sono in possesso di tutti gli elementi utili per una scelta razionale, ma agiscono spesso anche in base a informazioni imprevedibili, che possono provocare oscillazioni dei prezzi a volte sorprendenti.

In che modo le persone decidono quali titoli azionari acquistare in Borsa?

Il risparmiatore che decide di accedere al mercato di Borsa, per acquistare un'azione, è interessato al rendimento che ne può derivare. Esso è costituito dal dividendo che spetta al possessore del titolo qualora la società deliberi di distribuire gli utili conseguiti e dal guadagno in conto capitale (cosiddetto *capital gain*), costituito dalla differenza fra il prezzo di vendita e il prezzo di acquisto del titolo. Pertanto, per acquistare (o vendere) azioni il risparmiatore ha bisogno di informazioni che riguardano sia la singola società sia l'intero sistema economico.

Per quanto riguarda la singola società, sono importanti le informazioni sui profitti futuri, in quanto il valore del capitale azionario è pari al **valore attuale** di tutti i flussi di cassa che l'impresa realizzerà negli anni seguenti. In pratica, si tratta di stimare l'importo dei flussi monetari che essa conseguirà di anno in anno, di calcolare il loro valore attuale in base a un determinato tasso di interesse e di sommarli. Pertanto il prezzo delle azioni può variare se, in base a una nuova informazione, si prevede una variazione dei profitti (quindi dei flussi di cassa) futuri, nonché della solidità di quell'impresa.

Aspettative e prezzo delle azioni

Supponiamo che si diffonda la notizia che un'impresa farmaceutica, il cui capitale sociale ammonta a 500 (migliaia di euro), ha scoperto un nuovo farmaco antitumorale, suscettibile di essere prodotto a costi ridotti. La maggior parte degli investitori ritiene che questa scoperta provocherà un incremento dei ricavi netti attesi della impresa farmaceutica con effetti positivi sugli utili futuri (e quindi sul valore della società). La nuova informazione relativa alla diffusione del nuovo farmaco, facendo prevedere una variazione positiva dei flussi di cassa futuri e il potenziamento della solidità dell'impresa, determina un incremento del valore patrimoniale della società e, conseguentemente, un aumento del prezzo delle azioni.
Alla luce di quanto detto e supponendo che i ricavi netti attesi per i prossimi 3 anni siano i seguenti: R1 = 300, R2 = 220, R3 = 180 (in migliaia di euro), determiniamo il valore patrimoniale odierno della società, utilizzando il metodo DCF (Discounted Cash Flow), suggerito dai principi contabili internazionali e ritenuto il più accreditato dalle moderne teorie aziendali.
Esso si trova calcolando il valore attuale dei flussi di cassa futuri relativi al periodo considerato (nel nostro caso il periodo è di 3 anni) scontati a un dato tasso di interesse, per esempio quello che le banche chiedono sui prestiti concessi ai clienti (supponiamo il 10%) e aggiungendo il valore attuale dei flussi di cassa successivi al periodo di esplicita previsione analitica (nel nostro caso successivi al periodo di 3 anni). Nell'esempio, ipotizziamo, per semplificare, che questi ultimi siano pari a zero:

$$\mathrm{VA} = \frac{300\ (\textit{ricavi netti attesi})}{(1+0{,}10)^1} + \frac{220\ (\textit{ricavi netti attesi})}{(1+0{,}10)^2} + \frac{180\ (\textit{ricavi netti attesi})}{(1+0{,}10)^3} + \frac{0\ (\textit{valore finale dell'attività di produzione del farmaco})}{(1+0{,}10)^4} = 590$$

Se queste aspettative sono diffuse, aumenteranno gli ordini di acquisto di quel titolo, facendone salire il prezzo. È comunque ovvio che un aumento del tasso di interesse, a parità di aspettative sui rendimenti futuri, farebbe diminuire il risultato.

RINFORZO

L'esempio riportato mette in luce l'**importanza delle aspettative** nella determinazione del prezzo dei titoli azionari, nella quale entrano in gioco anche fattori soggettivi che possono portare a valutazioni non obiettive, sia in positivo sia in negativo. Le opinioni dei singoli individui possono poi influenzarsi reciprocamente e uscire rafforzate dall'impatto esercitato dai mass media.

Per quanto riguarda le informazioni sul sistema economico, gli investitori attribuiscono molta importanza a una serie di indicatori economici e finanziari, per esempio tassi di crescita del PIL, dell'occupazione, della produzione industriale, ecc., sia di Paesi europei sia extraeuropei, e alle conseguenti decisioni di politica fiscale. Per questa ragione gli operatori economici seguono sempre con molto interesse le decisioni di importanti istituzioni finanziarie, quali la Bce e la Fed (Federal Reserve) americana, in merito ai livelli del tasso di interesse.

Il prezzo delle azioni è infatti tendenzialmente influenzato dall'andamento dei tassi di interesse, in quanto un loro aumento, dato un certo livello di profitti attesi, provoca una diminuzione del valore attuale dei flussi

Pudong, cuore finanziario di Shangai, teatro nel 2015 di una grave crisi speculativa.

di cassa a cui essi danno luogo e, quindi, del capitale azionario. Un processo opposto si verifica naturalmente nel caso in cui le autorità monetarie decidano una riduzione del tasso di interesse.

Alcuni fenomeni economici possono anche dare vita a spostamenti di capitali da un mercato a un altro, e tra Paesi, provocando ondate di vendite con conseguenti forti turbolenze sui mercati finanziari. Ricordiamo, per esempio, l'andamento negativo di tutti gli indici azionari delle piazze europee, americane e asiatiche nel gennaio 2016, causato dalla concomitanza di dati deludenti in merito all'andamento dell'economia cinese e del prezzo del petrolio – in costante calo –, nonché da timori generati da allarmismi sulla solidità del sistema bancario europeo e da scenari inquietanti di politica internazionale.

L'insieme di tutti i fattori sopra considerati può generare le cosiddette **bolle speculative**, che periodicamente si ripetono sui mercati finanziari.

Speculative bubble
Bolla speculativa
A situation in which prices of securities and especially stocks rise far above their actual intrinsic value.

In che cosa consistono le bolle speculative?

La **bolla speculativa** indica quella situazione in cui i prezzi di beni e titoli divergono in maniera eccessiva dal loro valore intrinseco, detto anche "valore fondamentale", che si affermerebbe nell'ipotesi di mercati efficienti.

Con questa espressione, infatti, si fa riferimento a una particolare fase dell'economia in cui un mercato è caratterizzato da un **forte e ingiustificato aumento dei prezzi** di un bene, dovuto a una rapida e consistente crescita della domanda. Spesso si tratta del prezzo dei titoli sul mercato finanziario, anche se alcune storiche e importanti bolle speculative hanno riguardato beni materiali. Ricordiamo le principali:

- la bolla dei tulipani, scoppiata in Olanda nei primi decenni del 1600;
- la *Mississippi bubble* del 1720, causata dalla creazione di una banca pubblica legata alla speculazione sui territori americani appartenenti alla Francia;
- la *South Sea bubble*, una società di navigazione che causò una crisi finanziaria connessa e cronologicamente parallela alla precedente;
- la crisi finanziaria del 1929, caratterizzata dal crollo di Wall Street;
- la bolla giapponese, immobiliare e azionaria, degli anni Ottanta del secolo scorso;
- la bolla della *new economy* negli Stati Uniti scoppiata nel 1999, generata dallo sviluppo di internet;

- la bolla dei mutui *subprime*, che nel settembre 2008 ha portato al fallimento di Lehman Brothers negli Stati Uniti;
- la bolla finanziaria cinese che ha determinato il crollo della Borsa di Shangai nell'agosto 2015.

Le fasi di una bolla speculativa sono tre: nascita, crescita e scoppio, con conseguente ritorno ai prezzi normali.

La bolla nasce nel momento in cui si ha un eccesso di domanda di un determinato bene, generato anche da una certa euforia, in quanto si crede che quel prodotto darà ottimi guadagni. In tal modo si scatena la corsa all'acquisto, con la speranza di vendere in futuro a un prezzo più elevato. Tutto questo porta a un aumento dei prezzi e spinge all'acquisto anche investitori occasionali, poco inclini al rischio, che saranno i primi a volersi sbarazzare del bene non appena le aspettative diventeranno pessimistiche. La crescita continua della domanda a un certo punto si interrompe, perché ormai il prezzo è salito tanto da spingere pochi investitori a comprare ancora; inoltre gli acquirenti iniziali cominciano a vendere e i prezzi si abbassano. Come una bolla di sapone, che sale verso il cielo fino al momento dell'esplosione, il fenomeno si concluderà con una fase contraria alla crescita della bolla, con i prezzi che ritorneranno ai valori originali.

APPROFONDIMENTO ONLINE
La Grande Crisi: dai mutui subprime all'economia reale

La bolla dei tulipani

Colpisce l'Olanda fra il 1634 e il 1637 e tecnicamente è una crisi da *bulbi di tulipano*. Il bulbo, allora scambiato in una pubblica Borsa, a differenza del fiore, non è un bene di consumo, ma di investimento: da un bulbo nascono altri fiori e altri bulbi e così via. La *"febbre dei tulipani"*, introdotti in Europa dalla prima metà del Cinquecento, deve essere ricondotta a ragioni sia interne sia esterne. Tra le prime, la bellezza del tulipano (divenuto uno *status symbol* presso molti aristocratici e ricchi mercanti) e la sua scarsità. Domanda elevata e offerta limitata generano elevati "extraprofitti", che potrebbero essere eliminati dalla concorrenza di altri produttori. Tuttavia la speculazione si manifesta perché, a un certo punto, vi è un chiaro eccesso di domanda e i prezzi eccedono i "fondamentali": gli acquisti sono finalizzati solo ai guadagni, si compra al prezzo *x* perché si è convinti che quel bene, domani, varrà più di *x*. La notizia si sparge, si fanno profitti, giungono nuovi speculatori, il prezzo si gonfia in una bolla speculativa. Inoltre, il bene è facilmente trasferibile perché rappresentato da azioni. Nel caso dei tulipani si negoziano i "diritti sul bulbo", cioè i *futures* di tulipani, e si paga subito soltanto l'acconto, il saldo verrà corrisposto mesi dopo, alla consegna del bulbo fiorito. Si crea così l'ingrediente base della bolla speculativa: la *leva*, effetto moltiplicativo che consente di scommettere tanto impegnando poco denaro. Alla consegna nessun compratore avrebbe avuto il denaro per saldare tutti i conti, ma i compratori non intendevano richiedere la consegna: compravano *futures* di tulipani solo per rivenderli e lucrare sul prezzo. Si scatena un "gioco al rialzo", una corsa ad acquistare e rivendere, nella convinzione che domani il prezzo salirà solo perché è salito ieri, così che la bolla continua a gonfiarsi. La bolla dei tulipani culmina nella famosa asta di Alkmaar il 15 febbraio 1637, in cui centinaia di lotti di bulbi sono venduti a un prezzo pari alla paga di un anno e mezzo di lavoro di un carpentiere. Nei giorni successivi si ha una precipitosa caduta dei prezzi che conduce tanti in rovina e origina una sequela infinita di azioni legali da parte di coloro che volevano costringere i compratori a corrispondere interamente il saldo del contratto.

RINFORZO

Fonte: Borsa italiana.

Il termine speculazione, riferito ai mercati finanziari, ha sempre un significato negativo?

Sui mercati finanziari sono presenti soggetti (famiglie, banche, investitori istituzionali) che stabilmente acquistano titoli per investire i propri risparmi, con il fine di ottenere un rendimento protratto nel tempo. È come se questi titoli venissero, fino alla scadenza, riposti in un "cassetto" ed è per questo che tali operatori vengono chiamati *cassettisti*.

La Borsa valori, però, soprattutto a causa dell'estrema variabilità nel tempo del prezzo delle azioni, attrae l'attenzione degli *speculatori*, cioè di soggetti che acquistano e vendono titoli con l'obiettivo di ottenere un guadagno derivante dalla differenza fra il prezzo di acquisto e quello di vendita. Possono svolgere attività speculativa sia semplici risparmiatori, sia imprese o investitori istituzionali, favoriti anche dall'esistenza di specifici contratti di Borsa, a pronti o a termine, mediante i quali avvengono le negoziazioni di titoli. Gli speculatori, in base all'andamento di un titolo, possono agire:

- come **rialzisti**, se comperano un titolo oggi con il progetto di venderlo domani, quando il suo valore si ritiene che sarà salito;
- come **ribassisti**, se vendono un titolo oggi con il progetto di riacquistarlo domani, quando si ritiene che il suo valore sarà diminuito.

È facile immaginare che chi agisce in modo speculativo si espone a grandi rischi, perché la previsione potrebbe essere sbagliata, per esempio il valore del titolo anziché salire potrebbe scendere (o viceversa). Questo comporterebbe non solo la perdita del guadagno sperato, ma anche di una parte o di tutto il capitale inizialmente investito.

Il termine "speculazione" non ha comunque, nell'ambito economico, il significato negativo che assume nel linguaggio comune. Esso nasce dalla voce latina *specula*, che significa vedetta, cioè colui che guarda lontano, infatti l'etimologia della parola è proprio: "guardare lontano, nel futuro, prevedere".

SISTEMA FINANZIARIO

al suo interno si distinguono

- **mercati monetari** (operazioni di credito a breve termine)
- **mercati finanziari** (operazioni di credito a medio e lungo termine). Su di essi si ripetono periodicamente le **bolle speculative**

tra i mercati finanziari vi è la

BORSA ITALIANA

le sue componenti sono

- **strumenti finanziari**, come valori mobiliari (azioni di società, obbligazioni, titoli di Stato, ecc.), titoli normalmente negoziabili sul mercato monetario (Bot, cambiali finanziarie, certificati di deposito), quote di fondi comuni di investimento, strumenti finanziari derivati (*futures* e opzioni)
- **mercati finanziari**
- **intermediari finanziari**:
  - banche
  - intermediari puri
  - società finanziarie
  - investitori istituzionali (organismi di investimento collettivo del risparmio - Oicr -, quali Fondi comuni d'investimento, società di investimento a capitale variabile - Sicav -, compagnie di assicurazione del ramo vita, fondi pensioni privati)
- **organi di vigilanza**

LA BORSA VALORI

una società per ottenere la quotazione di Borsa

- deve effettuare l'offerta pubblica iniziale (IPO) attraverso cui ottiene la diffusione dei propri titoli tra il pubblico
- deve scegliere uno o più intermediari che assumono il ruolo di garanti

per acquistare (o vendere) azioni il risparmiatore che decide di accedere al mercato di Borsa

- è interessato al rendimento delle azioni
- ad avere informazioni riguardanti sia l'intero sistema economico (tassi di crescita del PIL, dell'occupazione, della produzione industriale, ecc.) sia la singola società (informazioni sui profitti futuri)

il valore dei titoli è analizzato sotto diversi profili

- **valore nominale**
- **valore d'emissione**:
  - **alla pari** (prezzo di emissione = valore nominale
  - **sotto alla pari** (prezzo di emissione < valore nominale)
  - **sopra la pari** (prezzo di emissione > valore nominale)
- **valore patrimoniale**: quota di patrimonio che il titolo rappresenta
- **valore di mercato**: quotazione del titolo

Gli andamenti giornalieri delle quotazioni vengono sintetizzati negli **indici di Borsa**. Gli indici più conosciuti sono: il **Ftse-Mib**, il **Dow Jones**, il **Nasdaq**.

Borsa Italiana

- si occupa dell'organizzazione, della gestione e del funzionamento dei mercati finanziari
- è una società per azioni privata il cui capitale è detenuto da banche, Sim e da un'associazione di emittenti
- è operativa dal 1998
- si è fusa nel 2007 con la Borsa di Londra (London Stock Exchange) andando a creare il London Stock Exchange Group
- ha un assetto giuridico definito dal decreto *Eurosim* (D.lgs. 415/1996) e dal *Testo unico della finanza* del 1998
- è un mercato regolamentato, in cui avvengono le negoziazioni dei titoli (il mercato virtuale per le contrattazioni è Piazza Affari a Milano)
- agisce nel canale diretto tra risparmio e investimento costituito a sua volta da due segmenti:
  - **mercato primario**: si negoziano strumenti finanziari di nuova emissione
  - **mercato secondario**: si negoziano strumenti finanziari già in circolazione
- rimane il mercato secondario per eccellenza, ma è nello stesso tempo un mercato primario
- svolge le seguenti funzioni:
  - funzione di finanziamento
  - funzione di investimento
  - funzione di liquidità

Verifiche 2

1) TROVA L'ERRORE IN OGNI FRASE

Competenza: acquisire e riconoscere i contenuti chiave

A. Il mercato finanziario è il mercato dei prestiti a breve termine, cioè non superiori a 18 mesi.
B. I mercati finanziari sono i luoghi fisici in cui si verifica lo scambio di strumenti finanziari.
C. I fondi comuni di investimento sono promossi e gestiti dalle Società di gestione del mercato (Sgm).
D. I warrants sono titoli che fanno assumere al detentore l'obbligo di sottoscrivere o acquistare azioni a un prezzo e a una scadenza prefissata.
E. I *futures* sono strumenti derivati con i quali una parte si impegna a vendere l'attività sottostante a un dato prezzo e a una data prestabilita.

2) COLLEGA LE ESPRESSIONI CONTRASSEGNATE DA UNA LETTERA CON QUELLE INDICATE DA UN NUMERO

Competenza: individuare collegamenti e relazioni

A. Azione
B. D.lgs. 415/1996 (*Eurosim*)
C. Obbligazione
D. Rapporto tra capitale sociale e numero azioni
E. Alla pari, sopra la pari, sotto la pari
F. Ftse-Mib

1. Valore di emissione
2. Indice azionario
3. Titolo che rappresenta una quota del capitale sociale di una società per azioni
4. Valore nominale
5. Privatizzazione Borsa valori italiana
6. Titolo che rappresenta la quota di un debito contratto da una società

A	B	C	D	E	F

3) INDICA SE LE SEGUENTI AFFERMAZIONI SONO VERE O FALSE. SE LE RITIENI FALSE GIUSTIFICA LA RISPOSTA

Competenza: acquisire, interpretare l'informazione e comunicare

	VERO	FALSO
A. Sul mercato primario vengono trattati i titoli di nuova emissione.		
B. La Borsa italiana è gestita e controllata da autorità pubbliche.		
C. Nelle Sicav l'investitore, acquistando azioni della società, assume la qualità di socio.		
D. Il valore patrimoniale di un titolo è quello che scaturisce dall'incontro tra la domanda e l'offerta sul mercato borsistico.		
E. Gli speculatori agiscono come ribassisti se acquistano un titolo oggi a un prezzo basso con il progetto di rivenderlo domani a un prezzo più elevato.		

4) RISOLVI I SEGUENTI PROBLEMI

Competenza: risolvere problemi

A. Sul mercato vi sono tre titoli emessi dalla società Alfa spa:
- tutti e tre hanno un valore nominale di rimborso pari a 250;
- tutti e tre fruttano un tasso di interesse del 3%;
- i titoli sono stati emessi ai seguenti prezzi:
  250 per il primo titolo;
  230 per il secondo titolo;
  280 per il terzo titolo.

Calcola il tasso di rendimento immediato dei tre titoli.

B. Determina il prezzo a cui può essere oggi scambiato un titolo azionario, sapendo che i ricavi futuri attesi per i prossimi due anni ammontano, rispettivamente, a 15 per il primo anno e 27 per il secondo anno e che il tasso di interesse corrente è del 7%.

C. Un operatore entra in un contratto *future* sul cotone (impegnandosi a vendere a termine) quando il prezzo *future* è di 0,50 dollari per libbra. Il contratto riguarda la consegna di 50.000 libbre.
Stabilisci quanto guadagna o perde l'operatore se il prezzo del cotone alla scadenza del contratto è pari a:
0,482 dollari per libbra;
0,513 dollari per libbra.

5) RISPONDI AI SEGUENTI QUESITI IN UN MASSIMO DI 5/6 RIGHE

Competenza: saper organizzare e sintetizzare i contenuti

A. Qual è la differenza fra mercato monetario e mercato finanziario?
B. Qual è la funzione degli intermediari finanziari?
C. Qual è la differenza fra gestione individuale e gestione collettiva del risparmio?
D. Che cosa sono i fondi comuni di investimento?
E. Quali tipologie di titoli fanno parte degli strumenti finanziari?
F. Perché alcuni strumenti finanziari vengono chiamati "derivati"?
G. Qual è la differenza fra i contratti *future* e i contratti di opzione?
H. Qual è la differenza fra la Borsa valori e la Borsa merci?
I. Qual è la struttura di Borsa Italiana spa?
J. Quali vantaggi possono derivare a una società dalla sua quotazione in Borsa?
K. In che senso le aspettative giocano un ruolo rilevante nella determinazione del prezzo di mercato di un titolo azionario?
L. Che cos'è una bolla speculativa?

1) Connect each letter with a number

A. Financial broker	1. A contractual agreement to buy or sell a particular commodity or financial instrument for delivery on a specified future date at a predetermined price
B. Warrant	2. Trust arrangement that combines the assets of various individuals to pool a larger, well diversified portfolio in order to share the returns and reduce the financial risk
C. Financial market	3. A company (or a person) that buys and sells shares, bonds and other securities for customers
D. Future	4. Phisical or virtual location for buying and selling equity and debt instruments
E. Secondary market	5. Organized and regulated financial market where securities are negotiated
F. Collective investment scheme	6. Also known as a fixed-income security, it is a debt instrument created by corporations and public authorities for the purpose of raising capital
G. Stock exchange	7. An aftermarket where investors purchase previously issued financial instruments such as stocks and bonds from other investors, rather than from issuing companies
H. Bond	8. Derivative that confers the right, but not the obligation, to buy or to sell a security at a certain price before expiration

A	B	C	D	E	F	G	H

2) Chose the right words among the ones listed below and fill in the gaps

Debt instruments versus equity instruments

	Debt	Equity
Advantages: - For the firm		
- For the investor		
Disadvantages: - For the firm		
- For the investor		

[Debt servicing obligation, flexibility, high expected return, high risk, independence from shareholders' influence, influencing management decisions, low returns, low risk, low cost of finance, market volatility, predictability, reputation, shareholder dependence, shortsightedness]

Verifica finale E

ZTE ONLINE
Mettiti alla prova con gli esercizi interattivi

1) RISPONDI AI SEGUENTI QUESITI IN UN MASSIMO DI 5/6 RIGHE

Competenza: acquisire, interpretare l'informazione e comunicare

A. Perché per Keynes sono gli investimenti che creano i risparmi, mentre per i neoclassici sono i risparmi che creano gli investimenti?
B. Perché, per Keynes, una politica monetaria espansiva può risultare inefficace?
C. Quali sono gli effetti negativi della deflazione?
D. Quali sono gli effetti negativi di un'alta inflazione?
E. Cosa si intende per "politica dei redditi"?
F. Quali sono le funzioni del sistema finanziario?
G. Qual è la differenza tra un intermediario "puro" e un investitore istituzionale?
H. Cosa si intende per risparmio "gestito"?
I. Qual è la differenza tra strumento finanziario e "prodotto finanziario"?
J. Quali importanti innovazioni ha introdotto la riforma della Borsa degli anni Novanta?
K. Perché la quotazione di un titolo non rispecchia necessariamente l'effettiva solidità della società che lo ha emesso?
L. Al fine della valutazione di convenienza o meno di un titolo obbligazionario, quali elementi vengono presi in considerazione?
M. Quali sono gli indici di Borsa più conosciuti?
N. A che cos'è pari il valore di un'azione?
O. Che cosa sono e come nascono le bolle speculative?

2) COMPLETA

Competenza: individuare collegamenti e relazioni

A. Secondo gli economisti neoclassici, l'equilibrio del sistema economico si raggiunge attraverso variazioni del .... , mentre secondo Keynes l'equilibrio si raggiunge attraverso variazioni del ....
B. Secondo Keynes la domanda di moneta è in funzione .... del reddito e in funzione .... del ....
C. Quando i tassi di interesse sono alti si crea un'aspettativa di una loro .... e di conseguenza di un .... del prezzo (valore) dei titoli. Ciò spinge gli speculatori a .... i titoli per venderli quando il loro prezzo sarà più .... In questo caso la domanda di moneta ....
D. La trappola della liquidità si verifica quando il tasso d'interesse è talmente .... da indurre gli operatori a tenere la ricchezza in forma ....
E. La Banca centrale controlla la moneta .... attraverso il controllo della ....
F. La base monetaria è costituita da .... + ...
G. La categoria degli strumenti finanziari include quella dei ....
H. Le funzioni di vigilanza sulla Borsa sono esercitate da .... e ....
I. Un aumento dei tassi d'interesse, dato un certo livello di profitti attesi, provoca una diminuzione del .... dei flussi di cassa a cui essi danno luogo e quindi del capitale azionario.
J. Nel mercato borsistico se prevale un clima di fiducia domina .... ; se al contrario è diffuso il pessimismo, allora domina ....
K. Il *capital gain* è costituito dalla differenza tra .... e .... di un titolo.
L. Gli speculatori, in base all'andamento di un titolo, possono agire come rialzisti, se .... un titolo oggi con il progetto di .... domani, quando il suo valore si ritiene che sarà ....

3) RISOLVI I SEGUENTI PROBLEMI

Competenza: risolvere problemi

A. Classifica le seguenti operazioni

	Mercato monetario	Mercato mobiliare	Mercato dei crediti a medio e lungo termine
Utilizzo del conto corrente			
Accensione di un mutuo per l'acquisto di un'abitazione			
Emissione di un prestito obbligazionario			
Acquisto di titoli azionari			
Utilizzo di un fido per una settimana			
Acquisto di Cct			
Finanziamento da parte di una banca a un'impresa per rinnovare gli impianti			
Emissione di titoli del debito pubblico da parte dello Stato			

B. In un sistema economico, in cui la moneta è detenuta solo in forma di depositi, la base monetaria è pari a 300 e il rapporto riserve/depositi è 0,25.
Successivamente la Banca centrale acquista titoli sul mercato aperto per 200.
Calcola:
1. l'ammontare iniziale dell'offerta di moneta e il valore delle riserve bancarie;
2. l'ammontare dell'offerta di moneta e il valore del credito erogato dopo l'acquisto dei titoli.

C. Caterina si è rivolta al suo consulente bancario di fiducia perché vorrebbe investire una certa somma nell'acquisto di titoli.
Il consulente le fornisce la seguente tabella, in cui sono riportate informazioni rilevanti relative a tre titoli obbligazionari di nuova emissione.

Titolo	Scadenza	Tasso nominale	Tres	Valore nominale (e di rimborso)	Prezzo di emissione
A	24 mesi	4,0%	6,0%	100	96,33
B	24 mesi	4,5%	4,5%	100	100
C	24 mesi	3,0%	4,5%	100	101,7

Caterina, però, si rende subito conto che un titolo presenta dati incongruenti e palesemente errati.
1. Di quale titolo si tratta? Giustifica la risposta.
2. Quale dovrebbe essere il giusto prezzo di emissione, ipotizzando che tutti gli altri dati siano corretti?

4) LEGGI LEGGI L'ARTICOLO, ANALIZZA I DATI RIPORTATI NELLA TABELLA E RISPONDI AI QUESITI

Competenza: saper leggere e interpretare testi economici

L'inflazione rallenta ancora (0,1%)
La più bassa dalla deflazione del '59

Terzo anno consecutivo in frenata (nel 2014 +0,2%). Allo 0,1% anche a dicembre 2015.

L'inflazione in Italia rallenta ancora: considerando la media dell'anno 2015 evidenzia un'ulteriore frenata, per la terza volta consecutiva, portandosi al +0,1% dal +0,2% del 2014. Lo rileva l'Istat nelle stime, aggiungendo come il tasso a dicembre sia rimasto fermo, su base annua, allo 0,1% (lo stesso valore di novembre). Il tasso d'inflazione medio annuo nel 2015, +0,1%, risulta il più basso dal 1959, ovvero da 56 anni, oltre mezzo secolo, così come emerge dalle serie storiche dell'Istat. L'Istituto ricorda che nel '59 l'Italia era in deflazione (il tasso risultava pari a –0,4%). È risultata invece stabile, al +0,2%, l'inflazione di dicembre per l'eurozona su base annua, un dato stabile rispetto a novembre: il dato è comunque inferiore alle attese degli analisti, che si aspettavano una lieve accelerazione allo 0,3%.

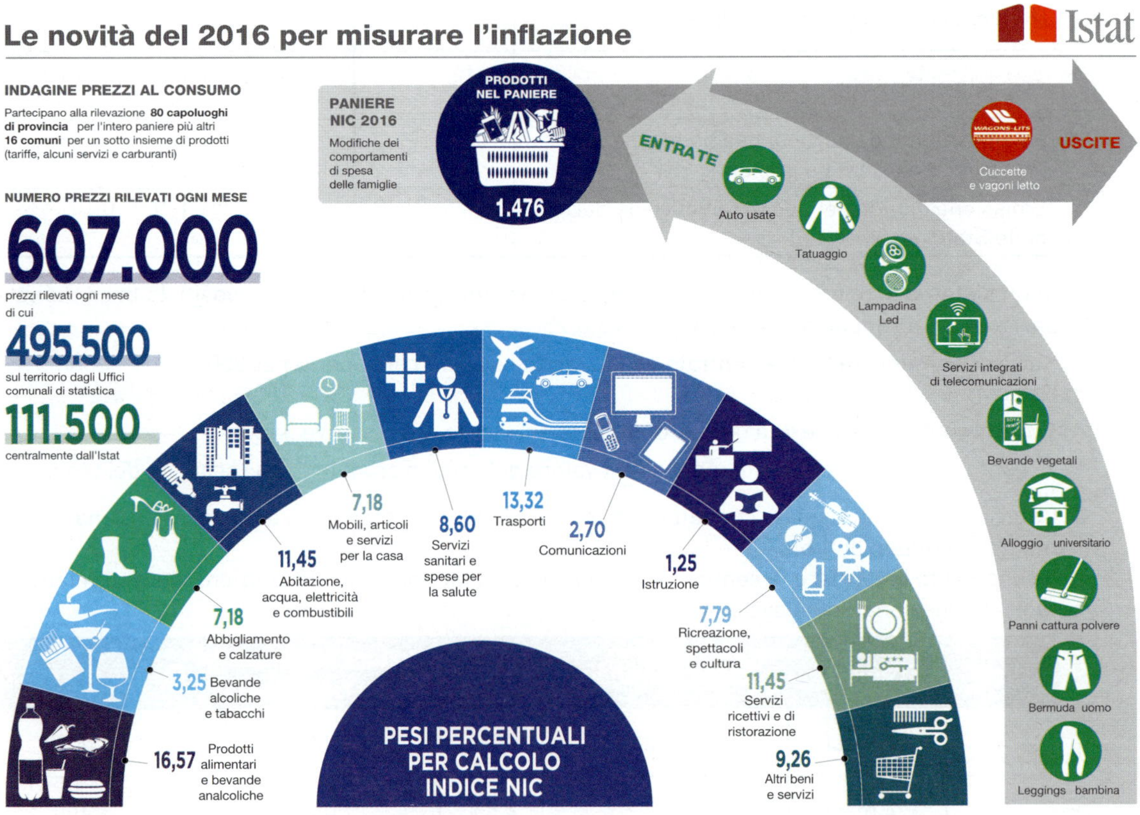

«Corriere della sera - Economia», 5 gennaio 2016

A. Qual è il tasso di inflazione rilevato dall'Istat per il 2015?

B. Qual è stato l'andamento del tasso di inflazione negli anni 2013-2014-2015?

C. Sono stati registrati tassi di inflazione più bassi rispetto a quello del 2015?

D. Il tasso di inflazione registrato per i Paesi dell'area euro diverge da quello italiano?

E. Per quale ragione ci si aspettava una lieve accelerazione dell'inflazione nella Ue?

F. Quali modifiche ha introdotto l'Istat nella composizione del paniere Nic? Per quali ragioni?

G. Nel paniere Nic è prevalente il peso percentuale dei beni o dei servizi?

5) LEGGI L'ARTICOLO E RISPONDI AI QUESITI

Competenza: saper leggere e interpretare testi economici

Che cos'è e come è nata la bolla cinese

[...] Fino a giugno si è registrata un'impressionante crescita della Borsa cinese. In parte la corsa agli investimenti era stata il "sostituto monetario" davanti al crollo dei prezzi dell'immobiliare. La lotta alla corruzione del governo aveva poi impedito a quegli investitori con danaro non proprio pulitissimo di riversare milioni nel settore immobiliare e di riparare all'estero con grossi quantitativi di denaro. La liquidità, dunque, è rimasta in Cina, ma con meno sbocchi. A questo si era aggiunto lo stretto collegamento fra la Borsa di Shanghai e quella di Hong Kong, che lo scorso novembre aveva procurato un'euforia fra gli investitori cinesi e che si è rivelato capace di unire le due Borse sia nel bene che nel male.

Insomma, mentre gli analisti finanziari mettevano in guardia da un'eccessiva separazione fra i "fondamentali" dell'economia cinese e la crescita della Borsa di Shanghai, tutti si buttavano in Borsa cercando di trarre vantaggi dalla sua corsa spericolata verso l'alto, decidendo che il governo non avrebbe mai permesso che le azioni calassero. Così, le borse di studio di mille studenti e le pensioni di mille pensionati sono state riversate nelle azioni di aziende praticamente ignote, mentre gli altri hanno preso a prestito, a qualunque tasso, denaro da immettere in tutta fretta nel mercato. Molti nuovi milionari sono nati in pochi mesi – ma ora, questi stessi investitori non istituzionali si ritrovano del tutto bruciati.

Ora dopo un mese di cali, chi ancora non ha venduto vuole farlo al più presto, terrorizzato all'idea che i soldi presi a prestito siano ogni giorno più difficili da restituire. Pechino continua a enunciare nuove regole per bloccare l'emorragia: ha abbassato i tassi di interesse, richiesto alle aziende statali di non vendere "nemmeno un'azione", ha promesso maggiore liquidità, obbligando le banche a estendere prestiti, e ottenuto il sostegno della Banca centrale cinese, la Bank of China. Per ora, tutto quello che è riuscita a fare è stato trascinare nella rovinosa caduta anche le altre Borse nelle vicinanze [...].

Fact and fiction

China's GDP and stockmarket

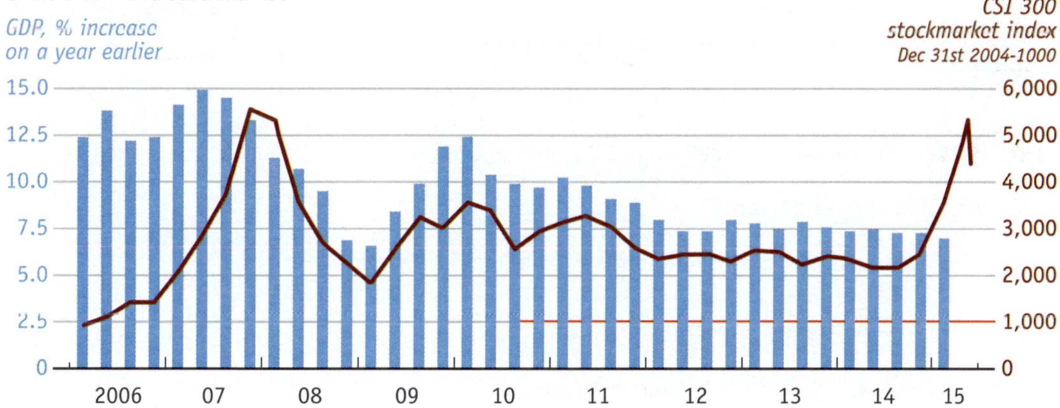

Sources: Thomson Reuters; Wind Info

Economist.com

Ilaria Maria Sala, «La Stampa», 27 luglio 2015

A. Da che cos'è stata innescata la bolla finanziaria cinese?

B. Analizza il grafico e commenta il rapporto tra "i fondamentali dell'economia cinese" e "la crescita della Borsa di Shangai".

C. Quali soggetti sono stati gravemente danneggiati dalla crisi finanziaria?

D. Quali provvedimenti hanno adottato le autorità cinesi?

ECONOMY HIGHLIGHTS CLIL

6) LEGGI E RISPONDI ALLE DOMANDE

Competenza: comprendere testi di natura economica in lingua inglese

The Economic Importance of Financial Literacy

In the wake of the global financial crisis, policymakers around the world have expressed deep concern about widespread lack of financial knowledge. Efforts are also underway to fill these gaps with specific programs to "identify individuals who are most in need of financial education and the best ways to improve that education" (OECD 2005).
The U.S. President's Advisory Council on Financial Literacy noted that "far too many Americans do not have the basic financial skills necessary to develop and maintain a budget, to understand credit, to understand investment vehicles, or to take advantage of our banking system. It is essential to provide basic financial education that allows people to better navigate an economic crisis such as this one." [...] Several key tasks remain. First, theoretical models of saving and financial decision making must be further enriched to incorporate the fact that financial knowledge is a form of human capital. Second, efforts to better measure financial education are likely to pay off, including gathering information on teachers, training programs, and material covered. Third, outcomes beyond what have been studied to date are likely to be of interest, including borrowing for student loans, investment in health, reverse mortgage patterns, and when to claim Social Security benefits—decisions that all have far-reaching economic consequences. Additional experimental research would be useful, to learn more about the directions of causality between financial knowledge and economic well-being, though the early results offered here are promising. While the costs of raising financial literacy are likely to be substantial, so too are the costs of being liquidity-constrained, overindebted, and poor.

Annamaria Lusardi and Olivia S. Mitchell, «Journal of Economic Literature», 2014

A. What is Financial Literacy?

B. Why it is very important?

C. What can be done to fill in the gaps in financial knowledge?

SEZIONE F

Il commercio internazionale

Economia è una bellissima città sul mare, dove accanto a quartieri ricchi ci sono molti quartieri poveri. In ognuno di essi vive tanta gente onesta che vorrebbe migliorare la propria vita, lavorare e studiare, ma l'uscita dalla condizione di povertà a molti sembra ormai un'utopia. Parecchi abitanti dei quartieri ricchi ci raccontano che alla domanda posta loro da un economista: «È più importante dare un pesce a chi ha fame o insegnargli a pescare?» hanno cercato di rispondere insegnando a pescare ai loro concittadini dei quartieri poveri. Eppure ciò non è bastato a cambiare la situazione. Certo, per creare ricchezza non basta insegnare a pescare, bisogna fare della pesca un'attività redditizia, imparando la tecnica della conservazione del pesce e della vendita su larga scala. Ma per questo servono leggi, contratti, istituzioni, cultura, tutti elementi indispensabili per creare un ambiente favorevole allo sviluppo. Ora cominciate a capire a che cosa serve **la politica**...

COMPETENZE

- Acquisire consapevolezza della forte interdipendenza esistente tra le diverse economie mondiali
- Riconoscere l'importanza delle relazioni economiche internazionali nel determinare l'evoluzione economica e sociale di ciascun Paese
- Saper valutare il ruolo e le politiche delle istituzioni economiche sovranazionali
- Individuare le problematiche relative ai processi di crescita e di sviluppo
- Saper valutare le strategie di intervento per affrontare il problema del sottosviluppo

UNITÀ 1
Il commercio nell'economia globale

Avorio: verso il divieto assoluto di commercio?

Una proposta per salvare gli elefanti africani dall'estinzione

NEW YORK (7 agosto 2014) – Il messaggio è semplice: per salvare gli elefanti, tutti i mercati d'avorio devono essere chiusi e tutte le scorte di avorio devono essere distrutte, secondo un nuovo studio peer-reviewed dalla Wildlife Conservation Society. La corruzione, la criminalità organizzata e la mancata applicazione delle leggi rendono qualsiasi commercio legale di avorio un fattore che contribuisce in modo importante alla scomparsa degli elefanti in Africa.

Apparsa il 7 agosto nell'edizione on line della rivista «Conservation Biology», la ricerca dice che, se vogliamo conservare significative popolazioni selvatiche di elefanti in Africa, tutti i mercati d'avorio devono essere chiusi. Inoltre, le scorte governative di avorio, attualmente sparse per il mondo, devono essere distrutte, dal momento che sono fonti di immissione nel mercato nero di avorio illegale. [...]

Il documento giunge in un momento di crescente opposizione al divieto di avorio da parte di alcuni gruppi che sostengono che le vendite di avorio – se attentamente regolamentate – aiuterebbero a proteggere gli elefanti e contribuirebbero alla loro conservazione attraverso la vendita delle scorte di avorio e di altre fonti legali.

Elizabeth Bennett, vice presidente della WCS per la conservazione delle specie, confuta questa affermazione dicendo che gli incentivi finanziari per infrangere la legge e raccogliere i profitti superano di gran lunga quelli che porterebbero a rispettare la legge, visto che i bracconieri e i trafficanti possono rapidamente ripagarsi le multe grazie ai ricchi frutti dell'attività illegale. [...]

Dice Bennett: «Nel lungo termine, l'unica soluzione sostenibile è di ridurre la domanda di avorio, l'unico driver finale dell'intero sistema. Finché ciò non accadrà, se gli elefanti dovranno sopravvivere, abbiamo bisogno di chiudere i mercati legali esistenti».

Redazione di «Gaianews.it»
8 agosto 2014

attività

1. Quali vantaggi provocherebbe la chiusura di tutti i mercati d'avorio internazionali?
2. Quali motivazioni adducono coloro che si oppongono alla chiusura dei mercati internazionali dell'avorio?
3. Perché Elizabeth Bennett non è d'accordo sulle motivazioni addotte da coloro che si oppongono al divieto di vendita dell'avorio? E quale la soluzione propone?

1 LO SVILUPPO DEL COMMERCIO INTERNAZIONALE

Il **commercio internazionale** è costituito dagli scambi di beni, servizi e capitali tra soggetti economici appartenenti a Paesi differenti. È un'attività umana che risale agli albori della civiltà, oggi di primaria importanza sulla scena mondiale, in quanto, a partire dall'inizio del XXI secolo, i Paesi hanno stretto tra loro collegamenti molto più incisivi rispetto al passato, sia attraverso lo scambio di beni e servizi sia attraverso i flussi monetari e gli investimenti da un'economia all'altra. È quindi cresciuta l'importanza delle relazioni economiche internazionali ed è diventato più incisivo il peso della quota del commercio internazionale rispetto alle dimensioni dell'economia. La crisi economica globale, iniziata nel 2008 con il crollo di importazioni ed esportazioni, è una conferma di questo stretto legame tra il commercio internazionale e la condizione complessiva dell'economia mondiale.

International trading
Commercio internazionale
Trade in goods, services and capital across international borders and territories.

☐ L'attuale importanza assunta dal commercio internazionale è da attribuirsi al progresso tecnologico?

Si afferma comunemente che, grazie al progresso tecnologico, è cambiata la struttura del commercio internazionale. I moderni mezzi di trasporto e comunicazione hanno eliminato le distanze e reso il mondo più piccolo, con riflessi positivi sulla crescita del commercio internazionale.

Tuttavia, la storia mostra che anche le vicende storiche e politiche hanno il loro peso e possono indebolire gli effetti positivi del progresso tecnologico su tale crescita. Un esempio: l'esplodere di due guerre mondiali consecutive, la Grande depressione degli anni Trenta e il diffuso protezionismo contribuirono in modo determinante dagli anni Trenta fino al dopoguerra a scoraggiare il commercio mondiale, nonostante la sua rapida crescita tra la fine dell'Ottocento e i primi del Novecento.

2 LE CAUSE DELLE IMPORTAZIONI ED ESPORTAZIONI

Dal dopoguerra del secolo scorso a oggi si è avuta una crescita fortissima del commercio mondiale. Negli anni '50 e '60 probabilmente la crescita è stata causata da un effetto post-bellico; tuttavia il trend è proseguito anche negli anni Ottanta e Novanta e, dopo la crisi del 2008-2009, le esportazioni hanno ripreso a crescere, benché a tassi inferiori. Gli studiosi si sono quindi interrogati sulle cause che favoriscono le esportazioni e ne hanno individuato alcune, quali:

A. la dimensione dell'economia e la prossimità tra Paesi;
B. il possesso di risorse;
C. la suddivisione internazionale della produzione;
D. il vantaggio assoluto e il vantaggio comparato.

Esaminiamole separatamente.

A • Dimensione dell'economia e prossimità tra Paesi

Gravity model of international trade
Modello gravitazionale
In international economics it predicts bilateral trade flows between two counties. According to its maths function, the value of trade between two countries is proportional to the product of their GDP and it decreases with increasing distance between the two.

Guardando al commercio mondiale nel suo complesso, gli economisti hanno elaborato un modello, chiamato **modello gravitazionale**, secondo il quale i flussi commerciali tra due Paesi (misurati dalla somma di esportazioni e importazioni) sono tanto maggiori quanto più grande (in termini di PIL) è ciascun Paese, perché:

- Paesi più grandi sono in grado di produrre più beni e servizi, e quindi di ampliare la loro offerta sul mercato estero;
- Paesi più grandi usufruiscono di un mercato più vasto per la vendita dei loro prodotti, da cui si genera un livello elevato di reddito nazionale che consente loro di aumentare le importazioni.

Osserviamo la figura 1. Sull'asse orizzontale è riportata la quota di PIL detenuta da ciascun Paese dell'Ue espressa in rapporto al PIL totale della Ue, mentre sull'asse verticale è riportata la quota degli scambi commerciali degli Usa con i Paesi della Ue in rapporto al commercio totale degli Usa con i paesi dell'Ue.

In ogni punto della bisettrice si verifica l'uguaglianza tra le due quote. Pertanto, i Paesi che si concentrano attorno alla bisettrice sono quelli in cui le due quote sono approssimativamente uguali.

Per esempio, la Germania è un'economia che rappresenta il 20% del PIL dell'Europa occidentale e conta anche per il 24% del commercio degli Usa con la Ue. Anche Regno Unito e Francia, come si può notare, sono importanti partner degli Usa, in quanto economie europee che hanno i valori più elevati di PIL.

Figura 1

La dimensione delle economie europee e il valore dei loro scambi commerciali con gli Usa prima della Brexit

Fonte: US Department of Commerce, Commissione europea.

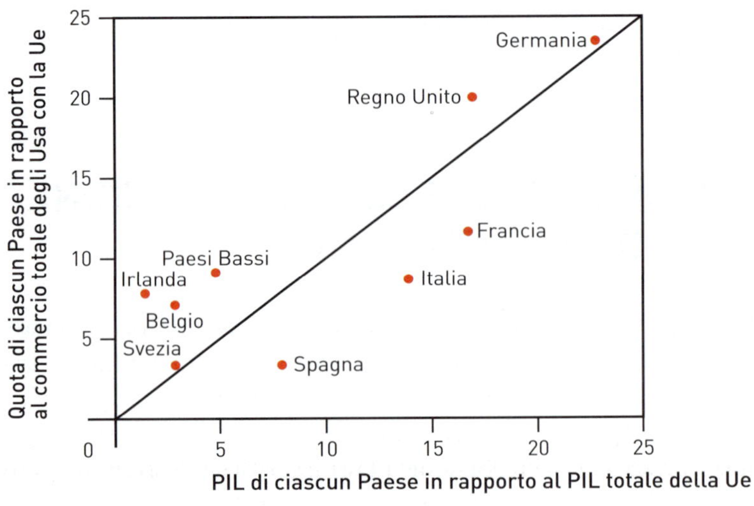

Lo stesso accade per la Ue, com'è evidenziato nella figura 2, da cui emerge che nel 2015 alcuni suoi partner commerciali sono Paesi con un elevato volume di PIL.

Quota detenuta da Stati Uniti, Cina, Svizzera, Russia sul totale del valore commerciale degli scambi effettuati dall'Unione europea con i Paesi extra-Ue

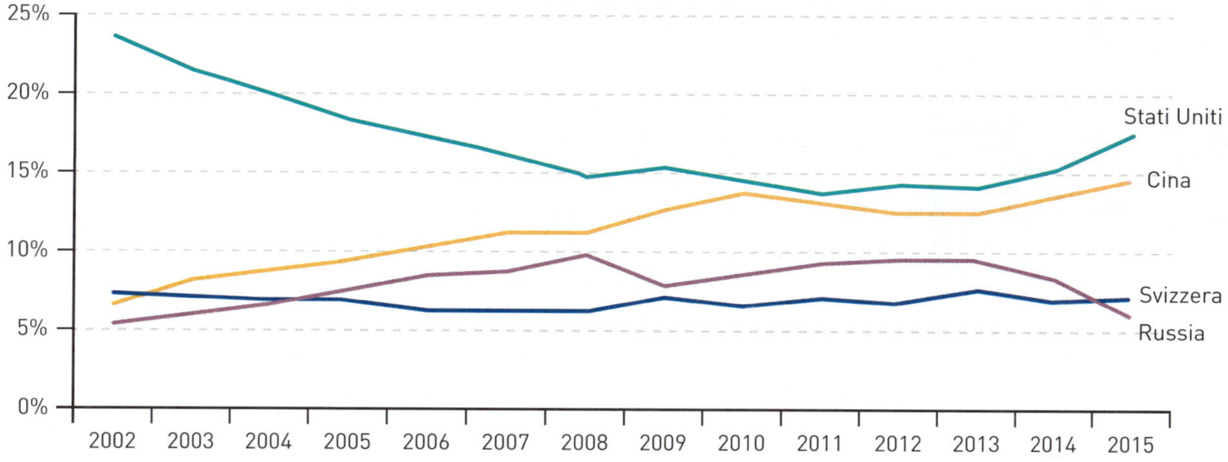

Figura 2

I partner commerciali principali della Ue nel 2015: gli Usa per l'export, la Cina per l'import

Fonte: Eurostat.

Secondo la teoria gravitazionale, oltre alle dimensioni del PIL, esiste un'altra determinante del volume del commercio tra Paesi costituita dalla distanza che intercorre tra i Paesi stessi.

La distanza, infatti, è importante per il commercio internazionale in quanto influenza:

- i costi di trasporto e, quindi, il costo delle importazioni e delle esportazioni;
- la capacità di instaurare contatti personali e altri tipi di comunicazione, che a loro volta influenzano il commercio.

Per esempio, gli Usa commerciano con Canada e Messico, Paesi a essi limitrofi, in misura maggiore di quanto facciano con i partner europei.

In linea generale, il modello gravitazionale afferma che il valore del commercio tra due Paesi, a parità di tutti gli altri fattori, è proporzionale al prodotto dei loro PIL e diminuisce al crescere della distanza.

È possibile che il commercio tra due Paesi sia in realtà nettamente maggiore o minore di quanto un modello gravitazionale potrebbe prevedere?

Il modello gravitazionale predice in modo ragionevolmente accurato il volume di commercio tra qualsiasi coppia di Paesi, perché non si può negare che i flussi commerciali tra due Paesi siano tanto maggiori quanto più grande è ciascun Paese. Tuttavia, esso evidenzia anche le anomalie esistenti nel commercio internazionale, per le quali occorre cercare delle possibili motivazioni.

Ritornando per esempio alla elaborazione della Commissione europea (fig. 1), si può notare che Paesi Bassi, Belgio e Irlanda, pur essendo Paesi piccoli, commerciano con gli Stati Uniti in misura molto superiore rispetto a quanto il modello gravitazionale prevedrebbe.

Pertanto, oltre alla dimensione e alla distanza, vanno considerati altri fattori che rendono più o meno intenso il commercio tra Paesi:

- l'**affinità culturale e politica**: se due Paesi hanno particolari legami culturali e politici, come avviene per esempio tra Irlanda e Usa, è probabile che abbiano anche forti legami economici;
- la **posizione geografica**: gli sbocchi al mare e l'assenza di barriere montuose facilitano i trasporti e, dunque, il commercio tra Paesi (è il caso di Paesi Bassi e Belgio, che hanno tradizionalmente rappresentato il punto d'accesso a gran parte dell'Europa nord-occidentale, in quanto si trovano in prossimità del Reno, il fiume più lungo dell'Europa occidentale);
- la **presenza di imprese** appartenenti allo stesso gruppo societario, generalmente operanti in nazioni diverse;
- i **confini**: le formalità burocratiche da espletare per attraversare i confini richiedono tempo e comportano in certi casi costi monetari, come il pagamento di dazi. I flussi commerciali vengono quindi ostacolati dalla presenza di questi **costi impliciti ed espliciti** a cui si aggiungono impedimenti legati alle differenze linguistiche tra Paesi o all'utilizzo di valute diverse.

B • Il possesso di risorse (di fattori produttivi)

I Paesi che possiedono il monopolio di importanti risorse naturali (minerarie, climatiche) sono favoriti in quanto, rispetto ad altri Paesi, possono godere di una rendita. In questi casi la struttura del loro commercio estero è in gran parte determinata dal possesso di tali risorse. Il loro utilizzo costituisce la base delle esportazioni, le quali forniscono la valuta necessaria per l'acquisto all'estero di beni di consumo e di investimento.

☐ Quali sono i fattori su cui un Paese dovrebbe puntare per diventare competitivo?

Nella logica della divisione internazionale del lavoro, un Paese diventa competitivo se i suoi beni e servizi sono diventati competitivi sul mercato internazionale e, in seguito a questo risultato, si specializza nella loro produzione. La competitività internazionale è quindi un requisito essenziale e dipende da molti fattori, tra cui il prezzo e la qualità dei beni, i tassi di cambio, la commercializzazione e l'innovazione del prodotto. Per i prodotti più standardizzati, a parità di qualità e di rete di commercializzazione (e prescindendo dai costi di trasporto), le principali determinanti della competitività internazionale sono i tassi di cambio e i prezzi.

Per quanto riguarda i prezzi, essendo il loro livello determinato dal costo del lavoro e dalla produttività del lavoro, a parità di cambio, essi diventano competitivi se il costo del lavoro per unità prodotta (CLUP), dato dal rapporto tra salario monetario e produttività media del lavoro, si mantiene entro limiti accettabili. È diffusa la convinzione che un Paese con un alto costo del lavoro sia necessariamente sfavorito sul piano della competitività internazionale. In realtà non è detto che ciò accada, a condizione che l'alto costo del lavoro sia controbilanciato da un'elevata produttività del sistema economico e, quindi, da un buon livello di investimenti, da un'organizzazione imprenditoriale adeguata, nonché da un'efficiente Pubblica amministrazione.

La competitività internazionale dipende anche dalle capacità di ricerca e innovazione che consente la costruzione di impianti e macchinari altamente sofisticati in grado di attuare tecniche di produzione più efficienti.

C • Suddivisione internazionale della produzione

L'aumento del commercio mondiale dagli anni Settanta in poi si è verificato in buona parte in seguito alla suddivisione internazionale della produzione, cioè alla suddivisione del processo produttivo in fasi localizzate in Paesi diversi. Attualmente un numero sempre maggiore di beni non viene prodotto interamente in un unico Paese, ma è il risultato di un assemblaggio di parti prodotte in luoghi diversi. Con la caduta dei costi del trasporto internazionale e lo sviluppo di una serie di tecnologie di comunicazione è oggi decisamente più facile rispetto al passato procurarsi gli input intermedi necessari o far eseguire fasi di lavorazione in diverse parti del mondo, soprattutto laddove il costo del lavoro è più basso. Tutto questo ha provocato la crescita del commercio internazionale di beni intermedi, di semi-lavorati e di componenti. Secondo vari studi, questi scambi costituiscono almeno il 20% del commercio mondiale.

D • Vantaggio assoluto e vantaggio comparato

Il **vantaggio comparato** (in contrapposizione al **vantaggio assoluto**) è la spiegazione principale del commercio tra Paesi. Esso è alla base della teoria dei costi comparati di Ricardo, esposta nella sua opera principale *On the Principles of Political Economy and Taxation* (1817) e già esaminata nel paragrafo nell'Unità 3 della Sezione A.

Comparative advantage
Vantaggio comparato
A country has a comparative advantage in the production of those goods that it produces better and more efficiently than other countries.

Absolute advantage
Vantaggio assoluto
A country has an absolute advantage in producing a good if it takes less amount of inputs than other countries, same if it has the ability to produce at a lower cost per unit.

Commercial policy
Politica commerciale
All measures regulating the external economic relations of a country, that are taken by a territorial government which has the power of assisting or hindering the exports or imports of goods and services.

3 La politica commerciale e i suoi strumenti

Gli Stati, nelle loro relazioni di scambio di beni con i Paesi stranieri adottano misure volte a influenzare il volume del commercio internazionale. Si parla a tal proposito di politica commerciale, i cui effetti sono esaminati dall'Economia internazionale.

La **politica commerciale** può essere:
- **liberista**: non pone ostacoli al libero commercio;
- **protezionistica**: difende la produzione interna dalla concorrenza internazionale;

- **autarchica**, cioè di autosufficienza economica: chiude l'economia nazionale al resto del mondo.

Attualmente, a seconda della situazione in cui si trova, uno Stato può decidere fra due politiche commerciali: il protezionismo o il libero scambio.

Quali sono gli strumenti di politica commerciale adottati dagli Stati?

Un quadro dei principali strumenti di politica commerciale è quello che vediamo rappresentato nella figura 3, in cui sono evidenziati alcuni strumenti influenti sul prezzo dei beni importati ed esportati o limitazioni della quantità intrapresi sia in chiave protezionistica, cioè come limitazioni al commercio, sia in chiave liberista, cioè di sostegno al commercio.

Figura 3

Indirizzi di politica commerciale

Custom duty

Dazio doganale

Trade restriction aimed at preventing foreign goods from entering the internal market; it consists in tax or tariff collected on imports by the customs authorities of a country to protect domestic industries from more efficient or predatory competitors from abroad.

In cosa consistono gli strumenti di limitazione al commercio?

Si tratta di strumenti usati in chiave protezionistica. Esaminiamoli nelle loro caratteristiche specifiche.

Dazi

Il **dazio doganale** è la forma più antica di politica commerciale; esso era adottato prioritariamente come strumento fiscale per raccogliere entrate per le casse dello Stato e, in seconda battuta, veniva l'obiettivo di proteggere settori nazionali dalle importazioni di prodotti esteri (all'epoca di Ricardo, le *corn laws* a difesa della produzione di grano inglese). Un tempo chiamati anche gabelle, fin dall'antichità i "dazi" sono tributi prelevati (dall'autorità centrale o locale) sul transito, sul commercio o sul consumo di una certa merce in un determinato territorio.

La dottrina è solita classificare i dazi come indicato nella tabella 1.

Tabella 1 – Alcuni tipi di dazi

DAZI			
Secondo lo scopo	**Secondo le modalità di calcolo**	**Secondo la destinazione delle merci**	**Secondo i rapporti tra gli Stati (ne citiamo solo alcuni)**
Protettivi: applicati per tutelare le produzioni del mercato europeo dalla concorrenza di analoghe merci provenienti da Paesi terzi. **Fiscali**: applicati per assicurare delle entrate nelle casse degli Stati.	**Ad valorem**: prelevati come frazione sul valore dei beni importati (per esempio un dazio del 26% imposto sul valore dei sigari importati nell'Unione europea). **Specifici o in misura fissa**: determinati in ragione del numero, peso, lunghezza e superficie della merce (per esempio un dazio di 419 euro per ogni tonnellata di zucchero importata dalla Ue); essi trovano applicazione solo nei casi particolari indicati dalle tariffe. **Misti**: basati su entrambe le impostazioni (per esempio un dazio *ad valorem* del 9,1% più un dazio specifico di 45,1 €/100 kg sul cioccolato bianco importato nell'Unione europea).	**Di importazione**: colpiscono, per esempio, le merci che, provenendo da Paesi terzi, entrano nel territorio doganale della Ue. **Di esportazione**: colpiscono, per esempio, le merci dell'Unione europea destinate a essere consumate in Paesi terzi. Sono applicati nel momento in cui le merci lasciano i confini doganali della Ue. Il loro principale effetto è quello di incidere sul prezzo delle merci scambiate.	**Convenzionali**: adottati in conseguenza dell'adesione dei Paesi ad accordi commerciali. **Preferenziali**: dazi più bassi rispetto a quelli previsti nella tariffa doganale. **Differenziali**: dazi protettivi attuati applicando un coefficiente di maggiorazione rispetto all'aliquota prevista dalla tariffa doganale. In questa categoria rientrano i dazi di ritorsione e i dazi di rappresaglia. Per esempio, i **dazi antidumping** sono una forma di dazio differenziale che tende a colpire il *dumping*, consistente nella vendita all'estero di un bene a un prezzo inferiore a quello praticato sul mercato interno, con l'evidente scopo di penetrare i mercati stranieri vendendo "prodotti sottocosto".

Contingentamenti alle importazioni

Sono veri e propri limiti imposti dallo Stato alla quantità di un certo bene che può essere importata. Tale restrizione è imposta attraverso un regime di licenze d'importazione concesse a determinati gruppi di individui o imprese fino a un livello massimo prestabilito. Per esempio, gli Usa impongono un contingentamento sulle importazioni di formaggio dall'estero. Le sole imprese abilitate a importare formaggi sono alcune compagnie commerciali specifiche, a ognuna delle quali viene concesso il diritto di importare un quantitativo massimo di chili ogni anno determinato sulla base della quantità di formaggio importata in passato. Il contingentamento ha l'effetto di far aumentare i prezzi interni dei beni importati perché la limitazione delle importazioni crea un'offerta minore della domanda. Pertanto, i destinatari delle licenze del governo possono acquistare i beni all'estero e rivenderli all'interno a prezzi più elevati, realizzando così delle rendite da contingentamento (con il contingentamento, a differenza del dazio, il Governo non percepisce alcun introito).

Import quotas
Contingentamenti alle importazioni
Limits imposed by the country on the amount of a good that can be imported through import licences in a given period of time.

Voluntary export restraints (VER)
Restrizione volontaria alle esportazioni
Arrangements between exporting and importing countries in which the exporting country agrees to limit the quantity of specific exports below a certain level in order to avoid imposition of mandatory restrictions by the importing country.

Orderly market agreements
Accordi multilaterali di restrizione delle esportazioni
Voluntary export restriction agreements that involve more than one country.

Requirement of minimum production content
Requisito di contenuto minimo della produzione
A predetermined fraction or parts of the final good to be produced locally. Also called local content.

Restrizione volontaria alle esportazioni (*Voluntary Export Restraints* – VER)

È nota anche come accordo volontario di restrizione (*Voluntary Restraint Agreements* – VRA). Si tratta di una variante dei contingentamenti alle importazioni. Consiste in un accordo tra un Paese esportatore e un Paese importatore con cui il Paese esportatore, su richiesta del Paese importatore, si impegna volontariamente a ridurre le quantità di un bene che può esportare nel Paese importatore per evitare altri tipi di restrizioni commerciali da parte di quest'ultimo, per esempio i dazi.

Un esempio noto: il Giappone, mediante un accordo VER con gli Stati Uniti, a partire dal 1981 ha acconsentito a limitare le sue esportazioni di automobili verso gli Usa. Le eccessive importazioni di auto giapponesi negli anni precedenti avevano infatti causato una forte penetrazione di queste vetture sul mercato statunitense, con gravi preoccupazioni da parte degli Usa. Con questo compromesso gli Stati Uniti riuscirono a tamponare il flusso di esportazioni giapponesi.

La VER è quindi un contingentamento riguardante un Paese esportatore, anziché un Paese importatore. Il Paese importatore attua l'accordo VER con il Paese esportatore concedendo a quest'ultimo una determinata quantità di licenze di esportazione. Per il Paese importatore questo accordo procura dei vantaggi in termini di riduzione del peso delle importazioni provenienti dal Paese con cui l'accordo è stato fatto, ma anche dei costi perché il Paese esportatore, tramite le sue imprese, venderà i beni esportati a prezzi maggiori, avendone ridotto la quantità, ottenendo profitti e rendite che entreranno nelle sue casse e non in quelle del Paese importatore.

Alcuni accordi di VER coinvolgono più di un Paese. Il più noto accordo multilaterale in tal senso è stato l'Accordo Multifibre (*Multi-fiber Arrangement*) del 1974 che fino al 1° gennaio 2005, data della sua cessazione, ha imposto restrizioni alle quantità di prodotti tessili che i Paesi in via di sviluppo potevano esportare verso i Paesi sviluppati. Gli **accordi multilaterali di restrizione delle esportazioni** di questo tipo sono conosciuti con la sigla OMA (*Orderly market agreements*).

Linea di assemblaggio della Corona Mark II, il primo modello di auto Toyota a essere stato adattato ai gusti "americani". Questa vettura riscosse un tale successo da costringere gli Stati Uniti a cercare un compromesso con il Giappone per tamponare il flusso di importazioni di auto giapponesi.

Requisito di contenuto minimo della produzione

Le leggi sui requisiti minimi di contenuto nazionale stabiliscono che una frazione predeterminata di bene finale, specificata in termini di unità fisiche o di valore, sia di produzione locale. Un esempio: i costruttori stranieri di auto presenti in Messico devono acquistare almeno il 62,5 per cento della componentistica – i pezzi meccanici o elettrici di cui è fatta un'automobile – all'interno dell'area NAFTA (*North American Free Trade Agreement*, accordo di libero scambio tra Canada, Usa e Messico) affinché i beni da essi prodotti possano circolare senza soggezione alcuna a dazio all'interno di quest'area. I requisiti sul contenuto nazionale minimo della produzione non costringono le imprese che si devono rifornire all'interno a importare di meno, ma obbligano tali imprese a effettuare maggiori acquisti di componenti prodotti all'interno a fronte di maggiori importazioni.

In cosa consistono gli strumenti di politica commerciale di sostegno al commercio?

Esaminiamoli nelle loro caratteristiche specifiche.

Appartengono a tale categoria i sussidi alle esportazioni, i sussidi all'importazione, i sussidi alla produzione e il volontario incremento delle importazioni (accordo VIE).

I **sussidi alle esportazioni** sono aiuti di Stato alle imprese esportatrici aventi lo scopo di incentivare l'export nazionale, consistenti o nel pagamento alle stesse di somme di denaro per ogni unità esportata (sussidio = numero di unità esportate × valore del sussidio) o nella concessione a loro favore di sgravi tributari o di finanziamenti agevolati, anticipo crediti, attività di promozione o a fondo perduto in proporzione alla quota esportata. Attraverso questi incentivi lo Stato si propone di favorire l'espansione delle esportazioni per rimediare alle eccedenze di produzione interna dei beni sovvenzionati che causa non solo danni sociali, ma anche danni economici rilevanti alle imprese, che, per smaltire la produzione in eccesso, sono costrette a praticare sul mercato interno per questi beni prezzi più bassi di quelli vigenti sui mercati mondiali. Con tali sussidi, invece, le imprese produttrici vendono i loro beni sul mercato interno al prezzo più alto vigente sul mercato mondiale perché l'incentivo le compensa della disparità di cui sopra.

Export subsidies
Sussidi alle esportazioni
They are government policies to help exports companies through low-cost loans, tax relief for exporters, or government-financed international advertising.

Tuttavia, complessivamente, con i sussidi all'esportazione si ha una perdita di benessere sia per i consumatori nazionali, che pagano un prezzo più alto per ogni unità acquistata e per la riduzione del consumo, sia per lo Stato che deve finanziare il sussidio. Oltre a ciò, il sussidio peggiora le ragioni di scambio perché la maggiore offerta che si crea sul mercato mondiale di beni d'esportazione genera una diminuzione del prezzo di tali beni. Infine, l'intervento dello Stato può rappresentare una forma di concorrenza sleale perché "falsa" il gioco della concorrenza.

Percentuale di petrolio importato dalla Cina dai vari Paesi nel 2014

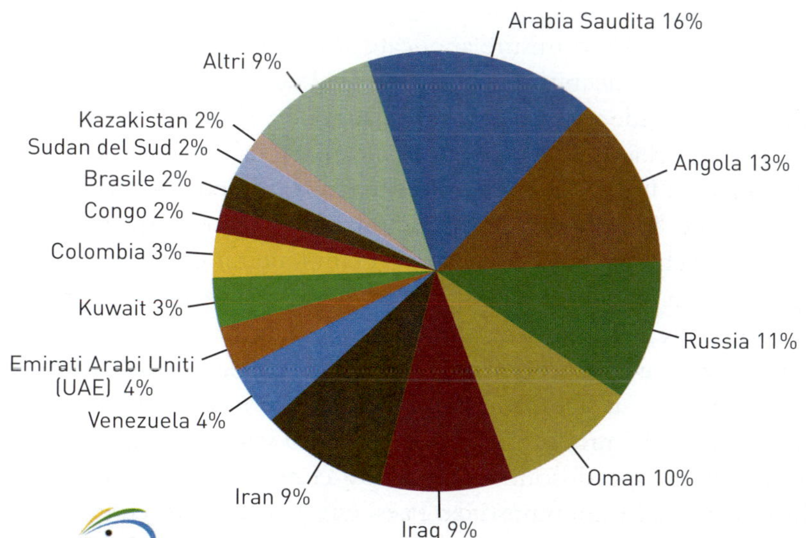

Fonte: FACTS Global Energy, Global Trade Information Services.

Voluntary increase in imports (VIE)
Espansione volontaria delle importazioni
Voluntary agreement between two countries with the aim to increase the minimum share of imports of the importing country.

I **sussidi all'importazione** sono un aiuto dello Stato ai produttori nazionali che operano in settori strategicamente rilevanti quali quelli tecnologici oppure operano nel settore dei beni agricoli. I produttori nazionali ricevono un prezzo interno più il sussidio, ma i beni prodotti vengono venduti al prezzo interno.

I **sussidi alla produzione** sono un aiuto dello Stato ai produttori nazionali per incentivare o aumentare la produzione nazionale.

Il **volontario incremento delle importazioni** (VIE) è un accordo volontario tra due Paesi, con l'intento di aumentare la quota minima di importazioni del Paese importatore.

Mentre con la VER vi è una riduzione delle esportazioni dal Paese esportatore verso il Paese importatore, che provoca una riduzione del commercio internazionale, con la VIE due Paesi volontariamente si accordano affinché il Paese importatore possa aumentare la quota di beni che importa dall'altro. Di conseguenza la VIE accresce il commercio internazionale e, per tale motivo, è preferita alla VER.

Non-tariff barriers
Barriere non tariffarie
Protection measures where barriers to trade take a form other than a tariff. Non-tariff barriers include: import quotas, subsidies, customs delays, technical barriers, import licensing, rules for valuation of goods at customs, pre-shipment inspections, rules of origin or other systems preventing or impeding trade.

☐ Gli Stati applicano nella loro legislazione delle regole che rendono impossibile, difficile o particolarmente costoso il loro recepimento o rispetto da parte dei produttori stranieri?

Spesso gli Stati adottano una regolamentazione che, di fatto, può rendere difficoltosa la libera circolazione dei beni e dei servizi tra Stati diversi. Essa è attuata mediante **barriere non tariffarie velate**, cioè attraverso strumenti protezionistici diversi dai dazi, non sempre facilmente individuabili e quantificabili negli effetti, date le loro caratteristiche di mutevolezza e di scarsa trasparenza (si differenziano dalle **barriere non tariffarie esplicite**, per esempio i contingentamenti alle importazioni, che sono tenute sotto controllo dal WTO con norme che ammettono poche eccezioni e con appositi meccanismi di accertamento).

Ne sono esempi:

- i **regolamenti**: sono misure applicate attraverso le procedure doganali. Per esempio, un decreto francese del 1982 costringeva tutti coloro che importavano videoregistratori dal Giappone ad adempiere le formalità di ingresso nella piccola postazione doganale di Poitiers. La stessa cosa hanno fatto l'Indonesia e, più recentemente, il Vietnam, che hanno regolamentato l'importazione di alcuni prodotti (tra i quali quelli dei settori dell'abbigliamento, calzature e alimentare) consentendo il loro ingresso solo attraverso alcuni porti del Paese. Tale imposizione limita notevolmente le importazioni;
- l'**imposizione di determinati standard sanitari o di sicurezza**: si tratta di norme su sicurezza, salute, certificazioni di qualità, caratteristiche tecniche dei prodotti, ecc. che hanno lo scopo di regolamentare le importazioni. Spesso sono certificati di conformità a specifiche tecniche e standard locali imposti dai Paesi esteri, ingiustificatamente restrittivi o comunque difformi da quelli riconosciuti a livello internazionale,

che obbligano gli esportatori a modificare i loro prodotti se vogliono vendere in quei Paesi;
- la **valutazione doganale**: consiste nel calcolare il dazio non sul valore del bene importato, cioè sul prezzo di vendita all'estero riportato nella fattura commerciale, ma su altri valori. Per esempio, le Dogane statunitensi, qualora avessero motivo di credere che il prezzo in fattura non rappresenti adeguatamente il valore reale della merce importata, hanno ampia discrezionalità su come stabilire il valore sul quale imporre i dazi;
- le **sovvenzioni discriminatorie a favore dei produttori locali**: hanno il chiaro obiettivo di rendere meno competitivi i concorrenti esteri. La Russia, ad esempio, ha adottato una serie di programmi di sovvenzioni discriminatorie a favore dei produttori russi, in particolare nel settore automobilistico (sovvenzioni abbinate a requisiti di contenuto locale) e in quello delle attrezzature e dei macchinari agricoli (sovvenzioni ai produttori a condizione del soddisfacimento di requisiti di contenuto locale). Ciò reca pregiudizio agli esportatori della Ue di automobili e macchinari agricoli (in particolare di mietitrebbiatrici) che hanno forti interessi nel mercato russo. Stesso discorso per l'esenzione dall'Iva, sempre a Pechino, riservata solo agli aerei regionali *made in China*;
- le **limitazioni all'accesso agli appalti pubblici di società estere**: è un modo per tagliare fuori dalle gare la maggior parte dei concorrenti esteri. La Cina, per esempio, ha una normativa che consente alle autorità locali di assegnare contratti solo ad aziende che realizzano nel Paese fino al 70% del prodotto in questione.

4 IL DIBATTITO SUL PROTEZIONISMO E LIBERISMO

Fin dalla nascita dei moderni Stati nazionali, avvenuta nel secolo XVI, i Governi si sono preoccupati degli effetti della concorrenza internazionale sulla prosperità dei settori domestici e hanno tentato di difendere questi ultimi dalla concorrenza estera, imponendo limiti alle importazioni, oppure di aiutarli nella concorrenza internazionale con sussidi alle esportazioni.

Dal punto di vista del singolo Paese, le **ragioni del protezionismo** possono essere molte. Esse si suddividono in tre categorie:
- la **tutela dell'indipendenza produttiva** nazionale;
- la **difesa delle industrie nazionali** dalla concorrenza straniera;
- il **sostegno alla nascita di industrie ritenute essenziali**.

Soffermiamoci su quest'ultimo argomento a favore del protezionismo, che è forse il più antico. Si afferma che, se la produzione di un bene è caratterizzata da economie di scala, i costi saranno elevati quando l'industria è di piccole dimensioni, ma si ridurranno al crescere delle dimensioni. In questo caso i Paesi che sono già nel settore hanno un grosso vantaggio, mentre per un

Protectionism
Protezionismo
Commercial policy that takes measures against the import of foreign goods in order to favour domestic goods.

Il grande Gatsby

Film drammatico-sentimentale di Baz Luhrmann, 2013

Il film è tratto dal romanzo omonimo di Francis Scott Fitzgerald, *The Great Gatsby*, pubblicato nel 1925 e considerato un "manifesto" degli Stati Uniti degli anni '20 - la cosiddetta "età del Jazz" - il cui grande sviluppo economico culminerà nella crisi del 1929.
La vicenda è incentrato sulla figura, misteriosa e ambigua, di Jay Gatsby, un *self made man* arricchitosi in maniera alquanto sospetta durante il periodo del Proibizionismo (che va dal 1919 al 1933), in cui negli Stati Uniti era proibita la produzione e vendita di alcolici. Questa proibizione, fortemente voluta da società religiose e gruppi politici fondamentalisti, aveva infatti favorito il fiorire di attività di produzione illegale e di contrabbando, solitamente gestite da gangster e associazioni mafiose.
Jay Gatsby con le sue ossessioni e le sue fragilità simbolizza miti e contraddizioni del "sogno americano".

- Guarda il film e discutine con i tuoi compagni e l'insegnante.

Paese ai primi stadi di sviluppo è estremamente difficile competere con rivali già ben avviati. Una restrizione al commercio può proteggere le industrie nascenti dalla concorrenza internazionale finché esse non avranno raggiunto un sufficiente grado di sviluppo. A quel punto le imprese potranno produrre allo stesso livello di efficienza dei concorrenti esteri e competere con essi senza più bisogno di misure protezionistiche.

Altre argomentazioni a favore del protezionismo provengono da coloro i quali sostengono che alcune politiche commerciali protezionistiche come dazi, contingentamenti e altri provvedimenti di politica commerciale possono avere effetti positivi sul benessere dell'intero Paese e non solo sugli interessi di specifici gruppi. Secondo gli economisti **James Brander** e **Barbara Spencer**, l'intervento protezionistico dello Stato potrebbe rivelarsi strategico per catturare gli extraprofitti che si formano in quei settori dove a livello internazionale le imprese sono poche (settori dominati dalla concorrenza imperfetta) e per la cui appropriazione si genera una concorrenza internazionale. Agendo strategicamente con misure protezionistiche, lo Stato indirizzerebbe gli extraprofitti verso le imprese nazionali e accrescerebbe il benessere del Paese a scapito degli altri. Una politica economica di questo tipo è chiamata "**beggar-thy-neighbor**" (politica del rubamazzo) perché produce benefici unicamente al Paese che l'adotta e danni agli altri.

Quali sono le critiche al protezionismo?

I **critici del protezionismo** affermano che la tutela dell'indipendenza produttiva produce i seguenti effetti negativi:

- **può rendere troppo vulnerabile un Paese che cerca di importare il meno possibile** al fine di non avvantaggiare le altre nazioni, per cui il suo mercato è solo quello nazionale, tranne che per quei pochi beni esportabili per i quali gode di una rendita. Il Paese in oggetto, infatti, si potrebbe trovare, in periodi di crisi internazionali, in una condizione di precarietà. Se crollano i prezzi o la domanda dei prodotti che esporta, esso non avrà più le risorse né la capacità per far fronte alle sue esigenze interne;
- **può tenere in vita industrie obsolete**, che non avrebbero comunque futuro, mantenendo risorse di capitale e di lavoro investite in settori che sarebbe meglio abbandonare;
- **frena il dinamismo e l'intraprendenza di interi settori produttivi**, determinando inefficienze nell'allocazione del capitale e rendendo il sistema economico arretrato rispetto agli altri;
- **favorisce la protezione di specifici gruppi di interesse**;
- **può ledere i rapporti politici con gli altri Paesi**;
- **priva i consumatori della possibilità di acquistare beni a prezzi concorrenziali** in rapporto alla qualità e li costringe a ripiegare su prodotti in precedenza "scartati" in quanto meno convenienti.

L'analisi di Brander e Spencer viene contestata perché le loro argomentazioni, pur convincenti dal punto di vista teorico, richiedono troppe informazioni per poter essere utili nella pratica.

Inoltre, vengono criticate le imposizioni di dazi d'importazione e di contingenti d'importazione, perché causano distorsione nelle decisioni di produzione e consumo. Non solo, l'imposizione di un dazio da parte di una grande unione di Paesi, come l'Ue e gli Usa, rende probabile il ricorso a contromisure da parte dei Paesi colpiti, scatenando guerre commerciali che è meglio evitare. È quello che si è verificato nel 1930 a seguito dell'introduzione da parte del Governo statunitense di una dura tariffa doganale, la "Smoot-Hawley Tariff Act", le cui caratteristiche protezionistiche hanno avuto l'effetto di prolungare la crisi depressiva del '29.

Quali argomentazioni sono portate a sostegno del libero scambio?

I sostenitori del **libero scambio** argomentano che il commercio internazionale, contribuendo a estendere i mercati, ha condotto a una più accentuata divisione del lavoro, permettendo ai Paesi di esportare i beni la cui produzione utilizza in modo intensivo le risorse presenti in quantità abbondante e di importare i beni la cui produzione interna richiede l'uso intensivo di risorse scarse. Grazie a tutto ciò, i Paesi si sono potuti specializzare nella produzione di un insieme di beni più limitato, raggiungendo una maggiore efficienza grazie alla più ampia scala di produzione. Non solo: l'apertura delle economie alle importazioni dal resto del mondo ha aumentato la varietà e ha migliorato la qualità dei prodotti a disposizione dei consumatori, mentre le esportazioni di beni e servizi verso altri Paesi ha contribuito a stimolare la crescita dei redditi interni.

L'utilità del libero scambio ha portato le economie avanzate, guidate dagli Stati Uniti, a perseguire negli anni Novanta del secolo scorso una politica di rimozione delle barriere al commercio con gli altri Paesi. Questo atteggiamento rifletteva anche l'idea che il libero scambio potesse promuovere non solo la prosperità, ma anche la pace nel mondo. Su questa base, sono stati siglati molti importanti trattati di libero scambio che saranno analizzati nel paragrafo 1 dell'Unità 4.

Free trade
Libero scambio
Trade policy that does not pose obstacles to free trade.

Quali sono le principali critiche al libero scambio?

Dopo la seconda guerra mondiale molti critici sottolineavano che il libero scambio provocava forti squilibri tra i Paesi che commerciavano tra loro in condizioni di differente grado di sviluppo. Lo scambio, in questo caso, danneggiava il soggetto più debole che si trovava a fronteggiare un peggioramento della sua **ragione di scambio** (rapporto tra esportazioni e importazioni), come era accaduto ai Paesi in via di sviluppo. Ritenevano che questi Paesi si erano impoveriti a causa del libero commercio, che provocava un alto costo delle loro importazioni, mentre rendeva poco redditizie le loro esportazioni, effettuate a prezzi irrisori. A tal proposito sostenevano che una politica protezionistica dello Stato fosse in grado di migliorare le ragioni di scambio e quindi permettere lo sviluppo del Paese più debole.

Terms of trade
Ragione di scambio.
The terms of trade measures the rate of exchange of one product for another when two countries trade. If a country can buy more imports with a given quantity of exports, its terms of trade have improved.

Critiche più recenti sottolineano che i benefici del libero commercio riguardano i consumatori nel loro insieme; tali benefici possono essere considerevoli per la nazione nel suo complesso, ma piccoli per ciascun individuo, in quanto si ripartiscono fra un numero elevato di persone. Allo stesso tempo la chiusura di attività non in grado di sostenere la concorrenza internazionale, perché meno efficienti a livello mondiale, si concentra in settori specifici e marginali, magari concentrati territorialmente. Si può così verificare che i soggetti economici svantaggiati dal libero scambio, ben coalizzati, possono costituire gruppi di potere in grado di influenzare la classe politica e di indurla a prendere misure protezionistiche a loro favore.

Attualmente si è andata sviluppando una critica che costituisce una delle principali argomentazioni di numerosi movimenti ambientalisti. Riguarda la preoccupazione che la liberalizzazione commerciale, producendo un incremento della pressione competitiva, induca una corsa al ribasso negli standard di giurisdizione ambientale da parte dei Paesi in via di sviluppo, al fine di acquisire competitività per la propria industria nazionale.

Infine, storicamente sono state sviluppate argomentazioni contro il libero scambio che riguardano aspetti tecnici della teoria economica. La principale di queste concerne l'esistenza di fallimenti del mercato, cioè l'incapacità del mercato di assicurare una produzione e allocazione efficiente delle risorse.

5 LE TEORIE DEL COMMERCIO INTERNAZIONALE

Oltre alla citata "teoria dei costi comparati" dell'economista inglese **Ricardo**, vanno ricordate anche altre teorie del commercio internazionale, come quella degli economisti scandinavi **Eli Heckscher** e **Bertil Ohlin** e, più di recente, le teorie elaborate dagli economisti della **New Trade Economy**.

Come si è già visto in precedenza (nell'Unità 3 della Sezione A), nel modello ricardiano si tiene conto di un solo fattore produttivo, ossia il lavoro, e il vantaggio comparato viene spiegato in termini di differenze internazionali nella produttività del lavoro stesso. Tuttavia questo modello è poco realistico. Se è vero infatti che le differenze nella produttività del lavoro sono una delle cause del commercio internazionale, quest'ultimo è determinato anche dalle differenze fra le dotazioni di risorse di cui dispongono i vari Paesi, costituite non solo da lavoro ma anche da altri fattori produttivi (terra, capitale, ecc.), nonché dalle tecniche di produzione che non vanno semplicemente assunte come "date", ma di cui occorre spiegare le cause. Queste critiche sono alla base della teoria sviluppata dai due economisti svedesi **Heckscher** e **Ohlin** (quest'ultimo, nel 1977, ha ricevuto il Nobel per l'economia), indicata appunto come teoria di H-O o "**teoria della proporzione dei fattori**". Essa parte dalla constatazione che i Paesi hanno una diversa abbondanza relativa di fattori della produzione, che nel processo

Theory of the proportion of the factors
Teoria della proporzione dei fattori
Each country will tend to export goods whose production requires a relatively more intensive use of the factor (capital or labor). If a country has, when compared with other countries, more labor and less capital it would be characterized as relatively labor abundant. That which is more plentiful is cheaper; so a labor abundant country would therefore have relatively cheap labor.

produttivo si riflette in una combinazione degli stessi differente da Paese a Paese. Il commercio internazionale avrà dunque luogo in quanto ogni Paese tenderà a esportare beni la cui produzione richiede un impiego relativamente più intenso del fattore di cui ha una dotazione relativamente più abbondante, mentre importerà quei beni che richiedono per la loro produzione un fattore di produzione che all'interno scarseggia.

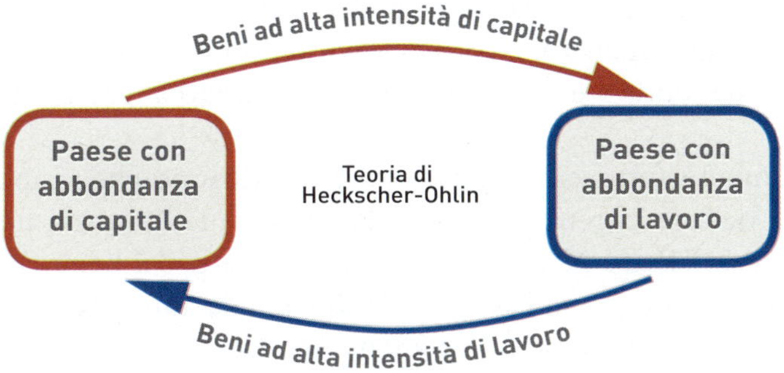

La teoria in oggetto si fonda su alcune ipotesi che stanno alla base del commercio internazionale tra due Paesi, fra le quali:

- il rapporto capitale/lavoro nei due Paesi è indipendente dal prezzo relativo dei fattori;
- i fattori produttivi non circolano tra i Paesi, mentre i beni circolano liberamente tra i Paesi;
- la struttura della domanda è identica nei due Paesi (la domanda è indipendente dal livello del reddito);
- i gusti o le preferenze dei consumatori nei due Paesi sono identici;
- le funzioni di produzione sono diverse per i due beni;
- non c'è nessuna differenza tecnologica tra i due Paesi (le tecnologie sono a rendimenti decrescenti in entrambi i Paesi);
- i mercati dei beni e dei fattori nei due Paesi sono perfettamente concorrenziali;
- non vi sono dazi né costi di trasporto.

Quale giustificazione forniscono Heckscher e Ohlin alla loro teoria?

La dimostrazione di questa proposizione è molto complessa ed è possibile soltanto accennarvi con un esempio.

Prendiamo la produzione di due beni (A e B) in due Paesi (X e Y). Ipotizziamo che la produzione del bene A richieda un utilizzo maggiore di capitale rispetto al lavoro (per cui A sia un bene ad alta intensità di capitale), mentre la produzione del bene B richieda un utilizzo maggiore di lavoro rispetto al capitale (quindi B sia un bene ad alta intensità di lavoro).

Nel Paese X si trova una quantità di capitale che supponiamo sia 16 volte la quantità di lavoro, mentre nel Paese Y si trova una quantità di capitale che è 10 volte la quantità di lavoro.

Eli Heckscher

Bertil Ohlin

Questo significa che il Paese X è più "abbondante" di capitale rispetto al Paese Y (non interessa sapere se ha più capitale il Paese X o il Paese Y, quanto, piuttosto, quale dei due ha più capitale in relazione al lavoro disponibile).

Quando un fattore produttivo si trova in un Paese in quantità scarsa, il suo prezzo tende ad aumentare, e viceversa nel caso contrario.

Dunque, poiché in Y c'è minor capitale rispetto al lavoro di quanto non vi sia in X, il prezzo del capitale in Y tende a essere più elevato rispetto al prezzo del capitale nel Paese X. Nel Paese X, al contrario, poiché c'è maggior capitale rispetto al lavoro di quanto non vi sia nel Paese Y, il prezzo del capitale tende a essere meno elevato rispetto al prezzo del capitale nel Paese Y.

Naturalmente tutto ciò risulta vero a condizione che si ipotizzi l'uguaglianza delle preferenze tra i due Paesi. Se, infatti, i gusti non fossero omogenei e nel Paese X ci fosse una preferenza per il bene con più alta intensità di capitale, allora la domanda di capitale aumenterebbe e così il prezzo del capitale aumenterebbe anche nel Paese X.

In sintesi, secondo il teorema di Heckscher-Ohlin:

- **il Paese X**, che ha più abbondanza (in termini relativi) di capitale del Paese Y, ha un prezzo del capitale che, a parità di gusti internazionali, è più basso del prezzo del capitale nel Paese Y e, quindi, produrrà maggiori quantità del bene A (bene ad alta intensità di capitale) rispetto al Paese Y;
- **il Paese Y**, che ha meno abbondanza (in termini relativi) di capitali del Paese X, ha un prezzo del capitale che, a parità di gusti internazionali, è più alto del prezzo del capitale nel Paese X e, quindi, produrrà maggiori quantità del bene B (a più alta intensità di lavoro) rispetto al Paese X.

Una volta aperto il commercio internazionale e livellato il prezzo relativo dei beni, entrambi i Paesi, data la stessa struttura della domanda, desiderano consumare i beni nella medesima proporzione: ne segue che ciascun Paese importerà il bene a più alta intensità del fattore relativamente meno abbondante ed esporterà l'altro (nel nostro esempio il Paese X importerà il bene B ed esporterà il bene A) e viceversa farà il Paese Y.

Il teorema di Heckscher-Ohlin è stato sottoposto a critiche?

La teoria di Heckscher-Ohlin, proprio perché considerata centrale, è stata sottoposta a numerosissimi studi tendenti ad accertarne la rispondenza alla realtà e quindi l'effettiva valenza esplicativa. Il più noto di essi è indubbiamente lo studio pionieristico del 1953, realizzato da **Wassily Leontief** (1906-1999), poi premio Nobel 1973, il quale effettuò un'analisi dei dati relativi alle esportazioni e importazioni degli Stati Uniti. I risultati delle complesse elaborazioni di Leontief indicarono che gli Usa esportavano prodotti ad alta intensità di lavoro e importavano prodotti ad alta intensità di capitale. Dato che gli Stati Uniti erano concordemente ritenuti il Paese relativamente più dotato di capitale rispetto a tutti gli altri Paesi con cui commerciavano, i risultati di Leontief contrastavano palesemente con la teoria di Heckscher-Ohlin, secondo la quale gli Usa avrebbero dovuto essere esportatori di beni ad alta intensità di capitale, non di beni ad alta intensità di lavoro. Da qui il nome di "**paradosso di Leontief**" dato a questi risultati.

Il lavoro di Leontief dette luogo a un ampio dibattito. Alcuni autori spiegarono il paradosso attribuendo l'alto impiego di manodopera delle imprese americane, da un lato, alla politica del Governo americano volta a proteggere le industrie ad alta intensità di lavoro e, dall'altro, alla mancata considerazione, nell'analisi di Leontief, del capitale umano, ossia dell'impiego di manodopera dotata di competenze e abilità molto elevate. Pertanto, le esportazioni americane erano intensive di capitale, inteso come ricerca e innovazione. Altri studi si focalizzarono sugli aspetti statistici, oltre che su quelli teorici, e sono continuati fino al giorno d'oggi con risultati contrastanti che qui non è possibile riassumere, trattandosi di una letteratura sterminata.

In cosa si differenziano le nuove teorie del commercio internazionale dalle precedenti?

Il modello ricardiano e quello di Heckscher-Ohlin prevedono un **commercio inter-industriale**, cioè tra settori diversi (come prodotti tessili e vetture), ma non riescono a chiarire perché gran parte del commercio internazionale sia costituito dal **commercio intra-industriale**, ossia dallo scambio di prodotti della stessa industria e tra loro del tutto simili, per esempio automobili italiane vendute in Francia e automobili francesi vendute in Italia. Per spiegare il motivo per cui si esportano e importano gli stessi prodotti, gli economisti hanno formulato nuove teorie che spostano l'attenzione dal tipo di struttura produttiva presente in ciascun Paese ad altre variabili di tipo microeconomico, quali i diversi gusti dei consumatori, la presenza di economie di scala per le imprese localizzate in un certo Paese, il temporaneo monopolio tecnologico posseduto da chi presenta sul mercato un prodotto innovativo, ecc. Lo spostamento dell'attenzione degli studiosi verso questo tipo di commercio segna una discontinuità nella storia del pensiero economico in materia di economia internazionale, dando origine a quell'insieme di modelli che l'Ocse chiama "**New Trade Theory**" o "**Nuova teoria del commercio internazionale**", i cui primi articoli sono stati pubblicati verso la fine degli anni '70. La New Trade Theory non è una scuola di pensiero e non esiste un modello rappresentativo della stessa, ma è solo un nuovo modo di approcciare l'economia internazionale con modelli nuovi e talvolta più radicali, oppure con teorie che si fondano su quelle classiche, ma con ipotesi più aderenti alla realtà.

Inter-industry trade
Commercio inter-industriale
Inter-industry trade is a trade of products that belong to different industries. For instance, the trade of agricultural products produced in one country with technological equipment produced in another country can be classified to be an inter-industry trade.

Intra-industry trade
Commercio intra-industriale
It refers to the exchange of similar products belonging to the same industry with differentiated varieties (e.g. cars of a similar class and price range).

COMMERCIO INTERNAZIONALE

cause che favoriscono le esportazioni

a) La dimensione dell'economia e la prossimità tra Paesi (elaborazione del "**modello gravitazionale**")
b) Il **possesso di risorse**
c) La **suddivisione internazionale della produzione**
d) Il **vantaggio assoluto** e il **vantaggio comparato**

a) Modello gravitazionale
Il valore del commercio tra due Paesi (misurato dalla somma delle esportazioni e importazioni) è, a parità di tutti gli altri fattori, tanto maggiore quanto più grande è ciascun Paese (è proporzionale al prodotto dei loro PIL) e diminuisce al crescere della distanza. Oltre alla dimensione e alla distanza, vanno considerati l'affinità culturale e politica, la posizione geografica, la posizione di imprese appartenenti allo stesso gruppo societario, i confini.

b) Possesso di risorse
La struttura del commercio estero dei Paesi che possiedono il monopolio di importanti risorse naturali (minerarie, climatiche) è in gran parte determinata dal possesso di tali risorse. Il loro utilizzo costituirà la base delle esportazioni, le quali forniranno la valuta necessaria per l'acquisto all'estero di beni di consumo e d'investimento. La competitività internazionale è un requisito essenziale e dipende da molti fattori, tra cui il prezzo e la qualità dei beni, i tassi di cambio, la commercializzazione e l'innovazione del prodotto.

c) Suddivisione internazionale della produzione
Significa suddivisione del processo produttivo in fasi localizzate in Paesi diversi. Attualmente un numero sempre maggiore di beni non viene prodotto interamente in un unico Paese, ma è il risultato di un assemblaggio di parti prodotte in luoghi diversi.

d) Vantaggio assoluto e vantaggio comparato
Il vantaggio comparato (in contrapposizione al vantaggio assoluto) è la spiegazione principale del commercio tra Paesi. Esso è alla base della teoria dei costi comparati di Ricardo.

Teorie del commercio internazionale
- Teoria dei costi comparati
- Teoria di Eli Heckscher e Bertil Ohlin – Paradosso di Leontief
- Nuova teoria del commercio internazionale

MAPPA UNITÀ F1

COMMERCIO INTERNAZIONALE

il suo volume dipende

dalla **politica commerciale**:
- liberista
- protezionistica
- autarchica

Oggi la scelta è tra protezionismo e libero scambio

si avvale di strumenti

limitativi del commercio (in chiave protezionistica):
- dazi:
  a) protettivi/fiscali
  b) ad valorem/specifici/misti
  c) di importazione/di esportazione
  d) convenzionali/preferenziali/differenziali (tra cui dazi *antidumping*)
- contingentamenti alle importazioni
- limitazioni volontarie alle esportazioni (VER)
- barriere non tariffarie velate
  a) regolamenti
  b) imposizione di determinati standard sanitari o di sicurezza
  c) valutazione doganale
  d) incentivi fiscali riservati ai produttori locali

di sostegno al commercio (in chiave liberista)
- sussidi alle esportazioni, crediti agevolati alle esportazioni, commesse pubbliche
- volontario incremento delle importazioni (VIE)

ragioni del protezionismo

- tutela l'indipendenza produttiva nazionale
- difende le industrie nazionali dalla concorrenza straniera
- sostiene la nascita di industrie ritenute essenziali

ragioni del libero scambio

- permette ai Paesi di sfruttare in modo intensivo le risorse esistenti e quindi di specializzarsi nella produzione di determinati beni con risultati positivi in termini di efficienza
- rende possibile, grazie alle importazioni, l'aumento della varietà e il miglioramento della qualità dei prodotti
- accresce i redditi interni grazie alle esportazioni

critiche al libero scambio

- peggioramento della ragione di scambio per il Paese che ha un grado di sviluppo molto meno accentuato rispetto all'altro con cui commercia
- piccoli benefici per ogni individuo (anche se grandi per il Paese)
- coalizione in gruppi di potere dei soggetti svantaggiati dal libero scambio per ottenere misure protezionistiche da parte dello Stato
- ribasso negli standard di giurisdizione ambientale da parte dei Paesi in via di sviluppo, al fine di acquisire competitività per la propria industria nazionale
- esistenza di fallimenti del mercato

critiche al protezionismo

- rende vulnerabile il Paese in caso di crisi internazionali
- tende a provocare al suo interno prezzi più alti, in seguito alla mancata concorrenza internazionale
- toglie dinamica al sistema economico, col rischio di renderlo arretrato rispetto agli altri
- lede i rapporti politici con gli altri Paesi
- provoca una minore competitività delle industrie interne, che non sono spronate al miglioramento dalla concorrenza straniera
- comporta la possibilità di rimanere sprovvisti di beni che non sono prodotti all'interno del Paese
- altri Stati, per ritorsione, possono impedire le importazioni dal Paese che adotta una politica protezionista

Verifiche 1

1) TROVA L'ERRORE IN OGNI FRASE

Competenza: acquisire e riconoscere i contenuti chiave

A. Se un Paese ha un vantaggio comparato nella produzione del bene X significa che, rispetto ad altri Paesi, deve rinunciare a maggiori quantità di altri beni per produrre 1 unità di X.

B. I dazi antidumping sono una forma di dazi preferenziali.

C. La relazione tra dimensioni delle economie e flussi commerciali è studiata dal modello di Heckscher e Ohlin.

D. La teoria della proporzione dei fattori afferma che il commercio internazionale è determinato dalle differenti dotazioni di lavoro di cui dispongono i vari Paesi.

E. La valutazione doganale consiste nel calcolare il dazio sul valore del bene importato, cioè sul prezzo di vendita all'estero riportato nella fattura commerciale.

2) COLLEGA LE ESPRESSIONI CONTRASSEGNATE DA UNA LETTERA CON QUELLE INDICATE DA UN NUMERO

Competenza: individuare collegamenti e relazioni

A. VIE	1. Limitazione ai flussi commerciali imposta dal Paese importatore
B. Dazi	2. Possibilità di aumentare la quota di beni importati da un altro Paese
C. Contingentamenti	3. Accordo per ridurre le esportazioni nel Paese importatore
D. VER	4. Sono attuati attraverso le procedure doganali
E. Regolamenti	5. Fanno aumentare il prezzo interno dei beni importati di tanto quanto è il loro importo

A	B	C	D	E

3) INDICA SE LE SEGUENTI AFFERMAZIONI SONO VERE O FALSE. SE LE RITIENI FALSE GIUSTIFICA LA RISPOSTA

Competenza: acquisire, interpretare l'informazione e comunicare

	VERO	FALSO
A. Il Paese che ha un vantaggio comparato in un prodotto diventerà esportatore solo di quel prodotto.		
B. La VIE limita il commercio internazionale.		
C. La politica economica del "rubamazzo" produce benefici unicamente al Paese che l'adotta e danni agli altri.		
D. Il contingentamento consiste nel determinare la quantità massima di un prodotto interno che un Paese può esportare.		

	VERO	FALSO
E. La VER accresce il commercio internazionale.		
F. Il requisito del contenuto minimo alla produzione pone limiti alle importazioni di componenti dall'estero.		
G. La rendita da contingentamento è un introito percepito dallo Stato.		
H. La VER è un contingentamento riguardante un Paese esportatore.		
I. L'esenzione dell'Iva da parte di un Paese, riservata solo ai produttori locali, rende più competitivi i produttori esteri.		
J. I trasferimenti monetari rendono le imprese in grado di praticare prezzi più competitivi di quelli che avrebbero praticato in assenza di aiuti.		

4) RISOLVI I SEGUENTI PROBLEMI

Competenza: risolvere problemi

A. Il Paese Alfa importa il bene A al prezzo mondiale di 4.
La curva di domanda interna del bene A è data da:
D (domanda) = 1.000 – 100P (la domanda è funzione del prezzo).
La curva di offerta del bene A è:
S (offerta) = 200 + 40P (l'offerta è funzione del prezzo).
Il Paese Alfa applica alle sue importazioni un dazio *ad valorem* del 25% (il prezzo interno è uguale al prezzo mondiale più il dazio).
Calcola le quantità domandate e offerte prima e dopo l'introduzione del dazio.

B. Supponiamo che il Paese Alfa dell'esempio precedente importi il bene A al prezzo mondiale di 4 ed esporti il bene B al prezzo mondiale di 4.
Il Paese in oggetto applica alle sue importazioni del bene A un dazio *ad valorem* del 25%.
Con le opportune spiegazioni e con dati a scelta, spiega il motivo per cui la ragione di scambio peggiora per il Paese che ha introdotto il dazio.

5) RISPONDI AI SEGUENTI QUESITI IN UN MASSIMO DI 5/6 RIGHE

Competenza: saper organizzare e sintetizzare i contenuti

A. Cosa s'intende per politica commerciale?
B. Quali sono le principali misure protezionistiche?
C. Qual è lo scopo dei dazi antidumping?
D. Perché un accordo di VER per un Paese importatore è più costoso di un dazio che limiti le importazioni nella stessa quantità?
E. Perché la VIE è preferita alla VER?
F. Cosa si intende per barriere non tariffarie?
G. Qual è il contenuto della teoria sviluppata dai due economisti svedesi Heckscher e Ohlin?
H. In cosa consiste il "paradosso di Leontief"?
I. Che differenza c'è tra commercio inter-industriale e commercio intra-industriale?

1) Look at these examples and fill in the gaps

Trade issue	Problem to the country	Solution	Name
A. Drinks	Threat to local drinks companies	Tax imports up to ten times higher than local drinks	
B. Cars	Threat to local car companies	Refuse import licences	
C. Food	Threat to local farmer's companies	Financially support local farmers to allow low food prices	
D. Clothes	Threat to local textile companies	Limit the amount and type of clothes	
E. Machine tools	Threat to local (and foreign) companies	Government-imposed limit on the quantity of machines that can be exported to a specified country	

2) True or False questions

	TRUE	FALSE
A. Tariffs and quotas are instruments of protectionist polices.		
B. Heckscher and Ohlin are known for having promoted the principle of comparative advantage.		
C. Orderly market agreements are voluntary export restriction that involve more than one country.		
D. A duty is a tax paid by importers.		
E. According to the infant industry argument, free trade may be justified to protect an industry until it becomes more competitive.		
F. According to the principle of comparative advantage, wealthier countries have significant advantages compared to poorer countries.		
G. The gravity model explains the value of trade between two countries.		
H. Intra-industry trade is the exchange of products of the same industry and, therefore, between countries which both produce e.g. cars.		
I. The system called *American Selling Price* is an example of non-tariff barriers.		
J. Lock-in is one of the key strategies followed by countries to achieve prosperity.		

UNITÀ 2

Internazionalizzazione delle imprese e mobilità dei fattori produttivi

Blockbuster, McDonald's e Ikea

L'invasione delle maxi catene

[...] Il decennio Blockbuster [anni Novanta, N.d.R.] aveva lasciato un'eredità pesante, fatta di videonoleggio, ma anche di hamburger e patatine fritte vendute nelle catene americane del "cibo veloce". Perché proprio in quegli anni si cominciava a conoscere il fast food targato McDonald's, annoverato, insieme agli store dell'homevideo, nell'elenco dei mostri della globalizzazione. Venerato, disprezzato, discusso e assaltato, oltre che dai black bloc, da bande di bimbi in estasi da Happy meal. Nel '93, quando negli Stati Uniti il Big Mac festeggiava il suo 25esimo compleanno, in Italia McDonald's cominciava a tallonare la paninara Burghy: pochi anni dopo, mentre in piazza scendevano centinaia di ragazzi per manifestazioni autarchiche contro le nuove aperture, l'acquisizione di Burghy consacrava "il mondo alla McDonald's". La "McDonaldizzazione" era già realtà, così come l'indice Big Mac per calcolare il potere d'acquisto usato da The Economist. Chi si metteva in coda per un Mc Menu era incurante di tutto ciò: voleva solo chicken mcnuggets, cheeseburger da condire con salsa barbecue e bibite gassate. [...]

Corinna De Cesare
«Corriere della Sera», 27 dicembre 2014

attività

1. Ricerca l'autore del termine "McDonaldizzazione" e l'anno in cui è stato coniato.
2. In che cosa consiste il fenomeno della "McDonaldizzazione"?
3. Come si ricava e a che cosa serve l'indice "Big Mac"?
4. Individua le ragioni sostenute rispettivamente dai sostenitori e dagli oppositori del modello McDonald's.

1 IL PROCESSO DI INTERNAZIONALIZZAZIONE DELL'IMPRESA

Internationalization
Internazionalizzazione
The growing tendency of corporations to operate across national boundaries in order to gain market shares.

Il termine **internazionalizzazione** fa riferimento allo sviluppo di un sistema in grado di favorire l'ingresso e la diffusione delle imprese nei diversi mercati internazionali, sia di approvvigionamento dei fattori, sia di sbocco dei prodotti, sia di realizzazione della produzione, per permettere loro di trarre vantaggio dalle migliori condizioni in essi presenti (per esempio basso costo delle materie prime e/o della manodopera). L'internazionalizzazione è un fenomeno di natura composita, che non si riduce alla sfera degli scambi e delle transazioni economiche, ma abbraccia gli ambiti della politica, della società, della cultura.

Trattandosi di un fenomeno complesso, con quali motivazioni le imprese sono indotte ad avviare un processo di internazionalizzazione?

Bisogna distinguere fra motivazioni di origine interna ed esterna. Per quanto riguarda i **fattori interni**, il processo di espansione all'estero è la manifestazione delle caratteristiche dell'impresa dal punto di vista organizzativo, strategico e dei meccanismi di creazione delle conoscenze.

Per quanto riguarda i **fattori esterni**, essi vanno interpretati come elementi dai quali un'impresa può trarre una spinta verso specifiche modalità di espansione estera.

Nella tabella 1 vengono identificate cinque condizioni esterne all'impresa che possono indurla ad attivare il processo di internazionalizzazione.

Sei convinto della necessità di internazionalizzare l'impresa di cui sei socio. Per convincere gli altri soci individua almeno 4 obiettivi che si potrebbero realizzare con tale scelta.

Tabella 1 – Le determinanti esterne dell'internazionalizzazione

Internazionalizzazione del mercato e della filiera produttiva	L'impresa entra nel mercato estero per i seguenti motivi: • il mercato geografico di origine può risultare sempre più esposto alle forze competitive internazionali e, quindi, sempre più facilmente aggredibile da operatori di origine estera; • le aree strategiche d'affari dei mercati esteri offrono stimoli di natura fiscale e finanziaria che consentono all'impresa di estendere la propria posizione competitiva al di fuori del solo mercato geografico di origine; • il mercato geografico di origine si trova nella fase di piena maturità o addirittura di declino.
Espansione internazionale "trainata" dai principali clienti dell'impresa	Questa causa di espansione estera riguarda soprattutto aziende che operano come fornitori specializzati o sub-fornitori di imprese che operano all'estero e che, pertanto, devono saper adeguare la propria offerta a tutte le esigenze dei clienti, fornendo loro nel Paese di destinazione anche strutture di tipo logistico, come impianti e attrezzature, sistemi gestionali e organizzativi.
Reazione a comportamenti competitivi di altre imprese	L'espansione estera è determinata dalle seguenti reazioni dell'impresa: • **reazione inattiva**: l'impresa entra nel mercato estero, dove sono già presenti i suoi diretti concorrenti, per timore di subire un peggioramento della propria posizione di mercato o di perdere il controllo di importanti fonti di vantaggio competitivo (**effetto di trascinamento**); • **reazione attiva**: l'impresa reagisce a un attacco di un concorrente estero nel proprio mercato locale, cercando di entrare in un'area estera in cui il suo rivale ha notevoli interessi economici (**scambio di minaccia**).
Presenza di soggetti pubblici o privati che operano a favore dell'internazionalizzazione delle imprese	L'impresa sfrutta la presenza sul mercato estero di istituzioni pubbliche o di organizzazioni private che offrono dei servizi specializzati di supporto, quali la fornitura di informazioni dettagliate sulle opportunità estere, l'accompagnamento a fiere e manifestazioni commerciali internazionali, la consulenza legale in relazione alle problematiche delle operazioni estere, il supporto sul piano finanziario.
Significative opportunità commerciali	L'espansione estera non è "cercata" dall'impresa. L'impresa decide di andare all'estero perché un cliente estero o un intermediario la stimola in tale direzione.

Quali sono le tappe che le imprese devono percorrere per internazionalizzarsi?

Un mercato internazionale, caratterizzato dalla globalizzazione e dalla scomparsa dei confini tra Paesi, impone alle imprese un'attenta valutazione ed esplorazione delle opportunità imprenditoriali offerte dal mercato stesso. Il fenomeno dell'internazionalizzazione delle imprese può quindi essere descritto come un processo che si sviluppa per fasi successive. Ne sono state individuate quattro:

A. entrata nel mercato estero;
B. assestamento della presenza sul mercato estero;
C. sviluppo della posizione competitiva nel mercato estero;
D. razionalizzazione della posizione internazionale.

A. Entrata nel mercato estero

Nella prima fase del processo di internazionalizzazione l'impresa elabora la sua **strategia di ingresso**, con cui definisce i suoi obiettivi, sceglie geogra-

Bandwagon effect
Effetto trascinamento
In consumer behaviour and stock market, the bandwagon effect is a psychological phenomenon in which people buy something primarily because other people are doing it, regardless of their intrisic value, which they may ignore or override.

Exchange of threat
Scambio di minaccia
The company reacts to an attack of an external competitor in their local market trying to get into an area where his foreign rival has significant economic interests.

Entry strategy
Strategia di ingresso

ficamente il mercato in cui operare e individua le modalità attraverso cui penetrare nello stesso, valutando le caratteristiche del Paese di destinazione e del segmento di mercato in cui intende operare.

A tal proposito l'impresa prende in considerazione:

- **il grado di attrattività del Paese di destinazione**: presenza di risorse naturali e di infrastrutture, densità della popolazione, andamento del PIL e dell'inflazione, distribuzione del reddito, livello di sviluppo tecnologico e d'istruzione, frammentazione linguistica, tipo di sistema politico, ecc. Per pervenire a questo risultato l'impresa utilizza noti strumenti come, per esempio, la **matrice General Electric/Mc Kinsey**, che pone in relazione l'attrattività dei Paesi selezionati con la posizione competitiva che l'impresa può acquisire in tali ambiti (vedi Sezione C, Unità 1);
- **il grado di accessibilità al Paese di destinazione**: presenza di barriere all'entrata (dazi, limitazioni quantitative al commercio con l'estero, economie di scala) e stato dell'ambiente competitivo (la strategia perseguita dai concorrenti, le risorse e le competenze di cui essi dispongono e i loro obiettivi);
- **il grado di sviluppo del segmento di mercato nel quale collocare la produzione**: verifica delle potenzialità del mercato, cioè se è già conquistato e, quindi, poco allettante, o, al contrario, appetibile per la presenza di una grande industria che fa intravedere alle imprese sub-fornitrici la possibilità di soddisfare l'indotto con i loro prodotti;
- **il grado di rischio proveniente dal nuovo mercato**: degrado ambientale, instabilità politica, capovolgimenti dal punto di vista politico, economico e monetario;
- **la distanza psicologica**: fattori linguistici, istituzionali, culturali e politici che in qualche modo ostacolano la comunicazione e le relazioni con il mercato estero;
- **la quantità di risorse che è in grado di investire**.

Fuocoammare

Film documentario di Gianfranco Rosi, 2016

Il film è girato nell'isola di Lampedusa, approdo negli ultimi venti anni di migliaia di migranti, che arrivavano da più Paesi, guidati dal sogno di una vita migliore.
Si raccontano i diversi destini di chi sull'isola ci abita da sempre, i lampedusani, e di chi ci arriva per andare altrove, i migranti.
Samuele, un bambino di dodici anni che va a scuola, ama tirare con la fionda e andare a caccia, è testimone, a volte inconsapevole a volte partecipe, di una delle più grandi tragedie umane dei nostri tempi.

- Guarda il film e discutine con i tuoi compagni e l'insegnante.

B. Assestamento della presenza sul mercato estero

In questa fase l'impresa nel suo insieme sfrutta le abitudini e le competenze acquisite per gestire in modo efficiente l'attività produttiva sul mercato estero. A tal proposito definisce al suo interno i cambiamenti organizzativi più utili per eccellere nelle operazioni su scala sovralocale e coordina strategicamente le operazioni esterne con quelle più tradizionali.

C. Sviluppo della posizione competitiva nel mercato estero

Nella terza fase l'impresa elabora o rafforza la sua **strategia competitiva**, ossia lo schema d'azione che le consentirà di competere efficacemente sul mercato, difendendosi al meglio contro le iniziative della concorrenza.

Competitive strategy
Strategia competitiva
It is the action plan that allows the company to compete effectively on the market, defending it self against the best initiatives of competition.

Essa consolida le sue relazioni con gli interlocutori esteri, si radica nel nuovo ambiente e matura altresì una cultura internazionale. Il problema che l'impresa deve affrontare in questa fase è quello di conciliare due esigenze sostanzialmente opposte: permettere il conseguimento di una maggiore autonomia alle unità organizzative operanti all'estero e, nello stesso tempo, raggiungere una più forte unitarietà con le stesse.

MODALITÀ DI INTERNAZIONALIZZAZIONE

- Esportazione
  - diretta e indiretta
- Investimenti Diretti Esteri
- Accordi e alleanze

D• Razionalizzazione della posizione internazionale

Nel quarto passaggio l'impresa procede a ottimizzare la sua posizione produttiva e commerciale nelle diverse aree geografiche. A tale scopo organizza a livello globale la catena del valore di ogni business in cui essa è impegnata. Non è facile per l'impresa, perché deve affrontare il problema di come gestire al meglio le sue relazioni con le filiali estere, differenziando in particolare il suo ruolo da quello affidato alle consociate.

Percorrendo le tappe del processo di internazionalizzazione, siamo partiti dalla strategia di ingresso che però non bisogna confondere con la "**modalità d'ingresso**". Quest'ultima rappresenta la soluzione che rende possibile il trasferimento all'estero dei prodotti, della tecnologia, delle risorse e delle competenze aziendali.

Coca-Cola è presente in tutto il mondo. In alcuni Paesi possiede impianti di imbottigliamento, in altri ha concesso licenze e in altri ancora ha creato joint venture, cioè alleanze con aziende locali. Ordina in modo decrescente queste tre modalità di internazionalizzazione in base a:

- le potenzialità di profitto

  ....

- il rischio in caso di fallimento delle iniziative

  ....

☐ La scelta della modalità d'ingresso è una decisione che richiede all'impresa particolari considerazioni?

La scelta della modalità d'ingresso è una decisione critica e rischiosa, sia per l'ammontare degli investimenti necessari per attuarla, sia perché tale scelta potrebbe risultare difficilmente reversibile nel breve termine. Essa dipende da un mix di fattori **interni** ed **esterni** all'impresa.

I fattori di **origine interna** sono quelli caratterizzanti l'azienda. Sono tali, per esempio: la struttura economico-finanziaria della stessa, l'assetto organizzativo e tecnico nonché quello dimensionale che è capace di acquisire, il livello di tecnologie e di know-how da essa posseduto, la natura del suo processo produttivo, la sua capacità di reperire risorse finanziarie, il grado di esperienza internazionale che ha già maturato, la sua già acquisita e consolidata presenza sui mercati esteri, le peculiarità dei suoi clienti attuali e potenziali, la sua capacità di coordinamento tra le varie attività produttive lungo l'area geografica oggetto della sua attività, ecc.

I fattori di **origine esterna** riguardano i seguenti elementi: le caratteristiche del mercato estero ove l'impresa intende espandersi, le caratteristiche merceologiche del prodotto offerto, l'intensità della concorrenza e le scelte dei leader di mercato (*market leaders*), la struttura distributiva del mercato estero, le politiche pubbliche in materia di scambi e investimenti internazionali, la regolamentazione, le condizioni dell'ambiente in cui sono attuate le attività connesse all'entrata nel mercato estero.

Le **modalità d'ingresso**, attraverso le quali l'impresa può accedere a un definito mercato estero, vengono normalmente ricondotte a tre alternative di base: **esportazione**, insediamento di tipo produttivo (**investimenti diretti esteri**), **collaborazione** con uno o più operatori locali. Queste tre modalità d'entrata saranno trattate nei successivi paragrafi.

2 LE ESPORTAZIONI COME MODALITÀ D'ENTRATA NEI MERCATI ESTERI

Le esportazioni si caratterizzano per il fatto che l'impresa non ha alcuna unità produttiva nei mercati nei quali opera. Rappresentano una delle forme meno coinvolgenti e più flessibili per operare con l'estero quando sono realizzate tramite grossisti o altri intermediari, in quanto non richiedono la partecipazione al capitale o lo svolgimento di attività in comune con i partner esteri. Costituiscono, inoltre, la modalità d'ingresso meno invasiva e meno rischiosa per un'azienda che si avvicina a un nuovo mercato estero, perché implicano una minor quantità di investimenti. L'esportazione può avvenire con diverse modalità che cambiano in base al grado di impegno dell'impresa nel progetto: in forma diretta o indiretta.

☐ Quale impegno assume l'impresa scegliendo l'esportazione diretta o optando per quella indiretta?

Con l'**esportazione diretta** l'impresa stessa gestisce il coordinamento e l'organizzazione dell'attività di esportazione in quattro modi: a) negoziando direttamente con gli importatori esteri; b) contattando direttamente i clienti stranieri; c) costituendo una rete di vendita nel Paese prescelto; d) istituendo una propria unità commerciale.

Con l'**esportazione indiretta**, l'impresa delega l'impegno della gestione delle operazioni di esportazione a operatori commerciali del proprio Paese specializzati nel commercio estero.

Nestlé e Coca-Cola hanno sviluppato un rapporto di collaborazione per distribuire in Giappone bevande calde in lattina attraverso distributori automatici. Si tratta di una diversa modalità di esportazione?

Si tratta di un'**esportazione collaborativa**, in quanto una società stringe con un'organizzazione terza un'alleanza finalizzata alla promozione e alla vendita dei propri prodotti sul mercato locale. In tal modo, l'impresa evita di sopportare l'investimento legato alla costruzione di una filiale di vendita, pur mantenendo un certo controllo sulle attività di vendita. Nel caso specifico, si tratta di una collaborazione che combina risorse complementari, ossia le marche di Nestlé (Nescafé e Nestea) con la rete internazionale distributiva e di "vending machine" di Coca-Cola. Questo tipo di collaborazione può essere considerata per Nestlé una strategia di esportazione collaborativa che fa leva sulle risorse di un partner (Coca-Cola) per penetrare in un mercato internazionale.

LO SAI CHE...

Con lo **Sblocca Export** il Governo ha messo sul piatto 130 milioni di euro per il 2015, 50 milioni di euro per il 2016 e 40 milioni di euro per il 2017. Tutto questo per raggiungere i 50 miliardi di export entro il 2016. Le misure prevedono l'istituzione di voucher da 10.000 euro per le Pmi che intendono utilizzare manager temporanei che si occupano di internazionalizzazione.

Quali sono le circostanze che suggeriscono il ricorso all'esportazione diretta piuttosto che a quella indiretta, e viceversa?

L'**esportazione diretta** diventa una necessità per molte imprese soprattutto quando: a) scelgono la strategia di presentare sui mercati esteri un proprio marchio; b) intendono avviare una politica di stabile penetrazione commerciale e i prodotti richiedono assistenza post-vendita.

L'**esportazione indiretta** viene utilizzata quando: a) l'impresa non è interessata a una presenza diretta nel mercato estero; b) il mercato interno è considerato più importante; c) l'impresa decide di attuare forme di partnership per condividere il rischio o diminuirlo grazie all'esperienza del partner; d) l'impresa decide di compiere minori investimenti.

L'esportazione indiretta è quindi adatta alle aziende di piccole dimensioni, con una struttura organizzativa di base, che non desiderano ricoprire un ruolo attivo nel processo di internazionalizzazione e che puntano a raggiungere un numero limitato di Paesi e intermediari.

L'impresa ottiene maggior successo con l'utilizzo di questa metodologia quando è competitiva in campi quali: prezzo, qualità, immagine del prodotto, tecnologia, unicità, nicchia di mercato.

LO SAI CHE...

Il **Made in Italy** ha grande *appeal* oltralpe e permette di essere sfruttato da grandi imprese e Pmi come volano di crescita. Insomma, l'obiettivo è quello di diffondere il Made in Italy in tutto il mondo. Il Ministro dello Sviluppo Economico sta provvedendo a sostenere l'**export** sia sul fronte interno, attraverso il finanziamento di eventi fieristici o a *voucher* che consentano alle piccole e medie imprese di accedere a management specializzato nell'export a costi ridotti, sia sul fronte estero, puntando prevalentemente sulla grande distribuzione organizzata.

Quali sono i vantaggi e gli svantaggi sia dell'esportazione diretta sia di quella indiretta?

Possiamo evidenziarli nella tabella 2.

Tabella 2 – Vantaggi e svantaggi dell'esportazione diretta e indiretta

	Esportazione diretta	Esportazione indiretta
Vantaggi	Consente: • maggiori informazioni sul mercato e sulle tendenze evolutive; • un controllo più ampio sulla selezione dei mercati di destinazione; • maggiori informazioni sulla soddisfazione della domanda; • maggiori possibilità di sfruttare l'esperienza in materia di marchi internazionali.	Comporta: • bassi costi d'investimento, pochi cambiamenti nel processo produttivo e organizzativo e rischi contenuti, poiché l'impresa affida ad altri la vendita sui mercati esteri; • risparmio di risorse finanziarie e umane; • conoscenza del mercato locale grazie agli intermediari e conseguente possibilità: a. di raggiungere quote di mercato difficilmente raggiungibili nel breve periodo; b. di penetrare più facilmente nei Paesi in cui esiste una certa diffidenza nei confronti dei prodotti stranieri; c. di adattare più proficuamente le politiche di marketing al contesto.
Svantaggi	Richiede: • maggior investimento rispetto all'esportazione indiretta; • maggior impegno di risorse umane e finanziarie; • maggior conoscenza del Paese di esportazione, dal punto di vista economico, sociale, politico, geografico, demografico; • una nuova organizzazione di marketing; • il ri-orientamento del management verso un marketing internazionale; • conoscenza delle caratteristiche della domanda e della sua dimensione.	Provoca: • mancanza di controllo del mercato da parte dell'impresa produttrice sul processo di vendita e di distribuzione, con il rischio di produrre qualcosa che il mercato non chiede più; • impossibilità di ricavare informazioni dai mercati o di instaurare rapporti con i clienti; • facile sostituibilità dell'impresa con un altro concorrente da parte degli intermediari nel caso di contratto non rinnovato, in quanto essa non ha contatti con il compratore finale; • rischio di perdere quote di mercato se gli intermediari hanno scarse possibilità finanziarie, oppure scarse capacità di prendere contatto con un numero elevato di clienti o di assisterli adeguatamente dopo l'acquisto; • restrizioni dei margini di contrattazione a causa della brevità, nei contratti con il compratore, dei tempi di negoziazione disponibili.

☐ In che modo le imprese realizzano una presenza diretta sui mercati esteri?

E-commerce
Commercio elettronico

Il caso sotto richiamato di Luxottica, leader mondiale dell'occhialeria, costituisce un esempio particolarmente significativo di distribuzione diretta sia all'ingrosso sia al dettaglio.

Luxottica Group, un leader mondiale integrato

Prodotti di qualità, impianti produttivi all'avanguardia, una distribuzione ***retail*** e ***wholesale*** unica al mondo. La distribuzione wholesale copre più di 130 Paesi nei cinque continenti, con una presenza diretta nei mercati più importanti grazie a circa 50 filiali commerciali. Particolarmente significativa è la penetrazione nei mercati emergenti, nonché nei nuovi canali rappresentati dai centri commerciali, dagli aeroporti, dalle stazioni e infine dall'e-commerce. Al controllo diretto del canale wholesale si affianca un esteso network retail, comprendente oltre 7.000 punti vendita nel mondo al 31 dicembre 2013 (www.luxottica.net).

Le imprese che intendono realizzare una presenza diretta sui mercati esteri possono adottare diverse forme, schematizzate nella tabella 3.

Tabella 3 – Modalità di realizzazione delle esportazioni dirette

Strutture organizzative dell'esportazione diretta	
Personale di vendita del produttore all'estero	L'impresa impiega il personale di vendita dipendente o indipendente. Gli agenti vengono inviati periodicamente all'estero con il compito di prendere contatto con i potenziali clienti o con i vecchi clienti allo scopo di raccogliere ordini, verificare la rispondenza dei prodotti alla domanda, individuare le nuove esigenze del mercato e assicurare l'assistenza necessaria. Questa forma è adottata soprattutto dalle imprese che vendono prodotti per i quali non è necessaria un'assistenza post-vendita molto intensa.
Agenti di vendita	L'impresa che intende avviare un programma di penetrazione commerciale stipula un contratto con un **agente locale**, individuato direttamente nel Paese estero, il quale si pone come intermediario tra l'esportatore e il compratore per promuovere le vendite in nome e per conto dell'azienda mandante. L'agente si impegna a visitare i potenziali clienti, a raccogliere ordini e a trasmettere le informazioni sui mercati. Una figura parzialmente diversa dall'agente è il **broker**, che svolge la funzione di mettere in contatto il produttore con il potenziale compratore e di fornire la sua consulenza per favorire la transazione tra i due. Non ha un rapporto continuativo con il produttore ed è pagato soltanto se fa concludere l'affare. Normalmente si specializza in determinate tipologie di prodotti, più frequentemente *commodities*.
Unità operativa all'estero	L'impresa apre all'estero una unità locale che può assumere due forme giuridiche: • **filiale** (**branch**): non ha personalità giuridica, funziona come un reparto aziendale localizzato all'estero; • **consociata**: è una società al cui capitale partecipa in misura rilevante un'altra società, che spesso la controlla. Ha una propria personalità giuridica e gode in genere di una maggiore autonomia economica e amministrativa rispetto alla filiale. La controllante le delega le politiche di produzione e distribuzione, compreso il coordinamento della rete di vendita con propri agenti in loco, pur riservandosi di stabilire le condizioni economiche a cui la consociata acquista i prodotti e i prezzi ai quali deve venderli sul mercato internazionale. Se la produzione resta nel Paese d'origine i prodotti vengono venduti all'unità estera a un determinato prezzo e da questi rivenduti sul mercato estero con il proprio ricarico.
E-commerce	È la modalità più recente di contatto diretto con l'utilizzatore, consistente nella vendita di beni o servizi attraverso *Internet*, senza quindi la presenza simultanea di professionista e consumatore. I vantaggi del **commercio elettronico** consistono nell'abbattimento dei costi di trasporto, nella possibilità di raggiungere più consumatori e di aggiornare i dati e i documenti in tempo reale. Il rischio, tuttavia, è quello di vendere online merci inadatte a questo tipo di commercializzazione o di non riuscire a garantire prodotti e tempi di distribuzione adeguati. Pertanto, il nodo centrale di questa forma di commercio è la predisposizione di un chiaro progetto di marketing che valuti tutte le variabili in gioco e individui con la massima precisione possibile il target di riferimento in stretto rapporto con la mission dell'azienda.

☐ In che modo le imprese realizzano una presenza indiretta sui mercati esteri?

Nel modello di **distribuzione indiretta** produttore e cliente interagiscono tra loro tramite intermediari, di cui vengono elencate le principali caratteristiche.

Grandi compratori (buyers)

Le imprese che intendono fare investimenti all'estero affidano a soggetti chiamati buyers il compito di acquistare forti volumi di prodotto pres-

Buyers (or buying agent)
Grandi compratori
An agent who purchases goods on behalf of foreign buyers. The buying agent represents and buy a specific kind of products within a specific territory.

so catene di magazzini o negozi specializzati presenti nei luoghi di produzione. In particolare i buyers prendono contatti con l'industria locale, visitano fiere nelle quali reperiscono il fornitore più idoneo alle necessità dell'impresa e forniscono suggerimenti per quanto concerne l'adattamento del prodotto al mercato.

Imprese importatrici

Sono imprese di un determinato Paese specializzate nell'importazione di vari prodotti sul loro territorio nazionale. A esse si rivolgono le imprese (grossisti o dettaglianti) che intendono acquistare grandi volumi di prodotti esteri con modalità di pagamento convenienti. Le imprese importatrici si pongono pertanto come intermediarie tra il fornitore estero e gli operatori nazionali nell'operazione d'acquisto per conto di questi ultimi, operazione che però effettuano in proprio e, quindi, in modo completamente indipendente dall'impresa acquirente, per cui non hanno nessun vincolo di prezzo del prodotto o di promozione.

Trading companies
Società di intermediazione commerciale
They buy products from manufacturers and provide for their placement on foreign markets, assuming all responsibility related to the distribution.

Trading Companies

Si occupano solo della commercializzazione dei prodotti e operano su più mercati. Sono **società di intermediazione commerciale** in quanto acquistano prodotti dalle aziende produttrici e provvedono in totale autonomia al loro collocamento sui mercati esteri, assumendosi tutta la responsabilità legata alla compravendita internazionale ed eliminando pertanto i rischi tipici dell'esportazione e le problematiche relative alle transazioni commerciali. Presentano caratteristiche molto diverse a seconda dei Paesi da cui provengono. Possono essere società indipendenti, ma, talvolta, possono far parte di gruppi ancora più ampi e variegati nei quali intervengono anche aziende produttrici e istituti finanziari. Hanno il vantaggio di realizzare forti economie di scala, di avere un elevato grado di conoscenza dei mercati esteri, la capacità di fornire in modo capillare un'efficace assistenza dopo la vendita, la disponibilità di consistenti risorse finanziarie e la predisposizione a trattare con relativa facilità il cosiddetto *countertrade* (cioè la compensazione di una vendita con la cessione di un altro tipo di prodotto). Le trading companies hanno un notevole potere di negoziazione e pertanto hanno lo svantaggio, per le imprese di produzione, di poter imporre propri prezzi e proprie condizioni di resa merce e di pagamento.

Piggyback

È l'accordo con cui un produttore locale offre i servizi della propria rete distributiva a un'impresa (di solito di grandi dimensioni), la quale già opera sui mercati esteri con propri prodotti. A questi aggiunge anche prodotti (non competitivi) di altre imprese, che sono distribuiti sotto il marchio delle rispettive aziende di produzione. L'azienda distributrice amplia così la gamma dei propri prodotti.

Export management company

Sono **società di gestione delle esportazioni** che operano sui mercati internazionali come unità di vendita per un determinato numero di imprese della stessa filiera.

Export management company
Società di gestione delle esportazioni
Independent private firm that acts like an export department for several non-competing manufacturers and producers.

Consorzi export

Sono associazioni di piccole e medie imprese la cui finalità è quella di sostenere la competizione sui mercati esteri attraverso servizi comuni. La responsabilità dell'impresa che produce cessa nel momento in cui cede i propri prodotti al consorzio.

Permettono di ridurre i costi connessi all'attività internazionale, di attuare progetti che difficilmente sarebbero realizzabili da una singola impresa, di accedere a un patrimonio di risorse e competenze specifiche. L'efficacia dello strumento consortile è legata ad alcuni elementi di omogeneità a livello finanziario e strutturale-organizzativo delle imprese partecipanti al consorzio, oltre che a omogeneità dimensionale e territoriale. È tuttavia il comportamento delle aziende associate a determinare il successo dell'attività consortile.

Imprese engineering

Sono imprese che vendono all'estero progetti di grandi opere o che realizzano costruzioni complesse. Esse comprano nei loro mercati di origine macchinari, attrezzature e prodotti vari, che poi cedono ai compratori esteri.

3 LA MOBILITÀ INTERNAZIONALE DEL LAVORO

Tra le forme di integrazione internazionale, la forma più tradizionale e antica è quella che avviene tramite il commercio internazionale, cioè attraverso il movimento (lo scambio) di beni e servizi. Un'altra possibilità di integrazione si ha con il movimento internazionale dei fattori che servono a produrre i beni.

I movimenti di fattori produttivi comprendono:

- migrazioni della forza-lavoro;
- trasferimenti di capitali finanziari attraverso prestiti internazionali;
- transazioni delle imprese multinazionali o transnazionali, che comportano l'acquisizione della proprietà di imprese estere.

Tali movimenti sono sostitutivi del commercio internazionale perché un

Paese con abbondanza di capitale e scarsità di lavoro potrebbe sia esportare beni ad alta intensità di capitale sia esportare il capitale stesso, oppure potrebbe sia importare beni ad alta intensità di lavoro sia importare lavoratori da quei Paesi in cui vi è eccesso di manodopera (Heckscher-Ohlin).

La libera circolazione internazionale della forza lavoro è un fatto positivo?

La libera circolazione della forza lavoro espande la produzione e il consumo mondiale e, quindi, per il mondo nel suo complesso, è un fatto sostanzialmente positivo, in grado di accrescere il benessere dei cittadini/consumatori di ogni nazione. Per dimostrarlo proviamo a immaginare, naturalmente generalizzando, cosa succede nel breve periodo nel caso si verifichi un processo di migrazione da un Paese A poco produttivo in quanto relativamente ricco di lavoro (rispetto al capitale) a un Paese B più produttivo in quanto relativamente ricco di capitale (rispetto al lavoro). L'afflusso di forza-lavoro in B farà diminuire i salari, e quindi peggiorare la condizione dei lavoratori, ma farà accrescere la produzione, sia nei settori che impiegano capitale e lavoro sia nei settori che impiegano terra e lavoro; farà inoltre aumentare profitti e rendite (intesi come differenza tra il valore del prodotto e il costo del lavoro, cioè il salario).

Il contrario accadrà nel Paese A, Paese di emigrazione, dove il deflusso di lavoratori farà aumentare il salario dei lavoratori, migliorare le loro condizioni, diminuire la produzione e ridurre i profitti e le rendite.

Il fatto che i lavoratori si muovano da A verso B significa, dunque, che il lavoro si sposta dalle regioni dove esso è meno produttivo alle regioni dove è più produttivo.

Ne consegue che la stessa quantità di lavoro a livello mondiale produce, almeno in linea teorica, un incremento aggregato della produzione mondiale e del consumo del tutto simile a quella ottenibile attraverso il libero scambio di beni e servizi.

Il lavoratore che emigra a quali costi e benefici va incontro? Sono tutti quantificabili?

La migrazione, come ogni altro tipo d'investimento, produce costi e benefici per il lavoratore migrante. I costi comprendono le spese di trasporto e la perdita di salario nel tempo dedicato allo spostamento e alla ricerca di un lavoro nel nuovo Paese. Inoltre, vi sono costi difficili da quantificare, come la separazione da familiari, parenti e amici, l'apprendimento di una nuova lingua, i rischi connessi alla ricerca di un lavoro e di un alloggio in un nuovo Paese.

I benefici possono essere misurati dai maggiori salari che il lavoratore migrante può guadagnare all'estero rispetto a quelli che avrebbe potuto guadagnare nel Paese d'origine. Altri benefici possono consistere in maggiori possibilità d'istruzione e di posti di lavoro per i figli.

L'immigrazione comporta vantaggi sia per il Paese ospite sia per il Paese d'origine?

L'ingresso di forza lavoro straniera porta indubbiamente molti vantaggi al **Paese ospite**.

Gli immigrati possono colmare le lacune a tutti i livelli del mondo del lavoro, dai lavoratori che svolgono mansioni che gli autoctoni non vogliono più svolgere, agli specialisti altamente qualificati che, per esempio, possono mancare in alcuni Paesi appartenenti all'Ue; quest'ultimo tipo di immigrazione (nota come **brain drain** o "**fuga di cervelli**") è uno dei fattori determinanti della crescita economica e dello sviluppo di un Paese. Dall'emigrazione il **Paese di origine** trae vantaggi sia attraverso le rimesse di danaro che i lavoratori spediscono in patria, sia attraverso l'acquisizione da parte del migrante di competenze professionali che poi potrà far valere una volta tornato nella sua terra di provenienza, anche se a questo proposito esistono diverse valutazioni e punti di vista.

Brain drain
Fuga di cervelli
A situation in which many highly qualified specialists leave their country and move to another one that gives them better pay or living conditions.

Barcellona, 2014: così viene rappresentata durante il carnevale la "fuga di cervelli" all'estero.

Anche i costi dell'immigrazione gravano sia sul Paese ospite sia sul Paese d'origine?

L'immigrazione presenta aspetti negativi che possono talora essere preponderanti rispetto a quelli positivi. Per esempio, un flusso migratorio eccessivo provoca turbative del mercato del lavoro del Paese ospite perché, alimentando il mercato nero e lo sfruttamento, genera conflitti con i lavoratori locali. Inoltre, il Paese d'origine viene privato della forza lavoro migliore, per cui potrebbe registrare un peggioramento delle condizioni di sottosviluppo in cui già si trova.

Non solo: un flusso migratorio eccessivamente forte di personale altamente qualificato si traduce in un gravoso "costo fiscale" per lo Stato di origine, il quale, dopo aver sostenuto le ingenti spese per l'istruzione e la formazione di questi lavoratori, li lascia fuggire, finendo per avvantaggiare i Paesi di accoglienza in termini di tasse e di produttività.

Per quanto riguarda l'impatto dell'emigrazione sul mercato del lavoro, gli studi in merito mettono in evidenza situazioni molto diversificate. Per ciò che concerne l'Europa, i risultati tendono a dimostrare che immigrati e lavoratori non immigrati sono reciprocamente sostituibili nell'attività produttiva, per cui si produce un effetto di concorrenza che determina l'abbassamento dei salari medi.

Si evidenzia, invece, una complementarietà quando immigrati e autoctoni non competono nello stesso campo d'attività e si dividono pertanto

le reciproche competenze favorendo una migliore allocazione del capitale umano. A ogni modo, gli effetti negativi derivanti dalla presenza degli immigrati si osservano principalmente per gli occupati ai livelli più bassi, più esposti alla concorrenza della manodopera immigrata.

4 LA MOBILITÀ INTERNAZIONALE DEL CAPITALE

Le relazioni economiche internazionali possono essere caratterizzate anche dallo spostamento di capitali da un Paese all'altro, da cui derivano gli investimenti esteri.

Vi sono due tipologie di investimenti esteri:

- **investimenti di portafoglio (o prestiti internazionali)**: investimenti di natura esclusivamente finanziaria, consistenti in acquisti di titoli di Stato, obbligazioni, azioni (ma in misura non sufficiente a esercitare il controllo delle società), titoli atipici, ecc.;
- **investimenti diretti** (**cosiddetti IDE o FDI**, acronimo della definizione anglosassone *Foreign Direct Investment*): investimenti in imprese estere finalizzati a stabilire con queste legami economici duraturi, grazie ai quali l'investitore può esercitare un controllo e un'influenza significativa sulla gestione dell'impresa.

Per esempio, un prestito effettuato da una banca statunitense, tramite la sottoscrizione di titoli obbligazionari, a un'impresa brasiliana è un **investimento di portafoglio**. Un'impresa statunitense che apre una filiale in Brasile o che, avendola già aperta in precedenza, decide di ampliarne le dimensioni effettua, invece, un movimento internazionale di capitale qualificabile come **investimento diretto estero (IDE)**.

Foreign portfolio investment
Investimento di portafoglio
The purchase of stocks and bonds by nationals of another country without a significant degree of influence and control over the company into which the investment is made.

Foreign Direct Investment (FDI)
Investimento diretto estero (IDE)
Investment made by a foreign investor into a company or entity based in another country that involves establishing operations or acquiring tangible assets, including stakes in other businesses with an intent of control.

Nell'esempio sopra citato quali opportunità sono state date all'impresa brasiliana grazie al prestito ricevuto?

Facendo riferimento all'esempio sopra riportato, possiamo affermare che, con il prestito, i residenti degli Stati Uniti stanno dando ai brasiliani la possibilità di consumare o investire oggi più di quanto altrimenti potrebbero fare, in cambio di una promessa di rimborso domani. Il vantaggio degli statunitensi consiste nel fatto che il rimborso di domani comprenderà il capitale prestato maggiorato dell'interesse. La più importante motivazione alla base dei prestiti internazionali è quella di ottenere **rendimenti più elevati** all'estero rispetto a quelli che si possono ottenere investendo sul mercato nazionale.

Un'altra ragione è la tendenza alla **diversificazione del rischio**, in quanto gli investitori non sono interessati al solo rendimento derivante da un determinato investimento finanziario, ma anche al rischio a esso collegato, consistente nel pericolo di fallimento dell'ente emittente dei titoli e nella variabilità del loro prezzo di mercato. La **teoria delle scelte di portafoglio**, formulata da Tobin e Markovitz, si basa sull'idea di fondo che i possessori di ricchezza finanziaria la ripartiscano tra le varie attività finanziarie in base ai rendimenti delle stesse, al loro rischio e alle preferenze dei possessori riguardo a tali elementi. Un portafoglio che contenga sia titoli nazionali sia titoli esteri, che differiscono tra loro per il diverso grado di redditività, può garantire un rendimento medio più elevato o un rischio più basso di un portafoglio composto esclusivamente da titoli nazionali. Pertanto, fino a quando lo stock posseduto da ciascun operatore di attività finanziarie sarà diverso da quello ritenuto ottimale, si genereranno flussi di investimenti di portafoglio.

James Tobin, *vincitore del Premio Nobel per l'Economia nel 1981, è stato l'ideatore di un'imposta sulle transazioni finanziarie internazionali, la cosiddetta "Tobin tax".*

☐ In che senso i prestiti internazionali costituiscono una forma particolare di commercio internazionale?

Si tratta di una forma di commercio in cui non si scambiano beni in uno stesso momento, ma beni presenti in cambio di beni futuri: è un **commercio internazionale di tipo intertemporale** in cui un Paese, grazie al prestito che riceve da un Paese estero, consuma di più oggi (importazione di consumo presente), ma consumerà di meno domani quando dovrà restituire il prestito assieme agli interessi maturati (esportazione di consumo futuro). Al contrario il Paese che eroga i prestiti consumerà di meno oggi (esportazione di consumo presente), ma, una volta che i prestiti saranno restituiti con gli interessi, potrà consumare di più domani (importazione di consumo futuro). Pertanto, per tornare al nostro esempio, se il tasso di interesse reale (cioè il tasso nominale diminuito del tasso di inflazione) negli Stati Uniti è inferiore al tasso di interesse reale del Brasile, allora i capitali, se liberi di circolare, fluiranno dagli Usa verso il Brasile, realizzando un "commercio intertemporale" che, proprio come lo scambio di due beni (per esempio riso e computer), è mutualmente vantaggioso (si veda la teoria dei vantaggi comparati, Sezione A, Unità 3). In conclusione, i prestiti tra Paesi possono essere interpretati come una particolare forma di commercio internazionale.

☐ Quali sono gli elementi che ci consentono di capire di essere in presenza di investimenti diretti esteri?

Gli **investimenti diretti esteri (IDE)**, come si è accennato in precedenza, sono costituiti da flussi internazionali di capitale attraverso i quali un'impresa di un Paese crea o espande una propria filiale in un Paese estero, oppure acquisisce totalmente o parzialmente un'impresa estera. Essi comportano non soltanto un trasferimento di risorse, ma anche l'acquisizione di un controllo sulla gestione strategica e operativa dell'impresa estera.

In genere, i vari Paesi stabiliscono percentuali convenzionali del capitale sociale e considerano gli acquisti di azioni estere come investimenti diretti esteri o come investimenti di portafoglio a seconda che siano superio-

Quale dei seguenti rappresenta un caso di investimento diretto all'estero?

- ☐ Un hedge fund compra obbligazioni del governo argentino
- ☐ L'acquisto da parte di un'impresa italiana di azioni IBM alla Borsa di New York
- ☐ Un deposito di un cittadino americano presso la Banca Nazionale di Parigi in Francia
- ☐ La Ford sposta parte della sua produzione in Brasile

ri, uguali o inferiori a tali percentuali. Secondo le indicazioni dell'UNCTAD (*United Nations Conference on Trade and Development*) il termine IDE deve essere usato quando l'impresa detiene il 10% del capitale dell'impresa straniera.

L'impresa tipica che effettua investimenti diretti è, in linea di massima, una grande impresa societaria che opera in un mercato con elevata differenziazione del prodotto e per la quale l'investimento diretto è spesso un'alternativa all'esportazione dei propri prodotti, in quanto la proprietà di impianti situati all'estero rende più facile la penetrazione nei mercati esteri. Di solito siamo nel campo delle imprese multinazionali o transnazionali, di cui si parlerà nel prossimo paragrafo.

Esistono, comunque, diverse tipologie di IDE, in base alle loro specifiche caratteristiche.

Greenfield investment
Investimenti di nuova formazione
They are investments that occur when you create from nothing a plant abroad.

Brownfield investment
Investimenti da acquisizione
They are investments that occur when the company acquires control of existing foreign companies.

☐ Quali sono le principali tipologie di IDE e quali caratteristiche presentano?

Le principali tipologie possono essere schematizzate nella tabella 4.

Tabella 4 - Tipologie di IDE

IDE orizzontali	• Sono investimenti riguardanti l'acquisizione di imprese che producono gli stessi beni della casa madre (**integrazione orizzontale dell'impresa**). Il loro scopo è la penetrazione dei mercati (***market-seeking***). Il principale obiettivo è quello di offrire al cliente il miglior servizio sia in termini di prodotto sia di assistenza tecnica e commerciale. Esempio: uno stabilimento Fiat nei pressi di Mosca che produce automobili per il mercato russo nasce da un IDE orizzontale.
IDE verticali	• Sono investimenti con cui si acquisiscono imprese che svolgono alcune fasi dell'intero processo produttivo e/o della distribuzione e commercializzazione del prodotto in modo da averne il controllo (**integrazione verticale dell'impresa**). I principali obiettivi degli IDE verticali sono quelli di ridurre i costi della produzione (***cost-saving***) e di avere un più facile accesso alle materie prime. Esempio: uno stabilimento di proprietà della Renault che produce tachimetri in Marocco nasce da un IDE verticale della Renault.
IDE *outflow*	• Sono gli investimenti generati da società nazionali verso l'estero. L'impatto sull'economia nazionale di elevati IDE *outflow* è costituito da internazionalizzazione delle aziende nazionali e da aumentata competitività internazionale delle imprese.
IDE *inflow*	• Sono gli investimenti generati dalle imprese straniere sul territorio nazionale. Un alto valore di *inflow* è sinonimo di economia aperta, in grado di attirare gli investimenti esteri. Dal punto di vista dell'economia reale, gli *inflow* comportano, di solito, un aumento dei posti di lavoro in un Paese.
IDE *greenfield*	• Sono **investimenti di nuova formazione**, che si verificano quando si crea dal nulla uno stabilimento all'estero.
IDE *brownfield*	• Sono **investimenti da acquisizione**, che si verificano quando l'impresa acquisisce il controllo di imprese estere preesistenti.

Per quali ragioni si ricorre agli IDE? Quali sono i principali vantaggi?

Gli **scopi** sono in genere gli stessi degli investimenti di portafoglio, *in primis* quello di conseguire maggiori rendimenti o di diversificare il rischio. Il conseguimento del primo obiettivo potrebbe essere favorito anche dall'esistenza di più elevati tassi di crescita all'estero.

Gli investimenti diretti esteri sono stati ampiamente agevolati dallo sviluppo dei trasporti, soprattutto per via aerea, e delle comunicazioni.

Per quanto riguarda i **vantaggi** occorre distinguere fra IDE orizzontali e IDE verticali, essendo diverse le rispettive motivazioni (tab. 5).

Tabella 5 – Vantaggi degli IDE orizzontali e verticali

IDE orizzontali	IDE verticali
Vantaggi	Vantaggi
Vicinanza al mercato di sbocco (il mercato russo, nell'esempio sopra riportato) e, quindi, minori costi di transazione (per esempio costi di trasporto, eventuali dazi, ecc.) che altrimenti graverebbero sulle esportazioni. Un IDE orizzontale è pertanto vantaggioso per un'impresa se: • i costi fissi dello stabilimento estero sono bassi; • i costi di transazione che graverebbero sulle esportazioni sono elevati; • la dimensione del mercato di sbocco è assai ampia, in modo da sfruttare le economie di scala; • l'impresa, operante per lo più in mercati oligopolistici o monopolistici, detiene conoscenze esclusive in ambito produttivo e abilità manageriali che potrebbero essere sfruttate all'estero in modo proficuo, ma sulle quali preferisce mantenere il controllo diretto. Molte imprese multinazionali, quali Toyota, IBM, Gillette, Xerox, attraverso investimenti diretti esteri riescono a rifornire il mercato internazionale, adattandosi ai mercati locali meglio di quanto non facciano attraverso il canale delle esportazioni.	Possibilità di produrre a costi più bassi, qualora per esempio l'impresa riesca a: • garantirsi l'approvvigionamento delle materie prime al prezzo più basso possibile (numerose sono le società americane che possiedono miniere in Venezuela, Australia e altri Paesi); • usufruire di un più basso costo del lavoro (come nel caso dell'IDE in Marocco, per restare al nostro esempio); • godere di agevolazioni fiscali, sussidi e benefici concessi dai Governi stranieri agli investitori; • evitare restrizioni alle importazioni; • avere la proprietà delle reti di vendita e di distribuzione all'estero, come avviene per molte aziende produttrici di automobili. Recentemente gli investimenti diretti esteri di tipo verticale hanno aumentato la loro importanza anche in seguito al fenomeno della frammentazione della produzione (*outsourcing*), di cui si parlerà nel paragrafo 6.

Gli effetti degli IDE sono principalmente positivi o negativi?

Gli effetti possono essere molteplici, alcuni positivi e altri negativi.

Tracciamo un quadro di sintesi, distinguendo fra:

- effetti sul Paese di origine;
- effetti sul Paese ospite.

Tabella 6 – **Effetti degli IDE sul Paese d'origine e sul Paese ospite**

Effetti sul Paese di origine	• Possibile aumento delle esportazioni. L'impresa internazionalizzata, grazie al successo ottenuto, potrebbe aumentare le vendite all'estero anche di prodotti la cui produzione è stata mantenuta entro i confini nazionali. • Possibile riduzione della forza lavoro poco qualificata (richiesta prevalentemente all'estero) a vantaggio di quella altamente qualificata, occupata per esempio nei settori del marketing, della ricerca e sviluppo, della progettazione, ecc. • L'internazionalizzazione di alcune imprese può generare esternalità sia positive sia negative, a seconda degli effetti sulle imprese domestiche: se rimangono fornitrici della multinazionale, potrebbero aumentare il fatturato e l'occupazione. Se invece vengono sostituite da altre che si trovano all'estero, riceveranno un danno dovuto alla riduzione dell'occupazione e del giro d'affari. • Possibile riduzione del gettito fiscale, in quanto l'impresa tenderà a spostare l'attività in Paesi in cui la tassazione è più bassa; i profitti saranno tassati nel Paese di origine solo se rimpatriati.
Effetti sul Paese ospite	• Nel caso di IDE di tipo *greenfield*, la creazione di una nuova impresa fa aumentare il PIL. • L'impresa internazionalizzata trasferisce tecnologia e capacità manageriale non disponibile localmente. • Può essere stimolata la competitività del sistema imprenditoriale locale. • Aumenta la concorrenza, aumenta la produzione e possono diminuire i prezzi. • Può tuttavia accadere che le imprese locali, anziché risultare stimolate, si trovino in difficoltà a causa della maggiore concorrenza e debbano uscire dal mercato. • In genere, si registrano una diminuzione dell'occupazione nelle imprese locali (in seguito al fenomeno dello spiazzamento) e un aumento negli stabilimenti delle imprese che hanno effettuato l'IDE grazie ai maggiori salari erogati. • L'aumento dell'occupazione può essere molto volatile perché, se mutano le condizioni, l'impresa internazionalizzata può abbandonare velocemente il Paese. • Se il flusso in uscita dei profitti rimpatriati supera il flusso in entrata degli investimenti diretti, si deve registrare un danno e una perdita per quel sistema economico. • Miglioramento del benessere dei consumatori, grazie alla possibilità di disporre di beni differenziati che non sarebbero stati prodotti all'interno. • Possibilità di vanificare le politiche economiche: per esempio una politica monetaria restrittiva può essere aggirata mediante il ricorso al mercato finanziario del Paese in cui risiede la casa madre.

Multinationals
Multinazionali
They are companies that own, control and manage production facilities in various countries. Through foreign direct investment they excercise substantial control of a foreign company, placing high stakes, or setting up a subsidiary in a foreign country.

5 LE IMPRESE MULTINAZIONALI E TRANSNAZIONALI

Uno dei più significativi fenomeni economici di carattere internazionale avvenuto nel secondo dopoguerra consiste nella proliferazione delle imprese **multinazionali** e transnazionali. I due tipi di impresa presentano tra loro delle differenze, ma nella pratica sono imprese che possiedono, controllano e gestiscono strutture produttive in vari Paesi.

L'**impresa multinazionale** è un'impresa unica che possiede delle sedi decentrate. Controlla attività in più Paesi, ma fa capo a una proprietà nazionale, cioè ad una società madre che ha un ruolo egemonico nel processo decisionale strategico. Le filiali all'estero rispondono al "centro" e assumono il ruolo di pure esecutrici di ordini ricevuti dall'alto. Lo scopo della multinazionale è quello di **commercializzare i propri prodotti o servizi in diversi Stati**.

L'**impresa transnazionale** è caratterizzata da assetti proprietari ripartiti tra azionisti di Paesi diversi. È strutturata per unità decentrate, dotate di autonomia manageriale per cui ognuna di esse costituisce un'organizzazione vera e propria che può anche sopravvivere indipendentemente dalle altre, a differenza della multinazionale che, pur avendo sedi decentrate, ha la sede decisionale all'interno del Paese d'origine. Lo scopo fondamentale di un'impresa transnazionale, a differenza della multinazionale, non è solo quello di commercializzare i suoi prodotti o servizi in diversi Stati, ma di condurre delle attività economiche dirette in almeno due Paesi e di operare quindi, tra diversi Stati in modo totale.

Poiché con l'ingresso di capitali internazionali (sia pure a volte per piccole quote) gli assetti proprietari delle grandi imprese negli ultimi decenni si sono resi molto più articolati rispetto al passato, non pare scorretto, ormai, considerare transnazionale e multinazionale come realisticamente sinonimi, anche se la figura dell'impresa transnazionale è considerata preminente.

Quali sono i principali fenomeni, a livello internazionale, che hanno reso possibile la proliferazione di questo tipo di imprese?

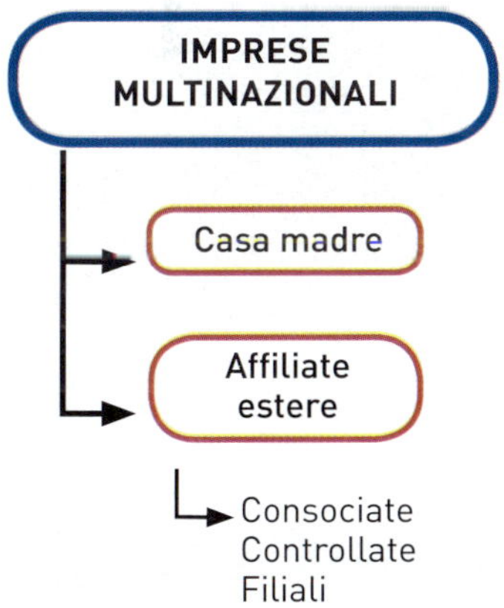

Si tratta di quei fenomeni che sono inerenti ai diversi aspetti della globalizzazione, in particolare:

- l'aumento della quota delle transazioni internazionali, misurata per esempio dal rapporto fra quota del commercio mondiale e PIL mondiale;
- l'integrazione dei mercati mondiali;
- l'accelerazione del processo di internalizzazione dei flussi di capitale;
- la frammentazione del processo produttivo in segmenti distinti, che possono essere localizzati in luoghi diversi;
- i progressi nella tecnologia dei trasporti, che rendono meno costosi gli spostamenti delle merci fra località anche molto distanti fra loro;
- l'evoluzione dei servizi inerenti alle telecomunicazioni, assicurazioni, ecc., che facilitano i rapporti fra le affiliate estere, nonché fra le affiliate estere e la casa madre;
- la diffusione delle conoscenze su cultura, istituzioni, sistema legale degli altri Paesi.

Quali tipologie di IDE sono praticati più frequentemente dalle imprese multinazionali o transnazionali?

Come già anticipato, **l'IDE è orizzontale** quando l'affiliata estera produce beni e/o servizi molto simili a quelli che la casa madre produce per il proprio mercato domestico. **L'IDE è verticale** quando si verifica una frammentazione geografica del processo produttivo, che viene così suddiviso in segmenti localizzati in Paesi diversi. In questo modo le imprese verticali producono beni intermedi (per esempio i pneumatici) in un Paese e li esportano in un altro Paese dove vengono usati per produrre il bene finale (per esempio le automobili). Si assiste a **un commercio internazionale "intraimpresa"**, perché i beni intermedi rimangono all'interno della medesima impresa, ma attraversano la frontiera. Si stima che circa un terzo del commercio internazionale sia "intraimpresa" e che la maggior parte degli IDE sia di tipo orizzontale. È anche possibile l'effettuazione di IDE misti orizzontali-verticali.

Nutellandia, una fiaba del capitalismo italiano

[...] Da trent'anni Ferrero ha stabilimenti in Germania, Canada, Francia, Polonia, Australia, Brasile, Argentina, dove la filosofia del fondatore privilegia insediamenti che ricreino "tante piccole Alba in giro per il mondo". [...] Nel mercato mondiale del cioccolato Ferrero è quarta dopo Mondelez (ex Kraft), Nestlé e Mars. Nutella, Rocher, Tic Tac, Kinder sono i principali prodotti di questo gruppo che conta 30 mila dipendenti nel mondo, di cui 6.561 in Italia ed è al primo posto nella classifica mondiale per *reputazione*. [...]

«Il Venerdì di Repubblica», 14 febbraio 2016

Quali sono i principali motivi che inducono una grande impresa a svolgere un'attività così ampia all'estero?

Diverse sono le motivazioni, innanzitutto il basso costo del lavoro, a cui ne fanno seguito altre, quali la disponibilità in loco di materie prime a prezzi bassi, la prossimità dei mercati di sbocco, l'esistenza di vantaggi fiscali e di minori vincoli in materia di tutela ambientale e diritti del lavoro. La combinazione di questi fattori garantisce alle multinazionali o transnazionali un vantaggio competitivo generato dai processi di integrazione orizzontale e verticale con le affiliate estere.

Come si realizza il vantaggio competitivo?

L'**integrazione verticale** permette alle imprese multinazionali o transnazionali, grazie al meccanismo del commercio intra-aziendale, di assicurarsi la fornitura di materie prime e beni intermedi provenienti dall'estero, evitando barriere e vincoli spesso presenti sui mercati esteri, e di organizzare migliori reti distributive e commerciali. Con l'**integrazione orizzontale**, invece, le multinazionali o transnazionali possono consolidare

La IBM, azienda statunitense, investe in Giappone, la giapponese Toyota negli Stati Uniti.

il loro potere di monopolio, adattare la loro produzione ai gusti locali e garantire l'elevata qualità dei prodotti.

Il vantaggio competitivo delle multinazionali o transnazionali si realizza anche grazie alle **economie di scala**, rese possibili dai grandi volumi di produzione. Inoltre, nel finanziamento di grandi progetti, le multinazionali o transnazionali godono di un accesso al mercato internazionale dei capitali più facile e a condizioni più favorevoli rispetto a quello riservato alle società nazionali.

La grande impresa investe all'estero quando i profitti attesi sui nuovi investimenti nel suo settore sono più elevati all'estero che a livello nazionale. In questo modo si spiegano gli investimenti della **Toyota** negli Stati Uniti, della **IBM** in Giappone. Va anche ricordato che la grande dimensione della maggior parte delle imprese multinazionali o transnazionali, rapportata a quella dei Paesi ospitanti, conferisce loro una posizione di vantaggio rispetto alle imprese nazionali nell'influenzare le politiche dei governi locali, traendone grandi benefici, per esempio in materia fiscale. Queste considerazioni spiegano la diffusione e la rilevanza di questo tipo di impresa, del resto già analizzate da diverse teorie economiche tra cui la teoria o **paradigma "eclettico" OLI**, acronimo che deriva dalle iniziali dei tre termini in inglese (*Ownership-Location-Internalization*) dell'economista John Dunning che ha individuato, già nel 1977, tre vantaggi principali per le imprese multinazionali o transnazionali: vantaggi di proprietà, di localizzazione, di internalizzazione.

John Dunning

Quali sono i contenuti essenziali della teoria eclettica OLI?

Bisogna partire da una premessa: la gestione di un'impresa all'estero comporta per l'impresa nazionale parecchi oneri. Per esempio, la casa madre deve privarsi di personale altamente qualificato (manager, tecnici, ecc.), pagarlo di più e tenerlo stabilmente all'estero; deve sostenere elevati costi per la conoscenza dell'ordinamento legislativo e fiscale del Paese estero, in presenza di lingua e costumi molto diversi; deve sopportare i rischi derivanti dalla delocalizzazione dell'attività, come la fluttuazione dei cambi e l'instabilità dei regimi politici.

A fronte di questi oneri, sono presenti alcuni vantaggi che Dunning spiega appunto con la **teoria OLI**, schematizzata nella tabella 7.

Tabella 7 – Teoria OLI

Vantaggi di proprietà	Sono quelli che derivano dalla proprietà, da parte dell'impresa nazionale, di attività intangibili, il cosiddetto *capitale di conoscenza*, che comprende, per esempio, l'organizzazione produttiva, brevetti e altri beni immateriali, quali il marchio o l'avviamento. Tutti questi elementi conferiscono all'impresa un vantaggio competitivo e generano **economie di scala**, il che rende conveniente il loro trasferimento dalle multinazionali alle affiliate estere. Per esempio, una casa farmaceutica che ha ottenuto il brevetto per un nuovo medicinale può trasferire la formula ad altre imprese – che non devono sopportare il costo della scoperta – senza che venga meno la possibilità di produrre il farmaco presso la casa madre. L'impresa nazionale, pertanto, anziché vendere il brevetto o concederlo in licenza, può acquisire un'impresa estera, trasferirle la formula, far produrre e vendere il farmaco e infine rimpatriare i profitti.
Vantaggi di localizzazione	Sono legati a un dato Paese e sono dovuti alla competitività derivante dal **prezzo dei fattori produttivi** o alla vicinanza dei mercati. In genere, le multinazionali spostano fasi produttive richiedenti lavoro non qualificato in Paesi in via di sviluppo, dove tale tipo di lavoro costa meno, mantenendo nei Paesi industrializzati le fasi del processo produttivo basate su lavoro altamente qualificato o ad alta intensità di capitale. Inoltre, grazie a sedi produttive localizzate vicino ai consumatori finali, le multinazionali risparmiano sui costi di trasporto che un'impresa esportatrice dovrebbe sopportare per servire il mercato estero. Per esempio, un'impresa francese può acquisire un'affiliata estera in Senegal per usufruire di un più basso costo del lavoro. Invece un'impresa americana può decidere di insediarsi in Polonia per il vantaggio di essere vicina a un grande mercato.
Vantaggi di internalizzazione	Derivano dall'interesse dell'impresa a mantenere al proprio interno il capitale di conoscenza. Lo sfruttamento di marchi, brevetti e simili potrebbe avvenire anche in seguito ad accordi con imprese estere (joint venture, licenze, ecc.). Tuttavia vi è il rischio che il titolare della licenza tragga indebito vantaggio da quel capitale di conoscenza, per esempio mettendosi in proprio, oppure rovini la buona reputazione del marchio. Per queste ragioni la multinazionale spesso decide di trasferire internamente il capitale di conoscenza, per evitare il rischio di una sua perdita di valore. In sostanza, l'acquisizione di un'impresa estera diventa la modalità più conveniente per l'impresa madre di **sfruttamento del capitale di conoscenza** di cui è in possesso.

La presenza di imprese multinazionali o transnazionali migliora il benessere economico?

La presenza di imprese multinazionali o transnazionali produce sicuramente alcuni effetti positivi.

In primo luogo, esse consentono a quei Paesi che generano una massa di risparmio insufficiente a finanziare un volume di investimenti adeguato alle loro necessità di crescita, di colmare tale divario mediante capitali esteri.

In secondo luogo, la loro presenza riduce i costi legati alle transazioni internazionali, derivanti per esempio dall'esistenza di lingue, leggi e culture diverse; viene facilitato lo scambio di beni, servizi, capitali, tecnologia, conoscenze. La presenza di imprese straniere può, inoltre, aiutare quelle locali a migliorare le proprie tecniche produttive, di gestione e commercializzazione, grazie allo stimolo della concorrenza e alla presenza sul mercato del lavoro di personale qualificato formatosi presso le società multinazionali.

Le multinazionali o transnazionali, tuttavia, sono anche sottoposte a numerose critiche.

☐ Quali sono le principali critiche che vengono rivolte alle imprese multinazionali o transnazionali?

A partire dagli anni Sessanta, fino a oggi, numerosi critici hanno rilevato diversi effetti negativi causati dalle multinazionali di allora, sia nel Paese di origine sia nei Paesi ospitanti. In particolare:

- le tecnologie utilizzate da tali imprese nei Paesi ospitanti sono, in genere, più arretrate di quelle impiegate dalle case madri nei Paesi d'origine, allo scopo di mantenere intatta la posizione di subordinazione tecnologica;
- l'utilizzo del risparmio e delle capacità imprenditoriali locali, da parte di queste imprese, impedisce il loro utilizzo in imprese locali e il conseguente decollo economico dei Paesi ospitanti;
- gli investimenti da esse fatti, soprattutto in alcuni settori (per esempio nell'attività estrattiva, nella produzione di materie prime), hanno privilegiato tecniche produttive ad alta intensità di capitale, generando forme di pesante sfruttamento delle risorse naturali, ridotto utilizzo e mancanza di formazione della manodopera locale;
- la diffusione di modelli di consumo molto distanti dalle tradizioni locali è stata imposta attraverso la manipolazione dei gusti dei consumatori residenti nei Paesi ospitanti. Pensiamo, per esempio, agli effetti della pubblicità di prodotti come la Coca-Cola, i jeans o altro;
- l'influenza di queste imprese sui governi locali può legittimare comportamenti lesivi di diritti individuali e collettivi (per esempio il diritto a un salario dignitoso, quello di associazione sindacale, ecc.).

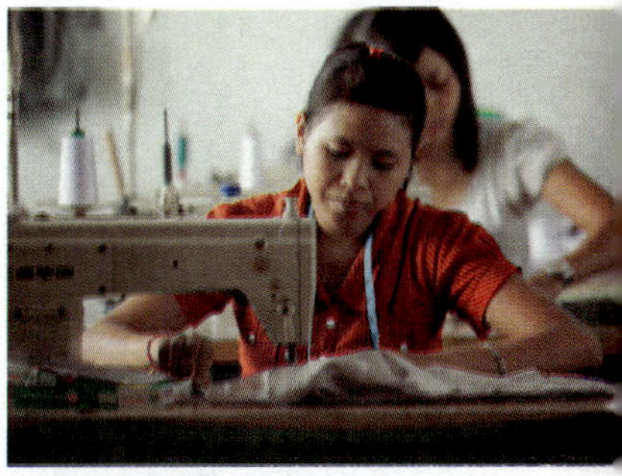

Le multinazionali delocalizzano la produzione anche per il basso costo della manodopera.

Nonostante forme di regolazione degli investimenti diretti esteri e l'elaborazione di codici internazionali di condotta per le imprese multinazionali o transnazionali, il problema degli effetti negativi e degli abusi legati alla loro presenza non può certo dirsi risolto.

6 ESTERNALIZZAZIONE E DELOCALIZZAZIONE

Nell'ultimo decennio lo spostamento della produzione all'estero, effettuato da molte imprese italiane, ha riguardato i settori più disparati, che si sono affiancati a quello dell'abbigliamento, da tempo il comparto produttivo più interessato dal fenomeno della delocalizzazione. Accanto alla realizzazione di capi in seta in Cina e all'abbigliamento di lana in Turchia, infatti,

si possono citare a titolo d'esempio le produzioni di paste alimentari in Slovacchia e Turchia, quelle di cinturini per orologi in Ungheria, di componenti di calzature in Romania e Slovacchia, di semilavorati in legno in Romania, Croazia e Polonia e di componenti per autoveicoli in Tunisia. Spesso l'output delle produzioni delocalizzate non è un prodotto finito, ma un semilavorato, che viene re-importato nei Paesi Occidentali (per esempio nell'Unione europea) per realizzare le fasi finali di produzione e la successiva commercializzazione con il marchio *made in EU*, o, nel caso di alcune nostre produzioni tipiche, *made in Italy*.

Delocalizzazione è sinonimo di internazionalizzazione?

Si tratta di due fenomeni distinti che spesso vengono confusi.

Il termine **internazionalizzazione** individua il processo attraverso cui l'impresa entra in Paesi esteri con lo scopo di conquistare nuove quote di mercato.

Con il termine **delocalizzazione** (in inglese ***offshoring***) si intende la dislocazione di attività produttive, sia di beni sia di servizi, in Paesi esteri. L'impresa che delocalizza all'estero trasferisce, in tutto o in parte, le proprie unità produttive nei Paesi caratterizzati da bassi costi di produzione, con lo scopo di ridurli, senza preoccuparsi di conquistare nuovi mercati.

La delocalizzazione non è neppure sinonimo di **esternalizzazione** (in inglese ***outsourcing***).

Offshoring
Delocalizzazione
It is the relocation of production activities in foreign countries for reasons such as lower labor costs or more favorable economic conditions.

Outsourcing
Esternalizzazione
It is the process with which the company transfers portions of work to outside suppliers for cost-saving strategy.

In che cosa si differenzia la delocalizzazione dall'outsourcing?

L'***outsourcing*** consiste nel processo con cui l'impresa trasferisce al di fuori del confine dell'azienda una o più parti del processo produttivo, localizzandole presso altre aziende per motivi di costo, di tecnologia, ecc.

Evidente è la differenza con la delocalizzazione: in effetti l'impresa che delocalizza, spostando parte della produzione o della distribuzione in Paesi esteri, non necessariamente esternalizza il proprio processo, in quanto con la delocalizzazione la produzione può avvenire rimanendo all'interno dei confini dell'impresa senza che venga necessariamente affidata a un'impresa esterna (come invece accade nell'esternalizzazione).

Con l'***outsourcing***, invece, si verifica una *frammentazione* del processo produttivo che non avviene più – in tutto o in parte – all'interno di una multinazionale, ma viene segmentato in un certo numero di fasi, realizzate laddove sono presenti vantaggi comparati.

Un elevato numero di grandi imprese occidentali, coinvolte in estesi processi di trasferimento delle attività produttive verso Paesi in via di sviluppo o di nuova industrializzazione, ha dato vita al fenomeno del ***global sourcing***, che realizza la pratica dell'outsourcing in un'ottica di economia globale. Imprese come Levi's nel campo dell'abbigliamento, Mattel nel campo dei giocattoli, Ikea nel campo dei mobili, realizzano oggi un decentramento totale di capacità produttiva in Paesi a basso costo del lavoro, non all'interno di controllate estere ma di piccole imprese indipendenti, cosiddette *terziste*.

Per esempio, nel caso della bambola Barbie, venduta dalla Mattel, le materie prime provengono da Taiwan e dal Giappone, gli abiti di cotone dalla Cina, la vernice e il design dagli Stati Uniti; l'assemblaggio avviene in Malesia, Indonesia e Cina, dopodiché gli Stati Uniti si occupano della commercializzazione.

Quali sono gli effetti, a livello internazionale, prodotti dal fenomeno del global sourcing?

La frammentazione della produzione a livello mondiale, dal punto di vista dell'efficienza, è sicuramente un fenomeno positivo, in quanto grazie a essa le diverse fasi di produzione di un certo bene (per esempio la bambola Barbie) vengono assegnate a vari Paesi in base alla convenienza (cioè al loro vantaggio comparato), generando così fenomeni di specializzazione a livello di processo produttivo.

Dal punto di vista dell'equità, però, l'*outsourcing* può generare situazioni problematiche a danno di alcuni gruppi sociali. Per esempio, nel caso della bambola Barbie, le fasi produttive basate su lavoro piuttosto dequalificato vengono fatte fuori dagli Stati Uniti, che invece trattengono quelle a forte contenuto di lavoro qualificato (progettazione, design, commercializzazione). Si verifica pertanto un calo della domanda di lavoratori non qualificati negli Usa, con conseguente diminuzione dei loro salari; parallelamente si assiste a un aumento della domanda di lavoro qualificato e del relativo salario. Il fenomeno dell'ampliamento del divario fra le retribuzioni dei lavoratori qualificati e non qualificati, verificatosi a partire dalla fine del secolo scorso, viene spiegato proprio con il fenomeno della frammentazione produttiva, oltre che con quello del progresso tecnologico.

Oggi si stanno diffondendo forme di ***global sourcing*** anche nel campo dei servizi. Per esempio, negli ultimi anni molte imprese multinazionali hanno cominciato a spostare all'estero i servizi legati all'*Information Technology*, come per esempio le attività di sviluppo del software; interi settori dell'economia mondiale, come l'elettronica, l'auto e l'aerospaziale, si stanno riorganizzando secondo queste logiche. Le localizzazioni "offshore" più frequenti sono state la Cina, l'Irlanda, Israele e specialmente l'India. Emerge il modello di un'impresa "virtuale" che, nei casi estremi, si occupa della sola gestione dei marchi commerciali. Tale modello è stato largamente favorito dalla forte riduzione dei costi di trasporto e dall'avvento delle nuove tecnologie dell'informazione e della comunicazione.

Nike, un esempio di *global sourcing*

Il caso forse più conosciuto di produzione su scala globale è quello della multinazionale americana Nike. Sono più di 50 i Paesi dove Nike ha decentrato la produzione delle sue scarpe e dei suoi capi di abbigliamento sportivi, per un totale di più di 500.000 addetti presso le unità produttive terziste, a fronte di poco più di 14.000 suoi dipendenti diretti. Si tratta di un'impresa che ha assunto ampiezza planetaria, impegnata a combinare le competenze interne di marketing e di ricerca e sviluppo con una strategia di produzione manifatturiera a bassi costi, ampiamente frammentata.

Il vantaggio competitivo della Nike, come di altre multinazionali, sta nella capacità di assemblare e coordinare – mantenendo una posizione di guida strategica – le diverse risorse di cui riesce a disporre, costituite da imprese terziste asiatiche, atleti e squadre di professionisti legati da contratti di esclusiva, agenzie per il supporto alle vendite via web, imprese specializzate in servizi logistici e catene di punti di vendita al dettaglio.

I fenomeni della delocalizzazione e dell'esternalizzazione sono irreversibili?

Reshoring
Rimpatrio di aziende
Restoring its own production activities in country of origin.

Non sempre le imprese riescono a trarre da queste strategie i vantaggi auspicati. Da qualche tempo alcune grandi aziende americane ed europee sembrano avere invertito la tendenza della delocalizzazione, in quanto stanno riportando le proprie attività produttive nei Paesi di origine. Tale fenomeno è chiamato "**rimpatrio di aziende**" (in inglese ***reshoring***).

Il fenomeno sta riguardando anche aziende leader in settori come pelletteria, abbigliamento, ecc. Quali sono i motivi del reshoring?

In forma sintetica si elencano i principali:
- anche all'estero il costo del lavoro aumenta, quindi si riduce la competitività rispetto alla produzione nazionale;
- alcuni Paesi industrializzati stanno sviluppando politiche di incentivazione al mantenimento delle aziende all'interno dello Stato;
- alcuni Paesi industrializzati stanno cercando di favorire l'apertura ai mercati internazionali attirando gli IDE *inflow*;
- la produzione nazionale, a volte, comporta meno oneri in termini di magazzino e logistica;
- la qualità della produzione estera è spesso scadente;
- con la delocalizzazione si allunga il ***time to market*** di prodotti spesso strategici per l'impresa, cioè il tempo che intercorre dall'ideazione di un prodotto alla sua effettiva commercializzazione.

7 GLI ACCORDI INTERNAZIONALI DI COLLABORAZIONE E LE ALLEANZE TRA IMPRESE

A metà strada fra le semplici esportazioni e gli IDE si collocano forme di internazionalizzazione intermedie. Un'azienda in genere sceglie questa strategia quando non ci sono le condizioni per un investimento diretto in quanto:

- desidera entrare con gradualità nel mercato estero per coglierne le caratteristiche;
- l'investimento nel Paese estero viene ritenuto molto rischioso;
- il Paese estero non concede le necessarie autorizzazioni per un IDE.

Le forme di internazionalizzazione intermedie consistono in accordi di collaborazione e alleanze a medio-lungo termine tra due o più imprese per il raggiungimento di obiettivi ben determinati.

I principali accordi internazionali sono:

A. contratti di licenza (licensing);
B. contratti di produzione (manufacturing contract);
C. contratti di franchising;
D. contratti di gestione;
E. joint venture.

LO SAI CHE...
Sulla Porta Magica, sita in Piazza Vittorio Emanuele a Roma, colpisce la scritta: "SI SEDES NON IS", che significa "Se ti siedi non avanzi". Leggendola al contrario (SI NON SEDES IS) significa l'esatto opposto: "Se non ti siedi, avanzi". Quale messaggio ci invia questa metafora di vita?

A • IL LICENSING

È un contratto in base al quale un soggetto di un Paese (*licensor* o licenziante) attribuisce a un soggetto di un altro Paese (*licensee* o licenziatario) il diritto di utilizzare e sfruttare economicamente in un certo ambito territoriale determinati beni materiali o immateriali di sua proprietà (*asset*). In cambio della concessione del diritto di utilizzare a fini economici gli *asset* del licenziante, il licenziatario si impegna ad attuare determinate azioni di sviluppo nel mercato interno e a pagare dei compensi legati ai risultati ottenuti (*royalties*).

Gli *asset* più frequentemente oggetto del **contratto di licenza** sono:

- la marca, il logo;
- tecnologie di processo o di prodotti, in genere brevettate;
- processi produttivi e strutture produttive;
- prodotti;
- conoscenze codificate relative a processi gestionali e modelli di business.

Licensing
Contratto di licenza
It is a contract whereby a person of a country (licensor) grants to a person from another country (licensee) the right to use and commercially exploit in a given territorial area certain tangible or intangible property owned by the licensor.

Il licenziante a quali rischi e vantaggi va incontro?

Principali vantaggi:

- possibilità di diffondere nel mercato internazionale in modo rapido ed esteso il proprio prodotto, marchio o tecnologia;

Ristorante McDonald a Bangkok in licenzing.

- bassi costi di investimento;
- sfruttamento delle capacità imprenditoriali del licenziatario.

Principali rischi:
- perdita di controllo sulla strategia di marketing adottata nel Paese estero;
- rafforzamento di un soggetto (il licenziatario) che potrebbe diventare successivamente concorrente del licenziante.

Per esempio, fanno ricorso a una strategia di internazionalizzazione fondata sul sistema di licenza grandi aziende operanti nei più svariati settori, fra cui: Coca Cola (bevande gassose), Luxottica (occhiali), Louis Vitton (accessori moda e pelletteria), Prada (moda), Novartis e Hoffmann-La Roche (settore farmaceutico), Nike (abbigliamento sportivo), McDonald's (ristorazione).

B • Manufacturing contract

Manufacturing contract
Contratto di produzione
It is a contract by which a company relies on a manufacturer located in a foreign country for the production of goods in the country where it is carried out, or in other geographical areas, under the label or brand of another firm.

È un **contratto di produzione**, mediante il quale un'impresa affida a un produttore collocato in un Paese estero una determinata produzione, destinata alla vendita nel Paese dove viene realizzata o anche in altre aree geografiche, mantenendo però il controllo diretto sul marketing e la distribuzione. Si tratta di una modalità di *outsourcing* internazionale della produzione per determinati mercati esteri.

L'impresa nazionale a quali rischi e vantaggi va incontro?

Principali vantaggi:
- rafforzamento della presenza commerciale nel mercato di un Paese estero, ed eventualmente nei mercati geograficamente vicini, senza sostenere rilevanti investimenti materiali;
- elevata flessibilità organizzativa;
- abbattimento di tariffe e oneri sulle esportazioni.

Principali rischi:
- comportamenti scorretti e opportunistici da parte dell'azienda estera;
- perdita di controllo del processo produttivo e delle relative conoscenze.

C • Franchising

È un contratto fra due soggetti economicamente e giuridicamente indipendenti, in base al quale una parte (affiliante o *franchisor*) concede la disponibilità all'altra (affiliato o *franchisee*), verso corrispettivo, di un insieme di diritti di proprietà industriale e intellettuale relativi a marche, denominazioni commerciali, brevetti, ecc.

L'affiliato è inserito in un sistema costituito da una pluralità di affiliati distribuiti sul territorio, allo scopo di commercializzare determinati beni o servizi. Il contratto si rivela efficace per espandere in maniera rapida e capillare una rete di distribuzione al dettaglio nei Paesi esteri dei prodotti dell'affiliante.

L'affiliante a quali rischi e vantaggi va incontro?

I rischi e i vantaggi del franchising sono praticamente gli stessi del licensing; in particolare, grazie a questo contratto l'impresa:

- ha la possibilità di una rapida espansione;
- ricorre ai *franchisee* (affiliati), che sono autonomi e conoscono bene il mercato locale;
- può contenere i costi di internazionalizzazione con conseguente offerta di prodotti a basso prezzo.

Possiamo meglio comprendere i vantaggi analizzando un caso di successo, quello di McDonald's. Si tratta di una multinazionale presente in 117 Paesi che gestisce direttamente il 20% di ristoranti in licensing, mentre il restante 80% è gestito in franchising da imprenditori; più di 5.000 sono i licenziatari.

D • Il contratto di gestione

È un contratto stipulato tra un'impresa internazionale e un investitore locale in un determinato Paese dove la prima ha interesse a operare.

Prevede che l'impresa gestisca un'attività produttiva costituita e finanziata dall'investitore locale.

Quali sono le principali caratteristiche di questo contratto?

In sintesi, l'accordo presenta le seguenti caratteristiche:

- consente all'impresa di gestione di esercitare un'opzione di acquisto sulla struttura produttiva al termine di un certo periodo di tempo o, viceversa, dà la possibilità all'investitore di assumere direttamente la gestione della struttura;
- è considerato in maniera generalmente favorevole dai governi locali perché, tramite esso, l'impresa trasferisce competenze e conoscenze tecnologiche nel contesto estero;
- permette una netta distinzione tra i ruoli dei due partner: uno è solo finanziatore, l'altro è gestore.

E • Joint venture internazionali

Per joint venture si intende la costituzione di accordi di collaborazione fra due o più imprese per lo svolgimento di un progetto comune, di natura industriale o commerciale.

Si tratta di una strategia d'internazionalizzazione che si avvicina alla forma più estrema degli investimenti diretti ed è la tipologia più avanzata di alleanza dal punto di vista dell'impegno finanziario, strategico e organizzativo dei partner coinvolti. La joint venture può avere una semplice forma contrattuale (*contractual joint venture*) o una forma societaria (*equity joint venture*).

Contractual joint venture
Accordo di cooperazione contrattuale
Two parties have agreed to manage a municipal initiative, for the purpose of executing a particular business undertaking.

Equity joint venture
Accordo di cooperazione societaria
Companies that agree to cooperate with the objective of realizing a common project of an industrial or commercial nature.

In cosa si differenziano tra loro la joint contrattuale e la joint societaria?

Con la **joint venture contrattuale (o accordo di cooperazione contrattuale)** non sorge una nuova società, in quanto le parti si accordano per gestire un'iniziativa comune e dividersi in seguito gli utili.

Con la **joint venture societaria (o accordo di cooperazione societaria)** le parti costituiscono una società con l'obiettivo di unificare l'attività delle singole imprese coinvolte in una nuova realtà giuridica autonoma.

Nella tabella 8 viene proposto un confronto tra queste due tipologie di joint venture.

Tabella 8 – Confronto fra joint contrattuale e societaria

Joint venture contrattuale	Joint venture societaria
Obiettivo di collaborazione temporanea	Obiettivo di collaborazione durevole
Indipendenza economica delle parti coinvolte	Cooperazione finanziaria
Non si costituisce una società	Si costituisce una società
Nessuna responsabilità patrimoniale	Responsabilità limitata al capitale sociale dell'impresa
Il contratto si risolve se una delle parti viene a mancare	La società sopravvive anche se viene meno la casa madre
Ridotti obblighi fiscali	Maggiori obblighi fiscali

A quali opportunità e rischi va incontro chi effettua una joint venture?

La joint venture assicura i seguenti vantaggi:
- permette all'impresa di ridurre l'investimento finanziario e la complessità organizzativa, richiesti dall'entrata in un mercato estero;
- consente all'impresa di entrare in un nuovo Paese con una struttura aziendale dotata di un insieme di risorse e competenze generalmente superiore a quello di cui essa avrebbe potuto disporre da sola;
- permette alle imprese che ne hanno il controllo di dar vita a una struttura aziendale la cui evoluzione potrebbe generare, per loro, nuove opportunità di sviluppo competitivo;
- viene considerata in modo favorevole dai governi locali, nel caso in cui le loro imprese partecipino in maniera significativa al capitale della joint venture.

Alcuni Paesi come Russia, India, Cina per molto tempo hanno imposto questa modalità di entrata agli investitori esteri. Ancora oggi sono vietati gli IDE in settori strategici, come le telecomunicazioni, e gli investitori stranieri sono obbligati a realizzare accordi di cooperazione con imprese locali.

Comporta, tuttavia, alcuni rischi, quali:
- difficoltà di comunicazione e incomprensioni tra i partner, con conseguente fallimento degli accordi;
- rottura dell'accordo in quanto la diversa cultura manageriale è spesso causa di obiettivi di sviluppo incompatibili.

Casi di *joint venture* si verificano di frequente nel settore automobilistico; spesso succede, infatti, che alcuni modelli di automobili siano prodotti con tecnologie di case differenti.

Alcuni esempi:
- Opel Corsa Diesel: Vettura Opel, ma il motore è il 1.3 Multijet della Fiat;
- Suzuki Sx4 DDiS: Vettura Suzuki, ma gran parte della meccanica e il motore sono Fiat;
- Fiat Ulysse: Vettura Fiat-PSA, ma la meccanica è Peugeot;
- 107 Peugeot, C1 Citroën, Aygo Toyota: sono il risultato di un accordo tra la casa automobilistica giapponese Toyota e il gruppo francese PSA Peugeot Citroën per la produzione delle suddette piccole city car, impiegando addirittura il 92% dei componenti in comune.

Un esempio di joint venture diretta a realizzare investimenti innovativi nel campo delle tecnologie per la produzione delle energie pulite è quella fra il Gruppo Angelantoni – fortemente diversificato e presente a livello internazionale con unità produttive in Italia, Germania, Francia, India e Cina – e il Gruppo Siemens, che ha consentito di inaugurare in Umbria, nel 2011, lo stabilimento *Archimede solar energy*.

LO SAI CHE...

La Vespa il 23 aprile 2016 ha compiuto 70 anni. Con 18 milioni di esemplari e più di 150 modelli realizzati, è lo scooter più conosciuto nella storia. Oltre a Pontedera, dove viene costruita dal 1946 negli stabilimenti della Piaggio, viene fabbricata anche in India, nell'impianto di Baramati, e in Vietnam a Vinh Phuc. Protagonista di film e canzoni, da Vacanze romane a 50 Special, nel tempo la Vespa è diventata una vera icona di stile e di eleganza tutta italiana. Non a caso è esposta nei più grandi musei di arte moderna, scienza e design: dal Triennale Design Museum di Milano al MoMA di New York. Non si contano gli appassionati di tutto il mondo iscritti ai migliaia di Vespa Club che puntualmente si ritrovano ai raduni.

IN PILLOLE

ACCORDI INTERNAZIONALI	CARATTERISTICHE
Contratto di licenza (licensing)	Un soggetto di un Paese attribuisce a un soggetto di un altro Paese il diritto di utilizzare e di sfruttare economicamente determinati beni materiali e immateriali, impegnandosi a promuovere azioni di sviluppo e a pagare un compenso (*royalties*).
Contratto di produzione (manufacturing contract)	Un'impresa affida a un produttore collocato in un Paese estero una determinata produzione, mantenendo però il controllo diretto sul marketing e sulla distribuzione.
Contratto di franchising	Una parte concede all'altra, dietro corrispettivo, la disponibilità di un insieme di diritti di proprietà industriale e intellettuale relativi a marche, denominazioni commerciali, ecc., allo scopo di commercializzare beni e servizi.
Contratto di gestione	È stipulato tra un'impresa internazionale e un investitore locale in un determinato Paese, dove la prima ha interesse a operare. Prevede che l'impresa gestisca un'attività produttiva costituita e finanziata dall'investitore locale.
Joint venture	È un accordo di collaborazione fra due o più imprese per lo svolgimento di un progetto comune di natura industriale o commerciale. Può avere natura contrattuale o societaria.

MAPPA UNITÀ F2

INTERNAZIONALIZZAZIONE

Individua il processo attraverso cui l'impresa entra in Paesi esteri con lo scopo di conquistare nuove quote di mercato

le fasi sono

- entrata nel mercato estero
- assestamento della presenza sul mercato estero
- sviluppo della posizione competitiva nel mercato estero
- razionalizzazione della posizione internazionale

le modalità di ingresso sono

- esportazione diretta con le seguenti modalità:
  a) venditori del produttore all'estero
  b) agenti di vendita
  c) unità operative all'estero
  d) *e-commerce*
- esportazione indiretta con le seguenti modalità:
  a) grandi compratori e *buyers*
  b) imprese importatrici
  c) *trading companies*
  d) *piggyback*
  e) *export management company*
  f) consorzi *export*
  g) imprese *engineering*

le determinanti esterne sono

- internazionalizzazione del mercato e della filiera produttiva
- espansione internazionale "trainata" dai principali clienti dell'impresa
- reazione a comportamenti competitivi di altre imprese
- presenza di soggetti pubblici o privati che operano a favore dell'internazionalizzazione delle imprese
- significative opportunità commerciali

MAPPA UNITÀ F2

INTERNAZIONALIZZAZIONE

↓

le forme di integrazione internazionale si realizzano attraverso

A. scambio di beni e servizi

B. movimento internazionale dei fattori, che comprende:

- **migrazioni della forza lavoro**
- **movimento internazionale dei capitali**:
  a) trasferimenti di capitale finanziario mediante **investimenti di portafoglio (o prestiti internazionali)**: commercio internazionale **intertemporale**
  b) trasferimenti delle imprese multinazionali o transnazionali attuati con **investimenti diretti esteri (IDE)**: commercio internazionale **intraimpresa**
  Gli **IDE** sono di diverso tipo:
  1) **orizzontali** (integrazione orizzontale dell'impresa) o **verticali** (integrazione verticale dell'impresa)
  2) ***outflow/inflow***
  3) ***greenfield/brownfield***

C. accordi internazionali (forme di internazionalizzazione intermedie):

a) contratti di licenza
b) contratti di produzione
c) contratti di *franchising*
d) contratti di gestione
e) *joint venture*

↓

le imprese multinazionali e transnazionali

↓ hanno un **vantaggio competitivo** generato:
- dal processo di integrazione orizzontale e verticale
- dalle economie di scala

→ sono studiate da diverse teorie tra cui la **teoria OLI**

ESTERNALIZZAZIONE (*outsourcing*)

la produzione è affidata a un'impresa esterna - fenomeno del *global sourcing*

si differenzia dalla →

DELOCALIZZAZIONE (*offshoring*)

la produzione può avvenire rimanendo all'interno dei confini dell'impresa senza che venga necessariamente affidata a un'impresa esterna

Verifiche 2

1) TROVA L'ERRORE IN OGNI FRASE

Competenza: acquisire e riconoscere i contenuti chiave

A. La strategia competitiva è la condotta concorrenziale individuata dall'impresa per affermarsi nel mercato selezionato, ottenendovi specifici vantaggi competitivi.

B. L'agente non esclusivo raccoglie ordini per contro dell'impresa produttrice, gestisce scorte e assume rischi finanziari.

C. Il commercio internazionale intertemporale è una forma di commercio in cui due Paesi si scambiano beni in uno stesso momento, cioè si scambiano beni presenti in cambio di beni futuri.

D. Il commercio internazionale è "intraimpresa" quando i beni intermedi rimangono all'interno della medesima impresa e non attraversano la frontiera.

E. L'impresa che trasferisce al di fuori del confine dell'azienda una o più parti del processo produttivo affida facoltativamente a un'impresa esterna la produzione.

2) COLLEGA LE ESPRESSIONI CONTRASSEGNATE DA UNA LETTERA CON QUELLE INDICATE DA UN NUMERO

Competenza: individuare collegamenti e relazioni

A. Esportazione diretta	1. "Scambio di minaccia"
B. Branch	2. Costituzione di una rete di vendita nel Paese prescelto
C. Investimento di portafoglio	3. Unità operativa all'estero senza personalità giuridica
D. Reazione attiva	4. Unità operativa all'estero con personalità giuridica
E. Consociata	5. Prestito effettuato da una banca del Paese A, tramite la sottoscrizione di titoli obbligazionari, a un'impresa del Paese B
F. IDE *outflow*	6. L'impresa del Paese A che apre una filiale nel Paese B
G. IDE verticali	7. Investimenti generati da società nazionali verso l'estero
H. IDE orizzontali	8. Investimenti che si verificano quando l'impresa acquisisce il controllo di imprese estere preesistenti
I. Investimenti diretti esteri	9. Investimenti riguardanti l'acquisizione di imprese che producono gli stessi beni della casa madre
J. IDE *brownfield*	10. Investimenti con cui si acquisiscono imprese che svolgono alcune parti dell'intero processo produttivo

A	B	C	D	E	F	G	H	I	J

3) INDICA SE LE SEGUENTI AFFERMAZIONI SONO VERE O FALSE. SE LE RITIENI FALSE GIUSTIFICA LA RISPOSTA

Competenza: acquisire, interpretare l'informazione e comunicare

	VERO	FALSO
A. Fa parte della teoria delle imprese internazionali affermare che le multinazionali esistono per permettere l'integrazione verticale.		

	VERO	FALSO
B. Nel modello di commercio internazionale intertemporale, se il tasso di interesse è r, il prezzo relativo del consumo futuro è 1/(1+r).		
C. L'acquisto da parte di un'impresa italiana di azioni IBM alla Borsa di New York rappresenta un caso di IDE.		
D. Nel modello con un unico fattore produttivo, la mobilità internazionale del lavoro aumenta la produzione mondiale.		
E. Non sono un caso di movimento internazionale dei fattori i prestiti internazionali.		
F. Un deposito di un turista americano presso la Banca Nazionale di Parigi in Francia rappresenta un caso di IDE.		
G. Lo spostamento da parte della Dell della sua produzione in un impianto nelle Filippine rappresenta un caso di IDE.		
H. Il termine "internalizzazione" rappresenta una spiegazione per l'esistenza delle multinazionali.		
I. L'internazionalizzazione del mercato del lavoro comporta un più ampio ventaglio dei Paesi sia di partenza sia di arrivo.		
J. Secondo il modello di commercio intertemporale, è più probabile che un Paese prenda a prestito a livello internazionale se i rendimenti dell'investimento in questo Paese sono bassi.		
K. Un alto livello di investimenti *inflow* indica un alto tasso di internazionalizzazione delle imprese nazionali.		

4) RISOLVI IL SEGUENTE PROBLEMA

Competenza: risolvere problemi

A. Individua le modalità di internazionalizzazione (e, laddove possibile, le sue caratteristiche) riscontrabili nei seguenti casi:
- Max Mara sposta parte della sua produzione in Cina, dopo avere rilevato la proprietà di una preesistente azienda di abbigliamento di Canton;
- Volkswagen ha aperto uno stabilimento in India che produce sedili per auto;
- Geox distribuisce le proprie calzature anche attraverso un nuovo negozio monomarca aperto nel centro di Bari;
- Politecnica, società di ingegneria con sede a Modena, ha sottoscritto un accordo con la società egiziana Amar Consulting Group per la realizzazione di un piano di nuove infrastrutture (ferrovie, strade, ecc.) in Egitto;
- Perugina, azienda fondata a Perugia per la produzione del cioccolato, nel 1988 è stata acquistata dalla multinazionale svizzera Nestlé;
- Ikea fa produrre quasi tutti i mobili in fabbriche "indipendenti" operanti in diversi Paesi.

5) RISPONDI AI SEGUENTI QUESITI IN UN MASSIMO DI 5/6 RIGHE

Competenza: saper organizzare e sintetizzare i contenuti

A. In che cosa consiste il *bandwagon effect*?

B. Chi è il *broker*?

C. Che cosa sono le *trading companies*?

D. In che cosa consiste il *reshoring*?

E. Quali sono le caratteristiche del contratto di *franchising*?

1) Chose the right words among the ones listed below and fill in the gaps

In recent decades, more and more companies have started to operate .... their domestic markets, selling their goods to foreign .... through exports or foreign direct investment (FDI). When deciding whether and how to serve foreign .... , firms face considerable uncertainty: they are often unaware of local regulation and legal .... ; they may also be uncertain about the size of foreign demand and the adequacy of their products to local .... A vast literature in international business based on case studies has long emphasized that uncertainty about the "characteristics of the specific .... market – its business climate, cultural patterns, structure of the market system, and, most importantly .... of the individual customer" can lead firms to follow a gradual internationalization process, serving a foreign market via .... before deciding whether to .... there "(Johanson and Vahlne, 1977). We found that a firm's FDI entry in a foreign market is almost always .... by exports: 86.32% of the firms that started investing in a .... market had already been serving it via exports. The converse is not true: 99.99% of firms that start exporting to a foreign market did so without having .... invested there. These findings are consistent, and our idea is that firms do follow a gradual internationalization .... : they start serving a foreign market via exports to acquire .... about local demand and supply conditions; if they discover that they can earn large enough .... , they then engage in FDI to save on future trade costs.

(P. Conconi, A. Sapir, M. Zanardi, *The Internationalization Process of Firms: from Exports to FDI*)

[Characteristics, customers, exports, information, invest, markets, national, new, outside, preceded, previously, process, profits, requirements, tastes]

2) Connect each letter with a number

A. Offshoring	1. Companies that operate in international markets as a sales unit for a number of companies in the same sector
B. Reshoring	2. Agreement of cooperation between companies with the objective of realizing a common project of an industrial or commercial nature
C. Outsourcing	3. The restoration of production activities in countries of origin
D. Joint venture	4. Moving outside of the borders of the company of one or more parts of the production process
E. Buyers	5. The relocation of production activities in foreign countries
F. Export management company	6. Companies from other countries that buy heavy volumes of the product and that are usually present with representatives on the production site
G. Trading companies	7. Companies that buy products from manufacturers and provide total autonomy to their placement on foreign markets

A	B	C	D	E	F	G

UNITÀ 3

L'economia monetaria internazionale

Positiva la bilancia dei pagamenti turistica di aprile 2016

Un saldo positivo, ma una minor spesa degli stranieri in Italia e degli italiani all'estero

Secondo l'ultima indagine campionaria mensile sul turismo internazionale dell'Italia, realizzata da Banca d'Italia, la bilancia dei pagamenti turistica ha rilevato, per aprile 2016, un saldo netto positivo di 1.067 milioni di euro, con un incremento del 3,3% rispetto allo stesso mese dell'anno precedente (1.033 milioni). Tuttavia, la spesa degli stranieri in Italia, con un importo di 2.651 milioni di euro, ha fatto registrare una diminuzione, seppur contenuta, dello 0,6% e anche quella sostenuta dagli italiani all'estero, con 1.584 milioni, ha subito un calo del 3,1%. Per quanto riguarda l'intero periodo gennaio-aprile 2016, la bilancia turistica ha riportato un avanzo di 2.156 milioni di euro a fronte dei 2.065 milioni registrati nello spesso periodo dell'anno passato: gli stranieri, con un aumento del 2% sul quadrimestre 2015, hanno speso nel nostro Paese 8.490 milioni di euro e, valutando sempre lo stesso arco di tempo, la spesa dei nostri connazionali all'estero, per 6.334 milioni, ha registrato un incremento dell'1,2%. Gli italiani che si sono recati oltreconfine per motivi personali e quindi anche per vacanza, hanno speso il 4,3% in più, mentre per i viaggi di lavoro il 3,2% in meno. Trend simile seguito dai viaggiatori stranieri che in Italia hanno destinato il 3,6% in più alle visite dettate da motivi personali, vacanze incluse e hanno ridotto la spesa del 3,3% per i viaggi a scopo di lavoro.

«Osservatorio Nazionale del Turismo in Italia - Redazione ONT»
22 luglio 2016

attività

1. Secondo l'indagine campionaria mensile sul turismo internazionale della Banca d'Italia, nell'aprile 2016 la spesa degli stranieri in Italia e degli italiani all'estero ha registrato un calo. A tuo avviso qual è il motivo di tale calo?
2. Da che cosa dipende il fatto che le spese per i viaggi di lavoro sia degli stranieri in Italia sia degli italiani all'estero sono inferiori rispetto alle spese per vacanze degli stranieri in Italia e degli italiani all'estero?
3. A tuo avviso perché i turisti stranieri quando vengono in Italia spendono più di quanto spendono gli italiani quando vanno all'estero?

1 LA BILANCIA DEI PAGAMENTI

Balance of payments
Bilancia dei pagamenti
It keeps track of the cash flows arising from transactions between residents of one country (reporting country) and the rest of the world.

Accounting balance
Saldo contabile
It is the algebraic sum of revenue from nationals resident abroad and outputs in favor of foreign nationals.

La **bilancia dei pagamenti** è un documento contabile che registra i flussi monetari originati dalle transazioni fra i residenti in un Paese e i residenti all'estero.

La bilancia dei pagamenti si basa sul principio della contabilità in partita doppia. Ogni operazione dà luogo a due registrazioni:

- una, con segno positivo, come credito;
- una, con segno negativo, come debito di pari ammontare.

Il motivo sta nel fatto che ogni transazione generalmente presenta due aspetti: lo scambio realizzato (ad esempio, una esportazione di merci) e il movimento di denaro che avviene come controprestazione.

In questo modo il cosiddetto "**saldo contabile**" della bilancia dei pagamenti è sempre a pareggio.

Tratteremo di seguito questo aspetto con maggiore precisione.

Partita doppia
Una transazione dà luogo a due scritture, una a credito e una a debito:
- **registrazione a credito** se dà origine a un incasso: per esempio esportazioni, vendite di titoli, importazioni di capitali;
- **registrazione a debito** se dà origine a un pagamento: è il caso di importazioni, acquisti di titoli, esportazioni di capitali.

Ogni transazione internazionale viene automaticamente contabilizzata nella bilancia dei pagamenti due volte: una volta in forma di credito e una volta in forma di debito.

I flussi monetari, generati dalle diverse operazioni, come vengono registrati nella bilancia dei pagamenti?

La bilancia dei pagamenti è un documento di cassa, i flussi monetari generati dalle diverse operazioni vengono registrati:

- **con segno più** se la valuta entra nel Paese. La valuta entra se si esportano merci, servizi o se si importano capitali (afflussi di capitale), come nel caso di un operatore italiano che vende un'obbligazione a un non residente, oppure di un operatore non residente che presta soldi a un residente. Tali operazioni generano offerta di valuta estera;
- **con segno meno** se la valuta esce dal Paese. La valuta esce se si importano merci o se si esportano capitali (deflussi di capitale), come nel caso di un operatore italiano che acquista un'obbligazione da un non residente, oppure di un operatore residente che presta soldi a un non residente. Tali operazioni generano domanda di valuta estera.

Ne deriva la "non" intuitiva conseguenza che un "**segno positivo**" **nei movimenti di capitali** significa che il Paese si sta "**indebitando**".

Supponiamo per esempio che un operatore italiano venda un'obbligazione a un non residente. Questa vendita si traduce in un pagamento proveniente dall'estero. Si determina, pertanto, un afflusso di capitali in Italia che nella bilancia dei pagamenti viene registrato a credito. Al contempo, l'obbligazione va rimborsata, e quindi è un'attività (è un credito, è ricchezza) per il non residente, mentre è una passività (è un debito) per l'impresa italiana che l'ha emessa e che dovrà rimborsarla. Ne consegue che le passività verso l'estero dell'Italia (il debito estero – netto – dell'Italia) sono aumentate e, viceversa, per il Paese nel quale risiede l'acquirente del titolo, le attività sull'estero (cioè sull'Italia) sono aumentate.

In sintesi, la vendita di un titolo a un non residente provoca:

- afflusso di capitali;
- aumento dell'indebitamento netto del Paese;
- accreditamento del conto finanziario.

Un altro caso di **indebitamento** si ha quando un operatore non residente rimborsa un prestito avuto da un residente, per esempio, quando un italiano si vede rimborsare un titolo obbligazionario emesso da un operatore non residente. In questo caso l'indebitamento netto dell'Italia aumenta non perché aumentino le sue passività sull'estero, ma perché diminuiscono le sue attività (il rimborso estingue il titolo, il quale non costituisce più ricchezza per l'operatore residente).

Al contrario, un "**segno negativo**" **nei movimenti di capitali** significa che il Paese si sta "**sdebitando**".

Supponiamo per esempio che un operatore italiano acquisti un'obbligazione da un non residente: esce dall'Italia denaro a favore dell'operatore estero. L'operatore estero dovrà, in seguito, restituire questa somma, per cui per l'Italia si verifica una riduzione dell'indebitamento netto.

Come avviene il funzionamento pratico della contabilità a partita doppia nella bilancia dei pagamenti?

Partiamo da questo semplice esempio. Un cittadino statunitense si reca in un rinomato ristorante italiano e il costo della cena è di 100 euro. Non avendo contanti, paga con la sua carta di credito americana. Per l'Italia i 100 euro ricevuti dal cittadino statunitense rappresentano un'esportazione di servizi verso gli Usa e, quindi, questa somma verrà registrata come un credito nella bilancia dei pagamenti italiana. Ci si chiede dove sta il debito per l'Italia. La firma del turista americano sulla sua carta di credito permette al ristorante italiano di ricevere 100 euro dalla società statunitense che ha emesso la carta di credito. In altre parole l'Italia ha acquistato un'attività di credito perché ha dato il diritto al ristorante italiano di ricevere un pagamento futuro dalla società statunitense che ha emesso la carta di credito. L'acquisto di questa attività genera un debito dello stesso ammontare nel conto finanziario della bilancia dei pagamenti italiana.

We feed the world

Film-documentario
di Erwin Wagenhofer, 2005

Il documentario rintraccia le origini degli alimenti che mangiamo e le visioni della produzione industriale moderna del cibo e degli allevamenti industriali in una luce critica. Un viaggio in Francia, Spagna, Romania, Svizzera, Brasile e Austria, che descrive alcune facce del complesso mondo dell'alimentazione globalizzata, mostrando il processo invisibile che in realtà sta dietro al cibo che compriamo nei grandi supermercati.

- Guarda il film e discutine con i compagni e l'insegnante.

Bilancia dei pagamenti italiana	CREDITO	DEBITO
Vendita di un pranzo (conto delle partite correnti, esportazione di servizi verso gli Usa)	100 euro	
Acquisto di un diritto di credito su carta di credito (conto finanziario, acquisto di attività dagli Usa).		100 euro

Quali transazioni internazionali vengono contabilizzate nella bilancia dei pagamenti?

Lo schema di figura 1 è indicativo dei vari tipi di transazioni internazionali che vengono contabilizzate nella bilancia dei pagamenti.

Figura 1

Struttura della bilancia dei pagamenti

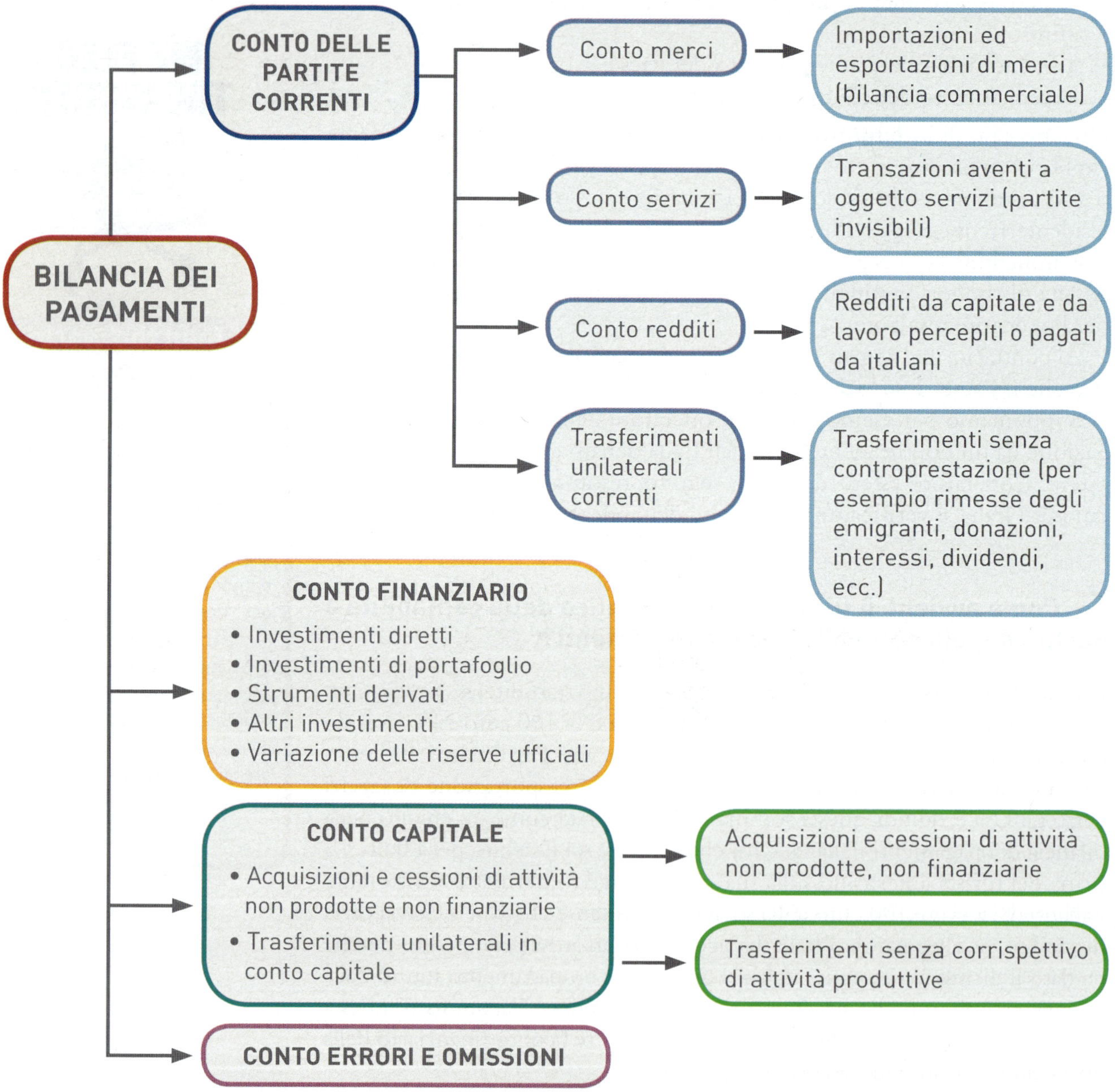

☐ Tra i saldi del conto delle partite correnti qual è il più importante per capire lo stato di benessere di un Paese?

Il **saldo del conto redditi**, saldo interno del conto delle partite correnti, è una delle voci più importanti per capire se un Paese sta bene o male. Esso esprime i cosiddetti **redditi netti dall'estero**, ovvero la differenza fra:

- i redditi che affluiscono nel Paese per i servizi prestati all'estero dai fattori produttivi (capitale e lavoro) residenti;
- i redditi che defluiscono dal Paese per i servizi prestati nel Paese dai fattori produttivi (capitale e lavoro) non residenti.

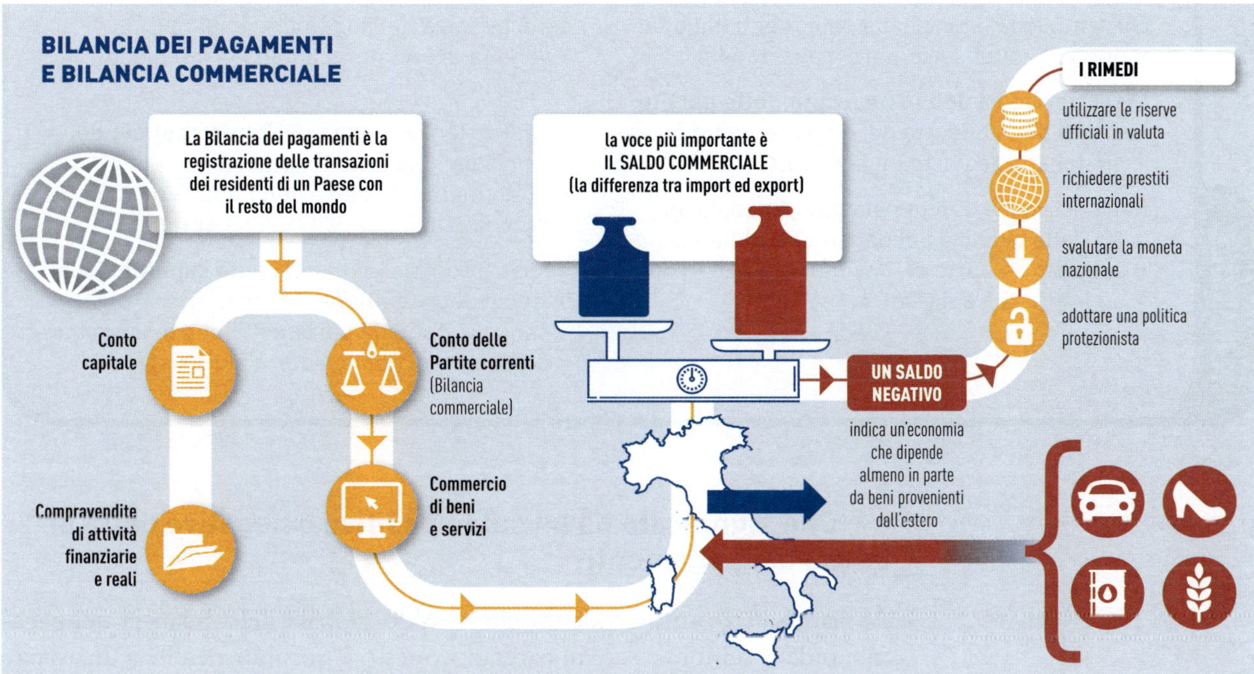

Per esempio: l'acquisto da parte di un italiano di un'obbligazione statunitense significa esportazione di un capitale italiano negli Usa (segno meno nel conto finanziario italiano), ma il pagamento di interessi costituisce una remunerazione del capitale italiano, e quindi un reddito da capitale attivo nelle partite correnti.

Altro esempio: se un tedesco compra un'azienda italiana, si ha l'importazione di capitale tedesco in Italia (segno più nel conto finanziario), ma i profitti e dividendi che vengono rimpatriati in Germania costituiscono una remunerazione del capitale tedesco, e quindi un reddito da capitale passivo nelle partite correnti italiane (soldi che escono). In questo secondo caso, i redditi che escono dal Paese sono redditi prodotti nel Paese (e quindi rientrano nel PIL), ma guadagnati da non residenti (e quindi **non** rientrano nel PNL). Ne consegue che, se un Paese è fortemente indebitato con l'estero, **normalmente** il suo PNL sarà inferiore al suo PIL, perché una parte dei redditi prodotti "nel" Paese andrà a remunerare i capitali prestati dai "non residenti" agli operatori economici residenti.

Ricordiamo (vedi Sezione D, Unità 1) che:

PNL (Prodotto nazionale lordo) = PIL (Prodotto interno lordo) + Rne (Redditi netti dall'estero) per cui, se Rne è pesantemente negativo, allora il PNL sarà inferiore al PIL.

Per esempio:

(PNL) 95 = 100 (PIL) + (–5 Rne)

IN PILLOLE

Qualche esempio

Registrazione **a credito** nel **conto delle partite correnti** della bilancia dei pagamenti italiana:
- uno statunitense compra jeans italiani.

Registrazione **a debito** nel **conto delle partite correnti** della bilancia dei pagamenti italiana:
- un italiano acquista un fax dagli Stati Uniti.

Registrazioni a **debito** nel **conto finanziario** della della bilancia dei pagamenti italiana:
- acquisto da parte di una impresa italiana di un'impresa francese.

Registrazioni a **credito** nel conto finanziario della bilancia dei pagamenti italiana:
- vendita di un'impresa italiana a residenti esteri.

Registrazioni a credito nel **conto capitale** della bilancia dei pagamenti italiana:
- ottenimento da parte dell'Italia di un contributo proveniente dall'Unione europea.

Registrazioni a debito nel **conto capitale** della bilancia dei pagamenti italiana:
- cancellazione da parte dell'Italia di un miliardo di euro di debito estero al Pakistan.

Che significato ha un saldo positivo o negativo della bilancia dei pagamenti?

Abbiamo detto in precedenza che il saldo globale della bilancia dei pagamenti deve sempre essere in pareggio: questo è possibile perché a un avanzo o disavanzo delle partite correnti (conto merci, conto servizi, conto redditi, trasferimenti unilaterali), o dei movimenti di capitale (conto finanziario e conto capitale), corrisponderà sempre un uguale aumento o diminuzione delle riserve ufficiali la cui gestione è affidata alla Banca centrale.

Così, per esempio:
- un **saldo positivo** della bilancia commerciale, significa l'arrivo di molta valuta (per esempio dollari) dall'estero, che inizialmente viene depositata nelle banche nazionali le quali, a loro volta, la cederanno alla Banca centrale – facendo così aumentare le riserve ufficiali – in cambio di valuta nazionale;
- un **saldo negativo** significa invece che le entrate di valuta non bastano a far fronte alle uscite e, se un Paese ha bisogno di effettuare **importazioni** perché manca di materie prime, necessariamente dovrà attrezzarsi per aumentare anche le sue **esportazioni** in modo da riequilibrare il conto. In linea generale in presenza di un saldo negativo delle partite correnti o dei movimenti di capitale non si può attingere alle **riserve valutarie** ufficiali all'infinito. Le riserve rischiano di esaurirsi, e non

Imports
Importazioni
It is the whole of goods and services that a country buys from other states.

Exports
Esportazioni
The amount of goods and services sold in a foreign country.

possono essere usate per disavanzi di lunga durata (detti anche strutturali). Si può anche fare ricorso a **prestiti internazionali**. Per esempio il Fondo monetario internazionale, istituito nel 1945 a Bretton Woods, ha proprio il compito di fornire prestiti ai Paesi che attraversano crisi legate a squilibri dei conti con l'estero. I prestiti ricevuti, tuttavia, comportano un debito estero che deve essere restituito.

Occorre, quindi, **riequilibrare la bilancia dei pagamenti** e questo un Paese lo può fare in vari modi:

- attraverso le cosiddette "**politiche di aggiustamento strutturale**", che fondamentalmente mirano a ridurre le importazioni attraverso una politica di riduzione della domanda interna (riduzione della spesa privata e pubblica) e a incentivare le esportazioni mediante la riduzione del costo del lavoro. I prestiti del Fmi sono condizionati all'attuazione di tali politiche, che inducono una pesante crisi interna per il Paese che le deve sostenere;
- ricorrendo a politiche **protezionistiche**, ossia rendendo più costose le importazioni attraverso l'applicazione dei dazi doganali, oppure agendo per via indiretta con sussidi alla produzione interna in modo che essa risulti più competitiva rispetto ai prodotti stranieri. Si possono anche limitare o vietare per legge le importazioni di determinati prodotti. In un modo o nell'altro, questo tipo di politiche può scatenare ritorsioni commerciali da parte degli altri Paesi che rendono poi più difficili le esportazioni;
- modificando il **tasso di interesse ufficiale**. Infatti, se la parte commerciale è in deficit, rialzando il tasso di interesse ufficiale si possono attirare capitali dall'estero in cerca di buoni rendimenti e riequilibrare la bilancia con un avanzo nei movimenti dei capitali. È da tener presente che un rialzo dei tassi d'interesse ha un effetto deprimente sull'economia del Paese, rendendo più difficili gli investimenti e il credito, il che potrebbe d'altronde anche giovare ai fini del riequilibrio della bilancia commerciale perché un'economia depressa importa meno beni;
- attraverso **svalutazioni della valuta nazionale** (**deprezzamento del tasso di cambio**) solo però nell'ipotesi di cambi flessibili. Si parla in tal caso di **svalutazioni competitive**, cioè di svalutazioni della moneta nazionale che ostacolano le importazioni e favoriscono le esportazioni. Il meccanismo dell'apprezzamento (rivalutazione) e del deprezzamento (svalutazione) di una valuta in seguito a variazioni del tasso di cambio nominale sarà affrontato nei paragrafi successivi.

Currency reserves
Riserve valutarie
Deposits of foreign currency controlled by central banks and other monetary funds which sit in the coffers of the competent authorities (ECB for the Eurozone).

2 LA DETERMINAZIONE DEL TASSO DI CAMBIO

Quotazioni
- "certo per incerto";
- "incerto per certo".

Il primo temine si riferisce alla valuta nazionale, il secondo alla valuta estera.

Le transazioni che avvengono a livello internazionale sono accompagnate da uno scambio di moneta nazionale con moneta estera, in quanto a livello internazionale manca una moneta legale obbligatoriamente accettata da tutti gli Stati. Per esempio, se un cittadino italiano desidera recarsi negli Usa, deve acquistare dollari statunitensi per pagare alberghi, ristoranti, ecc. In particolare acquisterà i dollari pagandoli a un certo prezzo espresso in euro. Quando ritornerà in Italia, convertirà gli eventuali dollari rimasti in euro.

Nominal exchange rate
Tasso di cambio nominale
Number of foreign currency units that can be purchased with a unit of the national currency. It is the "Price" of one currency in terms of another currency.

Volume Quotation System
Quotazione certo per incerto
It is the value of one unit of a national currency in terms of foreign currency.

Price Quotation System
Quotazione incerto per certo
It is the price in national currency of 1 unit of foreign currency.

Il **tasso di cambio nominale (TC)** è il prezzo al quale una valuta si scambia con un'altra valuta sui mercati valutari (è, per esempio, il prezzo del dollaro in euro o il prezzo dell'euro in dollari); in altre parole è il rapporto tra i prezzi delle due valute.

Il tasso di cambio nominale può essere espresso in due modi:

- **quotazione certo per incerto**: è il prezzo della valuta nazionale (per esempio €) in termini della valuta estera (per esempio $). Con tale quotazione ci si chiede quanti $ (quantità incerta di valuta estera) si scambiano con 1 € (quantità certa di valuta nazionale). Per esempio: quotazione €/$ = 1,25, significa che 1 € = 1,25 $;
- **quotazione incerto per certo**: è il prezzo della valuta estera (per esempio $) in termini della valuta nazionale (per esempio €). Con tale quotazione ci si chiede quanti € (quantità incerta di valuta nazionale) si scambiano con 1 $ (quantità certa di valuta estera). Per esempio: quotazione $/€ = 0,80 €, significa che 1 $ = 0,80 €.

Da questi esempi si può capire che se TC è il tasso di cambio €/$ (quotazione certo per incerto), il tasso di cambio $/€ (quotazione incerto per certo) è 1/TC.

Infatti, se 1 € = 1,25 $ (nella quotazione certo per incerto), si avrà

$$1\ \$ = \frac{1}{1{,}25} = 0{,}80\ € \text{ (nella quotazione incerto per certo).}$$

In Europa, prima dell'introduzione dell'euro, l'unica piazza che quotava il certo per l'incerto era l'Inghilterra. Attualmente l'euro quota **il certo per l'incerto** e ciò anche rispetto alla sterlina.

Nei rapporti tra gli operatori in cambi e tra gli importatori, invece, è comune quotare il dollaro Usa contro tutte le altre valute (cioè **certo** il dollaro, **incerto** tutte le altre divise).

Esempi di quotazioni

La quotazione **certo per incerto** tra dollaro ed euro, a **Roma**, significa quotare una quantità certa di valuta nazionale (1 euro) in una incerta di valuta estera (dollari): €/$ = 1,47.

La quotazione **certo per incerto** tra dollaro ed euro, a **New York**, significa quotare una quantità certa di valuta nazionale (1 dollaro) in una incerta di valuta estera (euro): $/€ = 0,68.

La quotazione **incerto per certo** tra dollaro ed euro, a **New York**, significa quotare una quantità incerta di valuta nazionale (dollaro) in una certa di valuta estera (1 euro): €/$ = 1,47.

La quotazione **certo per incerto** tra sterlina ed euro, a **Londra**, significa quotare una quantità certa di valuta nazionale (1 sterlina) in una incerta di valuta estera (euro): £/€ = 1,61.

N.B.: La quotazione dipende dal sistema di quotazione e dalla piazza

Cosa succede quando il tasso di cambio nominale aumenta o diminuisce?

Dipende dal tipo di quotazione. Supponiamo che avvengano scambi tra Europa e Stati Uniti.

Nella quotazione certo per incerto, TC è il tasso di cambio €/$.

- **Tasso di cambio nominale €/$ sale**: per esempio il TC da 1 € = 1,25 $ passa a 1 € = 1,60 $.
  Si avrà **apprezzamento** della valuta nazionale.
  Sono **favorite le importazioni europee**, perché diventano meno care per gli europei. Infatti, se aumenta il tasso di cambio €/$ un importatore europeo che acquista un prodotto americano al prezzo di 1,25 $, prima di tale aumento doveva procurarsi 1,25 $ spendendo 1 euro, mentre ora se li procura spendendo solo 0,78 euro (risulta infatti: 1 € : 1,60 $ = x € : 1,25 $, da cui x = 0,78 €).
  Sono invece **sfavorite le esportazioni europee**, perché diventano più care per gli americani. Infatti se un esportatore europeo, prima dell'aumento del tasso di cambio nominale, vendeva un bene in America a 1,25 dollari, ora lo vende a 1,60 dollari, e quindi il bene europeo diventa meno appetibile per gli americani con danno degli esportatori italiani.
- **Tasso di cambio nominale €/$ scende**: per esempio il TC da 1 € = 1,25 $ passa a 1 € = 1,10 $.
  Si avrà **deprezzamento** della valuta nazionale. Sono sfavorite le importazioni e favorite le esportazioni per il motivo contrario a quello visto sopra.

Nella **quotazione incerto per certo, 1/TC è il tasso di cambio $/€**, per cui se questo sale o scende avverrà il contrario di quello che accade con la quotazione certo per incerto.

Appreciation (revaluation)
Apprezzamento
It is the increase of the national currency expressed in the currency of another currency.

Depreciation (devaluation)
Deprezzamento
It is the reduction of the national currency expressed in the currency of another currency.

Apprezzamento
Incremento del valore di una moneta rispetto ad altre divise.

Deprezzamento
Diminuzione del valore di una moneta rispetto ad altre divise.

L'euro si apprezza rispetto al $ se:
- il cambio €/$ aumenta (con un euro si comprano più dollari);
- il cambio $/€ si riduce (con un dollaro si comprano meno euro).

L'euro si deprezza rispetto al $ se:
- il cambio €/$ diminuisce (con un euro si comprano meno dollari);
- il cambio $/€ aumenta (con un dollaro si comprano più euro).

IN PILLOLE

Tasso di cambio sale:
- **quotazione certo per incerto** = Apprezzamento valuta nazionale (favorite le importazioni e sfavorite le esportazioni);
- **quotazione incerto per certo** = Deprezzamento valuta nazionale (sfavorite le importazioni e favorite le esportazioni).

Tasso di cambio scende:
- **quotazione certo per incerto** = Deprezzamento valuta nazionale (sfavorite le importazioni e favorite le esportazioni);
- **quotazione incerto per certo** = Apprezzamento valuta nazionale (favorite le importazioni e sfavorite le esportazioni).

La convenienza degli operatori economici a importare e a esportare dipende solo dal tasso di cambio nominale?

QUESITO

Prezzo scarpe da ginnastica a Roma: 10 €.

Prezzo scarpe da ginnastica a New York: 20 $.

Cambio €/$ = 1,30.

- Un paio di scarpe costa di più a New York o a Roma?

Oltre al tasso di cambio nominale, bisogna considerare anche il **tasso di cambio reale (TC reale)**.

Un soggetto che acquista una valuta estera non lo fa sempre per motivi di carattere finanziario o speculativo, ma lo fa, in genere, per perfezionare degli scambi di beni (cioè delle transazioni reali): per esempio, un importatore acquista dollari per pagare le materie prime o i prodotti finiti che importa. Pertanto, la convenienza per un operatore economico ad acquistare in un Paese piuttosto che in un altro non dipende solo dai tassi di cambio nominali, ma dipende anche dai prezzi dei beni e servizi scambiati. È quindi utile disporre di una misura del tasso di cambio che tenga conto dell'effetto dei prezzi o, per dirla in un altro modo, occorre disporre di un tasso di cambio che venga definito come prezzo relativo non fra due valute, ma fra due insiemi di beni. Questa misura è data dal tasso di cambio reale.

Come si misura il tasso di cambio reale?

Real exchange rate
Tasso di cambio reale
It is the ratio of the prices of goods produced or services in a country in terms of goods or services in a different country. It is obtained by dividing the price of goods or services in the two countries once they are both expressed in a common currency.

Il tasso di cambio nominale (TC) rappresenta il prezzo relativo fra due valute.

Il tasso di cambio reale (TC reale) rappresenta il prezzo relativo fra i beni prodotti nei due Paesi, cioè il prezzo medio del bene o servizio nazionale in relazione al prezzo medio del bene o servizio estero, quando i prezzi sono espressi in una moneta comune.

Il tasso di cambio reale in formula è:

$$\textbf{TC reale} = \frac{\textit{Tasso di cambio nominale x Prezzo dei beni nazionali}}{\textit{Prezzo dei beni esteri in moneta estera}}$$

$$\textbf{TC reale} = \frac{\textit{Prezzo in moneta estera dei beni nazionali}}{\textit{Prezzo in moneta estera dei beni esteri}}$$

Esempio

Supponiamo che il **tasso di cambio "certo per incerto"** sia: 1 € = 1,25 $ e che il prezzo del Big Mac di McDonald's sia:

- in Italia = 2,50 €;
- negli Stati Uniti = 4 $.

Per comprare il Big Mac negli Usa ci vogliono 4 $.

Per comprare il Big Mac in Italia ci vogliono invece 3,125 $ (infatti, 1 € : 1,25 $ = 2,50 € : x $, da cui x = 3,125 $).

Dopo la conversione in $ del prezzo italiano del Big Mac e dopo aver rilevato che per comprare il Big Mac negli Usa ci vogliono 4 $ mentre in Italia ci vogliono 3,125 $, troviamo il **tasso di cambio reale €/$**, che è:

$$\textbf{TC reale €/\$} = \frac{\textbf{3,125 \$}\ \textit{(prezzo in \$ del Big Mac in Italia)}}{\textbf{4 \$}\ \textit{(prezzo in \$ del Big Mac negli Usa)}} = \textbf{0,78125 \$ per 1 €}$$

o, in altri termini, 1 $ = 1,28 € (infatti, 1 € : 0,78125 $ = x € : 1 $, da cui x = 1,28 €).

Da questo esempio risulta, pertanto, che il **tasso di cambio reale €/$** è deprezzato (svalutato) rispetto al tasso di cambio nominale:

- il **tasso di cambio nominale** è rimasto invariato: 1 € = 1,25 $;
- il **tasso di cambio reale** è 1 € = 0,78125 $.

Ciò indica una caduta del potere di acquisto dell'euro negli Stati Uniti rispetto al suo potere di acquisto in Italia, che favorisce le esportazioni italiane negli Usa del Big Mac e riduce le importazioni italiane dagli Usa del Big Mac.

IN PILLOLE

Tasso di **cambio nominale**
Prezzo al quale le valute di differenti Paesi possono essere scambiate l'una con l'altra.

Tasso di **cambio reale**
Prezzo medio del bene o servizio nazionale in relazione al prezzo medio del bene o servizio estero, quando i prezzi sono espressi in una moneta comune.

Se il tasso di cambio reale aumenta:
- occorrono più prodotti "nazionali" in cambio di merci estere;
- ci troviamo di fronte a un deprezzamento in termini reali.

Se il tasso di cambio reale diminuisce:
- occorrono meno prodotti "nazionali" in cambio di merci estere;
- ci troviamo di fronte a un apprezzamento in termini reali.

Tasso di cambio reale > tasso di cambio nominale → sfavorite le esportazioni e favorite le importazioni.

Tasso di cambio reale < tasso di cambio nominale → favorite le esportazioni e sfavorite le importazioni.

A tasso di cambio nominale invariato, la causa può essere attribuita:

- a un aumento dei prezzi Usa rispetto ai prezzi dell'Unione monetaria europea (occorre tuttavia precisare, ritornando all'esempio del Big Mac,

Valute
Sono le monete in circolazione in un determinato Paese.

Divise
Mezzi di pagamento diversi dalla valuta (per esempio assegni e cambiali).

che, se l'Italia sperimentasse un'inflazione molto elevata e superiore a quella che si verifica negli Usa, il Big Mac americano diventerebbe più conveniente del Big Mac italiano, nonostante il deprezzamento dell'euro, e l'Italia sarebbe meno competitiva);
- a un deprezzamento nominale del tasso di cambio (si precisa che, a prezzi invariati, il deprezzamento nominale implica un deprezzamento reale, e viceversa; nella bilancia commerciale i due andamenti coincidono per definizione).

In conclusione, il tasso di cambio reale rappresenta la più efficace e corretta misura della competitività di un sistema economico, in quanto combina opportunamente il ruolo del cambio nominale con quello dei prezzi relativi.

Foreign exchange market
Mercato dei cambi
Market where you buy and sell currencies (eg. Dollars, pounds, yen, etc.) of the various countries.

Currency market
Mercato valutario
It is the place of international agreements for trade in currencies.

Demand for foreign currency
Domanda di valuta estera
The demand for foreign currency derives from imports of goods, services and from capital outflows.

Come si determina il tasso di cambio?

Il tasso di cambio si determina sul **mercato dei cambi** (o **mercato valutario**), un mercato in cui si scambiano le valute. Su tale mercato il metodo di quotazione usato dalla maggior parte delle piazze internazionali è **incerto per certo**. Su di esso si forma:
- una **domanda di valuta estera** derivante da importazioni e uscite di capitali che varia in funzione inversa del tasso di cambio: se il **tasso di cambio aumenta**, la domanda di valuta estera diminuisce perché le importazioni sono meno convenienti; viceversa nel caso contrario;
- un'**offerta di valuta estera** derivante da esportazioni ed entrate di capitale che varia in funzione diretta del tasso di cambio: se il **tasso di cambio aumenta**, l'offerta di valuta estera aumenta perché le esportazioni sono più convenienti; viceversa nel caso contrario.

Il tasso di cambio d'equilibrio si determina nel punto in cui la domanda di euro uguaglia l'offerta di euro (fig. 2).

Figura 2

Mercato valutario

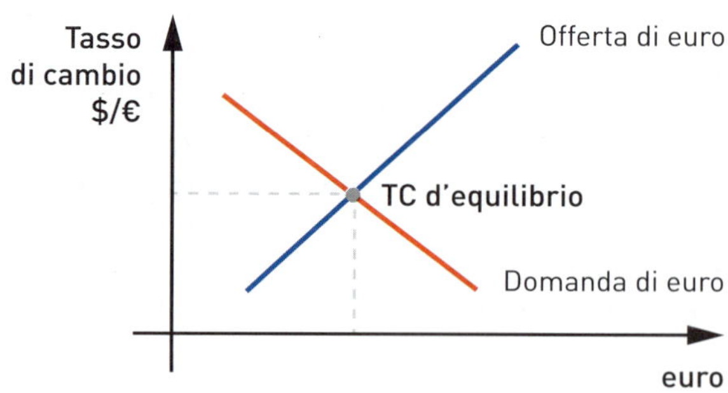

Tuttavia, su tale mercato, gli acquisti e le vendite di valute sono fatti anche per trarre dei profitti.

A questo proposito il mercato valutario più importante del mondo è il **Forex** (una sigla composta da "*For*" ed "*Ex*", abbreviazioni dell'espressione inglese **Foreign Exchange Market**), la cui nascita è avvenuta intorno agli anni Settanta del secolo scorso. Il Forex è "**over the counter**", ossia è privo di quei meccanismi di standardizzazione e trasparenza tipici dei mercati regolamentati come Borsa Italiana o il Nyse a Wall Street. Tale mercato non ha una sede fisica, è composto principalmente da banche in costante contatto telefonico che operano via computer acquistando e vendendo depositi denominati in valute estere (per esempio dollari, sterline, yen, ecc. dei vari Paesi) senza alcun trasferimento fisico di contanti. Tuttavia, l'arrivo di internet ha stravolto il mercato del Forex, e ora è possibile per i piccoli investitori comprare e vendere valute semplicemente, attraverso conti di intermediazione on-line offerti dai broker.

Supply of foreign currency
Offerta di valuta estera
The offer for foreign currency derives from exports of goods, services and from capital inflows.

Che cosa induce gli operatori a domandare e a offrire valuta nel Forex?

Gli operatori sono influenzati dalle quotazioni del tasso di cambio.

Con la quotazione **certo per incerto**, se il cambio **€/$ si deprezza**, cioè scende, significa che l'euro è più debole nei confronti del dollaro (o, è la stessa cosa, il dollaro si rafforza nei confronti dell'euro), cioè 1 € si scambia con una minore quantità di dollari rispetto a prima del deprezzamento; viceversa, nel caso in cui il cambio **€/$ si apprezza**, cioè si alza, il dollaro diventa più debole nei confronti dell'euro (o l'euro più forte nei confronti del dollaro) per cui 1 € si scambia, rispetto a prima, con una maggiore quantità di dollari.

Tutto questo si riflette su guadagni e perdite degli operatori. In breve, come per tutte le attività economiche, anche il Forex fa guadagnare e fa perdere.

IN PILLOLE

Domanda di valuta estera (cessione di moneta nazionale per acquistare moneta estera):
- importazioni;
- uscite di capitali.

Offerta di valuta estera (cessione di moneta estera per acquistare moneta nazionale):
- esportazioni;
- entrate di capitali.

Se il mercato dei cambi viene interpretato come il mercato delle valute estere, significa che negli scambi tra Europa e Usa si avrà:
- in Europa: domanda di dollari e offerta di dollari;
- negli USA: domanda di euro e offerta di euro.

Il tasso di cambio fa sì che domanda e offerta si equivalgano, cioè:
- domanda di $ = offerta €;
- offerta di $ = domanda di €.

Esempio

Tizio decide di acquistare 1.200 euro a un tasso di cambio di €/$ = 1,15.

Il suo bilancio sarà automaticamente +1.200 euro e –1.380 dollari (infatti 1 € : 1,15 $ = 1.200 € : x $, da cui x = 1.380 $).

Dopo un po' di tempo il tasso di cambio €/$ sale e arriva a quota 1,22.

Tizio decide di vendere i 1.200 euro acquistati. Il suo bilancio sarà –1.200 euro e +1.464 dollari (infatti: 1 € : 1,22 $ = 1.200 € : x $, da cui x = 1.464 $).

Le esportazioni italiane aumentano.

Turismo: arrivano gli americani.

«I love shopping.»

Riassumendo i risultati ottenuti sia per l'euro che per il dollaro si avrà:

- euro: +1.200 – 1.200 = 0;
- dollari: – 1.380 + 1.464 = + 84.

Il guadagno di questa posizione è stato quindi di 84 dollari statunitensi.

Da cosa dipendono le oscillazioni dei cambi?

Le oscillazioni dei cambi tra le valute sono influenzate da molte variabili come gli indicatori economici rilasciati dai Governi a intervalli fissi (prodotto interno lordo, tasso di disoccupazione, tassi d'interesse, bilancia dei pagamenti, debito pubblico e altro ancora) o anche da fattori di politica monetaria (un innalzamento dei tassi d'interesse praticati da una Banca centrale farà crescere il "valore" della valuta emessa dalla stessa Banca centrale). Anche le materie prime, come oro, petrolio e argento, possono influenzare i tassi di cambio tra i Paesi.

Se la bilancia dei pagamenti registra un attivo o un passivo, si verifica un attivo o un passivo anche sul mercato delle valute?

Sul mercato delle valute si registrano gli stessi squilibri.

Esempio

Supponiamo che Stati Uniti e Italia si scambino beni alimentari e che ognuno dei due Paesi esiga che le sue esportazioni vengano pagate con la propria valuta nazionale (in euro per l'Italia e in dollari per gli Usa). Sappiamo che sul mercato delle valute si contrattano beni costituiti da monete: euro e dollari nel nostro esempio. Pertanto, sul mercato delle valute si formerà:

- **da parte degli Usa**: una domanda di euro e una corrispondente offerta di dollari per pagare le importazioni di prodotti alimentari dall'Italia (in tal caso, l'Italia esporta negli Usa);
- **da parte dell'Italia**: una domanda di dollari e una corrispondente offerta di euro per pagare le importazioni di prodotti alimentari dagli Usa (in tal caso, gli Usa esportano in Italia).

domanda di euro
(da parte degli Stati Uniti)
>
offerta di euro
(fatta dall'Italia)

↓

esportazioni italiane
>
importazioni italiane

Se:

- **domanda di euro** (da parte degli Usa) > **offerta di euro** (fatta dall'Italia) significa che gli americani domandano molti euro perché importano molto dall'Italia e, di converso, l'Italia esporta molto verso gli Usa. L'Italia, invece, offre meno euro perché importa poco dagli Usa, e, di converso, gli americani esportano poco in Italia.

Quindi: **esportazioni italiane > importazioni italiane.**

A questo squilibrio corrisponde un surplus della bilancia dei pagamenti che porta a un apprezzamento dell'euro nei confronti del dollaro, perché la domanda di euro eccedente fa crescere il prezzo dell'euro nei confronti del dollaro;

- **domanda di euro** (da parte degli Usa) < **offerta di euro** (fatta dall'Italia) significa che gli statunitensi domandano pochi euro perché importano poco dall'Italia e, di converso, l'Italia esporta poco negli Usa. L'Italia, invece, offre più euro perché importa molto dagli Usa, e, di converso, gli statunitensi esportano molto in Italia.

Quindi: **esportazioni italiane < importazioni italiane.**

A questo squilibrio corrisponde un deficit della bilancia dei pagamenti che porta a un deprezzamento dell'euro nei confronti del dollaro, perché l'offerta di euro eccedente fa diminuire il prezzo dell'euro nei confronti del dollaro.

domanda di euro
(da parte degli Stati Uniti)
<
offerta di euro
(fatta dall'Italia)

↓

esportazioni italiane
<
importazioni italiane

IN PILLOLE

- Se la quantità domandata di una valuta straniera è superiore alla quantità offerta (il saldo degli scambi con l'estero è attivo), allora il cambio (prezzo della moneta) tende a salire.
- Se la quantità offerta di valuta straniera è superiore alla quantità domandata (il saldo degli scambi con l'estero è passivo), allora il cambio (prezzo della moneta) tende a scendere.

Si può affermare che il tasso di cambio dipende dalla bilancia dei pagamenti del Paese considerato?

Il tasso di cambio di un Paese dipende, in definitiva, dalla sua bilancia dei pagamenti. In particolare:

- **dagli scambi commerciali**, cioè dalle importazioni ed esportazioni di beni, compreso il turismo da un Paese all'altro. Il surplus delle esportazioni sulle importazioni comporta apprezzamento della valuta del Paese preso in considerazione rispetto alle altre valute e viceversa nel caso contrario;
- **dalla prospettiva di crescita del Paese**: se le prospettive di crescita del Paese preso in considerazioni sono alte, si verifica un apprezzamento della valuta di quel Paese, viceversa nel caso contrario;
- **dagli investimenti finanziari** (per esempio: acquisto di buoni del tesoro stranieri). Questo volume di scambio è legato in particolar modo al livello del tasso di interesse che, se alto, attira capitali alla ricerca di buoni rendimenti, con un aumento di domanda della valuta nazionale e apprezzamento della valuta del Paese preso in considerazione;
- **dalle attività di speculazione sui cambi**, cioè dalle operazioni di acquisto e vendita di valute col solo fine di guadagnare dalla variazione dei tassi di cambio nel tempo. Le attese degli speculatori per una rivalutazione comportano apprezzamenti della valuta del Paese preso in considerazione, e viceversa nel caso contrario.

La **speculazione** consiste in una scommessa contro il mercato; lo speculatore spera di essere più bravo del mercato nel prevedere il futuro. Un esempio: acquistare un bene o un'attività finanziaria oggi a un prezzo e rivenderla domani, cercando di guadagnare la differenza di prezzo.

Speculation
Speculazione
Engagement in business transactions involving considerable risk but offering the chance of large gains, especially trading in commodities, stocks, etc., in the hope of profit from changes in the market price.

3 LE POLITICHE ECONOMICHE NEI DIVERSI REGIMI DI CAMBIO

Le oscillazioni dei tassi di cambio hanno posto le autorità di fronte al problema di regolamentare il mercato valutario.

A seconda delle circostanze, le autorità monetarie possono preferire che il tasso di cambio segua liberamente le forze della domanda e dell'offerta, oppure possono preferire che esso non si allontani da un determinato valore. Queste diverse possibilità di scelta si esprimono mediante accordi tra autorità monetarie, che danno vita al **sistema monetario internazionale**.

Fixed exchange rate
Cambi fissi
This occurs when the government seeks to keep the value of a currency fixed against another currency.

Fluctuating exchange rates
Cambi fluttuanti
The exchange rates of one currency against all the others are freely determined by the currency market.

Da questo punto di vista, si distinguono due principali regimi di cambio:

a) **il regime a cambi fissi**. Esso si realizza quando due o più Paesi si accordano per mantenere il tasso di cambio tra le loro valute a un determinato valore o, più frequentemente, entro una certa fascia. In tal caso, le Banche centrali dei Paesi interessati all'accordo di cambio devono impegnarsi a intervenire nel mercato valutario, attingendo alle loro scorte di mezzi di pagamento che vengono accettati in tutti i Paesi (riserve ufficiali). L'intervento può avvenire in vari modi:
   - cercando di deprezzare (svalutare) la valuta nazionale se il tasso di cambio sta salendo troppo. In tal caso, l'autorità monetaria di quel Paese tenterà di provocare una riduzione del tasso di cambio nominale effettuando sul mercato valutario una massiccia vendita della moneta nazionale, con corrispondente acquisto di valuta estera. Per un dato livello dei prezzi, una svalutazione (cioè una riduzione del tasso di cambio nominale) porta a un deprezzamento reale (cioè a una riduzione del tasso di cambio reale). Una svalutazione agisce quindi sulle esportazioni, facendo aumentare la domanda globale, per cui, a un dato livello dei prezzi, la produzione è maggiore. Permettere al tasso di cambio nominale di aggiustarsi può aiutare la produzione a tornare al suo livello naturale, se ne era al di sotto. Questo implica che, quando un Paese presenta un forte disavanzo commerciale o una grave recessione, le pressioni politiche a favore di una svalutazione aumentano;
   - cercando di apprezzare (rivalutare) la valuta nazionale se il tasso di cambio sta scendendo troppo. In tal caso l'autorità monetaria di quel Paese effettuerà sul mercato valutario un massiccio acquisto di valuta nazionale, con corrispondente vendita di valuta estera. Gli effetti saranno contrari a quelli visti sopra;
   - cercando di alzare i tassi di interesse per attirare capitali e sostenere il cambio; viceversa cercando di far scendere i tassi d'interesse per deprezzare la valuta;
   - decidendo, in casi eccezionali, se le forze del mercato spingono verso un riallineamento in maniera persistente per squilibri commerciali duraturi o per attacchi speculativi, di svalutare o rivalutare la moneta, riaggiustando il cambio, per poi cercare di attenersi alla nuova parità;

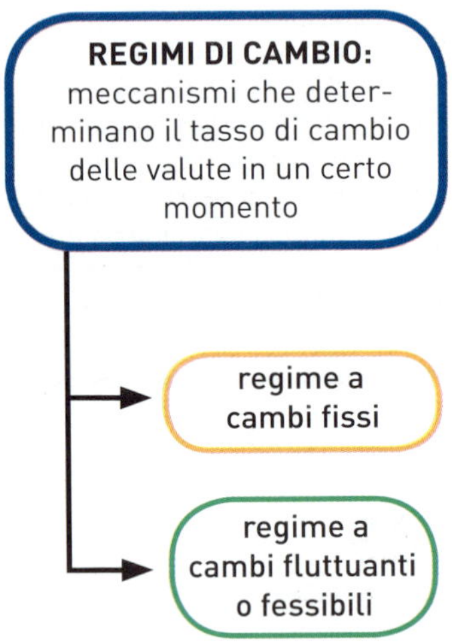

b) **il regime a cambi fluttuanti**. Esso si realizza quando uno o più Paesi decidono di lasciare che i tassi di cambio della propria valuta con tutte le altre siano determinati dal mercato valutario. In questo caso le valute fluttuano, apprezzandosi o deprezzandosi sulla base dell'andamento della domanda e dell'offerta, senza interventi da parte dello Stato.

A loro discrezione, le Banche centrali possono tuttavia cercare di influire sul cambio, impiegando le proprie riserve ufficiali nella compravendita di valuta in controtendenza, ogniqualvolta le forze spontanee del mercato tendono a far allontanare troppo il tasso di cambio dal valore desiderato, oppure operando con la manovra dei tassi. Si tratta comunque di interventi discrezionali e non obbligatori.

SVALUTAZIONE IN REGIME DI CAMBI FISSI:
- riduzione del tasso di cambio nominale;
- riduzione del tasso di cambio reale;
- aumento domanda globale;
- aumento produzione in caso di sottoccupazione delle risorse, o aumento dei prezzi in caso di piena occupazione delle risorse.

È possibile stabilire quale dei due sistemi è il migliore?

In generale, non si può dire quali siano i vantaggi e gli svantaggi dei due regimi. Essi dipendono dalla fase storica e dalle diverse priorità di politica economica dei Paesi. Il regime a cambio fisso è ritenuto il più adatto nel caso in cui i Paesi siano fortemente integrati, cioè quando tra loro si forma un'area valutaria ottimale (una moneta unica per un gruppo di Paesi è una forma estrema di tassi di cambio fissi). Di questo se ne parlerà nel volume della 5° classe.

In generale:
- i **cambi fluttuanti o flessibili** consentono maggiore autonomia, ma favoriscono i movimenti di capitale a scopi speculativi e possono fluttuare così fortemente da non rientrare più sotto il controllo della politica monetaria;
- i **cambi fissi** consentono maggiore stabilità e controllo dell'inflazione, ma, in caso di una loro forte oscillazione, costringono i Governi a intervenire per mantenere il tasso di cambio fisso al suo valore iniziale e ciò potrebbe provocare dei problemi.

- Se il tasso di cambio aumenta, allora le autorità monetarie vendono valuta straniera attingendo dalle riserve. L'effetto è che il tasso di cambio diminuisce.
- Se il tasso di cambio diminuisce, allora le autorità monetarie acquistano valuta straniera (e questo aumenta le riserve valutarie del Paese). L'effetto è che il tasso di cambio aumenta.

Supponiamo, per esempio, che un Paese si trovi in una situazione di eccesso di domanda di valuta estera (cioè importazioni > esportazioni). In tal caso la Banca centrale è costretta a fornire al mercato dei cambi la valuta estera supplementare richiesta, facendo ricorso alle sue riserve di valuta (cioè, come si è visto in precedenza, vendendo la valuta estera richiesta in cambio di valuta nazionale). In seguito a tale provvedimento, la domanda di valuta potrebbe tornare nella sua posizione originaria (per esempio perché lo spostamento iniziale era temporaneo e, dunque, reversibile) e il problema verrebbe risolto. Poiché, tuttavia, le riserve di valuta estera non sono illimitate, questa situazione non può durare per sempre e, quindi, la Banca centrale (o il Governo) dovranno prendere misure di politica economica in grado di ridurre la domanda di valuta e ripristinare così l'equilibrio originario. Tali misure consistono o in una politica monetaria restrittiva (tassi di interesse più elevati al fine di rendere più convenienti le attività nazionali) o in una politica fiscale restrittiva (la spesa pubblica si riduce o le tasse vengono aumentate, in modo da ridurre il PIL nazionale e quindi le importazioni). Ne consegue che il mantenimento di un tasso di cambio fisso costringe la Banca centrale a mantenere riserve adeguate di valuta estera e a sacrificare la crescita interna, al fine di mantenere in equilibrio la bilancia dei pagamenti.

APPROFONDIMENTO ONLINE
Aree valutarie ottimali ed euro

BILANCIA DEI PAGAMENTI

è

un documento contabile di cassa che registra i flussi monetari originati dalle transazioni fra i residenti in un Paese e i residenti all'estero, contabilizzate in vari conti:

- **conto delle partite correnti** (conto merci, conto servizi, conto redditi, trasferimenti unilaterali correnti)
- **conto finanziario**
- **conto capitale**
- **conto errori e omissioni**

si basa

sul principio della contabilità in partita doppia, per cui ogni operazione dà luogo a due registrazioni:

- una, **con segno positivo**, come credito verso i residenti esteri (attività), se la valuta entra nel Paese:
  a) esportazioni
  b) afflussi di capitale che provocano aumento dell'indebitamento netto del Paese (a causa dell'aumento delle passività finanziarie sull'estero) e accreditamento nel conto finanziario (entrata di valuta)
- una, **con segno negativo**, come debito verso i residenti esteri (passività), se la valuta esce dal Paese:
  a) importazioni
  b) deflussi di capitale che provocano riduzione dell'indebitamento netto del Paese (a causa dell'aumento delle attività finanziarie sull'estero) e addebitamento nel conto finanziario (uscita di valuta)

ha

il saldo contabile sempre in pareggio perché:

- a un **avanzo** delle partite correnti o dei movimenti di capitale corrisponderà sempre un uguale aumento delle riserve ufficiali
- a un **disavanzo** delle partite correnti o dei movimenti di capitale corrisponderà una uguale diminuzione delle riserve ufficiali
  Se non è possibile riequilibrare la bilancia dei pagamenti, si fa ricorso a:
  a) politiche di aggiustamento strutturale
  b) politiche protezionistiche
  c) modificazioni del tasso d'interesse ufficiale
  d) svalutazione della valuta nazionale ma solo nell'ipotesi di **regime a cambio flessibile** (contrapposto al **regime a cambi fissi**)

MAPPA UNITÀ F3

IL TASSO DI CAMBIO

↓

Le transazioni registrate nella Bilancia dei pagamenti sono accompagnate da uno scambio di moneta nazionale con moneta estera

↓

per cui si determina

il **tasso di cambio nominale (TC)**: prezzo di una valuta in termini di un'altra. Non va confuso con il **tasso di cambio reale (TC reale)** che rappresenta il prezzo relativo fra i beni prodotti nei due Paesi:

$$\textbf{TC reale} = \frac{\textit{Prezzo in moneta estera dei beni nazionali}}{\textit{Prezzo in moneta estera dei beni esteri}}$$

↓

Il TC nominale

si determina:
sul **mercato dei cambi** (mercato valutario) dove si incontrano:
- la **domanda di valuta estera** per importazioni e uscite di capitali (varia in funzione inversa del tasso di cambio)
- l'offerta di valuta estera per esportazioni e afflussi di capitale (varia in funzione diretta del tasso di cambio)

da cui scaturisce il **tasso di cambio d'equilibrio**

Gli acquisti e le vendite di valuta sono fatti anche per trarre profitti - mercato **Forex**

Il **tasso di cambio dipende dalla bilancia dei pagamenti del Paese considerato** perché, per esempio se esportazioni italiane > importazioni italiane, si avrà una domanda di euro da parte del Paese con cui l'Italia effettua gli scambi (USA) > dell'offerta di euro da parte dell'Italia per le sue importazioni dagli USA, per cui ci sarà un surplus della bilancia dei pagamenti e un apprezzamento dell'euro rispetto al dollaro

può essere espresso:
- **quotazione certo per incerto**: è il prezzo della valuta nazionale (esempio €) in termini della valuta estera (esempio $)
- **quotazione incerto per certo**: è il prezzo della valuta estera (esempio $) in termini della valuta nazionale (esempio €)

Se TC è il tasso di cambio €/$ (quotazione certo per incerto), il tasso di cambio $/€ (quotazione incerto per certo) è 1/TC:
- **€/$ sale** = apprezzamento valuta nazionale (favorite importazioni, sfavorite esportazioni)
- **€/$** scende = deprezzamento valuta nazionale (sfavorite importazioni, favorite esportazioni)
- **$/€ sale** = deprezzamento valuta nazionale (sfavorite importazioni, favorite esportazioni)
- **$/€ scende** = apprezzamento valuta nazionale (favorite importazioni, sfavorite esportazioni)

Verifiche 3

1) TROVA L'ERRORE IN OGNI FRASE

Competenza: acquisire e riconoscere i contenuti chiave

A. L'afflusso di capitali in Italia significa che le passività verso l'estero dell'Italia sono diminuite.

B. Gli acquisti e le vendite di titoli tra residenti e non residenti vengono registrate nel conto delle partite correnti.

C. Le politiche di aggiustamento strutturale mirano a ridurre le esportazioni e a incentivare le importazioni.

D. La quotazione certo per incerto tra dollaro ed euro, a New York, significa quotare una quantità certa della valuta estera (1 dollaro) in una incerta di valuta nazionale (euro).

E. Se il tasso di cambio (definito come quantità di valuta domestica che occorre dare per avere una unità di valuta estera) diminuisce, l'offerta di valuta estera sarà alta, e viceversa.

2) COLLEGA LE ESPRESSIONI CONTRASSEGNATE DA UNA LETTERA CON QUELLE INDICATE DA UN NUMERO

Competenza: individuare collegamenti e relazioni

A. Apprezzamento nominale della valuta nazionale	1. Quantità di valuta estera che si può ottenere con 1 unità di valuta nazionale
B. Deprezzamento nominale della valuta nazionale	2. Prezzo dei beni esteri in termini di beni nazionali valutati in una stessa moneta
C. Tasso di cambio reale	3. La valuta nazionale aumenta di valore rispetto alla valuta estera
D. Apprezzamento reale	4. I beni esteri aumentano di prezzo rispetto ai beni nazionali
E. Deprezzamento reale	5. Rapporto con cui vengono scambiate due valute
F. Quotazione del cambio certo per l'incerto	6. La valuta nazionale diminuisce di valore rispetto a quella estera
G. Quotazione del cambio incerto per certo	7. I beni esteri diminuiscono di prezzo rispetto ai beni nazionali
H. Tasso di cambio nominale	8. Quantità di valuta nazionale necessaria ad acquistare 1 unità della valuta estera considerata

A	B	C	D	E	F	G	H

3) INDICA SE LE SEGUENTI AFFERMAZIONI SONO VERE O FALSE. SE LE RITIENI FALSE GIUSTIFICA LA RISPOSTA

Competenza: acquisire, interpretare l'informazione e comunicare

	VERO	FALSO
A. Se il tasso di cambio tra euro e dollaro è 2 \$, significa che 1 dollaro vale 0,5 euro.		
B. Se il tasso di cambio tra euro e dollaro è 2 \$ e 1 yen giapponese vale 3 dollari, questo significa che 1 yen vale 1,5 euro.		

	VERO	FALSO
C. Se un Paese è fortemente indebitato con l'estero, normalmente il suo PNL sarà superiore al suo PIL.		
D. Nella quotazione incerto per certo, aumenti del tasso di cambio indicano una rivalutazione e diminuzioni del tasso di cambio indicano una svalutazione.		
E. In un regime di cambi flessibili, un deficit della bilancia dei pagamenti italiana nei confronti degli Usa determina un apprezzamento dell'euro rispetto al $.		
F. Se, in seguito a una variazione dei tassi di cambio, risulta necessaria una maggiore quantità di euro per acquistare dollari, ciò significa che gli italiani acquisteranno una maggiore quantità di prodotti statunitensi.		
G. Un deprezzamento dell'euro tenderà a far aumentare i prezzi dei beni importati e ridurre i prezzi dei beni esportati.		
H. Le esportazioni italiane determinano un incremento della domanda di euro e una riduzione dell'offerta di valuta estera.		

4) RISOLVI I SEGUENTI PROBLEMI

Competenza: risolvere problemi

A. Se un importatore italiano può acquistare 200 $ spendendo 300 euro:
   1. quale sarà il cambio $/euro?
   2. quale sarà il cambio euro/$?

B. Nella bilancia dei pagamenti di un Paese appaiono in modo scomposto queste cifre espresse in migliaia di euro:

Esportazione di merci 40 Importazioni di merci 30 Esportazione di servizi 15	Importazione di servizi 10 Reddito netto da investimenti (–) 5 Trasferimenti netti (+) 10	Capitali in entrata 10 Capitali in uscita 40 Riserve ufficiali 10

   1. A quanto ammonta il saldo della bilancia commerciale?
   2. A quanto ammonta il saldo delle partite correnti?
   3. A quanto ammonta il saldo dei movimenti di capitale?
   4. Il Paese ha avuto un avanzo o un deficit della bilancia dei pagamenti?

5) RISPONDI AI SEGUENTI QUESITI IN UN MASSIMO DI 5/6 RIGHE

Competenza: saper organizzare e sintetizzare i contenuti

A. Spiega perché la bilancia dei pagamenti si basa sul principio della contabilità in partita doppia.
B. Quali operazioni vengono registrate nel conto finanziario della bilancia dei pagamenti italiana?
C. Qual è lo scopo delle politiche di aggiustamento strutturale?
D. Qual è la differenza tra tasso di cambio nominale e tasso di cambio reale?
E. Quali sono le cause di una diminuzione del potere d'acquisto dell'euro in Giappone?
F. Spiega perché, per le nostre industrie esportatrici, l'euro debole è un'ottima notizia.
G. Da cosa è costituita la domanda di valuta estera?
H. Se le importazioni italiane superano le esportazioni italiane, la domanda di euro sarà maggiore o minore dell'offerta di euro?
I. Quali sono gli aspetti specifici di un regime a cambi fissi?
J. Quali sono gli aspetti specifici di un regime a cambi flessibili?

ENGLISH EXERCICES 3

1) True or False questions

	TRUE	FALSE
A. A foreign exchange market is where the international trade of goods and services takes place		
B. A nominal exchange rate is the price of one currency in terms of another currency		
C. If in a nation imports increase, then the demand for foreign currencies falls		
D. The supply curve of foreign currency will shift to the right when the exchange rate increases		
E. If exports of goods are greater than imports, then a favorable balance of trade exists		
F. Foreign direct investments in the United States represent a capital inflow to the U.S.		
G. The balance of trade is given by invisible exports and imports		
H. A potential problem with fluctuating exchange rates is that they may stimulate the speculation		
I. An effect of a depreciation of the US Dollar against the Euro is that Americans can import from Europe at cheaper prices		
J. Price Quotation System is the value of one unit of a national currency in terms of foreign currency		

2) Fill in the blanks

A. If the dollar-for-euro exchange rate falls, then European goods are _________ for Americans, and the quantity demanded of euros will _________ .

B. The _________ for euros reflects the U.S. demand for European goods and services, and the _________ of euros reflects the European demand for Americans goods and services.

C. If foreigners find attractive investment opportunities in the United States, the effect will be to cause the dollar to _________ in relation to foreign currencies; hence foreign goods will become relatively _________ for Americans, and foreigners will find American goods relatively _________ .

3) Answer to the following questions

A. Why is the overall Balance of Payment of a country always balanced?
B. What types of transactions are recorded in a country's Balance of Payments?
C. What is the difference between Volume Quotation System and Price Quotation System?

UNITÀ

4 Cooperazione internazionale e sviluppo economico

Il popolo di Seattle

Nel dicembre 1999 si svolge a Seattle la conferenza ministeriale dell'Organizzazione mondiale del commercio (Wto) che si prefigge di discutere temi quali la tutela dell'ambiente, la globalizzazione dei mercati, il debito dei Paesi del Terzo mondo. La conferenza si chiude senza alcun risultato significativo a causa della protesta dei rappresentanti dei Paesi del Sud del mondo e, soprattutto, del clamore suscitato dalle manifestazioni organizzate da migliaia di persone appartenenti a movimenti di cittadini, organizzazioni non governative, movimenti giovanili e ambientalisti, sindacati.

È l'atto di nascita del cosiddetto "Popolo di Seattle", un composito movimento internazionale che ha come mezzo di collegamento Internet e come collante la protesta contro la globalizzazione dei mercati e delle regole e prassi economiche, spesso incuranti dei danni ambientali e delle peculiarità e differenze di ogni singolo Paese. I "no global" contestano anche la progressiva trasformazione della sanità, della scuola e della cultura in oggetti di commercio. Fra i nomi simbolo del movimento troviamo l'agricoltore francese José Bové e la saggista Naomi Klein, autrice di *No Logo*, un libro che mette sotto accusa lo strapotere delle multinazionali e dei loro marchi. Il luogo simbolo è invece Porto Alegre, in Brasile, dove, dal 25 al 30 gennaio 2001, si è svolto un controvertice mondiale in opposizione al World Economic Forum di Davos (Svizzera). [...]

Atlante storico 2001
dal sito «silab.it»

attività

1. Dove si trova Seattle?
2. Chi sono i "no global"?
3. Quali sono le ragioni alla base della loro contestazione?
4. Che cosa pensi di questo movimento?

1 LE PRINCIPALI ORGANIZZAZIONI ECONOMICHE INTERNAZIONALI

A partire dal secondo dopoguerra i maggiori Paesi a economia di mercato si impegnarono a perseguire politiche basate sul principio del libero scambio per favorire lo sviluppo del commercio e la cooperazione economica internazionale, al fine di risollevare i sistemi economici dalla situazione drammatica causata dalla guerra. A Bretton Woods, nello Stato americano del New Hampshire, nel 1944 si riunirono i rappresentanti di 45 Paesi con lo scopo di mettere a punto i programmi di cooperazione economica internazionale da realizzare a guerra conclusa.

Da allora si tentò di perseguire l'obiettivo dell'integrazione economica non solo attraverso la stipulazione di accordi multilaterali a carattere mondiale, ma anche mediante la creazione di specifiche organizzazioni internazionali, in particolare:

- il Fondo monetario internazionale;
- la Banca mondiale;
- il Gatt, poi sostituito dalla Wto (in italiano Omc, Organizzazione mondiale del commercio).

Quali furono le principali motivazioni che portarono alla creazione del Fondo monetario internazionale?

International Monetary Fund (Imf)
Fondo monetario internazionale (Fmi)
An international organization created in 1944 which aims to promote international trade, monetary cooperation and the stabilization of exchange rates.

Il **Fondo monetario internazionale** (Fmi), creato il 27 dicembre 1945 in seguito agli accordi di Bretton Woods, divenne, assieme alla Banca mondiale, uno dei pilastri del nuovo ordine economico mondiale.

Il Fmi fu creato al fine di evitare il disordine monetario e finanziario che aveva preceduto e, forse, favorito lo scoppio della seconda guerra mondiale. Durante gli anni Trenta, infatti, molti Paesi avevano adottato politiche economiche basate sul protezionismo e sulla svalutazione monetaria, con l'intento di rendere più competitive le proprie esportazioni. In questo modo si mise in moto una spirale perversa, in quanto ciascun Paese reagì alle decisioni degli altri adottando provvedimenti analoghi. Il risultato di queste politiche fu un crollo del commercio internazionale, che, a sua volta, provocò un calo consistente e generale del livello dell'attività economica, con conseguente disoccupazione e instabilità sociale. I Paesi che parteciparono alla conferenza di Bretton Woods decisero, quindi, di creare il Fmi, con il compito di rimediare agli errori di politica economica che tanti danni avevano provocato. Furono affidate al Fmi una funzione di **vigilanza** sul sistema monetario internazionale, per garantire la stabilità dei tassi di cambio, e anche una funzione di **assistenza finanziaria**, con la possibilità di erogare finanziamenti ai Paesi membri in situazione di squilibrio della bilancia dei pagamenti, al fine di abbreviare la durata delle crisi. Accanto a queste due funzioni, il Fmi svolge una funzione di **assistenza tecnica** ai Paesi membri in via di sviluppo, con l'obiettivo di

La sede centrale del FMI, organizzazione economica internazionale, a Washington, negli Stati Uniti.

aiutare e dare un supporto ai Governi per una maggiore efficacia delle loro politiche economiche.

Il Fmi svolge ancora oggi un ruolo importante per la cooperazione economica internazionale?

Il Fmi è la principale istituzione internazionale incaricata di assistere i Paesi colpiti da una crisi economico-finanziaria attraverso l'erogazione di prestiti alle autorità nazionali. Tutti i Paesi membri (attualmente quasi tutti i Paesi del mondo) versano al Fmi una quota calcolata in base al valore del reddito nazionale e del volume del commercio con l'estero di ognuno di loro. Il fondo, così costituito, consente di concedere finanziamenti a breve o medio termine, con l'applicazione di un tasso di interesse che deve essere pagato, insieme alle rate da restituire, dai Paesi che ne hanno beneficiato. I finanziamenti si basano su un accordo tra il Fmi e il Paese in difficoltà, in cui si precisano le **politiche di risanamento economico** (per esempio riforma fiscale, del mercato del lavoro, riduzione della spesa pubblica, ecc.) che lo Stato si impegna a mettere in pratica per ricevere l'aiuto finanziario internazionale.

Nei suoi settant'anni di vita, non sono mancati gli insuccessi e le conseguenti critiche rivolte al funzionamento del Fmi. La crisi scoppiata nel 2008, con la necessità di prestare assistenza finanziaria anche ai Paesi industrializzati – soprattutto a quelli appartenenti all'Unione monetaria europea – ha comunque rivelato la centralità del ruolo di questa istituzione per la stabilità dell'economia mondiale. Il contesto storico profondamente mutato, rispetto a quello presente al momento della istituzione del Fmi, richiede tuttavia un processo di riforma della sua struttura, per adattarla alle esigenze della globalizzazione finanziaria e di sviluppo economico di gran parte dei Paesi membri.

Come è strutturata la Banca mondiale?

Con l'espressione "**Banca mondiale**" (sede a Washington) si fa in genere riferimento alla sola Birs, ovvero Banca internazionale per la ricostruzione e lo sviluppo (Ibrd, *International Bank for Reconstruction and Development*).

Dal momento della sua creazione, nel 1945, essa si è allargata e oggi fa parte del Gruppo Banca mondiale (*World Bank Group*) assieme alle seguenti organizzazioni:

- Associazione internazionale per lo sviluppo (Ida, *International Development Association*);
- Agenzia multilaterale per la garanzia sugli investimenti (Miga, *Multilateral Investment Guarantee Agency*);
- Società finanziaria internazionale (Ifc, *International Finance Corporation*);
- Centro internazionale per la risoluzione delle dispute sugli investimenti (Icsid, *International Centre for Settlement of Investment Disputes*).

World Bank
Banca mondiale
Popular name for the International Bank for Reconstruction and Development (IBRD), established in 1945 as part of Bretton Woods System for rebuilding the Western economies through financing of infrastructural projects and for assisting economic development.

Quali funzioni svolge la Banca mondiale (o Banca internazionale per la ricostruzione e lo sviluppo)?

La Birs realizza investimenti per promuovere lo sviluppo economico, la transizione verso economie di mercato e la riduzione della povertà.

La Banca mondiale (Birs) è stata istituita il 27 dicembre 1945, in seguito alle indicazioni emerse dalla conferenza di Bretton Woods del 1944, per fornire sostegno alla ricostruzione delle economie dei Paesi membri devastate dalla seconda guerra mondiale. Inizialmente era composta da 38 Stati sovrani, attualmente diventati 188. Nel corso del tempo la sua principale funzione è diventata quella di realizzare investimenti per promuovere lo sviluppo economico, la transizione verso economie di mercato e la riduzione della povertà; essa interviene spesso nei Paesi colpiti da conflitti o calamità naturali. A differenza del Fmi, la Banca mondiale finanzia precisi **progetti di investimento**, in genere di grandi dimensioni (per esempio dighe, centrali elettriche, ecc.), concedendo agli Stati membri che ne facciano richiesta prestiti a lunga scadenza e a tassi inferiori a quelli praticati dal mercato purché accettino determinate condizioni.

Il capitale della Banca mondiale è costituito dalle quote versate dagli Stati membri (appartenenti obbligatoriamente anche al Fmi) al momento dell'adesione, che variano in relazione alle rispettive possibilità economiche e fungono da garanzia per la concessione di prestiti futuri. Il finanziamento delle attività della Banca mondiale deriva dal capitale versato dagli Stati membri e, in misura di gran lunga maggiore, dall'emissione di obbligazioni sui mercati finanziari internazionali.

La Banca mondiale è anche tenuta a svolgere una **funzione di assistenza tecnica**, sotto forma di consulenza, nei confronti dei Paesi membri che non dispongono delle competenze necessarie all'elaborazione di equilibrate strategie di sviluppo. Per esempio, nei confronti di alcuni Paesi dell'Europa dell'Est entrati nell'Unione europea, essa ha posto fine alla concessione di prestiti, ma ha continuato ad affiancarli attraverso consulenze per l'utilizzo dei fondi erogati dall'Unione stessa (i cosiddetti fondi strutturali).

Banca mondiale, Washington.

In che cosa consisteva il Gatt?

Il **Gatt** (*General Agreement on Tariffs and Trade*, in italiano **Accordo generale sulle tariffe e il commercio**) era un trattato commerciale stipulato da 23 Paesi, entrato in vigore il 1° gennaio 1948, con l'obiettivo di favorire il liberismo economico attraverso la soppressione degli ostacoli al commercio internazionale. Con tale accordo i Paesi aderenti si impegnavano a ridurre i dazi e ad armonizzare le loro tariffe doganali (cioè l'elenco di beni la cui importazione richiede il pagamento di un dazio, con l'indicazione dei relativi importi). Inoltre erano vietati il "dumping", cioè le vendite all'estero sotto costo, e l'introduzione di limiti alle importazioni.

Il Gatt si fondava sul **principio di non discriminazione**, in base al quale ogni Stato membro doveva avere uguali opportunità nelle relazioni commerciali con altri Stati membri. Esso si concretizza attraverso le seguenti clausole:

- la **clausola della nazione più favorita**, in virtù della quale, se un Paese ottiene un vantaggio da uno dei suoi partner commerciali, per esempio una riduzione dei dazi sulle importazioni di un certo tipo di prodotti, tale opportunità deve essere estesa a tutti gli altri Paesi firmatari dell'accordo. L'obiettivo di questo principio è quello di evitare ogni trattamento di favore da parte di uno Stato nei confronti di un altro, a scapito della totalità dei partner internazionali. È però fatta salva la possibilità di accordi commerciali preferenziali, nel senso che un gruppo di Paesi può decidere di procedere a forme di integrazione economica più avanzate, senza estenderle ad altri;
- la **clausola del trattamento nazionale**, in base alla quale ogni Paese si impegna ad adottare le stesse regole qualunque sia l'origine geografica dei prodotti in circolazione nei suoi mercati. L'obiettivo è quello di evitare che gli Stati membri usino vari strumenti (legislativi, fiscali, ecc.) per avvantaggiare i produttori nazionali rispetto a quelli esteri.

L'altro cardine su cui si reggeva il Gatt era il **principio di reciprocità**, secondo cui a concessioni da parte di uno o più Stati membri devono seguire concessioni da parte di altri Stati membri. In questo modo è possibile per un Paese mantenere relativamente stabile la propria bilancia commerciale, perché per esempio un aumento delle importazioni derivanti da una riduzione dei propri dazi può essere controbilanciato da un aumento delle esportazioni verso altri Paesi a seguito della riduzione dei loro dazi.

Sui principi di non discriminazione e di reciprocità si regge il sistema commerciale internazionale.

Nell'ambito del Gatt furono organizzate otto grandi conferenze, chiamate "round", che si svolsero tra il 1947 e il 1994. Ogni *round* è un insieme di negoziati protratti nel tempo che si conclude quando si ritiene di avere raggiunto l'accordo. Con la fine dell'"Uruguay round", svoltosi tra il 1986 e il 1994, fu creata a Marrakech la **Wto** (*World Trade Organization*), in italiano Organizzazione mondiale del commercio (**Omc**), con sede a Ginevra. Divenuta operativa a partire dal 1° gennaio 1995, la Wto ha inglobato di fatto il Gatt, ereditandone i principi generali così come i progressi compiuti in materia di riduzione delle tariffe doganali nel corso dei diversi *round*.

Gatt (General Agreement On Tariffs And Trade)
Accordo generale sulle tariffe e il commercio
A multilateral treaty signed in 1947 regulating international trade whose main objective was to reduce the barriers of international trade through the reduction of tariffs, quotas and subsidies.

Perché venne istituita la Wto?

World Trade Organization (Wto)
Organizzazione mondiale del commercio (Omc)
The only global international organization that deals with the rules of trade between nations to help producers of goods and services, exporters and importers conduct their business.

L'**Organizzazione mondiale del commercio** (Omc o **Wto**, con sede a Ginevra, in Svizzera) è un organismo internazionale di carattere universale il cui ruolo è quello di garantire la regolarità delle relazioni commerciali tra i Paesi membri (164 al 29 luglio 2016).

A differenza del Gatt, che consisteva in un accordo fra Paesi membri mai ratificato dai rispettivi Parlamenti, la Wto è un'organizzazione intergovernativa a cui sono state affidate le seguenti funzioni:

- elaborare un insieme di **regole comuni** per la liberalizzazione del commercio internazionale;
- organizzare i **negoziati commerciali** tra gli Stati, al fine di giungere alla stipulazione di accordi multilaterali permanenti, che devono essere ratificati dai Parlamenti nazionali;
- **risolvere le controversie** tra gli Stati membri.

Al momento della creazione del Gatt, il principale ostacolo al libero commercio internazionale era costituito dalle barriere tariffarie che, grazie a questo trattato, vennero progressivamente limitate. A quel punto gli Stati si resero conto della necessità di uniformare le proprie politiche nei settori tradizionalmente regolati dalle leggi nazionali (in materia sanitaria, fiscale, ecc.), le quali potevano ostacolare il commercio internazionale sostituendosi di fatto alle barriere tariffarie. La creazione della Wto segna, pertanto, il punto di arrivo di un processo di evoluzione del regime commerciale internazionale, anche se, rispetto al Gatt, non sono cambiati i principi ispiratori e l'idea che un regime commerciale basato sul libero scambio sia lo strumento più idoneo a garantire benessere e crescita economica.

WTO OMC

Bisogna ricordare che le regole che disciplinano la Wto non sono contenute nel Trattato di Marrakech, ma in una serie di accordi multilaterali che i Paesi membri si sono impegnati a rispettare in materia di commercio internazionale di beni, di servizi, di tutela della proprietà intellettuale, di procedure per la risoluzione delle controversie internazionali.

Come funziona la Wto?

I poteri decisionali nella Wto sono stati attribuiti a due organi: la Conferenza ministeriale e il Consiglio generale.

La **Conferenza ministeriale**, che rappresenta l'autorità suprema, si riunisce almeno una volta ogni due anni ed è formata dai rappresentanti di tutti gli Stati membri. Essa definisce la strategia generale della Wto e ne elegge il direttore generale per un mandato di quattro anni; i lavori richiedono alcuni giorni e avvengono ogni volta in un Paese differente (tab. 1).

Il **Consiglio generale** rappresenta tutti gli Stati membri ed è l'organo decisionale che definisce l'indirizzo politico quando la Conferenza ministeriale non esercita i propri poteri. Si riunisce, infatti, ogni due mesi e agisce sia come organo di risoluzione delle controversie sia come organo di esame delle politiche commerciali della Wto.

Le decisioni più rilevanti di competenza della Wto riguardano i negoziati intergovernativi che hanno lo scopo di favorire la liberalizzazione del commercio internazionale. Tali negoziati sono organizzati in *round*, i cui lavori, inerenti ai diversi temi da affrontare, sono svolti all'interno di commissioni specializzate, secondo una determinata agenda. Come regola generale, le decisioni all'interno della Wto avvengono per consenso, senza ricorrere a un voto formale; pertanto l'accordo è concluso quando nessuno Stato membro si oppone a esso in modo esplicito. Solo se risulta impossibile adottare una decisione per consenso unanime, si procede con la votazione, calcolando la maggioranza in base al principio "uno Stato, un voto".

Questo modo di procedere è di per sé meritevole in quanto stimola gli sforzi per arrivare a decisioni condivise e si regge sul principio di uguaglianza tra i Paesi membri, indipendentemente dal diverso peso economico e politico. In pratica, però, esso finisce per rallentare e, a volte, paralizzare il funzionamento della Wto, determinando una situazione di stallo ogni volta che anche solo uno dei 161 Paesi membri si oppone a un negoziato.

Fino a oggi sono stati conclusi otto *round* di negoziati; il nono, il Doha round, è tuttora in corso. Nel corso degli anni è sempre aumentato il numero degli Stati partecipanti e sono state ampliate le materie oggetto dei negoziati, perciò si sono accentuate le difficoltà nel raggiungimento degli accordi, a causa dei diversi interessi di cui sono portatori i Paesi membri.

Lo stallo in cui versa il Doha round è un segnale del forte cambiamento cui è andato incontro il sistema commerciale internazionale negli ultimi vent'anni. Il vecchio sistema, largamente dominato dalla Ue e dagli Stati Uniti, si è evoluto e complicato in seguito alla presenza di Paesi in transizione verso l'economia di mercato o in via di sviluppo, che svolgono un ruolo centrale. La liberalizzazione del sistema commerciale internazionale ha infatti arrecato beneficio a taluni Paesi in via di sviluppo, i quali hanno conosciuto una fase senza precedenti di crescita economica sostenuta, conquistando un maggior peso all'interno degli organismi internazionali.

Doha (Qatar), novembre 2001, quarta conferenza ministeriale della Wto (Doha Round).

La bicicletta verde

Film drammatico
di Haifaa Al-Mansour, 2012

Primo film girato integralmente in Arabia Saudita, racconta di Wadjda, una bambina di dieci anni che vive in un sobborgo di Riyad. Ogni giorno Wadjda passa davanti a un negozio e si ferma a guardare la bella bicicletta verde in vetrina. Poiché alle ragazze islamiche è proibito andare in bicicletta, la madre non gliela concede poiché teme le ripercussioni di una società che considera le biciclette un pericolo per la virtù delle ragazze. Wadjda però sogna di comprarla e per raccogliere i soldi necessari escogita un piano, cominciando a produrre e a vendere di nascosto dei braccialetti alle compagne di scuola. Il suo progetto tuttavia non funziona e a lei non resta che cogliere al balzo una nuova occasione: partecipare a un concorso di lettura del Corano con in palio una cospicua somma di denaro. Con l'astuzia, cercherà un modo per sconfiggere i rivali e arrivare prima.

- Guarda il film e discutine con i tuoi compagni e l'insegnante.

Tabella 1 – Le conferenze ministeriali della Wto

ANNO	LUOGO	PRINCIPALI ARGOMENTI OGGETTO DI DELIBERAZIONE
1996	Singapore	Prodotti informatici.
1998	Ginevra (Svizzera)	Servizi finanziari, telecomunicazione di base. Attuazione accordo su Informatica e Tecnologia.
1999	Seattle (Usa)	Interruzione dei lavori (contrasto Usa e Ue su problemi dell'agricoltura, malcontento Paesi in via di sviluppo, manifestazioni oppositori Wto).
2001	Doha (Qatar)	Ingresso di Cina e Taiwan, attuazione negoziati Wto nei Paesi emergenti, pianificazione dei negoziati (Agenda di Doha).
2003	Cancun (Messico)	Accordo Trips su medicine di base; stallo negoziazioni su agricoltura e servizi nell'ambito dell'agenda di Doha.
2005	Hong Kong	Discussioni su agenda di Doha, negoziazioni su agricoltura, accesso al mercato per i prodotti non agricoli, cotone, accesso al mercato per i Paesi più poveri.
2009	Ginevra (Svizzera)	Qualche avanzamento nell'agenda di Doha; richieste di accesso di Paesi come Iran e Russia; le sfide del cambiamento climatico; commercio internazionale e sviluppo economico.
2011	Ginevra (Svizzera)	Ingresso della Federazione russa; sovranità e sicurezza alimentare; lotta ai cambiamenti climatici; proprietà intellettuale; commercio elettronico.
2013	Bali (Indonesia)	Aiuto ai Paesi emergenti; agevolazioni sugli scambi commerciali; negoziazioni su agricoltura e settore alimentare.
2015	Nairobi (Kenya)	Divieto di **sussidi** atti a sostenere in modo sleale le esportazioni in agricoltura; semplificazione delle condizioni per gli esportatori dei Paesi più poveri; aiuti alimentari per i Paesi in via di sviluppo in moneta e non in natura.

Come funziona e quale efficacia ha la risoluzione delle controversie nella Wto?

L'attuale meccanismo di **risoluzione delle controversie** (*Dispute Settlement Mechanism*, Dsm) è molto più efficace rispetto a quello preesistente codificato dal Gatt, in base al quale se uno Stato lamentava un comportamento sleale da parte di un altro, la questione veniva esaminata da parte di un gruppo di esperti, ma le loro conclusioni potevano essere rifiutate dalle parti in causa, senza subire alcuna sanzione. Con la creazione della Wto, il meccanismo di risoluzione delle controversie è di tipo quasi giudiziario. In sostanza, in presenza di una controversia avente per oggetto la violazione dei trattati della Wto, la nuova procedura prevede la creazione di un tribunale sia di primo grado (detto *panel*) sia di appello, l'adozione di un verdetto e l'autorizzazione all'applicazione di sanzioni anche senza il consenso dello Stato membro "imputato". La riforma del Dsm ha introdotto procedure atte anche a facilitare la soluzione della controversia tra le parti in via preventiva, cioè prima che sia iniziata la vera e propria vertenza legale.

Pertanto il Dsm si è rivelato uno strumento abbastanza utile per ridurre le barriere commerciali tra gli Stati, anche se è poco adatto per risolvere le controversie che riguardano, per esempio, politiche commerciali aventi riflessi sulla difesa dell'ambiente o della salute dei consumatori. Nell'ambito della Wto la funzione di risoluzione delle controversie dovrebbe comunque affiancare e non sostituirsi alla funzione volta a facilitare la stipulazione di accordi per la liberalizzazione del commercio. Il Doha round, invece, dopo anni di tentativi ha portato finora a risultati molto parziali.

Wto e Ue

RINFORZO

Da quando è stata istituita la Wto, l'Ue rappresenta uno dei membri dell'organizzazione che ricorre più frequentemente al sistema di risoluzione delle controversie. Al 1° maggio 2015 l'Unione europea era stata implicata in 177 casi di risoluzione di controversie (95 in qualità di denunciante e 82 quale convenuto).
Ricordiamo, per esempio, che l'Unione europea era stata condannata dalla Wto al pagamento di multe considerevoli per le sue decisioni riguardanti il **divieto di importazione** in Europa delle **carni bovine** americane provenienti da animali trattati con ormoni, nonché dei **generi alimentari** prodotti con biotecnologie.
In entrambi i casi, la Ue aveva motivato i provvedimenti con l'obiettivo di tutelare la salute umana, ma la Wto l'aveva condannata al pagamento di sanzioni, in quanto quei divieti erano ritenuti in contrasto con le norme sul commercio internazionale.

☐ Quale impatto hanno avuto sull'economia globale il complesso dei negoziati sul commercio internazionale?

Il raggiungimento degli obiettivi fissati nel Gatt e ripresi dalla Wto sulla liberalizzazione del commercio internazionale ha avuto un impatto sicuramente positivo sull'economia globale. Basti pensare che il commercio mondiale negli ultimi sessant'anni è cresciuto mediamente a un ritmo del 6% annuo: questo significa che una porzione sempre maggiore della produzione globale viene prodotta in un Paese e consumata in un altro, determinando anche una crescita dei flussi di investimenti diretti esteri. Diversi studi hanno dimostrato che le politiche di liberalizzazione commerciale hanno avuto effetti positivi, oltre che sulla **crescita dell'economia globale**, anche su quella dei Paesi in via di sviluppo.

È anche vero che il regime commerciale internazionale è stato oggetto di accese critiche e contestazioni perché accusato di privilegiare gli interessi dei Paesi industrializzati; basti pensare che un settore cruciale per i Paesi in via di sviluppo, come quello dell'agricoltura, è stato escluso dai negoziati per la liberalizzazione commerciale fino all'Uruguay round (1986-94). La crescente integrazione nel sistema commerciale internazionale dei Paesi emergenti, tuttavia, ha contribuito a un sostanziale cambiamento delle dinamiche all'interno della Wto. Lo dimostra il fatto che, nel corso del Doha round, essi siano riusciti a volte a imporre i propri interessi grazie al maggior peso economico e a un maggior coordinamento delle proprie strategie, com'è avvenuto per esempio nell'ambito dell'accordo Trips in tema di accesso ai medicinali di base.

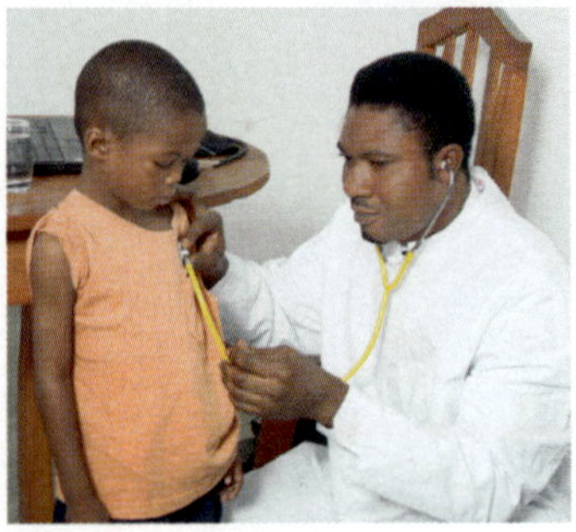

☐ Che risposta fu data ai Paesi in via di sviluppo in merito al loro diritto alle medicine di base?

L'accordo **Trips**, stipulato nel 1994 con gli accordi di Marrakech, disciplina la tutela dei diritti di proprietà intellettuale (marchi, brevetti, diritti d'autore, ecc.), che è alla base della competitività di molte industrie, come quelle farmaceutiche, presenti nelle economie avanzate. Appena fu adottato tale accordo, i Paesi in via di sviluppo, sostenuti da diverse organizzazioni non governative, sollevarono il problema delle conseguenze negative che la protezione dei brevetti in ambito farmaceutico avrebbe potuto avere sul diritto delle loro popolazioni a ottenere i principali medicinali di base. A seguito di ciò, con la Dichiarazione di Doha (Qatar) del 2001, vennero proposte soluzioni flessibili al fine di combattere in modo efficace malattie come Hiv/Aids, tubercolosi, malaria, e per garantire l'approvvigionamento dei principali medicinali da parte dei Pvs. Nel 2003 il Consiglio generale della Wto decise di facilitare l'accesso ai medicinali protetti da brevetto ai Paesi che non dispongono di capacità di produzione introducendo licenze obbligatorie per l'esportazione.

2 LE VARIE FORME DI INTEGRAZIONE ECONOMICA

Il fenomeno dell'integrazione economica consiste nella creazione, da parte di più Stati, di zone di libero scambio, più o meno vaste, caratterizzate dall'attenuazione o dalla soppressione delle barriere commerciali tra i Paesi membri, al fine di avvicinare le proprie economie nazionali e di trarre beneficio da strategie comuni.

L'integrazione economica, a seconda dei livelli più o meno elevati di apertura alle relazioni commerciali, può dare vita alle seguenti forme:

- associazione di commercio preferenziale;
- area di libero scambio;
- unione doganale;
- mercato comune;
- unione economica.

Association of preferential trade
Associazione di commercio preferenziale
Agreement to increase trade between countries through reduction of customs and tariff reforms.

☐ Quali sono le caratteristiche delle diverse forme di integrazione economica?

L'**associazione di commercio preferenziale** viene costituita allo scopo di ridurre i dazi e altre restrizioni delle importazioni tra i Paesi membri. Ognuno di essi, però, è libero di stabilire in piena autonomia la propria politica commerciale verso i Paesi terzi che non hanno aderito all'associazione.

Un esempio è costituito dall'**Asean** (*Association of Southeast Asian Nations*), istituito nel 1967 con il Trattato di Bangkok fra Indonesia, Malesia,

Filippine, Singapore e Thailandia; in seguito si sono aggiunti altri Paesi e ha assunto l'aspetto di un'unione doganale.

L'**area di libero scambio**, a differenza dell'associazione sopra descritta, si basa sulla completa abolizione delle tariffe doganali e di ogni altra restrizione al commercio all'interno degli Stati membri. È però salvaguardata la piena libertà di ogni Paese aderente nella politica commerciale verso i Paesi terzi. Come esempi ricordiamo l'**Efta** (*European Free Trade Association*), costituita nel 1960 da quindici Paesi, sotto la guida del Regno Unito, come alternativa alla neonata Comunità europea; il **Nafta** (*North American Free Trade Agreement*), sottoscritto da Canada, Usa e Messico nel 1992 ed entrato in vigore il 1° gennaio 1994; l'**Apec** (*Asia-Pacific Economic Cooperation*), che comprende un numero elevato di Paesi dell'Asia e del Pacifico.

L'**Unione doganale** è caratterizzata dalla soppressione delle tariffe doganali tra gli Stati membri e anche da un livello comune di dazi sulle importazioni dai Paesi terzi, oltre che da una politica commerciale comune.

Per esempio, la Comunità economica europea (**Cee**) nella fase iniziale prese la forma di unione doganale; è questa pure la forma assunta dal **Mercosur** (acronimo dallo spagnolo Mercado Común del Sur, Mercato del Sudamerica), istituito nel 1991 tra Argentina, Brasile, Uruguay e Paraguay. Dal 2006 ne fa parte anche il Venezuela, sospeso nel dicembre 2016.

Il **Mercato comune** rappresenta una tappa superiore rispetto alle precedenti forme di integrazione. All'unione doganale viene aggiunta, nella prospettiva di uno spazio economico unico, la libera circolazione di beni, servizi, capitali e persone. Per quel che riguarda l'integrazione europea, fu l'adozione dell'**Atto unico europeo** nel 1986 a dare vita a un mercato comune.

Bruxelles 1972, la firma del Trattato per l'entrata della Gran Bretagna nel Mercato comune.

L'**Unione economica** è fondata su un mercato comune, a cui si aggiunge l'armonizzazione delle politiche economiche degli Stati membri.

L'integrazione economica totale, ultimo stadio del processo di integrazione, si caratterizza per l'omogeneità delle politiche monetarie e fiscali e comporta che a quel punto i Paesi membri siano un soggetto unico nei confronti del resto del mondo.

Free trade area
Area di libero scambio
Agreement between two or more countries for ensuring that commerce in goods and services can be conducted, across their common borders, without tariffs or hindrances; before then allowing any member country to decide freely an independant trade policy towards non-member countries.

Customs union
Unione doganale
Agreement between two or more countries to remove trade barriers, to eliminate customs duty on mutual trade and to impose a common external-tariff on imports from non-member countries.

Common market
Mercato comune
Agreement formed by countries within a geographical area to promote the free movement of goods, services, labor and capital among its members and to impose common external tariff.

Economic union
Unione economica
A common market which requires the coordination of various social, fiscal and monetary policies among participating nations.

Il Trattato di Maastricht del 1992 stabiliva calendario e principi per la realizzazione di una **Unione economica e monetaria europea** – oggi non ancora completata – le cui finalità erano la creazione di un grande mercato e di una moneta comune, oltre che l'adozione di politiche economiche coordinate e centralizzate.

IN PILLOLE

I diversi gradi di integrazione economica

Tipologie	Caratteristiche	Esempi
Associazione di commercio preferenziale	Riduzione delle barriere commerciali tra Paesi membri e piena libertà nella politica commerciale verso i Paesi terzi.	**Asean '67**
Area di libero scambio (*Free Trade Area* - FTA)	Vengono abolite le barriere commerciali tra Paesi membri ma vi è piena libertà nella politica commerciale verso i Paesi terzi.	**Efta, Nafta, Apec**
Unione doganale (*Custom Union* - CU)	FTA + livello comune di dazi sulle importazioni dai Paesi terzi e politica commerciale comune.	**Cee, Mercosur**
Mercato comune (*Common Market* - CM)	CU + libero movimento dei fattori della produzione.	**Comunità europea dopo Atto Unico 1986**
Unione economica (*Economic Union*)	CM + politiche economiche comuni. Esistono vari gradi di Unione economica.	**Unione economica e monetaria dell'Unione europea, Ume**

Le forme di integrazione economica, sopra descritte anche attraverso esempi concreti, appaiono come un potente strumento di crescita e di sviluppo, in quanto aumentano le dimensioni del mercato. È anche vero che, affinché tali forme di integrazione esplichino i propri effetti positivi, è necessario che gli Stati membri abbiano raggiunto uno stesso grado di sviluppo economico e sociale.

☐ Gli accordi commerciali sottoscritti da Paesi di una determinata area geografica (come Nafta, Mercosur, Asean, Uem) sono compatibili con il sistema su cui poggia la Wto?

European Union
Unione europea
Supranational organization currently composed of 28 european States (27, after Brexit) that devolve part of their own powers with regard to specific matters to reach common objectives.

Gli accordi commerciali sopra richiamati danno vita al fenomeno del cosiddetto "regionalismo": esso presuppone che, a partire da accordi tra diversi Governi, si adottino regole comuni utili a costituire grandi insiemi economici, come l'**Unione europea**, il Nafta, l'Apec, ecc.

Il sistema commerciale internazionale è oggi caratterizzato da un numero molto elevato di accordi di tale tipo, i quali, in effetti, si fondano su un principio alternativo a quello su cui si regge la Wto, che è il principio di non discriminazione. Essi infatti hanno per definizione un carattere discriminatorio, in quanto prevedono una differenza di trattamento tra Stati membri, da un lato, e Stati che ne sono fuori, dall'altro. Come abbiamo detto, il Gatt prevede la possibilità di creare accordi del genere, a condizione che essi non costituiscano un ostacolo al commercio internazionale.

Auckland (Nuova Zelanda), febbraio 2016, firma del Partenariato Trans Pacifico (Trans Pacific Partnership).

Se la situazione di stallo in cui versano i negoziati della Wto dovesse permanere a lungo, è lecito aspettarsi che gli Stati guarderanno sempre più agli accordi commerciali regionali come a una valida alternativa per portare avanti il processo di liberalizzazione del commercio internazionale.

A tale proposito ha fatto molto discutere l'accordo di libero scambio, che non ha coinvolto la Cina, detto *Partenariato trans-pacifico* (*Trans-Pacific Partnership,* **Tpp**), firmato nel febbraio 2016 dai ministri del Commercio di 12 Paesi del Pacifico, tra cui Stati Uniti e Giappone.

Il Tpp riguarda il libero commercio di moltissimi beni e servizi, fra cui i derivati del latte, i medicinali "biologici", i prodotti dell'industria automobilistica, di quella cinematografica e l'accesso a Internet.

☐ L'Unione europea ha caratteri specifici rispetto alle altre organizzazioni regionali, per esempio Nafta e Mercosur?

L'Unione europea ha caratteri molto specifici rispetto alle altre organizzazioni regionali (come Asean, Mercosur, ecc.). Essa, infatti, può essere considerata come un'organizzazione sovranazionale, in quanto i Paesi membri accettano di limitare la propria sovranità in determinate materie, attribuendo alle istituzioni dell'Unione il potere di emanare proprie "leggi" che sono immediatamente e automaticamente efficaci in tutti gli Stati aderenti. Queste caratteristiche differenziano un'organizzazione sovranazionale da un'organizzazione internazionale, che si limita a favorire la cooperazione tra gli Stati membri, ma non può imporsi su di essi limitandone la sovranità.

L'Unione europea si basa su una serie di trattati che delineano il percorso compiuto dal processo di integrazione, in cui le tappe iniziali, con obiettivi di natura prevalentemente economica, sono state solo il primo passo in direzione di un'unità più stretta dei Paesi europei anche sul piano politico, con la prospettiva di dare vita a uno Stato federale. Tuttavia il processo di integrazione europea si è sviluppato lentamente e non sono mancate le difficoltà. La presenza di interessi diversi, a volte contrapposti, ha spesso indotto i Paesi membri a far prevalere le proprie esigenze nazionali a scapito di una visione comune. Questo ha causato tensioni e faticose ricerche di compromessi che hanno reso incerti gli scenari futuri.

Il processo di integrazione europea, unitamente alle politiche comunitarie, sarà analizzato compiutamente nel secondo volume.

3 ALTRE ORGANIZZAZIONI E AGENZIE DI COOPERAZIONE INTERNAZIONALE

Le organizzazioni economiche internazionali, sorte per promuovere e agevolare il commercio e la cooperazione economica fra Stati, sono assai numerose in quanto, a partire dalla fine della seconda guerra mondiale, sono stati molti i tentativi di concludere accordi e creare organismi specifici a ciò preposti.

Oltre alle organizzazioni operanti su scala mondiale nate dagli accordi di Bretton Woods del 1944 (Fmi, Birs, Gatt-Wto) e a quelle operanti in un quadro regionale, come l'Unione europea, sono particolarmente importanti anche le seguenti:

- Onu (Organizzazione delle Nazioni unite) e organismi collegati;
- Ocse;
- G8 e G20.

Quali sono gli obiettivi e la struttura dell'Onu?

United Nations (UN)
Organizzazione delle Nazioni Unite (Onu)
An international organization of countries set up in 1945, to promote international peace, security and cooperation.

L'**Organizzazione delle Nazioni unite (Onu)** è un'organizzazione internazionale a carattere universale, fondata nel 1945, dopo la seconda guerra mondiale, allo scopo di mantenere la pace e la sicurezza degli Stati e promuovere la cooperazione internazionale economica, sociale, culturale e umanitaria. Attualmente comprende oltre 180 Stati, quasi l'intera comunità internazionale. La sua sede è a New York.

L'Onu agisce attraverso diversi organi, in particolare:

- l'**Assemblea generale**, di cui fanno parte i rappresentanti di tutti gli Stati membri con pari diritto di voto;
- il **Consiglio di sicurezza**, che si occupa delle sole questioni relative al mantenimento della pace e della sicurezza internazionale. È composto da cinque membri permanenti (Cina, Francia, Gran Bretagna, Russia, Usa), dotati di un potere di **veto** che permette a ognuno di loro di bloccare ogni decisione, e da dieci membri eletti per due anni dall'Assemblea generale;
- il **Segretariato generale**, organo esecutivo dell'organizzazione;
- il **Consiglio economico e sociale (Ecosoc)**, incaricato dall'Assemblea generale di coordinare le numerose attività economiche e sociali dell'Onu e delle organizzazioni collegate;
- la **Corte internazionale di giustizia**, con sede all'Aia, che ha la funzione di risolvere le controversie fra Stati.

L'Onu dispone anche di **organi sussidiari** creati dall'Assemblea generale e dall'Ecosoc, fra cui l'**Unctad**, Conferenza delle Nazioni unite sul commercio e lo sviluppo; l'**Undp**, Programma delle Nazioni unite per lo sviluppo; l'**Unicef**, Fondo delle Nazioni unite per l'infanzia; l'**Unhcr**, Alto Commissariato per i rifugiati.

Quali sono gli organismi collegati all'Onu in materia di cooperazione economica?

Esistono organizzazioni internazionali impegnate nel campo della cooperazione tecnica, economica, sociale e umanitaria che, per il fatto di svolgere un'attività specifica a livello mondiale, sono collegate all'Onu e ne costituiscono le cosiddette **agenzie** (o enti) **specializzate**. Fra le principali, operanti in ambito economico, ricordiamo:

- **Fao**, **Organizzazione per l'alimentazione e l'agricoltura**, con sede a Roma. È stata fondata nel 1945 con lo scopo di contribuire ad accrescere i livelli di nutrizione nel mondo, di migliorare la produttività agricola e il tenore di vita delle popolazioni rurali. Ne fanno parte 191 Paesi;
- **Ilo**, **Organizzazione internazionale del lavoro**, con sede a Ginevra. Nata nel 1919 con il Trattato di Versailles, a essa aderiscono 186 Stati. I suoi principali obiettivi sono la tutela dei diritti dei lavoratori, la promozione dell'occupazione, la protezione sociale e l'estensione del dialogo sulle problematiche del lavoro;
- **Unido**, **Organizzazione per lo sviluppo industriale**, con sede a Vienna, formata da 171 Paesi membri. È stata costituita per assistere i Paesi in via di sviluppo e quelli con economie in transizione, al fine di favorire uno sviluppo industriale sostenibile e la cooperazione internazionale tra le imprese.

La funzione prevalente di queste agenzie è quella di elaborare studi e progetti nello specifico settore di competenza e di fornire consulenza ai Governi.

Food and Agriculture Organization of the United Nations

Organization for Economic Cooperation and Development (OECD)
Organizzazione per la cooperazione e lo sviluppo economico (Ocse)
International economic organization of 34 countries founded in 1960 to stimulate economic progress and world trade.

Quale funzione svolge l'Ocse?

L'**Organizzazione per la cooperazione e lo sviluppo economico (Ocse)**, con sede a Parigi, è un'organizzazione sorta in base alla Convenzione di Parigi del 1960. Nasce dalla riforma dell'Oece, Organizzazione europea di cooperazione economica, a sua volta istituita nel 1948 per gestire gli aiuti economici forniti dagli Stati Uniti ai Paesi europei, necessari per la loro ricostruzione dopo la seconda guerra mondiale (Piano Marshall). Conclusa questa emergenza, l'organizzazione venne riformata al fine di realizzare un nuovo obiettivo, quello di favorire l'espansione economica dei Paesi industrializzati e il commercio internazionale.

LO SAI CHE...

Secondo il rapporto **Ocse 2015**, che ha riguardato 64 Paesi e coinvolto 13 milioni di quindicenni, uno su quattro di loro non raggiunge il livello minimo in almeno una delle competenze prese in esame: lettura, matematica, scienze. Per quanto riguarda l'Italia, se nel 2030 tutti gli studenti di 15 anni avessero raggiunto il livello di sufficienza nelle tre materie, il Pil del Paese nel 2095 potrebbe essere fino al 18% superiore.

Nel 2016 ne facevano parte 34 Paesi, fra cui l'Italia, caratterizzati da una economia di mercato. L'Ocse svolge funzione di consulenza dei Governi; grazie agli studi e alle ricerche da essa realizzati, i Paesi aderenti possono confrontare le diverse esperienze, cercare risposta a problemi comuni, coordinare le loro politiche economiche.

Che cosa sono il G8 e il G20?

Non si tratta di vere e proprie organizzazioni internazionali, ma di periodiche riunioni informali tra capi di Stato e di Governo per discutere dei principali problemi dell'economia internazionale.

Il primo evento di questa natura fu realizzato nel 1975, per iniziativa del Presidente della Repubblica francese Valéry Giscard d'Estaing, che invitò i capi di Stato e di Governo delle sei maggiori democrazie industrializzate (oltre alla Francia, Stati Uniti, Germania Federale, Giappone, Gran Bretagna, Italia) per analizzare con spirito aperto e costruttivo la situazione economica del momento. Si trattò quindi di un G6, cioè di un gruppo in cui erano rappresentati sei Stati, ma già nel 1976 diventò G7, in quanto esteso al Canada. Solo nel 1997 la Russia fu invitata a partecipare, a pieno titolo, ai lavori, che così diventò il **Gruppo degli otto (G8)**.

Il gruppo di otto capi di Stato e di Governo è allargato al Presidente della Commissione europea e al Presidente del Consiglio europeo, che partecipano ai lavori in qualità di osservatori in rappresentanza dell'Unione. Al Paese che assume la presidenza del G8 va anche il compito di organizzare l'incontro annuale, che pone al centro, oltre ai problemi economici del momento, anche questioni di politica estera e attualità internazionale.

Nel corso del tempo è maturata, però, la consapevolezza che la formula del G8 fosse inadeguata per affrontare i problemi collegati al fenomeno della globalizzazione e si è deciso di allargare gli incontri ad altri Paesi. Pertanto, negli ultimi anni, agli incontri svolti nella vecchia forma si sono affiancati quelli del G20, la cui composizione è più rappresentativa perché tiene conto anche dei Paesi emergenti.

Group of Eight (G8)
Gruppo degli Otto (G8)
Group formed by the heads of state or governments of the world's eight biggest industrial countries that has regular meetings to discuss economic problems and international policies.

Group of Twenty (G20)
Gruppo dei Venti (G20)
International forum of politicians of the twenty most economically developed countries that convene annually to discuss the critical issues regarding the global economy.

Quali sono le caratteristiche del G20?

Il G20 è nato su iniziativa dei Ministri delle Finanze del G7 che, riunitisi a Washington nel 1999, annunciarono la creazione del **Gruppo dei Venti (G20)** per affrontare le sfide poste dalla crisi finanziaria scoppiata in Asia nel 1997. Il G20 nacque con l'obiettivo di discutere della stabilità economica mondiale in una sede più ampia rispetto a quella del G7 e del G8.

Tale esigenza nasceva dalla constatazione della rapida ascesa economica di una serie di Paesi fino a quel momento considerati marginali. Si trattava in particolare dei cosiddetti Brics (acronimo per indicare Brasile, Russia, India, Cina, Sudafrica) e dei Mikta (acronimo per indicare Messico, Indonesia, Corea del Sud, Turchia e Australia).

Da allora le riunioni furono periodiche, ma solo nel 2008 il G20 fu istituzionalizzato, con incontri che avvengono una volta all'anno alla presenza di Capi di Stato e di Governo sui temi dello sviluppo e della cooperazione economica internazionale.

I Paesi del G20 rappresentano più del 90% del PIL mondiale, l'80% del commercio globale e due terzi della popolazione del pianeta.

Anche i Capi di Stato e di Governo dei Paesi Brics, dal 2009, si riuniscono periodicamente dando vita a una struttura analoga a quella del G20.

4 LE TEORIE DELLA CRESCITA

La crescita del sistema economico rappresenta un obiettivo di medio-lungo periodo, da distinguere rispetto a quello dello sviluppo.

Con il termine "**crescita economica**" si fa riferimento all'aumento del Prodotto interno lordo, che non può essere ottenuto nel lungo periodo soltanto grazie all'aumento della domanda aggregata. Infatti, quando tutti i fattori produttivi (risorse umane, capitale, risorse naturali) sono completamente utilizzati, un'ulteriore crescita del PIL si può realizzare solo a seguito di un aumento della loro disponibilità o qualora sia possibile un loro migliore utilizzo, grazie al progresso tecnico e all'innovazione tecnologica.

La crescita economica comporta molti benefici, ma anche alcuni costi che possono peggiorare in modo determinante le condizioni di vita degli individui fino a comprometterne le possibilità future, come l'esaurimento delle risorse naturali, l'inquinamento dell'ambiente, le forti disparità nella distribuzione della ricchezza.

La teoria della crescita analizza alcuni fenomeni che si verificano nell'ambito dei processi economici di lungo periodo.

APPROFONDIMENTO ONLINE
Le economie delle "tigri" asiatiche

Economic growth
Crescita economica
An increase in the production capacity of the economy.

Quali fenomeni economici sono osservabili nel lungo periodo?

L'osservazione della realtà mette in evidenza, nel lungo periodo, fatti e situazioni a cui la teoria della crescita ha cercato di fornire spiegazioni.

La tabella 2 riporta i valori del reddito pro capite di diversi Paesi, espressi in dollari del 2010, a parità di potere d'acquisto.

Tabella 2 – Reddito pro capite di diversi Paesi espressi in dollari

	1950		2006		2010		Δ% 2006-1950	Δ% 2010-2006
	$ 2010	in % Usa	$ 2010	in % Usa	$ 2010	in % Usa		
Usa	14.501	100,0	47.568	100,0	46.763	100,0		
Irlanda	6.116	42,2	46.678	98,1	40.858	87,4	56,0	-10,8
Singapore	5.028	34,7	52.713	110,8	63.149	135,0	76,1	24,2
Regno Unito	11.469	79,1	38.267	80,4	37.054	79,2	1,4	-1,2
Giappone	3.073	21,2	35.654	75,0	35.583	76,1	53,8	1,1
Francia	8.183	56,4	34.557	72,6	34.279	73,3	16,2	0,7
Taiwan	1.525	10,5	33.918	71,3	38.420	82,2	60,8	10,9
Italia	5.821	40,1	33.034	69,4	31.766	67,9	29,3	-1,5
Spagna	3.956	27,3	31.723	66,7	30.428	65,1	39,4	-1,6
Argentina	6.756	46,6	13.017	27,4	14.761	31,6	-19,2	4,2
Ungheria	5.816	40,1	20.848	43,8	20.083	42,9	3,7	-0,9
Cina	453	3,1	6.543	13,8	9.638	20,6	10,6	6,9
Brasile	2.658	18,3	9.463	19,9	10.793	23,1	1,6	3,2
Sudafrica	5.481	37,8	10.159	21,4	10.971	23,5	-16,4	2,1
India	669	4,6	2.825	5,9	3.598	7,7	-16,5	1,8
Bangladesh	781	5,4	1.554	3,3	1.843	3,9	-2,1	0,7
Niger	875	6,0	668	1,4	675	1,4	-4,6	0,0
Rep. Dem. Congo	759	5,2	290	0,6	313	0,7	-4,6	0,1

Fonte: www.ggdc.net, gennaio 2012 (in A. Boitani, Macroeconomia, Il Mulino 2014).

QUESITO

L'hamburger McDonald è apparentemente più a buon mercato in Cina piuttosto che in Svizzera, ma in realtà i cinesi lo pagano più caro.

- Come spiegate questo apparente paradosso?

Osservando i dati della tabella sopra riportata possiamo fare le seguenti considerazioni.

- Il reddito pro capite (o il PIL pro capite) varia enormemente tra Paesi ricchi e Paesi poveri. Possiamo, per esempio, notare che nel 2010 il PIL pro capite del Paese più povero del mondo, la Repubblica Democratica del Congo, era solo lo 0,7% di quello degli Usa, mentre quello di Singapore era del 135%.
- La posizione di un Paese nella classifica mondiale del reddito pro capite può variare notevolmente nel corso del tempo. Vediamo che nel periodo considerato alcuni Paesi, come per esempio Singapore e Taiwan, sono passati dai gradini più bassi a quelli più alti della graduatoria; al contrario Paesi come l'Argentina e il Sudafrica, rispetto ai livelli del 1950, hanno peggiorato la loro posizione.
- I tassi di crescita variano molto da Paese a Paese (e anche fra le diverse aree del pianeta). Nel periodo 1950-2010 il tasso di crescita annuo è stato mediamente intorno al 3% nei Paesi dell'Europa occidentale; è un valore più basso rispetto a quello medio dell'Asia, che in alcuni Paesi

ha registrato livelli molto elevati (Cina, Giappone, Singapore, Taiwan, Corea del Sud, ecc.).

- I tassi di crescita non sono costanti, ma variano nel tempo in modo significativo. Il boom della crescita si è realizzato negli anni successivi alla seconda guerra mondiale, fino al 1973, a cui ha fatto seguito un rallentamento nel trentennio successivo, in particolare in Europa Occidentale e in Giappone. In conseguenza del diverso **tasso di crescita economica**, in alcuni casi si verifica un aumento della distanza (cioè una "divergenza") tra Paesi ricchi e Paesi poveri in termini di reddito pro capite; in altri casi si verifica, al contrario, un avvicinamento, cioè una "convergenza". I Paesi dell'Africa, per esempio, hanno accentuato la loro distanza dagli Usa, mentre Paesi come l'India e la Cina l'hanno ridotta.

Per dare spiegazione a questi fatti sono state elaborate diverse teorie.

Dopo i contributi offerti dagli economisti classici (Smith, Ricardo, Malthus, Marx), la teoria della crescita riprese vigore alla fine della seconda guerra mondiale; al suo interno è possibile individuare diversi filoni di ricerca, raggruppabili in due distinti settori:

- **modelli di crescita esogena**;
- **modelli di crescita endogena**.

Gdp per capita (Per capita income)
Reddito pro capite
Individual personal income, calculated by dividing the total national income by total population.

Purchasing power parity
Parità di potere d'acquisto
Index used worldwide to compare the income levels in different countries. PPP thus makes it easy to understand and interpret the data of each country.

Economic growth rate
Tasso di crescita economica
Economic growth, in relation to gross domestic product (GDP), from one period to another, adjusted for inflation..

Reddito pro capite

È costituito dal rapporto tra il reddito reale di un'economia e il numero dei suoi abitanti. Viene considerato un indicatore della ricchezza e del tenore di vita degli individui, nonostante le sue imperfezioni. Per esempio, il reddito pro capite di un Paese come l'India non tiene conto della produzione destinata all'autoconsumo delle famiglie contadine, che non viene scambiata sul mercato, oppure delle attività non organizzate e non regolari che non hanno un carattere illegale, ma non sono ufficiali (commercio ambulante, piccole riparazioni, ecc.); inoltre non considera il fatto che un dollaro a New Delhi ci consente di acquistare più beni e servizi che a New York.

Un'economia può avere un reddito reale molto alto e un reddito pro capite basso se la sua popolazione è molto numerosa; viceversa una piccola economia, pur avendo un PIL reale basso, può avere un reddito pro capite elevato se la popolazione è poco numerosa.

Parità di potere d'acquisto (PPA)

È un indice che consente di confrontare i livelli dei prezzi espressi in valuta diversa, superando così un limite del reddito pro capite, come indicatore di ricchezza. Consideriamo il reddito pro capite di due diversi Paesi: Germania e Niger. Traducendo la moneta del Niger in euro, si vede che i redditi medi di quel Paese povero sono, per esempio, un ventesimo di quelli della Germania. Questo non significa, però, che anche il potere d'acquisto degli abitanti del Niger sia un ventesimo di quello dei tedeschi, perché in quel Paese africano i beni e i servizi costano meno. Quindi, per fare un vero confronto, bisogna adottare un particolare tasso di cambio, diverso da quello di mercato, che tenga conto della diversità del livello dei prezzi nei due Paesi considerati. In generale, bisogna prima rilevare i prezzi in moneta locale nei diversi Paesi e poi calcolare questi particolari tassi di cambio, che sono le parità di potere d'acquisto (PPA). Con le PPA il tasso di cambio tra le valute di due Paesi coincide con il rapporto tra il livello dei prezzi, relativo a un paniere di beni prestabilito, dei due Paesi.

RINFORZO

Quali sono le idee alla base delle teorie della crescita esogena?

Una delle teorie più importanti in questo ambito è quella, di stampo neoclassico, elaborata nel 1956 da **Robert Solow**, vincitore del premio Nobel nel 1987.

Technological change
Progresso tecnologico
Improvements in productive processes that are a central element in economic growth.

La **teoria della crescita di Solow** si basa sull'idea che, in ogni sistema economico, l'accumulazione di capitale, la crescita della popolazione e il **progresso tecnologico** interagiscano fra loro determinando il livello della produzione aggregata di beni e servizi.

Un ruolo centrale è svolto dal progresso tecnologico, ovvero dallo sviluppo di conoscenze che permettono di individuare sia modi di produzione più efficienti, grazie al migliore utilizzo dei fattori produttivi, sia possibile espansione dei mercati.

Il progresso tecnologico ha modificato radicalmente il modo di produrre determinando elevati livelli di crescita in molti Paesi del mondo.

Nel modello di crescita di Solow la funzione di produzione è caratterizzata da rendimenti di scala costanti, mentre le produttività marginali del lavoro e del capitale sono decrescenti. In questo contesto il tasso di crescita dipende dal tasso di risparmio e, quindi, di accumulazione del capitale. Se nel corso del tempo aumenta la quantità di capitale a disposizione dei lavoratori, ognuno di essi diventa più produttivo e, in questo modo, si genera crescita economica. Tuttavia, a causa dei rendimenti decrescenti del capitale, aumentando il capitale impiegato per ogni lavoratore, il prodotto aumenta, ma a un tasso decrescente. Pertanto il sistema economico raggiungerà un punto oltre il quale l'accumulazione di capitale non è più in grado di determinare, da sola, un'ulteriore crescita della produzione: a quel punto il sistema entrerà in quello che viene chiamato lo "**stato stazionario**". Sarà possibile superare tale stato e continuare a crescere soltanto creando nuove tecnologie, grazie alle quali dalle stesse quantità di fattori produttivi (capitale e lavoro) sarà possibile ottenere una maggiore quantità di beni e servizi.

In questo modello, dunque, il processo per il quale le economie continuano a crescere, nonostante i rendimenti decrescenti, è "esogeno", in quanto dipende da fattori (principalmente il tasso di progresso tecnologico, oltre al tasso di incremento demografico) che non sono propri di un determinato sistema economico, ma replicabili in differenti contesti. Anche economie diverse, infatti, potranno convergere verso lo stesso tasso di crescita, se sono in grado di eliminare alcune disfunzioni e di realizzare alcuni interventi di politica economica, volti in particolare a stimolare il risparmio per favorire l'accumulazione del capitale, gli investimenti in ricerca e sviluppo e anche gli investimenti dall'estero.

La teoria della crescita esogena è utile per spiegare i reali processi di convergenza (o di divergenza) fra Paesi sviluppati e Paesi in via di sviluppo?

La teoria di Solow si basa su ipotesi che non sono facilmente riscontrabili nella realtà. Per esempio, è difficile pensare che Paesi con struttura economica e sociale molto diversa tra loro siano in grado di raggiungere il medesimo livello di progresso tecnologico. Lo stesso può dirsi a proposito della propensione al risparmio, molto bassa nei Paesi poveri, essendo il reddito medio appena sufficiente a garantire la sussistenza. Questi Paesi, pertanto, non potranno mai avere un tasso di accumulazione del capitale e quindi un livello di investimenti sufficiente a produrre ricchezza comparabile con quello dei Paesi più ricchi, dove gli investimenti sono più consistenti. Nei Paesi poveri un'altra causa del più basso tasso di crescita, rispetto a quello dei Paesi ricchi, va ricercata nel più ridotto livello della spesa e del tempo dedicati all'istruzione, parametri entrambi fondamentali per il miglioramento del capitale umano. I Paesi in cui è scadente la qualità del capitale umano faranno fatica ad attirare investimenti dall'estero, anche se consentono di produrre con costi del lavoro molto bassi.

Bob Solow

Nella realtà si può creare così un circolo vizioso che, lungi dal creare convergenza, finisce per accentuare la divergenza fra Paesi ricchi e Paesi poveri.

La crescita, comunque, si può alimentare anche grazie a processi interni al sistema, non esogeni (come il progresso tecnologico), ma endogeni. Alcune teorie economiche hanno sviluppato questo filone di ricerca.

Quali sono le idee alla base delle teorie della crescita endogena?

Secondo queste teorie, i Paesi in grado di realizzare elevati livelli di crescita economica sono quelli che dispongono di più risorse e che sono in grado di migliorare la **produttività** del lavoro.

Per ottenere questo risultato la maggior parte dei provvedimenti di politica economica dovrebbe incentivare soprattutto gli investimenti in:

- **capitale umano**, derivante dall'insieme di conoscenze e abilità che il lavoratore acquisisce attraverso l'istruzione, la formazione e l'esperienza professionale;
- **ricerca e sviluppo (R&S)**, al fine di realizzare progressi in campo tecnologico.

Secondo la **teoria della crescita endogena**, un ruolo fondamentale è svolto anche dalla diversa qualità delle istituzioni di un Paese; basti pensare all'importanza di un efficiente sistema giudiziario e di ordine pubblico o di un buon sistema scolastico o di un'adeguata legislazione antitrust, ecc.

Molti economisti ritengono, infatti, che il principale problema dei Paesi poveri consista proprio nell'insufficienza e nell'inadeguatezza delle loro istituzioni.

Productivity
Produttività
It is an average measure of the efficiency of production of all factors of production or of a specific factor (labour productivity or capital productivity).

Le teorie basate sul concetto di crescita endogena sono così in grado di spiegare il crescente divario tra il PIL pro capite dei Paesi ricchi e quello dei Paesi poveri, anche se non sempre riescono a giustificare i processi di convergenza, cioè il progressivo avvicinamento di alcuni Paesi, in passato sottosviluppati, al reddito pro capite dei Paesi ricchi.

5 LO SVILUPPO E LE SUE PROBLEMATICHE

Amartya Sen

Il concetto di **sviluppo** ha un significato più ampio rispetto a quello di crescita, in quanto si riferisce, oltre agli aspetti quantitativi (crescita del PIL, del reddito pro capite, ecc.), anche a elementi qualitativi che sono inerenti al benessere e al miglioramento del tenore di vita della popolazione, quali, per esempio, la distribuzione del reddito, il tasso di alfabetizzazione, la durata media della vita e il tasso di inquinamento.

Occorre pertanto tenere distinti i due concetti: in effetti la crescita economica, pur necessaria, non è una condizione sufficiente di sviluppo economico.

L'economista indiano **Amartya Sen** (1933), Premio Nobel per l'economia nel 1998, ha dato un notevole contributo all'ampliamento del concetto di sviluppo al di là della sola sfera economica. Egli pone al centro della sua analisi l'individuo e le concrete possibilità di soddisfare una serie di bisogni molto più ampi rispetto a quelli tradizionalmente considerati come essenziali (cibo, vestiario, abitazione, ecc.). Per Sen, il vero sviluppo consiste non tanto nel possesso di tecnologie e beni materiali, quanto nel superamento delle principali forme di "illibertà": fame, povertà, ignoranza, malattie, mancanza di democrazia e sfruttamento indiscriminato dell'ambiente.

Un allargamento del concetto di sviluppo è presente anche nell'**Indice di sviluppo umano**.

Development
Sviluppo
The process of economic and social transformation that is based on a complex of cultural and environmental factors and and their interactions; it is not simply related to wealth of a country.

Human Development Index (HDI)
Indice di sviluppo umano
Global index developed by the United Nations and utilized to rank the developmeny of countries by examining three important elements: per capita income, life expectancy, and expected years of schooling.

Life expectancy at birth
Speranza di vita alla nascita
The probable number of years remaining in the life of an individual or class of persons determined statistically affected by such factors as heredity, physical condition, nutrition, and occupation.

In che cosa consiste l'Indice di sviluppo umano (Isu)?

Elaborato nel 1990 anche grazie al contributo di Amartya Sen, si tratta dell'indice che viene utilizzato dall'Onu per valutare la qualità della vita nei Paesi membri. Si basa sui seguenti elementi:

- **reddito pro capite**;
- **speranza di vita alla nascita**;
- **livello medio di istruzione**.

Lo sviluppo umano si riferisce alla possibilità degli individui di procurarsi beni e servizi idonei a garantire una vita decorosa secondo gli standard di vita internazionali, di avere una vita lunga e in salute, di istruirsi e di avere buone possibilità di lavoro.

Il valore dell'Indice di sviluppo umano, compreso tra 0 e 1, è dato dalla media aritmetica semplice di tre indici che vengono elaborati per ognuno degli elementi considerati. Nel 2015 il campo di variazioni era compreso fra lo 0,35 del Niger e lo 0,94 della Norvegia. L'Italia figurava al 27° posto con un valore comunque molto alto, pari a 0,87 (tab. 3).

In generale si può notare che, se si considerasse solo il reddito pro capite, si avrebbe una classificazione molto simile, innanzitutto perché esso è comunque uno dei tre indici di cui è composto l'Indice di sviluppo umano, poi anche perché speranza di vita e livello di istruzione sono molto legati al reddito. Tuttavia non c'è coincidenza perfetta fra i due indici e può accadere che, nonostante un reddito pro capite simile, due Paesi abbiano una diversa valutazione in merito allo sviluppo umano.

Tabella 3 – Indice di sviluppo umano

Posizione	Paese	Punteggio	Speranza di vita	Max anni istruzione scolastica	Reddito pro capite	Indice di disuguaglianza
1	Norvegia	0,94	81,60	17,5	64.992	5
2	Australia	0,94	82,4	20,20	42.261	17
3	Svizzera	0,93	83	15,8	56.431	6
4	Danimarca	0,92	80,2	18,7	44.025	11
5	Paesi Bassi	0,92	81,60	17,90	45.435	9
6	Germania	0,92	80,9	16,5	43.919	11
7	Irlanda	0,92	80,9	18,6	39.568	16
8	Stati Uniti	0,92	79,10	16,5	52.947	3
9	Canada	0,91	82	15,9	42.155	11
10	Nuova Zelanda	0,91	81,80	19,20	32.689	23
27	Italia	0,87	83,10	16,0	33.030	4
186	Eritrea	0,39	63,7	4,10	1.130	-6
187	Rep. Centrafricana	0,35	50,7	7,2	581	1
188	Niger	0,35	61,40	5,4	908	-5

Fonte:
UNDP Human Development Report 2015.

Nel 2000 gli Stati membri dell'Onu hanno adottato un importante documento in cui vengono indicati gli otto **Obiettivi di sviluppo del millennio** (***Millennium Development Goals***). Essi rappresentano la definizione oggi più comunemente accettata di che cosa si debba intendere per sviluppo.

Millennium Development Goals
Obiettivi di sviluppo del millennio
Set of eight goals with measurable targets and clear deadlines for reducing hunger and improving the lives of the world's poorest people.

Quali sono gli Obiettivi di sviluppo del millennio (Millennium Development Goals)?

Nel Documento dell'Onu essi sono così articolati:

- **sradicare la povertà e la fame**. Si è stabilito di ridurre della metà,

Un campo profughi organizzato dall'Alto commissariato delle Nazioni Unite per i rifugiati (UNHCR).

entro il 2015, la percentuale della popolazione che vive in condizioni di povertà estrema (meno di 1 dollaro al giorno, a parità di potere d'acquisto) e che soffre la fame; garantire un'occupazione dignitosa per tutti, compresi donne e giovani;

- **garantire l'istruzione primaria universale**. Gli Stati si sono impegnati a far sì che entro il 2015 tutti i ragazzi abbiano portato a termine un ciclo di studi completo di scuola primaria;
- **promuovere la parità fra sessi e l'autonomia delle donne**. Per questo obiettivo bisogna eliminare la disparità tra i sessi nell'insegnamento primario e secondario;
- **ridurre la mortalità infantile**. Si è stabilito di abbattere di 2/3, entro il 2015, la mortalità dei bambini al di sotto dei cinque anni;
- **migliorare la salute materna**. Per questo obiettivo gli Stati si sono impegnati a ridurre di 3/4, entro il 2015, il tasso di mortalità materna e facilitare l'accesso universale al sistema di salute riproduttiva;
- **combattere Hiv/Aids, malaria e altre malattie**. Si è stabilito di bloccare la diffusione dell'Hiv/Aids entro il 2015 e di cominciare a invertirne la tendenza; di garantire l'accesso universale alle cure contro l'Hiv/Aids a tutti coloro che ne abbiano bisogno; di arrestare entro il 2015 l'incidenza della malaria e di altre malattie importanti e cominciare a invertirne la tendenza attuale;
- **garantire la sostenibilità ambientale**. Gli Stati si sono impegnati a: inserire i principi di **sviluppo sostenibile** nei programmi e nelle politiche dei Paesi; invertire la tendenza attuale nella perdita delle risorse

ambientali; contrastare il processo di annullamento della biodiversità raggiungendo entro il 2010 una riduzione significativa del fenomeno; ridurre della metà, entro il 2015, la percentuale di popolazione priva di un accesso sostenibile all'acqua potabile e agli impianti igienici di base; realizzare un notevole miglioramento della vita di almeno 100 milioni di abitanti delle baraccopoli entro l'anno 2020;
- **sviluppare un partenariato mondiale per lo sviluppo**. Per questo obiettivo gli Stati hanno stabilito di: creare un sistema commerciale e finanziario basato su regole chiare e non discriminatorie; considerare i bisogni speciali dei Paesi meno sviluppati; cercare una soluzione al problema del debito dei Paesi in via di sviluppo in modo da renderlo sostenibile nel lungo termine; garantire l'accesso alle medicine essenziali nei Paesi in via di sviluppo; favorire la diffusione dei benefici delle nuove tecnologie, soprattutto quelle inerenti l'informazione e la comunicazione.

L'impegno a realizzare compiutamente i suddetti obiettivi deve continuare perché c'è ancora molta strada da fare. L'urgenza di soddisfare i bisogni fondamentali delle persone deve comunque accompagnarsi a una crescita economica sostenuta nel tempo, che dia loro opportunità di lavoro e di reddito. La crescita economica è dunque un elemento necessario, anche se non sufficiente; bisogna però discutere sulle modalità con cui essa avviene.

Sustainable development
Sviluppo sostenibile
Development that meets the needs of the present without compromising the ability of future generations to meet their own needs.

APPROFONDIMENTO ONLINE
Gli accordi ambientali globali

6 IL PROBLEMA DEL SOTTOSVILUPPO

La dimensione economica dello sviluppo, cioè quella legata al reddito, viene utilizzata da diversi organismi internazionali per classificare i Paesi nei vari gruppi di "ricchi" e "poveri".

Il **Programma delle Nazioni Unite per lo Sviluppo** (Undp, secondo l'acronimo inglese di *United Nation development program*) classifica i Paesi sulla base dei valori assunti dall'Indice di sviluppo umano (Isu) in:
- **Paesi ad alto sviluppo**, nei quali sono garantiti il soddisfacimento di un elevato numero di bisogni e una apprezzabile qualità della vita;
- **Paesi a medio sviluppo**, che pur essendo privi di tecnologie avanzate, hanno registrato una costante crescita economica e un significativo miglioramento del benessere della popolazione;
- **Paesi a basso sviluppo**, nei quali non è neppure garantito il soddisfacimento dei bisogni primari.

Le diverse classificazioni che vengono adottate hanno in comune il fatto di mettere in evidenza il grande problema della povertà in cui versa la maggioranza dei Paesi dell'Asia, dell'Africa e dell'America Latina, che complessivamente rappresentano circa i due terzi della popolazione mondiale.

United Nation development program (Undp)
Programma delle Nazioni Unite per lo Sviluppo
The United Nations' global development network formed in 1965 to help countries eliminate poverty and achieve sustainable human development.

World distribution of wealth
Distribuzione mondiale della ricchezza
The way in which the wealth and income of the world are divided among nations.

L'Undp, nel primo Rapporto sullo sviluppo umano (1990), rappresentò attraverso un grafico a forma di calice, diventato poi molto noto, la forte disuguaglianza nella **distribuzione mondiale della ricchezza**. L'analisi è stata realizzata anche in anni successivi e pubblicata in diversi Rapporti, ma la forma del grafico non è sostanzialmente cambiata (fig. 1).

Figura 1
Il calice della disuguaglianza

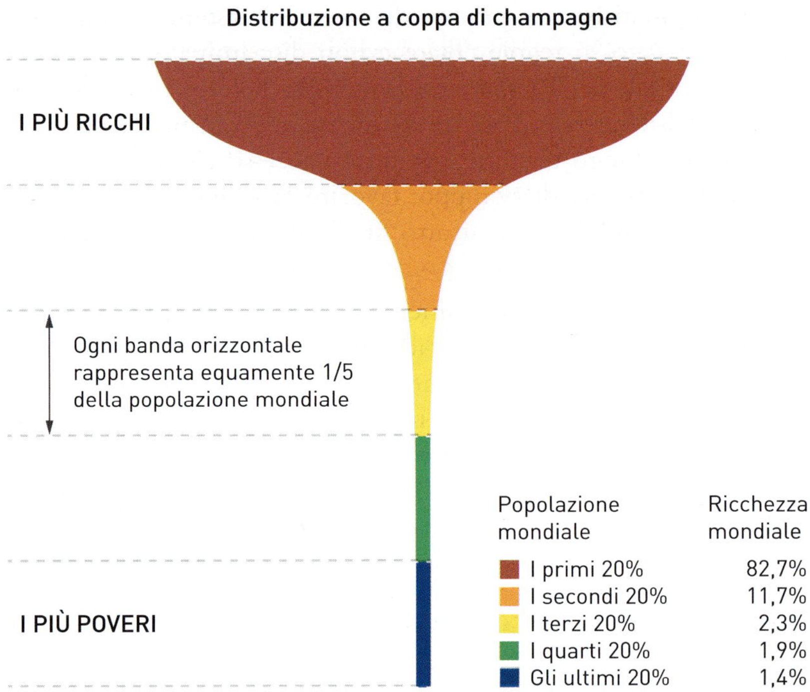

Quali azioni dovrebbero essere intraprese per uscire dal sottosviluppo?

Per fare uscire le economie dei Paesi poveri da una situazione di **sottosviluppo** è necessario incentivare l'accumulazione del capitale e i processi di investimento, oltre che di formazione del capitale umano. Quando un Paese non dispone di sufficienti capitali da investire bisogna che li reperisca all'estero, attraverso gli aiuti internazionali o l'indebitamento. Se le risorse ottenute saranno indirizzate verso investimenti produttivi, questi ultimi dovrebbero dare vita a processi di crescita economica con conseguenti flussi di esportazioni attraverso i quali il Paese sarà in grado di ripagare i debiti eventualmente contratti. Secondo alcuni approcci un'evoluzione di questo tipo, che spingerebbe i Paesi poveri a convergere verso i livelli di benessere dei Paesi ricchi, raramente si verifica a causa della **trappola della povertà**. Si tratta di un meccanismo perverso, messo in evidenza da diversi economisti come **Myrdal** (1898-1987), **Nurske** (1907-1959), **Galbraith** (1908-2006) e altri ancora.

Secondo Nurske, che ha coniato l'espressione "**circolo vizioso della povertà**", nei Paesi poveri il reddito pro capite, essendo basso, viene quasi interamente consumato, e poco o niente va al risparmio. Ciò impedisce gli investimenti e il progresso tecnologico; conseguentemente rimane bassa la produttività del lavoro, soprattutto nel settore agricolo, e così il livello della produzione e del reddito non cresce. La povertà, creata da una situazione di questo genere, blocca anche lo sviluppo di un mercato interno; inoltre, la mancanza di un sistema di istruzione e formazione professionale scoraggia investimenti stranieri per mancanza di personale qualificato.

Per uscire da una simile situazione di arretratezza si dovrebbero coinvolgere le popolazioni dei Paesi poveri per renderle protagoniste di un percorso di crescita e sviluppo, in particolare attraverso politiche volte a:

- **ridistribuire la ricchezza** al fine di attenuare le profonde disuguaglianze all'interno dei singoli Paesi;
- **sviluppare la cultura della democrazia e della tutela dei diritti umani**;
- **creare una rete adeguata di infrastrutture**, per esempio strade, ferrovie, acquedotti, opere di bonifica, ecc.;
- **realizzare investimenti**, non solo attirando capitali stranieri, ma anche incentivando l'imprenditorialità locale sia nell'agricoltura sia nell'industria e nei servizi;
- **elevare il livello di istruzione e di formazione professionale** della popolazione;
- **sviluppare l'agricoltura**, attraverso la meccanizzazione e la costituzione di aziende di dimensioni medio-grandi, superando sia la concentrazione della proprietà della terra nelle mani di pochi latifondisti, sia la sua frammentazione eccessiva.

Vertice di New York, 20-22 settembre 2010
MDG Review Summit

- **Obama** al Palazzo di Vetro: "Gli aiuti allo sviluppo sono non solo un **imperativo morale** ma un **imperativo strategico ed economico**".
- "Nella lotta alla povertà con dieci anni già trascorsi verso gli obiettivi annunciati e ancora cinque a nostra disposizione, **dobbiamo fare meglio**".
- La comunità internazionale, e in particolare i Paesi ricchi, "**invece di gestire la povertà** deve offrire alle nazioni e ai popoli una **strada per uscire dalla povertà**".
- "Gli Stati Uniti cambieranno il modo in cui pianificano gli aiuti e permetteranno uno **sviluppo sostenibile invece di perpetuare la dipendenza dei Paesi più poveri**: un ciclo che dobbiamo rompere".

Gli aiuti internazionali sono stati efficaci per lo sviluppo economico di alcuni Paesi?

Foreign aid
Aiuto internazionale
The help that is given by a richer country (sometimes by international or nongovernmental organizations) to a poorer one, usually in the form of money or food.

Gli **aiuti internazionali** sono finanziamenti a fondo perduto provenienti da Stati esteri o da Istituzioni finanziarie internazionali. L'esperienza storica mostra che il loro contributo allo sviluppo economico dei Paesi poveri non è stato uniforme. In alcune situazioni è stato determinante: è il caso, per fare qualche esempio, della Repubblica Coreana negli anni '60, dell'Indonesia negli anni '70, della Bolivia negli anni '80, del Vietnam negli anni '90. In questi Paesi, gli aiuti internazionali hanno finanziato importanti riforme economiche e modernizzato importanti settori, in particolare quello agricolo. Inoltre hanno permesso di sviluppare i servizi e le infrastrutture di base, migliorando la qualità della vita di ampie fasce di popolazione, grazie alle campagne di vaccinazione contro le malattie dell'infanzia, la costruzione di scuole, l'accesso all'acqua potabile, e così via.

In altri casi, purtroppo, i risultati non sono stati positivi per diverse ragioni quali, per esempio, la presenza di alti livelli di corruzione, di una pesante burocrazia, oppure per via di un impiego distorto dei finanziamenti, talvolta utilizzati per potenziare la spesa militare. Un caso emblematico è quello dello Zaire (ora Repubblica democratica del Congo) che, pur avendo ottenuto per decenni consistenti aiuti internazionali, non è mai riuscito a conseguire un minimo obiettivo di progresso; intanto, però, il Presidente Mobutu Sese Seko aveva depositato nei conti esteri un patrimonio personale di proporzioni immense.

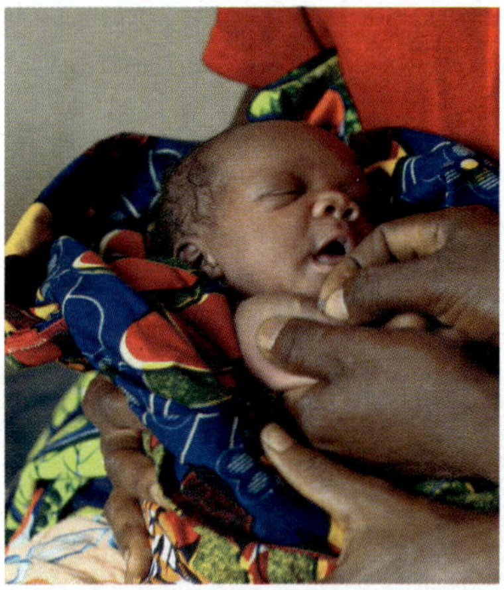

Le esperienze sull'efficacia degli aiuti internazionali sono quindi estremamente varie: in alcuni Paesi, in presenza di determinate circostanze, i benefici sono stati evidenti; in altri invece, dove mancavano certi presupposti, i risultati sono stati assai deludenti. In particolare gli aiuti sarebbero efficaci solo se il Paese ricevente è in grado di mettere in atto politiche economiche adeguate. In via generale, bisogna comunque riconoscere che negli ultimi anni, grazie agli aiuti internazionali, alcuni progressi, soprattutto in Africa, sono stati comunque compiuti, per esempio nel campo della lotta all'Aids, della mortalità infantile, dell'analfabetismo.

LO SAI CHE...

I Paesi del G8 hanno approvato, in occasione del vertice di Gleneagles del giugno 2005, un'ulteriore iniziativa per l'alleggerimento del debito estero dei Pvs, denominata ***Multilateral Debt Relief Initiative*** (Mdri). L'Iniziativa prevede la cancellazione del 100% del debito verso tre Istituzioni finanziarie internazionali (Ifi): Fondo monetario internazionale-Fmi, la Banca mondiale e la Banca africana di sviluppo. La Mdri intende principalmente assistere i Paesi debitori nel raggiungimento degli Obiettivi del millennio (Millennium Development Goals – MDGs), individuati in ambito Nazioni Unite, che miravano a dimezzare la povertà entro il 2015.

I Paesi poveri possono finanziare i loro piani di sviluppo anche ricorrendo a prestiti?

I Paesi poveri, per attivare il processo di sviluppo, devono necessariamente procurarsi capitali provenienti da Stati esteri o Istituzioni finanziarie internazionali, che consistono principalmente in aiuti internazionali oppure in prestiti a tassi di interesse agevolati. Le banche private o gli investitori istituzionali (per esempio fondi di investimento o fondi pensione) raramente sono disposti a concedere prestiti a Paesi che non offrono adeguate garanzie; perciò, quando lo fanno, richiedono tassi di interesse molto elevati che possono innescare una pericolosa crisi finanziaria.

È quanto è successo per la prima volta al Messico nel 1982, quando tale Stato dichiarò l'impossibilità a far fronte al pagamento del suo debito. Da allora altre crisi finanziarie si sono verificate in numerose nazioni; a loro sostegno sono intervenute le Istituzioni finanziarie internazionali che hanno imposto ai Paesi in situazione di dissesto finanziario i cosiddetti **Piani di aggiustamento strutturale**, consistenti nell'obbligo di seguire politiche economiche restrittive in grado di migliorare la situazione finanziaria e di favorire il pagamento almeno parziale dei debiti. Questi Piani, di fatto, hanno comportato l'aumento delle imposte e la riduzione della spesa pubblica; di conseguenza sono calati sia i consumi sia gli investimenti, innescando un circolo vizioso che ha alimentato la povertà e allontanato le prospettive di sviluppo. Gli economisti, in genere, concordano sul fatto che alti livelli di debito ostacolino la crescita economica; il motivo è che, di fronte a una situazione finanziaria più o meno insostenibile, i governanti dei Paesi poveri tendono ad abbandonare politiche economiche efficaci ma rigorose, non condivise dalla popolazione, confidando in una cancellazione del debito.

La cancellazione del debito è una strada percorribile per uscire dalla povertà?

A partire dalla metà degli anni Novanta si è cominciato a parlare della cancellazione del debito, come modalità di trasferimento di risorse da un Paese ricco a un Paese povero, assimilabile pertanto agli aiuti internazionali. Se un Paese ricco o un'organizzazione internazionale rinuncia a ottenere la restituzione di un credito concesso a un Paese povero, quest'ultimo potrà disporre di risorse finanziarie che sarebbero servite a pagare i suoi debiti. Nel 1996 il Fondo monetario internazionale e la Banca mondiale lanciarono l'iniziativa **Hipc** (*Heavily Indebted Poor Countries,* in italiano **Nazioni Povere Pesantemente Indebitate**), a cui fece seguito l'iniziativa Hipc II, rivolta ai Paesi più poveri e più indebitati del mondo, il cui obiettivo era la riduzione dell'indebitamento a livelli considerati sostenibili, a condizione che i Paesi beneficiari si impegnassero ad adottare politiche economiche orientate alla crescita e alla realizzazione di riforme strutturali in un periodo di sei anni.

Negli ultimi vent'anni alcuni progressi sono stati fatti in questo campo, anche se sicuramente insufficienti: alcuni Paesi sono riusciti a raggiungere gli obiettivi richiesti e hanno ottenuto le riduzioni del debito concordate. In verità non è del tutto corretta l'idea di considerare la riduzione del debito come aiuto internazionale, in quanto, a differenza di quest'ultimo, non comporta un'immissione di nuove risorse finanziarie nelle casse dei

«CANCELLA IL DEBITO»: L'APPELLO RAP DI JOVANOTTI

Un miliardo di persone nel pianeta vivono
con meno di un dollaro al giorno.
Non stanno tentando di battere nessun record
e non hanno fatto voto di povertà,
la loro realtà non è una scelta ma la loro unica possibilità.
Un dollaro al giorno toglie il medico di torno
nel senso che le persone non hanno la possibilità
di curarsi e nemmeno di informarsi,
non possono studiare e nemmeno contribuire
in nessun modo a cambiare la loro situazione.

Heavily indebted poor countries (Hipc)
Nazioni Povere Pesantemente Indebitate
Launched by the World Bank and the IMF in 1996, and further expanded in late 1998 (Enhanced HIPC Initiative), it is the first international response to provide comprehensive debt relief to the world's poorest and most heavily indebted countries.

APPROFONDIMENTO ONLINE
Paesi ricchi impoveriscono quelli poveri

AGENZIA ITALIANA PER LA COOPERAZIONE ALLO SVILUPPO

Paesi più poveri. Per generare crescita e sviluppo servono, invece, aiuti economici concreti ed è su questo piano che i governi dei Paesi ricchi si dovrebbero maggiormente impegnare.

Con la **legge 125/2014** – "**Disciplina generale sulla cooperazione internazionale per lo sviluppo**" – l'Italia ha introdotto novità interessanti, come la creazione dell' **Agenzia italiana per la cooperazione allo sviluppo** e la fissazione dell'obiettivo di stanziare più fondi per lo sviluppo, essendo l'Italia uno dei Paesi Ocse con il più basso contributo di aiuto allo sviluppo in proporzione al PIL.

7 IL RUOLO DEI PAESI EMERGENTI

Developing countries
Paesi emergenti
Countries non yet highly industrialized, with a low Human Development Index (HDI) in relation to to other countries; therefore they tended to demonstrate higher growth rates than the developed ones.

Briics
Briics
A grouping acronym for a selected group of four developing countries (Brazil, Russia, India, Indonesia, China, South Africa) that are believed to have promising emerging markets and economies.

Da alcuni anni è stato coniato il termine di **Paesi emergenti** per indicare un gruppo di Paesi, collocati in aree non ad alto reddito, che sono cresciuti a ritmi superiori a quelli dei Paesi ricchi. Con l'acronimo "Bric" il capo economista di Goldman Sachs, Jim O'Neill, ha voluto riassumere efficacemente nel 2001 l'ascesa dei Paesi allora emergenti: Brasile, Russia, India, Cina. In un recente studio, l'Ocse ha inserito nel gruppo Indonesia e Sudafrica, perciò, quando si vogliono ricomprendere anche questi due Stati, si preferisce parlare di **Briics**. Fra questi Paesi esistono differenze profonde, per esempio l'economia del Sudafrica è un quarto di quella di Brasile e Russia, ma riveste comunque un ruolo fondamentale per tutti i Paesi dell'Africa australe e sud-orientale. Dopo quelle dei Paesi avanzati, i Bric hanno fatto registrare le più grandi economie a livello mondiale, basti pensare al fatto che nel 2009 – anno che segue l'inizio della grande recessione – essi hanno conseguito un livello medio di crescita del PIL reale pari al 7-8%, a fronte della crescita negativa abbattutasi sui Paesi avanzati. In particolare la Cina per oltre due decenni, a partire dagli anni Novanta, ha avuto una crescita pari al doppio di quella degli altri Paesi.

Tabella 4 – Tasso di crescita del PIL reale nei Paesi Bric

	1991-2000	2001-2013
Brasile	2,6	3,6
Cina	10,5	9,8
India	5,5	6,8
Russia	–3,6	4,9

Fonte: Fmi, World Economic Outlook Database.

Tuttavia il rallentamento economico è in corso già da qualche anno anche nei Paesi emergenti, che nel 2015 hanno visto scendere la crescita del loro PIL a un "modesto" 4%.

Brasile e Russia sono entrati in una vera e propria recessione economica a causa del sensibile e perdurante calo dei prezzi delle materie prime, di cui sono esportatori (nel 2015 il prezzo del petrolio ha avuto un calo del 46%, mentre le altre materie prime si sono deprezzate del 17%), dovuto alla flessione della domanda globale. Le prospettive economiche negative hanno favorito la fuga di capitali all'estero, determinando la svalutazione delle monete locali con conseguenti aumenti da parte delle banche centrali dei tassi di interesse, che a loro volta aggravano la recessione. Altri Paesi, come quelli dell'Africa a sud del Sahara nonché dell'America Latina, che, al pari di Brasile e Russia, hanno un'economia dipendente dalle esportazioni di prodotti primari, si trovano in una situazione simile.

Cina e India invece crescono ancora a tassi elevati, ma la crescita cinese è in rapido rallentamento. Il tasso di crescita era pari addirittura al 14,2% nel 2007, mentre nel 2015 è stato del 6,8%, con la prospettiva di scendere al 6% nel 2016-17.

Da che cosa è stata determinata la crescita economica della Cina?

La crescita impetuosa della Cina è dovuta principalmente a due fattori: l'elevato tasso di investimento (cioè il rapporto tra l'investimento e la produzione) e il rapido progresso tecnologico.

Per avere un'idea più precisa, basti pensare che il tasso di investimento è stato a lungo compreso tra il 40 e il 45% del valore della produzione, mentre quello degli Stati Uniti nello stesso periodo era pari al 17% e quello dell'Unione europea al 19%. Questa ingente accumulazione di capitale ha comportato un incremento notevole della produttività e, quindi, della produzione.

La strategia seguita dal Governo cinese è stata anche quella di favorire l'ingresso e l'insediamento delle imprese estere in Cina, in genere più pro-

Brasile 2014, riunione dei capi di Stato e di governo dei Brics.

LO SAI CHE...

La Cina è considerata la fabbrica del mondo: tra le altre cose, produce l'85% degli alberi di Natale artificiali e l'80% dei giocattoli di tutto il mondo. Senza di lei, insomma, addio Natale.

duttive e avanzate di quelle nazionali, realizzando con ciò la diffusione di innovazioni tecnologiche. I notevoli investimenti effettuati anche nell'agricoltura, con l'introduzione di nuovi macchinari, hanno incrementato la produttività di questo settore liberando una quantità notevole di manodopera, diventata disponibile per l'industria.

Così la Cina, rispetto ad altri Paesi in condizioni analoghe, è riuscita a procedere in modo molto più spedito lungo la strada della transizione dal sistema pianificato all'economia di mercato, ottenendo risultati lusinghieri. Nel 1990 la Cina e l'India registravano lo stesso livello di reddito pro capite, dopo vent'anni quello cinese era il doppio rispetto a quello indiano. Le ragioni che spiegano questo diverso andamento sono probabilmente molteplici.

In Cina il processo di transizione è stato più lento e forse per questo meglio gestito, sempre attraverso il controllo del Partito comunista rimasto al Governo. Le prime riforme sono avvenute nel settore agricolo nel 1980, molte aziende sono tuttora di proprietà pubblica e forti sono stati gli incentivi a investire rivolti alle imprese.

Il livello attuale di crescita annua del PIL è sempre molto elevato se paragonato a quello dei Paesi avanzati, ma sottolinea il processo di rallentamento in atto.

Quali ragioni spiegano il rallentamento dell'economia cinese?

Quando un Paese raggiunge un certo livello di ricchezza, per crescere ulteriormente non bastano più salari bassi e investimenti in macchinari e infrastrutture, grazie ai quali conquistare i mercati internazionali attraverso flussi consistenti di esportazioni. La Cina, infatti, dovrebbe puntare sull'innovazione e sulle riforme per ammodernare i mercati dei beni, dei capitali e del lavoro, liberalizzando per esempio alcuni settori, migliorando le condizioni di vita dei lavoratori anche attraverso la fissazione di salari più elevati con i quali sostenere i consumi e la domanda interna. Questa volontà di cambiare il modello di sviluppo è stata esplicitata nella strategia quinquennale del plenum del Partito Comunista Cinese nel novembre 2013, insieme alla decisione di ridurre le forti emissioni inquinanti, anche se per ora gli effetti di questa strategia si sono manifestati più come calo degli investimenti che come aumento dei consumi privati. La crescita cinese, per essere sostenibile nel tempo, dovrà contare sempre di più sulla **domanda interna** e meno sulla **domanda estera** e ciò è nell'interesse anche dei Paesi avanzati, data la dipendenza della crescita mondiale dalle sorti dell'economia cinese.

Domestic demand
Domanda interna
Total purchases of goods and services, regardless of origin, by resident consumers, businesses, and governments during a given period.

Foreign demand
Domanda estera
The total amount of money that is spent by foreigners for the goods and services that are made in one country.

Quali sono le ripercussioni sull'economia mondiale della crisi cinese?

La Cina non è soltanto un grande Paese esportatore di beni a prezzi contenuti, quindi un temibile concorrente per i Paesi avanzati, ma anche un gran-

Fabbrica tessile in Cina. L'economia cinese, dopo anni di elevata crescita, nel 2015 ha invertito il suo trend.

de importatore. La Cina riesce a esportare volumi ingenti di prodotti anche perché può importare risorse energetiche e materie prime, di cui è carente, soprattutto da altri grandi Paesi emergenti, come Brasile, Indonesia e Russia; inoltre acquista prodotti ad alta tecnologia e macchinari industriali dai Paesi avanzati, come l'Italia. Se l'andamento economico della Cina rallenta, diminuisce anche la domanda cinese di importazioni e di conseguenza il volume di esportazioni di tanti Paesi del mondo. La rapida crescita cinese aveva molto spaventato le piccole e medie imprese europee, in particolare quelle italiane, mediamente meno innovative e meno capaci di internazionalizzare la produzione e la commercializzazione; tuttavia ciò non deve far dimenticare anche gli effetti positivi che aveva prodotto, in particolare sui settori europei tecnologicamente più avanzati, come quello della meccanica strumentale. Da un lato, infatti, la Cina invadeva i mercati mondiali con le esportazioni di beni di consumo a basso prezzo, dall'altro importava i macchinari e le attrezzature con cui poterli produrre. Pertanto il rallentamento economico della Cina mette a repentaglio anche il benessere del resto del mondo e richiederebbe strategie condivise.

COOPERAZIONE INTERNAZIONALE

Organizzazioni economiche internazionali

Organizzazioni operanti su scala mondiale nate dagli accordi di Bretton Woods del 1944:

- **Fondo monetario internazionale**, con funzione di vigilanza sul sistema monetario internazionale, di assistenza finanziaria ai Paesi con squilibri nella bilancia dei pagamenti, di assistenza tecnica ai Paesi in via di sviluppo (oggi il suo compito è assistere i Paesi colpiti da una crisi economico-finanziaria attraverso l'erogazione di prestiti alle autorità nazionali);
- **Banca mondiale o Birs**, creata nel 1945, con il compito di fornire sostegno alla ricostruzione delle economie dei Paesi membri, devastate dalla seconda guerra mondiale (nel corso del tempo la sua funzione è diventata quella di realizzare specifici progetti d'investimento per promuovere lo sviluppo economico, la transizione verso economie di mercato e la riduzione della povertà);
- **Gatt**, un trattato commerciale stipulato da 23 Paesi, entrato in vigore il 1° gennaio 1948, ma mai ratificato dai rispettivi Parlamenti, con l'obiettivo di favorire il liberismo economico attraverso la soppressione degli ostacoli al commercio internazionale. Il Gatt fu poi sostituito dalla creazione a Marrakech della **Wto** (*World Trade Organization*), in italiano Organizzazione mondiale del commercio (Omc), un'organizzazione intergovernativa, con sede a Ginevra, divenuta operativa a partire dal 1° gennaio 1995. La Wto, che di fatto ha inglobato il Gatt, è un organismo internazionale di carattere universale il cui ruolo è quello di garantire la regolarità delle relazioni commerciali tra i Paesi membri (164 al 29 luglio 2016).

Organizzazioni operanti in un quadro regionale: **Unione europea, Nafta, Mercosur, ecc...**

Altre organizzazioni:

- **Onu** (Organizzazione delle Nazioni Unite) e organismi collegati;
- **Ocse** (Organizzazione per la cooperazione e lo sviluppo economico), sorta nel 1960. Il suo scopo è favorire l'espansione economica dei Paesi industrializzati e il commercio internazionale. Svolge funzione di consulenza dei Governi;
- **G8** e **G20**: periodiche riunioni informali tra capi di Stato e di Governo, per discutere dei principali problemi dell'economia internazionale.

SVILUPPO ECONOMICO

non va confuso con **la crescita economica** (**aumento del PIL**) che, pur necessaria, non è una condizione sufficiente di sviluppo

le teorie della crescita sono

- **Teoria della crescita esogena**: la crescita dipende da fattori esterni, come il progresso tecnologico, che non sono propri di un dato sistema economico, ma replicabili in diversi contesti..

  La **teoria di Solow**, di stampo neoclassico, afferma che l'accumulazione di capitale è un elemento fondamentale per la crescita del reddito pro-capite, ma che, data una certa disponibilità di lavoratori, quantità addizionali di capitale (macchinari) contribuiscono in misura via via sempre minore all'aumento della produttività del lavoro a causa dell'esistenza dei rendimenti marginali decrescenti del capitale. Questa è la ragione per cui, secondo Solow, la crescita persistente del reddito pro capite può essere spiegata soltanto dal progresso tecnico esogeno: dal fatto, cioè, che si rendono disponibili non tanto nuove unità di macchinari, ma macchinari migliori. Computer invece di macchine per scrivere; macchinari agricoli invece di cavalli; e così via.

  Critiche: lo stesso livello di progresso tecnologico e la stessa propensione al risparmio non sono raggiungibili da Paesi economicamente molto diversi tra loro, per cui si crea una divergenza tra Paesi ricchi e Paesi poveri.
- **Teoria della crescita endogena**: la crescita dipende dai fattori che il sistema economico di un Paese riesce a creare al suo interno.

  I Paesi in grado di realizzare elevati livelli di crescita economica sono quelli che cercano di migliorare la produttività del lavoro con investimenti non solo in capitale tangibile (computer, aratri, zappe, ecc.) ma anche e soprattutto in capitale intangibile, come capitale umano, conoscenza, ricerca, innovazione.

  Un ruolo fondamentale nel processo di crescita è attribuito alle istituzioni la cui qualità, efficienza e adeguatezza è fondamentale per la crescita.

Lo **sviluppo** si riferisce, oltre agli aspetti quantitativi (crescita del PIL, del reddito pro capite, ecc.), anche a elementi qualitativi inerenti al benessere e al miglioramento del tenore di vita della popolazione.

Un allargamento del concetto di sviluppo è presente anche nell'**Indice di sviluppo umano**.

Nel 2000 gli Stati membri dell'Onu hanno adottato un importante documento in cui vengono indicati gli otto Obiettivi di sviluppo del millennio (*Millennium Development Goals*):

a) sradicare la povertà e la fame;
b) garantire l'istruzione;
c) promuovere la parità tra i sessi e l'autonomia delle donne;
d) ridurre la mortalità infantile;
e) migliorare la salute materna;
f) combattere Aids e altre malattie;
g) garantire la sostenibilità ambientale;
h) sviluppare un partenariato mondiale per lo sviluppo.

Problema del sottosviluppo

Il **Programma delle Nazioni Unite per lo Sviluppo** (**Undp**) classifica i Paesi in:

- Paesi ad alto sviluppo;
- Paesi a medio sviluppo;
- Paesi a basso sviluppo.

L'Undp ha rappresentato con un grafico a calice la forte diseguaglianza nella distribuzione mondiale della ricchezza.

Le **azioni** per uscire dal sottosviluppo sono difficilmente realizzabili a causa del **circolo vizioso della povertà**.

Le **misure** per fronteggiare la povertà consistono in:

- politiche volte a redistribuire la ricchezza, sviluppare la cultura della democrazia, creare una rete di infrastrutture (strade, ferrovie, ecc.), favorire l'imprenditorialità locale, elevare il livello di istruzione, sviluppare l'agricoltura;
- aiuti internazionali, ricorso a prestiti, cancellazione del debito.

Paesi emergenti: Sono Paesi, collocati in aree non ad alto reddito, che sono cresciuti a ritmi superiori a quelli dei Paesi ricchi. Nel 2001 ascesa dei Bric (Brasile, Russia, India, Cina) a cui l'Ocse ha aggiunto Indonesia, Sudafrica (Briics).

Verifiche 4

1) TROVA L'ERRORE IN OGNI FRASE

Competenza: acquisire e riconoscere i contenuti chiave

A. Il Fmi esercita una funzione di vigilanza sul sistema monetario internazionale, una funzione di assistenza tecnica, una funzione di risoluzione delle controversie tra gli Stati membri.
B. La Banca mondiale concede finanziamenti a breve scadenza ai Paesi membri per realizzare investimenti atti a favorire lo sviluppo economico.
C. Nella Wto come regola generale le decisioni vengono prese a maggioranza, calcolata sulla base del principio di parità fra tutti gli Stati.
D. L'Ocse è stata istituita nel 1948 per amministrare gli aiuti forniti dagli Usa ai Paesi europei nell'ambito del Piano Marshall.
E. Per "crescita economica" si intende l'aumento del Prodotto interno lordo che può essere ottenuto nel lungo periodo grazie all'aumento della domanda aggregata.
F. L'espressione "circolo vizioso della povertà" è stata coniata dall'economista Galbraith.
G. Nel modello di crescita di Solow la produttività marginale del capitale è considerata costante.

2) COLLEGA LE ESPRESSIONI CONTRASSEGNATE DA UNA LETTERA CON QUELLE INDICATE DA UN NUMERO

Competenza: individuare collegamenti e relazioni

A. Ocse
B. Ilo
C. Birs
D. Gatt
E. Area libero scambio
F. Unione doganale
G. Cancellazione del debito ai Pvs
H. Bric

1. Hipc
2. Wto
3. Nafta
4. Oece
5. Onu
6. Banca mondiale
7. Jim O'Neill
8. Mercosur

A	B	C	D	E	F	G	H

3) INDICA SE LE SEGUENTI AFFERMAZIONI SONO VERE O FALSE. SE LE RITIENI FALSE GIUSTIFICA LA RISPOSTA

Competenza: acquisire, interpretare l'informazione e comunicare

	VERO	FALSO
A. L'area di libero scambio viene costituita per ridurre i dazi e le altre restrizioni al commercio.		
B. Il tasso di cambio, calcolato con il metodo della parità di potere d'acquisto, coincide con il rapporto tra il livello dei prezzi di un determinato paniere di beni di due Paesi.		
C. Il valore dell'Indice di sviluppo umano è compreso tra 0 e 1.		
D. La Fao è un organo sussidiario dell'Onu.		

	VERO	FALSO
E. Il G20 è una riunione informale dei Capi di Stato e di Governo dei Paesi appartenenti al G8, dei Brics, dei Mikta.		
F. Gli aiuti internazionali ai Paesi poveri consistono in finanziamenti a tassi agevolati provenienti dalle istituzioni finanziarie e dagli Stati esteri.		

4) RISOLVERE PROBLEMI

Competenza: risolvere problemi

A. La Conferenza ministeriale dell'OMC svoltasi a Cancún nel 2003 si è conclusa con un fallimento. I contrasti hanno riguardato: i "Temi di Singapore" (investimenti internazionali, concorrenza, trasparenza dei mercati, facilitazioni al commercio); gli aiuti versati da Stati Uniti e Unione europea ai loro agricoltori; l'accesso al mercato per i prodotti non agricoli; il cotone. Attorno a questi contrasti sono emersi quattro gruppi di soggetti: i Paesi sviluppati, i Paesi in via di sviluppo, i Paesi più poveri, le Ong (Organizzazioni non governative).
Quali tipi di conseguenze sono derivate da questo risultato?

B. Considera la seguente tabella:

Anno	Produttività media del lavoro (in €)	Quota della popolazione occupata	Pil reale pro capite (in €)
1960	35.836	36,4%	13.044
2000	66.588	48,9%	32.562
2040		36,4%	

Dal 2000 al 2040 la quota di popolazione occupata è ritornata ai livelli del 1960, mentre la produttività media del lavoro è cresciuta a un tasso uguale a quello registrato nel periodo 1960-2000.

1. Qual è la produttività media del lavoro nel 2040?
2. Com'è stato calcolato il Pil pro capite?
3. Qual è il Pil reale pro capite nel 2040?
4. Metti a confronto l'andamento della produttività con quello del Pil pro capite nel periodo 2000-2040 e fornisci una spiegazione.

5) RISPONDI AI SEGUENTI QUESITI IN UN MASSIMO DI 5/6 RIGHE

Competenza: saper organizzare e sintetizzare i contenuti

A. Con quali risorse il Fondo monetario internazionale svolge la sua funzione di assistenza finanziaria?
B. Con quali modalità la Banca mondiale ottiene le risorse necessarie per la sua funzione?
C. In che cosa consiste la "clausola della nazione più favorita"?
D. Quale importante decisione fu presa alla fine dell'Uruguay round?
E. Quali sono i principi su cui si basa la Wto?
F. In che cosa consiste il cosiddetto fenomeno del "regionalismo"?
G. Che cos'è l'Ocse?
H. Come sono diversamente composti il G8 e il G20?
I. Le teorie della crescita endogena quali elementi considerano fondamentali?
J. Perché, per alcuni economisti, il processo di crescita di un Paese è definito esogeno?
K. Come si calcola l'Indice di sviluppo umano?
L. Perché alcuni Paesi vengono definiti emergenti?

ENGLISH EXERCICES 4

1) Connect each letter with a number

A. Association of preferential trade	1. Agreement between two or more countries to remove trade barriers, to eliminate customs duty on mutual trade and to impose a common external-tariff on imports from non-member countries
B. Free trade area	2. International economic organization founded to stimulate economic progress and world trade
C. Customs union	3. International organization of countries created to promote international peace, security and cooperation
D. Common market	4. A common market which requires the coordination of various social, fiscal and monetary policies among participating nations
E. Economic union	5. Group formed by the heads of state or governments of the world's biggest industrial countries
F. United Nations	6. Agreement formed by countries within a geographical area to promote the free movement of goods, services, labor and capital among its members and to impose common external tariff
G. Oecd	7. Agreement to increase trade between countries through reduction of customs and tariff reforms
H. Group of eight (G8)	8. Agreement between two or more countries for ensuring that commerce in goods and services can be conducted, across their common borders, without tariffs or hindrances

A	B	C	D	E	F	G	H

2) Answer to the following questions

A. What is GDP per capita? What country has today's highest GDP per capita?

B. Why is the PPP (Purchasing Power Parity) index so important?

C. What is the Undp's Human Development Index?

D. In your mind which is more important: life expectancy, income equality, or GDP per capita? Explain briefly

E. What are the Millennium Development Goals?

Verifica Finale F

ZTE ONLINE
Mettiti alla prova
con gli esercizi interattivi

1) RISPONDI AI SEGUENTI QUESITI IN UN MASSIMO DI 5/6 RIGHE

Competenza: acquisire, interpretare l'informazione e comunicare

A. Che cosa afferma la teoria del "modello gravitazionale"?
B. Da che cosa dipende la competitività internazionale?
C. Qual è la differenza tra un accordo VER e un accordo VIE?
D. Gli economisti della "New Trade Economy" a quali variabili di tipo microeconomico hanno prestato attenzione per formulare le nuove teorie sul commercio internazionale?
E. Quali sono i fattori interni ed esterni all'impresa che la inducono a iniziare un processo di internazionalizzazione?
F. Quali motivazioni inducono a considerare positiva la "migrazione di ritorno", benché i neoclassici ne vedano solo gli aspetti negativi?
G. Per le imprese multinazionali i vantaggi dell'internazionalizzazione sono sintetizzati nella teoria OLI. Cosa afferma tale teoria?
H. Che cosa si intende per "global sourcing"?
I. Perché le espressioni "bilancia dei pagamenti" e "bilancia commerciale" non sono sinonimi?
J. Se la quotazione è certo per incerto, una diminuzione del tasso di cambio come influisce sulle esportazioni e importazioni?
K. Quali potrebbero essere i motivi di un aumento di domanda di valuta estera?
L. Quali sono le cause del basso tasso di crescita dei Paesi poveri?
M. Che cosa si intende per "circolo vizioso della povertà"?
N. Che cosa sono i "Millennium Development Goals"?
O. Quali scopi si proponeva l'iniziativa Hipc lanciata nel 1996 dal Fondo monetario internazionale e dalla Banca mondiale?

2) COMPLETA

Competenza: individuare collegamenti e relazioni

A. Secondo gli economisti James Brander e Barbara Spencer, l'intervento protezionistico dello Stato potrebbe rivelarsi strategico per catturare gli .... che si formano in settori in cui, a livello internazionale, le imprese sono poche.
B. Se una società stringe un'alleanza con un'organizzazione terza, finalizzata alla promozione e alla vendita dei propri prodotti sul mercato locale, si parla di ....
C. L'accordo con cui un produttore locale offre i servizi della propria rete distributiva a un'impresa che già opera sui mercati esteri con propri prodotti è chiamato ....
D. Un'obbligazione emessa da un'impresa italiana e sottoscritta da un operatore straniero viene registrata a .... nel .... e registrata a .... nella voce "Variazione delle riserve ufficiali".
E. Se la bilancia delle partite correnti di un Paese presenta un saldo negativo pari a 400 miliardi di euro, mentre la bilancia dei movimenti di capitale presenta un saldo attivo pari a 350 miliardi, si può concludere con certezza che il Paese registra una variazione .... delle riserve ufficiali.
F. Le importazioni italiane determinano un .... della domanda di valuta estera e un .... dell'offerta di euro.
G. In seguito a una variazione dei tassi di cambio risulta ora necessaria una maggiore quantità di yen giapponesi per acquistare euro. Ciò significa che gli italiani acquisteranno una .... quantità di prodotti giapponesi.

H. L'accordo Trips, stipulato nel 1994 con gli accordi di Marrakech, disciplina la tutela dei ....

I. Nel modello di crescita di Solow, la funzione di produzione è caratterizzata da rendimenti di scala .... , mentre le produttività marginali del lavoro e del capitale sono ....

J. Il valore dell'Indice di sviluppo umano, compreso tra 0 e 1, è dato dalla .... semplice di tre indici che vengono elaborati per: a) reddito pro capite; b) .... ; c) livello medio di istruzione.

3) RISOLVI I SEGUENTI PROBLEMI

Competenza: risolvere problemi

A. In questo schema della bilancia dei pagamenti italiana inserisci dei valori a tua scelta, purché coerenti.

	Crediti	Debiti	Saldo
CONTO CORRENTE			
(1) Esportazioni			
Merci	....	....	....
Servizi	....	....	....
Redditi da capitale e lavoro	....	....	....
(2) Importazioni			
Merci	....	....	....
Servizi	....	....	....
Redditi da capitale e lavoro	....	....	....
(3) Trasferimenti unilaterali netti in conto corrente	....	....	....
Saldo del conto corrente	....	....	....
CONTO CAPITALE			
(4) Attività intangibili e Trasferimenti unilaterali netti in conto capitale	....	....	....
CONTO FINANZIARIO			
(5) Acquisizioni nette di attività finanziarie			
Investimenti diretti	....	....	....
Investimenti di portafoglio	....	....	....
Altri investimenti	....	....	....
(6) Passività nette, esclusi i derivati			
Investimenti diretti	....	....	....
Investimenti di portafoglio	....	....	....
Altri investimenti	....	....	....
(7) Derivati (netto)	....	....	....
(8) Variazione delle riserve ufficiali	....	....	....
Flussi finanziari netti	....	....	....
Errori e omissioni	....	....	....

B. Se il cambio certo per incerto il giorno 13/04/2016 era euro/$ = 1,27 e l'anno dopo alla stessa data (13/04/2017) era euro/$ = 1,60, dimostra attraverso l'opportuno calcolo quanto vale 1 $ in euro e specifica se l'euro si è apprezzato o deprezzato.

C. Indica con una crocetta, tra le operazioni sotto elencate, quelle che comportano una domanda di valuta estera e quelle che comportano un'offerta di valuta estera nel mercato delle valute italiano.

	Domanda di valuta estera	Offerta di valuta estera
Un turista iraniano viene in Italia.		
Una commerciante italiana importa carne dall'Argentina.		
Un senegalese immigrato in Italia da due anni spedisce parte dei suoi risparmi alla famiglia.		
Un'impresa polacca esporta materiale elettrico in Italia.		
Un'italiana sta per partire per un viaggio in India.		
Un risparmiatore italiano acquista azioni di un'impresa americana.		

D. Supponiamo che al tempo t occorrano 1,15 euro per 1 $ (cambio incerto per certo) e che un paio di scarpe da basket americane costi 40 $: in tal caso, il loro costo per noi europei è di 46 euro (= 40 × 1,15). Quindi, se un paio di scarpe dello stesso tipo di produzione italiana costa 45 euro, esso risulterà più conveniente e preferito.
Ipotizziamo ora che al tempo t + 1 (un anno dopo) il cambio nominale dell'euro si sia deprezzato del 10%, mentre i prezzi interni americani siano aumentati del 2,5%.

1. Quanto sarà il nuovo prezzo delle scarpe americane?
2. Quanto costano ora a noi europei?
3. Se nel frattempo i prezzi interni europei sono cresciuti del 20%, quanto sarà il nuovo prezzo delle scarpe europee?
4. Le scarpe americane sono diventate più convenienti o rimangono poco convenienti rispetto alle scarpe italiane?
5. Quale conclusione puoi trarre da questo esempio?

4) ANALIZZA I DATI CONTENUTI NELL'ARTICOLO E RISPONDI AI QUESITI

Competenza: saper leggere e interpretare dati economici

L'economia del mondo nel 2050 nel report dell'Economist Intelligence Unit (31 luglio 2015)
Previsioni di lungo termine e costruzione di scenari è il lavoro dell'Intelligence Unit dell'«Economist» (EIU), che nel mese di luglio 2015 ha prodotto il suo ultimo report, *Long Term Macroeconomic Forecasts*, sintetizzando le principali previsioni macroeconomiche a livello mondiale con un orizzonte temporale fissato al 2050. Obiettivo del report è offrire dati e chiavi di lettura concernenti i cambiamenti economici più significativi che nei prossimi decenni si andranno a registrare, in modo da facilitare il lavoro di *decision-making* di manager, imprenditori e *policy-makers* di tutto il globo. [...]

PREVISIONI MACROECONOMICHE DI LUNGO TERMINE - SCENARI DEL 2050

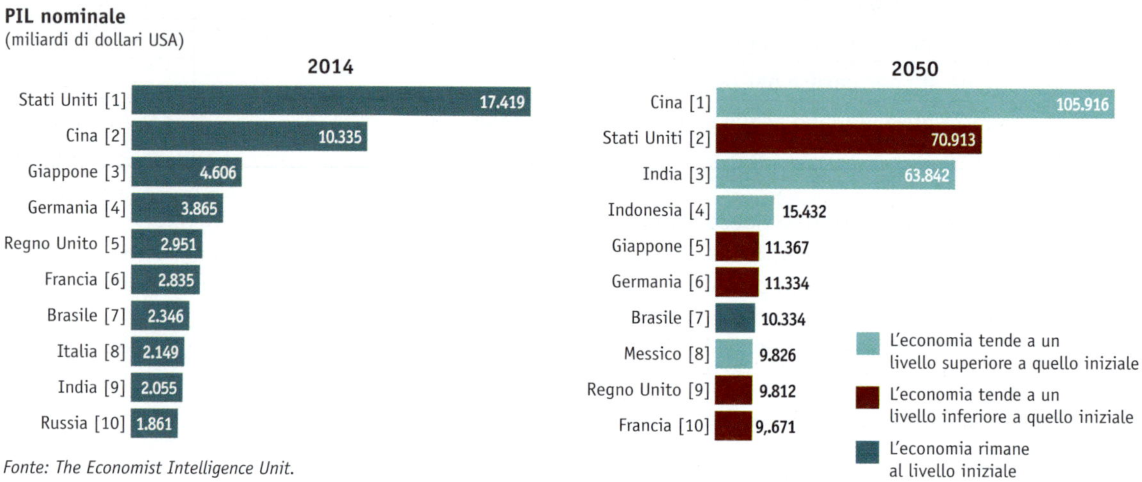

Fonte: The Economist Intelligence Unit.

A. A quali previsioni si riferiscono i due grafici sopra riportati?

B. Qual è la fonte?

C. Esamina e commenta i dati previsti per il 2050 relativi ai singoli Paesi Brics.

D. Quale andamento è previsto per i principali Paesi industrializzati?

E. Quale posizione avrà l'Italia in base a queste previsioni?

F. Quali Paesi, ora assenti, dovrebbero entrare nella classifica dei primi 10?

G. Commenta le previsioni relative alle principali economie mondiali con alcune considerazioni personali.

5) LEGGI L'ARTICOLO E RISPONDI AI QUESITI

Competenza: saper leggere e interpretare testi economici

World Bank: al via la nuova emissione per uno sviluppo sostenibile
Il bond, di durata decennale, sarà denominato in dollari e avrà una cedola dell'1,75%, in linea con gli attuali rendimenti per scadenze analoghe. La sicurezza del rating AAA.
La Banca mondiale torna ad affacciarsi sul mercato italiano del reddito fisso. Dopo l'emissione lanciata con successo lo scorso anno per un ammontare di circa 90 milioni di dollari l'Istituzione di Washington lancia un nuovo bond «per uno sviluppo sostenibile» che avrà un ammontare previsto di circa 500 milioni di dollari.

«Si tratta di una iniziativa volta a finanziare progetti di sviluppo sostenibile nei Paesi emergenti, progetti che rispettino i criteri Esg – *environment, social responsibility* e *governance* – che sono sempre più al centro dell'interesse degli investitori perché in grado di offrire rendimenti superiori a quelli medi di mercato con una minore variabilità», spiega Carlo Segni, *lead financial officer*, Treasury della Banca mondiale, durante la presentazione del bond che si è tenuta in Piazza Affari. L'emissione, sottoscrivibile dal 1° al 21 marzo 2016, salvo chiusura anticipata, è studiata appositamente per il mercato italiano degli investitori privati. Il taglio minimo è di duemila dollari, la cedola ammonta all'1,75% (il Treasury decennale americano rende oggi l'1,82%) e ha il massimo rating possibile, la tripla A, un requisito che ormai è appannaggio di pochissimi emittenti sul mercato internazionale. Da notare, sotto il profilo della convenienza, che l'aliquota fiscale cui sono soggetti gli interessi è la medesima dei titoli di Stato, il 12,5%.
Per questa emissione la Banca mondiale ha collaborato con Bnp Paribas, come *dealer*, e con Banca Akros come *co-dealer*, per promuovere presso gli investitori italiani una soluzione di investimento responsabile e sostenibile. Secondo Stefano Sbranchella, *head of global market Italy* di Bnp Paribas Corporate&Institutional banking, «il bond è interessante per un portafoglio di lungo termine anche in termini di diversificazione valutaria».

Marco Sabella, «Corriere della Sera», 1 marzo 2016

A. Quali sono le principali caratteristiche del titolo a reddito fisso di cui si parla nell'articolo relativamente a durata, rendimento, denominazione in valuta?

B. Che cosa significa la tripla A relativa al rating?

C. La Banca mondiale, ente emittente, come utilizzerà i fondi raccolti?

D. Quali devono essere, a tuo avviso, i requisiti di una "soluzione di investimento responsabile e sostenibile"?

ECONOMY HIGHLIGHTS CLIL

6) LEGGI E RISPONDI ALLE DOMANDE

Competenza: comprendere testi di natura economica in lingua inglese

The World Bank hires a famous contrarian

Paul Romer is the bank's new chief economist

[...] Mr Romer made a name for himself in the 1980s and 1990s, when the hottest topic in macroeconomics was growth—in particular, why some countries managed it while others did not. Prevailing models of growth assigned an important role to technological change, but lacked a convincing explanation for how it came about. [...]
Mr Romer sought to change that. In his "endogenous growth" theory, new ideas materialise as firms invest in physical capital or research and development, creating knowledge that spills over to the rest of the economy. That suggests that open economies, with institutions that encourage investment in physical and human capital, ought to do best.
The importance of the quality of institutions and of the dissemination of innovation led

Mr Romer to focus on urban areas, which are often hotbeds for the creation and transmission of ideas. That focus, in turn, sparked a radical notion of economic development oriented around "charter cities". Poor countries, he argued, should create new cities and give them leeway to experiment with daring economic and political reforms. Such reforms should be easier to implement on the relatively blank slate of a charter city than in existing population centres. Such new cities might then follow the model of Hong Kong or Shenzhen, becoming economic powerhouses in their own right, as well as proof for the rest of the economy of the benefits of economic reform.
Mr Romer has sought to interest governments in the idea, so far without much success. He ended his involvement with an experiment in Honduras over worries about accountability within the proposed charter city. His new platform at the World Bank will presumably give the idea a boost.

Jul 18th 2016, «The Economist»

A. Who is Paul Romer?

B. What are the ideas of Paul Romer about "endogenous growth"?

C. What are the "charter cities"?

D. How can this economic principle be applied in the reality?

COPYRIGHT

123RF

rawpixel, *pag 62* - Peter Bernik, *pag 112* - prykhodov, *pag 113* - arturaliev, *pag 114* - Dmitriy Shironosov, *pag 118* - Dmitriy funlovingvolvo, *pag 118* - Gustavo Andrade, *pag 120* - stylephotographs, *pag 121* - yupiramos, *pag 122* - federicofoto, *pag 123* - Rancz Andrei, *pag 124* - Sergejs Rahunoks, *pag 132* - Oleg Doroshin, *pag 138* - Katarina Gondova, *pag 139* - Viacheslav Iakobchuk, *pag 140* - Kirill Cherezov, *pag 143* - David Acosta Allely, *pag 159* - Igor Zakharevich, *pag 161* - lculig, *pag 163* - adrianhancu, *pag 167* - gajus, *pag 170* - Alexandr Blinov, *pag 174* - Illia Uriadnikov, *pag 176* - Maitree Laipitaksin, *pag 177* - Grigoriy Pil, *pag 182* - Le Moal Olivier, *pag 188* - Andrey Moisseyev, *pag 192* - mindscanner, *pag 194* - Maxim Blinkov, *pag 196* - ammentorp, *pag 197* - radub85, *pag 199* - Erik Lattwein, *pag 206* - Erik Phonlawat Chaicheevinlikit, *pag 207* - Kacso Sandor, *pag 209* - TEA, *pag 210* - Wavebreak Media Ltd, *pag 212* - Deyan Georgiev, *pag 221* - Marco Ossino, *pag 223* - Äöasiewicz, *pag 224* - TEMISTOCLE LUCARELLI, *pag 227* - Fedor Selivanov, *pag 228* - luchschen, *pag 234* - golubovy, *pag 237* - Silvia Crisman, *pag 252* - Hong Li, *pag 254* - jiduha, *pag 267* - file404, *pag 280* - huhulin, *pag 293* - scanrail, *pag 307* - Dmytro Grankin, *pag 308* - Manop Jankan, *pag 311* - Sergey Nivens, *pag 311/313* - Cathy Yeulet, *pag 314* - Maitree Laipitaksin, *pag 314* - Andriy Popov, *pag 319* - Vladimir Ochakovsky, *pag 319* - fredex8, *pag 320* (2 foto) - raywoo, *pag 321* - Andriy Popov, *pag 324* - bolina, *pag 325* - Andriy Popov, *pag 326* - lightwise, *pag 353* - robuart, *pag 357* - RAJESH RAJENDRAN NAIR, *pag 360* - macgyverhh, *pag 361* - 3ddock, *pag 362* - Angel Luis Simon Martin, *pag 377* - Luca Bertolli, *pag 384* - Andriy Kravchenko, *pag 396* - Kamaga, *pag 397* - pogonici, *pag 398* - LAOLUSHANGLAI, *pag 400* - Eduardo Huelin, *pag 401* - RAJESH RAJENDRAN NAIR, *pag 413* - lightwise, *pag 415* - artqu, *pag 418* - Prudencio Alvarez, *pag 419* - 123vector, *pag 424* - khunaspix, *pag 425* - auremar, *pag 438* - bannosuke, *pag 438* - Nirot Sriprasit, *pag 442* - Franck Boston, *pag 442* - Dirk Ercken, *pag 442* - graphit, *pag 448* - MARIA LUISA LOPEZ ESTIVILL, *pag 449* - iqoncept, *pag 451* - Mircea Maties, *pag 455* - Christos Georghiou, *pag 455* - Roman Samokhin, *pag 456* - faberfoto, *pag 456* - project1photography, *pag 459* - Alexander Lysenko, *pag 460* - rawpixel, *pag 461* - Torsak Thammachote, *pag 462* - lightwise, *pag 462* - Pumidol Leelerdsakulvong, *pag 464* - lightwise, *pag 464* - Aleksey Telnov, *pag 475* - Yuriy Kirsanov, *pag 480* - dolgachov, *pag 480* - Ivan Trifonenko, *pag 481* - Claudio Ventrella, *pag 486* - Goran Bogicevic, *pag 486* - Denis Raev, *pag 486* - Andrey Skaryna, *pag 498* - niroworld, *pag 502* - Kouassi Gilbert Ambeu, *pag 504* - tomertu, *pag 509* - alexlmx, *pag 511* - Nataliya Hora, *pag 514* - djembe, *pag 521* - Feije Riemersma, *pag 522* - polifoto, *pag 523* - Bjoern Wylezich, *pag 525* - beaconchina, *pag 526* - Han Maomin, *pag 527* - Ratchanida Thippayos, *pag 537*.

Alamy

Thomas Robert Malthus, Archive, *pag 44* - David Ricardo Granger Historical Picture Archive, *pag 44* - AMERICAN STOCK, *pag 523*.

Bridgeman

Le Petit Prince, Antoine de Saint-Exupery, Collezione Bridgeman, *pag 1* - *Guiaud Jacques, 1870, pag 48*.

Getty

Stock Montage *pag 12* - Popperfoto, *pag 505*.

iSTOCK

Rawpixel, *pag 26* - Krakozawr, *pag 45* - gilaxia, *pag 58* - hilmi_m, *pag 73* - hidesy, *pag 78* - PaulMalyugin, *pag 89* - TeamOktopus, *pag 92* - Rostislav_Sedlacek, *pag 95* - alashi, *pag 101* - photobacp, *pag 104* - LuisPortugal, *pag 104* - yodiyim, *pag 105* - LuigiConsiglio, *pag 204* - somchaisom, *pag 210* - PhotoTodos, *pag 210* - Mercedes RancaÃ±o Otero, *pag 214* - Andree_Nery, *pag 253* - feellife, *pag 257* - koya79, *pag 268* - G0d4ather, *pag 273* - chiarabramuzzo, *pag 322* - Leo-Rossi, *pag 341* - deepblue4you, *pag 395* - DeltaOFF, *pag 457* - Artistan, *pag 479* - uschools spawns, *pag 498* , *pag 489* - remco86, *pag 535* - *uschools, pag 498*.

Shutterstock

Anton Balazh, *pag 1* - Africa Studio, *pag 3* - aimy27feb, *pag 3* - Constantine Pankin, *pag 5* - Coprid, *pag 5* - tommaso lizzul, *pag 5* - Anetlanda, *pag 5* - Preto Perola, *pag 5* - Rawpixel.com, *pag 5* - leungchopan, *pag 9* - Dmitry Melnikov, *pag 13* - skyfish, *pag 15* - Tupungato, *pag 21* - Karramba Production, *pag 24* - Hamik, *pag 25* - Scanrail1, *pag 32* - Scanrail1, *pag 32* - Who is Danny, *pag 71* - Diego Cervo, *pag 76* - Hadrian, *pag 80* - Soze Soze, *pag 141* - cybrain, *pag 153* - Jenn Huls, *pag 156* - cybrain, *pag 156* - Onizu3d, *pag 156* - pio3, *pag 173* - Minerva Studio, *pag 265* - Katata, *pag 272* - Creativa Images, *pag 279* - Fireofheart, *pag 337* - Suz7, *pag 450* - designer491, *pag 450* - Ditty_about_summer, *pag 473*.